U0936946

江西政协年鉴

2014

《江西政协年鉴》编纂委员会　编

《江西政协年鉴》编纂委员会

主　　任　肖为群

副 主 任　冷芬俊　杨　斌　张　莉　陈国华　杨春燕
　　　　　龚林儿　徐良平　曾　粮　陈金乐　杨木生
　　　　　辜　清　王国龙　杨述喜　张康平　罗亦斌
　　　　　李东山　徐正英　陈　坚　杜　波　曾荣君
　　　　　陈淦彬　尹小明　周寥寥　樊　欣　刘海华
　　　　　招则庆　傅兆良　孙卫国　钟清滨

主　　编　杨木生

《江西政协年鉴》编纂办公室

主　　任　叶　舟

副 主 任　张时栋　毛流明　骆名坤

执行主编　张时栋

编　　辑　盛　昕　杨　斌　郭寒毅　刘　政

中国人民政治协商会议会徽

EMBLEM OF THE CHINESE PEOPLE'S POLITICAL CONSULTATIVE CONFERENCE

中国人民政治协商会议江

2014 年 1 月 19 日，省政协十一届二次会议开幕

2014年1月19日，黄跃金主席在省政协十一届二次会议上作常委会工作报告

2014年1月19日，李华栋副主席在省政协十一届二次会议上作关于十一届一次会议以来提案工作情况的报告

2014年1月9日，省政协十一届四次常委会议召开

2014年1月22日，省政协十一届五次常委会议召开

2014年4月10日，省政协十一届六次常委会议召开

2014年9月28日，省政协十一届七次常委会议召开

2014年2月21日，省政协召开“深化教育领域综合改革”专题协商座谈会

2014年5月9日，省政协召开“南昌备用水源地建设与管理”专题协商座谈会

2014年5月29日，省政协召开“创新重点青少年教育管理”专题协商座谈会

2014年6月17日，省政协召开“深化医药卫生体制改革”专题协商座谈会

2014年11月20日，省政协召开“深化文化体制改革”专题协商座谈会

2014年12月23日，省政协召开“进一步深化体育事业改革”专题协商座谈会

2014年11月19日，省政协召开“进一步促进我省侨(港澳)资企业发展”界别协商座谈会

2014年12月18日，省政协召开"完善宗教教职人员社会保障政策"对口协商座谈会

2014年1月16日，黄跃金主席率省政协视察团在南昌市视察老城区棚户区改造工作

2014年2月7日，黄跃金主席在九江深入省政协委员企业考察、了解企业生产、经营和发展情况

2014年6月4日，黄跃金主席率省政协委员视察团对南昌市“拆违拆临、建绿透绿”工作进行专项视察

2014年7月30日，黄跃金主席率省政协委员视察团就全省水利工作和鄱阳湖水利枢纽工程建设情况赴鄱阳湖区进行视察

2014年9月9至14日，黄跃金主席率住赣全国政协委员视察团在河南省考察产业园区建设

2014年9月22日，江西省庆祝人民政协成立65周年座谈会召开

2014年3月24日，省政协传达学习全国政协十二届二次会议精神

2014年7月16日，省政协召开第六次提案工作座谈会

目　录

江西省政协篇

决议决定

重要会议

【主席会议】

重要活动

视察工作

专门委员会工作

制度建设

组织概况

设区市政协篇

省直管试点县政协篇

江西省政协篇

在政协江西省第十一届委员会第二次会议开幕式上的讲话

强　卫

（2014 年 1 月 19 日）

各位委员、同志们：

在农历新年即将来临之际，政协江西省第十一届委员会第二次会议隆重开幕了。这是全省人民政治生活中的一件大事。我代表中共江西省委，向大会的召开表示热烈的祝贺！

刚刚过去的 2013 年，是我省发展进程中很不平凡的一年。一年来，我们坚决贯彻中央决策部署，牢牢把握江西省情实际，继续保持了全省经济社会稳中有进、稳中向好的发展态势，迈出了“发展升级、小康提速、绿色崛起、实干兴赣”的坚实步伐。“众人拾柴火焰高”。我们取得的每一项成绩、每一个进步，都凝聚着各级政协组织、广大政协委员和各族各界人士的心血与汗水。一年来，全省各级政协组织紧紧围绕全省大局，突出团结和民主两大主题，充分发挥优势、认真履行职能、取得显著成绩，为江西科学发展、绿色崛起作出了重要贡献。借此机会，向全省各级政协组织和广大政协委员，向各民主党派、工商联、人民团体和各族各界人士表示衷心的感谢！

各位委员、同志们！

现在，我们昂首迈进了 2014 年。新的一年，我们迎来全面深化改革的新任务，面临加速江西崛起的新要求。团结就是力量，奋斗开创未来。我们要实现与全国同步全面建成小康社会的宏伟目标，迫切需要包括各民主党派、各人民团体和各族各界人士在内的全省人民积极行动起来，凝聚共识、团结奋斗，用智慧和双手汇集起不可战胜的磅礴力量，努力创造出新的更大辉煌！

我们要进一步打牢共同的思想基础。习近平总书记曾指出，中国特色社会主义理论体系，是我们党最可宝贵的政治和精神财富，是全国各族人民团结奋斗的共同思想基础。我们要始终高举伟大旗帜，用中国特色社会主义理论体系武装头脑，用中国梦引领凝聚人民，着力引导各民主党派、各人民团体和各族各界人士，把思想和行动统一到中央的决策部署上来，统一到省委确定的目标任务上来，不断坚持和发展中国特色社会主义，不断增强道路自信、理论自信和制度自信，不断坚定加速江西崛起的信心和决心。我们唯有思想上同心同德、目标上同心同向、行动上同心同行，才能形成同舟共济、心齐气顺、政通人和的良好局面，我们的发展才能在披荆斩棘、乘风破浪中不断前行！

我们要进一步推进改革的伟大事业。全面深化改革是需要我们共同为之奋斗的伟大事业。破解我省发展中存在的突出矛盾和问题，必须以壮士断腕的决心、刮骨疗毒的勇气、敢啃“硬骨头”的魄力，扎实推进改革各项工作，不断激发发展的动力和活力。全省各级政协组织要把围绕全面深化改革履行职能作为当前和今后一个时期的头等大事，坚持以重大问题为导向，抓住涉及改革的重大问题进行研究，多提有见解、有分量、有价值的意见和建议，多做协调关系、理顺情绪、化解矛盾、增进团结的工作。只要我们把一切可以团结的力量广泛团结起来，把一切可以调动的积极因素充分调动起来，就一定能为顺利推进全省改革凝聚强大的正能量！

我们要进一步发展广泛的协商民主。协商民主是我国社会主义民主政治的特有形式和独特优势，是党的群众路线在政治领域的重要体现。我们要按照中共十八届三中全会关于推进协商民主的要求，充分发挥人民政协的重要渠道作用，进一步深化改革、完善制度、创新机制，扎实推进政治协商、民主监督和参政议政的制度化、规范化、程序化。各级党委、政府要把政治协商作为决策程序和必要环节，满腔热忱地同各民主党派、无党派人士交朋友，拿得出真心实意、听得进逆耳忠言、容得下尖锐批评。只有真正做到发扬民主、广开言路、从善如流，我们的决策才会更加科学，我们的事业才会更加兴旺！

政协工作是党的工作重要组成部分。全省各级党委要切实加强和改进对人民政协的领导，为政协履行职能、开展工作、发挥作用创造良好条件，自觉接受人民政协和政协委员的民主监督。各级政协组织要以改革创新精神抓好自身建设，进一步提高履职的能力和水平，不断开创政协工作的新局面。

各位委员、同志们！

回首过去，我们肝胆相照、荣辱与共；展望未来，我们携手并进、前景辉煌。让我们更加紧密地团结在以习近平同志为总书记的中共中央周围，始终高举中国特色社会主义伟大旗帜，进一步解放思想、真抓实干，凝心聚力、改革创新，为“发展升级、小康提速、绿色崛起、实干兴赣”作出新的更大贡献！

最后，预祝省政协十一届二次会议取得圆满成功！祝各位委员、同志们新春快乐、身体健康、阖家幸福！

在江西省庆祝人民政协成立65周年座谈会上的讲话

强 卫

（2014年9月22日）

同志们、朋友们：

今天，我们在这里欢聚一堂，共同庆祝中国人民政治协商会议成立65周年。首先，我代表中共江西省委，向全省各级政协组织表示热烈的祝贺！向共同致力于我省社会主义现代化建设事业的各民主党派、工商联、无党派人士和人民团体表示崇高的敬意！向全省政协工作者和为我省政协事业发展作出重要贡献的老同志以及各界人士表示诚挚的问候！向关心支持参与我省改革发展的港澳同胞、台湾同胞、海外侨胞以及国内外朋友表示衷心的感谢！

中国人民政治协商会议是中国人民爱国统一战线的组织，是中国共产党领导的多党合作和政治协商的重要机构，是我国政治生活中发扬社会主义民主的重要形式。回顾历史，中国人民政治协商会议是同新中国一起诞生，并在实践中不断发展完善的。1948年4月30日，中共中央发布“五一口号”，提出“各民主党派、各人民团体、各社会贤达迅速召开政治协商会议，讨论并实现召集人民代表大会，成立民主联合政府。”这一主张立即得到各民主党派、无党派人士、各人民团体和各族各界人士的热烈响应。“五一口号”的正式发布，成为创立人民政协、建立新中国的动员令。1949年9月21日至30日，中国人民政治协商会议第一届全体会议隆重召开。这次会议代行全国人民代表大会职权，通过了具有临时宪法性质的《中国人民政治协商会议共同纲领》和《中国人民政治协商会议组织法》、《中华人民共和国中央人民政府组织法》；作出了关于中华人民共和国国都、国旗、国歌、纪年4个重要决议；选举产生了中国人民政治协商会议全国委员会和中华人民共和国中央人民政府委员会，宣告了中华人民共和国的成立，开辟了中国历史的新纪元。人民政协的成立，标志着中国共产党领导的多党合作和政治协商制度的正式确立。中共十一届三中全会以后，中共中央明确提出了新时期统一战线和人民政协的性质和任务，确立了中国共产党同各民主党派长期共存、互相监督、肝胆相照、荣辱与共的方针，人民政协事业进入新的发展时期。65年来的实践充分证明，人民政协事业深深植根于党和人民建设社会主义的伟大实践，融入了实现中华民族伟大复兴的历史进程，在我国政治生活中发挥着不可替代的重要作用，为实现国家富强、民族振兴、人民幸福和祖国统一建立了历史的功勋！

60多年来，江西省政协伴随着人民政协事业的蓬勃发展不断向前迈进。1950年8月27日，江西省各界人民代表会议在南昌市召开，选举产生了江西省各界人民代表会议协商委员会（简称江西省协商委员会），这是江西最早的政治协商组织，也是政协江西省委员会的前身。1954年，全国先后召开普选的人民代表大会。江西省协商委员会协助省人民政府，为筹备召开江西省第一届人民代表大会做了大量工作。1955年1月17日，政协江西省第一届委员会第一次会议召开，标志着我省政协组织正式成立了。此后，全省各市县都相继建立了政协组织。截止到现在，我省已有政协组织112个，政协委员2万多名。60年来，特别是改革开放以来，在中共江西省委的正确领导下，历届省政协、各级政协组织和广大政协委员始终坚持正确的政治方向，充分发挥爱国统一战线组织的政治优势，努力增进各方团结、汇聚各方力量，形成了推进经济社会发展的强大合力；充分发挥人才集聚、智力密集的优势，紧紧围绕关系全省改革发展稳定的重大问题，向党和政府提出了大量的真知灼见；充分发挥渠道畅通的优势，不断密切与各界别群众的联系，协助党委政府协调关系、化解矛盾，有力促进了社会和谐稳定；充分发挥联系广泛的优势，广泛开展海外联络联谊活动，不断扩大与港澳台同胞和海外侨胞的联系，为促进祖国和平统一大业贡献了力量。可以说，我省政协走过的60年，是风雨同舟、荣辱与共的60年，是继往开来、阔步向前的60年，是团结奋斗、锐意进取的60年，为推动我省改革开放和社会主义现代化建设，立下了汗马功劳，作出了重要贡献！

回顾人民政协走过的发展历程，我们更加深刻地认识到：人民政协这一具有中国特色的政治组织和民主形式，是我国社会主义民主政治建设的伟大创造，既顺应世界民主发展潮流，又体现中国共产党和中国人民的政治智慧，具有强大生命力和远大前程，值得我们倍加珍惜、长期坚持、发扬光大。

同志们、朋友们！

中国共产党始终高度重视、大力支持人民政协工作。中共十八大对巩固和发展最广泛的爱国统一战线作出了部署，赋予人民政协更重大的责任、更光荣的使命。以习近平同志为总书记的中共中央把人民政协工作摆在更加突出的位置，提出了一系列明确要求。昨天，习近平总书记在庆祝中国人民政治协商会议成立65周年大会上发表了重要讲话。讲话系统总结了人民政协65年丰富实践积累的宝贵经验，就是做好人民政协工作，必须坚持中国共产党的领导，必须坚持人民政协的性质定位，必须坚持大团结大联合，必须坚持发扬社会主义民主；讲话对进一步做好人民政协工作提出了明确要求，就是要坚持中国特色社会主义制度优势和特点，坚持紧扣改革发展献计出力，坚持发挥人民政协在发展协商民主中的重要作用，坚持广泛凝聚实现中华民族伟大复兴的正能量，坚持推进履职能力建设；讲话还深刻阐述了社会主义协商民主的性质、特点、优势和工作要求。这些重要论述，立足中国实际，科学总结经验，反映人民心声，具有很强的战略性、思想性、指导性，为新形势下进一步推进人民政协事业、发展社会主义协商民主指明了前进方向，提供了根本遵循。全省各级党委和政府特别是各级政协组织和广大政协委员要深入学习贯彻中共十八大，十八届二中、三中全会精神，把思想和行动统一到习近平总书记重要讲话精神上来，继承和发扬人民政协的优良传统和宝贵经验，牢记使命担当，致力民主团结，继续履行好政治协商、民主监督、参政议政职能，切实发挥好协调关系、汇聚力量、建言献策、服务大局的重要作用，努力在江西改革发展的新征程中再立新功、再创辉煌。

第一，要始终坚持中国共产党的领导，牢牢把握人民政协工作的正确方向。习近平总书记指出，中国共产党的领导是包括各民主党派、各团体、各民族、各阶层、各界人士在内的全体中国人民的共同选择，是中国特色社会主义最本质的特征，也是人民政协事业发展进步的根本保证。近代以来，为了挽救民族危亡、实现民族振兴，中国人民孜孜不倦寻找着适合国情的政治制度模式，君主立宪制、复辟帝制、议会制、多党制、总统制等在中国都想过了、试过了，结果都行不通。实践表明，中国共产党领导、多党派合作，中国共产党执政、多党派参政的多党合作制度，最适合我国的基本国情，具有无比的优越性和强大的生命力。我们要充分认识中国特色社会主义政治制度的特点和优势，充分认识中国共产党领导的多党合作和政治协商制度产生和发展的历史必然性，不论在任何时候、任何情况下，都要毫不动摇地坚持党对人民政协的领导，都要始终高举中国特色社会主义伟大旗帜，都要坚决地贯彻习近平总书记系列重要讲话精神，不断增强中国特色社会主义道路自信、理论自信和制度自信，始终做到同党和国家方向一致、目标一致、工作一致。要继续坚持"长期共存、互相监督、肝胆相照、荣辱与共"的方针，积极发展各党派民主团结、生动活泼的和谐政治关系，把中国共产党领导、多党派合作、政治协商有机结合起来，进一步巩固中国共产党领导下多党合作的政治格局，坚定不移地沿着正确的政治方向前进。

第二，要始终坚持团结和民主两大主题，不断巩固团结奋斗的共同思想政治基础。习近平总书记指出，人民政协要坚持在热爱中华人民共和国、拥护中国共产党的领导、拥护社会主义事业、共同致力于实现中华民族伟大复兴的基础上，最大限度地调动一切积极因素，团结一切可以团结的人，汇聚起共襄伟业的强大力量。人民政协作为最广泛的爱国统一战线组织，在组织上具有广泛的代表性，在政治上具有极大的包容性，必须始终把团结和民主两大主题贯穿于各项工作中。要坚持围绕大目标、促进大联合、实现大团结的工作方针，在爱国主义和社会主义的旗帜下，把不同党派、不同阶层、不同民族、不同信仰的人团结起来，努力为实现中华民族伟大复兴中国梦而共同奋斗。要认真贯彻党的民族政策和宗教政策，充分发挥民族、宗教界代表人士在人民政协中的作用，协助党和政府做好民族工作和宗教工作，促进民族团结、宗教和睦、社会稳定。要坚持贯彻群众路线，多做解惑释疑、消除隔阂的工作，多做理顺情绪、化解矛盾的工作，多做凝聚人心、维护稳定的工作，努力寻求最大公约数、增进最大共识度、形成最大凝聚力，为巩固和发展我省民主团结、生动活泼、安定和谐的政治局面发挥积极作用。

第三，要始终坚持围绕中心、服务大局，为推进我省改革发展各项事业凝聚磅礴力量。习近平总书记指出，中国仍然处于社会主义初级阶段，仍然是世界上最大的发展中国家，发展仍然是解决中国一切问题的关键。人民政协要充分发挥人才荟萃、智力密集的优势，把推动发展作为履行职能的第一要务、第一责任，努力调动一切有利于发展的因素，团结一切有利于发展的力量。去年7月份，中共江西省委十三届七次全会提出了"发展升级、小康提速、绿色崛起、实干兴赣"的十六字方针，强调以中国梦为引领、实现与全国同步全面建成小康社会的宏伟目标。这既对我省政协事业提出了更高要求，也为政协组织发挥作用提供了广阔舞台。要进一步强化大局意识、责任意识，紧紧围绕省委省政府的决策部署，主动对接省委省政府的中心工作，找准履行职能的结合点和切入点，把工作重点放在对经济社会发展全局的研究上，放在对改革发展稳定问题的深层次分析上，切实做到中心工作推进到哪里，人民政协的工作就跟进到哪里，力量就汇聚到哪里，努力在全面建成小康社会进程中能干事、干成事。调查研究始终是议政建言的基础所在。要坚持以重大问题为导向，深入基层、深入实际、深入群众，广泛听取各方面的意见，把调查研究和解决问题结合起来，把建言立论和推动落实结合起来，充分发挥参政议政作用，为党委分忧、为政府排难、为群众谋利。当前，要紧紧围绕全面深化改革开展调查研究工作，多提有见解、有分量、有价值的意见建议，积极引导社会各界理解改革、支持改革、参与改革，最大限度地为改革增加动力、减少阻力、凝聚合力，为顺利推进全省改革发展凝聚强大的正能量。

第四，要始终坚持以改革创新精神加强自身建设，不断提高政协履职能力和水平。习近平总书记指出，人民政协是国家治理体系的重要组成部分，要适应全面深化改革的要求，以改革思维、创新理念、务实举措大力推进履职能力建设，努力在推进国家治理体系和治理能力现代化中发挥更大作用。全省各级政协组织要坚持解放思想、实事求是、与时俱进，按照宪法和政协章程的规定，不断加强自身各项建设，提高履职能力和水平。要注重探索民主党派、工商联、无党派人士政协履行职能、发挥作用的新途径新平台，不断深化团结合作，巩固和壮大最广泛的爱国统一战线。要注重发挥政协界别的优势和作用，扩大人民政协团结面和包容性，积极探索开展界别活动新方法新载体，充分调动各界别参政议政积极性。要注重加强政协委员队伍建设，完善委员推选制度，优化委员构成，强化委员学习培训、提高委员整体素质，尊重委员首创精神、维护委员民主权利，鼓励和引导广大委员深入实际、走向基层、贴近群众，在报效国家、服务人民实践中施展才华、建功立业。要注重发挥好政协专门委员会作用，提高专门委员会组成人员政治和业务素质，积极探索专门委员会工作新思路新方式，切实增强工作活力和成效。要注重加强政协机关建设，着力提高全局观念、服务意识，增强政务性服务能力和统筹协调能力，为政协履职尽责提供有力保障。

政协工作是党的全局工作的重要组成部分。加强和改善对人民政协的领导，充分发挥人民政协的重要作用，是加强党的执政能力建设的一个重要方面，也是推进人民政协事业不断发展的根本保证。全省各级党委要深刻认识人民政协工作的重要性，切实把政协工作作为党委统揽全局的重要内容，进一步加强对政协工作的领导，定期听取政协党组的汇报，及时研究并统筹解决工作中遇到的重大问题，为人民政协履行职能创造良好条件。要坚持和完善对重大问题的民主协商制度，认真倾听来自人民政协的批评和建议，自觉接受人民政协的民主监督。要坚持统揽全局、协调各方，坚定不移地贯彻执行中央关于人民政协工作的方针政策，支持各级政协依法独立开展工作，在全社会进一步营造各方重视、关心、支持政协工作的良好氛围。要着眼于统一战线和政协事业的长远发展，高度重视并切实加强人民政协组织的干部队伍建设，努力造就一支政治坚定、作风优良、学识丰富、业务熟练的高素质政协工作干部队伍。

同志们、朋友们！

社会主义协商民主，是中国社会主义民主政治的特有形式和独特优势，是中国共产党的群众路线在政治领域的重要体现。习近平总书记在庆祝中国人民政治协商会议成立65周年大会上，就发展社会主义协商民主作了深刻论述，强调要全面认识社会主义协商民主是中国社会主义民主政治的特有形式和独特优势这一重大判断；要深刻把握社会主义协商民主是中国共产党的群众路线在政治领域的重要体现这一基本定位；要切实落实推进协商民主广泛多层制度化发展这一战略任务。我们要认真学习贯彻习近平总书记重要讲话精神，把社会主义协商民主这个中国特色社会主义民主政治独特的、独有的、独到的民主形式在江西落实好。要始终把实现好、维护好、发展好最广大人民根本利益作为一切工作的出发点和落脚点，在中国共产党的领导下，通过多种形式的协商，广泛听取意见和建议，广泛接受批评和监督，使各方面的真知灼见都能运用于治国理政。要构建程序合理、环节完整的社会主义协商民主体系，真正协商于决策之前和决策之中，从制度上保障协商成果落地。要通过各种途径、各种方式，就改革发展稳定重大问题特别是事关人民群众切身利益的问题进行广泛协商，既尊重多数人的意愿，又照顾少数人的合理要求，广纳群言、广集民智，增进共识、增强合力。要拓宽中国共产党、人民代表大会、人民政府、人民政协、民主党派、人民团体、基层组织、企事业单位、社会组织、各类智库等的协商渠道，深入开展政治协商、立法协商、行政协商、民主协商、参政协商、社会协商、基层协商，建立健全提案、会议、座谈、论证、听证、公示、评估、咨询、网络等多种协商方式，不断提高协商民主的科学性和实效性。要按照协商于民、协商为民的要求，大力发展基层协商民主，完善基层组织联系群众制度，推进权力运行公开化、规范化，让社会主义协商民主取得实实在在的成效。

同志们、朋友们！

回顾人民政协走过的光辉历程，我们无比自豪；展望全面建成小康社会的宏伟事业，我们信心满怀。让我们更加紧密地团结在以习近平同志为总书记的中共中央周围，坚持和完善中国共产党领导的多党合作和政治协商制度，巩固和壮大最广泛的爱国统一战线，不断把人民政协事业推向前进，为开创我省“发展升级、小康提速、绿色崛起、实干兴赣”新局面，实现与全国同步全面建成小康社会作出新的更大贡献！

政协江西省第十一届委员会常务委员会工作报告

（2014 年 1 月 19 日在政协江西省第十一届委员会第二次会议上）

黄跃金

各位委员、同志们：

受政协江西省第十一届委员会常务委员会的委托，我向大会报告工作，请委员审议，请列席会议的同志提出意见。

2013 年工作回顾

2013 年是十一届省政协的开局之年。在中共江西省委的领导下，省政协常委会高举爱国主义、社会主义旗帜，牢牢把握团结和民主两大主题，坚持中国特色社会主义政治发展道路，以深入开展党的群众路线教育实践活动为契机，着力提高政治协商、民主监督、参政议政的能力和实效，充分发挥协调关系、汇聚力量、建言献策、服务大局的重要作用，为促进我省经济持续健康较快发展和社会和谐稳定作出了积极贡献，实现了本届政协的良好开局。

（一）加强思想政治建设，夯实坚持和发展中国特色社会主义的共同思想基础

常委会坚持把加强思想政治建设作为政协工作的首要任务。一年来，深入学习贯彻中共十八大，十八届二中、三中全会精神和习近平总书记系列重要讲话精神，认真学习贯彻全国政协十二届一次会议精神，全面领会十八大的鲜明主题、精神实质和战略部署，深刻理解坚持和发展中国特色社会主义、实现中华民族伟大复兴中国梦的重大意义，准确把握全面建成小康社会和全面深化改革的目标、原则和重点任务，进一步增强了中国特色社会主义的道路自信、理论自信和制度自信。牢牢把握新形势对人民政协提出的新任务、新要求，进一步明确了履行职能、发挥优势的着力点。贯彻省委十三届七次、八次全会精神，确保省委的决策部署在政协工作中得到贯彻落实。进一步改进委员学习培训方式，定期举办常委会学习报告会，即时举办新任政协委员培训班，邀请有关专家和领导作专题报告，从多方面提高委员的履职能力。各专门委员会结合界别特点，组织开展了形式多样的学习活动。通过学习，不断增进共识、深化共识、坚定共识。

(二)紧紧围绕全省中心工作建言献策,助推经济持续健康较快发展

常委会充分发挥政协的组织优势、渠道优势和委员的智力优势,积极为促进我省经济持续健康较快发展建言献策。十一届二次常委会议以大力推进富裕和谐秀美乡村建设为议题,集各党派、各专委会、各界别、各设区市政协之力,聚全体常委和部分委员之智,形成了本届省政协专题协商的“开篇之作”,对完善政策、解决问题、促进发展起到了积极作用,省委、省政府主要领导对此给予了充分肯定并作出重要批示。围绕我省加快发展现代服务业进行深入调查研究,召开十一届三次常委会议进行专题协商,并形成了建议案。根据省政府领导的意见,省政府办公厅要求有关部门对建议案认真研究论证,转化为政策措施。省委、省政府联合下发的《关于推进旅游强省建设的意见》,充分吸纳了建议案中的相关建议。

密切关注经济运行情况,开展深入调研。就化解我省产能过剩问题提出了用好用足国家有关政策、坚决把住源头、加快整治过剩产能等6个方面24条建议,省委主要领导批示将调研报告印发给各市县党政领导参阅。组织委员视察赣南苏区振兴发展情况所形成的调研报告,省政府主要领导认为针对性、指导性、操作性强,要求省苏区振兴办和赣州、吉安、抚州认真研究吸纳,抓好落实。围绕新型城镇化建设及通用航空产业、金融服务业、高端服务业、电子商务发展等课题,提出了一批较高质量的意见和建议。

把促进生态文明建设作为履行职能的重要着力点。在深入调研视察的基础上,经过缜密论证,向省委、省政府报送了建立“五河一湖”及东江源头保护区生态环境考核机制、加强湿地保护等建议案,提交了重金属污染治理、东江源水资源保护与生态修复、城市地下管线管理、松材线虫病防治等调研报告,对我省加快推进生态文明建设产生了积极影响。省政协持之以恒助推生态文明建设的做法得到全国政协领导的充分肯定,供各省政协参考。

(三)倾情关注和促进民生改善,维护社会和谐稳定

常委会始终高度关注事关人民群众切身利益的民生问题,坚持把服务群众作为履行职能的出发点和落脚点。紧紧围绕农村教师队伍建设、现代职业教育体系建设、科普教育基地建设与发展、公共文化服务体系建设、农村古建筑保护利用、农村卫生人才队伍建设、红十字应急救护工作、大型体育场馆赛后利用情况、家政服务业发展与女性就业创业情况等问题开展调研、视察,许多意见建议被省委、省政府相关文件充分吸纳,并转化为实际的工作部署和政策措施,为保障和改善民生发挥了积极作用。着眼推进体制创新,着重就医药卫生、教育和体育体制改革深入开展调研,为有关部门完善深化改革的思路提供了重要参考。

聚焦加强和改进社会管理,深入社区,深入基层,了解社情民意,就我省小区物业管理情况、关爱失独家庭、加强和创新戒毒工作、新修订的《刑事诉讼法》实施情况以及监狱系统安全稳定保障机制等开展调研或视察,提出了一些针对性、可操作性较强的意见建议,为加强和创新社会管理,维护社会和谐稳定贡献了一份力量。

加强政协民族宗教工作,成立了省政协民族和宗教委员会,深入各设区市开展《江西省少数民族权益保障条例》贯彻落实情况专题调研,提出了9条具体贯彻落实建议;配合全国政协开展推动宗教界办好公益慈善事业情况调研,提出的意见建议受到省政府和相关部门的重视和采纳。通过走访省宗教团体、开展少数民族界委员视察活动、举办民族宗教界委员活动日、视察宗教活动场所管理情况等活动,促进民族团结、宗教和睦。

（四）加强委员联络和服务工作，增强政协工作内生动力

常委会高度重视做好委员联络和服务工作，注重发挥委员的主体作用。健全了委员联络和服务工作机构，加强与政协委员的经常性联系，做好委员履职信息的收集汇总，听取委员对省政协工作的意见建议，协调解决委员履职中遇到的困难和问题。完善委员联络服务制度，研究制定了《关于进一步加强委员联络和服务工作的办法》，从加强学习培训、完善联络机制、强化履职管理、做好服务工作 4 个方面制定 18 条具体措施，有效激发了委员履职热情。规范专委会委员产生程序，制定了《专门委员会委员产生办法》。充分发挥界别组织委员开展活动的平台作用，坚持全会期间集中召开界别会议，确定界别召集人、联络员，组织开展调研、考察、提集体提案、反映社情民意等界别活动，努力做到“会中有见面，平时不断线”。

进一步加强与昌外委员的联系，建立健全委员召集人制度，制定了《关于委托各设区市政协有关负责同志担任所在地省政协委员活动召集人和联络员的意见》，组织住各设区市省政协委员以生态文明建设为主题开展了视察活动；在香港、澳门地区分别委托若干名政协委员为召集人，组织港澳委员返赣进行了调研视察活动。

加强委员活动经费保障，及时按住地委员人数，集中给各设区市政协下拨活动经费，专款专用。增进与委员的情感，在重要的传统节日向委员发送祝福短信、邮件，走访慰问在昌患病委员，协助有关方面督促落实委员的政治、生活待遇及其他合法权益，让委员充分感受政协大家庭的温暖，激发了委员履职的内在活力。一年来，省政协委员参加履行职能“四个一”活动达 2000 余人次。

（五）加强统筹协调，推动经常性工作改进创新

常委会着眼提高政协工作科学化水平，以经常性工作的创新，推动整体工作水平的提升。深入贯彻落实中央“两办”《关于进一步加强人民政协提案办理工作的意见》和我省《实施意见》精神，以提高提案质量、提案办理质量和提案服务工作质量为抓手，促进提案工作不断迈上新台阶。立案的 621 件大会提案和 35 件平时提案全部办理完毕，总体办理质量进一步提高。督办重点提案 11 件，对 10 件提案进行了跟踪问效，编发《重要提案摘报》50 期。

改进全会和常委会议协商的组织方式，首次邀请省直各部门主要负责同志参加全会开幕式和听取大会发言，邀请相关省直部门的负责同志全程参加常委会议专题协商和分组讨论，增强了协商的实效性。建立大会发言选题、遴选和成果转化机制，提升了大会发言质量。积极稳妥推进政协工作向新社会组织、新经济组织、产业科技园区等领域延伸。经济、人口资源环境、教科文卫体、社会和法制等专门委员会建立健全了专家组，提高了建言献策质量和水平。

切实加强和改进政协反映社情民意信息和宣传工作，在办公厅设立了专门机构，聘请了一批特邀信息员，举办了信息员培训班，加强对信息的分类搜集、综合分析和整理报送，全年在全国政协《信息专报》上稿 13 篇，编发《今日信息》210 余期、《建言献策》180 余期。《以上海自贸区的超前理念指导临空经济区建设》《破解南昌中小企业融资瓶颈支持打造核心增长极》等建议得到省领导高度重视，为促进党委政府科学民主决策发挥了积极作用。加强政协对外宣传和网络宣传，充分运用《光华时报》、江西政协新闻网等载体，全方位、多角度宣传人民政协事业，深入报道全省各级政协组织和广大政协委员履职的经验成效和先进典型，为政协事业发展营造良好舆论氛围。

务实推进“亲历、亲见、亲闻”史料征集工作，加强与全国政协、市县政协文史资料工作的联系合作，编撰了《风云激荡——庐山名人别墅的故事》《重返1955——上海青年赴江西志愿垦荒口述纪实》《一湖清水——鄱阳湖》《江西楹联集锦》等具有较高史料价值的书刊资料。召开全省政协文史工作先进表彰会议，表彰了一批先进单位和先进个人。

扎实推进人民政协理论建设，举办“人民政协与群众工作”专题研讨会和“人民政协理论建设”报告会，取得了一批重要研究成果。进一步健全全省政协理论研究网络，已有10个设区市成立了人民政协理论研究会。

广泛开展团结联谊工作，首次邀请港澳台胞、海外侨胞特邀代表列席全会，召开全省各界人士中秋茶话会和台联界别委员及在赣台胞、台属、台商代表座谈会，配合省政府做好2013赣港经贸合作活动等外联内引工作，认真做好澳门全国政协委员赴赣考察接待工作，牵头主办海峡两岸体育联谊活动2次，共有700多人参加。

（六）切实抓好作风建设，开展党的群众路线教育实践活动取得阶段性成果

自觉践行党的群众路线，是人民政协履职为民的必然要求。省政协严格按照中央、省委关于深入开展党的群众路线教育实践活动的决策部署，立足政协工作实际，重点聚焦作风建设，着力解决“四风”突出问题，以坚定理想信念、争做“五个模范”为目标，扎实开展教育实践活动。省政协领导班子成员带头参加学习、带头征求意见、带头深入调研、带头开展谈心活动、带头抓好整改落实，取得了阶段性成果。活动期间，共召开座谈会11次，听取了190多名委员、群众的发言，经过归纳整理，向省委党的群众路线教育实践活动领导小组报送意见建议25条。省政协党组专题民主生活会严肃认真地查摆了问题，开展了批评与自我批评，明确了努力方向和改进措施。

牢牢抓住整改落实、建章立制两个关键，确保活动取得实效。制定整改工作总体方案，提出了36条改进措施，逐项分解细化，明确牵头领导、责任人和完成时限，并开展了治理文山会海、厉行节约反对浪费、加强和改进调研工作专项整治活动。出台《关于制定省政协年度协商计划的办法》，推进协商活动制度化、规范化、程序化。坚持以改革精神推进制度创新，建立健全调研成果跟踪、反馈和问效，联系和服务委员等7项制度，并将加强政协协商民主和民主监督制度建设列入制度建设计划，推动政协改进作风、密切联系群众常态化。

各位委员、同志们，过去一年省政协取得的成绩和良好开局，是中共江西省委坚强领导、关心重视的结果，是省政府真心帮助、鼎力支持的结果，是全省人民、社会各界倾情关注、共同推动的结果，也是省政协各参加单位、全体委员和各级政协组织团结协作、共同履职的结果。在这里，我代表省政协常委会表示衷心的感谢！

在充分肯定成绩的同时，也要清醒地看到，与新阶段新形势新任务的要求相比，我们的工作还存在一些亟待加强和改进的方面。比如，政协协商民主制度和机制建设还不够完善和健全；调研视察的方式方法与进一步改进作风的要求还有差距；民主监督制度机制亟待完善，实效也有待进一步提升；界别活动的效果不够明显，等等。这些方面要认真研究，并在今后工作中切实加以改进。

2014 年主要工作

2014 年是贯彻落实中共十八届三中全会精神、全面深化改革的第一年，也是我省贯彻落实“发展升级、小康提速、绿色崛起、实干兴赣”十六字方针的关键之年。人民政协作为社会主义协商民主的重要渠道，将承担起更加神圣、更加繁重的使命。珍惜人民政协的光荣与荣誉，探索新的历史条件下协商民主的规律与路径，结合江西实际，走出协商民主改革创新的新路子，我们任重道远。在新的一年里，我们要全面贯彻落实中共十八大，十八届二中、三中全会、中央经济工作会议和省委十三届七次、八次全会等会议精神，以邓小平理论、“三个代表”重要思想、科学发展观为指导，坚定不移地走中国特色社会主义道路，牢牢把握团结和民主两大主题，充分发挥人民政协作为协商民主重要渠道作用，更好履行政治协商、民主监督、参政议政三大职能，着力提升政协工作科学化水平，为我省实现与全国同步全面建成小康社会作出更大贡献。

（一）强化理论武装增进共识

加强思想理论建设是人民政协坚定正确政治方向的根本保证。要把握学习重点，领会精神实质。全面深入学习贯彻中共十八大，十八届二中、三中全会和中央经济工作会议精神，全面深入学习贯彻习近平总书记系列重要讲话精神，把握党和国家的大政方针和重大决策部署。认真传达学习全国政协十二届二次会议精神，把握全国政协对人民政协工作提出的新要求、新任务、新部署，组织开展好纪念中国人民政治协商会议成立 65 周年活动。学习贯彻省委十三届七次、八次全会等重要会议精神，牢牢把握正确的政治方向，始终与中共中央和江西省委在思想上政治上行动上保持高度一致。创新学习方式，增强学习实效。今年第二、三季度常委会议后分别召开经济形势通报会、经济体制改革专题报告会，下半年举办人民政协协商民主建设专题报告会，通过领导领学、常委会专题学习报告会、委员学习培训班、理论研讨会、专题讲座等多种形式提高学习实效，切实把学习成果转化为指导实践和推动工作的动力。抓好制度落实，强化学习保障。健全理论学习中心组学习制度和常委会集中学习制度，及时为委员提供学习资料，促使理论学习成为凝聚思想共识、提高工作能力、解决实际问题的重要手段，不断增强中国特色社会主义道路自信、理论自信、制度自信，巩固团结奋斗的共同思想政治基础。

（二）紧扣中心建言议政

围绕中心、服务大局，是政协履行职能、开展工作必须遵循的重要原则。要紧紧围绕我省“发展升级、小康提速、绿色崛起、实干兴赣”这个中心任务，和与全国同步全面建成小康社会这个目标建言献策。认真组织常委会议专题协商，第二、三季度分别就“推动城镇化发展创新”和“推进昌九一体化建设”进行专题协商。进一步增加协商密度，提高协商成效。每月召开一次专题协商座谈会，就探索和改进社会治理方式，创新农业经营体系和经营方式、加快现代农业强省建设，加快构建技术创新市场导向机制、推进企业自主创新，南昌市备用水源地建设与管理等重点议题，组织省政协委员与党政领导及有关部门负责人进行专题协商座谈。就加快侨资企业发展、完善宗教教职人员社会保障政策等议题开展调研，分别召开界别协商和对口协商座谈会。围绕推动省政府《关于支持赣东北扩大开放合作加快发展的若干意见》和《关于支持赣西经济转型加快发展的若干意见》贯彻落实等议题，组织住市省政协委员开展视察活动。围绕我省民间金融业发展、现代物流信息化发展、文化旅游业融合发展、高校科技创新对新兴产业的支撑作用、把江西建设成全国生态文明示范省等课题开展专题调研，力求形成有新意、有见解、有深度、有质量、有价值的调研成果。

（三）围绕全面深化改革凝心聚力

中共十八届三中全会对全面深化改革作出战略部署，为人民政协履行职能、开展工作指明了方向。习近平总书记在全国政协新年茶话会上强调，“要巩固和发展最广泛的爱国统一战线，坚持和完善中国共产党领导的多党合作和政治协商制度，寻求最大公约数，凝聚改革共识，汇聚改革正能量。参加人民政协的各党派团体和各族各界人士要引导所联系成员和群众理解改革、支持改革、参与改革”。我们要切实把围绕全面深化改革履职尽责作为当前和今后一个时期的重要任务，认真贯彻《中共中央关于全面深化改革若干重大问题的决定》和中共江西省委的《实施意见》，紧紧围绕我省改革发展稳定中的重要问题和重大课题，组织委员深入调查研究，为推动全省各项改革建言献策，凝聚共识，汇聚正能量。就深化国有企业改革，完善现代企业制度；进一步深化教育、医药卫生、文化和体育事业改革等重大问题，通过专题协商、提案、反映社情民意等形式，多提意见建议。紧扣群众关心的热点难点问题以及群体性利益诉求，就特殊教育发展、我省实施单独生育二孩政策、民办医院生存与发展环境、食品安全法规的实施、困难职工帮扶工作情况、高等院校民族工作、城市流动人口民族问题、可移动文物普查等课题开展专题调研或视察活动，积极推动民生改善和社会治理创新。

广大政协委员是社会各界的代表人士，要带头争当改革的坚定拥护者和积极实践者，积极宣传党和政府的改革政策，深入了解和反映界别群众、基层群众的利益诉求，及时总结群众在改革实践中创造的成功经验，切实做好上情下达、下情上达和解疑释惑的工作。要组织引导政协委员支持和配合信访工作，参与接待信访群众、协调处理信访问题，切实发挥政协委员协调关系、化解矛盾的重要作用。要深入实际，善于分析、正确看待改革中出现的矛盾和问题，对重大改革政策的贯彻执行和目标任务的完成情况，通过正常的渠道和平台提出积极的建议，推动各项改革举措全面贯彻落实。

（四）着力增强民主监督实效

人民政协的民主监督是我国社会主义监督体系的重要组成部分，是发展我国社会主义协商民主的重要实现形式。要按照党政关心、群众关注、服务大局、注重实效的要求，制定并实施好年度民主监督工作计划。今年常委会围绕县城污水处理设施建设及运行情况开展专题民主监督活动，各专委会至少组织开展一次专题民主监督活动。着力完善民主监督的形式，坚持寓民主监督于政协会议、专题协商、委员提案、反映社情民意、视察调研、民主评议等活动中，研究探索在省直有关部门委派省政协委员担任民主监督员的方式方法。进一步健全民主监督知情明政、沟通协商、办理反馈、权利保障等机制，加强与党内监督、人大监督、行政监督、司法监督、舆论监督的密切配合，确保真正“监到点子上，督到关键处”，发挥政协民主监督的应有作用。

（五）加强政协协商民主制度建设

协商民主的制度化建设，是发挥协商民主独特优势的根本保证。要进一步加强协商民主理论研究，举办“人民政协与协商民主”理论研讨会，深入研究如何推动协商民主广泛、多层、制度化发展，努力用理论创新推动实践创新。积极参与起草省委关于推进协商民主建设的实施意见。进一步规范协商民主内容，在省委领导下制定并实施年度协商工作计划，使每年的协商议题明确具体。进一步完善协商民主形式，更加活跃有序地组织专题协商、对口协商、界别协商、提案办理协商活动，探索邀请新的社会阶层人士代表列席、旁听政协会议等形式。进一步健全协商民主程序，对协商议题的提出和确定，协商活动的准备，协商会议的组织，协商成果的报送，协商意见的处理和反馈等程序予以规范，使民主协商活动有序开展。进一步强化协商民主实效，注重协商成果的跟踪问效，切实加强与党政及其部门的沟通、联系，加强督办，促进协商成果深层次转化。

（六）以改革创新精神推进自身建设

大力加强“五位一体”自身建设是不断提升政协工作科学化水平的内在需要。要以改革创新精神推进政协工作制度化、规范化、程序化建设。积极探索各民主党派、工商联、无党派人士在政协履行职能、发挥作用的新途径、新平台，不断深化团结合作，巩固和壮大最广泛的爱国统一战线。充分发挥政协界别的重要作用，健全界别联系制度，加大界别调研、视察等活动经费支持，增强界别协商的计划性和有效性。着力发挥委员主体作用，进一步加强委员联络和服务工作，密切与委员的经常性联系，积极组织委员参加界别活动，适当增加组织港澳委员返赣视察等活动，努力提高为委员服务的质量和水平。健全完善专委会工作机制，创新工作平台，拓展工作领域。积极探索创新提案办理协商的新形式新方法，完善提案动态管理系统，建立健全重点提案督办机制，组织开好第六次全省政协提案工作座谈会。切实发挥经济委、人口资源环境委、教科文卫体委、社会和法制委专家组的作用，努力把各专委会打造成为服务发展的重要智库、建言献策的重要平台、畅通民意的重要渠道。扎实推进机关和谐文化、创新文化、廉政文化建设。制定省政协贯彻落实《党政机关厉行节约反对浪费条例》实施细则，切实改进文风会风作风。加强各项工作的综合协调、信息沟通和督查落实，提升政协机关的服务能力，巩固教育实践活动取得的成果。加强与市、县政协的指导联系和工作的协作联动。着力健全完善有关工作制度，为省政协履行职能提供坚实保障。

各位委员、同志们，新形势、新要求、新使命，需要新思路、新作为、新贡献。让我们紧密团结在以习近平同志为总书记的中共中央周围，在中共江西省委坚强领导和省政府大力支持下，锐意进取、凝心聚力、奋发有为，不断提升政协工作科学化水平，为我省推进“发展升级、小康提速、绿色崛起、实干兴赣”，实现与全国同步全面建成小康社会而努力奋斗！

政协江西省第十一届委员会常务委员会关于十一届一次会议以来提案工作情况的报告

（2014 年 1 月 19 日在政协江西省第十一届委员会第二次会议上）

李华栋

各位委员，各位同志：

我受常务委员会委托，向大会报告十一届一次会议以来的提案工作，请委员审议，请列席会议的同志提出意见。

一

省政协十一届一次会议以来，政协委员、政协各参加单位和专门委员会，共提交提案 667 件，其中大会提案 632 件，平时提案 35 件。经审查，立案 656 件，其中委员提案 539 件，各民主党派省委会和省工商联提案 115 件，界别提案 2 件。提案分送 93 个承办单位办理，截至年底已全部办理完毕。3 件初次反馈意见为不满意的提案，经承办单位再办理后，提案者表示满意。

从办理结果看，意见建议被采纳和反映问题已基本得到解决的 354 件（A 类），占提案总数的 54%；意见建议得到重视和反映问题已列入计划解决的 282 件（B 类），占 43%；留作参考的 20 件（C 类），占 3 %。总体看，提案涉及领域广泛，内容丰富，科学性、针对性、可行性比较强，反映了委员们心系国是，情牵民生，紧紧围绕我省经济社会发展中的重要工作和人民群众关心的问题，深入开展调查研究，积极通过提案履行职能的热情。这些凝聚着提案者智慧和心血的提案，经办理后效果明显，为推动我省经济社会又好又快发展发挥了积极作用。

提案提出的许多意见建议转化为决策成果，成效显著。比如，经办理促进我省实体经济健康发展和大力发展非公有制经济的提案，省中小企业局等承办单位表示，将加快培育非公有制企业步伐，重点扶持“专、精、特、新”中小企业，努力拓宽小微企业融资渠道，省委、省政府近期出台的《关于大力促进非公有制经济更好更快发展的意见》，充分吸纳了提案提出的建议。关于延续支持光伏产品推广运用政策的提案，省工信委等承办单位表示将以城镇化建设为契机，在更广泛的领域推广光伏发电，并着手编制《江西省分布式光伏发电规划》，使之成为利国惠民的绿色节能产业。关于进一步做好城乡低保工作的提案，省民政厅出台了《江西省城乡最低生活保障操作规程》，规范了低保操作程序，完善了低保认定条件，建立了保障标准与物价上涨联动机制。关于农村社会救助体系建设需要进一步完善的提案，省财政厅将其作为重大民生问题予以落实，提高了城乡低保补助标准，规定各级财政部门开设社会保障基金专户，对资金实行封闭运行，确保五保供养资金专款专用。

提案提出的不少意见建议列入部门工作方案、进入操作阶段，有力地推动了相关工作。经办理关于建议我省打造现代化农资农贸大市场的提案，省政府认真落实省主要领导作出的批示，召开专题协调会进行部署调度，省农业厅、交通厅、国土厅、商务厅等承办单位表示积极配合、大力推进，在深入调研的基础上，制定了办理方案和项目实施计划。对凝聚两大国家发展战略合力、推动我省经济快速发展的多件提案，省发改委等承办单位加强协作、共同研究、积极推进，加大了对鄱阳湖生态经济区建设和赣南等原中央苏区振兴发展规划的落实和支持力度。关于采用新方式保障餐饮安全建议的提案，省食品药品监管局开发了"餐饮单位动态远程视频监管系统"，可在线查看餐饮单位厨房和药店库房，现已进行试点。关于加强社区矫正工作建议的提案，省司法厅表示将进一步加大社区矫正规范化建设和县级监管中心、信息化监管平台建设工作力度，出台了《江西省社区矫正工作实施细则(试行)》。

提案提出的不少意见建议成为决策参考，有的列入相关规划之中。经办理加快推进农民工权益保障立法进程建议的提案，省人保厅在充分调研论证的基础上，形成《江西省农民工权益保障条例》初稿，列入省人大常委会审议程序。关于调整优化农村中小学布局建议的提案，省教育厅要求各县级人民政府编制 2013—2015 年县域义务教育学校布局专项规划时，把规范农村义务教育布局调整作为督导评估的重要内容。对完善国家基本药物制度、推进医疗卫生体制改革的提案，省卫生厅表示将进一步巩固基层医疗卫生机构基本药物制度，将基本药物制度向二、三级医疗机构延伸。对加强农村科普工作的提案，省科技厅表示将进一步拓展科普工作内容，整合现有资源，完善农村科普设施建设。

省委、省政府高度重视政协提案的办理工作，强卫、鹿心社等多位领导同志对省政协报送的《重要提案摘报》作出批示，或参加提案办理协商，或对提案办理协调工作给予关注和指导，有力地推进了提案的办理落实。各承办单位认真贯彻中央办公厅、国务院办公厅和省委办公厅、省政府办公厅印发的关于进一步加强人民政协提案办理工作的《意见》和《实施意见》精神，把办理好政协提案作为推进和完善中国特色社会主义民主的一项重要政治任务，作为联系群众、转变作风、推动科学发展的一个重要抓手，作为广泛凝聚各方面智慧和力量、改进和促进工作的重要途径，进一步加强组织领导，完善工作机制，创新办理形式，注重办理实效。许多办理单位强化了提案办理前的调查研究、办理过程中的沟通协商和办理后的督促检查；领导同志亲自部署，带头批办、领办和督办提案，率队走访提案者、开展调研、参加提案办理协商，积极推动提案办理，提案办理质量有了明显提高。

二

一年来，常委会遵循"围绕中心、服务大局、提高质量、讲求实效"的提案工作方针，围绕提高提案质量、提升提案服务质量和推动提高办理实效，开展了大量工作。

(一)贯彻落实中央和省“两办”文件精神。省政协提案委员会会同省委督察室、省政府办公厅、省政协办公厅，联合对省委政法委、上饶市政府等12家提案承办单位的提案办理工作进行督查，重点检查承办单位贯彻落实中央和省“两办”《意见》与《实施意见》精神，加强提案办理工作的组织领导、强化责任落实、开展提案办理协商、加大提案办理落实及反馈力度、建立提案办理工作考核和激励机制等情况，以重点督查推动了贯彻落实；联合召开提案办理工作联络员会议，交流贯彻落实经验，分析提案办理过程中的问题，协调督促办理进度，对按时完成全年提案办理工作起到了积极的推动作用。

(二)着力提高提案质量。为充分发挥政协提案广开言路、建言献策的特点，通过一系列扎实有效的工作，着力提高提案质量。一是走访省委、省政府有关部门，征集提案线索；二是召开提案征集座谈会，由承办政协提案比较多的单位和部门，向各参加单位和专门委员会通报新一年的工作要点，便于委员知情明政；三是召开各民主党派省委会和省工商联集体提案征集协调会，协商、协调全会提案工作；四是根据省委、省政府中心工作，结合省内重大政策和重要部署编辑提案调研提纲，供提案者选题参考；五是结合新委员培训班，讲授如何撰写高质量的提案；六是利用提案动态管理系统，为委员网上提交提案提供方便；七是坚持和完善提案三级审查制度，认真组织提案审查工作，严把提案质量关。

(三)推进提案办理协商。一次全体会议期间，通过“会中办案”，围绕发展实体经济这一委员关注度高的内容，组织8家政协提案承办单位与提案者进行“面对面”协商。省政协主席会议确定的11件重点提案，在调查研究的基础上进行专题座谈协商。10件去年办结为B类的重要提案，进行跟踪问效协商。在提案办理过程中，积极推进承办单位与提案者之间的沟通协商，使协商成为提案办理的必要程序，成为增进了解和扩大共识的过程，努力促进提案经过办理产生实效。开展提案调研，选择委员关注度高、围绕一个专题从不同角度提出的同一类提案，组织部分提案者、承办单位和有关专家，在深入调研考察的基础上，进一步深化和丰富提案内容，增进“提”“办”双方的共识，提升建议的针对性和操作性，有力推动了相关提案的办理落实。

(四)加强和改进提案服务工作。一是加强与政协委员、各参加单位的联系和沟通，积极搭建知情明政平台，精心编辑提案调研提纲，加强“提”“办”双方信息沟通和提案提交前的协商，以提高提案的适时性、针对性和可操作性；二是充分发掘利用提案资源，编辑《重要提案摘报》、《提案汇编》、《党派团体集体提案汇编》、分类提案专辑等，供省委、省政府领导及有关部门参考，使提案在更为广阔的范围发挥作用；三是加大提案工作的宣传力度，扩大了提案工作的社会影响，较好地发挥了相互借鉴交流作用；四是完善了提案工作信息化建设，提案动态管理系统为提案提交、交办、协商、反馈等提供了更加便捷的渠道。

过去的一年，提案工作虽然取得了新进展，但与新形势、新任务的要求还有一定差距。比如，如何在提案数量持续增加的情况下进一步提高提案质量，如何加强平时提案征集和开展界别提案工作，如何把好提案审查立案关，如何加强和规范提案办理协商，如何开展提案办理评议等，都有待在今后工作中予以重视和逐步推进。

三

2014年是全面贯彻落实党的十八届三中全会精神，全面深化改革的第一年，是实施“十二五”规划的关键一年，改革发展任务繁重艰巨。做好今年省政协的提案工作舞台广、意义大、责任重。我们要高举中国特色社会主义伟大旗帜，以邓小平理论、“三个代表”重要思想、科学发展观为指导，深入贯彻中共十八大，十八届二中、三中全会和中共江西省委十三届七次、八次全体会议精神，更好地围绕中心、服务大局，下更大力气提高质量、讲求实效，全面提高提案工作科学化水平，更好地发挥政协提案的作用。

（一）进一步提高提案质量，切实增强提案的针对性和可操作性。要按照“稳中求进、改革创新”的总要求，围绕中央和省委提出的改革发展目标任务，围绕我省改革发展稳定中出现的新情况、新问题和人民群众普遍关心的问题，组织引导提案者广泛收集情况，选准选好提案的切入点，着眼全局，着眼务实管用，着眼发挥政协的特点和优势，深入调查研究，努力形成针对性、操作性强的意见建议。进一步改进提案审查立案工作，从本次会议起，对大会期间提交的提案进行初步审查，会后再进行立案审查，以确保提案质量。积极探索为提案者知情明政创造条件、加强平时提案的组织征集、提案分类、提案并案处理等方式方法，使提案真正成为人民政协富有特色的信息库和智力库，成为党和政府密切联系群众、了解社情民意、掌握社会动态、推动工作落实的重要方式和途径。

（二）坚持以提高办理实效为目标，大力推进提案办理协商。在总结好、宣传好、坚持好以往经验和成功做法的基础上，推动承办单位落实提案办理主体责任，积极探索提案办理协商的形式和方法，规范协商程序，完善协商机制，把功夫真正用在吸纳合理建议上，把气力真正花在解决实际问题上，积极、稳步推进提案办理协商。

（三）建立健全协调机制，努力形成整体合力。加强提案办理工作的统筹协调，调动和发挥各方面的积极性、主动性、创造性；建立健全重点提案督办机制，推动党政领导同志加大重点提案督办力度；完善政协专委会开展提案工作的机制，发挥其在提案协商中专业性强的特点；推动建立和完善集体提案工作机制，充分发挥民主党派、界别的优势和重要作用。通过各方面共同努力，形成一个广泛参与、相互配合、整体推进、协调高效的提案工作机制，使政协提案更好地为经济社会发展服务。

（四）完善提案动态管理系统，推进提案工作信息化建设。运用现代科学方法和信息网络技术，不断创新提案工作方式和手段，规范工作流程，提高工作效率，推动提案资源信息化、传输网络化和管理科学化，为更加高效地做好提案工作提供技术支撑。

各位委员，各位同志，新形势、新任务对人民政协提案工作提出了新的更高的要求，也提供了更为广阔的舞台。我们要在中共江西省委的正确领导和省政府的大力支持下，充分运用提案这一人民政协履行职能最广泛、最直接、最有效的方式，多建睿智之言，多献务实之策，使政协提案为促进我省“发展升级、小康提速、绿色崛起、实干兴赣”，建设富裕和谐秀美江西，作出新的更大贡献！

政协江西省第十一届委员会提案委员会关于省政协十一届二次会议提案初步审查情况的报告

（2014 年 1 月 23 日）

省政协十一届二次会议期间，各界委员、各参加单位和各专门委员会，积极通过提案履行职能、建言献策。至本次会议规定的提案截止时间，共收到提案 617 件，其中委员个人及联名提案 507 件，民主党派省委会和省工商联提案 97 件，省政协专门委员会提案 13 件；涉及经济建设和生态文明建设方面的提案 330 件，占 54%，社会事业方面的提案 230 件，占 37%，民主法制等方面的提案 57 件，占 9%；通过提案动态管理系统政协委员网站提交的提案 569 件，占 92%，纸质提案 48 件，占 8%。

本次会议提案内容广泛，涵盖经济、政治、文化、社会、生态文明建设各个领域，大多是经济社会发展中的重要问题和事关群众切身利益的实际问题，反映了人民群众的关切和期待，体现了政协委员履行职责的责任感和使命感。

提案内容比较集中的主要有：进一步全面深化改革，加快推进鄱阳湖生态经济区建设，加快昌九一体化进程，积极实施赣南原中央苏区振兴规划，推动区域经济协调发展，加快新型城镇化建设步伐，着力发展非公有制经济，大力发展现代服务业，支持企业科技创新和转型升级，加快江西企业上市融资步伐，扩大与港澳台地区的经贸和文化合作，扎实推进新农村建设，多措并举推进农业产业化，加快发展现代农业构建新型经营和服务体系，加快收入分配制度改革，稳步推进保障性安居工程，大力发展文化事业和文化产业，继续推进义务教育均衡发展，促进城乡医疗基本公共服务均等化，健全食品安全监管体系，妥善解决大中专毕业生和困难群众就业问题，加快公共及社会养老服务体系建设，建立政府部门绩效公开问政制度，加强廉政建设和反腐败工作，加强和改进信访维稳工作，进一步落实民族宗教政策，加强和改进人民政协工作等。

会议期间，经初步审查，选择人民群众和委员关注度较高的食品安全问题的提案，召开了提案办理协商会，邀请省政府领导及省农业厅、财政厅、环保厅、商务厅、食品药品监管局等承办单位的负责同志，与提出提案的民主党派省委会、政协委员当面沟通情况，交换意见，共商解决问题的措施，推动提案办理。

大会闭幕后，提案委员会将组织力量对会议期间收集的提案，进行逐件审查，符合立案标准的提案，及时送交有关单位办理；对不宜立案的提案，在与提案者进行沟通并告知原因后，作为委员工作建议转送有关部门研究处理，或作社情民意信息转省政协办公厅处理；对本次大会提案截止时间以后收到的提案，将作为平时提案，及时审查立案后送交有关单位办理。委员可以通过省政协提案动态管理系统政协委员网站，了解提案的立案情况和办理情况。

省政协领导讲话

在省政协十一届二次会议闭幕会上的讲话

黄跃金

（2014 年 1 月 23 日）

各位委员、同志们：

中国人民政治协商会议江西省第十一届委员会第二次会议，经过全体委员和与会同志的共同努力，圆满完成了预定的各项议程，即将胜利闭幕。

这次大会是在全省上下深入学习贯彻中共十八届三中全会和习近平总书记系列重要讲话精神，学习贯彻中共江西省委十三届七次、八次全会精神的新形势下召开的。中共江西省委对会议高度重视，省委书记强卫，省委副书记、省长鹿心社，省委副书记尚勇等省领导出席了开幕式和闭幕式，并多次莅会，听取大会发言，参加联组讨论，与委员们一起真诚沟通、相互交流，共商改革大计、共谋发展良策、共促兴赣伟业。

省委书记强卫同志在开幕大会上发表了重要讲话，充分肯定了过去一年省政协工作取得的成绩，并对做好当前及今后一个时期的政协工作、更好地发挥政协重要作用提出了殷切希望，要求我们进一步打牢共同思想基础；进一步推进改革伟大事业；进一步发展广泛的协商民主；进一步提高履职的能力和水平。这对我们围绕中心、服务大局，更好地履行职能、发挥作用具有重要的指导意义，为推动我省人民政协事业创新发展指明了方向。我们要认真学习领会，切实抓好贯彻落实。

会议期间，全体委员认真审议了省政协常委会工作报告和提案工作报告，列席了省十二届人大三次会议，听取、讨论并赞同省长鹿心社同志所作的政府工作报告，讨论并赞同省高级人民法院工作报告、省人民检察院工作报告和其他重要报告。委员们在对上述报告给予高度评价的同时，以饱满的政治热情和强烈的政治责任感，围绕事关经济社会发展和人民群众切身利益的重大问题，围绕推进社会主义协商民主广泛多层制度化发展，积极建言献策，提出了许多具有前瞻性、针对性和操作性的意见建议。充分体现了人民政协这一政治组织和民主形式的独特优势，展示了广大政协委员的时代风采。会议始终洋溢着合作共事、民主协商、奋发向上的良好氛围，是一次团结民主、创新务实的大会，是一次凝聚共识、共谋发展的大会！

各位委员、同志们，中共十八届三中全会对全面深化改革作出了总体部署，吹响了全面深化改革的冲锋号角，勾画了全面深化改革的宏伟蓝图，并从推进社会主义民主政治制度建设的高度，对人民政协事业发展提出了一系列新观点、新论断、新要求，赋予了人民政协更加光荣、更加崇高的使命。习近平总书记指出，“没有人民支持和参与，任何改革都不可能取得成功，无论遇到任何困难和挑战，只要有人民支持和参与，就没有克服不了的困难，就没有越不过的坎”，并强调“要争当改革的坚定拥护者和积极实践者”。我们要深入学习贯彻中共十八届三中全会、习近平总书记系列重要讲话精神和省委十三届七次、八次全会精神，切实把思想和行动统一到中共中央和中共江西省委的要求上来，把智慧和力量凝聚到理解、支持和参与改革上来，力争在全面深化改革中发挥更大作用、实现更大作为。

借此机会提几点希望和大家共勉。

第一，要做改革的“拥护者”。改革开放是决定当代中国命运、实现“两个一百年”奋斗目标、实现中华民族伟大复兴的关键一招，也是我省推进“发展升级、小康提速、绿色崛起、实干兴赣”的关键一招。解决发展面临的难题，不深化改革不行，深化改革力度小了也不行。我们要坚定地理解改革、支持改革、拥护改革，思想上不动摇、不懈怠、不迷糊，行动上不折腾、不拖拉、不彷徨，无论遇到什么困难，无论出现什么干扰，都要坚定不移推进改革，都要满怀信心、意志坚定地在改革大道上阔步前行。

第二，要做改革的“参与者”。中共十八届三中全会阐明了全面深化改革的重大意义和未来走向，规划了全面深化改革的路线图和时间表，目标宏伟，令人振奋。中共江西省委十三届八次全会通过了我省全面深化改革的实施意见，任务明确，措施有力。我们要认识到，全面深化改革是一项复杂的系统工程，绝不是哪一个部门的事，更不是哪一个人的事，需要依靠集体的智慧和力量。我们要牢固树立“人人都是参与者、个个都是当事人”的思想，积极投身全面深化改革实践，担改革之责，谋改革之举，做推动改革之事。只有始终坚持改革的正确方向，同心同向同行，才能保证改革顺利过险滩、涉深水、爬坡过坎，使各项改革目标、任务和举措落到实处。

第三，要做改革的“实践者”。空谈误国，实干兴邦。中华民族的奋斗历史充分印证了这个道理。饱经沧桑的中华民族，之所以能走出苦难、走向辉煌，靠的不是空想清谈，而是实干苦干。历史上的战国赵括“纸上谈兵”、两晋学士“虚谈废务”，都是事业发展的大忌。今天的改革也是如此，再美好的改革蓝图，如果没有真抓实干、求真务实，也是“口惠而实不至”的一纸空文，好比“水中月亮”“空中楼阁”。我们要充分发挥政协“人才库”“智囊团”的独特优势，紧扣事关改革发展的全局性、战略性、前瞻性问题和事关群众切身利益的实际问题，深入开展调研，建睿智之言、献务实之策、谋创新之举，为省委、省政府科学民主决策提供有益参考，为我省全面深化改革凝聚共识、汇聚力量。

第四，要做改革的“开拓者”。改革不停顿，探索无止境。深水区的改革需要有一批具有强烈进取意识、机遇意识、责任意识的改革“马前卒”，在全面深化改革征程中敢闯敢试、披荆斩棘。广大政协委员是各界的精英和代表，工作经验丰富、社会威望高、影响力大，凝聚着四面八方的智慧和能量，在全面深化改革的“大考”中，应当不畏艰险，敢于啃“硬骨头”、蹚“深水区”，以“只争朝夕、一往无前”的精神和“逢山开路、遇河架桥”的魄力，走在改革前列，为我省全面深化改革贡献真知灼见、发挥积极作用。

各位委员、同志们，宏伟蓝图鼓舞人心，崇高使命催人奋进。站在新的历史起点上，让我们紧密团结在以习近平同志为总书记的中共中央周围，在中共江西省委坚强领导下，同心同德，群策群力，努力谱写我省政协事业发展的新篇章，为不断开创“发展升级、小康提速、绿色崛起、实干兴赣”新局面，确保江西与全国同步全面建成小康社会，作出新的更大贡献！

一年一度的新春佳节即将来临。借此机会，我代表省政协，向大家拜个早年，祝大家在新的一年里，工作顺利、身体健康、阖家幸福、事业发展！

在省政协十一届六次常委会议上的讲话

黄跃金

（2014 年 4 月 11 日）

同志们：

这次省政协常委会议，是推进我省新型城镇化建设的一次重要会议，也是坚持协商于省委、省政府重大决策之前的一次重要实践。昨天上午，省政府副省长李炳军同志就我省新型城镇化作了全面介绍，让我们对全省新型城镇化情况有了更全面、更深入的认识。经过大家的共同努力，会议圆满完成了各项议程，开得很好。

一是调查研究力求深入务实，客观全面，宏观超前。省政协调研组在肖光明副主席的带领下，分赴全省 5 个设区市、14 个县（区）开展了近一个月的深入调研。这次调研立足实际，既到有亮点的地方总结经验，又去发展较慢的地方查找问题，实事求是地了解我省新型城镇化发展的现状、取得的经验及存在的问题。调研组不仅与地方有关部门负责人进行了座谈，还与部分居民和农民工代表多次座谈，听取意见和建议，并且作了有针对性的问卷调查，掌握了大量的第一手数据和资料。调查结束后，调研组对情况进一步梳理、分析和系统研究，在此基础上形成了主题鲜明、立意新颖、条理清晰、朴实精炼的《建议案》。并在全省城镇化工作会议之前提出《建议案》，体现了超前性。

二是建言议政力求突出重点，锐意创新，切实可行。这次会议，有八位同志在昨天上午的大会上作了发言，有一位同志提供了书面发言，许多同志在昨天下午的分组讨论会上积极发言，大家紧紧围绕会议主题，从多方面多角度积极建言献策，为推进全省新型城镇化发展提出了许多符合省情、针对性强、富有见地的好建议。这些意见建议有较强的决策参考价值和可操作性，充分表明大家做了大量的前期工作，是经过深思熟虑、反复斟酌提出的意见建议。特别是省政协副主席肖光明同志作了很好的《建议案》起草情况说明，会后，请办公厅按照肖光明同志所强调的一些重点问题，并结合大家的发言，进一步充实完善好报送省委省政府的《建议案》，积极跟踪办理落实，使政协建言议政成果有效转化。

下面，我结合《建议案》和昨天大家的发言，围绕推进新型城镇化，谈两点认识。

一、要深刻认识新型城镇化的重大战略意义和现实意义

习近平总书记在中央城镇化工作会议上强调，城镇化是现代化的必由之路，推进城镇

化是解决农业、农村、农民问题的重要途径,是推动区域协调发展的有力支撑,是扩大内需和促进产业升级的重要抓手。我们一定要站在全局和战略的高度,充分认识新型城镇化对全面建成小康社会、推进社会主义现代化的重大而深远意义。

1. **城镇化是人类文明演进的最重要载体、最生动实践。**城市是人类文明的产物和集中体现,也是人类文明传承发展的主要载体和策源地。城镇化是农村地区演化为城镇的现象和过程,其实质就是农村生产要素的转移过程,即生产要素点由分散到聚集的过程,是人类聚居从农村空间形态向城镇空间形态、人类文明从传统农村文明向现代城市文明的转变过程。在漫长的前工业社会阶段,古代城市的总体发展空间限制在一个很小的范围内,绝大多数人口生活在村落。近代工业革命,开启了工业化、城市化这两个相互伴生、相互促进的现代化进程,现代新兴城市迅速崛起,古代城市迅速向现代城市转型,城市化率持续攀升。世界城市化率在18世纪初仅为3.9%,19世纪初提高到13.7%,20世纪是世界人口成倍增长和城市化突飞猛进的时期,2005年世界城市化率达到48.9%,2007年首次突破50%。目前,全球已有30多亿人居住在城市,超过世界总人口的半数以上。可以说,世界各国的经济社会进步史,其实就是一部城市规模不断壮大、水平不断提升的发展史。城市在历史长河中留下的印迹最直接、最深刻、最明显。

2. **城镇化是促进现代化,统筹城乡一体化的最关键过程、最具体体现。**一方面,城镇化是迈向现代化不可逾越的阶段。有经济学家曾指出,城市化和高科技是推动21世纪人类进程的两大关键性因素。从国际看,城镇化的带动效应已经被越来越多的实践所验证。如,美国是城镇化水平最高的国家,欧洲是全球城镇化组团发展的标杆,城镇化率都在85%以上,这些国家和地区都是世界经济最发达的区域,也是现代化程度最高的区域。从国内看,长三角、珠三角地区作为全国经济发展的"领头雁",城镇化建设也走在前列,珠三角地区城镇人口比重已超过77%,达到中等发达国家水平。另一方面,城镇化的对象是农村和农民,农民职业非农化、生活方式城市化以及进城农民工与市民待遇的均等化是城镇化的基本特征。城镇化可以带动一、二、三产业协调发展,其加速推进,既有利于城乡之间生产要素的合理流动和优化组合,又有利于城乡经济一体化发展;既有利于吸纳农村剩余劳动力、增加就业、提高收入,又有利于加快农村土地流转,为发展现代农业创造条件。城镇化加速发展的过程就是城乡一体化和体制机制创新的过程。

3. **城镇化是推进我省"发展升级、小康提速、绿色崛起、实干兴赣"的重要抓手、强力引擎。**省委书记强卫同志在省委十三届七次全会上强调,城镇化是经济社会发展的巨大引擎,也是小康社会的一个重要标志,必须以更大力度加快我省城镇化进程。城镇化问题已经成为事关一个地区区域经济发展的决定性因素之一。一方面,城镇化是扩大内需的重要手段。工业化满足供给,城镇化提供需求,城镇化的一个重大好处就在于其能拉动消费。城市建设包括基础设施建设、房地产开发、公共文化卫生事业发展等诸多内容,是增加投入、保持增长的重头戏。根据预测,我省城镇化每提高一个百分点,就能转移农村人口44万人,拉动消费440亿元。按照过去10年我省城镇化年均增长1.64%计算,每年可以拉动投资2700亿元,替代出口4200亿元,创造GDP3600亿元,对全省GDP增长的贡献达到35%以上,可见城镇化对推动经济发展至关重要。推进城镇化是我省潜力所在、希望所在。同时,城镇建设本身具有重要的聚集和辐射带动作用。据权威分析,城镇建设可以直接带动建材、商贸、物流、机械制造、旅游文化等20多个产业,间接带动的金融、房地产等产业更是达到60多个。另一方面,城镇化的加速推进,可以优化发展环境。对投资客商来说,是一项信心工程;对经济社会发展来说,是一项动力工程。城镇环境的改善,必然吸引更多人流、物流和财富集聚,进而为全省经济社会持续健康较快发展奠定坚实基础。

二、要切实把握推进新型城镇化的重点和难点

当前,我省城镇化水平仍然相对较低,城市发展实力不强、发展比较粗放、功能不完善等问题没有得到根本解决,我省仍处于城镇化加速发展阶段。推进新型城镇化,不仅仅是一个城镇建设开发过程,而且是一项战略性、综合性、基础性、政策性很强的复杂系统工程。我们一定要顺应城镇化发展的规律,坚持以人为本、优化布局、生态文明、传承文化的基本原则,并与基本省情、经济社会发展的基本要求相适应,走江西特色、科学发展的新型城镇化道路。根据《建议案》的内容和大家的发言,应突出强调以下几个问题:

1. 强调规划的引领作用和刚性约束力。规划是龙头,是城镇化发展的大纲,是确保少走弯路的航向标。规划带来的效益是最大的效益,规划造成的损失是最大的损失。近年来,个别地方不顾资源环境承载能力和经济社会发展客观条件,随意修改规划的情况时有发生。“政府一换届、规划就换届”,城市规划无法保持连续性,造成了社会资源的巨大浪费,而且未批先建或不按规划建设的情况屡禁不止。一要提高规划制定的科学性、可操作性。城市规划是管长远、管全局的,许多城市发展的实践证明,规划可以影响一个城市今后五十年甚至一百年的发展。国内外许多品位独特、特色鲜明的城市,往往是得益于几十年甚至数百年前具有战略性、前瞻性的规划。如,深圳在短短30年内从一个边陲小镇发展成为现代化国际大都市,在一定程度上得益于筹建特区时决策者的科学规划,特别是在发展空间谋划上的远见卓识,即把深圳经济特区的范围划定为大小适宜的327平方公里。正是大小适宜的空间规划,既成就了当初经济特区的迅速崛起,又为后来向国际大都市跨越预留了空间。目前,我省正在抓紧制定《江西省新型城镇化规划(2014—2020年)》,我们的规划要考虑对自然的影响,考虑文化因素和历史传统,切实做出高水平。在发展定位、空间布局、功能配备等方面的规划设计上,既要立足当前的发展现状,更要考虑长远的发展需求,留足城镇发展空间,构建科学合理的城乡规划体系。决不能因规划疏漏而留下管理盲点,因规划滞后而留下历史遗憾,因定位不准、定位不高留下城镇建设的败笔,确保规划经得起历史与实践的检验。二要坚持规划实施的严肃性、稳定性。要坚持规划一张图、建设一盘棋,做到一张蓝图管到底、建到底,防止换一届领导改一次规划。要严格实施规划红线、水体蓝线、绿地绿线、历史文化保护紫线、市政公用设施黄线等“五线”管理制度,严格规范用地性质和容积率。三要保障规划监管的规范性、公开性。一方面,编制空间规划和城市规划要有法治思维,通过立法形式确定下来,使之具有法律权威性,并依法加强规划的实施监管。另一方面,要多听取群众意见、尊重专家意见,推进规划的民主决策和社会监督,规划建设项目要批前公示、批后公开,确保社会公众的知情权、参与权、表达权和监督权。

2. 强调注重产业支撑,实现产城融合发展。城镇化的核心是经济发展,如果没有产业支撑,城镇化就缺失活力、缺少张力、缺乏竞争力,就成了无源之水、无本之木。只有城与业相互支撑、融合发展、同生共兴,城镇化建设才能长久稳定地走下去。近年来一些地方出现的“空城”现象,很大程度源于支撑产业的虚无或城市功能的单一。要规划建设好不同类

型、不同规模的产业发展带和核心区，培育产业集群，在全省尽快形成特色鲜明、错位发展、相互协调的区域产业格局。中心城市要进一步发展壮大优势产业，改造提升传统产业，加快发展商贸、休闲、旅游等生活性服务业，大力发展金融、通信、物流等生产性服务业，为扩大就业、集聚人口创造有利条件。中小城市和城镇要围绕充分利用要素成本优势，积极发展特色产业和劳动密集型产业，努力创造就业岗位。要进一步合理配置产业用地，大力发展园区经济，积极推进产业集聚发展。要加快推进农业现代化，农业与小城镇建设联系最为紧密，不仅工业需要转型，农业同样要适应城镇化需要，抓紧向产业化、标准化、品牌化的方向转型升级，以农业现代化推进新型城镇化。

3. **强调着力打造宜居环境，增强城镇综合承载能力。**这里特别提出的是要因地制宜，突出特色。现在，关于城市的价值理念正在发生新的回归，城市建设要坚持以人为本，城市功能定位要把“宜居”放在首位，优先满足居民的生活需要。一个宜居宜业的城市，一定是公共设施完善、公共基础良好、公共服务贴心的幸福安康之所。一要科学确定城市功能分区。在城市规划和建设中，要注意城市的生产功能、消费功能、就业功能和服务功能的全面配套，不仅满足城市产业发展需要，而且与提升城市居民生活质量的需求相适应，避免人为造成功能单一、生产生活割裂，增加交通压力和生活成本。二要推进市政基础设施建设。基础设施是城市正常运行和健康发展的物质基础。要适应城市化发展带来的人流、物流急剧扩张的新要求，加快与城市规模容量相匹配的市政设施建设。尤其要加强城市防灾减灾生命线系统建设，提高交通、供水、供电、供气、通信、防洪、消防等设施的运行保障能力。三要强化公共服务设施建设。要以解决群众最关心、最直接、最现实的利益问题为重点，扩大公共服务资源供给，创新公共服务方式，把更多的精力、财力、物力用在教育、医疗、文化、体育等社会事业发展上，用在居民生活品质改善上。要加快旧城特别是棚户区改造和保障房建设，不断提升群众生活质量。四要推动城镇化可持续发展。中央城镇化工作会议指出，要着力推进绿色发展、循环发展、低碳发展，尽可能减少对自然的干扰和损害，节约集约利用土地、水、能源等资源。我省各地的地理环境、风土人文等有所差异，要科学利用山、水、林、园的独特生态功能，积极发展生态观光、旅游度假、文化休闲等产业，实现生态效益与经济效益的互利双赢。要充分尊重广大群众对生态文明的向往，积极完善生态系统和环境设施，不砍树、不填塘、不破坏生态，推广低碳生态环保的生产方式、生活方式和消费模式，走集约节约、绿色低碳的可持续发展道路，为子孙后代留下更多的可耕之田、发展之业、宜居之所。

4. **强调全面深化改革，统筹推进机制和政策创新。**新型城镇化涉及诸多重点领域的体制机制，人、地、钱个个关乎制度机制深层次问题。一着灵，全盘活。这些关键领域搞得好，难题破得了，就能让新型城镇化这盘大棋走得顺、走得活、走得赢。因此，推进城镇化改革不仅需要勇气和担当，更需要智慧和方法。我们要进一步加强顶层设计，尊重规律，因势利导，统筹推进相关领域改革。

一要创新投融资机制，着力解决“钱从哪来”的问题。财力是城市发展的生命线。解决城镇化巨大的资金需求，需要以改革创新思维，推动建立多元可持续的资金保障机制。要建立多层次、多样化、市场化的投融资机制。全国“十二五”规划纲要明确提出“要深化城市建设投融资体制改革，发行市政项目建设债券”。市政债券是地方政府或其授权代理机构发行的、以地方政府信用为保障的有价证券，在境外国家和地区是发展最为成熟的一种直接融资方式，也是市政建设和基础设施项目融资的主要工具，已经被美国、日本等国家广泛采用。美国是全球最大的市政债券市场，其市政债券分为一般责任债券和收益债券，教育、卫生、交通等公用事业项目主要发行收益债券，一些收益不足偿还债务的建设项目，如城市路灯照明系统，地方政府则发行一般责任债券，通过特定的销售税、燃料税或两者结合起来偿债。而我国目前还没有真正意义上的市政债券，下一步要探索完善市场化发行机制，健全风险分担机制，强化偿债能力要求，加强市场约束，完善债券品种，在市场较为成熟的情况下，进行市政债券试点，并赋予地方政府充分自主权。要着力推进基础设施资产证券化，为大型基础设施项目融资。大力发展资产证券化产品可以盘活存量资产，为基础设施建设、城镇居民生活消费等提供亟须的资金支持，为经济发展注入活力，更好地推动城镇化建设。目前，我国资产证券化发展已经起步，我们要进一步完善资产证券化相关的体制机制，积极营造有利于我省资产证券化发展的市场环境和信用环境。要大力发展村镇银行等金融机构。在美国，大银行的贷款多集中于大中型企业，对小微型企业的贷款主要由社区银行来满足。美国共有8000多家社区银行，对美国的经济发展，防止基层金融“空洞化”具有非常重要的作用。目前，我国村镇银行数量已突破1000家，我省有28家村镇银行，发展势头很快。要放宽对各类金融机构的市场准入限制，鼓励和扶持类似村镇银行等金融机构，加快形成覆盖城乡的新型金融体系，为全省城镇化建设提供融资服务。要支持多种形式的融资方式。城镇化建设要根据资金需求特性，采用不同的融资方式。对于规模较小、期限较短、一般建设项目可以发行收益性企业债券；有特定用途、投资主体多样化的可以采用产业基金融资；具有长期收益稳定特性的经营性城市基础设施可以成立公司上市融资。此外，还可以通过中小企业贷款担保计划，成立小企业投资公司等，解决中小企业融资渠道和效率问题。要积极研究开发适合城镇居民的大众化、低风险、有相对稳定回报的投资产品，在政策上支持和鼓励金融机构不断创新，积极开发多元化的财富管理工具，让城镇居民公平分享经济发展成果。

二要深化土地管理制度改革，着力解决“地怎么用”的问题。土地是城镇建设最重要的资源。人口城镇化与土地城镇化的矛盾十分突出，要求我们必须加大土地管理制度创新。要坚持最严格的节约用地制度，按照管住总量、严控增量、盘活存量的原则，以土地整治和城乡建设用地“增减挂”为平台，通过立体开发、复合利用、循环利用等方式，切实提高城镇建设用地集约化程度。要注重发挥市场配置资源的决定性作用，建立反映资源稀缺程度的土地市场机制，进一步深化土地有偿使用制度改革，坚持和完善招标拍卖挂牌出让制度。要健全土地价格形成机制，构建城乡一体的土地等级和价格体系，发挥土地价格对节约集约用地的引导作用，有序推进城乡统一的建设用地市场建设。要改革完善宅基地管理制度，探索宅基地市场交易主体、交易方式和交易范围，建立较为完备的市场化退出机制，优化建设用地空间布局，提高土地要素配置效率。

三要推进户籍制度改革，着力解决“人往哪去”的问题。城镇化的核心是人的城镇化，不能只折腾地不关心人。在一些地方，尽管有的农民可能在城市务工时间长达二三十年，有的农民工子女就出生在城市，但是他们的身份依然是农民，形成了“半城镇化”现象。我省也存在同样的问题，许多农民工在城里打工，却无法真正融入城市，成为市民。为此，必须在深化户籍制度改革的同时，全面推行流动人口居住证制度，建立健全与居住年限等条件相挂钩的基本公共服务提供机制。尤其要着力解决农民工进城务工的问题，让那些“离乡不离土”的农民工，在保留农村居民户籍的情况下，能够在城市里落得下、生活好、有尊严。对那些“离乡又离土”的农民工，尤其是“新生代农民工”即80后、90后农民工，这些人对土地依赖程度不高，有着强烈的进城愿望，要最大程度地保障他们的权益，最大限度地让农民工在无后顾之忧的前提下真正实现市民化，真正享受“同城同待遇”。同时，要强调在推进新型城镇化进程中，农民变市民应以不放弃原有资产权益为前提，在确权的基础上，以自愿、依法为原则，通过市场手段，把资源变为资产或资本，使离开农村的农民带着资产或资本进城落户。

同志们，推进新型城镇化建设是一项艰巨的长期任务，也是一个关系全省经济社会发展全局的永恒实践。我们必须积极探索，锐意创新，凝聚更多智慧和力量，努力为开创我省新型城镇化工作新局面，推进我省“发展升级、小康提速、绿色崛起、实干兴赣”作出新的更大贡献。

在省政协十一届七次常委会议上的讲话

黄跃金

（2014 年 9 月 29 日）

同志们：

我们这次常委会议，是在深入学习贯彻习近平总书记在庆祝人民政协成立 65 周年大会上重要讲话精神的新形势下召开的，是一次紧扣改革发展大局、充分发扬民主、围绕加快推进昌九一体化广泛协商的重要会议。省委、省政府对此高度重视，省委领导到会听取大家的意见，并作了讲话，对省政协的意见建议给予充分肯定，要求有关部门认真研究吸纳，对我们围绕会议主题搞好协商有很大帮助。昨天上午，省政协副主席钟利贵同志作了关于加快昌九一体化建议案的起草情况说明，南昌、九江市政协和 3 位常委、1 位专家学者从不同角度作了大会发言。昨天下午，与会人员进行了分组协商讨论。我感到，无论是大会发言还是分组讨论，都反映了大家对昌九一体化重大问题的深入思考，对实现江西“发展升级、小康提速、绿色崛起、实干兴赣”的强烈愿望，充分体现了省政协作为“智囊团”和“人才库”的重要作用。为了开好这次会议，省政协经济委在分管副主席的带领下，做了大量认真细致的前期准备工作。组织委员和专家学者多次深入南昌、九江实地调查研究，认真学习借鉴兄弟省市经验和做法，在广泛征求意见的基础上，形成了提交会议讨论的《建议案》。会后，请经济委和办公厅认真归纳整理大家的意见建议，进一步充实完善好报送省委省政府的《建议案》，并积极跟踪办理落实。会议期间，我们还邀请到了中央社会主义学院党组书记、第一副院长叶小文同志，为我们作学习习近平总书记在庆祝人民政协成立 65 周年大会上重要讲话精神的专题辅导报告，有助于我们深刻领会和准确把握讲话的内涵和精神实质。会议融学习、探讨、交流、协商、议政于一体，营造了畅所欲言、集思广益的良好协商氛围，达到了预期目的。

下面，我围绕会议主题，讲三个方面的问题。

一、突出重点，加快推进昌九一体化进程

省委十三届七次全会作出“做强南昌、做大九江、昌九一体、龙头昂起”重大战略部署以来，昌九一体化取得了重大突破。今年上半年，昌九两市财政总收入、规模以上工业增加值、出口总额占全省的比重为 33%、34.2%、44.9%，分别比去年同期提高 1.1、0.7、3.5 个

百分点,综合实力进一步增强。实践证明,省委关于昌九一体化的决策部署是完全正确的,加快推进昌九一体化,是策应国家"一带一路"和长江经济带新战略的迫切需要,是我省积极应对全国经济发展新常态的迫切需要,是参与我国新一轮改革开放的迫切需要。当前,面对错综复杂的发展形势,我们要进一步凝心聚力,突出重点,争取在几个重点领域和关键环节取得新突破,加快昌九一体化进程,使之成为长江中游城市群的重要板块,推动我省发展升级向更高水平迈进。

一是,推动产业互补对接和转型升级是重要支撑。发展升级的核心是产业升级。坚持"双核"发展战略,做强南昌、做大九江,实现昌九一体的关键也是产业发展。优化产业结构、完善产业布局、形成产业集聚、推动产业升级,在区域一体化中处于重要支撑地位。要坚持用改革的办法,充分利用市场机制,着力推进传统产业改造升级,提高经济发展的质量和效益。要坚持以龙头企业为依托,进一步拉长产业链,带动配套企业发展,形成分工有序、相互协作、链接紧密的发展格局。

二是,基础设施建设相连相通和公共服务共建共享是纽带。基础设施是促进区域紧密合作的重要纽带和载体。加快昌九一体化,要优先在交通、通讯以及水利等基础设施建设方面重新布局、重新改造、重新整合,形成真正能够带动两地更好发展的交通体系、通讯体系和水利保障体系。公共服务领域是群众"看得见"、"摸得着"、切实受益且见效较快的领域。要加强顶层设计、统一规划、资源共享、分步实施,促进两市公共服务对接,实现基本公共服务待遇互认和流转顺畅,允许人们无障碍流动,并带动和支持资金、技术、信息等其他要素的自由流动,加快区域一体化进程。

三是,打造区域对外开放平台是保障。开放平台是统筹推进昌九对外贸易的突破口,是产业转型升级的重要保障。要着力打造昌九区域贸易转型升级发展平台、对外投资开放平台和便捷高效通关口岸服务平台,依托长江黄金水道和长江经济带地方政府间协商合作机制,推动建立长江经济带一体化市场体系,努力把昌九区域建设成为全国具有重要影响力的区域商贸中心。

四是,协同推进科技创新是驱动器。科技创新是提高社会生产力和综合国力的战略支撑。当前,昌九区域经济发展尚面临一些制约因素,其中之一便是科技创新能力不强,科技资源优势并未得到充分的发挥。南昌和九江要认真贯彻落实国家和我省关于实施科技创新驱动战略的政策措施,坚定不移走依靠科技创新促进转型升级之路,加快建立和完善战略对话、信息交流、工作对接、科技资源和成果开放共享的协同机制和长效机制,促使更多的科技成果在两地转化,不断增强区域科技创新能力。

五是,推进金融同城化。金融是现代经济的血液,加快昌九一体化需要金融协同推进,以金融一体化带动区域经济一体化。要从推动监管制度创新、完善金融服务体系、改善区域合作环境等方面入手,充分利用金融资源优势和服务外溢功能,形成两地有效的聚集和辐射效应。

六是,生态环境联防联护、同治同建是持续举措。赣江是江西的母亲河,鄱阳湖是我国最大的淡水湖,也是长江的重要调蓄湖泊。加快推进昌九生态环保一体化,共同促进沿江沿湖经济文明和生态文明协调发展,是江西实现绿色崛起的必然选择,也是江西对建设"长江绿色生态走廊"的重大贡献。要坚持生态先行,强化生态环境保护领域的合作和共建,按照鄱阳湖生态经济区规划要求,依托区域内长江、赣江、鄱阳湖、庐山等生态资源,牢固树立绿色发展、循环发展、低碳发展的理念，实施“山江湖”综合开发。

二、加强昌九新区可行性研究，为省委省政府决策提供参考

省委十三届九次全会要求，尽快启动建设昌九新区的可行性研究，为我省融入长江经济带提供更有竞争力的战略平台，努力在激烈的长江中游城市群竞争中占据主动地位。省政协和广大政协委员，要积极响应省委的号召，把昌九新区可行性研究作为围绕中心、服务大局的重点课题，充分发挥政协人才智力优势，综合运用调研、视察、提案、反映社情民意等各种形式建言献策。要密切关注国内新区建设的新趋势，结合江西实际，以更加宽广的视角、更加深入的思考，多提一些前瞻性、针对性强的意见和建议，供省委省政府决策参考。

1. 深入研究昌九新区的规划和功能定位。科学开发建设新区，要根据不同区域的资源环境承载能力、现有开发强度和未来发展潜力，统筹谋划人口、经济、生态布局和城市化格局，发挥空间资源的最大效益，实现全面协调可持续发展。因此，我们首先要加强对昌九新区规划和功能定位的深入研究，借鉴上海浦东新区、天津滨海新区、重庆两江新区、陕西西咸新区、贵州贵安新区等国家级新区建设的经验，重点围绕昌九新区建设的规划范围、发展定位、功能布局、建设管理等重大问题开展研究，形成高质量的研究成果。要突出规划引领，充分发挥规划在理念上、思路上、行动上的抓总作用，尽早出台经济社会发展总体规划和交通、产业、城镇等专项规划，使昌九新区在宏观层面上有总的发展方向。要注重加强与国家战略的对接，主动融入“一带一路”和长江经济带建设，推进昌九新区功能规划与国家战略相衔接、相协调、相促进，积极争取将昌九新区纳入国家《长江中游城市群一体化发展规划》及国家“十三五”规划。要坚持以主体功能确定空间大小和努力把昌九新区建设成发展升级和科技创新的先导区、改革开放的试验区、生态文明的示范区。

2. 积极探索昌九新区管理体制和运行机制改革。管理体制改革，是影响广泛而深远的一件大事。要认真学习借鉴国内外先进经验，广泛征求各方面意见，在反复论证和充分准备的基础上，积极探索建立权责一致、分工合理、决策科学、执行顺畅、监督有力的管理体制和运行机制。要坚持“精简、高效、统一”、“小政府，大社会”的精神，切实构建精简高效的管理机构，减少管理层级，解决机构重叠、职能交叉的问题，显著提高行政效能，充分发挥整体优势。要探索建立一站受理、综合审批和高效服务的行政管理模式，推进服务业对外开放、海关监管体制、金融体制、综合执法等领域改革，以改革促发展。在昨天的大会发言中，汪玉奇常委也提出，新区管理体制必须立足实际、精心谋划，统筹兼顾省与市、昌与九的利益关系，充分调动各方面的发展积极性。要在借鉴先进地区经验的同时，积极探索政府管理和公共服务模式，走一条符合自身实际的道路。比如，上海浦东新区建立初期采取准政府管委会的管理体制，2000 年实行行政区管理体制，2009 年上海撤销南汇区，其行政区域划入浦东新区。浦东新区的管理体制的几次重大变化，说明新区管理体制不会一成不变，而是要适应形势变化及时进行调整，不断地进行创新。

3. 科学论证加大昌九新区政策扶持力度。实践表明，政府政策扶持引导是推进新区建设的“催化剂”和“助推器”。因此，要从把昌九新区打造为国家级新区和江西融入国家战略的高度出发，认真研究论证给予昌九新区必要的政策倾斜和支持。比如，赋予昌九新区先行先试和部分省级管理权限，只要是国家法律政策没有禁止的，只要是符合经济发展规律、

对昌九一体化发展有利的，能放的权力尽可能放，给予新区更大的自主发展权、自主改革权、自主创新权，充分调动各方面的积极性、主动性和创造性，使之成为江西发展升级、小康提速的新引擎。同时，允许和支持新区试验一些重大的、更具突破性的改革措施，尤其是对国家安排在我省的一些政策试点，可先行先试，切实增强昌九新区发展活力。要加大关键要素调配力度，如将昌九新区建设的用地指标纳入省级土地调控计划，予以优先安排；在全省重大项目布局和财政金融扶持上给予倾斜，重点支持昌九新区的重点产业项目、重大交通项目和城市基础设施项目建设。要拓展开放领域，只要法律法规不禁止、不限制的行业和领域，都要彻底放开，努力形成全方位、宽领域、多层次、高水平的全面扩大开放新格局。

三、深入学习贯彻习近平总书记在庆祝人民政协成立65周年大会上的重要讲话精神，不断把我省政协事业推向前进

今年是人民政协成立65周年。在庆祝人民政协成立65周年大会上，习近平总书记作了重要讲话。这是十八大以来党中央关于政协工作和协商民主建设最重要、最全面的纲领性文献。讲话立足中国实际，科学总结经验，反映人民心声，具有很强的战略性、思想性、指导性，是新的历史条件下坚持和发展中国特色社会主义的政治宣言，是新的发展进程中解放思想、改革创新、推动实现广泛有效人民民主的思想武器，是新的历史起点上推进人民政协事业发展的科学指南，对于全面贯彻中共十八大和十八届三中全会精神、推动人民政协事业发展、推进国家治理体系和治理能力现代化，具有重大现实意义和深远历史意义。当前和今后一个时期，我们要把学习贯彻习近平总书记重要讲话精神作为一项重大政治任务，切实用讲话精神武装头脑、指导实践、推动工作，把我省政协事业不断推向前进。

1. 要深刻理解和把握政协工作的基本经验和重要原则，坚持人民政协的性质定位。习总书记在讲话中将人民政协65年创造的实践经验总结为“四个必须”，即必须坚持中国共产党的领导，必须坚持人民政协的性质定位，必须坚持大团结大联合，必须坚持发扬社会主义民主。这“四个必须”，既是人民政协65年奋斗历程给我们创造的精神财富，也是新形势下做好人民政协工作必须长期坚持的重要原则。我们要深刻理解和把握，中国共产党的领导是人民政协事业发展进步的根本保证、人民政协是人民民主的重要实现形式、大团结大联合是统一战线的本质要求和人民政协组织的重要特征、人民民主是社会主义的生命等重要论断，继承和发扬人民政协优良传统和宝贵经验，坚持人民政协的性质定位，不断把中国共产党领导的多党合作和政治协商制度坚持好、完善好，把最广泛的爱国统一战线巩固好、发展好，把人民政协这一政治组织和民主形式的独特优势运用好、发挥好。要牢牢把握团结和民主两大主题，以坚强的团结保证广泛的民主，以广泛的民主促进坚强的团结，最大限度汇聚一切积极因素，为巩固和发展我省民主团结、生动活泼、安定和谐的政治局面发挥积极作用。

2. 要深刻理解和把握政协工作的新部署新要求，切实履行好政治协商、民主监督、参政议政职能。习总书记对人民政协工作提出了五点要求，即坚持中国特色社会主义制度优势和特点，坚持紧扣改革发展献计出力，坚持发挥人民政协在发展协商民主中的重要作用，坚持广泛凝聚中华民族伟大复兴的正能量，坚持推进履职能力建设。这“五个坚持”，是人民政协发挥作用的关键点和着力点，我们要自觉把这一要求贯彻落实到各项工作中去，紧紧

围绕中心工作,服务全省大局,积极建言献策,认真履行职能。要紧紧围绕省委省政府的决策部署,主动对接省委省政府的中心工作,找准履行职能的结合点和切入点,切实做到中心工作推进到哪里,人民政协的工作就跟进到哪里,力量就汇聚到哪里。要切实发挥联系面广、包容性大的优势,加强对全面深化改革重大问题的综合研究,为改革出实招、谋良策,积极引导各方面正确对待改革带来的利益格局调整。要进一步深化对新形势下政协工作特点和规律的认识,以改革思维、创新理念、务实举措推进履职制度建设,构建科学规范完备的政协制度体系。要完善政协民主监督的组织领导、权益保障、知情反馈、沟通协调机制,努力弥补这一履职"短板"。要完善参政议政成果采纳落实机制,更好发挥政协建言资政作用。要强化对制度的贯彻执行,努力把制度优势转化为履职实效,不断提高政治把握的能力、调查研究的能力、协商民主的能力、合作共事的能力、联系群众的能力。

3. 要深刻理解和把握发展社会主义协商民主的新思路新论断,充分发挥政协作为协商民主重要渠道作用。习总书记的重要讲话,对社会主义协商民主的丰富内涵进行了深刻阐述,对发展社会主义协商民主作出了全面部署。我们学习贯彻习总书记重要讲话精神,就要深刻领会一个重大判断,即社会主义协商民主是中国社会主义民主政治的特有形式和独特优势;要深刻领会一个基本定性,即社会主义协商民主是中国共产党的群众路线在政治领域的重要体现;要深刻领会一项战略任务,即推进协商民主广泛多层制度化发展。我们要认识和把握好这些新思路新论断,充分发挥政协作为协商民主的重要渠道作用,进一步加强协商民主理论研究,用理论创新推动实践创新;进一步规范协商民主内容,在党委领导下制定并实施好年度协商工作计划;进一步完善协商民主形式,更加活跃有序地组织专题协商、对口协商、界别协商、提案办理协商活动,探索网络议政、远程协商等新形式;进一步健全协商民主程序,对协商议题的提出和确定、协商活动的安排、协商活动的进行、协商成果的报送、协商建议的处理及反馈作出明确规定;进一步增加协商密度、提高协商成效,促进协商成果深层次转化;进一步营造既畅所欲言、各抒己见,又理性有度、合法依章的良好协商氛围。

同志们,在我省庆祝人民政协成立65周年座谈会上,省委书记强卫同志全面总结了我省政协工作在实践中形成的有益经验,充分肯定了我省政协围绕中心、服务大局,在推动改革发展中发挥的重要作用,并就学习贯彻习近平总书记重要讲话精神、进一步做好政协工作提出了明确要求。我们要认真抓好贯彻落实,牢记使命担当,致力民主团结,继续履行好政治协商、民主监督、参政议政职能,切实发挥好协调关系、汇聚力量、建言献策、服务大局的重要作用,为夺取"发展升级、小康提速、绿色崛起、实干兴赣"新胜利作出更大的贡献!

在深化教育领域综合改革专题协商座谈会上的讲话

黄跃金

（2014 年 2 月 21 日）

这次专题协商座谈会，作为省政协 2014 年第一场专题协商座谈会，既是为进一步深化教育领域综合改革、促进我省教育事业科学发展建言献策的一次重要会议，也是围绕全面深化改革协商议政的一次重要实践。会议虽然只有半天时间，但内容丰富、重点突出、富有成效。

刚才，省委教育工委副书记史蓉蓉同志就我省教育领域综合改革情况作了介绍，任务明确、措施具体；13 位委员就教育改革问题作了很好的发言，意见中肯、切实可行；省政府副省长朱虹同志全面深刻地谋划了我省教育改革工作，并提出了明确要求，大家要认真学习领会，进一步提高参政建言的质量和水平。总的来讲，近年来，在省委、省政府的领导下，我省在推进教育改革方面做了大量工作，取得了显著成绩，初步形成推进国家试点项目、启动省级试点项目、市县和高校创新探索相结合的改革格局，为深化教育领域综合改革奠定了良好基础。当然，教育领域一些深层次矛盾和问题还未从根本上解决，仍然存在一些制约教育发展的体制机制障碍，这些需要我们进一步认真思考、研究解决。

去年以来，围绕深化教育体制改革，我和建人、为群、林儿等同志先后到南昌大学、江西财经大学、江西农业大学、黎川县中小学等学校和省教育厅开展调研，和部分省政协委员、专家学者、教育工作者进行座谈交流、了解情况，今天又有了新的认识和感受。下面，我结合调研情况和大家的发言，就教育改革的几个重点问题谈些认识，与大家交流。

第一，教育改革要坚持正确方向。坚持什么样的改革方向，决定着改革的性质和最终成败。教育改革必须坚持社会主义办学方向，全面贯彻党的教育方针，坚定不移走中国特色社会主义教育发展道路。我理解，有这么三个方面：一是要坚持立德树人的基本导向，这是深化教育领域综合改革之魂，《决定》对此作了着重强调。本质要求是育人为本、德育为先、能力为重、全面发展，尽力为每个学生提供适合的教育，让每个孩子都能成为有用之才，成为社会主义建设者和接班人。刘菊娇、兰赟两位同志在发言中谈到了立德树人这个问题。二是要明确深化教育领域综合改革的总目标，就是要加快推进教育治理体系和治理能力现代化，努力形成与社会主义市场经济和全面建成小康社会相适应的充满活力、富有效率、更加开放、有利于科学发展的教育体制机制。根据学前教育、义务教育、高等教育等不同类型不同阶段，教育改革的目标也不同，比如可以分为培养目标、管理目标和办学目标等。三是要坚持按规律办事，尊重教育规律、教学规律和人才成长规律，做到有利于促进学生健康成长、有利于科学培养人才、有利于维护社会公平，更好地适应经济社会发展和人民群众接受良好教育的需求。政协委员在参政建言时要牢牢把握中央和省委的要求，坚持正确方向，使所建之言所献之策有利于推动教育事业科学发展，促进全体人民学有所教、学有所成、学有所用。

第二，教育改革要体现公平正义。公平正义是社会主义的本质要求，教育公平是社会公平的重要基础。《决定》强调，要大力促进教育公平，逐步缩小区域、城乡、校际差距。如果教育改革不能有利于促进公平，甚至导致更多的不公平，推进改革就失去意义。所以，教育改革必须把促进公平正义、增进人民福祉作为出发点和落脚点，使教育成果更多更公平惠及全体人民。一方面，要重视促进公民受教育机会公平。中央反复强调，推进教育公平的首要任务就是兜底线，保障每一个孩子都有学上，给人民群众提供更便利、更多样、更高层次的教育机会。从一定意义上讲，教育公平也是一个过程，不能一蹴而就，应当结合国情和省情实际，逐步推动实现。应多关注一些实际问题，比如，要重视贫困地区教育问题，促进贫困家庭孩子平等接受教育；要重视农民工子女教育问题，关注农村教育、特殊群体教育保障等问题，不断提高各级各类教育的普及程度；还要关注推进素质教育问题，刚才余丛晖委员谈到了这个问题。另一方面，要重视促进公共教育资源配置公平。重点是推进基本公共教育服务均等化，加快教育标准化、信息化建设。比如，要着重关注城乡义务教育资源均衡配置、学校布局优化调整等问题，扩大优质教育资源覆盖面；要关注农村教师队伍建设问题，推进校长教师交流轮岗，使优秀教师下得去、留得住、教得好；要关注学校管理模式创新问题，破解择校难题。叶存洪、边晓玲、项国雄三位同志在发言中分别谈到中小学校长教师交流、义务教育均衡发展和教育信息化问题。这些都是我们为深化教育领域综合改革献计出力的重要抓手和着力点。

第三，教育改革要理顺政府、社会、学校的关系。《决定》强调，“深入推进管办评分离，扩大省级政府教育统筹权和学校办学自主权，完善学校内部治理结构。强化国家教育督导，委托社会组织开展教育评估监测。”实现这些目标，关键在于通过建立“管办评分离”制度，构建政府、学校、社会之间新型关系，形成政事分开、权责明确、统筹协调、规范有序的教育管理体制。听了大家的发言，我有三点认识：一是政府要加快转变职能、简政放权、创新方式，把该放的放到位，把该管的管到位，做到不缺位、不越位、不错位；同时又能很好地督促基层和学校把权接住、管好，确保放而不乱。二是进一步落实和扩大学校办学自主权，发挥学校主体作用，推进依法办学，实现学校自我管理、自我约束、自我发展，最大程度地激发学校作为教育“细胞”的活力。比如，要推进现代学校制度建设，建立完善党委领导下的校长负责制，刚才黄菊花常委提出了很好的建议。要推进教师职称评聘制度改革，逐步将评聘权限下放学校，增强学校的自主性和创造性；探索科研人员与教学人员相互结合、相互交叉、共同推进的机制体制。三是引导和动员社会广泛参与，使教育质量接受社会评价、教育成果接受社会检验、教育决策接受社会监督，最大限度吸引社会资源进入教育领域。政府、学校、社会三者之间，既相互制约又相互支持，由此形成现代教育治理体系，形成政府主导、社会参与,办学主体多元、办学形式多样、充满生机活力的格局,不断提升教育治理能力。

第四,教育改革要促进各级各类教育协调发展。 优化调整教育结构,促进各级各类教育协调发展,是适应经济社会发展、推动经济转型升级的必然要求。《决定》在这方面作出了部署、提出了要求。当前,应着力在发展学前教育、职业教育、民办教育上多下功夫。一是要发展学前教育。目前,我省民办幼儿园比例较高,公立幼儿园偏少,入园率也仅为60%。所以要高度重视学前教育,进一步加大投入,不断改善幼儿园办学条件、提升幼儿教师素质水平,构建覆盖城乡、布局合理的学前教育公共服务体系,保障适龄儿童接受基本的、有质量的学前教育。史可常委在学前教育方面谈了很好的意见。二是要积极探索引导社会资金进入教育领域、支持民办教育事业发展,引导并鼓励行业企业等社会力量参与公办学校办学的有效途径和形式,促使形成以政府办学为主体、全社会积极参与、公办教育和民办教育共同发展的格局。比如,上海市很多一流水平的幼儿园或者医院,都是中国慈善联合会兴办的,充分说明我们应积极引导和鼓励社会团体组织参与办学,加大政府扶持和购买服务力度,进一步促进民办教育发展。同时,要着重研究教师编制、职称评聘以及如何保障良性运转等民办教育发展的瓶颈问题,营造民办教育发展良好环境。邱小林常委在发言中就提到要加快发展民办教育。三是要从完善基本制度入手,探索如何进一步提高职业教育办学质量和服务经济社会发展能力,努力构建适应经济社会发展需求、校企紧密合作、产教深度融合、中高职衔接、职普沟通的现代职业教育体系。

第五,教育改革要推动高等教育内涵式发展。 高等学校的根本任务是培养人才。当前,有许多优质生源选择出国,人才流失情况较为严重。如何吸引人才、留住人才,是当前迫切需要重视和解决的问题。这就需要加快推进教育改革,推动高等教育内涵式发展,进一步提高教育效率。有四点认识:一是高校建设不能盲目追求"大而全"。从国家利益看,必须创建一些世界一流大学,这是我们高等教育参与国际高等教育竞争与合作的需要。但对大多数大学而言,需要根据自身的历史背景、环境特点、学科特色、资源结构等实际情况,突出优势,打造特色,制定本校的发展战略规划,不盲目追求"大而全"。二是要加强高校学科建设。一个学科影响一所学校、影响一个产业。高校应该立足自身的实际,扬长避短,坚持优先发展优势学科、重点建设重点学科、突出抓好特色学科,探索相近学科交叉融合,推进双学科协同开展学术交流与科技创新,逐步形成层次分明、结构合理的学科建设体系,推动高等教育办出特色、提升水平,石庆华常委就加强学科建设提出了很好的建议。三是要注重培养复合型人才。要创新人才培养体系,深化产教融合、校企合作,重点推进学校与地方、行业、企业合作,把人才培养放到教育、科技、经济相结合的大循环中去布局,进一步拓宽学生视野,增强学生实践能力,逐步形成工学贸、产学研结合的复合型人才培养模式,搭建人才成长"立交桥",着力培养更多高素质复合型人才。在这方面,卢志鹏、韩立民两位同志提出了很好的建议。四是要扩大开放办学和对外合作。深入开展多层次、宽领域的教育国际交流,支持鼓励高等学校与国外具有比较优势的同类型学校开展合作,建立教学科研合作平台,提高开放办学的质量,不断提升教育国际化水平。

第六,教育改革要注重制度保障。 教育改革要前行,制度保障是关键。教育改革必须立足现实问题,主动适应时代变化,既改革不适应实践发展要求的体制机制、法律法规,又不断构建新的内容,使各方面制度更加科学、更加完善,实现各项教育治理制度化、规范化、程序化。比如考试招生制度创新,这项改革涉及教师教书育人、涉及学生全面成长、涉及国家选拔人才，是教育改革“牵一发而动全身”的重要领域，我们应高度重视，积极探索完善招生和考试相对分离、学生考试多次选择、学校依法自主招生、专业机构组织实施、政府宏观管理、社会参与监督的运行机制，从根本上解决一考定终身的弊端，形成有利于促进学生健康成长、科学选拔人才、维护社会公平的制度体系。吴勤委员在推进考试招生制度方面谈了很好的建议。

当前，教育改革已进入“深水区”，利益格局错综复杂，改革难度和风险不断加大。政协委员是各界的精英和代表，工作经验丰富、社会威望高、影响力大。要充分发挥自身的独特优势和作用，在推进教育改革中，敢于旗帜鲜明、较真碰硬，勇于尽心竭力、克难攻坚，善于为党分忧、为民解难。要在解决人民群众最关注最关心的教育热点难点问题上，多建睿智之言，多献务实之策，多谋管用之举，当好推进教育改革的“拥护者”、“参与者”、“实践者”和“开拓者”，为我省进一步深化教育领域综合改革乃至全面深化改革，作出更大贡献。

今天召开的教育改革专题协商座谈会，是今年首场专题协商座谈会，也是省政协在推进协商民主建设方面的探索和尝试，接下来还将组织开展多次专题协商座谈会。所以，借这个机会，我就搞好专题协商再作几点强调。一要宏观超前，增强协商的时效性。要坚持围绕中心、服务大局，就事关全省经济社会发展、全面深化改革的重大问题和涉及群众切身利益的实际问题开展调查研究、建言献策。要科学推进、有序组织各项专题协商活动，使协商议题的安排与省委省政府的工作部署步调一致、节奏合拍，只有这样，专题协商才能有所作为、体现价值。比如，这次就教育改革开展专题协商，就安排在省委制定出台深化教育领域综合改革方案之前，增强了时效性。二要深入调研，增强协商的针对性。每次专题协商前，都要有针对性地深入实际，开展调查研究，听实话、察实情、求真知、见实效，拿出有新意、有见解、有深度、有质量、有价值的调研成果，为省委省政府科学决策提供参考，增强协商的针对性。比如，教科文卫体委会前做了许多前期调研和筹备工作，提高了协商议政的质量。三要拓宽渠道，增强协商的广泛性。积极扩大协商座谈的对象和范围，在邀请相关党政部门负责同志、相关委员和专家学者的基础上，今后还可以适当邀请部分民主党派、工商联、无党派人士和部分基层代表参加，进一步广泛听取意见建议，使协商成果更加完善。四要注重转化，增强协商的实效性。专题协商会议之后，要通过建议案、会议纪要、提案、社情民意信息等形式，及时报送协商成果。协商成果报送后，要密切与党政及相关部门的沟通联系，及时了解掌握成果转化应用情况，并组织开展跟踪视察调研，进一步推动协商成果转化为实际成果，切实发挥专题协商这个平台的重要作用。

在深化国有企业改革专题协商座谈会上的讲话

黄跃金

（2014 年 3 月 26 日）

这次省政协专题协商座谈会，是为进一步深化我省国有企业改革、促进国有经济持续健康发展建言献策的一次重要会议。会议时间虽短，但内容丰富、重点突出、成效明显，对加快我省科学发展和全面深化改革步伐，必将产生促进作用。会前，经济委就国企改革问题开展了深入调研，召开了多次座谈会，广泛听取意见。刚才，省国资委陈德勤主任就我省国有企业改革情况作了详细介绍，思路清晰、任务明确、措施具体；部分委员围绕国企改革问题作了发言，贡献了许多真知灼见，切实可行；李贻煌副省长就我省深化国企改革工作作了很好的讲话，我们要认真学习领会，进一步提高议政建言的针对性和实效性。

近年来，在省委、省政府的领导下，我省在推进国企改革方面做了大量工作，组织实施了国有工业企业改革和非工口七个系统国企改革，打赢了这两场攻坚战，共完成507 户国有工业企业和 1782 户七个系统国有企业改革任务，妥善安置职工 83.5 万人，补缴养老保险、医疗保险、失业保险拖欠费用 102.4 亿元，移交社区 1288 个，化解企业不良债务 278.3 亿元，通过国有系统干部职工的共同努力，国有企业的效益和效率明显提高，竞争力不断增强。但是，随着改革的不断深化，一些制约我省国有企业走向市场化、国际化的因素仍然存在，我省国企发展与中央和省委提出的新任务新要求与群众的新期盼，还需付出很大的努力。一是国有经济布局不尽合理。目前，全省 80% 以上的省属国有资本集中在有色、钢铁、石化、食品、纺织、建材等传统产业领域，亟待调整升级（其中，去年有色产业实现主营业务收入 5934.9 亿元、钢铁 2230 亿元、石化 2500 亿元、食品 2270.71 亿元、纺织 1876 亿元、建材 1500 亿元）。二是战略性新兴产业发展不足。去年全省十大战略性新兴产业完成工业增加值 2077.19 亿元，仅占全省 GDP 的 14.5%，同比下降 0.4 个百分点；仅占全省规模以上工业的 36.1%，战略性新兴产业需要进一步做实做强。三是国有资产资本化程度不高。许多国有控股上市公司的控股比例达到 30% 甚至 40% 以上，国有资本“一股独大”的现象仍然普遍存在，国有资本与非国有资本融合度偏低。四是部分国有企业产权结构单一，公司制、股份制改革步伐缓慢，公司治理结构不完善，企业经营机制还不能完全适应市场经济的要求。五是政企不分、政资不分、企社不分的现象仍然存在。一些政府公共管理部门仍掌握着经营性国有资产,行使着“出资人”的部分职责;国有企业“办社会”现象依然存在。这些情况都需要我们进一步认真思考、研究解决。六是经营性的国有资产监管比较分散,集中统一监管覆盖率过低,省属覆盖率仅为46.2%,在全国排名29位。

国有企业是国家和地方经济建设的重要力量。对江西来讲,国有企业一直有着至关重要的地位,尤其对事关全省发展大局的一些重要领域有着强大的支撑和带动作用。我曾到过江西铜业集团、新钢集团、九江巨石集团、江钨控股集团、江中制药集团和赣州稀土公司等企业就国企改革情况开展调研,并与公司部分高管和职工进行了座谈交流、了解情况。近日,与利贵同志,经济委贤书、小明等同志一起进行了研究探讨,达成了一些共识。下面,我结合调研情况和大家的发言,就国企改革问题谈点认识。

一、要坚持国企改革的正确方向。改革方向决定着改革的性质和最终成败。十八届三中全会对全面深化国资国企改革作出了战略部署,提出了一系列新思路、新任务、新举措,为进一步深化国资改革、促进企业发展指明了方向。从与整个经济体制改革的关系来看,国有企业改革必须坚持社会主义市场化方向,习近平总书记强调既要大力发展混合所有制经济,又要积极推动国企完善现代企业制度,不断提高国有经济发展的活力和动力。我理解,主要有三个方面:

第一,要坚持基本经济制度。公有制经济和非公有制经济都是社会主义市场经济的重要组成部分,都是我国经济社会发展的重要基础。三中全会《决定》指出,“公有制为主体、多种所有制经济共同发展的基本经济制度,是中国特色社会主义制度的重要支柱,也是社会主义市场经济体制的根基”。在深化国企改革中,我们既要毫不动摇地巩固和发展公有制经济,发挥国有经济的主导作用和聚集辐射作用,不断延伸产业链,增强国企面向市场的整体竞争力;又要毫不动摇地鼓励、支持、引导非公有制经济发展,激发非公有制经济活力和创造力;还要大力发展国有资本、集体资本、非公有资本等交叉持股、相互融合的混合所有制经济。

第二,要遵循市场经济规律。国企改革要坚持以市场化、专业化、国际化为导向,按照十八届三中全会的要求处理好政府与市场的关系,使市场在资源配置中起决定性作用和更好发挥政府作用,尤其是要发挥好政府的宏观调控、科学监管、行业管理等相关职能,实现统一规范有效的管理。要强化企业的市场主体地位,切实把握和遵循中国特色社会主义市场经济的一般要求和本质规律,推动企业管理体制机制深度变革,形成市场化的经营机制。促进我省国资国企在改革中调整提升、在开放中创新发展,逐步实现有质量、有效益、可持续发展。

第三,要做到统筹协调推进。改革过程中,我们要坚持以人为本、因企施策,分类进行研究,分类提出措施,不搞“一刀切”,做到统筹安排、系统推进、依法依规,强化公开透明和规范运作,加强国资和民资的产权保护,防止国有资产流失,切实保障混合参与各方的合法权益。

二、要全面深化国企改革,不断提高企业竞争力。国有企业是推进国家现代化、保障人民共同利益的重要力量。十八届三中全会强调,“必须适应市场化、国际化新形势,以规范经营决策、资产保值增值、公平参与竞争、提高企业效率、增强企业活力、承担社会责任为重点,进一步深化国有企业改革。”习近平总书记强调,“深化国企改革是大文章,国有企业不仅不能削弱，而且要加强”，并强调“要吸取过去国企改革经验和教训，不能在一片改革声浪中把国有资产变成牟取暴利的机会。改革关键是公开透明。”这是新形势下坚持公有制主体地位，增强国有经济活力、控制力和影响力的必然选择，也是进一步提高企业竞争力的重要途径。我们要认真按照十八届三中全会和习近平总书记讲话精神，进一步解放思想，攻坚克难，以壮士断腕的决心，采取一系列有力举措，推进国企改革，释放改革红利，促进国企做实做强。我认为，应把握好五个方面：

第一，要建立现代企业制度。这是深化国有企业改革、发展混合所有制经济的关键。一是完善法人治理结构。建立健全股东会、董事会、监事会和经理层等法人组织结构，真正形成各负其责、协调运转、有效制衡的决策、执行和监督机制，提高企业决策水平，增强企业的执行力。比如，探索推动落实董事会的选人用人权、业绩考核与薪酬管理权、重大事项决策权等。二是建立职业经理人制度。加大国有企业高管人员市场化选聘和管理力度，在国企集团层面逐步建立职业经理人制度，面向境内外公开聘任高管人员，更好发挥企业家作用。对市场化聘任的管理人员，探索建立市场化薪酬协商机制。三是深化企业内部“三项制度”改革。建立更加适应市场经济要求的企业人事、劳动和分配制度，做到企业内部管理人员能上能下、收入能增能减、人员能进能出，形成更加市场化的经营和管理体制，进一步提高国有企业的竞争力。比如，北汽集团在改革中不断完善现代企业制度，它的零部件面向全球市场采购，产品完全进入市场参与竞争；企业法人治理结构持续优化，北汽集团董事会、监事会及整个运营系统均按照现代企业制度建设并运行，通过十多年的改革发展，如今北汽集团已以年产销量居全国第五位、营业收入与利润总额居全国第四位的骄人业绩，成为首都工业经济的龙头和中国汽车行业的生力军。

第二，要推进国企股权多元化。推进国有企业股权多元化改革是发展混合所有制经济的关键环节，有利于放大国有资本功能、促进各种所有制资本取长补短、共同发展。目前，我省国有企业中进行混合所有制改革面还不宽、产权多元化程度还不高。要通过产权制度改革，不断增强国有企业的活力。一是充分利用国内外多层次资本市场，推动企业整体上市、核心业务资产上市或大力引进战略投资者，进一步调整优化产权结构，实现投资主体多元化、经营机制市场化，力争使上市公司成为国有企业的重要组织形态。二是积极破除体制机制障碍。加快推动垄断领域的改革，依法创造公平环境，破除“玻璃门”“弹簧门”“旋转门”等障碍，降低进入门槛，打消民企顾虑，拓宽非国有资本参与国有企业改革的空间，在企业改制上市、并购重组、项目建设、增资扩股等方面，积极引入民间资本，发挥各类资本的优势和作用，促进国有资本与非国有资本深度融合、共同发展。三是探索混合所有制企业出资人、经营者和员工持股和期权激励办法，充分调动各方面的积极性，增强企业发展的内生动力，推动混合所有制企业健康发展。比如，中联重科通过混合所有制的体制创新，成功实现了跨越式发展，从 2000 年上市起到现在的 13 年间，中联重科国有股比例从 49.83% 下降到现在的 16.26%，并通过建立科学的法人治理、激励约束并重的运行机制，使国有资本的控制力丝毫不减，国有资本增值最高达到 800 倍，极大地实现了国有资产的保值增值，有效放大了国有资本的功能。

第三，要增强科技创新能力。科技创新是企业发展永恒的生命力。要聚焦核心主业、核心技术、核心竞争力，坚持专业化基础上的相关多元经营，推进产业转型升级。要积极引导企业加大研发投入，建设技术中心等研发机构，加强与国际、高校、科研院所的技术合作，完善产学研相结合的协同创新体系，增强企业核心竞争力。要大力实施科教兴赣、人才强省战略，加大国际化人才培养和引进力度，打造高素质、高水平的技术研发、理财融资、法律顾问等专业技术团队，为推动企业创新发展提供人才支撑和保障。比如，江钨控股集团致力推动科技创新，加强与德国世泰科公司合作，引进世界一流的钨冶炼技术，共同投资近8000万欧元（8亿人民币）建立钨精深加工企业，去年实现主营业务收入205亿元、增长16.24%，规模总量迈上200亿台阶。

第四，要推进市场化战略重组。在重组过程中，要尊重市场规律、尊重企业和区域经济发展规律、尊重企业管理层和广大职工的意愿，充分整合盘活各类国有资产，对我省产业相近、行业相关、主业相同的企业，通过合并、划转、并购等方式，推进市场化重组整合，做实做强国有企业，使其发挥龙头带动和辐射作用，促进区域经济快速发展；支持优势企业跨地区、跨所有制、跨企业集团强强联合，提高国有产权营运质量和效率，实现资源、资产、资本、资金的良性循环。比如，探索推进我省战略性新兴产业、文化、旅游、金融、交通、信息、科技等各类产业的融合发展，着力培育和打造出一批技术领先、品牌知名、引领产业升级发展的具有国内国际竞争力和影响力的大企业集团。

第五，要鼓励企业“走出去”。十八大报告强调，要加快走出去步伐，增强企业国际化经营能力，培育一批世界水平的跨国公司。一是积极开拓国际市场。以市场拓展、资源引入、技术提升、品牌输出为重点，充分发挥国际证券市场、金融市场等作用，通过产业布局、基地建设、市场和服务体系延伸等方式，融入全球产业体系，提高产业国际化水平。二是加大资金支撑力度。融资难是困扰国企“走出去”的一个重要因素，必须搭建好企业“走出去”的金融支撑平台。要积极拓宽融资渠道，优化资本运作，开拓海外融资平台，加大与出口信用保险机构合作力度，密切与外向型金融机构的合作关系，强化地方金融机构的支撑，逐步构建银企整体战略合作联盟。三是着力完善服务体系。健全“走出去”政策支撑体系，加强对“走出去”企业的项目信息、政策咨询、法律支持、金融保障等综合服务，增强企业抗风险能力。

三、要进一步转变政府职能，构建科学规范的国资监管体系。要通过深化改革，逐步形成规则统一、权责明确、分类分层、规范透明的国资监管体系。我认为，应从以下几个方面着力：

第一，完善国资监管体制机制。要坚持政企分开、政资分开、企社分开、所有权与经营权分离，进一步转变政府职能，该管的要管住管好，不该管的坚决不管，做到监管不缺位、不错位、不越位。要积极探索“以管资本为主加强国资监管”的新模式，组建并管理国企董事会，通过控制董事会来真正履行出资人职责，不干预控股企业的日常经营活动、不干预企业的法人财产权和经营自主权，使企业按照市场规则运行，真正发挥市场在资源配置中的决定性作用。完善经营性国资集中统一监管的管理体制，推动实施分类改革、分类监管，比如可分为竞争类、功能类、公共服务类企业进行管理，不断增强国有资产监管的针对性和有效性。要完善国有资本经营预算制度，逐步提高国有资本收益上缴比例。

第二，优化国资监管方式方法。加强战略定位、发展目标、布局结构、公司治理、考核分配和风险控制等管理，构建科学合理的国资监管体系。减少审批事项，切实落实企业自主经营权，真正实现国有企业在现代企业制度框架内自主拓展、自主决策、自主经营。改革国有资本授权经营体制，按照政企分开、政资分开的原则，将国有资本的监督管理与运营权分开，通过若干国有资本运营公司、自然资源运营公司和投资公司，提高国有资产资本化、市场化、证券化水平。

第三，推进国有资本优化配置。优化国有资本的资源配置，是聚集国有资产整体实力、提高国有资本运营效率、激活国有企业发展潜力的有效途径。要坚持以产权为纽带，积极推进产业与金融结合，加快产业与金融等各类资本优化配置，使国有资本更好地服务全省经济社会发展，更多地投向重要行业和关键领域，比如战略性新兴产业、旅游文化产业、高端服务业、传统优势产业以及基础设施和民生保障领域等。

第四，营造国企改革良好氛围。我省许多国有企业还存在大量的历史遗留问题没有解决，担负着社会公共服务管理职能，背负着沉重的包袱。推进改革中，要加快国企“去行政化”，尽快对我省国有企业社区移交情况进行摸底调查，探索制定更加符合我省实际的社区移交属地管理政策措施，探索实行“一企一策”，国家和省里给予政策扶持，市里给予资金支持，企业自身承担一定成本，通过在这三个方面下功夫，着力为国企发展解开束缚、增添动力，促使国有企业尽快剥离社会公共服务管理职能、政府依法履行公共管理职能。

第五，建立鼓励改革创新的激励机制和容错机制。要建立鼓励改革创新的激励机制，完善企业薪酬激励约束机制，对法律法规规章和国家政策未禁止事项，鼓励开展改革创新，并将改革创新工作纳入绩效考核，作为经营业绩和奖励的重要依据；对企业科技和管理创新作出重大贡献的单位和个人，要给予物质和精神奖励。要建立鼓励改革创新的容错机制，对改革创新工作未能实现预期目标，但依照法律法规规章、国家和省里有关政策决策实施，且勤勉尽责、未牟取私利的，应不作负面评价，免除相关责任，为深化国有企业改革营造良好的环境。

总之，要让企业在市场经济大海中扬帆起航、破浪前行。

在“放大高铁效应　加快上饶发展助力江西小康提速”专家资政会上的讲话

黄跃金

（2014年4月26日）

很高兴来到美丽富庶的上饶，参加这次“高铁论坛”。今年年底，沪昆高铁江西境内通车；明年3月，合福铁路江西段通车。随着这两条高铁相继建成，上饶将成为我国地级市中第一个高铁“十字”交汇城市，同时也是继法国里昂、日本大阪后的世界第三个骑跨式高铁交汇城市。机遇千载难逢，发展时不我待。上饶作为江西的“东大门”，在高铁时代下如何抢抓机遇、抢先布局、应势而动，助推赣东北经济发展腾飞，既是上饶市当前面临的重大课题，也是我省大力推进区域发展升级的迫切需要。

刚才，各位专家都作了精彩的演讲，主题鲜明、重点突出、见解独到，让我们对高铁经济发展的大势和特征有了全面、深刻的认识。俊卿、东军两位同志立足上饶实际，围绕如何借力高铁推动经济社会发展作了很好的讲话，积极响应，提出了“放大高铁效应、打造区域中心、实现生态立市、建设幸福上饶”和“一个示范区、两个中心、五个基地”的发展思路，明确了“打造四省交界现代化区域中心城市和江西绿色崛起重要增长极”的发展目标和五项措施。上饶应尽快将这些好的发展思路和举措转化为实际行动，着力推动赣浙闽皖四省通衢发展，为推动江西与全国同步全面建成小康社会奠定扎实基础。

下面，结合前期的调研以及各位专家和书记、市长的发言，我谈一些认识，与大家共同交流探讨。

一、充分认清高铁时代下我们发展所面临的机遇和挑战

高速铁路标志着一个国家铁路现代化的水平，是一个国家整体实力的重要体现。我国的高速铁路建设始于1999年兴建的秦沈客运专线，经过10多年的建设与发展，截至2013年底，我国高速铁路总运营里程已达1.1万公里、在建高铁规模1.2万公里，成为世界上高铁运营里程最长、在建规模最大的国家。但是，江西作为华东地区的重要板块，在高铁建设水平上与发达省市仍存在较大差距。这次杭南长、合福两条高铁穿境而过并在上饶汇合，

标志着江西正式步入高铁时代，为我们带来了重要的发展机遇。

第一，高铁有利于拉近时空距离，是促进区域经济发展升级的重要引擎。俗话说，火车一响，黄金万两。一条铁路通常能够带动一个城市和沿线城市群的经济发展，使区域经济产生“同城共振”效应。“京津冀”“长三角”“珠三角”等重要经济圈的快速发展，一个重要因素就是交通运输条件优越，通过高铁网络，大大缩短时空距离，引导城市集约化发展。例如，时速为300公里的“京津城际高铁”开通后，位于北京东南郊的亦庄作为轨道辐射区域，吸引了通用电气、中外运敦豪总部（DHL）、德国拜耳、联合利华、IBM等近百家世界500强企业相继落户，并由此形成高端产业园区，引进高新技术企业500多家、科研中心400多家。事实说明，高铁已经成为推动区域经济发展的新引擎。

第二，高铁有利于资源优化配置，是推动新型城镇化发展的有力支撑。在城镇化进程中，交通对城市聚集以及城市体系的形成和完善扮演着重要的角色。城镇发展现代化要加速，必然要求物资、产业、物流、贸易、劳动力等资源配置加速流动，这一系列的流动需要有交通运输能力作支撑。特别是城市集群化的发展阶段，在区域间构建发达的交通大通道，是决定一个地区城市化发展水平的关键因素。到2020年，我国城镇化率预计达到60%左右，城镇人口将超过8.6亿人。城市化的发展，必将引起铁路客运需求的大幅增长。比如，“沪宁（上海—南京）城际高速铁路”开通后每年提高沿线城市GDP的1%；“武广高铁”通车后的第一年，直接受益的武汉、咸宁两市GDP同比增长15.9%。这些经济效益的快速凸显，主要得益于高铁的辐射效应，带动产业多元化发展。高铁的建成既可以改变旅游人流、信息流、人才流、资本流、技术流的流动速度，又有强大的经济辐射作用，可以直接带动旅游、交通、房地产、高端物流等相关产业发展，优化经济结构。

第三，高铁有利于提升发展环境，是提高对外开放水平的重要纽带。这两条高铁的开通，将催生上饶到赣浙闽皖四省省会一个半小时经济圈的形成，经济协作、区域一体化进程全面提速，过去制约赣东北发展的壁垒将会被打破，由此带来的是发展环境的大幅改善和提升。届时，赣东北丰富的旅游、农业、土地等资源优势，能够更好地转化为产业优势、经济优势和竞争优势。比如，“武广高铁”于2009年正式通车后，大批海内外客商看准了高铁商机，由此催生了沿线的投资热潮，位于高铁两端的武汉与广州两市在开通后的第一年，就在12个重要领域广泛开展合作，首批项目24个，总投资达117.6亿元。实践证明，高铁能够直接带来投资增长，对扩大开放和招商引资有重要的促进作用。

当然，高铁机遇不是“普惠制”，也不会均衡发展，而是一把“双刃剑”。在孕育巨大商机，给沿线城市带来重大发展机遇的同时，至少有这几种情况需要重视：**一是“虹吸效应”。**“高铁动脉”将加速人才、信息、资金、技术等要素的流动和汇聚。我们在面临“溢出”机遇的同时，同样面临“虹吸”挑战，一些核心要素有可能加速向上海、浙江、福建等沿海发达城市流走。**二是“昙花效应”。**根据国家规划，未来将形成“四横四纵”的高铁线路，到2020年，全国高铁有望突破1.8万公里。这就意味着，虽然上饶将成为全国第一个高铁“十字”交汇地级城市，但绝不会是最后一个。面对这次机遇，我们应当捷足先登、先声夺人，形成有特色、有质量、有效益的竞争优势，推动经济协调、可持续发展。**三是“灯下效应”。**要想最大限度地放大高铁效应，高铁城市就必须将“自我基因”与“高铁基因”有效对接起来，形成核心增长极和竞争力，防止“对接缺位、承接无序”、“对接错位、重复建设、破坏环境”等现象发生。

二、充分放大高铁效应，开启我省区域经济发展升级的新航程

面对呼啸而来的高铁时代，上饶市提出放大高铁效应，怎么放？我们应当如何迎接、如何作为？这是上饶乃至全省都需要考虑的重大问题。我理解：第一，放大高铁效应首先要放大基础设施效应。随着高铁时代的到来，上饶市正逐步形成水陆空立体交通体系，基础设施优势明显。在这个体系中，水路有直通鄱阳湖的信江、宁波（上饶）无水港以及正在建设的福州港（上饶）码头；空运是正在建设中的三清山机场；铁路为“两横两纵”，高速公路为“三横二纵”。第二，放大高铁效应要考虑高铁与航空的关系。高速铁路的开通，其辐射范围在500至700公里区域，也就是说，在两小时左右的里程上，高铁对航空具有较强的竞争力，赣浙闽皖四省省会包括上海等地都在这个范围。第三，把上饶高铁经济试验区打造成为全省的重要增长极。省政协将在这方面形成相关建议案，通过广大委员的智慧和努力，积极推动。所以，我们应当牢牢把握机遇，率先出击、主动作为，充分放大高铁效应，力争在新一轮区域发展竞争中勇立潮头。

第一，借高铁之势谋篇布局，打造赣浙闽皖四省通衢发展的先行区。赣东北地处赣浙闽皖四省交界区域，自古交通发达、商贾云集，资源条件丰富，发展潜力大。我们要着眼长远，立足实际，扬优成势，谋篇布局，着力提升赣东北区域发展的实力，在更高层次参与到沿海区域分工合作，增强竞争力和影响力。比如，要科学进行定位，利用高铁开通契机，实行错位发展，形成赣东北“一极两都”的发展格局，上饶要发挥向东开放桥头堡作用，加快建设新能源、光学、先进装备制造产业基地和全国旅游强市，打造我省东部的重要增长极；上饶还应立足于打造四省交界现代化区域中心城市的目标，依托高铁“十字”交汇的独特优势，高起点、高标准、高水平搞好站区周边规划，特别要抓好高铁经济试验区的规划。刚才，很多专家都谈到要切实搞好规划，在这方面中央也有明确要求。在全国城镇化工作会议上，习近平总书记强调，对各地的规划，应该用法律的形式加以固化，使之具有法律权威性，并做到“一张蓝图干到底”。

第二，借高铁之利主动对接，打造我省融入国内重要经济圈的前沿地。这两条高铁建成后，将成为我省融入“长三角”“京津冀”“珠三角”“海西”和长江中游城市群等经济圈的“快车道”。我们要以高铁为轴线，充分整合资源要素，尽快实现与这些经济圈的资源互补、错位发展、合作共赢。比如，要加强与沿海地区分工协作，加强基础设施、产业发展和市场体系的对接，积极培育壮大一批在全国具有竞争力的企业和产业基地。要加快产业集聚，力争在文化生态旅游、绿色食品、新能源、先进装备制造业、生产性服务业、有色金属新材料和节能环保等一批产业板块上实现突破，打造中部地区重要产业转移承接示范区。

第三，借高铁之力扩大交流，打造我省对外开放合作的桥头堡。高铁开通不仅直接拉动文化旅游、住宿餐饮、商贸物流、休闲娱乐、房地产等产业发展，促进服务业扩量扩面，而且还有利于提升发展环境，打造“引资洼地”。我们要利用高铁契机，大力实施“走出去”战略，不断扩大对外开放与交流合作。在这里，我想重点讲讲生产性服务业。我理解，生产性服务业是依附制造业企业而存在，贯穿于企业生产的下游、中游、上游的环节中，以人力资本和知识资本为主要投入品，把日益专业化的人力资本和知识资本引进制造业，使二、三产业加速融合的关键环节。国家“十一五”规划纲要明确，生产性服务业分为交通运输业、现

代物流仓储业、金融服务业、信息服务业和商务服务业。还指出，生产性服务业与制造业两者可以相互作用、相互依赖，共同发展。制造业是产业链中的重要环节，是服务业服务的主要对象。只有依托制造业这个产业的基础环节，金融、研发、物流、会展等高端服务业才能存在，而制造业的升级同样也离不开生产性服务业。特别是当前要转变发展方式，现代服务业具有技术密集度高、附加值大、资源消耗低、环境污染小等特点，是促进产业结构升级的突破口，应该高度重视、大力发展。同时，生产性服务业还应当包括高端的技术设计，比如汽车制造。1992 年我去巴西考察桑塔纳轿车工厂，它提前两年设计好了准备要推出的新车型，然后以五千万美金的价格卖给下属合资厂，这说明设计创新也是生产性服务业的一个重要方面。

第四，借高铁之便发展旅游，打造我省文化生态旅游的新名片。高铁带来人流量的"井喷"效应，对旅游资源极其丰富的江西尤其是赣东北来讲是一个重大利好。我们要加快城市交通与高铁的有效对接，依托世界自然遗产、世界地质公园三清山、龙虎山，千年瓷都景德镇，"中国最美乡村"婺源等国家 5A 级旅游景区，挖掘整合旅游资源，推动赣东北旅游的整体开发和推广，打造世界知名、国内一流的旅游地。在这里，一些老领导、老专家谈到了几个观点。一个就是绿水青山和金山银山的关系。大家都认为这两者是相辅相成、相统一的，绿水青山实际上就是金山银山，加强生态环境保护和发展旅游业都非常重要。另一个观点就是要发展农业生态经济。这里有一个例子，上个世纪 90 年代后期，北京市当时农业产值只有一千亿元，而农业生态经济产值达到六千亿元，说明了发展农业生态经济的重要性和必要性。要坚持把旅游作为第一位产业来抓，把旅游与产品销售、工业生产线的观光等结合起来，做实做大做强旅游产业，不断提高旅游业占经济的比重，从而带动更多产业发展壮大。

三、推进投融资体制创新，为高铁时代下的城市发展提供有力保障

城市发展要加速，交通条件需先行。两条高铁的开通，对我省推进更高层次、更高水平的城镇化产生重要的促进作用。但是，城市发展需要大量资金，随着高铁时代的来临，我省城镇化步伐必将提速，那么钱从何而来？尤其是当前传统融资模式已很难满足城市建设资金多样化需求，除了做大税收基数和土地融资外，还必须进一步创新融资模式，运用好政府和市场"两只手"，运用好多层次的金融工具，建立多元可持续的资金保障机制。

第一，探索发行市政债券。全国"十二五"规划纲要明确指出，"要深化城市建设投融资体制改革，发行市政项目建设债券"。市政债券是境外国家和地区发展非常成熟的一种直接融资方式，已经被美国、日本等国家广泛采用。以美国为例，市政债余额占整个债券市场余额的比重达到 8.5% 左右，占 GDP 的比重保持在 15%—20% 的较高水平。我国目前还没有真正意义上的市政债券。下一步，可以在完善债券市场化发行机制、市场约束、风险分担机制、强化偿债能力的基础上，积极创造条件探索发行市政债券，扩大经营性建设项目直接融资规模。

第二，积极推进资产证券化。从国际经验看，资产证券化是西方发达国家的常用融资工具。比如，欧洲证券化市场近年来发展迅猛，2012 年证券化产品规模达到 2.27 万亿美元。与国外相比，我国资产证券化起步晚、种类少，规模不大，但潜力巨大。目前我国城镇

固定资产投资超过40万亿元，大部分集中在基础设施和公共设施建设领域，非常适合通过证券化手段进行打包盘活。在这方面可以探索创新，比如，南京公用控股集团把每年3亿多元的污水收入用证券形式，卖给上市公司，收回现金13亿元，用于本市的基础设施建设。通过提高资产证券化水平，提高城市建设资产的流动性和现金流的价值，释放更多资金投向城市建设。

第三，大力发展产业化基金。在这一方面，江西在全国率先进行了探索和尝试。今年3月底，国家发改委正式批准江西省铁路产业基金——总规模150亿元的兴铁产业投资基金开展筹备工作。兴铁基金是经江西省政府批准，省铁路投资集团公司联合省内省属大型国有企业，发起设立的国内第一支真正意义上的省级铁路产业投资基金，共分三期募集，首期规模50亿元，目前引导资金已基本到位，将为我省铁路建设发挥重要的保障作用。我们可以此为借鉴，鼓励创办和设立高新产业、现代服务业、教育、医疗等领域的产业化投资基金，以及产城融合发展投资基金，并向社会公开发行，吸纳社会闲散资金。

第四，平稳推进融资平台多层化发展。城市建设融资是一个系统工程，需要各种金融主体的深度参与，需要完善投融资服务体系，需要平稳推进投融资平台发展。一是发挥好大型银行的主导力量。由开发性银行为基础设施建设和公共服务项目提供基础性支持。二是发挥好商业银行的支撑力量。以重点建设项目为切入点，鼓励商业银行创新金融工具，为项目发展提供全方位的信贷服务。三是发挥好外资银行的重要力量。现在渣打银行、大新银行已经落户江西，汇丰银行正在报批。要加强与外资银行的合作，创新吸引外资方式，提高使用外资规模和质量，使外资在城市建设中发挥更加积极的作用。四是发挥好社会组织的积极力量。加快培育担保公司、信用评级机构等中介服务组织，通过中小企业贷款担保计划，成立小企业投资公司等，解决中小企业融资问题。五是发挥好村镇银行的新生力量。目前，我国村镇银行已突破1000家。要鼓励和扶持村镇银行等相关金融机构发展，放宽市场准入限制，形成覆盖城乡的金融体系，促进城市持续健康发展。

各位来宾、各位同志，机遇当前，必当扬帆破浪；重任在肩，更需奋步前行。只要大家携起手来，共同为高铁时代下的上饶发展把脉开方、献计献策，就一定能实现我省与全国同步全面建成小康社会的奋斗目标。

再一次谢谢各位专家，预祝上饶各项事业的发展百尺竿头，更上一层楼！

谢谢大家！

在南昌市备用水源地建设与管理专题协商座谈会上的讲话

黄跃金

（2014 年 5 月 9 日）

这次省政协专题协商座谈会，是为加快南昌市备用水源地建设与管理建言献策的一次重要会议。会前，省政协人资环委和南昌市政协共同组织委员及有关专家，深入实地考察，与有关部门、专家研究讨论，做了富有成效的工作。今天上午的会议，省、市有关部门领导和省政协委员、有关专家会聚一堂，开展协商座谈，相信对进一步推进南昌市备用水源地建设管理工作必将产生重要促进作用。会议时间虽短，但内容丰富、重点突出、成效明显。**一是提高了认识，认清了形势。**省水利厅、环保厅通报了备用水源地有关情况，并作了全面的分析，让我们听了以后很受启发，认清了当前城市备用水源问题的严峻形势，加深了南昌市备用水源地建设必要性的认识。**二是交流了看法，开阔了思路。**会上，7 位省政协委员、有关专家和部门同志都作了很好的发言，这些发言有数据、有分析、有见地，提出了具体、务实的意见建议，可以看出大家是经过了认真的准备和思考，相信这些意见建议将进一步助推南昌市备用水源地建设和管理工作。**三是形成了共识，明确了方向。**会上，各位委员、专家的发言，从南昌的实际情况出发，进行了利弊分析，提出了近期、中期和远期建设的意见建议。近期，选取抚河源头水源为南昌市备用水源地，是大家基本形成的一个共识。刚才，省政府顾问孙刚同志作了很重要的讲话，我们要认真学习贯彻落实。南昌市政府副市长朱志群同志也作了很好的表态讲话，明确了下一步的工作举措。会后，请人口资源环境委员会充分吸纳大家的意见建议，形成有针对性、切实可行的建议案，为推进南昌市备用水源地建设管理提供参考。

下面，根据大家的发言，我就南昌市备用水源地建设与管理，强调几点共识。

一、要从全局战略高度认识备用水源地建设的重要性和紧迫性

水与古代文明发源紧密相连，四大文明古国发源地都在江河旁边，比如中国源于黄河长江，古印度源于恒河，古埃及源于尼罗河，古巴比伦源于底格里斯与幼发拉底两河流域。

古代历史上监管水资源的官员都位高权重。但水也是一把双刃剑,它能维持生命,也能终结生命;它可以兴国富民,也可以祸国害民。古今中外由于水枯竭导致文明衰落的案例不胜枚举。水资源是我们赖以生存和经济社会发展不可替代的宝贵资源。因此,备用水源建设是保障城市经济社会发展和人民生活的重要基础设施,既是一个重大经济问题、民生问题,也是一个政治问题、社会问题,对促进城市和人的全面、协调、可持续发展,具有重要的意义。

1. **建设备用水源是保障城市可持续发展的战略举措。**水资源是城市发展的重要承载力资源。开展备用水源地建设,为城市供水安全加一把安全锁,是十分必要的。从国外看,备用水源地已经成为许多发达国家和地区供水保障和供水安全体系中的一个重要组成部分。20 世纪 30 年代,美国、俄罗斯、荷兰等多个国家就开始了大规模的开采地下水作为备用水源。国外的大城市通常建设大规模的水库作为城市可靠的水源地。如,美国纽约市的 3 个水源地都不是依赖江河直接取水,而是通过建设水库群进行蓄水和供水。日本东京最高日供水量达到 500 万立方米以上,其水库群有效库容达到 70 亿立方米,是城市日供水量的 141 倍。从国内看,近年来国内大中型城市都在抓紧寻找或建设应急备用水源地。如北京、天津、上海、哈尔滨、长沙、昆明等城市都建有备用水源地,成都、深圳、厦门等还未建成第二水源的城市也在积极筹划建设。随着工业化、城市化建设速度的加快,南昌市饮用水也面临着挑战,城市居民用水安全要求也愈加更高,备用水源地建设迫在眉睫。在某种意义上说,南昌市备用水源地建设是南昌市可持续发展的重要一环。

2. **建设备用水源是坚持以人为本,顺应群众关切期盼的必然要求。**水是生命之源,自来水是城市居民的必需品。备用水源地建设不仅关系到经济建设,也直接关系到广大群众生产和生活,是不折不扣的"民生工程"。近年来,饮用水的安全问题一直是社会各界和群众广泛关注的焦点之一。国家水利部近期公布的数据显示,目前我国水库水源地水质有 11% 不达标,湖泊水源地水质约 70% 不达标,地下水水源地水质约 60% 不达标。全国城镇中,饮用水源地水质不安全涉及的人口 1.4 亿人。据今年 3 月环保部发布的数据显示,我国有 2.5 亿居民的住宅区靠近重点排污企业和交通干道,2.8 亿居民使用不安全饮用水。实践表明,水资源是相当脆弱的,城市供水每时每刻都不能停顿,一旦出现问题,关联性大,影响面广,甚至可能造成一座城市瘫痪,引发社会危机。我省 2003 年曾发生历史上罕见的旱灾,赣江水位达到最低点,部分河段出现断流现象,南昌多个取水口无法取水,全市用水出现空前的短缺和告急。因此,必须着力解决好人民群众最关心、最直接、最现实的水资源问题,加快建设事关群众切身利益的备用水源地工程,让居民用上干净、安全、放心的水。

3. **建设备用水源是应对突发事件,提高用水安全保障能力的迫切需要。**备用水源地建设,是应对涉及公共危机的水源地突发事件的必要措施。据有关统计显示,近 10 年来我国水污染事件高发,水污染事故近几年每年都在 1700 起以上。如松花江重大水污染、太湖蓝藻污染饮用水、广西柳州镉污染饮用水源等事件。从今年 1 月至今,在几个月的时间里,全国范围内媒体曝光的自来水异味事件已达 10 起。比如,兰州自来水苯超标事件更是引发了一场关于居民用水安全的大讨论。兰州以黄河水作为主要水源,属于水源单一城市,这次事件折射出兰州市自来水供应仍存在隐患,特别是没有第二水源,对城市的饮水安全构成了极大的挑战,导致了城区 300 多万人正常饮水出现了困难。根据国务院《关于加强城市供水节水和水污染防治工作的通知》要求:凡 50 万人口以上的城市,均要开辟第二水源。

南昌作为省会城市，被称为“中国水都”，但城区的生活用水、自来水厂的取水97%以上都依赖于赣江，同样存在水源单一的问题。而且赣江上游沿岸有许多工矿企业、城市等，万一出现水污染事件，城市用水将面临严峻挑战和考验。南昌备用水源地建设应提到重要的议事日程上来。建设好南昌市备用水源地是保障城市用水安全、提高应对突发水污染事件能力的必然选择。

二、要科学把握备用水源地建设管理工作的基本原则

加快推进南昌市备用水源地建设与管理，大家普遍认为，应重点把握以下五个方面。

1. **坚持因地制宜与科学规划相结合。**备用水源地的选择要因地制宜，充分考虑水量、水质、可行性、应急期、供水规模、水源安全、经济成本等多种因素，合理选择工程建设的类型、规模及供水方式。要科学编制备用水源地建设规划，既注重前瞻性、战略性，更要有操作性。规划方案的论证取舍、优化完善，应着力发挥专家学者的智慧和力量，围绕有关规划建设方案进行深入广泛的研究论证，充分考虑备用水源地建设所涉及的各个环节，确保方案科学合理，以期实现社会效益和经济效益的最大化。

2. **坚持立足当前与着眼长远相结合。**建设管理好城市备用水源地，必须坚持立足当前、着眼长远、蹄疾步稳、行稳致远。要以水量供应充裕为前提，以改善水源水质为核心，既要考虑当前的现实可行性，也要兼顾中长期以及今后发展的需要。要正确处理好局部利益与全局利益的关系，多做打基础、增后劲的工作，防止急功近利的短期行为。要把备用水源和常规水源相结合，着力推进供水管网、污水处理等基础设施建设，切实提高城市供水安全保障水平。

3. **坚持系统管理与综合治理相结合。**习近平总书记强调，山水林田湖是一个生命共同体，人的命脉在田，田的命脉在水，水的命脉在山，山的命脉在土，土的命脉在树。要充分运用系统管理思维，开展备用水源地的综合治理，对山水林田湖进行统一保护、统一修复。**一是开展跨流域的综合治理和保护。**以更高的标准，用更严的措施，推动跨领域的科学治水，积极推动水生态保护修复，从根本上改善城市水环境，增强备用水源地的稳定性和可靠性。**二是加强岸线管理。**要科学划定和调整饮用水水源保护区，岸线开发利用要符合流域和水功能区管理要求，明确开发利用控制条件和保护措施。**三是强化水质监测。**备用水源地不是次要水源，保护要求不能降低。要进一步强化备用水源地的水质监管，加强保护区内污染源及违规行为的整治，严格建设项目环境管理，做好农业面源污染防治工作，从源头上防止水污染。

4. **坚持依法监管与日常监管相结合。**重中之重是加强水源保护工作。健全的水资源保护立法体系是实现城市水源地有效保护的重要保障。目前，我国针对备用水源地管理的法律法规还不够完善。因此，要研究制定备用水源地保护的专门性法律法规，将备用水源的规划开发和运行管理，备用水源地封停期间的水源涵养与保护纳入其中，依法依规加强备用水源地的监管。要积极创新备用水源地监管方式，把日常监管与专项整治、源头防控有机结合起来，着力推动备用水源日常管理制度化、规范化，切实提高备用水源地监管实效。

5. **坚持全面深化改革与创新体制机制相结合。**解决城市备用水源地问题是一个系统

工程,必须深化改革,创新体制机制,推动备用水源地建设管理工作规范有序开展。**一是深入推进水务体制改革。**实践证明,水务体制改革是水资源可持续利用的根本保障。要加快推进水务体制改革的步伐,建立健全政企分开、政事分开、责权明晰、运转协调的水务管理体制。要健全完善与城市发展相适应的水利基础设施体系、管理体系和服务体系,加快建立重要水源地、重要水生态修复治理区等生态补偿机制。要以水资源统一管理和城乡水服务统筹为中心目标,合理确定水资源的开发、利用、治理、保护等各方面发展目标,兼顾城乡生产生活等各种用水需求,确保水资源在整体上发挥出最大的经济效益、社会效益和环境效益。同时,省市有关职能部门要加强对地下水的监测管理,防止污染和乱采,有效遏制过量开采地下水引发的地面沉降灾害。**二是完善备用水源地建设管理协调机制。**备用水源建设是一项投资大、涉及面广的大型市政基础设施项目,必须树立全局一盘棋观念。南昌备用水源地建设管理工作涉及城市规划、建设、环保、水利、农业、林业等多个职能部门,必须加大协调配合力度,建立联席会议制度,保证备用水源地建设的各项工作落到实处。要构建分工合理、责任明确、权威高效的推进协调机制,进一步完善水资源保护和水污染防治合作机制,重点在统筹规划、政策法规、信息共享等方面加强协作,确保备用水源地"长治久安"。**三是健全水源地安全保障应急联动机制。**《国家突发公共事件总体应急预案》就对预测与预警有明确规定:"各地区、各部门要针对各种可能发生的突发公共事件,完善预测预警机制,建立预测预警系统,开展风险分析,做到早发现、早报告、早处置。"为防范水污染事件的发生,要科学制订水源地安全保障的应急预案,及时公布有关信息,建立健全从水源地到供水末端全过程的安全监测体系,形成有效的预警和应急救援机制,确保一旦发生水污染事件,能够得到及时有效的处置。

同志们,备用水源地建设管理事关经济社会发展全局,事关人民群众切身利益,事关城市的可持续发展。我们要在省委、省政府的统一领导和部署下,积极支持配合南昌市委、市政府的工作,努力为备用水源地建设管理建言献策,为解决城市用水安全问题,保障经济社会的可持续发展作出新的贡献。

在创新重点青少年教育服务管理专题协商座谈会上的讲话

黄跃金

（2014 年 5 月 29 日）

这次专题协商座谈会，时间虽短，但准备充分，内容丰富、成效明显。**一是调研务实，摸清了情况。**会前，省政协副主席郑小燕同志带领由相关委员及专家组成的调研组，深入部分市县和职能部门开展调研，认真了解当前我省青少年教育服务管理及预防犯罪工作现状，实地考察了部分重点青少年教育服务管理场所，并多次召开座谈会听取意见，为这次专题协商打下了坚实基础。**二是交流深入，提高了认识。**刚才，省委政法委副书记、省综治办主任张传发同志作了情况介绍，让我们全面了解了我省重点青少年教育服务管理及预防犯罪工作情况，我省积极在实践中探索，在探索中创新，扎实推进重点青少年分类教育服务管理，逐步走出了一条新路子，形成了具有江西特色的工作模式，去年在全国综治考评中获得第一名。我感受较深的就是工作中突出强调“四个注重”：一是注重预防，着力抓源头、抓教育、抓矫治，坚持预防为主、惩罚为辅和综合治理、治本为主的原则；二是注重机制体制创新，如动态排查机制、分类流转机制等；三是注重破解难题，如接收难、救助难、回归难等；四是注重工作落实，把各项措施落实到基层，落实到企业、单位和帮教人。有关省直单位负责同志和政协委员进行了互动发言，交流了思想，增进了共识，也加深了对做好我省重点青少年教育服务管理工作的紧迫性的认识。**三是协商充分，取得了成效。**会上 6 位委员及专家作了很好的发言，贡献了许多真知灼见，切实可行。充分表明大家做了大量的前期工作，是经过了认真调研和思考的。这些意见建议对推动我省重点青少年教育服务管理创新必将产生重要作用。刚才，省政府副省长李炳军同志从全省的角度谋划部署了重点青少年教育服务管理工作，目标明确、重点突出、措施实在，比如讲了家庭教育的重要性，是第一位责任，还有学校教育、经费落实等一些重要措施，对此，我们要认真学习领会，抓好贯彻落实。会后，请社法委充分吸纳大家的意见建议，形成有针对性、切实可行的建议案，为省委、省政府决策提供参考。

下面，根据大家的发言，我就创新重点青少年群体教育服务管理问题谈几点认识。

一、要充分认清做好重点青少年教育服务管理及预防犯罪工作的紧迫性、艰巨性和重要性

青少年是祖国的未来、民族的希望，是我国现代化建设事业的接班人，是实现中华民族伟大复兴中国梦的生力军。做好重点青少年教育服务管理及预防犯罪工作，既是从整体上推进青少年健康成长的必然要求，也是应对当前发展过程中社会利益矛盾冲突的重要举措，关系到千家万户的幸福安宁，关系到社会和谐稳定。

第一，要认清这项工作的紧迫性。青少年犯罪是全球性的社会问题，世界各国都受到严重困扰。有专家明确指出，青少年犯罪与吸毒贩毒、环境污染并称为当今世界的“三大公害”。比如，美国是世界上发生少年犯罪案件最多的国家，每年有200万以上不到18岁的少年因犯罪而被捕。早在1967年，美国总统林登·约翰逊委任的考察团在一份调查报告中指出：“美国缓解犯罪的最好指望就是减少少年和青年犯罪，因为他们是国家的未来，他们的行为将影响到社会的发展。”多年过去了，尽管美国做出了种种努力，但效果并不明显。紧迫性的一个重要方面就体现在预防青少年犯罪工作的量大面广上。据统计，全省目前有不良行为青少年9746人（其中有严重不良行为的1803人），闲散青少年16605人，刑释青少年4585人，流浪乞讨未成年人631人，服刑人员未成年子女4776人，农村留守青少年（儿童）112.24万人。做好这些青少年群体的工作，责任重大、十分紧迫。

第二，要认清这项工作的艰巨性。一个方面体现在青少年的成长特点上。青少年群体存在一些共同的特点和情况，比如，青少年的情绪变化快，思想可塑性大，易受不良影响，思想容易反复、时好时坏，对社会不良诱惑或因素缺乏控制力，容易走上犯罪边缘。另一个方面体现在青少年面临的“成长困境”。由于青少年身心发展的特殊性，他们在成长过程中往往会遇到许多挫折、负担或困惑，比如学习上的压力、生活上的困难、心理上的疑惑、生理上的困扰等等，使他们容易产生厌学、性格孤僻、专横等各种不良情绪和问题。面对青少年这种“成长困境”，需要教育部门和全社会给予更多的关心、关爱和帮助，以引导他们更好地认识自我、适应环境、健康成长。

第三，要认清这项工作的重要性。青少年犯罪问题不仅关系到青少年本人的成长，还影响家庭和睦、社会稳定。随着我国经济体制深刻变革、社会结构深刻变动、利益格局深刻调整，思想文化的多样性与复杂性进一步凸显，深刻的社会转型带来了如离婚率增高、农民工子女教育难等一系列社会矛盾和问题，这些社会问题也给青少年成长带来了“转型困境”。这就需要我们不断适应新的社会变化和环境变化，把握社会转型期的特点和规律，积极推动社会治理创新，着力营造青少年成长的良好氛围。同时，这是深化平安江西建设的现实需要。习近平总书记强调：“抓好重点青少年群体的教育管理是维稳的基础性工作”。我们知道，有犯罪前科和有案底的人未必都有鲜明的政治性诉求，但是在重大群体性事件中，他们容易参与，并危害社会。做好这项工作，不仅有利于增强青少年抵御社会不良现象影响和依法维护自身权益的能力，更有利于推动平安江西建设、促进社会和谐稳定。

二、要牢牢把握青少年成长规律和科学方法，进一步提升重点青少年教育服务管理水平

青少年正处于发育成长的重要阶段，是他们人生观和世界观逐步形成的关键时期，也是逐渐从依附家长、崇拜老师到寻找自我，力求摆脱外在束缚的转型时期，有的心理学家称之为“危险时期”。必须认真研究并把握他们的心理特征及成长规律，更加耐心、细致、循序渐进，讲究科学方法和策略技巧，正确处理好一些相互关系，不断提升重点青少年教育服务管理水平，促进青少年健康茁壮成长。

第一，要正确处理好“惩罚打击”与“教育引导”的关系。换言之，就是“硬”与“软”的关系。这也是预防、控制青少年犯罪的两种不同性质的方法和手段。一般来讲，“惩罚打击”是运用法律和行政的手段进行惩治，以形成一种社会的威慑力量，从而制止或控制青少年犯罪，属于“硬”的范畴；相对而言，用精神、道德、意识的力量教育引导青少年的方法，属于“软”的范畴。“惩罚打击”对于控制犯罪率、预防犯罪的发生虽能起到一定作用，但光凭这种“硬”手段不可能堵塞住青少年犯罪的一切漏洞，况且绝大多数青少年的世界观、人生观尚未定型，可塑性强。所以要想从总体上、长远上预防青少年犯罪，关键还在于“教育引导”。要坚持“教育为主，惩罚为辅”的原则，寓教于惩，为广大青少年树立正面导向，这样既能有效控制青少年犯罪，又有利于整个青少年群体的健康成长。比如我国《未成年人保护法》第五十四条规定：“对违法犯罪的未成年人，实行教育、感化、挽救的方针，坚持教育为主、惩罚为辅的原则。”

第二，要正确处理好“一般预防”和“重点预防”的关系。换言之，就是“目”与“纲”的关系。青少年群体工作量大面广，任务繁重，既要注重全局，又不能眉毛胡子一把抓，必须处理好一般与重点的关系。一方面，要从整体上推进青少年预防犯罪工作，通过采取一系列有效举措比如落实帮教单位、监护人和帮教人等，帮助重点青少年回归家庭、学校和正常社会。另一方面，由于我省六类重点青少年在规模、分布、行为方式、思想意识及利益诉求上各不相同，能够联系、教育帮助他们的主体工作力量也不尽相同，所以必须突出重点、分类实施，有针对性地开展预防工作。只有善于抓住主要矛盾和重点问题，学会举纲带目、抓点带面，才能做到整体推进，增强工作的针对性和实效性。

第三，要正确处理好“社会保护”与“自我保护”的关系。换言之，就是“外”与“内”的关系。青少年尤其是未成年人容易受到侵害，需要为他们提供全方位、多层次的保护。这就要求一方面要通过加大青少年合法权益的法律保障、政策保障和制度保障力度，在全社会形成保护青少年尤其是未成年人的坚固屏障。另一方面，青少年需不断增强自我防范意识，提高辨别是非和自我保护的能力，善于运用法律武器维护自身利益，自觉抵制各种不良习气和违法犯罪行为的引诱和侵害。坚持“内”“外”结合，做到既有“外”部的防护，又有“内”部的抵御，才能最大限度地保障青少年合法权益。

第四，要正确处理好“净化环境”与“满足需求”的关系。换言之，就是“堵”与“疏”的关系。青少年特殊的年龄段决定了他们需求的特殊性，如果他们正常的需求得不到满足，就很容易受到外界不良因素的影响。一方面要净化青少年成长的社会环境，铲除青少年犯罪的社会“土壤”；另一方面又要加强青少年活动场所的建设，开展丰富多彩的文化体育活动，

创造、提供更多的精神食粮来满足青少年日益增长的需求。所以说，做好预防青少年犯罪工作，不能只“堵”不“疏”或只“疏”不“堵”，而应坚持“堵”“疏”结合，这样才能相辅相成、相得益彰。

三、要推进体制机制创新，构建重点青少年教育、服务和管理防治体系

预防青少年犯罪工作是一项长期、复杂的社会工程。要把重点青少年群体工作纳入全省民生工程范畴，进一步创新体制机制，构建家庭、学校、社会、政府“四位一体”防治体系，最大限度地减少和预防青少年犯罪，实现社会的和谐稳定。

第一，创新重点青少年教育体系，引导树立正确的世界观、人生观和价值观。要通过加强教育，帮助和引导重点青少年努力成为对自己、对家庭、对社会负责任的人。**一要拓展教育内容。**要加强制度规则意识教育，从一点一滴的行为习惯形成对制度规则的尊重；加强情感、道德和法制教育，发挥学校法制副校长的重要作用，帮助青少年学法、知法、懂法、用法，引导他们养成良好的道德品行、行为规范和法制意识，增强远离犯罪的免疫力。通过良好的社会主义精神文明教育，使广大青少年受到良好的熏陶，让他们在潜移默化中健康成长。**二要创新教育渠道。**坚持家庭教育、学校教育和社会教育相结合，在充分发挥学校教育基础性作用的前提下，强调家庭教育的不可替代性，引导家长树立正确家庭教育观念、掌握正确家庭教育方法，提高对未成年子女的监护管理和教育水平。探索社会教育的有效途径，加大社会组织的扶持力度，发挥社会组织在重点青少年教育服务管理中的积极作用。（刚才，詹学银委员就推动民间组织参与重点青少年教育管理作了发言，提出要积极培育和发展各类专业性、慈善性、服务性的社会组织，并尽快出台社会组织参与重点青少年教育管理和政府购买服务的政策措施。）比如，香港东华三院，有150年历史，起源于1870年代，是香港历史最久远及最大的慈善机构。从一个在庙宇内的小小的中医诊疗亭开始，东华三院一直致力为大众市民提供多元化的服务，包括医疗服务、教育服务及社区服务。至2006年，东华三院在全香港设有共194间服务中心，为全港市民提供优质的服务。又比如，上海最好的幼儿园是宋慈会，最好的保幼院也是宋慈会的，这充分说明政府购买社会服务是比较好的方式。**三要强化教育力量。**要加强专业队伍和专业力量建设，提高青少年预防犯罪工作的职业化、专业化水平。一是强化政法机关力量。公检法司是国家政权的重要组成部门，具备身份权威、方法专业、经验丰富的优势，可以在案件侦查、起诉、庭审、判后回访、监所改造、释后跟踪等多个环节开展对青少年的教育转化。二是强化专业社工力量。专业社工队伍具有中立身份和专业素质，可以有效化解和消除工作对象存在的抵触、怀疑、忧虑等消极心理和负面情绪，持续稳定地开展教育感化。要逐步引入青少年社会工作专业人才队伍和专业社会工作方法，对不良行为青少年进行有效的跟踪联系、教育矫正。比如，中小学校应当适当引进一些心理咨询等专业老师及岗位。（刚才，肖萍委员在发言中谈到了专业社会工作力量问题，提出应依托青少年事业服务中心等专业社工服务机构，对重点青少年开展专业化、职业化的服务管理工作。）三是发挥社区工作力量。针对青少年教育管理的重点难点在基层的实际，要充分发挥乡镇（街道）、社区（村居）的优势和作用，着力搭建青少年社区矫正和安置帮教服务平台，建立重点青少年“帮教档案”，组织社区工作者和志愿者与他们结对帮扶，开展“一帮一”、“多帮一”、心理矫正等帮教活动，引导他们端正人生态度，远离违法犯罪，回归社会并回报社会。**四要加强教育**

载体建设。我省许多地方已经有这方面的好做法,如建立了“儿童救助中心”“阳光班级”“观护基地”等。要继续加大专门学校、专门基地的建设力度,不断夯实重点青少年教育载体,发挥它们在教育转化中的重要阵地作用。具体操作中,应坚持分类管理。一类就是7—14 岁在接受义务教育的青少年群体,针对这些群体不适宜搞“阳光班级”;二类就是14—18 岁的初中毕业生,但又没有升入高中的青少年群体,应相对集中管理,比如进入职业技术培训学校,增加技术职能等;三类就是指未成年人的儿童、流浪儿童、刑释人员的未成年子女、家庭十分困难又无人管的重点青少年群体,应到救助中心等施以救助、引导。所以,针对不同年龄段的重点青少年,应由不同的教育载体予以教育引导和管理。

第二,创新重点青少年服务体系,帮助他们回归家庭、学校和正常社会。调研表明,处于失学、失业或失管状态的青少年,很容易产生不良行为或走上犯罪道路。要通过建立各种服务机制,为重点青少年创造良好条件,帮助他们步入正常的生活、学习和工作轨道。**一是建立教育服务机制,促进解决“失学”问题**。要继续巩固普及义务教育工作成果,义务教育学校不得以任何理由开除学生,确保学龄青少年能接受并完成义务教育,从源头上减少闲散青少年数量。要积极创造各种条件,为失学青少年提供更多学习或接受教育的机会。比如,针对闲散不在学的青少年,要及时组织正面力量加强联系,并通过与家长、学校沟通,帮助他们回归正常教育体系,或进入“少年儿童救助中心”、“阳光班级”、“观护基地”。**二是建立就业服务机制,促进解决“失业”问题**。要加强重点青少年职业技能培训工作,拓宽就业创业渠道,搭建更多就业创业平台。比如,针对不在学无职业的青少年,要为他们创造职业培训的机会,提供免费的就业指导,帮助他们增强技能、实现就业;对有志于创业的要帮助争取政策和资金扶持、实现创业。(刚才,周日扬同志在发言中谈到了拓宽青少年就业渠道的问题,提出财政要建立青少年发展专项基金,积极为闲散青少年提供免费职业技能培训和推荐就业岗位的机会,促进闲散青少年早日实现就业。)**三是建立帮教关爱机制,促进解决“失管”问题**。建立重点青少年信息库和信息汇总共享机制,加强家庭、学校、社区和司法等单位的有效衔接,完善帮教关爱机制,着力做好帮教转化工作。比如,对于刑释青少年,要建立多层次的安置帮教网络,及时实施教育、感化、挽救,让他们回归正常社会;对于流浪乞讨未成年人,要加强特殊保护,抓好救助、打拐两个环节,帮助他们回归家庭;对于服刑人员未成年子女,要做好结对帮扶工作,做到思想上引导、学习上帮助、生活上解困、情感上关爱,让他们走出心理阴影,形成积极健康的生活态度;对于农村留守儿童,要开展“亲情关爱”行动,开展思想引导、学业辅导、困难帮扶、自护教育等活动,改善他们的生活、学习环境,让他们感受到温暖。(刚才,郑军平委员在发言中谈到了农村留守儿童的管理问题,提出要建立健全关爱留守儿童的工作机制,如在农村中小学管理制度设计上增加关爱留守儿童的内容,充分发挥好学校主阵地的作用。)同时,要加强青少年的交友引导。青少年正处于人生最关键、最重要的时期,往往非常渴望涉足社会、参与社交。俗话说“近朱者赤,近墨者黑”。如果交友不慎,容易步入误区、身不由己,甚至陷入犯罪的深渊、悔恨终身。反之,找到真正的挚友,可以使自己取长补短、成长进步。要引导青少年建立正确的交友观,通过教育让他们善交益友、不交损友,使所交之友真正成为他们人生成长路上的良师益友。**四是建立协调配合机制,形成齐抓共管的工作合力**。预防青少年犯罪工作涉及面广、任务量大,是一项专业性和综合性很强的系统工程。必须充分发挥各职能部门的作用,明确各单位主体责任,综合施策、齐抓共管、形成合力。要建立健全联动协调、预警、矫治、安置等长效机制，逐步形成符合社会治理创新要求的重点青少年教育服务管理工作体系。**五是完善经费保障机制**。坚持多元化筹资，探索建立“政府下拨一点、社会投入一点、企业资助一点”的“三个一点”经费筹措机制，增加重点青少年教育服务管理投入，为预防青少年犯罪工作提供经费保障。同时应把这项工作专项经费纳入各级财政预算，并建立鼓励社会各方赞助、支持重点青少年群体工作的制度，形成全社会共同推进这项工作的良好氛围。

第三，依法加强社会治理，营造有利于青少年健康成长的良好环境。环境影响人，环境造就人。针对目前社会环境中存在不利于青少年成长因素的问题，要依法加大对青少年成长环境的净化和治理力度，促进青少年健康成长。**一要加强网络媒体的管理**。当前，互联网已经成为青少年学习、生活、认识和参与社会的重要途径，改变着青少年的生活方式、思维方式和行为方式。然而，如果使用网络不当就会受到伤害，尤其是网络色情、低俗网游和暴力信息等严重影响青少年身心健康，甚至诱发犯罪。据调查显示，有48%的青少年接触过网络不良信息，受到不同程度影响，与网络游戏相关的青少年犯罪案件超过60%。要在运用传统媒体和互联网、手机等新媒体开展正面宣教活动的同时，继续保持对网络、网吧、荧屏声频视频大力整治和监管的高压态势，加强对互联网信息传播的管理，严厉打击色情、暴力有害信息，净化网络环境。**二要加强校园周边环境治理**。强化对校园周边书报刊和电子音像制品市场、发行网点及游商走贩的监管，开展校园周边网吧和游艺娱乐市场的专项整治，严厉打击危害学校正常秩序，侵害青少年的各类违法犯罪活动，保障青少年有一个安全、和谐、健康的学习环境。**三要加强文化、娱乐市场的管理**。加强对游戏厅、歌舞厅、录像厅、网吧等文化市场、娱乐场所以及出版物市场的管理，标识未成年不能进入这些场所，严厉打击“黄赌毒”等社会丑恶现象，努力消除精神“污染源”。加强青少年宫、青少年活动中心等建设与管理，以丰富多彩、健康向上的活动吸引青少年，营造适合青少年健康成长的生活、学习环境。（刚才，幸志强委员围绕加强教育管理、净化社会环境等问题作了很好的发言，提出要构筑家庭“第一防线”、夯实学校“主阵地”、建设社会“防护网”、强化政府“主导核心”等建议。）**四要加大未成年人司法保护力度**。我国于1991年9月出台了《中华人民共和国未成年人保护法》，并先后经2006年12月、2012年10月两次修订；于1999年6月出台了《中华人民共和国预防未成年人犯罪法》，2012年10月进行了修订。这两部法律的出台实施，使我国保护未成年人的法律体系更加健全。江西也相应出台了《未成年人保护条例》。好的法律重在执行。要加大《未成年人保护法》《预防未成年人犯罪法》的贯彻执行力度，尽快制定或修订我省的各项配套法规及政策措施，切实实现好、维护好、发展好未成年人的合法权益。要加大未成年人保护法的宣传教育力度，使保护未成年人的观念深入人心，营造全社会保护未成年人的良好氛围。要强化司法和执法工作，加强执法检查，严厉打击侵害未成年人合法权益、影响未成年人健康成长的违法犯罪行为，坚决制止有法不依、执法不严、以权代法等行为，保障未成年人合法权益落到实处。（刚才，刘卫东委员谈到了青少年管理工作的立法问题，提出应分类制定和完善相关法规条例，切实把这项工作纳入到依法治理的轨道。）

加强重点青少年教育服务管理及预防犯罪工作，是太阳底下最光辉的事业，是功在当代、利在千秋的事业。希望通过一系列具体有力、切实可行的举措，鼓励、引导并帮助广大重点青少年提振精神、树立信心，重新扬起人生的梦想风帆，使他们的人生之路越走越宽广，明天越来越美好！

在江西省科技创新与进步促进会成立大会上的讲话

黄跃金

（2014 年 7 月 15 日）

党的十八大作出实施创新驱动发展战略的重大部署，强调科技创新是提高社会生产力和综合国力的战略支撑，必须摆在国家发展全局的核心位置。

成立江西省科技创新与进步促进会，是省政协创新工作平台，拓展工作领域的一件大事，也是助推我省科技创新与进步的一件好事。在此，我谨代表省政协，向省科技创新与进步促进会成立大会表示热烈的祝贺！并借此机会，向长期以来致力于推动我省科技创新的广大政协委员和科技工作者致以诚挚的问候和崇高的敬意！

下面，我就省科技创新与进步促进会如何开展好工作，谈几点意见。

一、要准确定位，充分认识科技社团促进科技创新与进步的重要意义

科技创新与进步，离不开科技社团的广泛参与和创新实践。随着经济社会发展，以各类协会、研究会、促进会为主体的科技社团，必将对实施创新驱动发展战略，提高自主创新能力具有重要意义。

1. **科促会是推动科技事业发展的重要智库。**党的十八届三中全会明确提出，加强中国特色新型智库建设，建立健全决策咨询制度，为我国新型科技智库构建指明了方向。社团组织，特别是学术社团，一个重要功能就是为决策服务，提供智力支持，并且强调要发挥智库的功能，这是社团组织发展的一个重要趋势。当前，国外各类涉及科技创新的政策研究、人才培养主要依靠科技智库。但相比而言，虽然我国科技社团、咨询中介组织有很多，但科技智库发展相对滞后整体实力不均衡，特别是国际影响力还相对不足，有特色、高质量的新型科技智库不多。省科促会作为我省科技协同创新的重要平台，可以立足政协联系广泛、智力密集的优势，突出界别各行业、各学科人才荟萃的特色，发挥好专委会作用，充分调动广大专家学者积极性，开展调查研究，提供可操作性、高质量的智力支持，努力建设成为一个特色鲜明、影响广泛的重要科技智库。

2. **科促会是推广、普及科学技术的重要力量。**世界科技史表明，科学是集体的产物，科

技发展的需求促进了科技社团的诞生和发展。科技社团是科学技术推广普及的中坚力量。省科促会通过服务推动会员积极投身区域创新体系建设,广泛参与科普日、科技周等群众性、社会性科普活动,着力加快科学技术在全社会的推广和普及。

3. **科促会是促进学术交流,宣传科技政策法规的重要载体。**学术交流是科技社团工作的生命线,是社团工作长期发展的根本动力。高水平的学术交流活动,既可以启迪创新思维,迸发创新火花,又可以推动产学研结合,促进科技知识的流动和应用。而省科促会的基础工作就是学术交流,通过广泛开展学术活动,为科技工作者提供一个交流合作的重要平台。据调查表明,我国科技工作者67%集中在事业单位,17%在国有或集体企业,还有将近16%在“三资”和民营企业工作,科技社团能够把他们联系到一起,交流学术问题,提高创新能力。省科促会的会员大都工作在科研、院校、企业第一线,既有科技创新实践经验,又有理论思考和探索,可以有针对性地组织开展政策法规宣讲、创新成果展示等系列服务活动,切实帮助企业和科研机构了解自主创新政策,强化创新意识,提高自主创新能力。

二、把握重点,为促进全省科技创新与进步建功立业

省科促会要聚焦重点领域,充分发挥自身优势,为科技创新与进步贡献智慧力量。

1. **要围绕助推全面深化科技体制改革下功夫。**党的十八届三中全会进一步明确了深化科技体制改革、加快国家创新体系建设的目标和重点任务。省科促会要以服务创新驱动发展战略为着力点,立足政协的组织优势、渠道优势,找准工作切入点和突破口,组织、引导科研人员积极参与科技体制改革,紧紧围绕全省科技体制改革中的热点问题,深化科技管理体制改革中的难点问题,以及创新科技投融资机制等重大问题,深入调查研究,广泛交流研讨,形成有分量、有影响、有操作性的对策建议。要积极推动产学研结合,在企业与科研院所、高等院校之间搭建沟通桥梁,做好多种形式的招才引智工作,努力把更多创新要素向企业集聚,加快构建以企业为主体、以市场为导向、产学研相结合的自主创新体系,努力提高我省科研原始创新、集成创新、引进消化吸收再创新能力。全体会员要争当改革的坚定拥护者和积极实践者,积极宣传有关科技体制改革的政策,深入了解和反映科技工作者的利益诉求,及时总结改革实践中创造的成功经验,让创新创业的源泉充分涌流,让创新创业的活力竞相迸发。

2. **要围绕促进重大科技决策贯彻落实下功夫。**在欧美发达国家,很多科技社团作为政府思想库一部分,积极为科技决策贡献知识和技术。如美国科学促进会作为典型代表,通过加强与政府的互动、定期公开出版有关政策报告、组织公共政策论坛、专题会议等活动,为政府科技政策建言献策。当前,省委、省政府相继出台了大力推进科技协同创新等一批重要指导性文件,方向任务明确,关键是要抓好各项工作落实。省科促会要充分发挥智囊团的作用,围绕省委、省政府的重大战略部署和工作大局,紧扣科技协同创新计划、产业创新升级、促进技术转移和成果转化等重点工作,积极引导会员和科技工作者献计出力。要积极探索组织不同层次、不同形式的决策咨询活动,围绕关系国计民生的重大关键科技难题,从科技影响和作用的角度,从科技规律出发,提出咨询建议,开展科学评估,不断提升我省科技进步综合水平。

3. **要围绕推动科技创新人才培养下功夫。**推动科技创新,重中之重在培育和引进创新人才。省科促会是举荐和集聚创新人才的重要平台。因此,要把人才资源开发放在优先位

置，通过开展各类学术性、技术性、交叉性的活动，充分展示科技人才的作用和价值，抓好各类优秀科技人才的选拔推荐，促进更多科技人才脱颖而出。要引导企业、科研机构注重生产一线专业技能人才的培养，积极探索创新型复合人才的培养模式，推进创新团队建设。尤其要探索建立以科研能力和创新成果等为导向的科技人才评价机制，积极营造鼓励大胆创新、勇于创新、包容创新的良好氛围，既要重视成功，更要宽容失败，为人才发挥作用、施展才华提供更加广阔的天地。

4. **要围绕协助实施科技惠民计划下功夫。**《国家"十二五"科学和技术发展规划》指出，重点解决群众最关心的重大民生科技问题，全面提升科技服务民生的能力。省科促会要把推动民生科技发展作为主攻方向之一，大力推进民生科技发展能力建设，鼓励和支持社会力量建立民生科技研究开发机构，着力推动科促会的团体会员单位，包括高等院校、科研机构、大型企业开放科技资源，积极引导技术交易、科技咨询等服务民生科技产业。要全力支持科研院所和企业"走出去、请进来"，着力引进产业关联度大、带动效应强的民生科技项目，促进实现信息共享、技术共享、资源共享。要进一步加大对改善民生科技的推广力度，广泛开展政策宣讲、成果示范、典型推广等活动，重点加强民生科技示范应用宣传，促进民生科技成果深入千家万户，让科技改革发展成果更多更公平地惠及群众。

三、夯实会务，努力打造服务一流的会员之家

常言道，打铁还需自身硬。省科促会要尽快把各项工作启动、运转起来，以服务求发展，努力建设成一个学术交流水平高、服务成效好、内部管理规范的现代科技社团。

1. **要加强服务会员能力建设。**会员是科促会的立会之本。国内外很多科技社团都特别重视对会员的服务，时刻强调会员的利益，并推出了一些会员优惠制度，如会员可以优先参加社团举办的学术活动和交流培训，为会员提供有关的信息咨询和科技前沿资料，以此增强会员的荣誉感和对社团的归属感。省科促会要积极创新形式多样、富有成效的服务方式，为会员承接科技研究课题等提供良好的服务，努力引导广大会员成为科学知识的传播者、科学思想的倡导者、科学方法的实践者、科学精神的弘扬者。要适应社会流动加速的特点，广泛联系和吸收科技工作者，及时反映会员提出的意见和建议，真诚地关心关注会员，切实维护好会员的合法权益，不断增强省科促会的吸引力和凝聚力。

2. **要加强平台阵地建设。**省科促会作为科技工作者的"家"，要依托专委会的组织优势，进一步强化会员联络服务平台，把联系、服务会员作为基础工作做实做好，全面调动会员的积极性、主动性和创造性。要突出抓好学术交流平台建设，紧密围绕科技创新的前瞻性、战略性、现实性问题，以会员的需求为工作导向，注重组织科技创新论坛、研讨会、报告会等开放性学术交流活动，打造学术交流精品。要注重推进科技咨询平台建设，广泛开展科学论证、课题研究、科技普及推广等活动。

3. **要加强制度机制建设。**制度带有根本性、稳定性和长期性。要遵循科技社团的基本属性和发展规律，注重创新各项管理制度机制，完善各种具有科学性、操作性的规章制度，确保科促会工作有章可循。要严格依照法律和章程，坚持民主办会，发挥理事会及常务理事会的作用，坚持重大工作和活动集体研究制度，努力做到内部管理工作规范化、科学化，实现健康稳步发展。

在创新农业经营体系和经营方式，加快现代农业强省建设专题协商座谈会上的讲话

黄跃金

（2014 年 7 月 29 日）

这次省政协专题协商座谈会，是为创新农业经营体系和经营方式而进行建言献策的一次重要会议。创新农业经营体系和经营方式，事关“三农”工作大局，既是全面深化农村改革的一项重大任务，也是加快我省由农业大省向农业强省跨越发展的一条重要路径。党的十八届三中全会通过的《关于全面深化改革若干重大问题的决定》强调，要加快构建新型农业经营体系，坚持家庭经营在农业中的基础性地位，推进家庭经营、集体经营、合作经营、企业经营等共同发展的农业经营方式创新。省委、省政府高度重视创新农业经营体系和经营方式，出台了《关于加快构建新型农业经营体系的意见》。因此，我们选取创新农业经营体系和经营方式这个课题进行专题协商、建言献策，很有意义、很有价值。

会前，省政协经济委在利贵副主席的指导下，组织有关委员及专家，深入吉安、鹰潭、宜春等部分市县乡村实地考察调研，了解我省新型农业经营体系建设情况，发现好的典型和做法，剖析存在的困难和问题，广泛征求意见和建议，为今天下午的专题协商会议奠定了扎实的基础。刚才，省委领导作了很好的讲话，既总结概括了这方面的做法成效，又阐述明确了今后的工作思路和举措，对我们知情明政、协商建言很有帮助，我们要认真学习贯彻。六位省政协委员从不同角度、不同方面作了发言交流，既有解决实际问题方面的意见建议，如玉奇同志的《创新农业经营体系和经营方式的难点与对策》；岩波同志的《农业的出路在于土地规模经营》；洪义同志的《推进农业土地流转，提倡适度规模经营，保障国家粮食安全》；潘华同志的《培育新型职业农民，促进我省新型农业经营体系快速发展》；占共同志的《关于农民合作社存在问题及对策建议》，也有来自农村一线的农民诉求心声，如应国同志的《农民创办和发展农业合作社的“六盼”》等。这些委员的发言都找准了新型农业经营体系中的重点、难点、热点，展示了较高的协商议政水准，体现了对三农工作的关切和思考，具有一定的决策参考价值。省直相关部门领导听取了省委领导讲话和委员的发言，并与委员进行了互动交流，既有情况介绍，又有问题解答，还有积极的表态，回应了委员的关切，达到了相互启发、凝聚共识、促进工作的目的。会后，请省政协经济委认真研究汇总大家的意见建议，

争取形成有分量、可操作的省政协建议案,报省委省政府参考。

下面,根据学习习近平总书记关于“三农”工作重要论述的体会,结合大家的发言,我就创新农业经营体系和经营方式,梳理概括四点共识和建议,供大家参考。

一、坚持和完善农村基本经营制度不动摇

习总书记指出,农村基本经营制度是党的农村政策的基石,坚持党的农村政策,首要的就是坚持农村基本经营制度。

一要坚持农村土地属于农民集体所有。这是坚持农村基本经营制度的“魂”,是农村最大的制度。我国《宪法》规定,“农村和城市郊区的土地,除由法律规定属于国家所有的以外,属于集体所有;宅基地和自留地、自留山,也属于集体所有”。农村土地集体所有权是农户土地承包经营权的基础,农村基本经营制度是农村土地集体所有制的实现形式。近年来,全社会十分关注农村土地制度改革,这是可喜的,但必须特别注意的是,改革的底线是不能把耕地改少了,不能把粮食产量改下去了,不能把农民利益损害了。

二要坚持家庭经营基础性地位。这是坚持农村基本经营制度的根本。要切实保障农民家庭是集体土地承包经营的法定主体,即便世界上农业最为发达的国家,家庭经营也依然是农业生产中最基本的形式。因此,农村集体土地应该由作为集体经济组织成员的农民家庭承包,其他任何主体都不能取代农民家庭的土地承包地位。

三要坚持稳定现有农村土地承包关系。这是维护农民土地承包经营权的关键。党的十八届三中全会《决定》再次明确提出“稳定农村土地承包关系并保持长久不变”。把农民土地承包经营权分为承包权和经营权,实现承包权和经营权分置并行,这是我国农村改革的一个重大创新成果。一方面,要稳定农村土地承包关系,确保集体土地承包权都属于农民家庭,任何组织和个人都不得剥夺和非法限制农民合法的土地承包权,而必须依法保障农民对承包地占有、使用、收益、流转,加快完成农民土地确权、登记、颁证工作,真正为农民“颁铁证”,让农民吃“定心丸”。另一方面,要放活土地经营权,搞活经营方式,省委办、省政府办《关于加快构建新型农业经营体系的意见》要求,鼓励承包农户依法采取转包、出租、互换、转让、股份合作等形式,自主流转承包土地或自愿委托发包方、土地流转服务机构流转承包土地。积极引导和鼓励农户以土地承包经营权作价出资的形式,组建农民合作社。

四要坚持土地适度规模经营。这是符合我国国情的,也是农业现代化的一个重要特征。当前和今后一个时期,小规模经营与适度规模经营将共同构成我省现代农业经营体系的基础。推进土地适度规模经营,要规范有序推进土地承包经营权流转,加快培育农村土地承包经营流转服务组织,防止违背农民意愿强行推动土地集中。土地适度规模经营,还要求与新型工业化、城镇化协同推进,没有工业化对就业的支撑和城镇化对人口的容纳,快速过大推进规模经营会带来农业剩余劳动力难以化解等社会问题。

二、加快构建现代农业经营体系

习总书记强调,要加快构建以农户家庭经营为基础、合作与联合为纽带、社会化服务为支撑的立体式复合型现代农业经营体系。我理解,这段话既阐明了现代农业经营体系的科

学内涵，又指出了构建新型农业经营体系的实现路径。近年来，我省高度重视创新农业经营体系和经营方式，出台了相关的指导文件，开展了积极的实践探索，工作力度大、效率高、成效明显。但总体而言，这项工作还处在破题、起步阶段，任重道远。全省新型农业经营主体不仅数量少，而且实力偏弱，新型经营主体融资难、扶持政策落实到位难，农业社会化服务能力较弱等问题不同程度存在，客观上要求加大力度构建新型农业经营体系，创新农业经营方式。

一要加快培育新型农业经营主体。这是构建新型农业经营体系的重头戏，也是发展现代农业的紧迫任务。一方面，广大承包农户是我国农业生产经营的重要基础和数量最多的主体，要坚持完善农户家庭经营。另一方面，要着眼提高农业生产效率和规避自然与市场双重风险，加快培育种养大户、家庭农场、农民合作社、产业化龙头企业等新型农业经营主体。农业经营主体的多样化，是农业现代化的必然趋势。要根据不同主体的特性，因地制宜，分类指导，实行差别化扶持政策。

二要大力推进农业经营方式的创新。重点推进家庭经营、集体经营、合作经营、企业经营等多种经营方式的创新，特别是积极探索创新龙头企业与农户以及家庭农场、合作社等主体与农户有效联结的组织模式，提高农民的组织化程度。要健全完善利益联结机制，重视农民专业合作社的规范发展，选好、培养好合作社带头人，推动龙头企业与专业合作社深度融合，推广“龙头企业＋专业合作社＋农户”的组织带动模式，鼓励龙头企业开展利润返还、股份分红等多种方式，带动农民增加收入。

三要着力构建多元化农业服务体系。相关资料显示，目前美国农业生产性服务业增加值占农业 GDP 的比重已达到 12.7%，而我国仅为 2.3%，可以说，农业经营性服务业大有潜力、大有作为。实践证明，新型农业经营主体加上农业社会化服务，是构建新型农业经营体系的重要路径，也是建设现代农业的理想格局。要以规范管理、提升能力为重点，充分发挥农业公共服务组织的支撑作用。要按照“主体多元化、服务专业化、运作市场化”要求，通过政府订购、定向委托、奖励补助、招投标等方式，积极发挥经营性服务组织的生力军作用。通过培育服务主体，拓宽服务领域，创新服务方式，加快构建公益性与经营性服务相结合、专项服务与综合服务相协调的新型农业社会化服务体系，提高农业生产经营集约化、专业化、组织化、社会化水平。

三、培育壮大新型职业农民队伍

目前，与全国普遍存在的情况一样，我省农业劳动者呈现出数量减少、结构失衡、素质不高、年龄老化、后继乏人的趋势，“谁来种地”的问题越来越紧迫。要发展农业现代化，就必须真正实现从经验型传统农民向技能型现代农民的转变，大力培育和造就一支规模宏大的新型职业农民队伍。

一要通过普及和重点相结合的方式培育农业从业人员。要整合“农口”的培训资源和力量，既要对农业技术人员、农业经营管理人员、农业社会化专业服务人员等进行普及性的职业培训，又要把农业生产组织中的骨干力量和种养大户、专业经纪人等作为培育职业农民的重点，从市场需求入手、从农民切身利益出发加强对培训的组织管理，提高农民培训的针对性和农业技能证书的“含金量”。

二要通过吸引各类人才形成高素质的新生代农民队伍。要在落实好现有富农支农惠农政策措施基础上,出台增强农村和农业对各类人才吸引力的政策,如设立现代农业青年创业扶持基金,重点鼓励高校毕业生、返乡农民工、退役军人、投资创业者等群体到农村发展现代农业,着力培养一批有文化、懂技术、善经营、会管理的现代职业农民。

三要通过城乡统筹发展确立现代农民的职业性。要打破城乡户籍制度的藩篱,淡化农民的身份性质,使农民真正成为依赖其农业职业技能而非依附于土地的职业化的农业从业人员,农民如同工人一样可依其技能自由流动,这不仅有利于原有农民的职业化,而且有助于打破城乡二元结构,吸引各类人才投身于农业现代化建设。

四、进一步提高农业科技创新驱动力

习总书记强调,我们必须比以往任何时候都更加重视和依靠农业科技进步,走内涵式发展道路。这指明了现代农业发展的根本方向。目前,我省农业现代化建设的科技创新驱动力仍显不足,农业科技进步贡献率为54%,与经济发达的省份相比有差距,与世界平均农业科技进步贡献率还有较大差距,世界发达国家的农业科技进步贡献率都在75%以上。省委十三届九次全会指出,科技是引领未来的主导力量,创新是支撑发展升级的持久动力,要坚定不移提高农业科技创新驱动力。

一要坚持“三个面向”的发展方向。面向长远发展,加强现代农业前沿技术和基础研究,提高现代农业技术的原始创新能力;面向现代农业产业发展,大力突破产业共性技术和关键技术,提高现代农业技术的集成创新能力;面向市场需求,大力加强农业科技成果转化应用,降低生产成本,实现丰产增收,促进农业科技与农民致富结合。

二要提升技术进步综合效率。要积极推进“科技兴农”战略,提升科技对农业现代化的引领作用,按照增产增效并重、良种良法配套、农机农艺结合、生产生态协调的原则,组织开展重大农业科技攻关和成果转化,高度重视农村基层科技创新与推广能力建设。要大力发展设施农业、精准农业等,生产无公害、绿色、有机农产品,创建更多更好的农产品品牌。

三要发挥信息化的支撑作用。加快推进农村信息化建设,是发展现代农业的重要手段,能够有效促进资源合理配置和整合,提高资源利用效率和劳动生产效率。要加大投入完善网络基础设施、信息服务平台、信息资源体系,积极开展农业信息技术研发与应用,大力扶持发展智能农业,建立农业信息化体系,推进农业物联网技术的发展和应用。

五、改革创新农村金融服务

在推进农业现代化发展过程中,各类新型农业经营主体还面临不少瓶颈问题,特别是融资难、保险难成为制约经营主体发展的突出问题。农业现代化建设迫切需要金融支持。因此,要在有效整合各种支农惠农资金,用活财政资金,充分发挥“农字号”银行金融机构支农助农专业作用的基础上,进一步加大农村金融产品和服务方式创新力度。

一要创新农民专业合作社资金互助业务。这是赋予农民专业合作社的一项合规融资业务,是为社员之间开展资金互助提供的服务平台。互助资金来源包括吸纳社员股金、银行贷款、向其他企业和个人定向借款、财政扶持资金和捐赠资金等。互助资金封闭运行,仅限于内部社员有偿使用。资金互助业务要以发展农村互助金融为方向，按照因地制宜、社员自愿的原则，实现社员自办、民主管理、政府引导、社员受益、风险可控的资金互助合作，保障社员发展多种经营和农业生产急需，促进农民专业合作社做大做强做优。

二要创新农村合作金融公司。重点为县域“三农”发展提供金融服务的企业法人，是由企业、新型农业经营主体、其他合格投资者依法设立的公司制企业。它不吸收公众存款，资金来源主要由股东缴纳的资本金，向银行金融机构融入的资金、拆借的资金以及通过私募形式筹集的资金组成，主要面向“三农”提供金融服务。

三要创新农业租赁金融公司。为农业经营主体提供设备租赁、土地信托、信贷服务的企业法人，它由租赁、担保、农机、保险等相关行业背景的法人机构、农业产业化龙头企业、政府出资企业等有实力的机构和自然人依法设立的公司制企业。它不吸收公众存款，资金来源主要为股东缴纳的资本金和捐赠资金，注册资本由货币资本和实物资本组成，主要业务是为农业生产、农产品储运、农产品加工以及农村基础设施建设提供设备租赁，为农村土地提供信用托管，搭建农村土地市场化流转平台，促进农村土地流转和规模化经营，为新型农业经营主体提供信贷服务。

四要创新发展农村商业银行。按照市场化原则，鼓励资本规模大的农村商业银行向资本规模小的县级农村信用联社参股，参与其股份制改造或作为农村商业银行发起人。要加快发展村镇银行，推动经营规范、主业服务“三农”、股东实力较强的小额贷款公司按照监管规定转制为村镇银行，加快构建多层次、广覆盖、功能丰富的农村金融服务体系。

五要支持农民开展互助保险，创新农业保险产品。由职能部门牵头，以农民合作社、家庭农场等新型农业经营主体为载体，在积极稳妥的基础上，按照“政府财政支持，农民风险互助，有灾补偿损失，无灾结余积累，建立风险基金，以备大灾之年”的原则，通过“农户自愿缴费、财政适当补助、合作共享、自负盈亏、自我管理”的方式推动互助保险试点的逐步开展，形成自我管理、自我积累、自我受益、滚动发展的良性机制。要积极引进保险经纪公司辅导农民开展互助保险，给予保险经纪公司优惠政策。鼓励各保险公司拓展农业保险服务范围，开发农作物、畜产品、水产品等领域的特色保险产品。要在继续扩大传统政策性险种的基础上，稳步扩大险种和覆盖率，逐步实现种植业、养殖业保险全覆盖。

六要创新农村金融监管机制。要开展内部控制和外部监管相结合的金融监管方式，建立完善的治理结构，有效防范内部产生的道德风险、操作风险，维护金融稳定，及时发现和处置可能产生的金融风险。

同时，要加大政策支持力度，对新型农村金融组织给予奖励、补贴、贴息、股权投资、注册登记等方面优惠政策，进一步挖掘农村金融发展潜力。

创新农业经营体系和经营方式，是一项紧迫而又长期的任务，需要凝聚各方面的智慧和力量。政协是人才库、智囊团，希望广大政协委员多建真言、多谋良策，为我省加快创新农业经营体系和经营方式，建设现代农业强省作出新的更大贡献。

在听取上饶教育实践活动汇报后的讲话

黄跃金

（2014 年 8 月 31 日）

刚才，上饶市委和万年县委作了一个很好的汇报。第二批教育实践活动进入第二环节以来，上饶市委和万年县委按照中央、省委的统一部署，坚持领导带头，以上率下，召开了高质量的专题民主生活会，教育实践活动总体态势良好，我对上饶的教育实践活动主要有以下四点感受。

一是学习教育抓得实。在学习好教育实践活动规定书目和焦裕禄等人物影片的基础上，市委中心组以“坚定理想信念、强化宗旨意识、增强群众观点、加强作风建设”为主题进行了集中学习，传达了省委十三届九次全会精神；市四套班子领导发挥表率作用，专题学习了《习近平总书记系列重要讲话读本》，推动全市上下形成学习热潮，为深入推进教育实践活动打下了坚实的思想基础。全市基层党组织结合上饶实际，把学习教育与中心工作相结合，号召全市党员干部借教育实践活动的东风推进各项改革和经济社会发展；与本土特色相结合，充分利用上饶红色资源优势，开展了大型廉政诗画剧《为了可爱的中国》巡演，大力弘扬方志敏精神，进一步坚定了理想信念；与“模范”工程相结合，选树了黄欣泉、王勇等身边的典型，用身边事教育身边人。

二是查摆问题找得准。上饶市坚持开门搞活动，开展了“三访三解三个全覆盖”、“微信民意直通车”等一系列活动，把找准找实领导班子、领导干部“四风”方面的问题作为主要任务，市、县、乡领导纷纷深入基层一线，串百家门、问百家事、解百家忧，听取群众意见建议，了解群众所需所盼、化解基层社会矛盾，切实解决群众最直接、最现实、最迫切的困难和问题，征求到群众对“四风”方面的意见建议近 3 万条。严格落实了“四必谈”，领导班子成员均把意见讲在面前、把问题摆在桌面。对照检查材料均通过班子负责人、市委督导组、市委“活动办”的层层把关，触及到了问题实质，深挖细剖了思想根源，明确了整改方向和具体措施。

三是批评与自我批评动真格。上饶市委常委会专题民主生活会准备充分，开出了辣味、动了真格，体现了高度的政治自觉。对照检查聚焦“四风”问题，体现了勇于负责的担当；批评和自我批评有辣味，体现了揭短亮丑的勇气；整改措施具体实在，体现了自我提高的决心。全市各地各单位“一把手”能发挥带头作用，要求其他同志向自己“开炮”，营造了宽松的氛围；采取“一个一个过”的方式，班子成员之间敢于揭短亮丑，相互提出批评意见，达到了“团结—批评—团结”的目的。党员领导干部以普通党员的身份参加组织生活会，为支部的同志作出了表率，使全市党员受到了一次严格的党内生活锻炼。

四是整改落实有特色。一方面，按照上级要求，认真落实中央“7 +4 +10”专项整治任务和省委“3 +6”专项整治任务，做到每项专项整治都有方案、有措施、有具体责任人、有评估考核。另一方面，突出上饶特色，结合本地实际，积极主动回应群众关切，全市集中时间、集中精力，深入开展了群众办事难、工程建设招投标、城乡环境卫生、水资源保护、违法建筑和临时建筑、交通秩序、公交车、出租车、户外广告、菜市场经营管理等“十大整治”活动，市级行政审批事项从328项精简至98项，精简率达70.1%，上半年全市主要经济指标排位在全省前列。在市委的带动下，全市各地各单位切实抓整改，让群众感受到了教育实践活动带来的新气象、新变化。万年县回应群众期盼，以群众反映比较集中的出行难、饮水不卫生、农村环境脏乱差、生猪养殖场污染等10个问题为对象，开展“9 +1”集中治理行动，得到了社会各界的广泛好评。

同志们，改进作风是我们党向人民作出的一项庄严政治承诺。因此，切不可蜻蜓点水，切不可虎头蛇尾，切不可只是一阵风。改进党风政风有了一个良好开局，但用达到作风建设的理想状态来衡量还有差距。在这场持久战中，我们不能退也退不起，不能输也输不起，否则不仅不可能从根本上解决问题，而且会导致作风问题再次反弹甚至愈演愈烈，最后失信于民。目前，教育实践活动已经进入了整改落实、建章立制环节，这一环节既是兑现承诺、取信于民的“攻坚战”，也是考验各级党员干部能力素质、工作作风的“试金石”。在此，我就认真抓好教育实践活动整改落实、建章立制环节的工作提三点意见。

一、科学合理制定整改方案，确保建章立制切实管用、有操作性

整改落实、建章立制，是教育实践活动取得实效的关键所在，对于深入贯彻落实中央八项规定精神，解决“四风”方面的突出问题，形成践行党的群众路线的长效机制，确保教育实践活动善始善终、取信于民至关重要。一方面，整改落实工作非常复杂，历史与现实问题相互交织，各种利益关系纵横交错，解决起来难度较大。另一方面，建章立制任务非常艰巨，要力求制度建设切实管用、配套衔接、可操作性强，确保可执行、可监督、可检查、可问责。最近，习近平总书记在中央政治局第16次集体学习和听取兰考县委、河南省委教育实践活动情况汇报时，都强调要防止前紧后松、防止矛盾积压、防止简单粗糙、防止短期效应。这是贯穿教育实践活动全过程的指导方针，是避免活动走过场、确保取得实效的总体要求。我们一定要用总书记重要讲话精神统一思想和行动，坚决落实“四个防止”要求，把解决作风问题作为经常性工作，切实增强抓好整改落实的思想自觉、政治自觉和行动自觉，以更高的标准、更严的要求、更实的举措，扎实做好各项整改工作，确保教育实践活动善始善终、善作善成。

要科学合理制定整改方案，为扎实开展整改落实、建章立制环节工作奠定良好基础。一方面，领导班子要制定目标明确、措施具体、责任明晰的整改方案，明确整改落实的路线图、任务书和时间表。另一方面，领导干部个人也要根据专题民主生活会提出的批评意见和工作建议，进一步充实和完善本人对照检查材料，重点是进一步细化个人整改措施，明确整改的问题、目标、时限。整改方案要坚持以解决问题为目的，以建章立制为重点，以群众

满意为目标，以促进发展为根本，结合本地本单位实际，突出特点，重在取得实效。要认真回应征求到的群众意见，回应对照检查材料查摆的突出问题，回应专题民主生活会和专题组织生活会上提出的批评意见，回应上级党组织和督导组点明的问题，列出整改清单、建立整改台账，做到定一项改一项、改一项成一项。要深入开展专项整治，对目前能够解决的马上办，对努力可以解决的限期办，对暂不具备条件解决的实事求是做好解释工作。要细化整改措施，注重从体制机制上解决问题，制定制度建设计划，健全完善务实管用规章制度，加快建立配套制度和具体实施细则，扎紧制度的“笼子”。

二、坚持问题导向，突出抓好重点问题的整改落实

马克思曾指出：“问题就是时代的口号。”党的十八大以来，习近平总书记发表系列重要讲话，深刻回答了新的历史条件下党和国家发展面临的一系列重大理论和现实问题，贯穿着强烈的问题意识、鲜明的问题导向，体现了共产党人求真务实的科学态度，展现了马克思主义者的坚定信仰和责任担当。在教育实践活动中，各级党组织和党员领导干部牢固树立问题意识、坚持问题导向，是新的时代条件下加强作风建设、开创事业发展新局面的必然要求。我们要牵好问题的“牛鼻子”，着力形成发现问题、分析问题、解决问题的链条，始终绷紧作风建设这根弦，前紧后松不行，时紧时松也不行。做得好的，要不骄不躁，继续做下去。做得不到位的，要不怕阵痛，痛改前非，而且不要再复发。

要始终坚持高标准、严要求，以高度的政治责任感，踏石留印、抓铁有痕的劲头，咬定青山不放松的决心，不达目的不罢休的韧劲，持之以恒地抓问题整改，一锤接着一锤敲，一环接着一环抓，把教育实践活动来之不易的良好势头深化下去，把群众期盼的好作风变成始终如一的常态。要强化责任、细化措施，真正把整改承诺、整改措施落实到行动上，推动现实问题和历史问题、共性问题和个性问题、重点问题和面上问题、班子问题和个人问题一起解决，巩固扩大作风建设成果，让人民群众不断看到新气象新变化。要统筹兼顾、防止“一锅炖”，坚持实事求是的原则，按照先易后难的办法，区别情况、分类施策，决不能留下“烂尾工程”。要敬终如始、防止“一阵风”，拿出愚公移山、水滴石穿的韧劲加以推进，尤其对“四风”问题的一些变异现象要紧盯不放、露头就打。

要着力突出整改重点，坚持以重点问题的解决带动面上整改的扎实推进。中央提出了“7＋4＋10”的专项整治任务，省委也提出了“3＋6”的专项整治任务。对这30项专项整治任务，要一项一项列出清单，一个一个攻坚，做到有专门方案、有推进措施、有牵头部门、有具体责任人、有检查评估、有监督问责，把“准”、“狠”、“韧”的要求贯彻到位，把专项整治的攻坚战打好打赢，以专项整治的重点突破推动作风整体好转。要把解决问题同全面深化改革结合起来，既要以改革的精神和意志破解整改难题、用改革的思路和办法寻求治本之策，又要围绕提高治理能力和治理体系现代化，把优良作风转化为推动全面深化改革的强大动力，切实抓好本地本单位的各项改革任务。要把解决问题同推动发展升级结合起来，紧紧扭住加快全面建成小康社会进程、建设幸福上饶这一中心任务，正确处理两手抓、两促进的关系，通过抓好整改落实促进作风转变、促进经济社会发展上台阶上水平。要把解决问题同加强各级党组织建设结合起来，深入推进“连心、强基、模范”三大工程，切实打通联系服务群众“最后一公里”，努力把各级党组织锻造成为团结和谐、富有活力、勇于进取、敢于担

当的坚强集体。

三、加强制度的学习培训和执行落实，在推动作风建设常态化和形成长效机制上下功夫

形成优良作风不可能一劳永逸，克服不良作风也不可能一蹴而就。坚持不懈开展作风建设，就要通过抓常、抓细、抓长，防止和克服“抓一抓就好转、松一松就反弹”的怪圈；就是通过制度固化成果和经验，实现作风建设规范化、常态化、长效化；就是要不断保持“在路上”的精神状态，下决心走出“改过来又弹回去”的恶性循环。在前一段工作中，上饶各部门单位已经建立了一些制度办法，也逐步显现出应有的作用。但随着整改工作的深化，制度机制创新的任务依然紧迫而重要。要结合推进国家治理体系和治理能力现代化，结合党的建设制度改革，结合强化权力运行制约和监督体系建设，大力推进制度机制改革创新，建立行得通、指导力强、能长期管用的制度体系，形成学习制度、尊重制度、严守制度、改进制度的自觉，真正做到用制度管人管事管权。

要加强制度的学习培训。现在有的地方，有的单位，制度出台了，就认为整改完事了；制度汇编了，就束之高阁或锁进抽屉了，至于干部学了没有，执行得怎么样？没人重视、没人过问、没有督查。这怎么行呢？只有认真学习制度、熟练掌握制度，才能更自觉地遵守制度、执行制度，才能更有针对性地修订制度、完善制度。因此，建章立制必须首先从学习培训抓起，引导党员干部进一步加深对规章制度的认识和理解，切实增强组织纪律性，树立正确的政治方向、纪律观念、法制观念，严格遵守各项规章制度，带头敬畏法律、遵守法律、维护法律。在认真学习制度的基础上，要按照体现群众意愿、体现改进作风、体现提高效率、体现工作规律的要求，以辩证唯物主义态度和改革创新精神修订和完善制度。在前段工作基础上，进一步对贯彻党的群众路线制度建设情况进行梳理，完善已有制度，制定新的制度，废止不适用的制度。要把建立健全工作制度、管理制度、考核制度和督促检查制度作为重要内容。要对自身的党内生活现状开展全面调查和评估，总结经验，梳理问题，坚持贯彻执行民主集中制，从制度上增强党内生活的政治性、原则性、战斗性。要注意把教育实践活动中的好经验好做法用制度形式固定下来、坚持下去。

要加大制度的执行力度。制度的生命在于执行，有制度不执行，或者说乱执行，也就谈不上常态化和长效机制，这甚至比没有制度造成的危害更大。要把制度执行时刻摆上重要位置、有机融入日常工作，对已经确立的制度，就要坚决贯彻落实，增强刚性约束，防止“破窗效应”，防止制度成为纸老虎、稻草人，也决不允许行取舍、做变通，搞选择性执行。要坚持反复抓、抓反复，不能三天打鱼，两天晒网，集中抓的时候雷霆万钧，平时放任自流，对踩“红线”、闯“雷区”的，要做到零容忍，发现一起、查处一起，为作风建设形成长效化保障。各级领导干部既要带头立规矩，也要带头守制度，更要敢抓敢管、促进制度落实，防止制度成为一纸空文。各单位除了领导同志和领导班子带头外，纪检机关也要做好工作，要认真监督检查单位各项制度有没有严格执行到位，真正让各项制度做到行得通、做得到、用得好、可持续。

在省直管试点县(市)政协工作座谈会上的讲话

黄跃金

(2014 年 9 月 29 日)

这次常委会刚结束,就把大家召集在这里,主要目的是就如何更好地推进省直管试点县(市)政协工作,和大家进行交流、探讨。刚才,几位试点县(市)政协的负责同志作了发言,既谈了当前有关工作开展情况,又各自结合实际提出了很好的意见建议,对推进省、直管试点县两级政协工作的有效对接,共同推动我省政协事业发展,具有重要的促进作用。

中共十八届三中全会明确提出,要优化行政区划设置,探索推进省直接管理县(市)体制改革。这是中共中央作出的一项全局性重大决策。为了贯彻落实这一决策部署,省委、省政府出台了《关于开展省直接管理县(市)体制改革试点工作的意见》,明确在共青城、瑞金、丰城、鄱阳、安福、南城等 6 个县(市)开展试点工作。自 7 月 1 日试点工作开展以来,大家都非常重视、高位推动,积极转变角色、找准定位、加强对接,既在继承以往经验基础上做好各项工作,又根据形势变化不断探索履职的新方式新途径,取得了明显成效,为推动当地经济社会发展和社会和谐稳定发挥了重要作用,作出了积极贡献。省直管县政协工作,既为县级政协工作提供了发展机遇和空间,同时也面临着许多困难和挑战。面对新形势、新变化、新机遇,我们的使命和责任更重了,必须适应政协事业发展的新要求,不断提高履职能力和水平。

9 月 21 日,习近平总书记在庆祝人民政协成立 65 周年大会上发表了重要讲话。讲话回顾了人民政协建立和发展的历程,高度评价了人民政协的重要作用,高屋建瓴、思想深刻、内涵丰富、精辟透彻,有许多重大理论创新,是新形势下坚持和完善中国共产党领导的多党合作和政治协商制度、坚定不移走中国特色社会主义政治发展道路、推进社会主义协商民主建设的重要纲领性文献。习近平总书记在讲话中强调,人民政协要适应全面深化改革的要求,以改革思维、创新理念、务实举措大力推进履职能力建设,努力在推进国家治理体系和治理能力现代化中发挥更大作用。充分彰显了加强能力建设的重要性。

9 月 22 日,我省召开了庆祝人民政协成立 65 周年座谈会,强卫书记出席会议并作了讲话,就我省政协如何学习贯彻习近平总书记重要讲话精神,继承和发扬优良传统和宝贵经验,继续履行好职能、发挥好作用,提出了明确要求。我们要把学习贯彻习近平总书记重要讲话精神作为当前和今后一个时期的重大政治任务,切实把思想和行动统一到习近平总书记重要讲话精神上来,用讲话精神武装头脑、指导实践、推动工作,把人民政协事业推向前进。

借此机会,我提几点希望,与大家共勉。

第一,要提高政治把握的能力。中国共产党的领导是推动人民政协事业发展进步的根本保证。政协作为中国共产党领导下的重要政治组织,作为我国政治制度的重要组成部分,必须把讲政治放在首要位置。我理解,一要始终坚持正确的政治方向。不论在任何时候、任何情况下,都要毫不动摇地坚持党的领导,坚决贯彻党的基本理论、基本路线、基本纲领、基本经验和基本要求,始终在思想上、政治上、行动上与以习近平同志为总书记的党中央保持一致。二要注重夯实团结合作的思想基础。要认真学习领会习近平总书记重要讲话的内涵和精神实质,准确理解和把握人民政协的光辉历程和历史功绩,增强做好政协工作的使命感和责任担当;准确领会和把握人民政协工作的基本经验和重要原则,推动我省政协事业创新发展;准确理解和把握人民政协的性质定位,坚定不移走中国特色社会主义政治发展道路;全面领会和把握人民政协的三大职能,强化民主监督这个履职"短板",更好地发挥协调关系、汇聚力量、建言献策、服务大局重要作用;准确理解和把握社会主义协商民主的重大战略思想,充分发挥好人民政协在发展协商民主中的重要作用。通过认真学习领会总书记的重要讲话精神,不断增进对中国特色社会主义的道路认同、制度认同和文化认同,努力寻求最大公约数、增进最大共识度、形成最大凝聚力,汇聚起推动我省改革发展各项事业的磅礴力量。三要始终不渝地坚定理想信念。把信念坚定的标准作为工作和生活中的价值理念、思维方式和行为规范,增强党性观念,增进政治认同,遵守政治纪律,争当政治上靠得住、工作上有本事、作风上过得硬、人民群众信得过的政协干部。

第二,要提高调查研究的能力。调查研究是政协工作的基本功和看家本领,是谋事之基、成事之道。只有加强调查研究,协商监督才有依据,参政议政才有基础,建言献策才有水平。要把提高调查研究的能力作为重要抓手,做到既上接天线,又下接地气。我理解,一要精选调查研究的课题。选题既要围绕中心、服务大局,又要以人为本,关注群众的切身利益,以小见大;既要着眼现实问题,又要适度宏观超前,思考长远问题。二要创新调查研究的方式。既要有规定动作,又要有自选动作,在调研过程中注重将两者有机结合起来,着力提高调查研究的质量和水平。三要注重调查研究的实效。充分吸纳相关专家学者进调研队伍,深入基层和实际,掌握第一手鲜活资料,开展深入研究、分析和论证,努力做到"言之有据不道听途说,言之有理不主观臆断,言之有度不偏激偏执,言之有物不大而化之",使提出的对策建议符合客观实际、符合群众意愿,具有可操作性。

第三,要提高协商民主的能力。协商民主是我们党的优良传统和宝贵经验。早在革命战争年代,中国共产党就曾在各阶级、阶层、党际之间进行广泛协商,比如在延安建立的陕甘宁边区政府及其所实行的"三三制"等实践;1948 年 4 月 30 日,中共中央向全国发布"五一口号",号召并提出建设民主联合政府;中华人民共和国的成立,就是通过 1949 年 9 月召开的中国人民政治协商会议第一届全体会议实现的,是毛泽东协商建国思想的成功实践。习近平总书记在庆祝人民政协成立 65 周年大会上的重要讲话,对社会主义协商民主的丰富内涵进行了深刻阐述,对发展社会主义协商民主作出了全面部署。这是我们党关于协商民主建设迄今为止最系统、最全面的重要论述和纲领性文献。学习贯彻重要讲话精神,就要深刻领会一个重大判断,即社会主义协商民主是中国社会主义民主政治的特有形式和独特优势;要深刻领会一个基本定性,即社会主义协商民主是中国共产党的群众路线在政治领域的重要体现;要深刻领会一项战略任务,即推进协商民主广泛多层制度化发展。我们要认识和把握好这些新观点新论断,充分发挥政协协商民主重要渠道作用,进一步加强协商民主理论研究,用理论创新推动实践创新;进一步规范协商民主内容,在党委领导下制定并实施好年度协商工作计划;进一步完善协商民主形式,更加活跃有序地组织专题协商、对口协商、界别协商、提案办理协商活动,探索网络议政、远程协商等新形式;进一步健全协商民主程序,使民主协商活动规范有序开展;进一步增加协商密度、提高协商成效,促进协商成果深层次转化;进一步营造既畅所欲言、各抒己见,又理性有度、合法依章的良好协商氛围,讲实话、讲真话、讲管用的话,所提的意见建议,要有的放矢、切中要害,保证协商协到关键处、参政参在点子上。

第四,要提高合作共事的能力。"合作共事、广交朋友"是人民政协的优良传统和作风,也是政协履行职能的重要法宝。在政协,团结是方向、是目的,必须始终着眼团结,不断增进团结,努力扩大团结。我理解,一要牢牢把握团结和民主两大主题,加强与党外人士的联谊交流,通过与党外人士广交朋友、深交朋友,积极宣传党的方针政策,让各阶层各界别委员在了解中知情明政,在理解中消除疑虑,在谅解中增进共识。二要正确处理一致性和多样性的关系。发扬求同存异、体谅包容的优良传统,贯彻民主协商、平等议事的工作原则,坚持多样中有主导、求统一,在聚同化异的过程中形成共识,促进社会各阶层和不同利益群体之间的团结和谐,使政协成为各党派团体、各族各界人士共商大计、参政议政的重要场所。三要加强自身修养,用自己的人格魅力来影响和带动周边的人,具体讲就是要争当合作共事的模范、发扬民主的模范、求真务实的模范、廉洁奉公的模范。

第五,要提高联系群众的能力。群众路线是我们党的生命线和根本工作路线,也是人民政协安身立命之本。政协作为协商民主的重要渠道、党和政府联系群众的重要桥梁纽带,必须充分发挥自身独特优势,做好联系群众各项工作。我理解,一是搭建平台,让群众走进政协。要积极践行履职为民理念,围绕改革发展和民生工作中的重要问题开展协商,积极邀请群众参与,直接听取群众意见建议;探索开展协商的新载体新途径,更加活跃有序地组织专题协商、对口协商、界别协商、提案办理协商,为委员和群众提供更多发表见解、表达心声的机会。二是重心下移,让政协走进群众。在运用例会协商、提案、反映社情民意、调研视察等现有形式和渠道联系群众的同时,不断推进群众工作重心下移、向基层延伸。比如设立乡村(社区)社情民意联系点、召开民主恳谈会、社区议事会、走访基层群众等。三是突出主体,让委员群众贴得更紧。鼓励委员发扬"从群众中来、到群众中去"的优良传统,扑下身子、沉下心来,进社区、进农村、进企业,了解群众所思所想所盼,讲真话、道实话、说群众心里话。鼓励委员通过网络开展协商,运用"微博"、"微信"等方式联系群众、倾听呼声、收集民意,争做联系群众的模范。同时,要健全联系群众的长效机制,推动政协密切联系群众工作制度化、常态化。

最后,希望大家切实把握好省直管县试点工作的有利契机,牢记使命担当,认真履职尽责,努力在推动改革发展、保障改善民生、维护社会稳定等方面发挥更加积极的作用,以实际行动当好党委政府的参谋助手,以工作实绩彰显政协的地位和作用。

在省政协机关新任厅处级干部座谈会上的讲话

黄跃金

（2014 年 11 月 11 日）

刚才，几位新提拔的同志都结合自己的实际工作，谈体会、说打算，都讲得很好。我结合毛主席等历代领导人都强调“本领恐慌”、“能力不足的危险”的论述，和周总理对统战、政协工作者提出的“六条要求”（坚定的立场、谦诚的态度、学习的精神、勤勉的工作、刻苦的生活、高度的警觉性），就提高能力的问题谈点认识和体会，和大家一起共勉、交流。

第一，要提高政治把握的能力。政协作为中国共产党领导下的重要政治组织，作为我国政治制度的重要组成部分，必须把讲政治放在首要位置，政协工作者更应如此。我理解，一是要始终不渝地坚持党的领导。坚决贯彻党的基本理论、基本路线、基本纲领、基本经验和基本要求，把握正确的政治方向、政治立场、政治敏锐性和政治鉴别力，在重大原则问题上做到头脑清醒、政治坚定、旗帜鲜明，始终在思想上、政治上、行动上与以习近平同志为总书记的党中央保持一致，特别是要坚持对党和国家、人民忠诚的政治品格。当前，信息技术高度发达，微博、微信、自媒体满天飞，社会全面开放，国内外各种思潮、观点“乱花渐欲迷人眼”，包括一些错误思潮暗流涌动、此起彼伏。如政治上存在的三个观点：“宪政民主”、“新自由主义”、“普世价值”，都披着“民主”、“自由”、“普世”的外衣在行着西方对外扩张、征服世界之实。他们就是要利用西方所谓的“普世价值”、“宪政民主”等思想来压制我们，进行他们所期望的“政治改革”，根本目的是要取消共产党的领导、改变我国的社会主义制度。坚持对党和国家、人民忠诚的政治品格，需要我们牢牢把准政治方向，严守政治纪律，增强政治定力，决不能在政治方向上走岔了、走歪了、更不能走错了。二是要始终不渝地加强政治理论学习。无数的事实证明，只有理论上清醒，才能有政治上的坚定。我们需要通过系统深入学习，全面提高马克思主义理论素养，掌握辩证唯物主义和历史唯物主义思想武器，学懂弄通中国特色社会主义理论体系，准确理解党和国家的大政方针及重大决策部署，把握全国政协对政协工作提出的新要求、新部署，不断增强中国特色社会主义道路自信、理论自信、制度自信。三是要始终不渝地坚定理想信念。忠诚不是自然而然产生的，对党要有朴素的感情，更要有理性的自觉。而这种理性的自觉则来自对理想信念的坚定。只有理念信念坚定了，对党忠诚才能有牢固的基础，才能做到“千磨万击还坚劲，任尔东西南北风”。

我们要以信念坚定的标准作为工作和生活中的价值理念、思维方式和行为规范，增强党性观念，遵守政治纪律，努力做一名政治上靠得住、工作上有本事、作风上过得硬、人民群众信得过的政协干部和坚定的马克思主义者。

第二，要提高调查研究的能力。调查研究是政协履行三项职能的看家本领，是谋事之基、成事之道。只有加强调查研究，协商监督才有依据，参政议政才有基础，建言献策才有水平。今年我们省政协出台了《关于加强和改进调查研究工作的意见》，要认真抓好落实。最近，我提出了在机关处以下干部中开展调查研究活动并形成制度的要求，今年先开展一次，今后每年开展两次，每次要评选。大家都要深入实际，深入一线，及时了解社情民意，掌握调查研究的科学方法，提高调查研究的能力，做到既上接天线，又下接地气。我理解，一是要精选调查研究的课题。选题既要围绕中心、服务大局，又要以人为本，关注群众的切身利益，以小见大；既要着眼现实问题，又要宏观超前，思考长远问题。二是要创新调查研究的方式。充分吸纳相关专家学者进调研队伍，深入基层和实际，掌握第一手的鲜活资料。在调研过程中，既要有规定动作，又要有自选动作，注重将两者结合起来。要将调查了解到的全部情况和材料进行“去粗取精、去伪存真、由此及彼、由表及里”的分析研究，揭示出本质，寻找出规律，总结出经验，提高调查研究工作的质量和水平。三是要提高撰写调研报告的水平。调研报告是调查研究结果的体现，是作者综合能力的反映，也是调研取得成功的重要标志。一篇好的调研报告，应有强烈的针对性、事实的具体性和报告的科学性，并做到有观点、有思路、有对策。有观点，即观点新颖正确，且材料和观点相统一。有思路，即在分析问题时脉络分明，逻辑严密，因果自然。有对策，就是有解决问题的办法。从发现问题、解决问题的角度来看，没有对策的调查研究，是徒劳无益的；没有对策的调研报告，只是一纸空文。一篇好的调研报告，不但充分了解问题的实际情况，而且充分了解问题的来龙去脉，在深入研究论证的基础上，能够做到言之有据、不道听途说，言之有理、不主观臆断，言之有度、不偏激偏执，言之有物、不大而化之，使提出的对策建议符合客观实际、符合群众意愿，具有可操作性。四是要注重调查研究的实效。坚持跟踪问效，加强与党政相关部门的沟通和联系，及时了解领导批示情况和建议在决策中发挥的作用，推动调研成果转化落实，对实际工作产生积极的促进作用。不断拓宽调研成果展示推介的渠道和途径，及时刊发优秀调研文章，每年汇编调研成果，更有效地服务党政决策。总之，调查研究要有宏观性、前瞻性、针对性和操作性。

第三，要提高合作共事的能力。“合作共事、广交朋友”是人民政协的优良传统和作风，也是政协履行职能的重要法宝。在政协，团结是方向、是目的，必须始终着眼团结，不断增进团结，努力扩大团结。我理解，一是要把握团结和民主两大主题。要积极宣传党的方针政策，让各阶层各界别委员在了解中知情明政，在理解中消除疑虑，在谅解中增进共识。要坚持求同存异、体谅包容，在政协的各种会议和活动中，始终坚持不打棍子、不扣帽子、不抓辫子的“三不”方针，俞正声主席提出，提倡热烈而不对立的讨论，开展真诚而不敷衍的交流，鼓励尖锐而不极端的批评。努力在尊重多样性中增进共识，在寻求一致性中增强合力。二是要广交深交朋友。以学习教育引导人，以和谐环境团结人，以尊重信任凝聚人，以热情服务温暖人。要从为党交朋友，巩固党和非党人士政治联盟的高度出发，交诤友、交挚友，而切忌把交朋友工作庸俗化、自由化、个人化。三是要加强自身修养，用自己的人格魅力来影响和带动周边的人。我们叫“正以处心，廉经律己”。要坚守正道、弘扬正气，坚持以信念、人格、实干立身；要襟怀坦白、光明磊落，言行一致；要坚持原则、恪守规矩，严格按党纪国法办事。四是要发扬团队精神。机关工作的特点是互相关联、环环相扣。靠个人包揽一切，单打独斗取得成就的可能性不大，而更多的是依靠团队配合，共同创造成绩，一道分享成果。要着力培育团队精神，让干部职工在科学理念和崇高目标的引导下，坚定信念、顾全大局、爱岗敬业、奋发有为，以同心求合拍，以共识求合作，以互信求合力。要建立团队合作机制，促进同志之间彼此信任、互相尊重，协力同心、默契配合，争取工作效果的最大化。要加强协作配合，实行 AB 角制度，确保各项工作有序开展。要营造团结和谐的氛围，注意协调好人际关系，鼓励良性竞争，争取共同成才，进一步增强机关的凝聚力、创造力和战斗力。

第四，要提高协调服务的能力。统筹协调服务是政协工作者的基本素质和能力，也是推动政协履行三大职能的重要保证。当前，经济结构发生深刻变化，社会经济成分、组织形式、利益关系和分配方式日益多样化，产生了许多新的社会阶层，发挥政协协调关系、服务大局的作用就显得尤为重要。一是要发挥政协协调关系、化解矛盾的重要作用，积极践行履职为民理念，深入群众听取意见、反映诉求，拒绝冷漠和懈怠，努力实现和维护人民群众利益，做到人民政协为人民。二是要充分发挥参谋助手作用，服务政协履职。大力倡导和弘扬敬业精神、服务精神、协作精神、务实精神和创新精神，培养严谨细致的工作作风，不断加强机关自身建设。要谋划在前，把政协工作放在大局中来思考、认识，全面掌握中央和省委精神，找准政协工作的着力点，提出意见建议，增强工作全局性。要行动在前，对协商议政的重点、调研计划的安排、重要活动的筹备等，及时作出预案，提出合理化建议，供政协领导参考，增强工作主动性。要提高执行力，组织机关人员，围绕政协履职的会议活动、调查研究，提案、反映社情民意等开展工作，提高工作效率，提供保障服务，使政协履职效果更加显现，增强工作的有效性。三是要为发挥委员的主体作用，服务好委员。在政协这个大舞台上，委员是主角，把各界别委员组织起来、积极性调动起来、主体作用发挥出来，政协工作才有活力和生机，履行职能才有成效。要创新工作思路，把握委员关注点，采用会议、活动、调研、提案、社情民意等形式，让委员有充分表达意见建议的机会。要经常走访委员，了解委员工作、生活和诉求，维护合法权益，增强委员归属感。要搭建平台，积极开展“委员活动日”、界别活动，探索联系委员的新方式。

第五，要提高廉洁自律的能力。廉洁自律是党员领导干部必备的政治品德，是保持共产党员先进性和纯洁性的基本要求，也是拒腐防变的第一道防线。前不久中组部来省里进行政治生态调研，除了讲对干部的要求和完善体制机制外，我还谈了一个问题，即新形势下对干部的本质要求是什么？从计划到市场，从封闭到开放，从思想单一到思想多元的冲击，本质要求就是廉洁奉公。“贪如火，不遏则燎原；欲如水，不遏则滔天。”最近我在看二十四史，其中《元史・刘斌传》里讲到：“居官当廉正自守，毋黩货以丧身败家”，是很有道理的。习近平总书记强调，要坚持廉洁自律的道德操守，加强主观世界改造，牢固树立正确的世界观、人生观、价值观，加强党性修养，做到持之为明镜、内化为修养、升华为信条。只有时刻牢记党的根本宗旨，恪守《党员领导干部廉洁从政若干准则》，秉持克己奉公的操守，提高廉洁自律能力，才能做到为民、务实、清廉，保持共产党人的政治本色。一是要苦练“内功”，提高自我约束能力。一个人能否廉洁自律，最大的诱惑是自己，最难战胜的敌人也是自己。要把学习作为强“本”固“基”的重要途径，作为修身养性的重要方法，勤修“内功”，不断强化思想理论武装。要加强主观世界的改造，“一念之非即遏之，一动之妄即改之”，不为利所诱，不为欲所惑，耐得住清贫，守得住寂寞，挡得住诱惑，用共产党员干部高尚的人格魅力来赢得群众的尊重与拥护。二是要常照“镜子”，提高自我净化能力。要对照党的纪律、群众期盼、先进典型，对照改进作风要求，在宗旨意识、工作作风、廉洁自律上摆问题、找差距、明方向。要正确对待批评和提醒，因为“意见是黄金，批评是钻石”。要勇于正视自己的缺点和不足，敢于触及思想、正视矛盾和问题，经常清洗思想和行为上的灰尘，自觉把党性修养正一正、把党员义务理一理、把党纪国法紧一紧，时刻筑牢抵制“四风”的思想道德防线。三是要长鸣“警钟”，提高自我管理能力。要切实增强党性观念，严格按照党的方针政策和人民意愿要求办事，坚决远离各种“小圈子”、“小兄弟”，坚决杜绝低俗的投桃报李的行为。要注重防微杜渐，以“祸患常积于忽微”之心对待小事、小节、小利，管好自己的一言一行，时刻把自己的所作所为、一举一动同党员干部的形象联系起来，时刻以肩负的责任警醒和鞭策自己。要管住自己的嘴，不造谣，不传谣，不贪吃，不乱喝；管住自己的手，不损公肥私、化公为私，做到两袖清风，一身清白；管住自己的脚，走得直行得正，不该去的地方坚决不去，常在河边走，坚决不湿鞋，做勤政廉洁的表率。

这些是对大家的希望，也是共勉。谢谢大家！

在进一步促进我省侨(港澳)资企业发展界别协商座谈会上的讲话

黄跃金

(2014年11月19日)

这次省政协界别协商座谈会,是为进一步促进我省侨资企业(含港澳,以下均简称侨资企业)发展建言献策的一次重要会议,也是今年首次以界别协商形式召开的座谈会。习近平总书记在庆祝中国人民政治协商会议成立65周年大会上强调,要更加灵活、更为经常开展界别协商,提高协商实效。这次协商座谈会是省政协深入贯彻落实习总书记讲话精神,积极探索界别协商新形式的一次重要实践。

今天上午的会议,省、市有关部门领导和省政协委员、有关专家会聚一堂,开展协商座谈,时间虽短,但主题突出、形式新颖、成效明显。会前,省政协港澳台侨和外事委在分管副主席带领下,组织有关委员及职能部门的同志,深入南昌、九江、赣州、上饶等部分市县实地考察调研,了解我省侨资企业发展情况,总结好的经验做法,分析存在的困难和问题,广泛征求意见和建议,为今天上午的协商会议奠定了扎实的基础。刚才,省政府李贻煌副省长作了很好的讲话,既总结概括了我省促进侨资企业发展的做法成效,又清晰阐述了今后的工作思路和举措,对我们知情明政、协商建言很有帮助。周锦等5位省政协常委、委员和侨资企业家代表,从提升认识、创新机制、加强引导、强化服务、完善政策等不同角度和层面提出了意见和建议。通过省领导、省直相关部门负责同志与委员们坦诚务实的交流探讨,我们进一步增强了优化侨资企业发展环境的紧迫感,明确了促进侨资企业健康发展的重要举措,在许多方面达成了共识。

下面,结合大家的发言,我就进一步促进侨资企业发展,梳理概括五点共识和建议,供大家参考。

一、充分认识侨资企业在经济社会发展中的重要地位和作用

侨资企业是经济发展的重要源泉,广大港澳同胞、海外侨胞及侨资企业为我国革命、建设、改革事业作出了不可磨灭的历史贡献。特别是改革开放以来,广大港澳同胞、海外侨胞

纷纷到祖国内地投资兴业,是我国改革开放后最早在国内投资的群体,是外来投资的先驱和主力军,是国外先进理念和管理经验的引进者,是公益事业和民生工程的倡导者和实践者。近年来,随着我省经济的迅速发展与开放的不断深入,广大侨商从各个领域、各个层面不断发挥自身影响力,侨资企业在我省经济中的作用与地位不断上升。一是促进对外开放。据统计,在江西全省外资企业中,侨资企业占六成以上,实际投资总额达七成,占了大半壁江山。许多知名侨企已成为当地排前列的生产型出口企业,在我省实施“走出去”战略中发挥了重要的作用。二是促进产业升级。侨商在赣投资兴业,不仅带来了资金,同时还带来了新的理念、新的思维以及先进技术和管理经验,直接推动了我省企业的创新与创业,成为加速全省产业结构升级的重要动力。三是促进就业。侨资企业为社会提供了大量的就业机会,一些大企业员工上万,用工在1000人左右的中小侨资企业也有上千家。四是促进慈善事业发展。在赣侨企始终不忘回馈社会,积极筹措善款善物,主动参与扶贫帮困、修桥补路等公共基础设施、开展捐资助学等社会事业。近年来,仅港澳地区省政协委员在我省累计捐款就超过1.2亿元,捐建希望学校30多所。五是促进文化交流和友好往来。广大在赣侨商发挥自身联系广泛的独特优势,积极牵线搭桥,在推动我省对外文化、教育、新闻等各领域交流合作方面做了大量工作。我们一定要充分认识侨资企业在经济社会发展中的重要地位和作用,注重营造更好的投资创业环境,积极引导侨资企业在实施“走出去”战略、推进经济转型升级中发挥带头作用,为江西发展作出更大贡献。

二、强化政策扶持,实现对侨资企业支持力度的最大化

目前,国家对包括港澳台侨籍人士在内的外商投资实施的一系列优惠政策大多已取消,外资企业不再享受“超国民待遇”。刚才,周锦常委和赖增浓总经理都谈到了这方面的情况。这就需要我们认真研究应对,通过加强政策的引导扶持,努力把我省营造成侨资企业投资创业的“福地”和“洼地”。一要赋予侨资企业政策上的公平待遇。一方面,侨资企业应享有外商投资企业的待遇。另一方面,侨资企业的投资主体是具有海外居留权的中国公民,内资企业享有的待遇,侨资企业也应该享有。要从政策上对侨资企业的发展给予重视,加大对侨资企业的认定工作。在统计工作中要把侨资企业单列出来,做好有关侨资企业基础数据的统计工作。要着力破除行业垄断,如减少并取消对侨资企业在金融业、重化工业、农资产业等行业投资的限制政策。二要着力整合落实现有各项优惠政策。要进一步梳理细化有关优惠政策和措施,出台促进侨资企业发展的规范性文件,为企业经营提供有针对性的政策支持。要加大财政扶持和为企业减负的力度,构建环环相扣、相互衔接的扶持机制,努力形成支持侨资企业加快发展的合力。

三、创新思路机制,破解侨资企业投融资瓶颈

融资难是困扰侨资企业发展的一大梗阻。刚才,郑建生委员对破解融资难问题,提出了一些有针对性、可操作的对策建议。破解投融资瓶颈,关键在创新思路机制。一要进一步拓宽融资渠道。部分留学归国人士反映,他们有新知识新技术新项目,就是缺少资金。他们认为美国硅谷之所以成为美国高科技创新创业最活跃的地方,在相当大程度上得益于

"无处不在"的"天使投资"。因此,要在大力培育本土金融机构做大做强的同时,加大金融企业引进力度,着力引进各类金融机构,拓宽融资渠道,提供更多有针对性的金融创新产品。二要创新企业融资担保模式。要建立和完善政府担保机制,加快发展小额贷款公司、担保公司、融资租赁公司等,设立优质侨资企业扶持基金,全面推广"财园信贷通"融资模式,并重点向侨资企业倾斜,提高企业借贷成功率。要引导侨商组建信用共同体,以"打包贷款、统借统还、抱团增信"方式进行融资。三要积极搭建政银企合作平台。坚持和完善政银企沟通协调机制,建立企业资金需求信息库,定期召开银企座谈会,增强银企之间的沟通联系,帮助解决侨资企业融资信息不畅,融资渠道少,融资专业知识缺乏等问题,真正搭建更直接、更通畅的融资平台。四要充分发挥行业协会作用。要充分发挥侨商会等社团协会作用,引导侨资联合,建立侨资商业银行或侨资信托投资公司,从海外华侨中吸收资本,为侨资企业提供中长期的信贷与投融资服务。

四、倾力营造促进侨资企业发展壮大的最优环境

良好的发展环境已成为影响生产要素流向的主导力量,成为鼓励创业、吸引投资、聚集人才最为关键的因素。优化侨资企业发展环境是一项综合性系统工程,必须坚持统筹推进、均衡发展。一要营造优质高效的政务环境。这是环境建设的重中之重。企业评判一个地方发展环境的优劣,最直接的感受是政府部门的工作效率和服务质量。当前,要认真贯彻落实中央全面深化改革的有关精神和省委要求,深化行政审批制度改革,加快简政放权,探索负面清单管理模式,不断简化、规范侨资企业在设立、建设、生产、经营等方面的审批、审核程序,积极探索开辟港澳台侨商投资"绿色通道"。要建立政府与企业的契约式关系,把约定事项落实好,把落地项目服务好,把承诺事情兑现好。刚才,万敏委员针对用工难问题提出了很好的建议。侨资企业在发展壮大过程中,将不可避免地遇到如融资、用工、物流、用电等方面问题。有关部门应认真分析侨资企业面临的优势和劣势,提出支持企业发展的实际举措,既要锦上添花,更要雪中送炭。二要营造完善一流的配套环境。要大力加强基础设施建设,提升产业配套能力,以更大力度改革市场准入、商事登记、海关监管、检验检疫等管理制度,进一步降低侨资企业商务成本。特别是和企业经营直接相关的供电、供水等部门,要主动创新服务,对企业辅导于前、规范于中、处罚于后,积极协助企业发展。三要营造规范有序的市场环境。充分发挥市场在配置资源和引导企业方面的决定性作用,降低准入"门槛",实行"开闸放水"。要进一步强化市场监管和监控,营造"护侨、安商、扶商"的良好环境。

五、夯实侨务工作,提升服务侨商的质量和水平

侨务工作是一项长期的战略性工作,承担着凝聚海外侨胞和归侨侨眷力量的重要任务。刚才,徐江明委员对加强侨务工作力度提出了一些切实可行的意见建议,具有一定参考价值。我们要切实做好凝聚侨心、汇聚侨智、发挥侨力、维护侨益、增进侨谊等各方面工作,更好地服务于全省经济社会发展。一要积极转变工作思路。要把为侨资企业服务工作摆到侨务工作的重要位置,上升到以人为本、为侨服务的高度来,充分认识到安商是做好招

商工作的前提条件,亲商比招商更重要,进一步强化各级侨务部门职能作用,配齐配强基层侨务工作队伍。二要用情用心为侨企办实事、解难事。为侨服务的范围是很宽泛的,不仅包括企业投资以后各方面的服务,还有文化的、政治上的关心,节庆的联谊活动等等。要想侨企之所想、急侨企之所急、帮侨企之所需,对企业落户后遇到的困难和问题,要做好全天候服务、全过程服务,规范化服务。要帮助企业解决好事关员工切身利益的一些问题,如子女入学、出入境等方面的困难,为侨商在赣工作和生活提供最大方便。三要依法维护侨商正当合法权益。依法维护侨商的投资权益,是依法治国、维护市场经济秩序的应有之义,是改善投资软环境的实际举措。要高度重视运用法治思维和法治方式,用法律手段强化保护华侨投资权益。要进一步建立完善维护侨商投资权益联席会议制度,及时为企业提供政策、法律和法规咨询服务,切实有效地保护侨企的合法权益。四要健全完善涉侨制度机制。要进一步完善有关职能部门联合办公制度、联席会议制度和外商接待日制度等,完善侨资企业与相关部门沟通联系机制,定期听取侨商的意见建议,及时解决侨商在发展中存在的问题。要从侨情实际出发,进一步发挥侨商会、联谊会和协会的作用,多形式地开展侨界活动,宣传江西侨企发展,表彰有突出贡献的侨企人物,增强侨商荣誉感、归属感,为他们在我省落户和生根发展创造有利条件。

同志们,促进侨资企业发展意义重大,影响深远。我们要在省委、省政府的统一领导和部署下,积极建言献策,推动侨资企业更好更快发展,广泛凝聚侨商智慧和力量,为推动我省“发展升级、小康提速、绿色崛起、实干兴赣”发挥更大作用。

《关于推动我省城镇化发展创新的若干建议(草案)》的说明

肖光明

(2014 年 4 月 10 日)

各位常委、各位同志:

受主席会议委托,下面我就提请本次常委会审议的《关于推动我省城镇化发展创新的若干建议(草案)》,作一简要说明,供大家审议时参考。

一、《建议》的形成过程

2013 年 12 月,省委十三届八次全会通过了《中共江西省委贯彻落实〈中共中央关于全面深化改革若干问题的决定〉的实施意见》,其中第八部分提出了"推动城镇化发展创新"的任务。今年 1 月省人代会通过的《政府工作报告》将"推进以人为核心的城镇化,着力提高城镇化质量"列为今年十项重点工作之一。为策应省委、省政府作出的决策部署,省政协将推动城镇化发展创新列为今年调研的一个重点课题,并列入第二次常委会议专题协商议题。省政协主席会议对这次调研高度重视,多次研究,精心部署。成立了由省政协主席黄跃金和我牵头的课题组,明确了责任部门,制定了调研工作方案。从 2 月下旬至 3 月上旬,调研组先后到 5 个设区市、14 个县(区)、2 个重点镇,以及 7 个工业园区实地考察调研,先后召开 13 次不同类型、不同层次的座谈会。在深入调研、认真研究、几易其稿的基础上,形成了《建议(送审稿)》。4 月 3 日,黄跃金主席主持主席会议讨论《建议(送审稿)》后又作了进一步修改,形成了提交本次常委会审议的《建议(草案)》。

这次调研及《建议》的形成有 3 个明显特点:

一是紧扣为省委、省政府决策服务。为推动城镇化发展创新,省委、省政府将在近期召开全省城镇化工作会议,出台江西新型城镇化发展规划,对相关工作作出全面部署。省政协紧密对接、及时组织"推动城镇化发展创新"这一课题的调研,恰逢其时。为切实做到协商在前,决策在后,不放"马后炮",调研工作在求深求实的基础上注重时效,调研组在基层调研这段时间基本上是"5 +2"、"白 + 黑",马不停蹄地工作。

二是注重优化调研队伍、改进调研方式。这次调研,在调研队伍的组成上作了改进。按照“有调研基础、有专业知识、有研究能力”的原则,从省政协常委、委员中挑选了几位同志,并邀请了部分专家学者参加。调研组既到有亮点的地方总结经验,又去不同类型的地方摸准实情;既听取当地党委、政府负责同志有关情况介绍,又注重实地考察感受;既从有关部门了解面上的情况,又与基层干部群众面对面交流,并向51位农民工问卷调查。调研组坚持调查与研究并重,一路考察座谈,一路讨论研究,有讨论,有争论,甚至还有辩论。有关设区市党委、政府和政协对这次调研高度重视,有的市委书记、县委书记和县长一同参加调研,介绍情况,共同研讨,为形成《建议》奠定了很好的基础。

三是建言立足突出重点、有针对性、务实可行。城镇化是一个复杂的系统工程,也是进入新世纪以来,历届省委、省政府大力推动的一项重要工作。《建议》在肯定成绩的同时,重在分析研究各地在推进城镇化发展中遇到的带共性的重要问题,从全省实际和基层工作的实践出发,尽可能提出针对性较强、务实可行的建议。本建议案定名为《关于推动我省城镇化发展创新的若干建议》,顾名思义,它没有涵盖城镇化的全部内容,而是就城镇化发展创新几个方面的看法和建议。

二、《建议》的框架和主要内容

建议案的起草,有三个方面的考虑。一是以中共十八大、十八届三中全会、中央城镇化工作会议精神和国家新型城镇化发展规划,以及中共江西省委提出的推进新型城镇化发展创新的一系列决策部署为依据。二是以改革为主线,以问题为导向,突出重点和关键环节,既避免“面面俱到”,又防止“零打碎敲”。三是紧扣“创新”,重点围绕“从哪些方面创新,如何创新”提出建议。

建议案由一个导语和四个部分组成。导语的前三段简述了这次调研的基本情况,全省城镇化建设进展情况及发展态势、积累的主要矛盾和问题。第四自然段阐述了推动城镇化发展创新的重要性、必要性和紧迫性,提出了转型创新的总体思路和要求。这一段文字不多,但在整个建议案中具有承上启下、提纲挈领的重要作用。四个部分涉及城镇化发展创新的4个重要方面:大力推进人的城镇化,对应的是土地城镇化问题;走集约、绿色、低碳发展道路,对应的是粗放发展问题;为城镇化建设提供多元可持续资金保障,对应的是靠卖地筹钱的问题;城镇化组织推进机制创新,对应的是尊重客观规律不够,各方面统筹不够的问题。这是建议案的主体,占了5/6篇幅,分为18条,每条又分若干层次作具体阐述。

第一部分是“创新城镇化发展模式,大力推进人的城镇化”。主要阐述靠什么吸引农民进城和农民如何进城的问题。前4条讲的是吸引农民进城的4个重要方面:一是夯实产业基础,为进城农民工提供稳定的就业;二是采取多种形式,为进城农民工提供固定居所;三是突破身份限制,让进城农民工享受平等的公共服务;四是加强对农民工的培训教育,使进城农民有机会均等的社会上升通道。第5条讲的是农民如何进城落户问题,着重强调,要从实际出发,尊重农民意愿,在人口城镇化问题上不能采取强迫的做法。

第二部分是“创新城镇化发展路径,走集约、绿色、低碳发展道路”。重点阐述立足人多地少的基本国情和省情,在城镇化发展路径上要着力在4个方面创新:一是提高土地集约利用水平;二是优化城镇空间布局;三是注重城市特色的塑造和文化传承;四是加强城市生态环境保护。

第三部分是“创新城镇化投融资方式，为城镇化建设提供多元可持续资金保障”。主要阐述城镇化建设“钱从哪里来”的问题。一方面要创新土地经营模式，实现土地资产效益最大化，另一方面，要充分运用多层次金融市场工具，为城镇化建设提供多元可持续保障。具体提出了5条建议：一是积极做好市政债发行准备；二是推进投资资产证券化；三是拓宽投资主体；四是促进各种金融主体深度参与；五是构建农业转移人口市民化成本分担机制。同时强调，要增强风险意识，切实防范金融风险。

第四部分是“创新城镇化组织推进机制，着力提高城镇化发展质量和水平”。主要有4点建议：一是发挥规划的引领作用和刚性约束力；二是建治结合，提高城市软实力；三是统筹城乡发展，加快城乡一体化建设；四是全面深化改革，为推进新型城镇化注入强大动力。

三、《建议》中涉及的几个重要问题

推进城镇化是我国和我省的一个重大战略。在新形势下如何推动城镇化深入发展、创新发展，有许多重大问题需要认真研究，形成共识。这里，就《建议》中涉及的几个问题谈些认识和考虑。

1. 关于农民市民化的实现形式

《建议》在第一部分第5条提出：“充分尊重农民的意愿，积极稳妥地推进农业转移人口市民化。”有关部门提供的数据表明，2013年，我省城镇化率达49%，而按城镇户籍人口计算的城镇化率仅26.59%，之间存在着22.41个百分点的差距。现在的矛盾是，一方面，有些地方一厢情愿地指望用放宽“农转非”条件的办法来吸引农民进城落户；另一方面，因为农村户籍“含金量”很高，农民对“农转非”已失去了兴趣，甚至有些已经落户城镇的纷纷找关系要求回迁。调研表明，降低进城落户门槛已经难以起到吸引农民进城落户的作用。最受欢迎和改革共识最高的市民化形式是，允许进城农民保留农村户籍，持居住证享有城镇基本公共服务。正如习近平总书记在中央城镇化工作会议上指出的，在人口城镇化问题上，要有足够的历史耐心，坚持自愿、分类，有序，不能采取强迫的做法，逼农民进城，让农民工“被落户”。

2. 关于优化城镇化空间布局

城镇化布局是一个非常重要的问题，也是最难形成共识的一个问题。《建议》没有对我省的城镇化空间布局作全面系统的描述，一是因为省委、省政府对此已有定论；二是考虑每个城市在全省城镇化大格局中的定位不是人为“捏”出来的，有其内在规律，说到底取决于每个城市自身经济社会发展的水平。因此，《建议》从布局的基本思路方面着重阐述了两个方面的内容：一方面要着力做大做强中心城市。主要考虑江西是农业大省，城镇化水平不高。只有做大做强中心城市，才能有效提高产业与人口的集聚度，发挥城市的辐射带动功能，推动全省更好更快发展。做大做强中心城市，既要立足现有基础，加快推进鄱阳湖生态城市群、沪昆城镇密集带、京九城镇密集带、南昌大都市区、九江都市区、赣州都市区规划建设；又要紧密策应高铁建设规划，加快培育信江河谷城镇群、新余—宜春—萍乡城镇群、吉泰城镇群以及景德镇旅游经济协调发展区。另一方面要加强县城和重点镇的建设。这是因为，由于内地经济发展创造了更多的就业机会，本地就业工资收入与东部沿海地区的差距缩小,生活成本大大低于东部沿海地区,并且可以照顾家庭,外出农民工回流就地工作人数明显增多。在外打工的农民回乡购房也大多购买县城和镇上的房子。分析判断这些情况,县城和重点镇很可能成为农民就地城镇化的首选地。为此,需要在增加就业岗位、完善公共服务、改善人居环境等方面,加强县城和重点镇的发展建设。

3. 建立多元可持续的资金保障机制

财力是城市发展的生命线,推进城镇化必须解决好资金保障问题。而且在推进新型城镇化进程中,除了基础设施等硬件建设需要大量的资金之外,公共服务等方面的资金需求将大幅增加。长期以来,城市建设资金普遍靠借债和转让土地的收入支撑,既不可持续,也存在极大的财政金融风险,必须创新投融资方式,拓宽资金筹措渠道。建议案提出的5点建议,有的是国家已有原则规定的,有的是外省已经实行的,有的是政策允许而我省运用不多的,有的是我省比较薄弱的。有些是立即可以做起来的,也有一些是需要在试点的基础上逐步推行的。

4. 关于城市治理方式的转变

《建议》提出推进新型城镇化,不仅仅是建设城市,更应该不断提升城市治理水平。从城市"管理"到城市"治理",一字之差体现了人们对城市发展的新认识、新期盼。在城镇化快速发展中,由于体制不完备,管理不科学,工作不精细,很多城市都程度不同地出现了交通拥堵、污染加重、不文明行为习以为常等"城市病"。为此,建议案提出城市治理要在治理对象、治理主体、治理观念、治理方法、治理绩效目标等五个方面实现转变,贯穿其中的主线是以人为本,把城市变得更宜人、更美好,增强城市的公平性、包容性和文明程度,增强市民的归属感、幸福感。

这次调研取得的成果,是在省政协主席会议领导下,常委、委员积极参与、群策群力的智慧结晶,也是有关市、县党委、政府、政协和省委、省政府有关部门大力支持的结果。由于我们调研起草人员知识水平和工作水平有限,建议案还存在不完善之处,请大家认真审议,提出宝贵意见。

《关于加快推进昌九一体化的建议案（草案）》的说明

钟利贵

（2014 年 9 月 28 日）

各位常委、各位同志：

根据主席会议安排，下面我就《关于加快推进昌九一体化的建议案（草案）》作一简要说明，供大家审议时参考。

2013 年 7 月，省委十三届七次全会做出了“推进昌九一体化，实行双核战略”的重大战略部署，要求按照“规划一体化、基础设施一体化、公共服务一体化和产业互补对接”的总方向，着力构建“做强南昌、做大九江、昌九一体、龙头昂起”的生动局面，更好地策应长江经济带和长江中游城市群建设。为策应这一重大战略，省政协将“加快推进昌九一体化”列为今年第三季度常委会专题协商议题，并专门成立了高规格的专题调研组，黄跃金主席亲自任组长，我任副组长，省政协经济委员会具体组织实施。

和以往相比，本次专题协商有所不同。一是协商议题“昌九一体化”是省委、省政府正在推进的一项重大决策，协商的目的是充分发挥人民政协的人才优势，加强调查研究，着力拾遗补阙，积极建言献策，为更好、更快、更有效地推进昌九一体化提供智力支持。二是在调研过程中，省委十三届九次全会又提出了尽快启动“昌九新区”建设可行性研究的新任务，为我们的调研和协商增加了新的内容、提供了新的方向。

省政协主席会议对本次协商高度重视，黄跃金主席亲自审定专题调研工作方案，多次听取专题调研组的工作进展情况汇报。特别是在省委提出要尽快启动“昌九新区”可行性研究以后，黄主席又及时召开情况交流会，听取省委政研室、省发改委、省工信委、省国土资源厅、省商务厅、省社科院、省金融办的情况介绍和意见建议，要求调研组结合省委的新要求，及时调整调研方案，为省委决策搞好服务。

调研过程中，我们先后 19 次召开专题调研组会议和文件起草小组会议，4 次赴省发改委、南昌市、九江市召开专题座谈会，分 3 批先后赴重庆、湖南、浙江、安徽、陕西、四川等地学习考察。通过调研和考察，我们深切地感受到，兄弟省市在对接“一路一带”、对接长江经济带和长江中游城市群建设等国家战略中，嗅觉敏锐，动作迅速，思想解放，措施扎实，推进区域经济一体化、打造区域经济增长极的行动早、力度大、发展快、效果好,已经取得一定的先发优势。同时,我们也由衷地感觉到,省委关于昌九一体化的决策是完全正确的,得到了全省各级特别是昌九两地干群的衷心拥护,必将进一步激发昌九两地的经济发展活力,对于加快构建我省经济发展核心增长极、促进鄱阳湖生态经济区建设、推动我省参与长江经济带和长江中游城市群建设具有重要意义。昌九一体化实施一年来,在省委、省政府的正确领导下,昌九两市及省直有关部门紧紧围绕省委的战略部署,紧密结合各自工作实际,紧锣密鼓地开展了大量卓有成效的工作,解决了很多具体问题,体现了很强的大局意识。

在深入调研的基础上,经过反复修改、几易其稿,形成了《建议案(送审稿)》。9月15日,黄跃金主席主持主席会议讨论《建议案(送审稿)》,之后又作了进一步修改,最后形成了提交本次常委会审议的《建议案(草案)》。

《建议案(草案)》包括引语和5个大的部分,共15条建议,概括起来,主要阐述了这么几个问题:

一、关于昌九一体化的战略选择

"推进昌九一体化,实行双核战略",这是省委十三届七次全会做出的一个重大决定。因此,在《建议案(草案)》的第一部分,我们用2个小点,提出要紧紧抓住国家推进长江经济带和长江中游城市群建设的战略机遇,实行"双核"驱动,不懈怠、不动摇、不犹豫、不争论,顺势而为,乘势而上,做强南昌,做大九江,促使两市交叉融合相向发展,打造昌九大都市圈,形成江西经济发展的战略龙头。

我们认为,昌九一体化能否顺利实施,关键在于"双核"战略能否深入贯彻执行。纵观周边区域经济发展进程,凡是一体化搞得好的地区,都有两个以上比较发达的"核",各核之间相互影响、相互辐射、对接交融,最终过渡到一体化。调研组到湖南考察,湖南的同志介绍说,2013年,长株潭城镇化率分别达到70%、60%、55%,长株潭城市群经济总量达到10539亿元,以长株潭为主体,湖南千亿元产业群达到11个。长株潭地区实行的是一个"多核"战略,对我们有一定的借鉴意义。

南昌和九江作为江西两个重要的城市,在江西区域经济发展中具有独特的优势,负有重大的责任。两市在地理空间上紧密相连,具有明显的"双核"特征,一个是省会首位城市,集政治、经济、文化中心于一体,有着较为完善的综合功能;一个是沿江开放门户城市,是全省唯一的临江口岸,有着天然的区位优势。但两市发展不够、发展不足、发展不充分的问题仍十分突出,跟周边省市相比,两市的经济总量、人口规模、辐射能力仍远远不够。在各自的行政区域内,两市还有大量的发展空间。离开了"双核"的发展壮大,昌九一体化就是一句空话,只有"双核"强大,才能产生相向的辐射力和影响力。"双核"是实现一体化的前提和基础,一体化是"双核"发展的必然趋势。因此,实行"双核"战略、做强做大南昌和九江,应是我们必须坚持的基本战略。

二、关于昌九一体化的基本路径

《建议案(草案)》认为,昌九一体化必须以抱团发展、组团推进为基本路径。只有昌九两市相向而行，合力共为，才能提高一体化的工作成效。

《建议案（草案）》第3小点重点讲的是昌九一体化的空间布局。提出依托昌九、沿江、沪昆三条发展轴，构建一纵两横的“工”字形发展格局。围绕这一格局，全力建设好若干个发展组团。一是以临空经济区和共青先导区为主的沿昌九组团；二是以九江城西、城东、彭湖和赤码“四大板块”及沿江县市为主的沿长江组团；三是以南昌县、新建县、进贤县及沿线重点镇为节点的沿沪昆组团。

《建议案（草案）》第5小点讲的是如何依托交通将各组团有机连接起来。提出大力开展水路、公路、铁路、航空等交通基础设施建设，加快建成综合交通运输体系，形成通畅便捷的立体开放空间。要以交通为纽带，将各组团紧密连接起来，同时不断强化江西融入长江经济带的枢纽门户功能，将昌九地区与长江中游城市群有机联系在一起。调研组认为，尤其要充分利用好长江这条黄金水道，发挥好沿江优势。我们搞昌九一体化的目的之一，就是要让南昌借力九江的沿江优势，让九江借力南昌的省会优势。因此，我们一定要树立沿江优势不仅是九江的，而且也是南昌的，同时也是全省的这样一种观念，让沿江资源为全省服务。

《建议案（草案）》第7小点主要是讲加快城乡建设一体化，全面提升各组团之间广大区域的整体发展水平。提出充分发挥鄱阳湖生态经济区的生态优势，充分利用自然禀赋，优化配置城乡资源，综合治理山水田林路等基础设施，加强对城镇和农庄的规划、改造、建设和管理，建设一批特色小镇，促进城乡全面协调发展。

三、关于昌九一体化的产业支撑

《建议案（草案）》第4小点讲的是产业发展问题，这里单独拿出来做个说明。

在调研中，我们深深地感觉到，昌九发展不足、发展不够，从根本上来讲就是产业发展不足，尤其是工业制造业发展不足。以规模以上工业主营业务收入为例，2013年，南昌市规模以上工业主营业务收入4506亿元，九江市3859亿元，两市加起来8365亿元，占全省比重为31%。调研组到湖南和安徽考察，发现同时期长株潭地区为12768亿元，占湖南全省比重为40%；皖江城市带为23674亿元，占安徽全省比重为71%。相比之下，我们无论是总量还是占比都远远落后于人家。我们看周边发展得好的地区，无一不是工业制造业先发地区。调研组到浙江考察，浙江的同志介绍，从1978年到2013年，浙江工业增加值年均增长15.4%，比全国年均增速高4.1个百分点，占全国的比重从1978年的2.9%提高到2013年的7.8%，排位从15位上升到第4位。

事实上，上世纪九十年代，省委就提出建设昌九工业走廊。现在回过头来看，这一思路是极富前瞻性的。我们认为，在推进工业化这一点上，我们再也不能有丝毫摇摆。推进昌九一体化，就必须大力推动产业尤其是工业制造业发展。建议昌九两市要从各自比较优势和核心竞争力出发，着力推动产业互补对接、错位发展、差异竞争，着力培植具有较强关联作用的特色产业，着力培育一批重点优势产业集群。南昌要着力打造全省先进制造业基地和现代服务业核心区，九江要着力打造临港产业集群，形成优势互补产业格局。

四、关于昌九一体化的公共基础

《建议案(草案)》第6小点讲的是公共服务一体化。这是比较容易操作、比较容易见效的领域,同时也是能较快让群众享受到实际利益的领域。我们建议,要全力推进两市教育、医疗、金融、商务、旅游、物流、文化、广电、体育、公积金和通关等方面的合作,加快推进公共服务同城化,最终实现市民待遇均等化。

《建议案(草案)》第8小点讲的是市场体系一体化。按照市场化原则,围绕建设统一开放和竞争有序的现代市场体系,提出了一系列建议。我们认为,这是促进昌九全面对接、深度融合的重要抓手和必然途径,应认真抓好、全力落实。

五、关于昌九一体化的保障机制

《建议案(草案)》第9、10、11小点主要讲的是昌九一体化的保障机制。一是建议参照长株潭模式,坚持“省统筹、市主体、市场化”的原则。在省委、省政府统一规划部署下,赋予南昌、九江两市副省级城市的审批权力,充分调动两市推动一体化工作的积极性和主动性,同时将工作责任落实到昌九两市。二是建议大胆改革创新,在更宽领域和更深层次上全面简政放权,更多更快地释放改革红利。三是建议加强队伍建设,在全省范围内选调善谋划、懂管理、会协调的优秀专业人才,具体负责昌九一体化的推进工作,确保工作的末端落实。四是建议完善考评体系,充分发挥考核评价“指挥棒”的作用,探索建立一套区域一体化考评体系,引导两地精诚合作。五是建议统筹规划,重点突破。按照“规划一张图、发展一盘棋、目标一个调、两市一条心”,在临空经济区升级发展、共青德安相向发展等方面取得重点突破,抱成团朝着顶层设计的目标一起前进。

六、关于昌九新区

2014年7月,省委十三届九次全会提出:要尽快启动建设“昌九新区”的可行性研究,为我省全面融入长江经济带提供更有竞争力的战略平台,努力在激烈的长江中游城市群竞争中占据主动地位。围绕省委这一新的要求,我们专程考察了陕西的西咸新区和四川的天府新区,并结合我省实际进行了研究,提出了第12、13、14、15四点建议。

我们认为,昌九新区的战略构想,顺应了现代区域经济的发展趋势,秉承了历届省委、省政府的发展思路,找准了融入长江经济带和长江中游城市群建设的切入点,具有很强的前瞻性、科学性和可操作性,对于进一步提升昌九一体化水平、推动我省区域经济对接国家战略具有重要意义。

我们建议,应着眼于中西部地区是新一轮中国对外开放最大回旋余地的战略机遇,着眼于打造融入长江经济带战略平台的客观要求,着眼于策应“一路一带”的战略构想,科学划定昌九新区空间。要超越行政区域,按照有利于调动昌九两市的积极性,有利于促进战略定位的实现,有利于高效运作、科学管理,有利于充分发挥市场和政府作用的原则,建立新区管理运作架构。要立足于先行先试,尽一切可能将地方政府可以赋予国家级新区的政策赋予昌九新区,努力把昌九新区建设成发展升级的先导区、改革开放的试验区、生态文明的示范区,使之成为对接一路一带的桥头堡、实现江西崛起的新引擎、长江中游城市群的重要板块,力争纳入国家级新区。

以上15条建议,我们认为比较完整地阐述了加快推进昌九一体化的战略、目标、路径、内容、机制等方面问题,具有一定的参考价值和借鉴意义。

各位常委、同志们,这次专题协商议题建议案(草案)的形成,是省政协和南昌市、九江市政协以及经济界专家学者通力合作、共同努力的结果,但由于我们调研组水平有限,肯定尚有不妥之处,我们将按照本次会议审议的意见进一步修改完善。

谢谢大家!

政协江西省第十一届委员会第二次会议决议

（2014年1月23日政协江西省第十一届委员会第二次会议通过）

中国人民政治协商会议江西省第十一届委员会第二次会议，于2014年1月19日至23日在南昌举行。

会议认真学习了中共江西省委书记强卫同志在开幕大会上的讲话；审议并批准省政协主席黄跃金同志代表政协江西省第十一届委员会常务委员会所作的工作报告；审议并批准省政协副主席李华栋同志代表政协江西省第十一届委员会常务委员会所作的提案工作情况的报告。委员们听取、讨论并赞同省人民政府省长鹿心社同志所作的政府工作报告；讨论并赞同省高级人民法院工作报告、省人民检察院工作报告和其他报告。这次会议是一次团结民主、创新务实、凝聚共识、共谋发展的大会。

会议认为，强卫同志的讲话充分肯定了过去一年省政协工作取得的成绩，并就做好当前及今后一个时期的政协工作、更好地发挥政协重要作用提出了殷切希望，要求全省各级政协组织和广大政协委员进一步打牢共同思想基础；进一步推进改革伟大事业；进一步发展广泛的协商民主；进一步提高履职的能力和水平。要求全省各级党委要切实加强和改进对人民政协的领导，为政协履行职能、开展工作、发挥作用创造良好条件；各级党委、政府要把政治协商作为决策程序和必要环节。强卫同志的讲话，对于人力加强我省政协工作、不断推进政协事业创新发展，具有重要的指导意义。

会议认为，过去的一年，中共江西省委、省人民政府团结带领全省人民，牢牢把握江西省情实际，以与全国同步全面建成小康社会为目标，紧紧扭住发展这个第一要务，切实抓好民生这个第一大事，自觉落实稳定这个第一责任，不断强化改革这个第一动力，团结奋斗、开拓进取，继续保持了经济社会稳中有进、稳中向好的发展态势，迈出了"发展升级、小康提速、绿色崛起、实干兴赣"的坚实步伐。政府工作报告部署今年工作紧扣科学发展主线，突出全面深化改革主题，体现了解放思想、改革创新的精神，催人奋进。

会议认为，2013年省政协常委会在中共江西省委的领导下，始终高举爱国主义、社会主义旗帜，突出团结和民主两大主题，坚持中国特色社会主义政治发展道路，以深入开展党的群众路线教育实践活动为契机，着力提高政治协商、民主监督、参政议政的能力和实效，充分发挥协调关系、汇聚力量、建言献策、服务大局的重要作用，为促进我省经济持续健康较快发展和社会和谐稳定作出了积极贡献，实现了本届政协的良好开局。

会议指出，2014年是贯彻落实中共十八届三中全会精神、全面深化改革的第一年。省政协要坚持以邓小平理论、“三个代表”重要思想、科学发展观为指导，全面贯彻落实中共十八大，十八届二中、三中全会、习近平总书记系列重要讲话和中共江西省委十三届七次、八次全会精神，坚定不移地走中国特色社会主义道路，牢牢把握团结和民主两大主题，充分发挥人民政协作为协商民主重要渠道作用，更好履行政治协商、民主监督、参政议政三大职能，强化理论武装增进共识，紧扣中心建言议政，围绕全面深化改革凝心聚力，着力增强民主监督实效，加强政协协商民主制度建设，以改革创新精神推进自身建设，着力提升政协工作科学化水平。

会议强调，全省各级政协组织要切实把思想和行动统一到中共中央和中共江西省委的要求上来，把智慧和力量凝聚到理解、支持和参与改革上来，紧扣关系全省改革发展稳定大局、关系群众切身利益的重大问题深入调研，广泛开展民主协商。政协委员要带头争当改革的坚定拥护者和积极实践者，努力为推动全省各项改革发挥积极作用。

会议号召，全省各级政协组织、政协各参加单位和广大政协委员，更加紧密团结在以习近平同志为总书记的中共中央周围，在中共江西省委坚强领导下，凝心聚力、锐意进取、奋发有为，为我省推进“发展升级、小康提速、绿色崛起、实干兴赣”作出更大贡献。

政协江西省第十一届委员会常务委员会 2014 年工作要点

今年是贯彻落实中共十八届三中全会精神、全面深化改革的第一年，也是我省深入实施“发展升级、小康提速、绿色崛起、实干兴赣”十六字方针的关键之年。总的工作要求是：在中共江西省委的领导下，贯彻落实中共十八大，十八届二中、三中全会和省委十三届七次、八次全会等重要精神，充分发挥人民政协作为协商民主重要渠道作用，更好履行政治协商、民主监督、参政议政三大职能，着力提升政协工作科学化水平，为我省实现与全国同步全面建成小康社会作出更大贡献。

一、强化理论武装增进思想共识

1. 深入学习贯彻中共十八大、十八届二中、三中全会和中央经济工作会议精神，深入学习贯彻习近平总书记系列重要讲话精神，认真落实党和国家的大政方针、全国政协和省委的重要决策部署。

2. 认真传达学习全国政协十二届二次会议精神，把握全国政协对人民政协工作提出的新要求、新任务、新部署。

3. 根据中共中央和全国政协要求，组织开展纪念中国人民政治协商会议成立 65 周年活动。

4. 学习贯彻省委十三届七次、八次全会等重要会议精神。

5. 举办两次常委会专题学习报告会，在第二、三季度常委会议结束后分别举办经济形势通报会、经济体制改革专题报告会。

6. 下半年举办人民政协协商民主建设专题报告会。

二、围绕中心、服务大局，为全面深化改革建言献策

1. 召开两次常委会议专题协商，第二、三季度分别就“推动城镇化发展创新”和“推进昌九一体化建设”进行专题协商。

2. 召开九次专题协商座谈会。专题是：探索和改进社会治理方式；创新农业经营体系和经营方式，加快现代农业强省建设；深化国有企业改革，完善现代企业制度；加快构建技

术创新市场导向机制，推进企业自主创新；进一步深化教育体制改革；进一步深化医药卫生体制改革；进一步深化文化体制改革；进一步深化体育事业改革；南昌市备用水源地建设与管理。

3. 开展专委会专题调研视察活动。专题是：我省民间金融业发展、现代物流信息化发展、文化旅游业融合发展、高校科技创新对新兴产业的支撑作用、建设全国生态文明示范省、特殊教育发展、我省实施单独生育二孩政策、民办医院生存与发展环境、困难职工帮扶工作、城市流动人口民族问题、可移动文物保护和利用。

三、着力增强民主监督实效

1. 按照党政关心、群众关注、服务大局、注重实效的要求，制定并实施好年度民主监督工作计划。

2. 围绕“县城污水处理设施建设及运行情况”开展常委会专题民主监督活动。

3. 组织开展专委会专题民主监督活动。专题是：贯彻实施《食品安全法》，加强食品安全监管；《江西省人民政府关于加快发展文化创意产业若干政策措施》文件贯彻落实工作；国有林场改革；国企改革中企业社区移交属地管理工作；城市改造过程中宗教文化遗产保护工作；台商在赣居留期限政策。

4. 研究探索在省直有关部门委派省政协委员担任民主监督员的方式方法。

四、积极推进政协协商民主建设

1. 实施好2014年度协商工作计划。

2. 积极参与起草省委关于推进协商民主建设的实施意见。

3. 进一步增加协商密度，每月召开一次协商座谈会，更加活跃有序地组织专题协商、对口协商、界别协商、提案办理协商活动。

4. 探索邀请社会各界人士代表列席、旁听政协会议等形式，增强政协会议的开放程度。

5. 注重协商成果的跟踪问效，切实加强与党政及其部门的沟通、联系，促进协商成果深层次转化。

6. 举办“人民政协与协商民主”理论研讨会。

五、以改革创新精神推进“五位一体”自身建设

1. 积极探索各民主党派、工商联、无党派人士在政协履行职能、发挥作用的新途径、新平台，不断深化团结合作。

2. 充分发挥政协界别的特色和优势，健全主席会议成员联系界别制度，增强界别协商的指导性和有效性，积极组织委员参加界别活动，积极争取省财政支持，加强界别调研、视察等活动经费保障。围绕加快侨资企业发展等专题召开界别协商座谈会。

3. 着力发挥委员主体作用，进一步加强委员联络和服务工作，密切与委员的经常性联系，调动委员履职的积极性和创造性。组织住市省政协委员围绕推动省政府《关于支持赣

东北扩大开放合作加快发展的若干意见》《关于支持赣西经济转型加快发展的若干意见》贯彻落实开展视察活动,组织港澳委员就“扶贫”等专题开展各类视察、联谊活动,努力提高为委员服务的质量和水平。

4. 健全完善专委会工作机制,创新工作平台,拓展工作领域。积极探索创新提案办理协商的新形式新方法,完善提案动态管理系统,建立健全重点提案督办机制,组织开好第六次全省政协提案工作座谈会。加强与党政职能部门的对口联系,就“完善宗教教职人员社会保障政策”召开一次对口协商座谈会。注重发挥经济委、人口资源环境委、教科文卫体委、社会和法制委专家组的作用。

5. 扎实推进机关和谐文化、创新文化、廉政文化建设。制定省政协机关贯彻落实《党政机关厉行节约反对浪费条例》实施细则。切实改进文风会风。加强各项工作的综合协调、信息沟通和督查落实,提升政协机关的服务能力,巩固教育实践活动取得的成果。

6. 加强与市、县政协的指导联系和工作的协作联动,着力健全完善有关工作制度。

7. 加强省政协常委会自身建设。继承和发扬省政协的优良传统,始终坚持以思想建设为核心,以组织建设为基础,以制度建设为保障,以作风建设为抓手,努力把常委会建设成为政治坚定、团结民主、务实创新、艰苦奋斗的坚强领导集体,不断增强思想力、提升领导力、提高执行力、激发创造力、强化凝聚力。

政协江西省委员会
关于表彰优秀提案的决定

提案是履行人民政协政治协商、民主监督、参政议政职能的重要方式。省政协十一届一次会议以来，广大政协委员、省政协各参加单位、各界别和专门委员会，坚持以中国特色社会主义理论体系为指导，紧紧围绕党和国家大政方针的贯彻落实和省委、省政府工作部署，以及人民群众关心的重要问题，积极运用提案履行职能，共提出提案 1302 件，立案 1272 件。提案经认真办理后，对促进我省经济建设、政治建设、文化建设、社会建设和生态文明建设发挥了积极的作用。为了鼓励先进，进一步引导提案者注重提高提案质量，积极参与提案办理协商，关注和跟踪提案办理成效，更好地发挥政协提案在履行政协职能、促进党和国家事业发展中的独特优势和重要作用，根据省委、省政府有关文件精神和《政协江西省委员会提案工作条例》等有关规定，经研究，决定对十一届一次会议、二次会议 50 件优秀提案进行表彰（名单附后）。希望受到表彰的单位和个人再接再厉，不断进取，继续运用提案多建睿智之言、多献务实之策。广大政协委员和省政协各参加单位、界别和专门委员会，要向受表彰的单位和个人学习，把参政议政的热情与不断提高履职能力紧密结合起来，以高度的责任感，深入开展调查研究，努力提出更多高质量提案。为推进我省“发展升级、小康提速、绿色崛起、实干兴赣”，加快建设富裕和谐秀美江西作出新贡献。

政协江西省委员会
2014 年 7 月 16 日

优秀提案目录

十一届一次会议

1. 民革省委会关于助推昌九龙头昂起的建议
2. 民革省委会关于高位推进景德镇申请世界“陶瓷工艺美术之都”的建议
3. 民盟省委会关于我省发展“电子商务 + 物流配送”新型商业模式的建议
4. 农工党省委会实体经济发展存在的困难及对策建议
5. 九三学社省委会加强和创新农村社会管理的建议
6. 省工商联以改革创新精神推动非公有制经济跨越发展

7. 省侨联关于设立江西省侨界法律援助专项基金的建议
8. 罗永明关于提高城市自然灾害应急救援管理的建议
9. 张知明关于进一步推动我省民营企业“走出去”的建议
10. 廖兰芳关于延续支持光伏产品推广应用政策的建议
11. 郭宏文等关于进一步做好城乡低保工作的几点建议
12. 吕志平　把沿海口岸搬到江西来
13. 朱丽萌等建议我省打造一个南方最大的现代化农资农贸大市场
14. 任江南关于省财政设立杂交水稻制种补助的建议
15. 邓肇轩关于应对雾霾天气的建议
16. 梁小文　严格环境执法，落实处理决定
17. 陈根荣关于推动我省教师和校长交流的建议
18. 陈坚关于调整优化农村小学布局的建议
19. 张美华建议我省把农村妇女“宫颈癌、乳腺癌”两病纳入重大疾病免费救治范围
20. 胡晓林　加大提高职工收入力度，让江西人民幸福指数高起来
21. 徐仁根关于稳步推进医疗保险付费方式改革的几点建议
22. 王斌关于实行新型农村合作医疗省级统筹的建议
23. 栾波关于加强家政服务行业管理的建议
24. 李军　农村治安存在的问题及建议

十一届二次会议

1. 民盟省委会关于大力发展我省林下经济的建议
2. 农工党省委会南昌城区备用水源建设亟须提速
3. 民建省委会关于大力发展我省大宗商品电子交易平台的建议
4. 民建省委会关于进一步推进农村土地承包经营权流转的建议
5. 民进省委会关于抢救性保护赣鄱古籍，开发出版《江右文库》的建议
6. 民进省委会关于促进我省科技与金融结合的建议
7. 九三学社省委会多措并举推进我省农业产业化经营
8. 经济委员会关于确保南昌、九江两市饮水安全的建议
9. 教科文卫体委员会关于适当调整和规范我省普通高中收费标准的建议
10. 社会和法制委员会规范家政服务市场，尽快制订我省家政服务行业标准的建议
11. 梁安琪关于加强我省农村生态环境建设的建议
12. 谢林翰关于大力发展江西有机农业的建议
13. 万筱明　加强基层公共卫生专业人才队伍建设，推行定向培养公共卫生专业学生计划
14. 陈根荣关于推行我省餐厨垃圾统一回收实施无害化处理的建议
15. 吴世伟　重视产业集聚，完善园区配套，助推工业企业发展
16. 李水生关于加快农村敬老院发展的建议
17. 刘恒军关于建立道路交通事故社会救助基金的建议
18. 林荣东关于抓抢长江经济带战略机遇，推动江西发展升级转型的建议
19. 李翀关于加速建设鄱阳湖水利枢纽的建议

20. 王建关于无偿献血和用血的建议
21. 刘超杰关注志愿者服务事业发展的几点建议
22. 饶剑明关于加快我省殡葬公共服务体系建设的建议
23. 胡来知关于解决我省农村耕地抛荒问题的建议
24. 刘滇鸣等关于加快推进农民工权益保障立法进程的建议
25. 戴冬英关于完善艰苦边远地区农村中小学教师特殊津贴制度的建议
26. 释纯一关于加大城市建设过程中宗教群体利益保护力度的建议

重要会议

【全体委员会议】

十一届二次会议 2014 年 1 月 19 至 23 日，政协江西省第十一届委员会第二次会议在南昌召开。会议应到委员 694 名，实到 656 名，符合政协章程规定。主席黄跃金，副主席李华栋、汤建人、刘晓庄、郑小燕、肖光明、孙菊生，秘书长肖为群出席大会，省政协副主席钟利贵主持开幕大会。强卫、鹿心社、尚勇、史文清、姚亚平、周泽民、王文涛、周萌、蔡晓明等省领导出席开幕和闭幕大会，听取大会发言，并分别参加联组讨论。省委书记强卫在开幕大会上讲话。

会议审议通过了黄跃金主席代表常务委员会所作的工作报告。报告从"加强思想政治建设，夯实坚持和发展中国特色社会主义的共同思想基础；紧紧围绕全省中心工作建言献策，助推经济持续健康较快发展；倾情关注和促进民生改善，维护社会和谐稳定；加强委员联络和服务工作，增强政协工作内生动力；加强统筹协调，推动经常性工作改进创新；切实抓好作风建设，开展党的群众路线教育实践活动取得阶段性成果"六个方面总结了十一届省政协去年一年的工作。报告还就下一步如何推进政协工作，提出了 6 点建议。一是要强化理论武装增进共识，牢牢把握正确的政治方向，始终与中共中央和江西省委在思想上政治上行动上保持高度一致，不断增强中国特色社会主义道路自信、理论自信、制度自信，巩固团结奋斗的共同思想政治基础；二是要紧扣中心建言议政，紧紧围绕我省"发展升级、小康提速、绿色崛起、实干兴赣"这个中心任务，和与全国同步全面建成小康社会这个目标建言献策；三是要围绕全面深化改革凝心聚力，紧紧围绕我省改革发展稳定中的重要问题和重大课题，组织委员深入调查研究，为推动全省各项改革建言献策，凝聚共识，汇聚正能量；四是要着力增强民主监督实效，完善民主监督的形式，进一步健全民主监督机制，确保真正"监到点子上，督到关键处"，发挥政协民主监督的应有作用；五是要加强政协协商民主制度建设，注重协商成果的跟踪问效，促进协商成果深层次转化；六是要以改革创新精神推进自身建设，推进政协工作制度化、规范化、程序化建设，提升政协机关的服务能力，巩固教育实践活动取得的成果。

会议审议通过了副主席李华栋所作的政协江西省第十一届委员会常务委员会关于提案工作情况的报告。

开幕大会上还举行了第一次大会发言，省政协委员徐江明、辜清、朱丽萌、陈世象、王斌、余海、刘卫东、雷元江分别代表各民主党派、无党派代表人士、工商联发言。

与会人员于 1 月 21 日列席了江西省十二届人大三次会议，听取、讨论了鹿心社省长所作的政府工作报告，以及其他有关报告。与会者围绕关系江西改革发展和人民群众切身利益的重大问题进行讨论协商。从全面深化经济体制改革，增强发展的动力和活力；着力扩大有效需求，推动经济稳定增长；切实抓好"三农"工作，夯实农业农村发展基础；大力推进创新驱动发展，加快产业结构调整；深入实施区域发展战略，促进区域经济协调发展；扩大对内对外开放，提高开放型经济水平；推进以人为核心的城镇化，着力提高城镇化质量；加强生态环境保护和建设，提高生态文明建设水平；深入实施民生工程，让人民群众得到更多实惠；加快发展社会事业，促进社会和谐稳定等方面进行了分组讨论和大会发言，提出意见和建议。

1月22日，省政协十一届二次会议举行第二次大会发言。12名委员围绕经济社会发展内容进行发言。

1月23日，会议通过了《政协江西省第十一届委员会第二次会议决议》和《政协江西省第十一届委员会提案委员会关于省政协十一届二次会议提案初步审查情况的报告》。大会补选甘良淼、朱荣辉、肖敏、陈祥树和熊根泉为政协江西省第十一届委员会常务委员。

省政协主席黄跃金在闭幕会上讲话，提出一是要做改革的“拥护者”；二是要做改革的“参与者”；三是要做改革的“实践者”；四是要做改革的“开拓者”。要以“只争朝夕、一往无前”的精神和“逢山开路、遇河架桥”的魄力，走在改革前列，为全面深化改革贡献真知灼见、发挥积极作用。

【常务委员会会议】

第四次会议 2014年1月9至10日在南昌召开。会议应出席133人，实到93人，主席黄跃金出席会议并讲话，省委常委、常务副省长作关于《政府工作报告（征求意见稿）》的说明，省委常委、统战部部长蔡晓明介绍有关人事事项。会议听取了本次常委会议分组协商讨论《政府工作报告（征求意见稿）》情况的综合汇报；原则通过了政协江西省第十一届委员会常务委员会工作报告和省政协十一届一次会议以来提案工作情况的报告，并同意将这两个报告提交省政协十一届二次会议审议；审议通过了召开省政协十一届二次会议的决定及会议议程（草案）和日程（草案）；通过了有关人事事项。审阅了2013年政府系统提案办理情况；审议了省政协办公厅、省政协各专门委员会2013年工作总结。

第五次会议 2014年1月22日在南昌召开。会议应出席133人，实到106人，主席黄跃金主持会议。省委常委、统战部长蔡晓明到会作有关人事事项说明；会议审议通过了十一届省政协常委候选人名单（草案）；通过省政协十一届二次会议选举办法、总监票人、监票人名单（草案）；通过《省政协十一届二次会议决议（草案）》；通过《省政协十一届二次会议关于提案初步审查情况的报告（草稿）》。

第六次会议 2014年4月10至11日在南昌召开，会议应出席138人，实到91人，主席黄跃金主持会议并讲话。副主席肖光明对“关于推进江西省城镇化发展创新的若干建议（草案）”作了起草情况的说明，8位常委围绕“推动江西省城镇化发展创新”建言献策。副省长李炳军到会传达了中央城镇化工作会议的主要精神，通报了江西省城镇化发展的现状以及存在的问题，并介绍了省委省政府推动城镇化发展的工作思路和正在开展的几项工作。会议审议通过了《关于推动我省城镇化发展创新的若干建议》。

第七次会议 2014年9月28至29日在南昌召开，主席黄跃金主持会议。省委领导在会上通报了一年来江西加快推进昌九一体化的初步成效，介绍了省委省政府推进昌九一体化的战略部署。副主席钟利贵就《建议案（草案）》起草情况进行了说明。

会议审议通过了《关于加快推进昌九一体化的建议案》，审议通过了有关人事事项，会议还通报了有关人事事项。因李天鸥涉嫌严重违纪，根据《政协江西省委员会常务委员会关于授权主席会议对违纪违法政协委员及时作出处理的决定》，省政协十一届二十次主席会议已作出决定,撤销其政协江西省第十一届委员会委员资格,免去其省政协经济委员会副主任职务;免去其常务委员职务,并报请政协江西省第十一届委员会第三次全体会议追认。因晏德文涉嫌严重违纪,根据有关规定,省政协十一届十八次主席会议已作出决定,撤销其政协江西省第十一届委员会委员资格。因徐楷涉嫌违纪,根据有关规定,省政协十一届十八次主席会议已作出决定,撤销其政协江西省第十一届委员会委员资格。

【主席会议】

第十三次会议 2014 年 1 月 8 日,主席黄跃金主持召开了省政协十一届第十三次主席会议。会议审议了人事事项。同意省委常委、统战部长蔡晓明受省委委托所作的有关人事事项说明:卢瑜、刘志强等两位辞去十一届省政协委员职务,朱荣辉、甘良森、方李、曹国洪、郭坚华、陈世勇、汪李萍等七位为十一届省政协委员增补人选,冷芬俊为十一届省政协副秘书长人选,朱荣辉为十一届省政协提案委员会副主任人选,熊根泉为十一届省政协人口资源环境委员会副主任人选,史蓉蓉、龚绍林等两位为十一届省政协教科文卫体委员会副主任人选,李智为十一届省政协社会和法制委员会副主任人选,甘良森、张勇、释纯一等三位为十一届省政协民族和宗教委员会副主任人选,张知明、何大欣等两位为十一届省政协港澳台侨和外事委员会副主任人选,同意以上人事事项提请省政协十一届第四次常委会议审议通过。朱荣辉、甘良森、熊根泉、肖敏、陈祥树等五位为十一届省政协常委增补人选,同意提请省政协十一届五次常委会议审议通过后,提交省政协十一届二次全体会议选举。

会议听取了秘书长肖为群汇报省政协党组深入开展党的群众路线教育实践活动整改方案落实情况。研究并原则通过了《省政协 2014 年度协商工作计划》。

第十四次会议 2014 年 1 月 22 日,主席黄跃金主持召开了省政协十一届第十四次主席会议。省委常委、统战部长蔡晓明作有关选举事项的说明。会议通过了政协江西省第十一届委员会第二次会议选举办法(草案),通过了政协江西省第十一届委员会第二次会议选举大会总监票人、监票人名单(草案),通过了政协江西省第十一届委员会第二次会议决议(草案),通过了政协江西省第十一届委员会第二次会议关于提案初步审查情况的报告(草案),决定将上述审议事项提请常委会议审议。会议听取了秘书长肖为群所作的关于委员各组讨论情况的综合汇报。

第十五次会议 2014 年 1 月 23 日,主席黄跃金主持召开了省政协十一届第十五次主席会议。省委统战部常务副部长黄小华作有关选举情况的说明。会议通过了政协江西省第十一届委员会第二次会议选举办法(草案),通过了政协江西省第十一届委员会第二次会议选举大会总监票人、监票人名单(草案),通过了政协江西省第十一届委员会第二次会议决议(草案),通过了政协江西省第十一届委员会第二次会议关于提案初步审查情况的报告,决定将上述审议事项报请选举大会、闭幕大会通过。

第十六次会议 2014 年 2 月 28 日,主席黄跃金主持召开省政协十一届第十六次主席会议。会议研究通过了《省政协 2014 年主要工作任务分工(草)》,审议原则同意《省政协十一届二次会议提案立案审查情况的报告》,听取了港澳台侨和外事委员会关于成立"江西省政协海外扶贫基金会"的情况汇报。

第十七次会议 2014 年 4 月 3 日,主席黄跃金主持召开了省政协十一届第十七次主席会议。会议审议同意《省政协十一届六次常委会议方案》，会议审议并原则同意《关于推动我省城镇化发展创新的若干建议（讨论稿）》，会议审议并原则同意《关于召开全省政协第六次提案工作座谈会工作方案（草稿）》，会议研究省政协2014年重点提案督办工作，同意将49件提案列为省政协2014年重点督办提案。

第十八次会议 2014年6月5日，主席黄跃金主持召开省政协十一届第十八次主席会议。会议审议并原则同意了《省政协机关厉行节约反对浪费实施细则（草案）》，会议审议并原则同意了《省政协主席会议成员联系界别和委员的办法（草案）》，会议审议并原则同意了《省政协关于进一步发挥界别作用的意见（草案）》，会议审议并原则同意了《省政协办公厅2014年经费预算分配方案（草案）》，会议通过了《关于撤销晏德文政协江西省第十一届委员会委员资格的决定（草案）》和《关于撤销徐楷同志政协江西省第十一届委员会委员资格的决定（草案）》，按有关规定予以追认。

第十九次会议 2014年7月9日，主席黄跃金主持召开省政协十一届第十九次主席会议。会议传达学习了俞正声主席在全国政协十二届六次常委会议上的讲话精神、汪洋副总理在全国政协十二届六次常委会上所作报告的主要精神和杜青林副主席在十二届全国政协第二期新任委员学习研讨班上的讲话精神。听取了办公厅和各专门委员会2014年上半年工作总结和下半年工作打算。审议并同意了《关于召开全省政协第六次提案工作座谈会实施方案》和《省政协优秀提案和先进承办单位拟表彰名单》。审议并原则同意了《政协江西省委员会常委委员学习培训制度》和《政协江西省委员会关于加强和改进调查研究工作的意见》。会议审议了《江西省政协委派政协委员担任民主监督员工作办法》。

第二十次会议 2014年9月15日，主席黄跃金主持召开省政协十一届第二十次主席会议。会议传达学习了《俞正声主席在政协十二届全国委员会常务委员会第七次会议闭幕会上的讲话》，会议审议同意《省政协十一届七次常委会议方案》，会议审议并原则同意《关于加快推进昌九一体化的建议案（草案）》，会议审议了《省政协人事任免名单（草案）》。会议同意周寥寥任省政协办公厅副主任、樊欣任省政协人口资源环境委员会专职副主任、陈淦彬任省政协民族和宗教委员会专职副主任，提请省政协十一届第七次常委会议通过。会议同意免去杨述喜的省政协文史和学习委员会专职副主任，报省政协十一届七次常委会议备案。会议审议同意《关于撤销李天鸥政协江西省第十一届委员会委员资格和免职的决定》，提交省政协十一届七次常委会议通过。

第二十一次会议 2014年11月3日，主席黄跃金主持召开省政协十一届第二十一次主席会议。会议传达学习了中共十八届四中全会和全国政协十二届八次常委会议精神，会议审议并原则同意《关于推进全省县市生活污水处理设施建设及运行工作的建议（草案）》，会议审议同意《关于省政协十一届三次会议召开日期和议程（草）》，并上报省委，提请省政协十一届八次常委会议通过。会议还对做好省政协当前的工作作了部署。

重要活动

【强卫、鹿心社会见港澳政协委员和特邀海外列席代表】 2014年1月19日，省委书记强卫、省长鹿心社在南昌会见了前来出席省政协十一届二次会议的港澳地区省政协委员和列席会议的在赣全国政协香港委员、特邀海外侨胞及部分港澳台代表。省政协主席黄跃金主持，省领导尚勇、蔡晓明，省政协副主席钟利贵，省政协秘书长肖为群参加会见。强卫作了讲话，鹿心社介绍了江西省经济社会发展情况。参加会见的省政协港澳委员、特邀海外侨胞及部分港澳台代表梁冠军、匡耀、梁安琪、王再兴、熊峰、谢林翰、黄炳煌、吴辉体先后发言。

【省政协党组研究部署党风廉政建设和反腐败工作】 2014年1月24日，主席、党组书记黄跃金主持召开省政协党组会议，专题学习习近平总书记在十八届中纪委三次全会上的重要讲话精神及省委书记强卫在省纪委十三届四次全会上的讲话精神，研究部署省政协党风廉政建设和反腐败工作。

【省政协领导深入委员企业考察慰问】 2014年2月7日，主席黄跃金到九江市江西美庐乳业集团、九江财兴卫浴实业有限公司等省政协委员企业考察，了解委员企业生产、经营和发展情况。副主席钟利贵、郑小燕，秘书长肖为群陪同考察。副主席李华栋到南昌市高新区晶能光电（江西）公司、中节能和照明公司等省政协委员企业考察；副主席汤建人、孙菊生到南昌市高新区思创数码科技股份有限公司、江西凯源科技有限公司、江西恒大高新技术股份有限公司等省政协委员企业考察；副主席刘晓庄、肖光明到江西新远健药业有限公司、江西桐青金属工艺品有限公司等省政协委员企业考察。

【举行学习习近平总书记系列讲话精神报告会】 2014年2月17日，省政协举行学习习近平总书记系列讲话精神报告会，主席黄跃金出席并讲话，省委常委、宣传部部长姚亚平作学习辅导报告，副主席钟利贵主持。副主席李华栋、刘晓庄、郑小燕、肖光明、孙菊生，秘书长肖为群出席报告会。

【开展“深化教育领域综合改革”专题协商活动】 2014年2月21日，省政协在南昌召开专题协商座谈会，围绕“深化教育领域综合改革”建言献策。主席黄跃金，副省长朱虹出席并讲话，副主席汤建人主持座谈会，秘书长肖为群出席会议。座谈会上，省教育厅负责人介绍了教育领域综合改革的情况。3月，副省长朱虹对省政协报送的《关于深化我省教育领域综合改革的建议》作出批示，指出“所提各项建议都经过精心调研准备，质量高、指向明，既符合中央精神，又针对我省实际，请教育厅认真研究，逐条分解，吸收到我省教育综合改革意见中”。

【开展“深化国有企业改革”专题协商活动】 2014年3月26日，省政协在南昌召开以“深化国有企业改革”为主题的专题协商座谈会。主席黄跃金，副省长李贻煌出席并讲话，副主席钟利贵主持座谈会，秘书长肖为群出席会议。座谈会上，省国资委负责人介绍了江西2008年以来国有企业改革的有关情况。会后，形成了《关于深化我省国有企业改革的若干建议》，建议：在进一步转变政府职能，构建科学规范的国资监管体系；进一步推动建立现代企业制度，不断激发企业内在活力；进一步优化改革环境，营造深入推动改革的良好氛围等三个方面求得突破。另外，针对上一轮国企改革遗留的，诸如社区移交、厂办大集体企业改革、国有企业职教幼教退休教师待遇、社保挂账、债务、离休干部服务管理移交属地管理等问题也提出了对策建议。6月，省委书记强卫对省政协《关于深化我省国有企业改革的若干建议》作出批示，要求相关部门在新一轮国企深化改革工作中认真参考省政协的建议。

【省人民政协理论研究会召开常务理事会议】 2014年3月28日，江西省人民政协理论研究会第四次常务理事会议在南昌召开。会议总结了2013年工作，对2014年工作作出安排部署。省人民政协理论研究会会长朱张才讲话，省人民政协理论研究会副会长兼秘书长肖为群总结研究会2013年工作，并提出2014年工作安排意见。

【开展“南昌备用水源地建设与管理”调研】 2014年3月至4月，副主席孙菊生率领省政协调研组先后赴南昌市赣抚平原、抚河、象湖流域，靖安县潦河北支段进行考察调研。5月9日，省政协在南昌召开“南昌备用水源地建设与管理”专题协商座谈会。主席黄跃金，省政府顾问、党组成员孙刚出席并讲话，副主席孙菊生主持会议。会上，省水利厅、省环保厅有关负责人通报了南昌市备用水源地建设情况，7位省政协委员、有关专家进行交流互动并提出了近期和远期意见建议，南昌市政府负责人作了表态发言。会后，形成了《关于南昌市备用水源地建设和管理的建议》，针对当前南昌市供用水情况和现实存在的安全隐患，提出了尽快出台《江西饮用水水源保护条例》，建立和完善备用水源地建设管理协调机制；编制抚河备用水源地建设规划；严格保护备用水源地环境；多渠道筹措资金；实现预警关口前置；加强宣传监督；立足近期、谋划远期等8个方面的建议。6月，副省长李炳军先后对省政协报送的《关于南昌市备用水源地建设和管理的建议》作出批示，要求省有关部门研究落实。

【开展“生态文明建设情况”调研】 2014年4月至6月，副主席李华栋率领省政协调研组先后到九江、新余及部分县（市、区）和福建省宁德、漳州等地就生态文明建设情况进行了调研考察。形成了《关于加快建设全国生态文明示范省的调研报告》，建议：要积极落实好区域生态总体规划，科学布局城镇开发；要高度重视主体功能区划的作用，在整顿关停污染企业上做“减法”，在生态循环项目上做“加法”，大力发展现代种植、生态养殖、休闲旅游等生态产业，加大环境治理力度，要按照各县区主体功能定位，实施分类考核评价等意见建议。8月，省委书记强卫和省长鹿心社分别作出批示：请政府有关部门结合“生态文明示范区”的实施一并考虑，在我省全国生态文明示范省获批后，省委、省政府要专题研究并提出推进措施。9月，省发改委将省政协建议吸收到正在修改完善的江西省生态文明建设示范省的具体实施意见中。省政府办公厅下发《关于实施低产低效林改造提升森林资源质量的意见》，要求通过实施低产低效林改造，加快推进江西生态文明建设。

【开展“创新重点青少年教育管理”专题调研】 2014年4月，副主席郑小燕率领省政协社会和法制委员会调研组，先后到吉安、宜春、九江等地就“创新重点青少年教育管理”工作开展专题调研，召开了市、县两级调研座谈会，实地考察了“阳光学校”、“启明学校”、“阳光西点班”等重点青少年教育和帮扶场所。5月29日，省政协创新重点青少年教育管理专题协商座谈会在南昌举行，主席黄跃金，副省长、省综治委副主任李炳军出席会议并讲话，副主席郑小燕主持会议，秘书长肖为群出席会议。座谈会上，省委政法委介绍了江西创新重点青少年群体教育管理工作情况。6位省政协委员和专家围绕协商主题作了发言，并与省直相关单位负责人互动交流。会后，形成了《关于创新重点青少年群体教育服务管理工作的建议案》，从发挥党政“主导作用”，形成齐抓共管合力；强化家庭教育责任，筑牢家庭“第一防线”；完善教学管理体制，发挥学校“主阵地”作用；加大依法治理力度，构建社会“保护网”等4个方面提出了9条有针对性的意见建议。8月，副省长李炳军作出批示，要求有关部门参阅，认真研究和吸纳省政协提出的意见建议。

【开展“我省高校科技创新对新兴产业支撑作用”专题调研】 2014年4月24至25日，副主席汤建人带领省政协教科文卫体委员会调研组就“江西高校科技创新对新兴产业支撑作用”专题赴省科技厅、省教育厅调研。听取了高校科技工作的有关情况介绍，并与两个厅局的领导展开互动，对江西高校科技创新对新兴产业的支撑作用进行了研讨，形成了《我省高校科技创新对新兴产业支撑作用的调研报告》报送省委、省政府。

【开展“我省城市少数民族流动人口管理情况”调研】 2014年5月21至23日，副主席刘晓庄率领省政协民族和宗教委员会调研组到萍乡、宜春、新余等地，就江西城市少数民族流动人口管理情况开展调研。调研组深入社区，实地考察少数民族流动人口服务管理情况，并召开座谈会，听取工作汇报，交流相关情况。

【省政协港澳委员和特邀代表返赣视察】 2014年5月23至26日，以省政协常委、香港委员召集人王忠桐为团长的省政协港澳委员和特邀代表返赣视察团一行30人，围绕江西扶贫工作等主题，在武宁、修水和宜丰县开展视察活动。主席黄跃金，副主席钟利贵会见视察团成员。在赣期间，视察团成员听取情况汇报，观看电视专题片，并分组深入一线，接地气、访实情，掌握第一手资料，围绕视察内容和移民扶贫工作提出意见和建议，形成了《关于我省扶贫移民工作情况视察报告》。报告肯定了江西“整体移民搬迁、造血式、改善居住条件、转变思想观念”等四种扶贫模式，并从“要坚持以人为本，用爱心去做好扶贫移民工作；要依托本地资源发展特色产业；要大力推广香港嘉里集团的扶贫经验；要努力提升社会化扶贫工作水平”等四个方面提出了建议。8月，副省长李炳军作出批示，要求有关部门参阅，认真研究和吸纳省政协提出的意见建议。

【开展“加快推进昌九一体化”常委会专题协商调研】 2014年6月，副主席钟利贵率调研组就“加快推进昌九一体化”赴重庆、湖南两地开展调研，考察调研成渝经济区和长株潭城市群一体化建设发展情况。7月1日至2日，调研组在南昌、九江分别召开“加快推进昌九一体化”专题调研座谈会，听取昌九两地政府领导及相关职能部门的工作情况汇报，并与相关部门负责同志进行座谈交流。之后赴浙江、安徽两省，考察调研区域经济一体化建设发展情况。在深入调研和常委会议专题协商基础上，形成了《关于加快推进昌九一体化的建议案》，《建议案》向省委、省政府提出了4个方面共12条建议，省委强卫书记对此给予了充分肯定。11月，昌九一体化市直部门对接联席会第二次会议在九江市召开，两市发改委、财政局、工信委等28个部门就昌九一体化工作情况进行了对接交流，并就规划、基础设施、产业发展和公共服务四大领域22项合作事项达成共识。

【开展“污水处理设施建设与运行情况”民主监督活动】 2014年6月15日，省政协在南昌举行“县城污水处理设施建设与运行”情况通报会，副主席孙菊生出席会议并讲话，省住建厅、省环保厅分别通报了江西污水处理设施建设运行情况和当前存在的突出问题，并就调研注意事项作了说明。7月至8月，省政协人资环委联合省住建厅、省环保厅、民盟省委会、民建省委会，组成四个调研小组，分赴全省11个设区市、近40个县市，就“污水处理设施建设及运行情况”开展调研，调研组深入实地查看污水处理厂运行和管网建设，并与设区市有关部门负责人进行座谈。调研后，形成了《关于推进全省市县生活污水处理设施建设及运行工作的民主监督建议案》，提出：积极加快配套管网建设，提高污水收集率；强化内部管理，及时处理污水运行过程中出现的故障；转变观念，把污水处理设施建设作为一项重要的民生工程认真抓好，创造宜居城市生活环境等建议。经省政协主席会议审议通过后，报送省委、省政府。11月，省委书记强卫、省长鹿心社分别作出批示，对政协建议充分肯定，并要求相关部门研究推进落实。副省长郑为文组织召开专题会议，对落实工作提出了具体跟进的措施。

【开展“深化医药卫生体制改革”专题协商活动】 2014年6月17日，省政协在南昌召开专题协商座谈会，就江西“进一步深化医药卫生体制改革”建言献策。主席黄跃金主持座谈会，副省长谢茹，副主席汤建人出席会议并讲话，秘书长肖为群出席会议。座谈会上，省卫计委主任李利汇报了2009年新一轮医改启动以来江西深化医药卫生体制改革的情况。13位省政协委员围绕“进一步深化医药卫生体制改革”协商主题，提出了意见建议。省卫计委、省发改委、省人保厅等有关负责人与委员交流了意见。会后，形成了《关于进一步深化我省医药卫生体制改革的建议》，从“创新政府卫生管理体制、加快公立医院体制机制改革、逐步完善医保运行机制、健全城乡基层医疗卫生服务体系、大力推进药品供应体系改革、积极推动社会资本办医、加强公共卫生服务体系建设”等7个方面提出了21条建议。

【开展“可移动文物保护”调研】 2014年6月20日，省政协在南昌举行“江西可移动文物保护”情况通报会，副主席李华栋出席通报会并讲话，省文化厅负责人通报江西可移动文物保护和利用情况。6月23至27日，省政协调研组赴吉安市、吉水县、樟树市、高安市开展专题调研，实地考察四市、县可移动文物普查工作的开展情况，听取市县相关部门的工作情况汇报，并进行座谈交流。调研组建议：加大宣传力度，增强全社会的文物保护意识，促使民众了解文物、关注文物并自觉自愿保护文物。构建沟通交流平台，政府、文物部门和收藏单位之间要进一步建立多层次、多渠道的联系途径，加强社会参与可移动文物普查力度。

【开展“农村宗教事务管理”调研】 2014年6月17至21日，副主席刘晓庄率领省政协民族和宗教委员会调研组，赴赣州、抚州两市对农村宗教事务管理情况进行调研。调研组一行先后到瑞金城北福音堂、龙珠寺，会昌翠竹祠、护生寺，于都金宝山寺，宜黄曹山寺等宗教活动场所走访调研，了解当地农村宗教活动场所建设和管理现状，了解党的宗教政策在农村的贯彻落实情况以及农村宗教事务管理存在的新情况新问题，听取意见建议。

【开展“创新农业经营体系和经营方式，加快现代农业强省建设”专题协商调研】 2014年6月25至27日，副主席钟利贵率省政协调研组到吉安市、鹰潭市就创新农业经营体系和经营方式进行调研。调研组一行深入家庭合作农场、专业合作社、现代农业科技示范园、家庭农场、龙头企业及土地流转服务交易站，了解新型农民合作社建设、土地流转、现代农业服务体系建设等情况。先后召开座谈会，听取吉安市、永丰县、鹰潭市关于创新农业经营体系和经营方式有关情况的汇报，与市县财政、农业、林业、国土等部门负责人座谈交流。7月29日，省政协在南昌召开“创新农业经营体系和经营方式，加快现代农业强省建设”专题协商座谈会，主席黄跃金，副主席钟利贵、李华栋，秘书长肖为群出席座谈会。座谈会上，6位省政协委员提出了创新农业经营体系和经营方式的难点和对策、农业的出路在于土地规模经营、农民创办和发展农业合作社的“六盼”、推进农业土地流转、培育新型职业农民、关于农民合作社存在的问题及对策等意见建议，省委农工部、省农业厅、省国土资源厅等有关负责人与委员交流了意见。

【召开省政协第六次提案工作座谈会】 2014年7月16日，省政协第六次提案工作座谈会在南昌召开。主席黄跃金出席并讲话，副主席钟利贵主持座谈会，副主席李华栋、汤建人、刘晓庄、郑小燕、肖光明，秘书长肖为群等出席座谈会。会议传达学习了全国政协提案办理协商工作座谈会精神，总结交流了省政协第五次提案工作座谈会以来，提案工作创新发展的经验和取得的成效，表彰奖励了省政协优秀提案和先进承办单位。省政府办公厅、民革省委会、民盟省委会、省农业厅、省国土资源厅、九江市政协、景德镇市政协及省政协委员刘恒军、陈根荣介绍了提案办理及撰写工作经验。与会人员就提高提案工作科学化水平进行了小组讨论。省委办公厅、省政府办公厅、省政协办公厅及各专门委员会负责人、各设区市政协分管副主席、提案委员会及办公室负责人，各民主党派省委会、省工商联、有关人民团体、省直有关部门及相关处室负责人，省政协提案委员会委员，部分县、市、区政协分管副主席及受表彰的单位和个人共280余人参加座谈会。

【开展“贯彻实施《食品安全法》，加强食品安全监管”专题民主监督活动】 2014年7月11日，省政协召开食品安全专题调研情况通报会，副主席郑小燕出席会议。省食品药品监督管理局负责人作相关情况通报。7至8月，副主席郑小燕率省政协社会和法制委员会调研组赴新余市、抚州市和南昌市就“贯彻实施《食品安全法》，加强食品安全监管”开展民主监督调研，听取市县(区)两级政府的食品安全监管情况介绍，实地走访果蔬种植基地、食品加工企业、餐饮单位等，暗访了南昌市部分农贸市场，并与相关职能部门负责人和相关从业人员交流和座谈，认真听取各方面的意见，形成《关于我省贯彻实施〈食品安全法〉，加强食品安全监管的调研报告》，提出了尽快理顺体制机制、强化能力建设、加快地方立法、加强规范引导等12条针对性、可操作性较强的建议。9月3日，省政府在南昌召开食品安全问题提案办理协商会。副主席肖光明出席会议并讲话。座谈会上，省财政厅、环保厅、农业厅、食品药品监管局等单位就相关提案办理情况进行了汇报，各民主党派、提案委员就相关的具体问题提出了意见建议。9月4日，省政协社法委召开会议，就食品安全监管民主监督方面的情况进行了反馈，副主席郑小燕出席并讲话，相关职能部门的负责人听取意见建议。

【开展“深化文化体制改革”专题调研】 2014年8月14至15日，副主席李华栋率领省政协调研组先后赴省文化厅、省新闻出版广电局开展“深化文化体制改革”专题调研，听取了有关情况介绍，并针对两部门及其下属企事业单位在文化体制改革中存在的问题与与会者进行了探讨。11月20日，省政协在南昌召开专题协商座谈会，就“进一步深化文化体制改革”建言献策。主席黄跃金主持座谈会，副省长朱虹，副主席钟利贵、李华栋，秘书长肖为群出席会议。座谈会上，黄鹤、汪玉奇、杨爱中、汪晓勇、李军、肖华锋、陈东旭等省政协常委、委员，围绕“进一步深化文化体制改革”协商主题，提出了落实政策，推动文化发展；把社会组织力量更多地吸引入文化事业；健全文化资产管理体制，确保国有文化资产保值增值；创新管理机制，激活人才队伍；深化文化体制改革，加强公共文化服务体系建设，扎实推进城乡文化一体化发展；建设具有江西特色的部校共建新闻学专业；消除所有制歧视，繁荣文化产业发展等意见建议。省新闻出版广电局、省文化厅、省广播电视台、省新闻出版集团公司等有关单位负责人与委员交流了意见。

【开展“进一步促进我省侨(港澳)资企业发展”调研】 2014 年 9 月 10 日，省政协在南昌召开省侨(港澳)资企业发展情况通报会。通报会上，省台办、省商务厅、省外侨办，全省十一个设区市外侨办负责人通报了各部门和地区服务侨(港澳)资企业发展情况，并就江西侨(港澳)资企业当前发展中存在问题和困难交流了意见。11 月 19 日，省政协举行“进一步促进我省侨(港澳)资企业发展”界别协商座谈会，主席黄跃金，副省长李贻煌出席会议并讲话。会上，5 位省政协常委、委员和侨资企业家代表围绕促进侨(港澳)企发展，与省直相关部门负责人进行交流，并从提升认识、创新机制、加强引导、强化服务、完善政策等方面提出了意见建议。

【住赣全国政协委员考察河南产业园区建设】 2014 年 9 月 9 至 14 日，住赣全国政协委员召集人、省政协主席黄跃金率住赣全国政协委员在河南考察产业园区建设。省政协副主席李华栋、汤建人、刘晓庄、郑小燕、孙菊生，民革中央监督委员会副主任陈清华等住赣全国政协常委、委员共 14 人参加考察活动。考察期间，河南省委副书记、省长谢伏瞻会见考察团一行，并介绍了河南省经济社会发展情况，省委常委、常务副省长李克向考察团介绍了河南省产业园区建设情况，副省长张维宁出席反馈会听取意见建议。河南省政协副主席靳绥东、邓永俭，秘书长郭俊民等先后陪同考察并介绍有关情况。考察团一行先后考察了洛阳先进制造业产业园区、高新技术产业园区，郑州航空港产业园区、经济技术产业园区，开封汴西产业园区以及许昌产业园区建设情况，实地参观了中信重工、一拖集团、北方玻璃、中航锂电等重点企业。黄跃金建议：一要进一步处理好做大与做强的关系，通过招大引强、淘汰落后、兼并重组等措施，不断增强企业竞争力，提高产业园区的发展质量和效益。二要进一步处理好二产与三产的关系，提升物流、信息、金融产业支撑服务能力，发挥生产性服务业的重要作用，实现二产三产融合发展。三要进一步处理好发展与环保的关系，高效利用土地资源，严格加强环境保护，大力发展循环经济。四要进一步坚持创新驱动发展，加强创新平台建设、人才队伍建设和体制机制建设，推动产业园区发展再上新台阶。

【举行庆祝人民政协成立 65 周年座谈会】 2014 年 9 月 22 日，江西省庆祝人民政协成立 65 周年座谈会在南昌召开。省委书记、省人大常委会主任强卫出席座谈会并讲话。省委副书记、省长鹿心社，省委常委、统战部部长蔡晓明出席座谈会，省政协主席黄跃金主持座谈会。省政协副主席郑小燕、住赣全国政协委员王东林分别代表省各民主党派、工商联、无党派人士、各人民团体、各界别人士及住赣全国政协委员发言。省人大常委会副主任马志武，副省长谢茹，省高级人民法院院长张忠厚，省人民检察院检察长刘铁流，省政协副主席李华栋、汤建人、刘晓庄、肖光明、孙菊生，秘书长肖为群等参加座谈会。历届省政协主席朱治宏，副主席王林森、殷国光、刘运来、金异、雍忠诚、黄懋衡、张华康、罗明、厉志成、戴执中、杨永峰及在昌省政协常委和在赣全国政协委员等参加座谈会。

【召开华东六省一市政协提案工作座谈会】 2014年10月15日，华东六省一市政协第二十一次提案工作座谈会在井冈山召开。省政协主席黄跃金致辞，全国政协提案委副主任李宏讲话，省政协副主席肖光明主持。上海、江苏、浙江、安徽、山东、福建、江西等省市政协在会上交流提案工作的做法经验。上海市政协副主席李良园、江苏省政协副主席何权、浙江省政协副主席吴晶、福建省政协副主席杨根生、山东省政协副主席焉荣竹，省政协秘书长肖为群、办公厅主任杨春燕等参加座谈会。

【开展"城市改造过程中宗教文化遗产保护工作"民主监督活动】 2014年11月12至14日，省政协民族和宗教委员会组织委员赴南昌、景德镇两市就城市改造过程中宗教文化遗产保护工作开展民主监督，副主席刘晓庄参加。考察组一行实地察看了两市宗教场所的建设情况，并与相关部门举行了座谈。委员们提出：宗教文化遗产保护工作要做到宗教文化与城市建设相结合，经济效益与社会效益相结合，市场运作、政府引导与企业投资相结合，打造景点、遗产保护与适度修缮相结合，规划先行，广泛征求各方意见，充分尊重宗教界及信教群众的感情。两市政府分管领导表示，在今后的城市改造过程中，要充分考虑吸纳委员们的意见建议，推动宗教文化遗产保护工作上新台阶。

【开展"完善宗教教职人员社会保障政策"对口协商活动】 2014年12月18日，省政协在南昌举行"完善宗教教职人员社会保障政策"对口协商座谈会。副省长胡幼桃、副主席刘晓庄出席会议并讲话，省政协秘书长肖为群出席会议。会上，7位省政协委员和有关代表对如何进一步完善宗教教职人员社会保障政策，提出了宗教教职人员社会保障政策亟待完善；各级政府要妥善解决宗教教职人员社会保障问题；加强民族宗教工作部门建设；做好佛教、伊斯兰教、天主教"两会"、基督教"两会"教职人员社会保障工作等意见建议，并与省直相关单位负责人进行了互动交流。

【开展"进一步深化我省体育事业改革"专题协商调研】 组织部分体育界别委员及从事体育相关工作的专家学者先后赴省体育局、省射击中心和萍乡市、鹰潭市的体育场馆、中小学校、社区乡镇和江苏省开展调研，多次召开工作协调会并就江西体育事业改革存在的困难和问题进行研讨。12月23日，在南昌召开专题协商座谈会，就"进一步深化体育事业改革"建言献策。主席黄跃金主持座谈会，副省长谢茹，副主席汤建人出席并讲话，秘书长肖为群出席会议。座谈会上，省体育局负责人介绍了2008年以来江西进一步深化体育事业改革工作开展情况。陈坚、许秀柏、杨文军、欧阳剑雄、余丛晖、吕少军、郑志强、刘建平、雷峻峰等省政协常委、委员，围绕协商主题提出了意见建议。省编办、省发改委、省教育厅、省财政厅、省人保厅、省国税局、省地税局等有关单位负责人与委员交流互动。会后形成了《建议案》，报送省委、省政府供决策参考。

视察工作

【开展“南昌棚户区改造工作”视察】 2014年1月16日，主席黄跃金率省政协视察团在南昌市视察老城区棚户区改造工作。黄跃金一行来到万寿宫街区棚户区改造工程现场，详细了解棚改房屋征收工作进展以及万寿宫历史文化街区的规划情况，听取有关情况汇报。省委常委、南昌市委书记王文涛，副主席钟利贵、李华栋、汤建人、刘晓庄、郑小燕、肖光明、孙菊生等参加视察。

【开展“住房公积金归集使用情况”视察】 2014年3月21日，副主席郑小燕率领省政协社会和法制委员会视察组赴省住建厅，就全省住房公积金归集和使用情况进行视察，并座谈交流。形成了《关于加大我省住房公积金归集力度提高使用率的建议》报送省委、省政府，副省长李炳军作了批示，要求省有关部门认真研办。省住建厅充分吸纳意见建议，提出了完善目标任务考核制度、改进服务工作、建立监管信息系统、跟进修订政策法规、允许公积金省内异地互认和贷款等举措。

【开展“南昌市‘拆违拆临、建绿透绿’工作”专项视察】 根据省委书记强卫的要求，2014年6月4日，省政协组织委员视察团对南昌市“拆违拆临、建绿透绿”工作进行专项视察。主席黄跃金，副主席刘晓庄、郑小燕、肖光明，秘书长肖为群，办公厅主任杨春燕等参加视察活动并出席座谈会。委员们先后实地察看了二七北路原汽配街拆除后建成的体育休闲广场，省政府大院临街长廊、省建工集团、南昌市育新学校、师大附中、南昌二十三中等“双拆”点位，南昌市启音学校“拆违还绿”的绿化点位，下正街发电厂“双拆”施工现场等，观看了“双拆”工作电视片。在座谈会上，视察团听取了南昌市关于“双拆”工作的情况汇报，任江南、赵波、高浪、刘强华等常委、委员先后发言，提出南昌市应建章立制规范管理“双拆”的后续工作，加强沟通协调将“双拆”负面影响降到最低，“双拆”应与周边生活配套同步建设等意见建议。

【开展“水利工作情况”视察】 2014年7月30日，主席黄跃金，副主席钟利贵、汤建人、刘晓庄、郑小燕、肖光明，秘书长肖为群一行，就全省水利工作和鄱阳湖水利枢纽工程建设情况赴鄱阳湖区进行视察，并听取了省水利厅关于鄱阳湖堤防建设及防汛工作、区域水利科技中心、鄱阳湖中心棠荫岛规划情况和鄱阳湖水利枢纽工程相关情况汇报，实地视察了棠荫岛水文观测站。

【开展“支持赣东北扩大开放合作加快发展”专题视察】 2014年9月1至3日，主席黄跃金，副主席李华栋、刘晓庄分别率省政协委员视察团在鹰潭、景德镇和上饶市，就《江西省人民政府关于支持赣东北扩大开放合作加快发展的若干意见》贯彻落实情况进行专题视察，秘书长肖为群等参加视察。视察团深入鹰潭、景德镇和上饶市的城区、企业、乡村、项目建设工地等实地视察。委员们建议：要认真按照省委、省政府的决策部署，进一步解放思想、深化改革、扩大开放、深化合作，加快发展，力争在全省新一轮改革发展中占得先机、大有作为；要坚持“产城文融合”的发展理念，推动产业集聚升级、新型城镇化和文化建设；要进一步提升城市承载能力，强化产业支撑，突显“铜都”、“道都”、“瓷都”等文化建设；要大力繁荣发展现代服务业，进一步推动经济转型升级；要大力发展商贸物流业，加快发展文化旅游业，大力发展生产性服务业；要加强《若干意见》落实的规划统筹、机制协调、平台建设、品牌培育，形成赣东北同心合作、抱团推进的合力，把赣东北打造成东部地区重要的产业转移承接示范区、沿海地区优质农产品供应基地、全国著名文化生态旅游目的地。

【开展“特殊教育工作”视察】 2014年下半年，省政协社法委组织部分委员在省内开展了专题视察，听取了省教育厅、省残联关于特殊教育工作的情况通报，并实地视察了南昌市西湖区育智学校、安义县特殊教育学校，并赴山西省、陕西省就特殊教育开展调研和考察，副主席郑小燕参加。形成了《关于进一步加大我省特殊教育保障力度的建议》，报送省委、省政府。委员们建议：面对特殊的弱势群体，应高看一眼，厚爱一分，特教特办，认真实施好特殊教育提升计划；要摸清底数，建立健全日常筛查机制和动态监管机制，建立数据库，开展数据分析，将自闭症患儿也纳入特殊教育体系；源头防治，引入早期预防和干预机制；强化保障，提高义务教育阶段特校生均预算内公用经费标准，随班就读、特教班和送教上门的参照执行，调整特校师生比，提高特教岗位的津贴比例，按从教年限对退休特师进行补贴，适当提高非义务教育阶段保障水平；切实提高普及水平，做好规划，分类对待，对一些人口较少、距离较近的县，可考虑开办不同培养重点的专业特殊学校，避免重复投入和建设。

【开展“宗教场所管理情况”视察】 2014年10月31日，12月26至27日，副主席刘晓庄率省政协民族和宗教委员会视察组分别赴樟树市、修水县，视察了樟树市阁皂山、修水县黄龙禅寺和兜率寺等宗教场所管理情况，听取了有关情况介绍。

【开展“《道路交通安全法》宣传和实施情况”视察】 2014年11月20日下午，副主席郑小燕率领部分省政协社会和法制委员会委员到省公安厅交通警察总队直属一支队第二大队的执勤服务点，实地了解《道路交通安全法》的宣传和实施情况。郑小燕在座谈会上指出，要把加强宣传和教育，提高每个公民的道路安全意识放在首位，多采取群众喜闻乐见的方式深入宣传《道路交通安全法》，成立“交通宣传小分队”，定期深入村庄、学校、企业开展宣传教育；在义务教育阶段开设交通安全教育课，将“交通安全从娃娃抓起”落到实处，并长期不懈地抓下去；提高交警上路的频率，特别是早晚高峰时段，人流量大的路口，交警要及时靠前指挥，确保城市畅通道路无堵；高速公路新路连接处的标识太少，标识不明确有歧义现象急需改正。

专门委员会工作

【提案委员会】 全年共处理大会提案594件，平时提案17件，截至12月底，全部提案办理完毕。从办理的结果看，意见建议被采纳或者所提问题已得到解决的共330件（A类），占提案总数54%；意见建议得到重视和所提问题已列入计划解决的共255件（B类），占提案总数的42%；留作参考的26件（C类），占4%。

主要工作：做好提案的征集工作，积极引导提案者撰写高质量的提案。组织"会中办案"，围绕"食品安全"这一委员关注度高、提案比较集中的问题，邀请部分提案者与5家承办单位负责人面对面协商。首次采取会议期间初审、会后再审立案的方式，使提案立案审查在时间上更加充裕，立案提案质量明显提高。做好提案交办工作，通过提案动态管理系统，与91家承办单位办理交办手续，及时沟通、协调，做好提案预交办后的调整工作，确保全部提案按时交办。增加预交办工作环节，与各承办单位就提案是否立案、承办单位的确定和重要提案摘报、重点督办提案遴选等工作进行沟通和协商，提高了工作的针对性。召开省政协第六次提案工作座谈会，围绕进一步加强和改进提案工作这一主题进行了交流和讨论。对省政协十一届一次会议以来50件优秀提案和20个提案先进承办单位予以了表彰。编辑《省政协十一届二次会议党派团体集体提案汇编》和《省政协十一届二次会议提案汇编》，供省委、省政府、省政协领导和各民主党派、团体，各专门委员会参阅；编辑《重要提案摘报》50期，其中5期得到省领导批示。有效开展重点提案督办工作，由主席、副主席和秘书长及省政协8个专门委员对20件重点督办提案会进行督办，在提案重点督办过程中，共召开专题办理协商会4次，深入基层调研协商10次，听取情况汇报11次，提案委员会办公室与提案者和承办单位联系沟通96人次。选取十一届一次会议期间办复结果为B类的10件提案进行跟踪问效，在相关承办单位和提案者协商沟通的基础上，采取有效措施，使提案办理得到较好地落实。组织提案者、办理单位负责人和有关专家调研组，赴吉林、黑龙江两省，重点就"旅游开发与环境保护"问题进行调研、考察，撰写专题调研报告。会同提案承办单位省环保厅、省住建厅组成专题考察组，就"控制城市扬尘污染"重点督办提案赴甘肃省学习考察，提出了六点建议。主办了华东六省一市提案工作座谈会，召开了全省设区市政协提案工作座谈会。进一步完善提案办理工作联络员制度，与省委、省政府、省政协三家办公厅联合召开提案办理工作联络员会议，针对提案办理中存在的突出问题，特别是联络员履职的问题进行了分析，提出了改进的意见和办法。

【经济委员会】 主要工作：做好"加快推进昌九一体化"常委会议专题协商议政服务工作。组织委员和有关专家到南昌、九江等地进行实地考察，并赴重庆、湖南、浙江、安徽、陕西和四川等地学习，形成了《关于加快推进昌九一体化的建议案》，向省委、省政府提出了4个方面共12条建议，省委强卫书记对此给予了充分肯定。围绕"深化国有企业改革"主题，分别召开了部分重点国有企业、部分民营企业、省直有关部门和部分设区市及县（区）三个层面座谈会，牵头组织开展了专题协商座谈会，向省委、省政府提出了深化国有企业改革的10

条建议。围绕“创新农业经营体系和经营方式,加快现代农业强省建设”主题,组织部分委员和专家到吉安永丰县、鹰潭市和宜春丰城市等地开展专题调研活动并举办了专题协商座谈会,向省委、省政府报送了相关建议。对《现阶段推进我省城乡一体化的几点建议》开展跟踪问效,到新余市分宜县双桥镇实地考察,了解上年度意见建议和副省长李炳军批示等落实情况,针对新农村建设过程中仍然存在的土地和产业规划、政策扶持、公共服务均衡化等问题,现场向当地政府部门提出了建议。对《推进江西茶产业发展的建议》进行持续跟踪研究,以《建言献策》的形式提出了“做大做强茶色素制药产业”等建议。对《关于深化我省国有企业改革的若干建议》进行跟踪问效,组织委员到新余钢厂和江西钢丝厂就“进一步解决江西国企改革中企业社区移交属地管理等遗留问题”开展了专题视察,并以《建言献策》的形式向省委、省政府反映了调研中发现的有关问题。配合全国政协经济委做好“积极发展混合所有制经济”和“构建新型农业经营体系”专题调研服务工作。与上饶市政协联合开展“迎接新时代,设立上饶高铁经济示范区”专题调研,建议将“设立上饶高铁经济示范区”纳入江西“十三五”规划。与鹰潭市政协联合开展“加快铜产业转型升级,做大做强我省铜产业”调研活动,建议围绕电子信息、电线电缆、移动通信、水暖卫浴、环保水工等产业,加快引进一批产业链终端品牌企业,推动铜产品结构优化和产业转型升级。

【人口资源环境委员会】 主要工作:与南昌市政协联合组成专题调研组,赴赣抚平原、抚河、象湖流域,靖安县潦河北支段以及柘林湖开展“南昌市备用水源地建设与管理”专题调研,形成了《关于南昌市备用水源地建设和管理的建议》,报送省委、省政府。牵头联合民盟省委会、民建省委会、省住建厅、省环保厅开展“全省污水处理设施建设及运行情况”民主监督专题调研,形成了《关于推进全省市县生活污水处理设施建设及运行工作的建议(草案)》,经省政协十一届二十一次主席会议审议通过,以主席会议民主监督建议案的形式报送省委、省政府决策参考。与省卫生计生委联合组成调研组,就“江西单独两孩政策实施”赴宜春、抚州市开展专题调研,调研组就独生子女认定标准、单独夫妇再婚可生育情形、出台相关配套文件、加强出生人口监测预警等方面提出了建议,以省政协办公厅《建言献策》信息的形式,向省政府分管领导进行了专报。联合提案委赴南昌市就生态环境建设工作开展专题视察,组成学习考察组赴福建省就推进生态文明先行示范区建设进行学习考察。与省有关部门联合开展“美丽中国·生态江西”巡礼宣传活动,宣传江西美好生态资源和人文景观。组织妇联界别的部分委员在南昌、鹰潭等地就“妇女创业情况”开展考察活动,提出了支持妇女创业的建议。组织农业界别的部分委员,赴铜鼓、永修两县开展视察,形成了《关于增强省级储备粮安全的建议》。组织共青团、青联界别委员开展“发展青少年事务社工”专题调研,从加强专业教育培训、推动专业人才使用、加强领导等方面提出意见建议。做好提案督办工作,认真督办了《关于解决我省农村耕地抛荒问题的建议》(第401号)等5件提案,提案者均表示满意。在新余召开省市政协人资环委工作座谈会,加强了与市县政协的互动与合作,增进了上下级政协以及同级政协之间的了解,促进人资环委工作上下联动,整体推进。

【教科文卫体委员会】 主要工作:承办“进一步深化教育领域综合改革”专题协商座谈会,13位委员提出意见建议,形成的《建议案》报送省委、省政府后,副省长朱虹作出批示，省委、省政府出台的《江西省深化教育领域综合改革方案》积极作了吸纳。承办"进一步深化医药卫生体制改革"专题协商活动，深入九江、吉安、新余等地开展调查研究，共召开7次座谈会、3次研讨会，实地查看乡村卫生院(所)15个，13位委员就13个专题做了发言，形成的《建议案》报送省委、省政府后，省委常委、常务副省长作出批示。承办"进一步深化体育事业改革"专题协商活动，组织部分体育界别委员及专家学者先后赴省体育局、省射击中心和萍乡市、鹰潭市的体育场馆、中小学校、社区乡镇和江苏省开展调研，并召开专题协商座谈会，形成《建议案》报送省委、省政府供决策参考。开展"江西高校科技创新对新兴产业的支撑作用"专题调研，形成调研报告报送省委、省政府。开展"第十四届省运会筹备情况"专题视察，形成视察报告报送省委、省政府。开展"民营医院生存与发展环境"专题调研，通过政协信息专报形式报送有关部门，促进有关问题的解决，受到省政府领导重视。为万年县"吊桶环——仙人洞"遗址文明编入全国教材奔走出力，专程赴全国政协教科文卫体委和国家教育部汇报，争取高层支持，得到了国家教育部和教材编写部门认同。组织文艺界别委员赴黎川县、南丰县开展"送文化下乡"活动，邀请名家为"双桥"景点书写对联，并与当地文化艺术工作者开展交流活动。组织教育界别委员赴江西师范大学，巡视江西2014年普通高考体育类专业考试现场，看望慰问在高招一线辛勤工作的人员，提出意见和建议。组织医卫界别委员赴江西桑海集团参观桑海制药厂和济生制药厂，与企业干部职工共同探讨企业改革和发展问题。组织委员考察国家青少年健美操培训中心，就如何贯彻落实国发〔2014〕46号文件《国务院关于加快发展体育产业促进体育消费的若干意见》、推进体育产业工作提出意见和建议。在各有关部门的支持下，成立"江西省科技创新与进步促进会"，推举产生了名誉会长、会长和常务理事。

【社会和法制委员会】 主要工作：组织开展"创新重点青少年群体教育服务管理"专题协商活动，调研组在听取省有关部门的情况通报后，赴吉安、宜春、九江等地开展了调研，召开"创新重点青少年群体教育服务管理"专题协商座谈会，根据调研和专题协商情况，形成了建议案报送省委、省政府，省领导李炳军作了批示。就食品安全监管开展专题民主监督活动，赴新余、抚州、南昌等地开展调研，听取了市县(区)政府有关食品安全监管的情况介绍，与相关职能部门负责人和从业人员座谈交流，走访了果蔬种植基地、食品加工企业、餐饮单位等，暗访了南昌市部分农贸市场，召开了省直相关部门参加的民主监督反馈会议，形成了调研报告和《关于加大推进力度，尽快完成市县食品安全监管机构改革的建议》，分别向省委、省政府报送。组成视察组赴省住建厅就江西住房公积金归集和使用情况进行视察，以建言献策形式报送省委、省政府，副省长李炳军作了批示，要求省有关部门认真研办。组织部分委员就特殊教育发展情况进行视察，并赴外省学习考察，形成了《关于进一步加大我省特殊教育保障力度的建议》，报送省委、省政府。省政府办公厅转发省教育厅等部门《江西省特殊教育提升计划(2014—2016年)实施方案》对此作了吸纳。对江西普法宣传教育工作和《中华人民共和国道路交通安全法》的实施情况进行视察，提出意见建议。为助推界别活动顺利开展，搭建好活动平台，召开主任扩大会议，邀请界别召集人参加会议，部署界别工作，办公室明确了两人分别联系相应界别，做好服务保障工作。组织委员对《江西省林业有害生物防治检疫条例》等地方性法规草案和《省委关于推进法治江西建设实施意见(征求意见稿)》进行立法协商和征求意见工作提出许多意见建议,得到了有关部门的采纳。为助推法治江西建设,应省法院邀请,组织部分委员就江西法院系统诉讼中心建设情况赴宜春、新余开展调研,参加省法院征求政协委员意见建议座谈会积极建言献策。对报送的有关提案和调研成果加强跟踪问效,推动相关意见建议得到落实:一是对副主席郑小燕提交的《关于将监狱服刑人员纳入新农合医疗制度保障范围的建议》提案,加强与承办单位的联系,目前有关部门已出台了相关政策,将全省监狱35799名农村籍罪犯纳入新农合保障范围,与地方参合对象享受同等待遇。二是向省委、省政府专报《关于解决江西省女子监狱发展中若干困难的建议》,根据省委、省政府领导的批示精神,加强了与有关方面的协商,省女子监狱整体搬迁用地问题得到解决。三是对去年报送的《关于我省住宅小区物业管理情况的调研报告》进行跟踪落实,省住建厅制发了《关于住宅专项维修资金应急使用有关事项的通知》,明确了6类情况可以应急使用专项维修金。

【民族和宗教委员会】 主要工作:组织召开第一次全省政协民族和宗教工作座谈会,11个设区市政协交流了开展民族和宗教工作的经验体会,并围绕新形势下如何进一步推进全省政协民族和宗教工作展开讨论,提出了加强政协民族和宗教工作领导、完善民族和宗教工作机构和落实人力物力保障等意见建议。组织委员赴南昌县举行委员活动日,视察现代农业生态示范园(凤凰沟)建设情况。组织部分委员视察安义县宗教文化旅游情况,了解县域文化旅游事业的发展前景。组织部分委员到南昌大学和南昌工学院,对高校少数民族学生情况开展专题视察,针对当前少数民族学生工作中存在的主要问题,提出了加强民族团结的宣传教育工作、健全相应工作机构,加强学校周边管理工作等建议,引起省政府的重视,副省长朱虹作了批示。组织专题调研组赴萍乡、宜春、新余等市,深入基层,走进社区,就城市少数民族流动人口管理情况开展专题调研,了解我省宗教活动场所的管理和保护情况。组织部分委员深入赣州、抚州两市农村,对农村宗教事务管理情况进行专题调研,其他9个设区市政协也分别对所在地农村宗教事务管理情况进行了调研,针对存在的主要问题,提出意见建议,提供省政府有关部门决策参考。召开对口协商座谈会,为完善宗教教职人员社会保障政策献计献策,副省长胡幼桃、副主席刘晓庄出席会议并讲话。组织部分委员赴南昌、景德镇两市就城市改造过程中宗教文化遗产保护工作开展民主监督,委员们与两市政府分管领导和有关部门负责人进行面对面的协商监督,交换意见,提出了宗教文化遗产保护工作要做到宗教文化与城市建设相结合,经济效益与社会效益相结合,市场运作、政府引导与企业投资相结合,打造景点、遗产保护与适度修缮相结合,规划先行,广泛征求各方意见,充分尊重宗教界及信教群众的感情等建议。配合全国政协民族和宗教委员会专题调研组就“宗教教职人员社会保障政策落实情况”进行专题调研。做好维护稳定工作,积极反映来自民族和宗教方面的诉求,宣传党的方针政策。督办省政协十一届二次会议第0290号提案《关于将省级宗教团体工作经费纳入财政预算的建议》,及时与承办单位沟通协商,反映委员的诉求,使这一建议得到落实,省各宗教团体的经费有了较大的增长。

【港澳台侨和外事委员会】 主要工作:与省外事侨务办公室就相关投资发展环境和社会服务状况联合开展了“在赣外

籍人士满意度调查”的问卷调查，调查问卷800余份，并与省公安厅、省教育厅和江西省外国专家局等有关涉外单位负责人进行座谈，形成了调研报告，省委书记强卫对调研报告作出批示，要求将报告转发各设区市、省直各部门、主要领导，针对报告反映的问题，根据职能分工，采取改进措施。省长鹿心社在批示中要求相关领导召开专题会议，分析、研究相关改进措施。组织省政协港澳委员子女组成的新生代访赣团在吉安、南昌开展了为期四天的考察活动，拉近了“新生代”和内地青年之间的距离，增进了友谊。举办全省设区市政协海外特邀代表研讨班，进一步调动了广大海外侨胞和港澳台侨同胞对江西的关注。配合省委、省政府与澳门特区政府联合举办妈祖文化旅游节，展示了江西的良好形象和改革发展取得的成就，宣传了江西的旅游资源、生态资源，扩大了江西在澳门的影响。搭建平台，发起筹建江西省政协海外扶贫基金会，引导港澳台侨和海外人士开展济困助学和各项慈善公益事业，联合省台办、省台联等相关部门开展联合调研，推动解决赴台“个人游”和落地签证等问题，通过多方协作，目前南昌市已正式成为第四批大陆开放个人赴台湾旅游试点城市，为赣台两地旅游交流合作提供便利。为推动侨（港澳）资企业在江西的发展，组织召开界别专题协商座谈会，形成的调研报告提出了营造开放型经济发展升级浓厚氛围、启动《江西省华侨权益保护条例》立法、规范侨资企业统计口径、推动成立侨商法律顾问团等10个方面的意见建议，报送了《关于“减轻企业负担，推动侨资企业发展”的几点建议》，省委常委、常务副省长批示有关部门研究处理。组织港澳委员就扶贫移民工作分赴九江市武宁县、修水县和宜春市宜丰县开展返赣视察活动，提出了“要坚持以人为本，用爱心去做好扶贫移民工作；要依托本地资源发展特色产业；要大力推广香港嘉里集团的扶贫经验；要努力提升社会化扶贫工作水平”等4个方面的建议，省委常委、常务副省长作出批示。为进一步做大做强世界江西同乡联谊会贡献力量，推动丰城、萍乡、新余、铜鼓、省外语协会等成立了海外（侨眷）联谊会。协助省政府开展“招商周”活动，邀请20多名重要客商分别参加江西省发展升级投资合作推介会等多场专题活动，受到省委、省政府的通报表彰。主动开展联谊交往活动，在深圳和珠海分别举办了省政协港澳委员学习贯彻中共十八届三中、四中全会精神研讨班；出席在福建省厦门市召开的第十二届河洛文化研讨会；作为协办单位，出席第十九届澳门缅华泼水节；应邀出席澳门江西同乡会换届庆典等，深化了江西与港澳台及海外的联系，推动了江西的文化、教育、旅游等各个领域对外交流合作。切实做好星子县观音桥村扶贫点的扶贫工作，为该村争取项目资金人民币50万元，认真做好何厚铧副主席率澳区全国政协委员赴赣视察扶贫启动工作，目前已落实资金人民币260万元，井冈山夏坪澳门新村规划已完成，各项建设工作正在有序进行当中。

【文史和学习委员会】 主要工作：组织开展了“进一步深化文化体制改革”专题协商活动。为策应江西国家生态文明先行示范区建设，就江西生态文明建设情况开展专题调研，提出了一系列有针对性的对策建议，省委书记强卫批示“我省全国生态文明示范省获批后，省委、省政府要专题研究并提出推进措施”，省长鹿心社批示“省政协的相关建议，请政府有关部门结合‘生态文明示范区’实施考虑”，省委、省政府督查部门已督促省发改委、省统计局、省考评办、省林业厅、省环保厅、省住建厅等相关厅局会同省委农工部一道，研究办理。组成调研组对可移动文物进行普查结果跟进调研,针对调研中发现的问题,向省政府报送《建言献策》专报,提出了 5 条建议,副省长朱虹要求省文物局等相关部门认真采纳政协建议案中的意见和建议。积极开展界别活动,组织部分委员赴南昌县武阳镇开展委员活动日,针对县、镇两级在打造曹雪芹纪念馆和曹雪芹文化产业园中存在的突出问题,进行了一次接地气的基层专题咨询和指导。分别组织省政协新闻出版和社会科学界别委员赴江西新闻出版职业技术学院、江西省出版集团、九江学院,开展委员界别活动,通过实地视察、座谈讨论等方式对三个单位提出了许多有建设性的意见和建议。为策应鄱阳湖生态经济区建设,编撰了《鄱阳湖文化志》,参与征集编撰上百人、近 100 万字、100 张图片。编辑出版了《风云庐山:名人别墅的故事》,该书由中国文史出版社正式出版发行后,受到了社会各界人士关注。为纪念中国人民抗战胜利 70 周年,全面启动了本省抗战史料的征集工作,共征集抗战史料近 200 万字,征集到的史料除报送全国政协供其选择录用外,精选了 300 余张图片、近 70 万字史料着手编辑《抗日战争中的江西战场实录》。办好《文史大观》,全年出刊 4 期,共征集编辑各类史料 40 多万字,集中刊发了一批反映建国后抗美援朝、抗美援越、农业合作化运动、知青纪事等史料,基本上实现了栏目期期有变化、稿件期期有看点的目标,受到了社会各界的好评。编辑《学习参考资料》5 期,共 25 万多字,为纪念人民政协成立 65 周年特编了一期专题学习增刊。先后在“人民政协与协商民主”征文活动中和《人民政协报》《光华时报》等报刊上发表文章 30 余篇,其中在《人民政协报》刊发文章 16 篇。

省政协机关包干经费管理办法实施细则

（2014 年 8 月 5 日）

第一条 为进一步加强机关财务管理，切实做到经费收支平衡，略有节余，从经费上保障机关各项工作任务的完成。根据《省政协机关包干经费管理办法》，结合机关财务工作实际，制定本实施细则。

第二条 认真执行机关年度经费预算，对未列入年度经费预算的开支，由经费使用处室编制经费支出预算报行政接待处审核后，必须严格按照规定、程序报批。1 万元以上须经机关党组会议研究决定后安排使用。

对年度包干经费超支的处室，原则上机关不予借款和报销。

第三条 包干经费实行指标控制、统一划拨、单独核算办法。各处室按财务规定到机关财务办理借款和结算报销手续，在财务规定允许的范围内，根据工作需要，统筹安排，调剂使用本处室的包干经费。

第四条 包干经费的包干期限：从每年的 1 月 1 日起至 12 月 31 日止。

机关财务按季度在适当范围内公布经费支出、指标结余情况。

第五条 机关公务用车费用管理。

1. 机关公务用车费用按照谁使用谁付费的办法，按行驶公里数、计费标准，一事一结，按月从各处室包干经费中扣减。

2. 相对固定的车辆，每月按行驶公里数、计费标准进行结算。各处室用车费用从其包干经费中扣减；各专委会厅级干部用车费用从各专委会办公室包干经费中扣减；其他厅级干部用车费用从其专项经费中扣减；省级干部（含离退休）用车费用由行政接待处结算，列统管经费开支。

3. 公务用车计费标准。

小轿车 2 元/公里；面包车 3 元/公里；中巴车 6 元/公里。

4. 公务用车计费办法。

小轿车、面包车、中巴车统一按实际行驶公里数计费。

5. 公务用车加油实行定点加油，一车一卡制度，各处室不得另行办理汽车加油卡。不论是省内省外，一律用卡加油，不得使用现金结算。

6. 车辆运行支付的油料费、路桥费、停车费及司机的行车补贴、电话费、差旅费等费用归口由机管局车管科进行管理，按财务制度核算、报销，并实行单车核算。

7. 机管局车管科每季度通报一次每辆车的油料、车公里、器材消耗、运行及维修经费支出等情况。

8. 公务用车维修经费包干给机管局。由机管局车管科根据车辆状况,在保证车辆安全运行的前提下,合理安排维修保养。

第六条 机关文印费用管理。

1. 机关各处室在文印室打印、复印、翻印文件资料,根据使用情况、计费标准进行核算,费用每月结算一次,从使用处室包干经费中扣减。

2. 文印计费标准

项目	计费标准
复　印	0.2 元/面
速　印	红头纸:0.4 元/面;白 纸:0.2 元/面
打　印	座位牌:1.2 元/面;白 纸:0.5 元/面

备注:速印文件需在单价基础上加制版费,每版 3 元。

3. 在其他单位打印、复印、翻印、装订文件资料的费用,可在各处室包干经费中列支。

第七条 机关信件邮寄费用管理。

1. 机关各处室邮寄信件费用由秘书处根据计费标准、各处室的使用情况进行统计,费用每月结算一次,从使用处室包干经费中扣减。

2. 邮寄计费标准

项目	计费标准 (首重 100 克内)	计费标准 (续重 101—2000 克)
平信	本:1.00 元/件 外:1.40 元/件	本:加 1.40 元/件 外:加 2.20 元/件
印刷品	本:0.50 元/件 外:0.80 元/件	本:加 0.30 元/件 外:加 0.50 元/件
挂号信	每件:3.00 元 +1.40 元 =4.40 元	
快件	除省政协领导需办理外,机关处室和人员自行办理	

3. 文史和学习委员会编印的《学习参考资料》邮寄费印刷费、宣传信息处编印的《每日信息》邮寄费印刷费、信息中心编印的《社会动态与舆情》印刷费在统管经费列支,由秘书处审核,行政接待处结算。

第八条 机关电话费管理。

1. 机关各处室办公室的电话费由行政接待处根据电信公司提供的收费清单进行统计核算,费用每月结算一次,从使用处室包干经费中扣减。

2. 全体委员会议、常务委员会议期间,有关处室邮寄费、电话费另行计算,列统管经费开支。

第九条 机关办公物品费用管理。

机关各处室领用办公桌(椅、柜)、电话机及低值易耗品费用由行政接待处根据各处室领用情况进行统计核算,费用每月结算一次,从使用处室包干经费中扣减(新增人员除外)。

第十条 机关办公设备购置费和维修费管理。

1. 购置工作用电脑、复印机、打印机、传真机等电子设备,由使用处室提出申请,信息中心把握质量关,机关纪委监督,按照有关规定报批后,由行政接待处采用政府采购办法采购,费用一事一清,从使用处室包干经费中扣减。

2. 机关各处室工作用电脑、复印机、打印机、传真机等电子设备的维修,由信息中心按照有关规定采取招标方式选定具有资质的单位进行维修,并接受机关纪委监督,维修费用每月结算一次,从使用处室包干经费中扣减。

第十一条 机关会议室使用费管理。

1. 机关会议室使用费由机管局实行统一管理,根据使用情况、计费标准按月结算,费用从使用处室包干经费中扣减。

2. 会议室使用计费标准

会议室名称	计费标准
综合楼四楼常委会议室	2000元/次 (协商会1000元/次)
光华楼六楼中型会议室	2000元/次
光华楼六楼小型会议室	500元/次
综合楼二楼第3、6、7、9会议室	500元/次
综合楼二楼第5会议室	300元/次
综合楼二楼第8会议室	100元/次

3. 各处室使用会议室时,机管局应提供茶水、卫生保洁等服务,并根据情况,提供音响、中央空调等相关服务,客服人员全程服务。

第十二条 各专门委员会、办公厅牵头组织的活动,如视察考察、专题调研,属于专项活动,有专项经费的,参与人员的费用统一结算,在专项经费中统一报销;没有专项经费的,参与人员的费用各自分开结算,分别在各处室的包干经费中报销。

第十三条 各处室零星接待客人严格按接待规定报批,一般安排在机关食堂用餐,费用从包干经费中扣减。

第十四条 机关各处室人员出差应按规定进行审批,费用使用公务卡结算,报销差旅费时需附出差审批单。

第十五条 老干部活动经费由老干部处统筹安排,合理使用。除特殊情况经办公厅领导批准外,为老干部服务的车辆运行费、工作人员差旅费等在包干经费中支付。

第十六条 各处室向有关单位和个人申请来的专项经费和赞助经费,必须向机关党组报告,经机关党组审批后方可使用,不计入包干经费。专项经费要求做到专款专用,赞助经费可用于弥补包干经费不足,但要纳入机关财务统一管理,接受财务监督。不得私设“小金库”和账外账。

第十七条 本细则由行政接待处负责解释,从发布之日起实行。

第十八条 本细则根据实施情况适时进行修订。

省政协探望慰问生病住院人员办法

（2014 年 10 月 17 日）

为进一步规范探望慰问生病住院人员工作，更好地体现人文关怀，营造互帮互助、团结友爱的良好氛围，增强省政协凝聚力，特制定此办法。

一、探望慰问生病住院人员范围

1. 省政协领导（含离退休）。
2. 住赣全国政协常委、委员和省政协常委、委员。
3. 省政协机关干部职工（含离退休）。

二、探望慰问生病类型

1.“重病住院”指患各种恶性肿瘤、再生障碍性贫血、人体重要器官移植、冠状动脉搭桥术、肝肾功能衰竭、瘫痪等严重损害身体健康的疾病。

2.“一般生病住院”指除重病外需要住院治疗的各类疾病。

三、探望慰问报告程序

1. 探望省政协领导，由秘书处向省政协主席或省政协党组副书记程序报告，根据领导要求前往看望，秘书处具体组织。

探望离退休省政协领导，由老干部处按办公厅分管领导→办公厅主任→秘书长程序呈报（重病继续报省政协主席或省政协党组副书记），根据领导要求前往看望，老干部处具体组织。

2. 探望住赣全国政协常委、委员，省政协常委、委员，由委员联络处按办公厅分管领导→办公厅主任→秘书长程序呈报（重病继续报省政协主席或省政协党组副书记），根据领导要求前往看望，委员联络处具体组织。

3. 探望机关在职厅级干部，由分管处室按机关党委人事处（工会）→办公厅分管领导→办公厅主任→秘书长程序呈报（重病继续报省政协主席或省政协党组副书记），根据领导要求前往看望,机关党委人事处具体组织,分管处室参加;探望机关在职处级以下干部职工,由所在处室按机关党委人事处(工会)→办公厅分管领导→办公厅主任程序呈报(重病继续报省政协秘书长),根据领导要求前往看望,机关党委人事处具体组织,所在处室参加。

4. 探望机关离退休干部,由老干部处按办公厅分管领导→办公厅主任程序呈报(重病继续报省政协秘书长),根据领导要求前往看望,老干部处具体组织。

四、探望慰问经费标准

1. 重病住院人员慰问经费标准为:省政协领导3000元,住赣全国政协常委、委员,省政协常委、委员,机关干部职工2000元。

2. 一般生病住院人员慰问标准为:省政协领导600元,住赣全国政协常委、委员,省政协常委、委员,机关干部职工380元。

五、探望慰问经费渠道

1. 探望慰问省政协领导(含离退休)费用从行政专项经费中支付。

2. 探望慰问住赣全国政协常委、委员,省政协常委、委员费用,从省政协机关年度预算中的委员活动专项经费中支出。

3. 探望慰问机关在职干部职工费用,从机关工会专项经费中支出。

4. 探望慰问机关离退休干部职工费用,从老干部处专项经费中支出。

六、其他事项

1. 长期住院人员原则上每年只组织一次带慰问金的慰问。

2. 各有关处室主要负责人要及时主动了解住院病人病情,及时按程序向有关领导反馈。

政协江西省委员会
关于进一步发挥界别作用的意见

（2014 年 6 月 11 日省政协十一届十八次主席会议审议通过）

界别是人民政协产生、存在和发展的社会基础，是人民政协区别于其他政治组织的显著特征，是人民政协性质的集中体现，是人民政协发挥作用的有效载体。为适应中共十八大以来人民政协事业发展新要求，不断提升政协工作科学化水平，根据《中共中央关于加强人民政协工作的意见》和《中国人民政治协商会议章程》有关规定，结合我省政协工作实际，现就进一步发挥界别作用，提出如下意见：

一、强化界别意识

1. **强化通过界别渠道发扬民主的意识。**切实发挥政协界别作为扩大社会各界有序政治参与的重要渠道作用，支持各界别就事关国计民生的重大问题开展协商讨论，确保界别群众的意愿和主张得到充分表达，使政协成为反映界别声音、体现界别民主的重要渠道。

2. **强化通过界别活动提升工作效能的意识。**支持各界别根据工作需要，发挥专业优势，选择经济社会发展中带有综合性、前瞻性、战略性的问题深入开展调研，为决策机关提供高层次、跨学科、多方面的咨询论证，使界别成为决策机关广集民智的咨政渠道。

3. **强化通过界别工作加强自身建设的意识。**把做好界别工作作为新形势下人民政协事业开拓创新的重要内容，纳入议事日程，加强组织领导，提供服务保障。

4. **强化通过界别建设彰显委员主体的意识。**增强委员的归属感、责任感和使命感，促进委员密切联系群众，反映群众意愿，维护群众利益。

二、突出界别特色

1. **鼓励界别例会发言。**政协全体会议、常委会议是履行职能最重要的形式，也是发挥界别作用最直接的途径。注重安排代表界别的大会发言；会议编组要考虑界别特点；会议简报要及时反映各界别讨论的意见；根据会议安排邀请党政领导分别到界别听取委员意见或参加界别的联组讨论。

2. **运用界别提案履职。**加大征集力度，引导界别每年以界别名义提交一定数量的提案；努力增强提案内容的针对性，集中界别的集体智慧，反映界别的共性要求；重视从界别提案中精选重点提案，提请党政领导阅批，由省政协领导分工督办；对推动实际工作产生重大效果的提案给予表彰和奖励。

3. **反映界别社情民意。**界别的委员都密切联系着本界别的群众，能够及时地反映本界别群众的呼声，要注重收集界别委员提交的社情民意。可从各界别委员中聘请一批特约信息员，重点反映各界别所关注的重要信息，突出社情民意工作的界别特点。

4. **开展界别视察调研。**以调研视察为重要途径，充分发挥界别的专业优势和智力优势。根据工作需要，有序地安排界别专题调研和视察活动，调研报告和视察报告可以界别名义报送。

5. **组织界别社会活动。**开展具有界别特色的社会活动，鼓励和支持界别根据自身特点，开展送文化、科技、医药等“下农村”、“进社区”等社会活动，做好“合作共建”、“对口帮扶”等工作。

三、完善工作制度

1. **完善界别联系制度。**省政协界别活动在主席会议领导下有序进行；按照主席会议对界别活动的意见、要求，统筹计划，合理安排，严密组织，务求实效；主席会议成员分工联系界别，指导和推动界别开展工作。办公厅和各专门委员会要按分工加强与有关界别的联系，积极为界别开展活动搞好服务，协助做好相关组织协调工作。

2. **完善界别召集人制度。**一般情况下，政协全会期间的界别组召集人，相应为闭会期间的界别召集人。界别工作由召集人具体负责。各界别召集人要主动加强与相关单位和部门的联系、协调，取得协助和支持；团结和带领本界别委员自觉学习，努力强化责任意识和界别意识；本着少而精和重实效的原则，计划、组织、实施好本界别活动；牵头和协调界别发言、界别提案、界别社情民意等事项；不断提高自身素质，以身作则，充分发挥界别活动组织者的作用。

3. **完善界别工作保障制度。**统筹安排好界别工作的后勤保障和服务工作，切实在人员、场地、车辆、经费等各个方面努力创造条件、提供便利；每年预算专项经费保障开展界别活动。

本《意见》自下发之日起试行。

附：省政协办公厅、各专门委员会联系界别安排（暂行）

附：

省政协办公厅、各专门委员会联系界别安排(暂行)

办　　公　　厅:联系各民主党派界别;
提　案　委　员　会:联系中共、无党派、特邀[省内]界别;
经　济　委　员　会:联系工商联、经济界别;
人口资源环境委员会:联系共青团、妇联、青联、农业界别;
教科文卫体委员会:联系科协、文化艺术、科学技术、教育、体育、医药卫生界别;
社会和法制委员会:联系总工会、社会福利与社会保障界别;
民族宗教委员会:联系少数民族、宗教界别;
港澳台侨和外事委员会:联系侨联、台联、特邀[香港、澳门]界别和海外侨胞特聘代表;
文史和学习委员会:联系社会科学、新闻出版界别。

江西省政协主席会议成员联系界别和委员的办法

（2014年6月11日省政协十一届十八次主席会议审议通过）

为进一步加强省政协对界别活动的组织领导，密切省政协主席会议成员与各界别委员的联系，现就主席会议成员联系界别和委员工作提出如下办法：

第一条 主席会议成员每人一般联系1个以上界别。

第二条 主席会议成员所联系的界别，按照所在界别、分管工作、工作需要等综合因素确定。

第三条 民主党派界别的联系，一般由主席会议成员中的相应民主党派领导同志负责；民主党派界别中没有主席会议成员的，由中共界别主席会议成员负责联系。

第四条 主席会议成员每年至少参加一次所联系界别的活动。通过参加所联系界别的调研、考察、座谈和研讨等活动，听取界别委员反映社情民意和对政协工作的意见和建议。

第五条 每个界别设立联络员，联络员一般由界别召集人担任，负责主席会议成员联系界别的相关协调联络工作。

第六条 各界别委员可通过联络员，约见负责联系本界别的主席会议成员。

第七条 主席会议成员应拓宽委员联系渠道，通过调研、视察、考察、会议、约见、走访等多种形式，密切与委员的联系。

第八条 主席会议成员联系昌外委员，可结合工作自行安排。到设区市调研视察时，应视情邀请住当地省政协委员参加。

附：主席会议成员联系界别安排（暂行）

附：

主席会议成员联系界别安排（暂行）

序号	主席会议成员	联系界别
1	黄跃金	无党派、特邀（省内）
2	钟利贵	工商联、经济
3	李华栋	九三、科协、社会科学、新闻出版
4	汤建人	民进、文艺、科技、教育、体育、医药卫生
5	刘晓庄	民盟、少数民族、宗教
6	郑小燕	农工、社会福利与社会保障、总工会
7	肖光明	中共
8	孙菊生	民建、共青团、妇联、青联
9	肖为群	协助黄主席联系无党派、特邀（省内）界别

政协江西省委员会委员(常委)学习培训制度

(2014年7月9日省政协十一届十九次主席会议审议通过)

为认真做好省政协委员(常委)学习培训工作,切实加强学习型政协组织建设,提高政协委员理论水平、知识素养和履职能力,依据《中国人民政治协商会议章程》等有关规定,特制订本制度。

一、学习培训的重要意义

学习是人民政协的光荣传统。《中共中央关于加强人民政协工作的意见》明确指出,“要认真组织政协委员的学习和培训,促进政协委员提高自身素质,遵守政协章程,履行委员职责,密切联系群众,积极参加政协组织的会议和活动。”人民政协成立以来,始终把学习摆在非常突出的位置。新的形势和任务对人民政协工作提出了许多新的要求和新的课题,只有不断加强学习与培训,认真研究实际问题,才能做到思想上与时俱进,作风上创新务实,行动上同向同行。每一位政协委员都要站在更好地履行政协职能的高度充分认识这一工作的重要性,切实摆上位置,增强参与的主动性和自觉性。

二、学习培训的主要内容

紧紧围绕全省工作大局和政协工作实际,积极探索并逐步形成以政治理论、履职知识和道德素养为主要内容的“三位一体”的委员学习培训内容体系。通过加强委员的学习培训,提高委员的综合素质和履职能力,努力建设一支高素质的委员队伍,为全面促进政协工作奠定坚实基础。

(一)政治理论培训。重点围绕马克思主义政党理论、民主政治理论、新时期统一战线理论和人民政协理论,围绕党和国家的大政方针,省委、省政府的重大决策部署,积极开展委员的学习培训。

(二)履职知识培训。遵照《中国人民政治协商会议章程》、《中共中央关于加强人民政协工作的意见》、《中央办公厅、国务院办公厅〈关于进一步加强人民政协提案办理工作的意见〉》、《省委办公厅、省政府办公厅〈关于进一步加强人民政协提案办理工作的实施意见〉》等文件精神,围绕如何当好政协委员和如何履行政协职能及委员职责的相关知识,积极开展委员的学习培训。

（三）职业道德素养培训。结合委员工作实际和思想实际，重点围绕经济、社会、文化、历史、科学、文学、艺术等相关内容，针对委员在履职尽责、参政议政、建言献策过程中的具体情况和动向，开展以忠于国家、服务人民、恪尽职守、公正廉洁为主要内容的职业道德学习培训。

三、学习培训的主要方式

（一）加强与省委组织部、统战部的协调配合，通过省委党校和省社会主义学院举办多种类型的培训班次。新任委员应当参加任职培训，全体委员要结合履职实践积极参加学习培训活动。

（二）结合政协工作和委员构成特点，组织开展形势报告会、专题辅导、学习研讨、专题座谈等形式的学习。

（三）结合履职情况，经常组织在昌委员开展调研、视察、考察及“委员活动日”等活动进行学习培训。

（四）为委员订阅《人民政协报》、《中国政协》、《光华时报》等报刊，定期或不定期给委员寄发有关学习文件及《学习参考资料》。

（五）通过其他形式组织的学习。

四、委员学习培训工作的管理

（一）委员要自觉参加政协组织的学习培训，特殊情况不能参加的，必须以书面形式向主办部门请假，委员参加学习培训情况将作为委员履职考评的重要内容。

（二）建立委员参加学习培训的档案管理制度，对委员参加学习培训情况进行及时登记，并逐步建立电子档案。

（三）建立委员学习培训情况定期通报制度，加强培训的组织管理工作，提高政协委员学习培训的质量和水平。

（四）委员所在单位要按照党中央和省委的规定，为委员参加学习培训及其他活动提供支持，因委员单位不支持而造成委员不能按时参加活动的，须向省政协报告情况。

五、常委会学习工作的组织实施

1. 常委会的学习由主席或由主席委托的副主席主持。
2. 学习内容可根据主席会议建议具体安排。
3. 学习形式以自学为主，每季度集中学习一次或穿插在常委会议之中进行。
4. 常委会集中学习可采取专题辅导报告和座谈研讨等方式进行。

六、委员学习培训的组织工作

委员(常委)集中学习培训的组织工作由省政协文史和学习委员会牵头,负责拟订学习培训计划,提供学习材料,安排授课人员,做好培训事务性工作;办公厅协助,负责省政协主要领导讲话稿的起草,通知参学委员、考核委员的参学情况,做好后勤保障工作;各专门委员会协助做好组织实施工作。

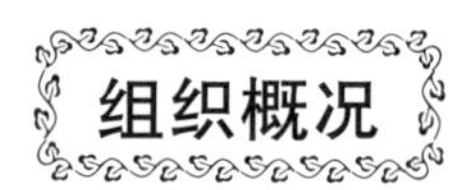

政协江西省第十一届委员会主席、副主席、秘书长、副秘书长、常务委员、委员名单

主　　席　黄跃金

副 主 席　李华栋　汤建人　刘晓庄　郑小燕　钟利贵　肖光明　刘礼祖　许爱民　孙菊生

秘 书 长　肖为群

副秘书长　杨春燕(女)　陈春平(女)　任江南　赵　波(女)　欧阳剑雄　涂　建　栾　波　冷芬俊(2014 年 1 月 10 日担任)

常务委员(按姓氏笔画排列)

万筱明(女)	马岩波	王　斌	王永红	王志军	王际民
王林波	王忠桐	王雪冬	毛学东	文红莲(女)	方　娅(女)
邓丽明(女)	邓凯元	左丽华(女)	左继生	石庆华	卢志鹏
卢晓勇	叶　青	史　可	兰赟(畲族)	匡　耀	朱力群
朱丽萌(女)	朱星河	任江南	刘　平	刘季春	刘菊娇(女)
刘德意	阮建昆	孙　宪	杜建强	李天鸥(2014 年 9 月 29 日免职)	
李云根	李冬妮(女)	李应春	李贤书	李酥光	杨　斌
杨春燕(女)	扶名福	肖　强	肖四如	吴辉体	邱小林
何大欣	何齐宗	辛洪波	闵佑林	冷芬俊	汪玉奇
沈泽民	张　伟(女)	张　莉(女)	张　健	张玉生	张玉清
张丽华(女)	张国轩	张宝瑜	张桃生	陈云菲	陈年代
陈守国	陈国兴	陈春平(女)	陈绵水	陈智祥	幸志强
欧阳天高	欧阳世麟	欧阳剑雄	易　斌	罗永明	周　文
周　锦(女)	郑月慧(女)	郑兆国	项国雄	赵　波(女)	胡彪斌
胡淑珠(女)	钟际跃	钟录生	俞子荣	饶爱京(女)	祝黄河
夏英杰	徐书生	徐良平	徐明生	徐晓泉	徐效钢
徐景坤	栾　波	涂　建	黄　鹤	黄小华(女)	黄泽兰
黄菊花(女)	龚林儿	龚绍林	崔传鹏	章凯旋	梁安琪(女)
彭中天	揭赣元	韩世忠	程受锭	舒国华	释纯一

裘　强　雷元江　詹祥生　廖县生　熊　毅　熊正明
熊贤忠　戴兴临　魏洪义　甘良淼　朱荣辉　肖　敏
陈祥树　熊根泉(2014 年 1 月 10 日担任)

委　员

中国共产党江西省委员会

龙卿吉　叶国兵　卢晓健(女)　朱　浔　刘上洋　刘礼祖
刘宗华　刘金接　刘德意　许爱民　杨兰根　李　智
李树才　肖为群　肖光明　张　勇　张传发　张宝瑜
张桃生　陈智祥　钟利贵　晏德文(2014 年 9 月 29 日撤销委员资格)
徐　力　黄朋青　黄跃金　章凯旋　梁闽春　梁高潮
蒋志红　揭赣元　程建平　程受锭　舒国华　曾新方
谢发明　谢桂生　廖兰芳(女)　潘赞海　魏宏彬
甘良淼(2014 年 1 月 10 增补)　朱荣辉(2014 年 1 月 10 增补)

中国国民党革命委员会江西省委员会

王际民　王晓明　邓　斌(女)　包礼祥　刘忠华　孙永萍(女)
李越湘　况秋浦　汪桂昌　沈泽民　范　坚　张卫华
陈文华　陈守国　陈春平(女)　陈根荣(女)　陈清华　罗美华
郑斌勇　胡　飞　胡来知　秦洪渊　贾洪生　贾益纲
徐　勇　徐江明　徐余波　徐景坤　高忠明　唐玉琴(女)
黄统征　傅　芬(女)　熊　彤(女)　潘　华(女)　魏洪义

中国民主同盟江西省委员会

王映龙　毛国典　邓丽明(女)　龙　新　朱友林　任江南
邬　云　刘志荣　刘晓庄　刘益民　阮云兴　杨晓农
李　勤(女)　李旭荣　李应春　李国春　肖　敏　何绍鹏
张国新　闵宇谦　陈云斐　范淑英(女)　欧阳世麟　罗永明
周　洪(女)　郑月慧(女)　夏家莉(女)　徐书生　陶春元　黄菊花(女)
辜　清　童谷生　童第云　舒文峰　谢　华

中国民主建国会江西省委员会

左继生　卢晓勇　朱丽萌(女)　向元华　刘木华　刘红林
孙菊生　李　军(女)　李光荣　李启明　李岗华　李秀香(女)
邱钧生　邹　军　邹基云　宋发庆　陈朝清　周媛娇(女)
胡淑珠(女)　赵　波(女)　段院龙　党自安　徐良平　黄　磊
黄占共　黄廉忠　熊春林

中国民主促进会江西省委员会

王　健　邓凰保　付苏臣　刘菊娇(女)　汤建人　孙　宪
李　建　张国轩　张育平　欧阳剑雄　罗　坚　胡国良
查伟雄　饶爱京(女)　顾幸勇　崔传鹏　戴冬英(女)　戴美蓉(女)

中国农工民主党江西省委员会

万筱明(女)　王　斌　王伴青　王祖庆　文师华　尹志明

卢志鹏　史　可　吕晓梅(女)　刘季春　刘英锋　刘艳萍(女)
许秀柏　吴亦丰　幸志强　陈　林　陈国华　郑小燕(女)
郑友清　姚　勇　袁兆康　聂玲娜(女)　涂　建　龚兆华
龚林儿

九三学社江西省委员会

王　建　刘　平　刘　勇　刘恒军　刘超杰　纪岗昌
李　勇　李　翀　李华栋　李金有　何齐宗　辛洪波
钟健生　徐文艺　栾　波　黄　保　韩晓方　谢保成

无党派人士

马卫星　伍　锐　华旭明　刘卫东　刘志强(2014年1月10起不再担任)
杨名权　李道鹏　吴锋刚　周志平　项国雄　胡聚文
夏英杰　徐晓泉　蒋晓光　熊　毅　颜剑彬　戴晓文
陈世勇(2014年1月10日增补)

江西省总工会

卢越明　朱忠玲　伍枝勤　李国根　邹汾生　张　洪
张丽华(女)　陈建辉　汪春雷　欧阳天高　易鲁宜　柯进水
胡世平　胡国胜　晏学云　黄平辉　彭涉晗　蔡景章
廖明耕　魏祥荣

中国共产主义青年团

孔国松　孙　鑫　肖　兰(女)　吴　正　何　超　张沥泉
罗　璇(女)　郑　绍　郑军平　徐　楷(2014年9月29日撤销委员资格)
盛　炜

江西省妇女联合会

万　敏(女)　文红莲(女)　左丽华(女)　史晓莲(女)　边晓玲(女)　朱海群(女)
刘强华(女)　刘翠兰(女)　杨晓辉(女)　杨爱中(女)　李　云(女)　李晓琼(女)
吴小莲(女)　吴巧娥(女)　应淑华(女)　余红艳(女)　张　莉(女)　张知明(女)
张清兰(女)　陈晓娟(女)　林玉华(女)　郑艳斐(女)　胡　玲(女)　胡爱武(女)
袁志英(女)　袁芙蓉(女)　郭　皎(女)　黄　英(女)　黄丽红(女)　彭　芹(女)
虞　萍(女)　蔡小莲(女)

江西省青年联合会

王永红　王建强　孙建强　何　涛　张思永　易　斌
郑　璐(女)　秦　亮　淦　垒　鲁　伟　雷峻峰　廖良生

江西省工商业联合会

王开贵　王华林　王志军　王健利　王雪冬　邓凯元
叶　青　朱留洪　李　平　李义华　李良彬　吴泉水
余忠效　邹好红　陈　斌　陈年代　陈岳林　林　敏
林远泉　林阿龙　罗邦平　秦斌武　徐建新　梅武林
黄泽兰　彭小峰　程长仁(女)　游建平　韩世忠　雷元江
蔡　青(女)　蔡长春　熊贤忠

江西省科学技术协会

丁　杰　朱星河　刘贵生　孙　辉　肖　强　宋固全
周荣彪　查加智　姚晓明　夏克坚　郭宏文　龚绍林

江西省归国华侨联合会

于集华　池峰龙　吴世伟　张　宁　周　锦（女）　郑兆国
郑建生　胡秀筠（女）　胡彪斌　洪一江　姚向红（女）　彭以元
蒋闽江　詹训春　熊　皓

江西省台湾同胞联谊会

吕少军　何大欣　沈　勇　徐友洪　曾　澎

文化艺术界

于长征　万玲媛（女）　朱黎生　邬成香（女）　邓伟民　刘　伟
江亮根　孙家骅　汪海林　张旦丹（女）　张培园（女）　范敏祺
赵　军　赵小元　黄　勇　龚循明　彭中天　喻木华
詹祥生　蔡　群　熊　纬　熊曼玲（女）　方　李（2014年1月10日增补）

科学技术界

王　敏　王世平　冯健雄　刘　浩　刘飞飞　杜建强
杨世林　杨贵平　李贤书　吴希明　余　海　张　萌（女）
张维敏　陈　苏　陈金清　陈祥树　陈焕文　周　浪
郑　昊　郑国辉　胡晓林　俞子荣　饶陆华　秦　鸣（女）
党　钢　黄建新　龚　斌　蔡荣军　戴兴临　戴星照

社会科学界

邓盛平　叶　萍（女）　卢　瑜（女，2014年起不再担任）　杨　西
肖　萍（女）　肖华峰　汪玉奇　汪晓勇　沈谦芳　周世健
祝黄河　喻凤林　傅　春（女）　谢　斌

经济界

万国平　王　洪　叶柏青　吕志平　朱　毅　朱力群
汤志水　许润龙　孙　东　杨　宁
李天鸥（2014年9月29日撤销委员资格）　李良仕　何萍高　沈庆中
张京生　张春林　陈　荣　陈国兴　陈晓明　陈富良
陈德勤　苗　壮　周应华　屈乾娜（女）　胡　平　赵平昌
钟际跃　钟录生　徐盛龙　高　浪　宰志强　黄　河
黄小华（女）　黄光惠　符念平　梁小文　彭道宾　喻　敏（女）
裘　强　蔡基谱　廖县生　潘昌坤

农业界

马岩波　王建荣　由　伟　冯绪泉　朱来友　刘定明
李　宁　严　翔　扶祥金　肖四如　肖立新　张黎明
侯乐锋　饶振华　徐明生　黄巧珍（女）　曾庆绮　雷应国
詹丰兴　熊根泉　曹国洪（2014年1月10日增补）

教育界

王安维　王宜安　王晓鸣(女)　毛学东　石庆华　叶存洪
史蓉蓉(女)　华小明　孙弘安　李红勇　扶名福　杨　辉
闵佑林　吴　勤(女)　邱小林　余丛晖(女)　张玉清　陈东旭
陈绵水　柳和生　姚　电　韩立民　赖昭胜　詹慧珍(女)
蔡付斌　熊正明

体育界

刘建平　杨文军　郑志强　傅卓成

新闻出版界

万明华　叶修堂　刘　平　刘　杨　刘士安　杨玲玲(女)
陈世象　陈晓云　周　文　黄　鹤　梁　勇

医药卫生界

付志高　刘　勍(女)　刘精东　肖秩秩　何文辉　张　伟(女)
张美华(女)　陈建新　范亚强　罗燕萍(女)　胡小青(女)　钟建民
祝　斌　徐仁根　唐春山　涂国卿　梁永强　程晓曙
温志立　熊国庆　熊建萍(女)

社会福利与社会保障界

方　娅(女)　占学银　刘良欢　刘滇鸣　李水生　肖晓华
陈卫华　饶剑明　聂顺金　徐效钢　凌　云　熊大辉
魏小俊　汪李萍(2014 年 1 月 10 日增补)

少数民族界

马　舰(女,回族)　兰　赟(畲族)　兰亚青(女,畲族)　李冬妮(女,满族)
徐国建(满族)　蓝　文(女,畲族)　雷　丹(女,畲族)　雷　芳(女,畲族)

宗教界

叶至明　李云根　李绍华　李稣光
张冠雄　姚宝山(土家族)　释妙安　释纯一
穆华俊(回族)

特别邀请人士

丁清河(回族)　于　凡　万　林　王　文　王小娟(女)
王林波　王凯军　王忠桐　王国龙　王信英(女)
韦祖蒂(女)　毛再昌　邓肇轩　叶华平　卢　英(女)
卢牛根　冯柏乔　邝美云(女)　匡　耀　朱章明
刘　闯　刘业强　刘建泉　庄华彬　江训忠
阮建昆　杜　波　杨　斌　杨木生　杨永仁
杨述喜　杨明明　杨诗杰　杨春燕(女)　苏明宗
李　蔚　李文恩　李东山　李江山　严翊峰
严淑琴(女)　吴立成　吴炳鋕　吴辉体　邹永明
冷芬俊　汪　洪　汪　磊　宋书斌　张　健
张玉生　张寿荣　张俊勇　张康平　陈　坚

陈　蔚(女)	陈万洵	陈小明	陈丽华(女)	陈季敏(女)
陈金乐	陈镇波	林卫东	林长荣	林荣东
易维民	罗亚中	罗志豪	罗启中	罗接发
周建新	周奕年	周浑华	宗赣生	柯孙培
胡光前	钟华坚	钟国荣	施利亚	施纯锡
施能哲	施能船	洪永文	洪志刚	姜长超
姜松阳	夏一军	钱　薇(女)	殷钟亮	高永快
高鹰群(女)	萧顺轩	黄大明	黄天水	黄文辉
黄双煌	黄明哲	黄金龙	梁安琪(女)	梁毓雄
彭　敏	彭志先	彭岳华	喻志勇	傅廷美
傅理学	曾　粮	谢林翰	谢建平	谢洪华
谢新明	谭立志	谭志峰	谭赣明	戴进杰
戴春英(女)	魏　平	郭坚华(2014年1月10日增补)		

政协江西省第十一届委员会各专门委员会主任、副主任名单

提案委员会

主　任　杨　斌

副主任　张桃生　陈智祥　张国轩　张康平(专职)　马岩波
朱荣辉(2014 年 1 月 10 日担任)

经济委员会

主　任　李贤书

副主任　汪玉奇　钟际跃　李天鸥(2014 年 9 月 29 日免职)　肖四如　朱力群
王　斌　尹小明(专职)

人口资源环境委员会

主　任　文红莲(女)

副主任　揭赣元　刘德意　熊　毅　李晓琼(女)　陈　荣
熊根泉(2014 年 1 月 10 日担任)　樊欣(专职,2014 年 9 月 29 日担任)

教科文卫体委员会

主　任　龚林儿

副主任　石庆华　熊正明　毛学东　陈坚(专职)　张玉清
史蓉蓉(2014 年 1 月 10 日担任)　龚绍林(2014 年 1 月 10 日担任)

社会和法制委员会

主　任　张　莉(女)

副主任　程受锭　徐效钢　章凯旋　胡淑珠(女)　李东山(专职)
李　智(2014 年 1 月 10 日担任)

民族和宗教委员会

主　任　舒国华

副主任　扶名福　方娅(女)　李冬妮(女)　甘良森(2014 年 1 月 10 日担任)
张　勇(2014 年 1 月 10 日担任)　释纯一(2014 年 1 月 10 日担任)
陈淦彬(专职,2014 年 9 月 29 日担任)

港澳台侨委员会

主　任　冷芬俊

副主任　周　锦(女)　钟录生　陈金乐(专职)　徐景坤
张知明(2014 年 1 月 10 日担任)　何大欣(2014 年 1 月 10 日担任)

文史和学习委员会

主　任　黄　鹤

副主任　陈绵水　沈谦芳　祝黄河　苏明宗
杨述喜(专职,2014 年 9 月 29 日起不再担任)　黄菊花(女)

江西省政协机关和事业单位负责人名单

办公厅主任	杨春燕
办公厅副主任	曾　粮　王国龙　杨木生　杜　波 周寥寥(2014 年 9 月 29 日起担任)
办公厅巡视员	徐良平
办公厅副巡视员	徐正英　曾荣君
办公厅秘书处	处　长　孙卫国
办公厅研究室	主　任　叶　舟
办公厅行政接待处	处　长　胡国云
办公厅老干处	处　长　殷新建
办公厅机关党委(人事处)	专职副书记　周寥寥(兼)
办公厅委员联络处	处　长　邓　杰
办公厅信息宣传处	处　长　崔　健
提案委员会办公室	主　任　余慧川
经济委员会办公室	主　任　郑仙桃
人口资源环境委员会办公室	主　任　金秋平
教科文卫体委员会办公室	主　任　招则庆
社会和法制委员会办公室	主　任　李勇猛
民族和宗教委员会办公室	主　任　雷心刚
港澳台侨和外事委员会办公室	主　任　唐勇华
文史和学习委员会办公室	主　任　钟清滨
光华时报社	社　长　王国龙 总编辑　邹英香
江西省政协机关事务管理局	局　长　黄才兰
江西省政协办公厅信息中心	主　任　陈建和

大事记

1月

2至3日 省政协在宜春市召开省市政协港澳台侨和外事工作座谈会。

副主席孙菊生在全南县走访慰问城乡困难群众、重点优抚对象和困难企业。

3日 副主席郑小燕在于都县走访慰问困难群众。

6日 主席黄跃金在滨江宾馆参加省委常委会整改落实专题会议。

秘书长肖为群主持召开省政协十一届二次会议秘书处会议，落实协调全会各项准备工作。

6至8日 副主席李华栋在安远县走访慰问困难群众；副主席汤建人在宁都县走访慰问困难群众。

7日 省长鹿心社在省政协报送的《关于赣南等原中央苏区振兴发展情况视察报告》上作出批示。

主席黄跃金在黎川县走访慰问困难群众；副主席郑小燕在南昌市走访省、市劳模；副主席肖光明在横峰县走访慰问困难群众。

副主席孙菊生出席省政协人口资源环境委员会召开的第五次主任(扩大)会议。

副主席钟利贵出席省政协经济委员会第二次全体委员会议。

7至8日 副主席刘晓庄在遂川县走访慰问困难群众。

8日 主席黄跃金主持召开省政协十一届第十三次会议。

9日 政协江西省第十一届委员会常务委员会第四次会议在南昌举行。

10日 副主席李华栋、汤建人、刘晓庄、郑小燕、孙菊生出席省委统战部民主协商会议。

13日 副主席钟利贵在都昌县走访慰问困难群众。

副主席孙菊生主持召开全省大力促进非公有制经济发展宣讲活动工作协调会。

14日 主席黄跃金，副主席钟利贵、李华栋、汤建人、刘晓庄、郑小燕、肖光明、孙菊生，秘书长肖为群参加以电视电话会议形式召开的第十八届中央纪委第三次会议。

省政协港澳台侨和外事委专职副主任陈金乐代表“省四侨”赴吉安市峡江县金坪华侨农场慰问。

15至16日 副主席李华栋、汤建人、刘晓庄、郑小燕、孙菊生在广昌参加省委统战部组织的“同心林”植树活动。

16日 主席黄跃金，副主席钟利贵、李华栋、汤建人、刘晓庄、郑小燕、肖光明、孙菊生，秘书长肖为群赴南昌市视察南昌棚改区改造工程建设情况。

24日 省政协主席、党组书记黄跃金主持召开省政协党组会议，专题学习习近平总书记在十八届中纪委三次全会上的重要讲话精神及省委书记强卫在省纪委十三届四次全会上的讲话精神，研究部署省政协党风廉政建设和反腐败工作。

主席黄跃金，副主席钟利贵、李华栋、刘晓庄、郑小燕、肖光明、孙菊生，秘书长肖为群走访看望省政协历届主席、副主席。

25日 主席黄跃金，副主席钟利贵、李华栋、汤建人、刘晓庄、郑小燕、肖光明、孙菊生出席省十二届人大三次会议闭幕大会。

26 日 主席黄跃金,副主席钟利贵、李华栋、汤建人、刘晓庄、郑小燕、肖光明、孙菊生,秘书长肖为群参加全省党的群众路线教育实践活动第一批总结暨第二批部署会议。

2 月

7 日 主席黄跃金,副主席钟利贵、李华栋、汤建人、刘晓庄、郑小燕、肖光明、孙菊生,秘书长肖为群到委员企业开展调研。

11 日 副主席汤建人出席省政协教科文卫体委员会第五次主任会议。

12 日 主席黄跃金到江西稀有金属钨业控股集团有限公司调研改革情况。

副主席肖光明在省政府出席《政府工作报告》工作任务暨省人大代表建议、省政协提案交办会。

13 日 主席黄跃金,副主席钟利贵、郑小燕、肖光明参加中央全会内容征求意见会。

14 日 省政协人口资源环境委员会调研组赴省住建厅、环保厅就开展"县城污水处理设施建设及运行情况"民主监督专题调研事项协商座谈。

17 日 省政协举行学习习近平总书记系列重要讲话精神报告会,邀请省委常委、省委宣传部部长姚亚平作学习辅导报告。

18 日 主席黄跃金主持召开省政协十一届十六次主席会议。

副主席郑小燕出席省政协社会和法制委员会第五次主任会议并讲话。

秘书长肖为群主持召开机关"江西省推进协商民主建设的实施意见"起草小组会议。

办公厅主任杨春燕主持召开省政协深化教育领域综合改革专题协商座谈会有关准备工作协调会。

19 日 主席黄跃金就深入推进教育体制改革工作到江西农业大学调研。

21 日 省政协举行以"深化教育领域综合改革"为主题的首次专题协商座谈会,为推进教育改革建言献策。

23 日 省政协港澳台侨和外事委员会第二次全体委员会议暨省对口联系单位工作座谈会在南昌市召开。

24 日 副主席钟利贵、李华栋、刘晓庄、郑小燕、肖光明、孙菊生在红谷滩新区卧龙路参加义务植树活动。

副主席钟利贵、李华栋、刘晓庄、肖光明、孙菊生,秘书长肖为群出席全省市厅级干部学习贯彻习近平总书记系列重要讲话精神第二期研讨班开班式。

25 日 省政协文史和学习委员会召开2014 年第一次主任会议。

26 日 副主席肖光明主持召开"推进城镇化创新发展"专题调研座谈会。

2 月 27 日至 3 月 2 日 副主席肖光明赴新余、吉安就"推进城镇化创新发展"开展调研。

3 月

3 至 6 日 副主席肖光明赴上饶、九江就"推进城镇化创新发展"开展调研。

6 日 省政协经济委员会召开第十三次主任会议。

7 日 副主席钟利贵在共青城市调研。

10 至 11 日 副主席肖光明在南昌就"推进城镇化创新发展"开展调研。

13 日 省政协人口资源环境委员会调研组就推进"南昌市备用水源地建设与管理工作"前往九江、南昌市进行专题调研。

14 日 省政协经济委员会分别召开部分国有企业、民营企业负责人座谈会,围绕深化国企改革问题进行座谈交流。

17日 主席黄跃金，副主席李华栋、汤建人、刘晓庄、郑小燕、孙菊生，秘书长肖为群出席全省领导干部会议。

17至21日 副主席钟利贵、肖光明在中央党校参加省部级干部学习贯彻习近平总书记系列重要讲话精神第五期研讨班学习。

20日 省政协经济委员会召开“深化国有企业改革”座谈会。

省政协教科文卫体委组织部分医卫界委员，赴江西桑海集团有限责任公司就“中医药生产和发展情况”开展视察活动。

20至21日 省政协提案委就贯彻落实《关于进一步加强人民政协提案办理工作的实施意见》（赣办发〔2012〕10号）情况和提案办理协商经验赴抚州市黎川县、广昌县调研。

21日 副主席郑小燕率省政协社法委部分委员和专家赴省住建厅就“住房公积金归集和使用情况”开展视察。

孙菊生副主席率省政协人资环委部分委员和专家组成员就推进“南昌市备用水源地建设与管理工作”前往南昌市抚河、象湖视察。

24日 省政协召开会议，传达学习全国政协十二届二次会议精神。

主席黄跃金，副主席钟利贵听取省政协经济委员会关于深化国有企业改革专题协商座谈会前期准备工作的情况汇报。

25日 省政协机关召开“真抓实干、服务提升”主题实践活动动员会。

26日 主席黄跃金，副省长李贻煌，副主席钟利贵，秘书长肖为群出席省政协深化国有企业改革专题协商座谈会。

27日 省政协举行以“深化国有企业改革”为主题的专题协商座谈会。

28日 江西省人民政协理论研究会召开第四次常务理事会议。

29日 副主席孙菊生率省政协人资环委部分委员赴南昌市赣抚平原、靖安县潦河北支段进行视察，详细了解两地水质水资源状况。

31日 省政协港澳台侨和外事委员会被授予“2013年度全省开放型经济先进单位”称号。

4月

1日 副主席汤建人，秘书长肖为群在峡江县、安福县开展“1%工程”百万册图书送农村活动。

3日 主席黄跃金主持召开省政协十一届十七次主席会议。

8日 主席黄跃金，副主席钟利贵、汤建人、郑小燕、肖光明、孙菊生，秘书长肖为群在滨江宾馆参加省委中心组专题学习会。

主席黄跃金、副主席刘晓庄拜会来赣调研的全国人大常委会副委员长、民盟中央主席张宝文。

副主席肖光明与重庆市政协调研组一行就“发挥人民政协协商民主重要渠道作用、联系指导基层政协工作和发展乡村旅游”进行座谈。

9日 主席黄跃金，副主席钟利贵在昌会见湖南省政协党组副书记、副主席武吉海所率赴赣调研组一行。

主席黄跃金，副主席肖光明，秘书长肖为群在昌会见重庆市政协副主席彭永辉所率赴赣调研组一行。

副主席钟利贵与湖南省政协调研组一行就“临港产业发展情况”进行座谈。

省政协文史和学习委员会就即将开展的“关于建设全国生态文明示范省相关情况”专题视察举办情况通报会。

副主席汤建人就“进一步深化医药卫

生体制改革”专题协商座谈会前期工作赴省卫计委调研。

11 日 省政协十一届六次常委会议在昌召开，会议围绕推动我省城镇化发展创新建言献策。会议邀请省委政研室负责人通报当前全省全面深化改革工作情况。

11 至 13 日 副主席李华栋陪同中国科协领导在赣调研。

13 至 17 日 副主席刘晓庄陪同全国政协民族和宗教委员会副主任、青海省政协原主席白玛一行在赣调研。

14 至 16 日 副主席郑小燕率省政协社会和法制委员会部分委员和专家赴吉安市及吉安县、丰城市开展“创新重点青少年教育管理”专题调研。

14 至 18 日 主席黄跃金，副主席汤建人在中央党校参加省部级干部学习贯彻习近平总书记系列重要讲话精神第七期研讨班学习。

副主席李华栋率省政协文史和学习委员会部分委员赴新余市、吉安市，就创建全国生态文明示范省情况进行视察。

15 至 16 日 省政协人资环委组织部分委员和专家就“江西启动实施单独两孩政策”赴上高、南城县开展专题调研。

16 至 17 日 省政协教科文卫体委员会组织部分在昌著名书画家赴黎川县开展“送文化下乡活动”。

16 至 22 日 以厉以宁、石军为组长的全国政协经济委员会调研组来赣就“积极发展混合所有制经济”进行专题调研。副主席钟利贵陪同全国政协常委厉以宁一行在上饶市调研。

17 日 省政协人口资源环境委员会举行“江西启动实施单独两孩政策”情况报告会。

18 至 21 日 省政协港澳委员新生代访赣团在吉安、南昌等地开展考察活动。

19 日 副主席钟利贵在南昌主持全国政协赴赣“积极发展混合所有制经济”专题调研座谈会。

21 至 26 日 全国政协文史和学习委员会副主任卞晋平、刘德旺率调研组来赣就“推进城镇化进程中加强古村落保护”开展专题调研。副主席李华栋陪同调研组在南昌、景德镇、上饶、吉安、抚州市调研。

22 日 副主席汤建人赴江西师范大学青山湖校区巡视 2014 年普通高考体育类专业考试现场。

22 至 23 日 副主席郑小燕率省政协社会和法制委员会委员和专家赴都昌县、德安县就“创新重点青少年教育管理”开展专题调研。

24 至 25 日 副主席汤建人率省政协教科文卫体委员会委员赴省科技厅、省教育厅就“江西高校科技创新对新兴产业支撑作用”进行专题调研。

25 日 副主席汤建人、刘晓庄、郑小燕、孙菊生在省委统战部出席 2014 年各民主党派、工商联、无党派人士工作协商会议。

副主席钟利贵、汤建人、刘晓庄、肖光明出席人民政协与协商民主报告会。

省人民政协理论研究会举行第四次人民政协理论建设报告会。中国人民政协理论研究会副会长、全国政协文史和学习委员会驻会副主任卞晋平同志作“人民政协与协商民主”主题报告。

省政协经济委员会赴省发改委就“加快推进昌九一体化”问题开展调研。

26 日 主席黄跃金，秘书长肖为群在上饶出席“放大高铁效应，加快上饶发展，助力江西小康提速”咨政会。

27 至 29 日 主席黄跃金参加江西省党政代表团在广东学习考察。

28 至 29 日 副主席刘晓庄在鹰潭市出席全省政协民族宗教工作座谈会。

5月

4日　副主席刘晓庄出席海峡两岸教科书出版发行研讨会。

省政协社法委赴江西恒信集团公司，就“关于建立道路交通事故社会救助基金的建议”重点提案，与提案人刘恒军和省财政厅相关处室承办人进行商谈。

5日　副主席钟利贵出席推进昌九一体化专题调研组会议。

5至6日　全国政协副主席、全国工商联主席王钦敏来赣调研工商联基层组织建设和非公经济发展情况。

5至7日　副主席孙菊生出席定点联系全南县扶贫开发领导小组工作会议，并陪同全国政协领导在赣调研。

5至7日　主席黄跃金参加江西省党政代表团赴浙江省学习考察。

5至8日　省政协文史和学习委员会参加华东地区政协文史资料第28次协作会议。

6日　副主席汤建人赴余江县参加“1%工程”百万册图书送农村活动。

9日　主席黄跃金，省政府党组成员、顾问孙刚，副主席郑小燕、孙菊生，秘书长肖为群出席备用水源地建设与管理专题协商座谈会。

省政协教科文卫体委员会召开“构建现代公共文化服务体系，提升文化惠民水平”专题座谈会。

12至16日　副主席汤建人率省政协教科文卫体委员会部分委员就“进一步深化医药卫生体制改革”专题协商座谈会课题赴九江、吉安两市开展专题调研。

14至15日　副主席李华栋就有关高校留学生状况进行调研。

16至19日　主席黄跃金陪同住豫全国政协委员考察团就江西文化产业发展情况在南昌、吉安等地考察。

19至23日　副主席钟利贵率省政协经济委员会考察组就长江经济带区域经济建设情况赴重庆市、湖南省考察。

20日　省委督查室、省国家保密局会同省直有关部门组成的联合督查组对省政协机关网络和信息安全情况进行了实地督查和随机抽查。

20至24日　副主席刘晓庄率省政协民族和宗教委员会调研组赴萍乡、宜春、新余市对我省城市少数民族流动人口管理情况开展专题调研。

22日　主席黄跃金，副省长朱虹，副主席郑小燕，秘书长肖为群出席住豫全国政协委员来赣考察团考察情况反馈会。

23至26日　省政协港澳委员、特邀代表一行50余人在九江市武宁县、修水县和宜春市宜丰县就“扶贫工作”开展了返赣视察活动。主席黄跃金、副主席钟利贵在修水县看望返赣视察团成员。

27至28日　省政协妇联界别部分委员在鹰潭、贵溪市和余江县就“妇女创业情况”开展考察活动。

29日　主席黄跃金，副主席钟利贵、李华栋、汤建人、刘晓庄、郑小燕、肖光明，秘书长肖为群在省委第三会议室参加省委中心组集体学习。

省政协“创新重点青少年教育管理”专题协商座谈会在南昌举行。主席黄跃金，副省长、省综治委副主任李炳军出席并讲话，副主席郑小燕主持。

6月

4日　主席黄跃金，副主席刘晓庄、郑小燕、肖光明，秘书长肖为群视察南昌市“拆违拆临、建绿透绿”工作。

4至8日 副主席李华栋就生态文明示范省专题赴福建省进行学习考察。

5日 主席黄跃金主持召开省政协十一届十八次主席会议。

5至6日 副主席汤建人赴都昌县开展“基层公共文化服务体系建设”专题调研暨“1%工程”百万册图书送农村活动。

8日 省政协机关“连心”小分队二队所在支部一行7人，深入机关定点包扶贫困村星子县择泉乡观音桥村开展“连心”活动。

9至12日 副主席李华栋陪同欧美同学会代表团在南昌、九江考察。

11至12日 副主席郑小燕赴永丰县就“大力发展家庭农场，努力实现生态友好型农业生产”开展调研。

12日 省政协民族和宗教委员会组织部分委员赴安义县就宗教文化旅游情况进行视察。

14日 省政协人口资源环境委员会召开“县城污水处理设施建设及运行情况”通报会。

17日 省政协举行“进一步深化医药卫生体制改革”专题协商座谈会。主席黄跃金主持，副省长谢茹，副主席汤建人出席并讲话，秘书长肖为群参加。

17至18日 副主席李华栋赴铅山县就“绿色食品产业发展情况”进行调研。

17至19日 副主席刘晓庄率省政协民族和宗教委员会委员赴瑞金市、会昌县、于都县、抚州市就“加强农村宗教事务管理情况”进行调研。

18日 副主席钟利贵、郑小燕、肖光明，秘书长肖为群在滨江宾馆大会堂二楼会场出席省委中心组集体学习（扩大）报告会。

省政协机关党委联合农工党省委会机关赴省政协扶贫点——黎川县日峰镇新华村开展以送温暖、送医药、送图书为主要内容的“下基层服务群众，学雷锋志愿活动”。

20日 副主席李华栋出席省政协文史和学习委员会举办的“江西可移动文物保护和利用”通报会。

25至27日 副主席钟利贵赴永丰县、鹰潭市就创新农业经营体系和经营方式进行调研。

25至27日 省政协提案委就提案办理协商和贯彻落实《关于进一步加强人民政协提案办理工作的实施意见》赴九江市调研。

26日 省政协人口资源环境委员会组织部分委员和专家组成员赴铅山县黄岗山国家自然保护区考察生态建设情况。

30日 副主席李华栋率省政协文史和学习委员会部分委员就省新闻出版职业技术教育事业发展情况进行视察。

副主席汤建人陪同全国政协领导赴联创光电考察并座谈。

6月30日至7月5日 省政协人口资源环境委员会主任文红莲和副主任熊根全分别带领两个调研组，赴萍乡、新余、宜春、景德镇、九江、南昌和萍乡等市县开展“全省污水处理设施建设及运行情况”民主监督专题调研。

7月

7日 副主席刘晓庄出席省政协民族和宗教委员会主任会议。

副主席郑小燕与湖北省政协赴赣调研组一行就“鄱阳湖生态环境保护和管理体制、机制问题”进行座谈。

8至10日 副主席汤建人率省政协教科文卫体委员会部分委员赴上饶就公共文化服务体系建设专题开展调研。

9日 主席黄跃金主持召开省政协十

一届十九次主席会议。

15日 主席黄跃金，副主席钟利贵、李华栋、汤建人、刘晓庄、肖光明，秘书长肖为群在滨江宾馆大会堂二楼会场参加省委中心组集体学习。

16日 省政协第六次提案工作座谈会在南昌召开。主席黄跃金出席并讲话，副主席钟利贵主持，副主席李华栋、汤建人、刘晓庄、郑小燕、肖光明，秘书长肖为群出席会议。

17至19日 主席黄跃金，副主席钟利贵、李华栋、汤建人、刘晓庄、郑小燕、肖光明、孙菊生，秘书长肖为群参加省委十三届九次全会。

20日 主席黄跃金会见全国政协委员、中海船舶重工集团有限公司董事周安达源先生一行。

副主席孙菊生与重庆市政协调研组一行就“关于深化集体林权制度改革的对策”进行座谈。

副主席郑小燕在抚州就“贯彻实施《食品安全法》，加强食品安全监管”专题进行调研。

20至21日 副主席李华栋陪同全国政协领导在吉安就赣南等原中央苏区振兴发展情况进行调研。

24日 副主席郑小燕出席提案办理协商座谈会。

28日 副主席孙菊生出席省政协人资环委第七次主任（扩大）会议暨“全省污水处理设施建设及运行情况”座谈会。听取了江西洪城水业环保有限公司关于污水处理厂运营情况的介绍，对进一步搞好“我省污水处理设施建设及运行情况”民主监督活动提出要求。

29日 省政协在南昌举行“创新农业经营体系和经营方式，加快现代农业强省建设”专题协商座谈会。

30日 主席黄跃金，副主席钟利贵、汤建人、刘晓庄、郑小燕、肖光明，秘书长肖为群一行，就水利工作和鄱阳湖水利枢纽工程建设情况赴鄱阳湖区进行考察。

副主席刘晓庄出席《关于组建江西新能源汽车研究院的建议》（省政协十一届二次会议第0087号）重点提案办理协商座谈会。

8月

4日 副主席郑小燕在南昌县就贯彻实施《食品安全法》，加强食品安全监管课题开展调研。

5日 副主席孙菊生出席省政协人口资源环境委员会全体委员会议。

12日 副主席李华栋赴永修县督办重点提案。

省政协提案委员会赴国家级自然保护区吴城镇，就释妙安委员提出的《关于加强保护鄱阳湖生态环境及候鸟的建议》（第237号）提案进行实地调研和现场办案。

13日 主席黄跃金，副主席钟利贵、李华栋、刘晓庄、郑小燕、肖光明、孙菊生，秘书长肖为群在省委第三会议室参加省委中心组集体学习。

14至15日 副主席李华栋就文化体制改革问题在南昌进行调研。

17至22日 副主席孙菊生率省政协人口资源环境委员会考察组就污水处理设施建设及运行情况赴河南、山东两省考察。

19日 副主席李华栋就绿色食品产业发展情况在南昌进行调研。

19至20日 秘书长肖为群赴芦溪县督办重点提案。

22日 省政协机关党委书记杨春燕带队，以宣传信息处、机关党委人事处支部党员为主体组成小分队，赴黎川县日峰镇新华村开展“连心”、“强基”、“模范”工程活动。

26至27日 省政协教科文卫体委员会副主任张玉清一行6人赴上饶市，就“民办医院生存与发展环境”问题进行专题调研。

29日 省政协人口资源环境委员会在新余市召开全省设区市政协人口资源环境委员会工作座谈会。副主席孙菊生出席会议。

9月

1至3日 主席黄跃金，副主席李华栋、刘晓庄、孙菊生，秘书长肖为群分别率住景德镇、上饶、鹰潭市和民革、民盟、无党派界别省政协委员分赴鹰潭、景德镇、上饶市就《江西省人民政府关于支持赣东北扩大开放合作加快发展的若干意见》贯彻落实情况开展视察。

3日 副主席肖光明出席省政府举行的“食品安全问题”提案办理座谈会。

4日 副主席郑小燕出席贯彻实施《食品安全法》，加强食品安全监管民主监督反馈会。

9至14日 主席黄跃金率住赣全国政协委员在河南考察产业集聚区建设。

10日 省政协港澳台侨和外事委员会在南昌召开全省侨（港澳）资企业发展情况通报会。

11至16日 省政协港澳台侨和外事委员会就“侨资企业情况”在南昌、九江、上饶进行调研。

11至21日 副主席肖光明就“旅游开发与环境保护”情况赴吉林、黑龙江省开展调研。

12日 省政协召开提案办理工作联络员会议。

15日 主席黄跃金主持召开省政协十一届二十次主席会议，学习全国政协十二届常委会第七次会议精神和俞正声主席在闭幕会上的讲话精神。

全国政协常委、全国政协经济委员会主任周伯华率全国政协经济委员会调研组来赣就构建新型农业经营体系进行专题调研。主席黄跃金、副主席孙菊生出席专题调研座谈会。

16日 副主席李华栋、汤建人、郑小燕、孙菊生出席省委统战部召开的三方协商会。

17日 副主席汤建人代表省委省政府率江西省代表团赴新疆出席克州成立60周年庆祝活动。

副主席孙菊生就非公有制经济发展赴高安、樟树、丰城调研。

17至19日 主席黄跃金参加江西省党政代表团赴湖南学习考察。

18日 办公厅主任杨春燕带领行政接待处支部全体同志到星子县泽泉乡观音桥村开展“连心”活动。

19日 省政协社法委组织委员就“江西特殊教育发展情况”进行专题视察。

机关党委召开六届八次扩大会议，办公厅主任、机关党委书记杨春燕主持，机关党委委员、各党支部书记参加。

22日 江西省庆祝人民政协成立65周年座谈会在南昌举行。省委书记强卫出席并讲话，省长鹿心社出席，省政协主席黄跃金主持。会上，郑小燕、王东林分别代表各民主党派、工商联、无党派人士、各人民团体、各界别人士及住赣全国政协委员发言。

23日 主席黄跃金，副主席李华栋、汤建人、刘晓庄、郑小燕、肖光明，秘书长肖为群在省委第三会议室参加省委中心组集体学习。

23 至 24 日 省政协人口资源环境委员会在江西武夷山自然保护区调研暨召开江西武夷山原始森林与丰富的生物多样性关系研讨会。

24 至 26 日 副主席李华栋赴东乡、资溪、上饶就江西省院士专家工作站进行调研。

25 日 副主席刘晓庄率民族和宗教委员会部分委员赴南昌工学院、南昌大学就高校少数民族学生情况开展专题视察。

26 日 省政协教科文卫体委员会组织体育界别委员赴江西省射击运动管理中心开展界别活动，并就推动我省体育事业改革与发展、实现江西射击运动项目崛起举行座谈。

27 日 主席黄跃金代表省委、省政府，走访慰问老战士、老同志、烈士遗属、先进模范等。

省政协举行专题学习报告会，中央社会主义学院党组书记、第一副院长叶小文受邀作题为“协商民主：中国特色社会主义新篇章”的报告。

28 至 29 日 省政协十一届七次常委会议在南昌召开，围绕“加快推进昌九一体化”建言献策。主席黄跃金主持并讲话。

29 日 省政协在昌召开省直管试点县（市）政协工作座谈会。主席黄跃金出席并讲话，副主席钟利贵主持。

省人民政协理论研究会召开庆祝人民政协成立 65 周年“人民政协与协商民主”理论研讨会。

30 日 主席黄跃金，副主席钟利贵、李华栋、汤建人、刘晓庄、郑小燕、肖光明、孙菊生，秘书长肖为群在八一广场参加南昌各界向革命先烈敬献花篮仪式。

10 月

9 至 10 日 副主席郑小燕赴萍乡市参加工会界别关于“企业职工之家”建议情况调研。

11 日 省政协党组书记、主席黄跃金主持召开党组会议，学习贯彻习近平总书记在党的群众路线教育实践活动总结大会上的重要讲话精神。

13 日 副主席李华栋就“深化文化体制改革”专题开展委员界别视察活动。

15 日 主席黄跃金，副主席肖光明，秘书长肖为群出席华东六省一市政协第二十一次提案工作座谈会。

15 至 22 日 副主席郑小燕就“特殊教育发展情况”赴山西、陕西学习考察。

20 日 省政府副省长、省公安厅厅长郑为文来省政协走访并参加座谈会，就环境保护、社会法制和城乡建设方面等工作，听取省政协有关领导和专委会的意见建议。

20 至 26 日 副主席李华栋赴湖南省、湖北省就“文化体制改革专题协商座谈会工作”进行学习考察。

21 日 主席黄跃金在景德镇出席 24 个地市政协主席联席交流座谈会。

秘书长肖为群赴南昌市就“养老服务体系建设情况”进行考察。

22 至 25 日 省政协教科文卫体委员会组织调研组赴萍乡市、鹰潭市就“进一步深化体育事业改革”专题座谈协商会开展前期调研。

27 至 28 日 省政协经济委员会就“抓住机遇，设立上饶高铁经济示范区”赴上饶市与上饶市政协开展联合调研。

27 至 31 日 副主席汤建人率省政协教科文卫体委员会体育界别委员和有关专家赴江苏省就关于进一步深化体育事业改革情况进行专题调研。

30 日 主席黄跃金，副主席刘晓庄、郑小燕、肖光明、孙菊生，秘书长肖为群参加省委中心组集体学习。

31 日 主席黄跃金，副主席李华栋、郑小燕、肖光明、孙菊生，秘书长肖为群参加国防知识讲座。

主席黄跃金会见台湾中华道教文化团体联合总会交流参访团成员。

11 月

2 至 4 日 全国政协副主席卢展工率全国政协调研组，就全国政协十二届二次会议重点提案《培育和弘扬社会主义核心价值观要融入社会生活》在赣进行督办调研。

3 日 主席黄跃金主持召开省政协十一届二十一次主席会议。

4 日 省政协教科文卫体委员会开展界别活动，组织教育界别委员赴江西师范大学视察“免费师范生教育试点实施情况”。

机关举办廉政党课，邀请省纪委常委、省委第三巡视组组长李泉新作专题报告。

6 日 主席黄跃金，副主席郑小燕、肖光明、孙菊生，秘书长肖为群参加省委中心组集体学习。

副主席李华栋赴扶贫点安远县调研。

7 日 省检察院举行第六届特约检察员颁证仪式。赵波、欧阳剑雄、黄菊花、夏英杰、项国雄、贾益纲、毛国典、龚兆华、游建平等 9 名省政协常委或委员受聘为第六届特约检察员。

12 至 14 日 副主席刘晓庄在南昌市、景德镇市就城市改造过程中宗教文化遗产保护工作进行调研。

13 至 14 日 省政协经济委员会赴新余市就城乡一体化建设情况以及进一步解决好江西国企改革中企业社区移交属地管理等遗留问题进行视察。

14 至 16 日 副主席郑小燕在南昌出席省政协社会福利与社会保障界别活动，就进一步促进集中安置残疾人就业情况进行视察。

19 日 主席黄跃金，秘书长肖为群出席“进一步促进江西侨资企业发展”界别协商座谈会。

副主席郑小燕出席山西省政协社会和法制委员会“社区矫正工作”调研组在赣的调研活动。

20 日 主席黄跃金，副主席李华栋，秘书长肖为群出席“进一步深化文化体制改革”专题协商座谈会。

副主席郑小燕就《交通道路安全法》的宣传与实施情况在南昌进行视察。

24 至 27 日 省政协副秘书长、办公厅主任杨春燕就加强与市县政协工作联系赴上饶市广丰县、玉山县、横峰县、德兴市、铅山县开展调研 。

28 至 30 日 省政协人口资源环境委员会组织农业界别委员赴铜鼓、永修两县视察国有林场改革及粮食安全工作。

12 月

1 日 副秘书长、办公厅主任杨春燕主持召开办公会，总结办公厅 2014 年主要工作，研究 2015 年工作要点。

2 至 3 日 主席黄跃金，副主席钟利贵、汤建人、刘晓庄、郑小燕、肖光明、孙菊生，秘书长肖为群参加省委十三届十次全会。

4 至 5 日 省政协文史和学习委员会赴上饶市征集抗战文史资料。

8 日 省政协民族和宗教委员会主任舒国华赴宁夏参加全国暨地方政协民族宗教工作研讨会。

9 至 10 日 副主席郑小燕在九江出席全省政协社会和法制委员会工作座谈会。

10日 省政协机关党组召开专题会议，按照《省政协机关党组2014年度专题民主生活会方案》要求，听取机关各党支部对机关党组和领导干部的意见建议。

12日 省政协文史和学习委员会组织社会科学和新闻出版两个界别委员赴九江学院视察校园文化。

17至18日 副主席汤建人出席全省政协教科文卫体委员会学习工作座谈会。

17日 全省政协宣传工作会议在南昌召开。

17至19日 主席黄跃金参加江西省党政代表团赴湖北省学习考察。

18日 省政协在南昌召开对口协商座谈会，就“完善宗教教职人员社会保障政策”建言献策。

19日 副主席钟利贵出席全省设区市政协经济委员会工作座谈会。

23日 主席黄跃金主持召开“进一步深化体育事业改革”专题协商座谈会。

24日 省政协党组召开2014年度民主生活会。

25日 副主席孙菊生出席省政协人口资源环境委员会全体委员会议。

26至27日 副主席刘晓庄赴修水视察宗教场所管理情况。

28日 主席黄跃金，副主席钟利贵、汤建人、刘晓庄、郑小燕、肖光明、孙菊生，秘书长肖为群参加对省委、省政府领导班子和领导干部2014年度考核。

30日 副主席刘晓庄出席省政协民族和宗教委员会全体委员会议。

设区市政协篇

政协南昌市委员会

【全体委员会议】

十三届四次会议 2014年1月8至11日，中国人民政治协商会议南昌市第十三届委员会第四次会议召开。市委、市人大、市政府、南昌警备区、市纪委、市法院、市检察院、驻昌部队、开发区（新区）领导出席开幕式和闭幕式。市政协主席卢晓健在闭幕式上讲话。会议审议通过了市政协副主席侯捷代表常委会所作的工作报告和市政协副主席李广振代表常委会所作的关于提案工作情况的报告；列席了南昌市第十四届人民代表大会第四次会议，听取和讨论了市长郭安所作的政府工作报告及其他报告；围绕"推进昌九一体化、做强做美南昌"进行了大会专题协商发言；审议通过了《政协南昌市第十三届委员会第四次会议提案收集和初审情况的报告》、《政协南昌市第十三届委员会第四次会议决议》。

【常务委员会会议】

第十三次会议 2014年1月10日召开第十三次常委会议，听取大会秘书处关于市政协十三届四次全会开幕以来有关情况的汇报；审议通过《政协南昌市第十三届委员会第四次会议决议（草案）》；审议通过《政协南昌市第十三届委员会第四次会议提案收集和初审情况的报告（草案）》。

第十四次会议 2014年7月30日召开第十四次常委会议，传达省委十三届九次全体会议和市委十届九次全体（扩大）会议精神；审议通过有关人事事项；审议通过市政协办公厅、各专委会2014年上半年工作总结（书面）；通报南昌市2014年上半年经济社会发展情况及下半年工作打算；专题协商"工业三年强攻计划实施情况（加快工业园区发展，助推临空经济区建设）"。

第十五次会议 2014年10月30日召开第十五次常委会议，对部分提案承办单位进行民主评议；审议通过有关人事事项。

【专门委员会工作】

提案委员会 主要工作：广大政协委员和各参加单位共提出提案431件，其中大会期间提案422件，平时提案9件。经审查，立案233件，并案67件；作为委员来信转有关部门处理的23件，作重要信息和社情民意处理的106件，另有2件不符合立案标准的提案经与提案者沟通后，作撤案处理。截至2014年9月底，立案提案已全部办复。从办理情况看，提案所提问题已解决或基本解决的107件，占立案总数的45.9%，正在解决或计划解决的115件，占立案总数的49.4%，因条件限制留作参考的11件，占立案总数的4.7%。从提案者反馈意见来看，提案办理满意和基本满意率达98.3%。委员们就民营经济、工业园区建设、国企改革、旅游产业、生态农业、物流业等方面问题，提出提案46件。如《关于促进我市民营经济转型升级的建议》，市委、市政府高度重视，制定了《关于加快民营经济发展的政策措施》，通过降低准入门槛、放宽投资领域、完善要素平台等举措，为民营企业转型升级提供了强有力的支撑。《关于扶持南昌服装产业发展的建议》，市工信委积极采纳，完成了南昌市纺织服装创意产业园规划设计选址等前期工作，中国（江西）针织服装创意产业园项目已列入2014年省、市重点推进重大工业项目。为落实《关于提升南昌二手车行业发展空间的建议》，市政府在联合提案者对所涉问题进行深入调研的基础上，专门组织市公安局、市商贸委、市工商局等单位召开联席会议，出台了《关于进一步加强二手车流通管理工作的通知》，加强了二手车市场的管理和市场监管，促进了南昌市二手车流通业健康有序发展。围绕新城建设、旧城改造、环境保护与治理、改善交通状况等方面提出提案98件。如《关于切实落实“蓝天计划”，实现南昌蓝天碧水的建议》，市政府印发了《南昌市扬尘污染防治工作责任追究实施细则》，完善了扬尘污染问责机制；市环保局、市工信委、市质监局联合下达新扩禁燃区内高污染燃料锅炉改造任务，并进行现场督察；市城管委对露天烧烤、餐饮油烟污染、建筑垃圾运输等进行了高强度、高密度的整治。《关于重建“铁柱万寿宫”与保护南昌著名古建筑的建议》得到市政府分管副市长的批示，市文化局积极办理，在万寿宫街区改造工程中采纳了提案建议，将再现老南昌古城风貌。《关于加快提升绳金塔旅游景观区特色品牌的建议》，西湖区认真办理，大力实施绳金塔商业特色街区建设工程，成立了由区委、区政府主要领导挂帅的总指挥部，目前一期美食街项目已经完工，商户陆续开业。委员们就科技教育、文化事业、医疗卫生、社会保障等方面提出提案66件。针对《关于重视我市农村教师资源配备不均问题的建议》，市编办认真研究落实，对全市中小学在校学生数进行全面摸底，并要求县区将农村教育教学点设置、农村教学点教师配备作为重点，适当倾斜，确保农村小学（教学点）设置、编制核定合理。《关于在我市打造区域医疗联合体的建议》，市卫生局非常重视，在制定《南昌市进一步深化城乡医院对口支援工作方案》时充分采纳了提案建议，进一步细化完善了医疗联合体顶层设计，将支援医院和受援机构作为利益共同体进行捆绑。委员们积极建言南昌市民主法治建设，就此提出提案23件，其中不少建议引起有关单位和部门的重视，收效显著。《关于多管齐下打击传销促和谐的建议》，在南昌市打击传销工作领导小组办公室制定的《关于在全市开展创建无传销城市工作的意见》中得到体现，意见中提出了具体措施和实施步骤，经过努力，南昌市现已形成纵向到底、横向到边的防控传销网络。《关于建立法院案件一站式查询咨询平台的建议》契合了新形势下人民群众对司法工作的新要求和新期待，市中级人民法院认真接受，全面开展“诉讼服务中心”各项筹建工作，努力打造便民利民“一站式”工作平台，进一步提高了司法为民的工作质量和效率。

经济科技委员会　主要工作：围绕中心工作开展课题调研。上半年开展加快工业园区发展调研，针对我市工业园区发展最迫切需要解决的问题和最需要推动的方面，梳理出园区产业定位不明晰等12个制约工业园区发展的突出问题，提出破解工业园区发展瓶颈的意见建议，为市政府出台指导扶持园区发展的规范性文件、制定工业园区产业集群考核办法等10个方面提供参考。4月开展推进临空经济区建设调研，赴鄱阳湖生态经济先导区领导小组办公室、南昌中小微企业工业园管委会、临空经济区管委会，就临空经济区建设推进情况进行调研，形成“建议市政府协调省政府切块专门的土地指标到市里”等4条关于推进临空经济区建设的具体建议。7月至10月开展加快民营经济发展调研，针对市委、市政府《关于加快民营经济发展的政策措施》的贯彻落实情况展开调研，采取实地调研、座谈交流、发放调查问卷等方式，向29个市直有关单位和632家民营企业了解情况、征集问题和建议，形成高质量的分析表格和调研报告。开展推进二手车市场发展调研，形成《关于我市二手车市场发展的调研报告》，提出制定我市二手车行业发展规划、统筹网点布局、在望城新区集聚形成新的大规模和综合性二手车大市场等建议。围绕全市经济发展专题协商。在7月30日的市政协常委会上围绕我市提出的工业“三年强攻计划”实施情况举行专题协商。10月召开《关于加快民营经济发展的政策措施》贯彻落实专题协商会。承办2014年全市百大重点项目协商民主会议。积极建设南昌之友联谊会,围绕全面打造核心增长极拓宽渠道。5月成立南昌之友(云南)联谊会,6月召开南昌之友联谊会第二次会长(扩大)会议,8月举行香港南昌之友会第二届理事会换届选举。

人口资源环境城乡建设委员会 主要工作:围绕中心开展调研视察活动。为助推南昌城市建设更好更快发展,成立专题调研组,卢晓健主席亲自领衔,开展了构建大南昌发展格局的调研,从“国家有发展战略、省里有发展要求、南昌有发展必要”三个层面,深入分析国家和省有关区域发展战略和经济政策,探讨构建大南昌发展格局的必要性和可行性。8月8日,市委常委专题会听取了调研成果汇报。积极指导联系界别开展调研。与对口联系的农林、农工党、共青团、青联、妇联等界别召开专门会议,通过走访、座谈、研讨交流等方式积极与调研牵头人及调研相关委员沟通联系,加强指导和督促,确保了各课题组调研质量。7月发挥政协委员民主监督优势,完成了“创文保卫”工作视察,与市直相关部门及县(区)有关领导就我市“创文保卫”工作中存在的问题进行了交流讨论,推动创文保卫工作。开展农业生态环境保护专题调研,完成调研报告,为我市农业生态环境保护工作提供参考依据。4月召开南昌市“治脏治乱”专题协商会,取得了良好的协商效果。7月召开旧城改造暨新城建设专题协商会。2014年,持续关注民生,“委员进社区(乡村)”活动深入人心,进一步建立健全了机制,深入基层推动活动,召开了“群众在心中——委员进社区(乡村)”现场学习交流会。

教卫文体文史委员会 主要工作:围绕中心,深入开展调研积极建言献策。5月召开专题协商会,就“食品药品监管体制改革及食品药品安全保障”进行协商,提出了不少好的意见和建议。9月召开“实现南昌服务业三年强攻计划,提升南昌服务业发展水平”专题协商会议,会议纪要呈送市委、市政府。6月,组织部分委员和有关专家学者开展“南昌中小学危房现状”专题调研,形成了《南昌市中小学校危房及改造情况的调研报告》,上报市委、市政府,供决策参考。文史工作有了新进展。先后编辑出版了《星月苍穹红谷滩——南昌市红谷滩建设发展史》、《红星耀中华——211名红军将士采访录》,获得读者的好评。《人民日报》、新华社、中国新闻社、中央人民广播电台等12家主流媒体对《红星耀中华——211名红军将士采访录》的出版发行做出高度评价。

社会和法制委员会 主要工作:开展视察调研,为领导决策提供参考。5月组织部分少数民族界别委员和宗教界别委员对我市基层派出所开展视察活动,看望了因公病倒的民警邹永亮,实地视察了基层派出所的各项工作情况,就进一步加大建设,提升服务等方面提出意见建议。6月成立专题调研组,就南昌市农村宗教事务管理情况开展专题调研,通过基层走访、座谈讨论、调研分析,形成关于加强南昌市农村宗教事务管理的调研报告,供省政协调研参考。11月,召开平安南昌建设召开专题协商会,与市直有关部门面对面交流,提出意见建议。切实推进民主监督,为优化环境提供助力。制定《2014年南昌市政协民主监督工作方案》,明确工作要求,协调工作安排,汇总意见建议,编印《民主监督工作简报》。7月召开市政协民主监督工作会议,反馈落实群众路线教育实践活动意见建议,对领导挂点开展民主监督工作作出部署,进一步推动民主监督及跟踪服务工作。为切实维护司法公正，于2月18日、6月10日、6月18日组织部分常委、委员前往市中级人民法院开展假释减刑案件庭审旁听、执行案件情况视察，召开座谈会，就庭审、执行情况与相关人员进行讨论交流。组织委员参加省组信访问题巡查；组织部分常委、委员参加市政府信访接待，切实为维护社会稳定、保障社会发展、构建和谐社会发挥作用。参与我市立法工作，两度召开立法协商会。

港澳台侨和外事委员会 主要工作：围绕经济中心，认真开展各项调研、民主监督工作。7月召开我市蔬菜安全供应工作专题协商会。10月完成省政协《我省侨(港澳)资企业发展情况》专题调研，填补了我市侨(港澳)资企业信息资料不全的空缺。注重发挥港、澳、台侨胞委员的作用，支持他们为维护国家统一、关注内地发展及资助贫困地区的教育、卫生等公益事业作出自己的贡献。9月份，香港特别行政区发生的“占领中环”非法集会后，我委及时将《人民日报》关于香港问题的文章发给在港的委员，使他们及时了解中央政府的精神，他们自觉站在特区政府的立场上，纷纷指责这一有损香港发展、社会稳定的行为，委员郭文义委员及其所属香港青年联会联合海外20多家青年团体在香港主流媒体上发表“反占中”申明，为捍卫香港利益而发出理性声音；委员邓兆轩还带领员工与占领人士辩论，驱赶非法占领人士，11月，他还率领龙山基金20余人，开展2014年度赣港心连心江西送暖匡校助学团活动，既捐款20多万元为安义小学改善了教学条件，又加深了香港青年对内地的了解。3月份，香港委员郭文义及其香港雁心会乐幼基金出资30万元资助进贤县文港中星小学改扩建，10月份该小学正式竣工落成，学校面貌焕然一新。春节前，香港委员林静霞动员我市女子商会的成员为新建县松湖港西镇贫困户送去了慰问金。继续加强与市涉侨部门和单位的联系与合作，共同组织开展活动。先后走访了市委台办、市侨联、市外侨办、市台联等单位，3月份参加了南昌市侨商国际联合会第三届年会，给年会发去贺电，我委委员分别当选为执行会长、副会长。注重开展与港澳台地区文化教育交流活动，通过两地大学生的互动交流，使台湾青年更深入地了解南昌、热爱南昌，增进了彼此的友谊。

【重要活动】

扎实开展“南昌之友联谊会”招商引资活动 积极建设好平台，扎实有效开展活动。一是成立南昌之友(云南)联谊会。5月18日，南昌之友(云南)联谊会成立暨国家级南昌小蓝经济技术开发区产业推介会在昆明成功举行，小蓝经济技术开发区领导向与会的120位会员及客商推介了小蓝经济技术开发区的基本情况、交通优势、经商环境和重点产业，为进一步促进南昌与云南的友好往来，联系交流搭建了重要平台。二是召开南昌之友联谊会第二次会长(扩大)会议。6月22日，在深圳召开了南昌之友联谊会第二次会长(扩大)会议，卢晓健主席、侯捷、辛利杰副主席，以及各分会的会长、副会长代表和秘书长赴深圳参加会议。会议对南昌之友联谊会成立两年来的工作进行了回顾，向与会人员通报了南昌打造核心增长极两周年取得的成果，并对南昌之友联谊会今后的工作提出了要求，倡议各分会推进南昌之友会员队伍发展壮大，加强分会建设与分会间协作，推进南昌四个“三年强攻计划”。三是成功举行香港南昌之友会第二届理事会换届选举，进一步优化了香港南昌之友会理事会结构，香港恒发洋参控股有限公司主席杨永仁当选为新一届会长。四是以吸引项目为主导，组织考察交流活动。建立了会员项目季度台账，时刻关注项目进展，推动项目发展。邀请了各界知名人士和重点客商前往县区考察，经过多轮洽谈、跟踪、服务，最终实现投资12亿元的泉州汽配产业园项目在新建县落户，6月6日在长垓工业园区举行了项目开工仪式。五是创造性开展“政协委员走进南昌之友会员企业”活动。7月，卢晓健主席率市政协经济、科技界别委员赴南昌之友联谊会落户会员企业南昌科陆智能电网科技有限公司和南昌正星光电技术有限公司走访视察，调研企业发展情况，实地参观企业项目建设，进一步强化政协委员履职能力，提高政协委员参与全市经济发展的决策参考水平。六是不断增强影响力和凝聚力。为扩大南昌之友联谊会的社会影响力，与南昌日报、南昌晚报共同研究，制定宣传方案，推出了“中国梦？我的梦”寻访南昌之友骄傲人物系列报道宣传报道活动，派记者分赴各分会所在城市和地区，对南昌之友联谊会有代表性的会员进行采访，宣传他们敢拼敢闯的创业精神，讲述他们关心和支持南昌发展的特殊情缘。

继续开展委员进社区(乡村)活动 一是进一步建立健全了机制。通过继续搭建“政协委员社区联络站”和“政协委员乡村工作室”这个平台，不断完善市政协委办对口联系县区制度、县区政协领导指导联系委员联络站(乡村工作室)制度及政协委员社区联络站(乡村工作室)工作制度，进一步明确了“五个一”要求(即:委员每年参加一次基层协商民主活动、为社区(村)办一件实事、提出一件切合实际的提案、至少反映一条有价值的社情民意、参加一次扶贫济困或者公益活动等)，拓宽了委员服务面和参与面，为化解社会矛盾、促进社会和谐作出了积极的贡献。据统计，全市政协委员共发放委员与群众联系卡9000余张，为群众开展便民服务活动876次，收集、反映社情民意600余条，为基层群众协调、解决实际问题430余件，扶贫帮困捐助180万元。二是继续深入基层推动活动。为深入推进“委员进社区(乡村)”活动，在总结去年活动经验的基础上，通过制定计划、调研指导、召开工作座谈会等多种方式推动“委员进社区(乡村)”活动持续深入发展，先后在青山湖区、东湖区和西湖区等县区召开了座谈会，了解“委员进社区(乡村)”活动情况、开放式小区建设情况等与群众息息相关的工作，并就完善活动制度、服务社区(乡村)群众的方式方法与社区干部群众和政协委员进行了广泛的探讨交流，为继续深入推进“委员进社区(活动)”积累了第一手资料。三是召开了“群众在心中－委员进社区(乡村)”现场学习交流会，就活动中的好做法、好经验和存在的困难等方面进行座谈交流，达到了互相学习、取长补短、深化活动的目的，进一步推动“委员进社区(乡村)”活动深入发展、均衡发展、全面发展。

开展“三年攻计划”实施情况专题协商会 围绕我市提出的工业“三年强攻计划”实施情况举行专题协商。在前期对加快工业园区发展和推进临空经济区建设大量调研的基础上，与调研组委员共同撰写形成围绕我市工业“三年强攻计划”实施情况的协商发言材料，并征求市直部门意见，反复酝酿、修改、完善。7月30日，在市政协常委会上，5名委员分别从加快工业园区发展、临空经济区建设、提高行政审批效率、完善园区配套、电子商务助推园区企业转型发展等内容切入，进行协商发言。郭安市长在专题协商材料上批示:“政协委员就我市四个三年强攻计划提出了许多好的建设性意见建议，有助于我们在工作中完善、改进和加强。请各位副市长同志对照各自分工职责，认真研究，并切实改进、吸收，为打造核心增长极助推助力!”

召开市政协推进《关于加快民营经济发展的政策措施》贯彻落实专题协商会 在前期广泛深入调研的基层上,2014 年 10 月 30 日组织召开专题协商会议,就推进市委、市政府出台的《关于加快民营经济发展的政策措施》贯彻落实进行专题协商。卢晓健主席、周关常委、田大忠副市长出席会议并讲话,侯捷、李广振、陈斌副主席,市政府分管副秘书长,市促进非公有制经济发展领导小组办公室负责人,部分市政协委员参加,还邀请了 25 个市直相关部门分管同志参加。会上,陈斌副主席作了我市《关于加快民营经济发展的政策措施》贯彻落实调研情况报告,4 名市政协委员分别从完善融资平台、建设行业产业园、完善用地保障、扶持科技创新等内容切入,提出了意见建议。会议及委员发言得到市委、市政府领导的高度评价。

召开 2014 年全市百大重点项目协商民主会议 承办 2014 年全市百大重点项目协商民主会议,侯捷、龙国英副主席及 20 余名委员参加了会议,市发改委、市工信委、市重点项目办、市商贸委、市城管委等市直有关部门负责同志对项目进行了说明。与会委员结合平时调研和掌握的情况,进行了认真协商,并从项目投资结构等 8 个方面对征求意见稿提出了意见建议,会后形成了《关于“2014 年全市百大重点项目”协商民主会议政协委员意见建议的报告》,供市政府决策参考。

召开南昌市“治脏治乱”专题协商会 为掌握和破解我市“治脏治乱”工作中存在的难题,充分发挥政协协商民主职能,就“治脏治乱”情况进行了调研。市政协主席卢晓健带领调研组成员先后赴市房管局、物价局、环保局进行了调研,市政协副主席侯捷带领调研组成员先后到青山湖社区、市城管委、市交管局等部门调研,并于 3 月 25 日带领部分政协委员赴吉安市吉州区开展学习调研,通过座谈、实地视察等方式,学习外地在“治脏治乱”方面的好经验、好做法。同时,各城区政协开展了对辖区内“治脏治乱”工作的调研。在这一系列调研的基础上,于 4 月 24 日召开了南昌市“治脏治乱”专题协商会,邀请了市委常委、副市长刘建洋及市、区两级政府相关部门负责人参加会议。会后,及时将委员的意见和建议梳理总结并报送至市政府,取得了良好的协商效果。

召开旧城改造暨新城建设专题协商会 为了解掌握我市旧城改造和新城建设方面的情况,按照 2014 年南昌市政协常委会工作安排,7 月份副主席侯捷、龙国英带领部分市政协委员,先后赴东湖、西湖、青山湖区政协,通过听取汇报、开展座谈等方式,就我市在旧城改造方面好的经验做法以及存在的问题进行专题调研。在此基础上,召开旧城改造暨新城建设专题协商会,提出了许多具体的意见和建议。

召开“我市食品药品监管体制改革及保障我市食品药品安全”专题协商会 在市政协副主席李广振、熊晓武率领下,与市食品药品监督管理局组成了联合调研组,通过视察、召开座谈会、发放调查问卷及赴外地学习考察等多种形式认真开展调研。5 月 29 日,市政协召开专题协商会,邀请部分市政协委员就“食品药品监管体制改革及食品药品安全保障”进行协商,提出意见建议。协商会上,南昌市食品药品监督管理局负责人介绍了我市食品药品监管体制的现状及存在的问题。针对南昌市食品药品监管现状,委员们围绕改革完善食品药品安全体制、加强农村食品药品安全监管、以数字化提升监管水平、国内部分城市食品药品体制改革比较研究、创新食品药品社会监管体制等方面积极建言献策。在认真听取委员的意见建议后,南昌市委常委、常务副市长张鸿星对协商会给予了高度评价，认为委员发言有价值、有深度、有见地，为政府决策提供了参考。同时表示南昌市委、市政府高度重视食品药品监管体制改革，6月份出台方案，市级争取在9月份改革到位。届时一定会按照“精简、统一、高效”的原则，确保职能和机构整合到位，确保“人、财、物”划转充实到位，确保机构组建按时到位，确保各方面职责落实到位。

召开“实现南昌服务业三年强攻计划，提升南昌服务业发展水平”专题协商会 2014年9月召开了“实现南昌服务业三年强攻计划，提升南昌服务业发展水平”专题协商会议。会前，市政协联合市商贸委、市民进组织委员和有关专家学者深入进行了深入调研。协商会上，委员们从体制机制创新、提升服务业发展绩效，如何打造南昌特色商业街以及进一步提升南昌旅游业发展等方面提出了不少好的意见和建议。会后，会议纪要呈送市委、市政府后，省委常委、市委书记王文涛同志还专门作出了批示“请市政府分管副市长采纳市政协专题协商会提出的建议”。

开展“南昌中小学危房现状”专题调研 为切实保护全市中小学生安全，根据省委常委、市委书记王文涛同志的重要指示，2014年6月，市政协联合市教育局，并与各县政协教卫文体委上下联动，组织部分委员和有关专家学者深入开展调查研究，为切实保护全市中小学生安全建言献策。通过实地调研，调研组了解了我市学校危房的现状，分析了主要问题，提出了加大资金投入，加快危房改造进度；加强指挥督导，部署中小学校D类危房消除任务；实行项目管理，坚持危房改造工程实施的四项原则；严格制度管理，加强学校危房改造工程的管理等建议，并形成了《南昌市中小学校危房及改造情况的调研报告》，上报市委、市政府，供市领导决策参考。

开展“平安南昌建设”调研 2014年8月至9月，市政协组织开展了关于进一步推进“平安南昌”建设的专题调研。调研组深入市综治办、公安局、司法局、城管委、信访局、民政局等职能部门，及南昌县、西湖区等县区，通过实地调研、走访座谈、收集资料、外出考察、专题讨论等方式，对我市“平安南昌”建设情况进行了全面了解和深入分析，形成了《关于进一步推进“平安南昌”建设的调研报告》，供市委市政府决策参考。11月，就平安南昌建设召开专题协商会，与市直有关部门面对面交流，提出意见建议。

召开我市蔬菜安全供应工作专题协商会 2014年3月，先后两次组织委员举行专题调研座谈会，成立由委员、专家和相关部门人员组成的专题调研组。4月，在陈守国副主席率领下先后四次组织委员、专家学者深入我市蔬菜生产基地南昌县、蔬菜销售批发中心——深圳农产品批发市场、麦德龙超市及五星垦殖场，进行实地调研考察，就我市当前蔬菜的生产销售现状、存在问题进行深入探讨、客观分析，形成相关意见建议。课题组做了大量行之有效的工作。7月，召开了我市蔬菜安全供应工作专题协商会，形成《关于南昌市蔬菜安全供应工作调研报告》，供市委、市政府决策。

开展立法协商活动 为积极探索协商民主机制，服务我市立法工作，2014年，两度召开立法协商会。5月8日，召开《南昌市建筑垃圾管理条例》立法协商会，组织委员从立法层面到管理手段，从条例目的到章节文字，围绕条例的各项内容协商建言，提出很多有价值的修改建议。9月29日，组织召开《南昌市水资源条例》立法协商会，会后整理5点主要修改意见形成专题报告呈市政府及相关市直部门。立法协商会的召开，为不断提高我市立法的科学化和民主化水平发挥了积极作用。

【重要文件】

政协南昌市第十三届委员会常务委员会工作报告

（2014 年 1 月 8 日在政协南昌市第十三届委员会第四次会议上）

侯　捷

各位委员，同志们：

我受政协南昌市第十三届委员会常务委员会的委托，向大会报告工作，请予审议。

2013 年工作回顾

2013 年，常委会在中共南昌市委的领导下，团结和带领广大政协委员，坚持以邓小平理论、“三个代表”重要思想和科学发展观为指导，深入贯彻中共十八大和十八届三中全会精神，紧紧围绕打造核心增长极目标，主动服务发展大局，认真履行政治协商、民主监督、参政议政职能，为南昌加速发展作出了积极贡献。

一、坚持围绕中心，参政议政更有成效

常委会牢牢把握全市工作中心，发挥优势，积极为打造核心增长极献计出力。

调研视察助推重点工作。一是认真做好市委、市政府交办的重大课题调研。为充分发挥非公经济在全市发展中的“生力军”作用，根据市委统一安排，成立由卢晓健主席为组长的非公经济课题组，对我市非公经济发展情况开展了历时三个月的深入调研，先后召开座谈会 15 个，实地走访各类企业 20 余家，发放企业调查问卷 1000 余份，通过媒体广泛征求社会各界意见，赴长沙、南通等地专题考察，在摸清非公经济发展现状的基础上，借鉴外地经验，按照“降门槛、拆篱笆、搭平台、强服务”的思路，提出放宽市场准入、培育创业主体、加大财税金融支持、健全服务体系等 16 条建议，为我市研究出台《关于加快民营经济发展的政策措施》提供了重要参考。为进一步创新社会管理，根据市政府主要领导要求，我们集中时间和精力，深入城区、街道和社区开展专题调研，多方征求意见，就推进社区网格化管理工作提出 7 条具体建议。二是围绕全市中心工作广泛开展“大调研”。为进一步夯实协商民主履职基础，以界别为单位开展“大调研”活动，由委员从自己最熟悉的领域、最擅长的专业、最了解的民情入手，挑选产业发展、园区建设、民生工程、社会管理等方面的 45 个课题，进行深入调研，形成了一批调研成果。如，《关于倡导移风易俗，加强烟花爆竹燃放管理的调研报告》报送市委、市政府后，市政府认真研究，以通告形式对规范市民燃放鞭炮行为作出明确规定；《关于南昌旅游资源开发和利用的对策研究》在有关部门制定建设旅游强市政策时得到重视和采纳。三是积极开展重大工程和重点工作视察。组织住昌省政协委员和市政协委员，对地铁建设、西客站建设、环境保护与生态文明建设等重大工程，以及食品药品安全、广电体制改革等重点工作进行专项视察，主动建言献策。同时，配合省政协就建设和谐秀美乡村等多项课题开展调研视察活动。

南昌之友服务招商引资。目前，南昌之友联谊会已有单位会员 10 个，个人会员 868 人，覆盖面不断扩大，成为我市“以情会友、以友聚商、以商合作”的重要平台。我们采取联谊会搭台、部门参与、县区（开发区、新区）唱戏的方式，走出去开展产业推介；组织开展“南昌之友看南昌”活动，请进来参观考察；密切加强与分会、会员联系，主动跟踪服务会员项目等，先后获得项目信息 25 条，促进 7 个项目达成投资意向，江西蓝韵科技有限公司等 5 个项目（36.5 亿元）正式落户，智能电网等 3 个在建项目建设加快。如，“南昌之友（厦门）联谊会成立

暨新建县产业推介会”召开后,参会的泉州(国际)机械装备行业工会随即组织一批企业家来昌实地考察,最终实现投资12亿元的泉州汽配产业园项目落户新建县长堎工业园区。

献策牵线助力加速发展。继续深入开展“服务发展献一策,促进项目牵一线”活动,收到市、县(区)两级政协委员建言献策材料100余篇,涉及经济、文化、社会、生态文明等多个方面。同时,我们还围绕中小企业服务机构发展等专题,组织委员与市直有关部门、有关县(区)、开发区(新区)负责人进行座谈,共商对策,形成专项建议报送市委、市政府及有关部门。

二、坚持服务大局,协商民主更显作为

常委会充分发挥人民政协作为协商民主的重要渠道作用,开展形式多样的协商活动,助推科学决策。

围绕重大问题开展专题协商。市政协十三届三次全会期间召开了“解放思想,先行先试”专题协商会,8名委员从推动生物医药产业发展等八个方面提出建议,与党政主要领导和分管领导、各县区、开发区及有关部门负责同志面对面协商。省委常委、市委书记王文涛对委员的发言高度赞赏并逐一点评,市政府主要领导明确要求各部门认真研究落实。一年来,委员多项建议得到转化,市政府制定出台的《关于进一步深化全市投融资体制改革,促进实体经济发展的政策措施》、《关于促进企业上市工作的意见》,市工信委研究制定的《食品和生物医药产业发展规划》,高新区设立“电子商务产业园”等,都吸收了委员的建议。根据市委、市政府安排,组织委员对准备列为全市2014年的100个重大重点项目进行了专题协商,市发改委、市工信委等部门领导到会介绍情况并听取意见。

围绕部门工作开展对口协商和界别协商。为进一步推动各部门履行职能,各专委会组织界别委员,先后开展各类协商建言活动13次。如,为促进我市司法公开公正,社会和法制委组织委员赴市中级人民法院开展庭审旁听和评议;《南昌市城市规划管理技术规定》、《关于加强南昌市房屋建筑和市政基础设施工程施工邀请招标项目招投标活动监管的通知》等5部法规、文件出台前,相关专委会组织委员与市政府职能部门进行了认真协商,提出了许多修改意见建议。

围绕民生实事开展提案办理协商。为办理好刘彦委员提交的《关于进一步加强我市环境卫生工作的建议》提案,我们先行深入调研、在掌握第一手资料后,邀请各职能部门和县区负责人参加提案办理协商会,市委常委、副市长刘建洋到会听取意见,经过协商促使所反映问题有效解决,在经费保障机制上得以落实。

三、坚持注重实效,民主监督和提案督办更加有力

常委会始终把优化投资环境作为民主监督的重要内容,找准着力方位,积极开展特邀监督员和重大重点项目跟踪调研活动,加大提案督办力度。

民主监督优环境。一是加强对职能部门的民主监督。进一步扩大特邀监督员选派范围,组建20个特邀监督员小组,分别派到执法和职能部门,采取问卷调查、座谈走访、明察暗访等形式了解部门服务对象意见,先后提出建议47条。如,特邀监督员对市国土局机关科室、地产交易中心服务窗口和下属4个分局进行明察暗访后,及时将发现的办事手续复杂、效率有待提高问题向市国土局反映,提出改进建议,市国土局认真研究后,对工作流程进行优化整合,提高了服务效率。二是加强对重大重点项目建设情况的民主监督。以界别为单位,组织民主监督小组对中小微企业工业园、麦园餐厨垃圾处理厂等10个项目开展一对一的跟踪调研，先后向有关部门反映问题26个，提出建议15条。针对江西慧谷——用友南昌产业园用电难问题，民主监督小组及时向市政府反映并提出建议。市委常委、常务副市长张鸿星高度重视，主持召开专题会议，为其铺设供电专线进行协调并得以落实。三是参与“啄木鸟行动”进行民主监督。推选64名政协委员担任城市“啄木鸟”，重点了解群众对职能部门效能建设、市容环境、交通秩序方面的意见建议。委员反映的许多具体问题，在各级领导的重视和新闻媒体的配合下，均得到较好解决。

提案工作重实效。通过采取多项举措，立案的189件提案不但全部按时办复，而且实现了由一般回复向实质落实转变。领导高度重视提案工作。省委常委、市委书记王文涛，时任市长陈俊卿，代市长郭安，市委常委、常务副市长张鸿星分别对19件提案作出重要批示，市政协领导对这些提案进行督办，推动了这些提案的落实。严把提案审查关。首次制定出台《政协南昌市委员会提案审查立案办法(试行)》，并据此对三次会议以来收到的381件提案进行认真审查，确定立案189件，其他转为委员来信、社情民意信息，有效强化了委员撰写提案的质量意识，为部门办理提案夯实了基础。选择重点提案全年跟踪办理。选择《关于构建跨区域大交通体系，加快南昌打造核心增长极的建议》等2件提案，进行全年跟踪督办，坚持把督办工作贯穿于提案办理落实全过程。针对构建跨区域大交通体系提案，我们多次赴相关职能部门和市公交总公司、江西长运集团进行调研，邀请专家座谈论证。6月，时任市长陈俊卿主持召开专题协商会，听取市政协对提案办理建议的汇报，研究部署提案办理工作，并以会议纪要形式明确落实措施。9月30日，我省首条城际公交——南昌到永修的139路公交正式开通，拉开了我市建设省内城际公交的序幕，对南昌进一步汇聚人气、扩大辐射力具有重要意义。对提案办理情况开展民主评议。在常委会上，对市人保局、市城管委、市公安局、市教育局4个单位办理提案情况进行民主评议。评议结果表明，常委们对被评议单位办理提案的效率和效果给予充分肯定。

四、坚持履职为民，服务群众更切实际

常委会始终把改善民生作为履职的出发点和落脚点，坚持履职为民，积极协助党委、政府做好促进社会和谐工作。

以“群众在心中”为主题开展委员进社区(乡村)活动。各县(区)政协结合实际，积极探索和丰富活动形式，不断取得新成效。委员参与面进一步拓展。去年以来，许多住昌省政协委员也主动参加我市的政协委员进社区活动，与市县(区)政协委员一道，深入基层调查研究了解民情，帮扶困难群众，形成省、市、县(区)三级委员联动参与的良好格局。省政协委员、南昌银行党委书记陈晓明多次参加社区敬老节、社区文明创建活动，还为社区困难群众送去温暖。活动形式进一步丰富。南昌县政协、进贤县政协着力开展“文化、科技、卫生”三进村、老干部老党员论坛等活动；新建县政协依托“刘海平生猪养殖咨询服务室”和“政协委员驻恒盛公司蔬菜水产技术服务站”，为生猪养殖和蔬菜种植户提供免费咨询及技术服务；安义县政协在活动中创造了上门家访、定点接访、重点约访、定期回访“四访”工作法；东湖区政协充分发挥委员优势和特长，组织开展爱心进社区送温暖、文化科技进社区送知识、法律进社区送平安、职责进社区送政策“四进四送”活动；青山湖区政协全面推广“王琴工作室”、“刘小兵工作室”模式，并把进社区工作延伸到工业园为企业服务，拓展建立委员“企业联络站”。服务大局进一步务实。

主动围绕全市重大工程和重点工作，深入一线做好宣传引导、化解矛盾工作，为加速发展凝聚合力、减少阻力。东湖区政协、西湖区政协把委员进社区的工作重点集中在棚户区改造、地铁建设、拆违拆临等中心工作中，进行政策宣传、释疑解惑。湾里区政协以镇、街道政协工作联络组为活动载体，积极参与"四区"建设，深入开展"三百惠民工程"（百名委员为百户居民解决百件实事）。青云谱区政协帮助社区创建老年活动中心，支持委员为中心开办"养老厨房"，帮助中心百余名"空巢老人"解决中午用餐难题。履职意识进一步增强。委员通过进社区、下基层，密切与群众联系，帮助解决实际困难，与老百姓建立了深厚感情，履职为民意识明显增强。一年来，全市共开展委员进社区活动800余次，推动解决实际问题650个。市政协领导经常性深入基层调研走访，为挂点社区、乡村协调解决环境治理、土地整理、公路修筑、小学修建、管道疏通等诸多实际问题，受到当地群众好评。

积极做好社情民意信息工作。一是加强网络建设，形成了以委员和信息员为基础，市政协专委会、界别、县（区）政协为节点的三支工作队伍，广辟信息来源；二是建立保障机制，制定了定期研究和总结、考核评比和奖励、跟踪办理和反馈三项工作机制，促进规范开展；三是提高工作实效，以"紧扣重点、聚焦热点、突出难点、抓住盲点"为标准，向省政协报送社情民意48篇，其中盛建昌委员撰写的《破解中小企业融资瓶颈，服务打造核心增长极》、熊有炳委员的《建议将婚姻登记工作收归县级民政部门统一办理》等信息，由省政协向省委、省政府报送后，分别得到省委书记强卫、副省长胡幼桃等省领导的重要批示；向市委、市政府报送社情民意31期，省委常委、市委书记王文涛，市委常委周关等领导分别在有关信息上作出重要批示，推动了所反映问题的解决。如，许秀柏委员提交的《坚决取缔"洋垃圾"服装一条街》的社情民意，省委常委、市委书记王文涛批示后，市工商、海关、公安等部门迅速联合行动，对丁家巷"洋垃圾"服装一条街进行专项整治予以取缔。

五、坚持强本固基，自身建设更加扎实

常委会坚持把加强自身建设作为做好政协工作的重要保证，内强素质，外树形象，不断夯实基础，激发履职活力。

加强理论和业务学习。认真学习贯彻中共十八大和十八届三中全会精神，深刻理解全面深化改革的重大意义、指导思想、总体目标和工作重点，增强了为全面深化改革而共同奋斗的信心和决心。利用南昌政协大讲堂平台，邀请专家学者围绕经济、政治、文化、人民政协理论建设等课题举办讲座9期，帮助委员开阔视野、增长知识。成立南昌市人民政协理论研究会，加强政协理论研究，在实践中不断总结经验，形成理论指导实践，进一步提升政协工作水平。

加强文史和宣传工作。进一步加强政协文史工作，广泛收集资料素材，采访走访事件亲历、亲见、亲闻者，召开文史研讨座谈会12场，编辑《红星耀中华——213名红军将士采访录》等文史书籍和资料100余万字，图片300多幅，翔实生动记录和展现了南昌的历史人文风貌和改革发展成就。扩大政协工作社会影响，做好南昌之友、委员进社区等履职活动宣传，各级新闻媒体报道市政协工作370余篇次，其中，国家级26篇次，省级130篇次；南昌政协会刊、网站、手机报、微博平台刊发政协新闻信息等稿件2700多篇次。

加强队伍建设。密切与党派团体的联系，征求党派团体对政协工作的意见，为党派团体参政议政、发表见解创造条件、搭建平台；把界别活动与政协履职有机结合，组织开展形式多样的调研、视察、民主监督活动,提升了界别活动组织化水平;密切联系委员,市政协领导经常走访委员,先后走访委员120余人次,广泛听取意见建议,协调解决委员企业发展中遇到的困难,各专委会充分发挥联系、协调、指导、服务的纽带作用,为政协委员履职提供组织保障。认真贯彻落实中央八项规定和省、市有关规定,深入开展反对"四风"活动,进一步健全机关各项工作制度。市政协书画院和合唱团经常性开展活动,营造了和谐活跃的工作氛围。

一年来,常委会取得的工作成绩,是中共南昌市委正确领导、市人大、市政府大力支持的结果,是社会各界和广大市民积极参与的结果,同时凝聚着全市各级政协组织、政协各参加单位、广大政协委员的心血和汗水。在此,我代表市政协常委会表示崇高的敬意和衷心的感谢!

在看到成绩的同时,我们也应清醒地认识到,协商民主机制还有待进一步健全,建言献策水平还有待进一步提升,委员履职热情还有待进一步加强,机关服务能力还有待进一步提高,等等。对于这些问题,我们将在今后的工作中努力加以改进。

2014年主要工作

2014年,是深入学习贯彻中共十八届三中全会精神、全面深化改革的开局之年,是南昌全面打造核心增长极、实现"两年有看头"的攻坚之年。今年市政协工作总的要求是:高举中国特色社会主义伟大旗帜,深入贯彻落实中共十八届三中全会精神,按照省、市委全会决策部署,围绕全面打造核心增长极的奋斗目标,牢牢把握团结民主两大主题,扎实开展党的群众路线教育实践活动,认真履行政治协商、民主监督、参政议政职能,充分发挥协调关系、汇聚力量、建言献策、服务大局作用,努力为推动政协事业创新发展、为南昌加速发展作出新的贡献。

一、突出贯彻落实三中全会精神,推进协商民主制度化建设

中共十八届三中全会是在我国改革开放进入关键阶段和紧要关头召开的一次十分重要的会议。全会研究部署了全面深化改革的主要任务和重大举措,描绘了我国全面深化改革的宏伟蓝图,对于统一全党全国各族人民思想和意志,进一步解放和发展社会生产力,开拓中国特色社会主义更加广阔的前景,实现中华民族伟大复兴的中国梦,具有重要的里程碑意义。全市各级政协组织和广大政协委员要提高认识,切实把贯彻落实三中全会精神作为当前和今后一个时期的首要政治任务,坚持用三中全会精神统一思想、凝聚共识、指导实践,更好地为推进全面深化改革,全面打造核心增长极献计出力。

三中全会从加强社会主义民主政治制度建设的高度,对推进协商民主广泛多层制度化发展提出了新的要求,进一步强调重视发挥人民政协作为协商民主的重要渠道作用。为此,我们要努力探索,积极搭建更广泛的协商平台。继续加强与各民主党派、工商联和无党派人士以及社会各界的联系,通过支持开展调研视察、办理提案、专题发言、反映社情民意等,为他们参与协商创造条件,不断拓宽社会各界有序政治参与渠道。致力形成多层次的协商格局。针对经济社会发展的重大问题,积极开展立法协商、行政协商、民主协商、参政协商、社会协商;针对涉及群众切身利益的具体问题,发挥县区政协作用,积极开展基层民主协商。进一步建立健全协商制度。规范协商内容,配合市委、市政府制定并实施协商年度工作计划,构建程序合理的协商民主操作机制;增加协商密度,以"季季有重点、月月有协商"为要求,更加活跃有序地组织专题协商、对口协商、界别协商、提案办理协商;建立协商意见建议落实反馈机

制，推进协商成果的转化。

二、突出深化改革、加速发展建言献策

常委会将紧紧围绕我市改革的重大部署，积极动员广大委员履职出力，争当改革发展的参与者、实践者、促进者。

1. 围绕事关深化改革的重大课题深入调研。按照市委提出的紧扣“一条主线”、坚持“两个导向”、把握“十大关系”的发展新要求，集中全市政协优势力量，对谋划大南昌发展格局、临空经济区建设等重大课题，开展专题调研，提出合理化意见建议；依托各专委会和界别，对加快民营经济发展、行政审批制度改革、投融资体制改革等重大措施的落实情况，进行跟踪调研，积极建言献策。

2. 围绕事关加速发展的重点工作献计出力。立足“工业三年强攻计划、服务业三年强攻计划、旧城改造三年强攻计划、新城建设三年强攻计划”四大战略，紧扣“突出产业升级、突出开放招商、突出建管并重、突出城乡统筹、突出民生优先”五个重点，组织委员选准课题，采取调研视察、专题议政、面商恳谈等多种形式，广泛开展履职活动，为党委政府推进工作提供参考。

3. 围绕事关经济工作的“生命线”贡献力量。进一步发挥南昌之友联谊会平台作用。注重产业招商，针对我市产业结构，寻找产业链配套中的缺项，确定产业招商重点目标，发挥南昌之友各分会在外地的优势，主动攻关，有的放矢地帮助县（区）、开发区（新区）招商引资；加强项目服务，采取互访方式，进一步做好会员项目对接，跟踪了解项目进展情况，建立项目季度动态台账，助推项目建设；扩大社会影响，继续在条件成熟的城市筹建分会，筹备召开第二次会长（扩大）会议，推动分会间的交流与合作，大力宣传会员参与支持南昌发展的典型事例。

三、突出优化环境、提升政务水平实施民主监督

常委会将继续把优化环境作为民主监督重点，促进政府部门改进工作，助推重大重点项目建设。

1. 充分发挥特邀监督员作用。进一步强化特邀监督员工作，坚持“监督就是服务，监督就是支持”理念，采取走访座谈、问卷调查、明察暗访等方式，深入了解所联系部门的工作效率及作风，加强政策落实、服务效能、廉政建设等内容的民主监督。针对收集反映的情况和问题，提出意见建议。

2. 继续监督重大重点项目建设情况。组织界别委员跟踪调研部分重大重点项目，实地了解项目在实施全过程中遇到的困难，及时向政府或有关部门反映，提出解决问题的意见建议，促使问题解决。

3. 探索开展民主评议。积极探索开展民主监督新路径，选择一至两项党政关心、群众关注的重大工作或重点工程，开展民主评议，提出对策建议，为进一步推进实施发挥作用。

四、突出改善民生、创新社会管理履职出力

常委会将进一步强化民本意识，积极参与创新社会管理，助推和谐南昌建设。

1. 深入开展“群众在心中——委员进社区（乡村）”活动。按照党的群众路线教育实践活动部署要求，结合政协实际，以委员进社区（乡村）为载体，组织委员深入开展“四个一”活动，即：参加一次基层协商民主活动、提出一件切合实际的提案、反映一条有价值的社情民意信息、参加一次扶贫济困或公益活动。

2. 努力提升社情民意工作水平。积极反映群众利益诉求，以“量质并举、以优促效”为原则，抓来源，多渠道收集反映群众呼声和诉求；抓质量，客观准确地反映突出问题、难点问题、热点问题和敏感问题；抓时效，对影响社会和谐稳定的苗头性、倾向性、警示性信息，做到及时反映，为决策争取时间。

3. 着力提升提案工作实效。加强和创新提案工作，不断发挥提案在促进社会管理中的积极作用。注重引导与审查。编制下发《提案调研参考提纲》，为委员撰写提案提供参考；严格审查立案，优化提案质量。加强督促与协商。加大提案督办力度，发挥领导领衔督办示范作用，广泛开展集中督办、分类督办、协同督办；主动与承办单位开展经常性沟通，为落实提案提供帮助与支持。做实跟踪与考评。选择1—2件重点提案进行全年跟踪督办，重点加强提案答复后落实情况的跟踪；继续开展常委会评议提案办理情况，今年计划对市建委、市交通局、市财政局、市卫生局等四个单位的提案办理情况进行民主评议，提高承办单位责任意识。

五、突出党的群众路线教育活动，强化履职保障

开展党的群众路线教育实践活动，是今年党的建设的重要工作。常委会将以教育实践活动为契机，进一步提升服务意识，强化履职保障。

1. 扎实开展党的群众路线教育实践活动。紧紧围绕“照镜子、正衣冠、洗洗澡、治治病”的总要求，以“为民务实清廉”为主要内容，以贯彻落实“八项规定”为切入点，扎实开展党的群众路线教育实践活动，进一步加强作风建设，集中解决“四风”问题，强化服务意识，提升工作效率；进一步树立群众观念，紧紧围绕群众所思所急所需，组织开展履职活动，维护群众切身利益；进一步加强机关制度建设，提高执行力，强化履职保障。

2. 加强理论研究和业务学习。重视发挥人民政协理论研究会作用，认真总结实践经验，形成理论研究成果，不断推动政协事业发展进步。做好理论成果和文史资料的整理编纂工作。建立常委学习制度，适时组织市政协常委集中培训。继续办好南昌政协大讲堂，精心编辑《南昌政协》会刊和手机报，积极为委员加强学习、提高履职水平创造条件。

3. 注重发挥专委会和界别作用。加强专委会建设，健全完善工作机制，创新工作思路，丰富活动内容；制定界别活动年度计划，广泛开展界别调研视察、反映社情民意活动，提升履职实效；注重发挥委员主体作用，健全委员联络机构，加强联系服务，拓展知情议政渠道，搭建履职平台，激发履职活力。

各位委员，同志们！中共十八届三中全会为我们描绘了全面深化改革的宏伟蓝图，中共南昌市委十届八次全体（扩大）会议进一步对全面打造核心增长极作出了新的部署。让我们更加紧密地团结在以习近平同志为总书记的中共中央周围，在中共南昌市委的坚强领导下，解放思想，务实奋进，不断开创政协事业新局面，为全面打造核心增长极而努力奋斗！

【组织概况】

政协南昌市第十三届委员会主席、副主席、秘书长、常务委员、委员名单

主　席　卢晓健（女）

副主席　侯　捷　李广振

陈守国（2014年10月30日起不再担任）

龙国英（女）　郭　曙　辛利杰

熊晓武　陈　斌

秘书长　王　耀

常务委员

王　斌　王河湧　付苏臣

冯于水　付玉芳（女）　冯　帆（女）

魏宏平　刘文皓　刘红林

孙卫平　刘强华（女）　李电花（女）

张　澜　张新辉　李家旺
李家彬　李　琴（女）　陈晓娟（女）
姚全保　胡显勇　饶小敏
徐　峰　胡巧蓉（女）　胡燕琴（女）
袁海秋　曹文卓　阎志强
温志立　贺思敏（女）　唐国琴（女）
梁安国　盛建昌　谢　华
释纯一　盛爱凤（女）　程　英（女）
邱钧生　陈国云　杨国骏
麦建宁　周洪华　涂　芳（女）
罗春来　熊志刚　谭绍木
王盛安　刘　闯
徐伟保（2014 年 7 月 30 日起不再担任）

委　员

中国共产党南昌市委员会

王　耀　卢晓健（女）　艾燕飞
刘小坚　刘建忠　吴江辉
李　英　李电花（女）　李家旺
杨祖达　辛利杰　侯　捷
胡　昆　胡　炜（女）　饶小敏
徐　峰　徐伟保　郭　曙
梁安国　黄小平　焦玉庄
熊　斌　熊长春　熊晓武

中国国民党革命委员会南昌市委员会

万国平　马志源　帅钢华
朱　燕（女）　朱永红（女）　吴仁河
邵建萍（女）　陈宁江　陈守国
陈国云　周胜明　周晓勤（女）
宗建国　胡　强　胡方德
胡明清　胡燕琴（女）　钟用文
谈承贵　熊馨梅（女）

中国民主同盟南昌市委员会

万玉保　方燕红（女）　王永南
毛盛杰　朱静谦　何啸鸣
张　伟　李　琴（女）　李颖春
来敏健（女）　陈志强　周远平
罗建华　姜珍一（女）　胡　荣（女）
郭　翀（女）　龚晓新　程　英（女）
舒文锋　熊淑兰（女）

中国民主建国会南昌市委员会

万宗明　李家彬　邱钧生
陈小平　陈桂林　罗年华
祝小平　赵赣涛　康　健
章平生　黄良楷　唐国琴（女）
程伟川（女）　熊有炳　蔡尔萍

中国民主促进会南昌市委员会

万志刚　万建平　王慧生
付苏臣　孙淑英（女）　张文如
周志平　欧阳丽华（女）　郑洪健
胡显勇　徐建章　徐爱莲（女）
黄南昌　赖　云

中国农工民主党南昌市委员会

万江文（女）　万江田　万德惠（女）
冯于水　卢程远　叶意如
龙国英（女）　孙卫平　吴桂珍（女）
杨　红（女）　邹龙珍（女）　罗小平
胡小平　胡国华　胡贵荣
梁淑怡（女）　黄　娟（女）　彭红星
辜纪文　熊　武

九三学社南昌市委员会

万小龙　万金印　王文军
刘晓蓉（女）　朱红英（女）　邬国和
何志勇　李万汲　李广振
宋保林　饶雪宇（女）　黄立发
魏宏平

南昌市工商业联合会

丁建成　卜海国　王习墅
王盛安（2013 年 5 月更名为王顺安）
邓志平　邓国强　刘建泉
何建林　张淑芬（女）　周乐和
胡俊华　赵国华　黄　俊
黄　静（女）　黄学俊　黄福山
谢　华　裘德荣　熊喜根
潘玉霞（女）

无党派人士

万翔波　马　进　刘持海
吕金保　江秋英（女）　李成星
肖　强　陈　斌　周洪华

熊志刚

中国共产主义青年团南昌市委员会

于　超　付文静(女)　冯　帆(女)
何永华　邵　华(女)　胡俊峰
阎志强　龚循亮

南昌市总工会

王　光　王水银　付玉芳(女)
史桂鹤　刘红林　余小玲(女)
宋　瑛(女)　张文英(女)　陈小毛
欧阳桃花(女)　聂顺金　章　健
章国清　章爱清

南昌市妇女联合会

王棠棣(女)　卢兰萍(女)　刘九怡(女)
许桂兰(女)　闫庆玲(女)　张　华(女)
陈爱红(女)　姜　江(女)　盛爱凤(女)
黄金秀(女)　熊惠兰(女)　颜贤萍(女)

南昌市青年联合会

邓　培(女)　邓肇轩　李　鑫
杨　旸　陈灵燕(女)　胡巧蓉(女)
蒋少强

南昌市科学技术协会

毛华撑　王华武　王河湧
邓国华　刘文皓　衣　萍(女)
许伟华　陈云海　罗春来
涂晋华　聂碧云(女)　黄晓伟
彭义兴　雷清平　廖德厚

南昌市归国华侨联合会

万文保　皮春生　陈志强
陈晓娟(女)　麦建宁　林静霞(女)
罗美华　胡　勇　谢春健

文化艺术界

王小玲(女)　王园红(女)　王凯旋
邓艳球　刘国强　杨玉来(女)
杨国骏　肖淑萍(女)　邹好兵
洪宇葵　贺思敏(女)　赵金贵
徐风生　徐建新　郭小玲(女)
陶学湖　曾　海

科学技术界

王新华　卢洪献　刘持彬
刘强华(女)　华建良　许俊民
吴向东　吴逢阳(女)　李玉萍(女)
李佐奇　杨任根　陈　煜(女)
周斌生　胡水静(女)　高　松

社会科学界

余磊娟(女)　李友金　邵百鸣
俞晓敏　唐士奎　聂玉泉
盛建昌　谭绍木

经济界

王　敏　王迪卿　邓三芽
邓凰保　甘武奎　龙言旺
吴　江　吴生文　张　捷
张理国　李　明　李洪应
杨健尊　肖　敏　邱天高
姚全保　柯志文　胡才德
钟上游　桂建华　涂　芳(女)
涂相奎　涂荣清　涂彭文
涂雅雅(女)　郭文义　曹文卓
章钉根　龚友良　熊焕标
黎华山

农林界

刘荣根　朱　江　吴生根
李淑英(女)　杨邦龙　杨　琦
汪　斌　周春风(女)　易海英(女)
俞帮雷　胡逢喜(女)　秦小龙
黄仁发　熊中连　樊俊明

教育界

王　燕(女)　邓　菁(女)　刘　彦
朱毛智　张　澜　张玉青(女)
杨火生　周戏庚　施虹冰(女)
胡小明　赵　利(女)　徐六保
郭爱香(女)　陶　燕(女)　陶茂荣
陶秋林　黄小华　黄荣富
舒　俊　舒小红(女)　谢素华(女)
雷峻峰

体育界

朱大军　许　慧(女)　胡乃丹(女)
鄢云华

新闻出版界

王国祥　金　笛(女)　赵　军
徐洪伟

医药卫生界

王　越　车达平　孙明生
余　斌(女)　李小群　李金星
杨　昭　杨海根　陈　英(女)
陈天鹏　涂　萍(女)　黄科棣
喻希贵　温志立　漆满英(女)

社会福利和社会保障界

王乐秋(女)　刘奕云(女)　杨　昕
陈贞珍(女)　罗嗣河　郑小荣
胡友华　贺志平(女)　曾庆文

少数民族界

兰明发　玉　民(女)　关袁鹂(女)
依红梅(女)　法剑明(女)　郭富有

台胞台属界

万明琦(女)　万琦凯　刘红英(女)
刘　闯　张　瑞(女)　张新辉
周天蓉(女)　易小春　徐小平
章立志

宗教界

张春荣　李稣光　姚宝山
贺安平(女)　舒南武　释纯一
释涵伟(女)

特别邀请人士

丁慧兴　王　玮(女)　王　斌
王水苟　王安伪　王祥生
王继军　邓炳根　刘　鹏
刘卫东　刘莉芬(女)　刘维祯
江春贵　余　刚　宋亮生
张　芸(女)　张　萍(女)　张小飞
张恒立　李　勇　肖小美(女)
邹玉萍(女)　罗　坤　郑小爱(女)
胡丽华　胡咸训　徐云宝
徐冬莲(女)　徐荷娣(女)　涂和平
袁海秋　钱和平　梁　捷
黄晓浪　龚代如　喻　玫(女)
喻　洪　曾志毅　曾建华
游志卫
徐伟保(2014 年 7 月 30 日起不再担任)
熊惠兰(2014 年 7 月 30 日起不再担任)

【大事记】

1 月

8 日　政协南昌市第十三届委员会第四次会议第一次全体会议召开。

10 日　政协南昌市第十三届委员会第四次会议举行专题协商会。

召开市政协提案委员会会议。

召开市政协十三届第十三次主席会议。

召开政协南昌市第十三届委员会第十三次常委会议

13 日　副主席李广振视察建筑工地扬尘处理情况。

16 日　市政协班子成员陪同省政协主席黄跃金一行来昌视察我市棚户区改造工作和“一江两岸、两岸共晖”亮化工程。

17 日　副主席郭曙赴南昌电缆厂、南昌县八一乡南江村和八一乡敬老院等地，走访慰问困难企业和困难群众。

副主席陈斌到湾里区招贤镇综治帮扶点、安义县石鼻镇垓上村扶贫点走访困难户。

20 日　副主席辛利杰赴安义县走访慰问困难群众和困难企业。

22 日　副主席侯捷走访看望进贤县三阳乡藕塘村村民和青山湖区塘山镇社区困难群众。

副主席熊晓武赴进贤县李渡镇文　丰村和东湖区大院街办一社区走访慰问困难群众。

23 日　主席卢晓健到新建县石埠镇上莘村走访慰问困难群众、送文化下乡。

27 日　副主席李广振到新建县厚田乡

西门村扶贫点走访。

2 月

7 日 副主席侯捷、李广振、郭曙陪同省政协领导走访部分委员企业。

20 日 市政协召开机关党的群众路线教育实践活动动员大会。

25 日 召开市政协第 14 次主席会议。

26 日 南昌政协大讲堂 2014 年第一次讲座——“中国的新一轮改革”在市政协常委会议室开讲。

27 日 召开全市政协宣传信息工作会议。

28 日 市政协党组中心组召开学习（扩大）会暨政协机关党的群众路线教育实践活动学习交流会。

3 月

3 日 主席卢晓健赴东湖区八一桥街道大士院南区社区开展党的群众路线教育实践活动联系点调研走访。

7 日 南昌政协大讲堂举办 2014 年第 2 次讲座，听取党的群众路线教育专题辅导报告。

10 日 副主席李广振到湾里区调研。

10 至 11 日 省政协副主席肖光明来昌就“推动城镇化发展创新”进行调研。

11 日 副主席陈守国到南昌县开展党的群众路线教育实践调研走访活动。

13 日 省政协调研组赴柘林湖和南昌象湖、抚河段调研视察“南昌市备用水源地建设与管理工作”。

14 日 主席卢晓健、副主席侯捷出席市政协老年体育协会成立大会。

18 日 副主席熊晓武就“我市食品药品监管体制改革及食品药品安全问题”进行调研。

19 日 市政协机关举办党的群众路线教育实践活动“为民务实清廉”主题书画笔会。

20 日 主席卢晓健视察南外环高速公路、大象湖湿地景观工程项目开工现场。

21 日 省政协孙菊生副主席就“南昌市备用水源地建设与管理工作”来我市调研视察。

25 日 主席卢晓健赴进贤县调研。

副主席辛利杰赴市发改委就“我市临空经济区建设”进行调研座谈。

25 至 30 日 副主席熊晓武率市政协部分委员赴成都、合肥、武汉三市进行学习考察。

26 日 市政协举办社会保障类提案办理协商会。

4 月

1 日 南昌政协大讲堂举办 2014 年第 3 次讲座。

4 日 市政协举办南昌之友联谊会会员回乡恳谈活动。

副主席陈斌赴进贤县走访企业并调研。

8 日 副主席郭曙陪同湖南省政协调研组来昌调研“临港产业发展情况”。

9 日 主席卢晓健，副主席侯捷到市住房保障和房产管理局调研。

11 日 全国政协副主席、民建中央常务副主席马培华来昌调研。

15 日 主席卢晓健赴东湖区八一桥街办大士院南社区开展党的群众路线教育实践“民情家访”活动。

16 日 副主席熊晓武赴八大山人纪念馆走访看望部分政协委员，听取他们对政协工作的意见建议。

17 日 市政协召开“我市食品药品监管体制改革及食品药品安全问题”调研座谈会。

18 日 副主席熊晓武赴市十九中学走访看望部分政协委员，征求他们对政协工作开展情况的意见建议。

20 至 22 日 全国政协经济委员会调研组在我市调研混合所有制经济发展情况。

22 日 主席卢晓健到市物价局、市环保局调研。

24 日 市政协召开“治脏治乱”专题协商会。

25 日 全国政协文史和学习委调研组赴安义调研“推进城镇化进程中加强古村落保护”工作。

29 日 市政协召开席市人民政协理论研究会工作会议。

30 日 市政协召开党组(扩大)专题学习会议。

5 月

5 日 主席卢晓健赴东湖区大士院南社区调研。

6 日 主席卢晓健率队赴市商贸委对第 43 号提案——《关于进一步发展便民社区商业的建议》进行重点督办。

8 日 市政协召开《南昌市建筑垃圾管理条例》立法协商会。

12 日 副主席侯捷赴五星垦殖场对第 31 号提案——《关于鼓励引导新型农业经营体引领微生物生态农业技术应用与普及，加快我市农业产业升级转型的建议》进行重点督办。

14 日 市政协领导视察市老年大学。

15 日 市政协领导视察我市“拆围拆临、建绿透绿”工作。

16 日 省政协黄跃金主席及住豫全国政协委员考察团来昌考察文化产业发展情况。

19 日 副主席李广振对《我市二手车行业发展空间》这一提案进行重点督办。

19 至 22 日 副主席陈守国赴福州、莆田市开展“利用台资发展特色农业”专项调研。

23 日 副主席龙国英调研我市城市水环境等相关内容及蓝天行动计划实施现状和问题。

30 日 副主席侯捷走访港澳台侨界别委员。

6 月

3 日 召开市政协党组(扩大)会议。

4 日 省政协黄跃金主席一行来昌视察我市“双拆”工作。

5 日 “南昌政协大讲堂”2014 年第 4 讲在八大山人纪念馆开讲。

16 至 17 日 副主席李广振分赴南昌经开区、高新区、南昌县、新建县、进贤县、参加省人大湿地保护条例执法检查。

22 日 主席卢晓健，副主席侯捷、辛利杰出席在深圳召开的南昌之友联谊会第二次会长(扩大)会。

24 至 26 日 副主席郭曙赴进贤县白圩乡、南昌县幽兰镇、新建县西山镇开展关于“加强农村宗教事务管理情况”调研。

27 日 市政协领导出席市政协庆祝“七一”歌咏活动。

7 月

1 日 省政协经济科技委员会主任李贤书一行来昌调研“加快推进昌九一体化”。

3 日 市政协举办“蔬菜安全供应工作”专题协商会。

4 日 省政协人口资源环境委员会调研组来昌调研“污水处理设施建设及运行情况”。

23 日 副主席熊晓武前往青云谱区、

西湖区就“打造南昌特色商业街，提升服务业发展水平”进行调研。

24日 副主席侯捷，秘书长王耀赴青山湖区政协调研“委员进社区”和“旧城改造”工作。

副主席熊晓武前往进贤县就“我市中小学校危房现状”情况进行调研。

29日 省市政协委员视察我市“治脏治乱、创文保卫”工作。

31日 副主席侯捷赴新建县望城新区江西欧泰龙家具有限公司调研。

副主席熊晓武赴新建县就“我市中小学校危房现状”课题开展调研。

8月

1日 市政协召开“关于平安南昌建设”专题调研工作会议。

6日 新余市政协主席廖兰芳一行到高新区调研。

副主席熊晓武到市教育局就“农村中小学校危房现状”进行调研。

市政协召开我市服务业三年强攻计划实施情况调研座谈会。

21日 副主席李广振到市城管委调研。

22日 市政协召开“群众在心中——委员进社区（乡村）”活动现场学习交流会。

28日 济南市政协调研组来我市考察养老保障服务体系建设情况。

副主席陈斌赴南昌变压器有限责任公司等民营企业就《关于加快民营经济发展的政策措施》贯彻落实情况进行调研。

市政协党组召开中心组学习扩大会暨《政协大讲堂》，学习习总书记系列重要讲话专题讲座。

29日 副主席陈斌就《关于加快民营经济发展的政策措施》贯彻落实情况进行调研。

9月

1日 市政协举办南昌市“服务业三年强攻计划”专题协商会。

10日 主席卢晓健走访慰问教师代表。

11日 省政协调研组赴小蓝开发区、经开区调研侨（港澳）资企业发展情况。

副主席陈斌到企业调研民营经济发展环境。

12日 市政协举办庆祝中华人民共和国和人民政协成立65周年书画展览。

17日 市政协班子成员视察湾里区创建梅岭国家旅游度假区工作。

19日 召开市政协《关于加快民营经济发展的政策措施》贯彻落实情况调研座谈会。

22日 南昌市举办纪念中国人民政治协商会议成立65周年座谈会

23至26日 市政协班子成员参加2014年全市“三看”活动。

26至27日 全国政协副主席陈元来昌考察。

29日 主席卢晓健参加庆祝新中国成立65周年走访慰问活动。

市政协召开《南昌市水资源条例》立法协商会。

10月

8日 市政协召开十三届第十五次主席会议。

9日 “南昌市政协大讲堂”邀请清华大学教授孙立平作《关于全面深化改革的若干问题》专题辅导。

10日 副主席熊晓武出席纪念红军长征出征80周年，《红星耀中华——211名红军将士采访录》出版发行座谈会。

主席卢晓健带队赴江西蓝海物流科技有限公司，对市政协十三届四次会议第40号提案办理情况进行“回头看”。

13日 副主席龙国英赴市交通改善办召开《关于加强我市立体停车综合体建设的建议》提案督办会。

14日 副主席侯捷、陈守国赴市环保局，对市政协十三届四次会议第49号提案——《关于切实落实“蓝天计划”，实现南昌蓝天碧水的建议》办理情况进行“回头看”。

15日 市政协机关召开党的群众路线教育实践活动总结大会。

17日 市政协党组中心组召开学习(扩大)会议。

21日 省政协考察组就我市“养老服务体系”进行专项视察。

23日 中山市政协学习考察团来我市考察教育资源均衡化课题。

28日 副主席郭曙带领法治南昌建设领导小组成员赴南昌市地税局督察法治南昌建设工作情况。

30日 召开市政协十三届常务委员会第十五次会议。

市政协举办推进《加快民营经济发展的政策措施》贯彻落实专题协商会。

12月

4日 主席卢晓健，副主席侯捷、熊晓武赴市瓷板画研究中心调研。

8日 市政协班子成员视察全市重大重点工程。

9日 举办南昌政协大讲堂2014年第九讲。

9至10日 副主席郭曙赴九江市参加全省政协社法委工作座谈会。

12日 省政协肖光明副主席一行视察我市重大重点工程。

(余为强 编写 王耀 审稿)

政协九江市委员会

【全体委员会议】

十四届四次会议 2014年1月6至9日，中国人民政治协商会议第十四届九江市委员会第四次会议在九江举行。应出席498名，实到485名。市政协主席魏宏彬，副主席徐少伟、纪岗昌、陶春元、朱忠玲、涂建、黄大明、朱汉浩、李军，秘书长洪华出席会议。市委书记殷美根、市政协主席魏宏彬在闭幕会议上讲话。市领导出席开幕和闭幕会议，并听取大会发言。

会议听取和审议魏宏彬代表政协第十四届九江市委员会常务委员会所作的工作报告、朱汉浩代表政协第十四届九江市委员会常务委员会所作提案工作情况的报告。与会委员列席了九江市第十四届人民代表大会第四次会议，听取和协商讨论了政府工作报告及其他报告。全体与会委员以无记名投票方式，补选王小琴、冯孔茂、杜少华、杨家义、吴杨柳、张志超、陈宋尧、欧阳存凤、徐风、高爱红、曹勇前为政协第十四届九江市委员会常务委员。会议通过《政协第十四届九江市委员会第四次会议决议》《政协第十四届九江市委员会第四次关于提案审查情况的报告》；会议表彰了2013年度优秀市政协委员、先进委员活动组，优秀召集人和优秀联络员；表彰了2013年度优秀提案、征集提案先进单位、提案办理工作先进单位及先进个人；表彰2013年度社情民意办理先进单位和反映工作先进集体，优秀社情民意信息和优秀信息员。会议期间，共收到提案577件。

【常务委员会会议】

第十三次会议 2014年1月6日举行，应出席74人，实到60人，主席魏宏彬，市委常委、组织部长徐森鸣，副主席徐少伟、纪岗昌、陶春元、朱忠玲、涂建、黄大明、朱汉浩、李军，秘书长洪华出席。会议审议补选政协九江市第十四届委员会常务委员候选人名单（草案），审议政协九江市第十四届委员会第四次会议选举办法（草案），审议政协九江市第十四届委员会第四次会议总监票人、监票人名单（草案）。会上，徐森鸣对补选政协九江市第十四届委员会常务委员候选人情况作了说明。

第十四次会议 2014年1月8日举行，应出席74人，实到60人，主席魏宏彬，副主席徐少伟、纪岗昌、陶春元、朱忠玲、涂建、黄大明、朱汉浩、李军，秘书长洪华出席会议。会议听取洪华汇报各组协商酝酿选举事项和自大会开幕以来的讨论情况；审议补选市政协常委会常务委员候选人名单（草案）；审议选举办法（草案）；审议选举大会总监票人、监票人名单（草案）；审议市政协提案委员会关于政协九江市第十四届委员会第四次会议提案审查情况的报告（草案）；审议政协九江市第十四届委员会第四次会议决议（草案）。

第十五次会议 2014年3月25日举行，应出席74人，实到57人，主席魏宏彬，副主席徐少伟、纪岗昌、陶春元、涂建、黄大明、朱汉浩，秘书长洪华出席会议。会议邀请全国政协委员、市政府副市长卢天锡传达全国政协十二届二次会议精神；听取市政协十四届四次会议以来提案立案情况的汇报；听取市政协十四届四次会议以来提案交办和市领导领办督办重点提案有关情况的汇报；审议通过政协第十四届九江市委员会各专门委员会组成人员调整名单。

第十六次会议 2014年6月30日举行，应出席74人，实到59人，主席魏宏彬，副主席徐少伟、纪岗昌、陶春元、黄大明、朱汉浩、李军，秘书长洪华出席会议。审议通过市政协十四届十六次常委会议议程；听取市政协党组班子专题民主生活会情况的通报以及市纪委、监察局关于全市党风廉政建设和反腐败工作情况的通报；听取市领导领办督办重点提案有关情况的汇报；协商讨论并原则通过《关于推进共青先导区建设的调研报告》《关于进一步加强我市特困家庭大病医疗救助工作的专题调研报告》，审议通过《关于赞成九江县撤县设区的意见》和《关于撤销朱海峰等政协第十四届九江市委员会委员资格的决定》。

第十七次会议 2014年9月29日举行，应出席74人，实到58人，主席魏宏彬，副主席纪岗昌、陶春元、朱忠玲、涂建、朱汉浩、李军，秘书长洪华出席会议。市委常委、常务副市长占勇代表市人民政府作了关于今年1至8月份全市经济社会发展和民生工程情况的通报。会议审议通过市政协十四届十七次常委会议议程（草案）；会议学习习近平总书记在庆祝中国人民政治协商会议成立65周年大会上的讲话；听取和协商讨论市人民政府关于今年1至8月份全市经济社会发展和民生工程情况的通报；听取市委办公厅、市政府办公厅关于市政协十四届四次会议以来提案办理情况的通报；审议通过《政协九江市委员会常委会工作规则》（修订稿）；协商讨论《关于发挥中心城区文化场馆服务功能，不断满足市民文化生活需求的调研报告》等四个调研报告。

【专门委员会工作】

提案委员会 主要工作：全年共征集625件提案，立案479件。召开了提案立案审查联席会议，提出立案、重点提案目录和拟交办单位意见，经市政协两次主席会议审定后，提交第一季度市政协常委会议协商通过。推行市领导领办督办和市政协各专委会跟踪督办政协重点提案制度，市委、市政府、市政协31名领导领办重点提案30件，市政协各专委会对口督办重点提案8件。与市政府办公厅、市人大选任联工委开展“三家联合督查”活动，就市发改委、建设规划局、民政局等9个承办单位的提案办理情况进行督查。围绕委员建议比较集中的“行车难、停车难”方面的提案，组织召开城市交通类提案办理协商座谈会。围绕“推动环庐山旅游公交开通与建设”开展专题视察。编辑印发了《市政协十四届三次会议以来优秀提案汇编》，为委员撰写提案提供参考。制定出台了《提案工作评选表彰实施办法》，进一步完善提案工作考核激励机制。参加了省政协提案委在广州召开的提案工作培训班和提案办理专题考察，专程赴江苏徐州学习提案现场评议等经验做法，接待了新疆克拉玛依市政协、安徽蚌埠市政协等外地政协来浔学习考察。在新余召开的全省政协提案委工作座谈会上作经验交流，在省政协第六次提案工作座谈会上，作为设区市政协代表作了典型介绍。

经济科技委员会 主要工作：2014年，围绕“加强企业科技创新，促进工业经济高效发展”专题，先后到庐山区、永修县等地开展了专题调研，形成《关于我市企业科技创新情况的调查报告》。围绕“我市沿江码头整治与利用”专题，到瑞昌市、浔阳区、庐山区、湖口县、彭泽县开展了专题视察，形成报告，提出了“加强领导，完善规划，进一步提高港口岸线资源开发与保护水平；整合资源，集约开发，进一步提高港口岸线资源综合利用效率；优化配套，壮大物流，进一步提升港口服务地方经济社会发展能力；创新机制，强化监管，进一步提高岸线的开发建设水平”等建议。对“关于大力加强九江沿江码头岸线的管理、规划、整合与利用”、“关于改造老旧住宅化粪池的建议”、“关于加强我市城市湖泊管理、保护和开发的几点建议”等重点提案进行了现场督办。还参加了市物价局组织的全市水价格调节听证会、新建商品住宅小区电力配套设施收费调整听证会等。

教文卫体委员会　主要工作：2014年，围绕市委“决战工业一万亿、做大做强九江”的战略部署，就如何充分发挥高职教育在战略实施中的应有作用，组织委员视察九江职业技术学院全面建设。围绕市中医院建设和中医药事业发展情况进行专题调研，赴南昌市和湖南郴州市学习考察，形成《大力支持中医院建设，进一步推进我市中医药事业发展专题调研报告》。对市中心城区文化场馆服务功能发挥情况进行了专题调研，赴扬州、泰州学习考察两市的先进经验，形成《发挥我市中心城区文化场馆服务功能，不断满足市民文化生活需求专题调研报告》。对中国联通公司九江分公司全面建设情况进行了视察。组织教育界别委员到九江县岷山乡开展“名师送教”活动。组织医药卫生界别委员赴市第五医院和妇幼保健院分别开展《贯彻宣传精神卫生法》和《加强母婴卫生保健》视察活动。

社会和法制委员会　主要工作：2014年，制订《市政协统一选派民主监督员工作手册》。围绕“我市城乡社会养老机构建设情况”开展专题调研，赴浔阳区、湖口县、瑞昌市、武宁县等相关县区了解情况，提出了意见和建议。对“新修订的《刑事诉讼法》实施情况”开展专题视察，视察市中级人民法院诉讼服务中心、浔阳区法院少年法庭，现场观摩远程视频庭审，形成专题视察报告。

港澳台侨和外事委员会　主要工作：2014年，开展了“推进共青先导区建设”专题调研，赴长沙市大河西先导区和郑州市郑东新区进行考察，到共青城市、德安县、永修县了解情况，形成调研报告。围绕“台资企业发展情况”开展了专题视察，到瑞昌市、九江经济技术开发区等地，视察了亚东水泥、铨讯电子、万利通、智微亚等台资企业，形成调研报告。历时一个月完成全市297家侨（港澳）资企业的全面走访，填写调查表，了解有关情况，听取意见建议，还到市商务局、外侨办等单位调研座谈，形成“九江市侨（港澳）资企业发展情况”的调研报告。

文史委员会　主要工作：2014年，合作编辑出版《在路上——政协委员三进三服务活动纪实》一书。还开展了“农村文化阵地和农民文化生活情况”专题调研，到安庆市五横乡虎山村、罗岭镇黄梅村农民文化乐园，宁波市云龙镇文化体育艺术中心、上李家村文化中心、武宁县宋溪镇、星子县温泉镇文化综合站和农民文化活动中心了解情况，形成调研报告。在德安县召开了全市政协文史工作座谈会。

人口资源环境委员会　主要工作：2014年，开展浔阳区“十大片区”旧城改造工作进展情况视察，围绕加大领导力度、加快推进进度、加强定期调度等方面提出意见，形成视察报告。对保障性住房后期建设与管理工作开展专题调研，提出加强保障房后期建设与管理工作的建议。开展八里湖新区垃圾处理设施建设情况调研，形成的《关于加强八里湖新区垃圾处理设施建设，改善新区环境卫生工作的建议》。开展城区空气质量监测工作情况视察，实地察看了城区环境空气质量监测情况，形成视察报告。开展城区限制燃放烟花爆竹工作调研，形成《关于继续抓好我市中心城区限制燃放烟花爆竹工作的建议》。

【重要活动】

召开机关党的群众路线教育实践活动动员大会　2014年2月28日，召开市政协机关党的群众路线教育实践活动动员大会。会议传达全市党的群众路线教育实践活动动员大会精神，对市政协机关教育实践活动进行部署。

湖南省政协考察团来浔考察 2014年4月9至10日，湖南省政协副主席武吉海一行来到九江，就“临港产业发展情况”进行考察。湖南省政协副秘书长王光明，湖南省政协常委、港澳台和外事委员会主任孙青乃，岳阳市政协主席赖社光一同考察。在浔期间，武吉海一行到开发区考察了综合大市场九鼎码头项目、上港物流项目、上港码头项目、华祥电路板项目和杭氧制氧机项目，还考察了八里湖新区。

全国政协民族和宗教委员会考察组来九江考察 2014年4月15至16日，全国政协民族和宗教委员会副主任、青海省政协原主席白玛率全国政协民族和宗教委员会专题考察组来浔考察宗教教职人员社会保障政策落实情况。考察组还先后考察了云居山真如禅寺、基督教福音堂、东林寺等地。

开展群众路线教育实践活动集中学习活动 2014年4月29日，市政协机关开展党的群众路线教育实践活动集中学习活动。活动中，大家全程观看了《焦裕禄》影片。

召开社情民意信息工作座谈会 2014年4月29日，市政协召开社情民意信息工作座谈会。主席魏宏彬出席并讲话，副主席李军主持会议，秘书长洪华参加会议。会议宣读市政协办公厅《关于聘请张华良等42名同志为市政协社情民意特约信息员的通知》，颁发了聘书。会后，省政协办公厅宣传信息处负责人就“如何做好政协社情民意信息工作”向与会人员作了辅导授课。

开展“推进共青先导区建设”专题调研 2014年4月30日，市政协开展“推进共青先导区建设”专题调研，主席魏宏彬率队调研。调研组前往德安县、永修县、共青城市，实地察看江西上好佳彩印包装印刷有限公司、德鑫纺织等一批项目，了解项目推进过程中遇到的困难和问题。

举办新增委员培训班 2014年5月29至30日，市政协举办新增委员培训班，特邀省政协办公厅副主任、《光华时报》总编王国龙，省委党校公共管理学教研部主任李才平教授做辅导授课。

召开党组班子专题民主生活会 2014年6月16日，市政协党组班子召开专题民主生活会，省委督导组副组长张录光到会指导并点评。市政协党组书记、主席魏宏彬主持会议并作表态发言。党组班子按照“照镜子、正衣冠、洗洗澡、治治病”的总要求，认真开展批评和自我批评，仔细查摆在“四风”方面存在的突出问题，剖析产生问题的原因，明确努力方向和改进措施。

省政协来浔开展“提案办理工作”专题调研 2014年6月25至27日，省政协常委、省政协提案委主任杨斌带领调研组到彭泽、湖口、瑞昌等地，围绕“提案办理工作”专题开展调研。调研组一行通过查阅资料、实地视察和专题座谈等形式，详细了解各县(市)贯彻落实省“两办”《关于进一步加强人民政协提案办理工作的实施意见》(赣办发〔2014〕10号)的情况，对如何做好提案办理工作提出了具体建议。

省政协就“加快推进昌九一体化”来浔进行调研 2014年7月2日，省政协经济委员会主任李贤书率省政协调研组来浔就“加快推进昌九一体化”进行调研。

湖北省政协赴赣考察团来九江市调研 2014年7月9至10日，湖北省政协副主席王振有率湖北省政协赴赣考察团来浔调研鄱阳湖生态经济区生态环境保护情况，并就鄱阳湖生态经济区管理体制机制的确立、环湖产业结构调整及文化旅游项目建设等进行了考察。考察团一行先后参观考察了湖口县南北港鄱阳湖区、金砂湾工业园区、九江城市规划展示馆、八里湖新区，大千世界游乐园、南山公园等文化旅游项目。

召开委员“三进三服务”工作现场会 2014年8月27日，市政协系统全面深入推进“三进三服务”工作现场会在永修县召开。与会人员实地参观了浔阳区白水湖街道，庐山区新路岭社区，永修县宏康农业生态园、沙丰垦殖分场等四个政协“委员之家”，听取了活动情况介绍。

全市县（市、区）政协工作会第四次会议召开 2014年10月23至24日，全市县（市、区）政协第四次工作会议在德安县召开。会议讨论《关于深化协商民主，提高政协调研视察工作科学化水平的意见》（征求意见稿），会议围绕深化协商民主，提高政协调研视察工作科学化水平，进一步提升为党政科学民主决策、民生改善建言献策的能力，交流了经验做法。与会人员会前参观了德安县的工业和城建项目。

开展“十大片区”旧城改造工作进展情况专题视察 2014年11月27日，市政协组织委员开展浔阳区“十大片区”旧城改造工作进展情况专题视察。主席魏宏彬带队，副主席徐少伟、纪岗昌、陶春元、黄大明、朱汉浩，秘书长洪华参加视察。视察组一行先后实地视察了战备路东侧片区旧城改造项目及战备路保障性住房项目、花果园保障性住房项目、锁江楼片区旧城（棚户区）改造项目以及考棚片区旧城（棚户区）改造项目，并召开了专题座谈会，听取了浔阳区专题情况汇报。

市政协书画联谊会首届会员作品展举行 2014年12月20日，九江市政协书画联谊会首届会员作品展在市美术馆开幕。本届作品展共收到联谊会会员创作的100件书画作品，展出其中的80幅作品。

【重要文件】

政协九江市第十四届委员会常务委员会工作报告

（2014年1月6日在政协九江市第十四届委员会第四次会议上）

魏宏彬

各位委员，同志们：

我受政协九江市第十四届委员会常务委员会委托，向大会作工作报告，请予审议，并请列席会议的同志提出意见。

2013年工作回顾

2013年，在中共九江市委的领导下，市政协常委会坚持以邓小平理论、“三个代表”重要思想、科学发展观为指导，深入贯彻中共十八大、十八届三中全会精神和市委重大决策部署，按照“服务赶超发展，实现更大作为”的总体要求，坚持团结和民主，积极履行政治协商、民主监督、参政议政职能，在服务大局中助推赶超发展，在关注民生中促进社会和谐，在传承创新中发展政协事业，为加快推进赶超发展、全面建成小康社会作出了新的贡献。

一、坚持围绕中心、服务大局，全力助推赶超发展

一年来，常委会始终把服务赶超发展作为履行职能的第一要务，紧紧围绕事关全市发展大局的重要问题和中心工作，认真协商议政，积极建言献策，投身赶超一线，实现履职作为。

积极融入，为沿江开放开发尽职尽责。沿江开放开发是省市发展战略的重心，也是政协履职关注的重点。为推动沿江园区基础设施建设，我们组织委员开展了专题视察，视察报告得到市委书记殷美根的肯定和批示，认为政协建言“情况清、问题明、建议实”，要求有关部门专题研究意见、专门协调调度。我们联合党派、高校开展了“九江沿江开放开发对策研究”专题调研，课题被列入江西省高校社科重点招标项目，报告已送省有关部门决策参考。为推动政协调研视察成果转化，我们对上年度“推进沿江开放开发”和“扶持中小微企业发展”的建言落实情况，进行了专题跟踪督办，大部分建言已得到相关决策层采纳、转化成为工作举措。同时，作为沿江赤码板块协调推进的牵头班子，市政协抽调专门力量主抓，建立健全服务机制，实行常态化工作调度，与24个市直部门联动，先后组织赴京对接央企民企500强、赴闽开展招商推介活动，引进了一批产业项目，解决了园区推进难题，加快了板块建设速度。

广泛参与，为兴城战略实施提供助力。我们主动策应兴城战略，注重选择综合性、前瞻性课题，为聚力城市建设履职建言。围绕进一步彰显城市文化内涵，我们以“历史文化建筑遗址的保护与利用”为题，组织委员开展专题调研，所提建言被相关部门采纳。围绕政协全会“城市建设档案管理法制化规范化”的建言落实，开展专题视察和跟踪督办，推动了这一“老大难”问题得到有效破解，被国家住建部誉为“开创全国设区市关注城建档案工作的先河”。为推动“大九江”交通一体化，我们及时把“开通环庐山公交”建言列为重点提案，得到了市政府领导高度重视和承办部门支持配合，建议已纳入市政府相关工作方案。此外，委员们还围绕城区环境提升、城市文明创建、市政设施建设、城市交通改善等，通过提案、社情民意履职建言，推动了有关城市建设管理问题得到解决。

持续关注，为生态文明建设出谋献策。独特山水生态是建设宜居宜业九江的重要支撑，我们持续关注“城区大水系综合治理以及十里河管理”建议落实情况，通过督促工程进展、参与座谈视察、邀请部门通报等形式，加快推进了城区水系连通工程规划以及十里河补水工程的实施。在市党政领导的高位推进下，争取了国家水利部城市水利项目支持，以贯通八里湖、赛城湖、赤湖水系为主体的城区大水系规划建设工程正在启动，十里河水生态的水库改造工程基本完成。我们组织住浔省政协委员开展水生态保护视察活动，就保护鄱阳湖“一湖清水”和我市水生态环境向省政协建言。策应我省和谐秀美乡村建设工作部署，与省政协一道联动调研，我市和谐秀美乡村建设工作经验，在省政协专题会议上进行了交流，受到省领导的充分肯定。围绕“城乡饮用水源保护及水质监测情况”开展专题调研，积极为保障我市城乡饮水安全提出了重要的意见和建议。

主动担当，为重点项目推进尽心竭力。一年来，市政协班子成员坚定地服从市委分工，与党政班子同站前台，积极投身赶超一线。对牵头主抓的九龙新城、八里湖文化长廊、学院路南侧公租房、八里湖新区公租房、浔阳区保障性住房、长虹北路棚户区改造、市总工会三大场所项目、宏大现代五金商贸城、八里湖特色风情小镇等重大项目，以及分工负责的鄱阳湖采砂统一管理、长江采砂综合整治等重点工作，坚持“5 + 2”“白加黑”，确保了所牵头的项目按时保质、有序推进，所分管的工作进展顺利、取得成效。

二、坚持体察民情、关注民生，倾情纾解民忧民困

一年来，常委会牢固树立“履职为民”理念，做到参政为民着想、议政为民谋利、建言为民述情，为纾解民忧民困、促进民生改善发挥了积极作用。

积极建言民生要事。针对市民买菜

难、买菜贵的问题，我们以“农贸市场及社区菜店建设”为题开展调研，组织委员和部门深入农贸市场、社区菜店和蔬菜基地，赴辽宁大连、安徽芜湖等地学习考察，积极为我市“菜篮子”工程建设献计献策。针对群众有病难医、因病致贫的问题，我们持续组织了“特困家庭大病统筹救助基金”和“城乡公共卫生服务和基本医疗服务”调研视察活动，努力为提升城乡医疗服务水平、解决广大群众和特困群体看病难题找对策、探新路。围绕社会广泛关注的青少年成长问题，我们选择“学前教育三年行动计划”、“预防青少年违法犯罪”两个专题进行视察调研，为推动教育惠民政策落实、营造青少年健康成长环境履职尽责。同时，我们还就推进农村土地流转、宗教界办好公益慈善事业等方面，开展了调研视察活动，主动向政府有关部门建言，就相关民生问题的解决发挥了积极作用。

及时反映社情民意。我们充分发挥提案在纾忧解困中的“主渠道”作用，社情民意在反映民意中的“直通车”作用，积极拓宽民意诉求渠道，协助党政解决民生问题。十四届三次会议以来，共收到民生领域提案307件，占总提案数的59.7％，通过立案优先、督办倾斜，实现民生类提案当年全部办结。一年来共编发《社情民意信息》12期、《社情民意专报》4期，通过建立健全社情民意工作机制，实现了条条有答复、有办理、有反馈。其中，有5条信息得到省市领导批示。“莲花洞民国建筑亟待修缮保护”、“沿湖区提灌设施建设亟待加强”的信息分别得到省政府朱虹、姚木根副省长批示；“发挥市‘两馆’宣传教育作用”的信息得到市委主要领导批示，市委市政府“两办”专题发文采纳。

主动服务基层群众。我们在全市政协组织和政协委员中开展了“进社区、进园区、进乡村，服务中心、服务社会、服务群众”的“三进三服务”活动，通过试点先行、逐步铺开，有效地激发了委员的履职热情，1300多名市、县政协委员深入基层一线，主动为群众办好事、解难事，赢得了党政肯定、各界支持、群众欢迎，实现了政协工作接地气、委员履职添底气、人民群众得实惠。人民政协报、《中国政协》杂志、江西日报等媒体对此进行了报道，给予了高度肯定。一年来，全市政协组织和委员共开展抗旱救灾、扶贫济困、捐资助学、法律援助、送医送药、名师送教、国民体质测试等慈善惠民活动600余场次，为当地发展献“金点子”2800条，为社区和新农村建设捐资1300余万元，进一步展示了委员风采、树立了政协形象。

三、坚持发扬民主、增进团结，全面提升整体合力

一年来，常委会紧紧围绕团结和民主两大主题，认真做好团结各方、凝聚人心、协调关系、汇集力量的工作，推动了政协整体优势得到较好发挥。

加强合作联动聚合力。加强了同各党派团体的合作共事。我们提请市委出台了专门意见，对政协支持党派团体发挥作用作出明确规定；开展了新春走访党派团体活动，专委会与党派团体互相邀请对方参加有关会议、开展履职合作；大力支持党派团体提出提案、反映社情民意，在合作共事中促进共识共为。加强了与上级政协组织的工作联系。配合全国政协、省政协来浔调研视察10次，完成省政协调研课题3项，与民革江西省委会、九江学院共同主办了纪念“湖口起义”一百周年座谈会。加强了市县政协组织的工作联动。在市委的部署下，我们对市委近年来有关加强政协工作“四个文件”精神的落实情况，进行了全面检查，促进了市委文件在各地的贯彻落实。坚持市政协常委会议、调研视察活动邀请各县（市、区、山）政协负责人参加，坚持政协履职重大文件出台事先听取并征求县级政协的意见，召开了全市县（市、区）第三次政协工作会，举办了全市政协系统第六届老年门球赛，密切了市县政协间的交流联系，增强了全市政协工作的整体合力。

加强团结联谊添活力。注重加强了与宗教界的团结，开展了市政协领导走访宗教团体活动，广泛听取宗教界的意见建议，推动了宗教团体相关困难问题的解决。注重加强了与社会新兴阶层的联谊，充分发挥经济界、工商联界委员的人脉优势，通过福建商会组织赴闽开展招商活动。组织开展了“我市港澳台侨资源情况”专题调研，全国政协副主席何厚铧率澳门特区委员在赣视察期间，成功地进行了招商推介活动。加强了与省内外政协组织的交流联谊，派员赴山西参加了“中国世界遗产地政协联席会第二十次会议”，全年共接待全国各级政协来浔考察 80 批次，多次组织政协委员学习考察，进一步拓展了履职思路、开阔了工作视野。

加强民主监督增动力。我们已呈报并拟提请市委出台《关于进一步推进社会主义协商民主制度建设，加强人民政协民主监督工作的意见》，坚持在党的领导下，主动把政协的民主监督工作列入履职重点，积极为赶超发展做好减少阻力、增加助力、形成合力的工作。我们积极发挥政协特约监督员作用，20 个民主监督小组和 62 名监督员，通过受请参加部门会议、向部门提出意见建议、报送专题监督履职报告等履职方式，有力支持了部门工作、提升了部门效能。我们积极发挥提案监督作用，坚持把市领导重视的专题调研视察建言以及三次会议大会发言，及时转化为重点提案，通过民主监督履职，推动重要建言转化落实。

加强文史宣传出影响力。策应沿江开放开发和文化旅游兴市战略，征编出版了《九江码头》一书，从政治、经济、文化、社会发展的角度，追溯了九江码头演变历程。在省政协文史图书评选中，我市编辑出版的《见证九江抗战》《九江五十年代风云录》被评为优秀图书，市政协文史工作获得全省政协系统先进。修编并补充完善了《九江政协志》，为政协事业传承提供了史料依据。我们高度重视政协理论研究，去年以“加强政协民主监督”为主题，开展理论研讨，组织论文征集，为政协创新履职提供了理论支持。我们注重加强政协宣传工作，一年来在《人民日报》《人民政协报》《江西日报》《光华时报》等中央、省级媒体上稿近 600 篇，有力提升了我市政协对外影响。

四、坚持健全机制、夯实基础，着力加强自身建设

一年来，常委会着眼于人民政协事业的长远发展，始终把自身建设摆在重要位置，不断探索加强自身建设的举措，有效提升了政协工作科学化水平。

健全提案办理机制，提升了提案工作水平。我们在坚持提案工作“三审”立案制、“四抓”促办制、“双向评议”制的基础上，去年又出台了《关于加强政协提案办理工作的补充意见》和《关于进一步提高提案质量的实施意见》。通过加强提案业务知识培训、开展会前提案线索征集、实行会前准备会后立案，从源头上保证提案质量；通过明确提案办理时间节点，用倒逼机制促进提案办理落实；通过对提案办理定期调度、主席会议和常委会督办等方式，有力提升了提案工作实效。三次会议以来立案的 463 件提案，办复率达 100%，所提问题已基本解决或列入计划解决的占 96.7 %。我市政协提案工作的创新实践，得到了上级政协组织的充分肯定，去年全省政协首次提案工作现场会在九江召开，全国政协专题调研组为此前来调研、宣传推广。

创新界别工作机制，突显了界别组织特色。我们把重视界别作用、活跃界别活动作为履职重要工作来抓，出台了《关于进一步发挥界别作用的意见》，建立了专委会分工联系界别制度，完善了界别工作机制，建立了“界别 + 区域”的委员活动组设置模式。一年来，共开展 60 余场各具特色的界别活动，如中共界别“助推西海生态保护视察”活动、农业界别“保护湿地和候鸟资源视察”活动、教育体育界别“为农家书屋送科技书籍”活动、妇联界别“关爱贫困母亲”活动等，初步形成了全员参与、覆盖全局的界别工作格局，为人民政协事业发展注入了新的生机和活力。

完善考评激励机制，增强了委员履职责任。以全面调动委员积极性为主旨，我们提请市委出台了《关于进一步发挥委员主体作用的意见》，对委员学习培训、履职活动、服务管理、选任调整、考核激励等进行了规范和明确。去年，我们组织委员到厦门进行了学习培训，开展了十八大和十八届三中全会精神专题辅导，通过专委会、界别组进行履职业务指导，进一步提升了委员政治素质和履职水平。我们首次对市政协委员全面开展了履职考评，共评出先进委员活动组 10 个、优秀委员 66 名，对 14 名履职表现较差委员给予提醒谈话，对 1 名不合格委员予以劝退，对 1 名违法违纪委员撤销委员资格，进一步激发了委员履职的积极性、主动性和创造性。

加强机关自身建设，提高了机关服务效能。我们注重加强政协机关自身建设，集中开展了“整治小鬼难缠，优化发展环境”专项整治活动，以及以“提升工作能力，改进工作作风，推进政协机关工作再上新台阶”为主题的学习讨论活动，坚持以学习强素质、以制度抓规范、以实干树正气，形成了勤勉努力、工作争先、团结和谐的机关新风尚。注重加强机关作风建设，严格执行中央“八项规定”，严格遵守公务接待、出境考察制度规定，认真落实各项节约措施，“三公”经费支出明显下降。注重强化专委会建设，进一步发挥专委会在联系界别、开展调研、组织活动、督办提案等履职中的基础作用。注重统筹其他各项工作，圆满完成了包村扶贫、综治工作、招商引资等中心任务，全面加强了机关党的建设、精神文明建设等各项工作，进一步提升了市政协机关的凝聚力、执行力。

一年来，市政协取得的工作成绩，是中共九江市委正确领导、市政府大力支持的结果，是各级政协上下联动、社会各界密切配合的结果，凝聚着政协各参加单位、广大政协委员、政协机关干部的心血和汗水。在此，我代表市政协常委会表示崇高的敬意和衷心的感谢！

在肯定成绩的同时，我们也应清醒地看到，常委会工作与市委的要求、形势的发展、各界的期望还有不少差距，主要是：政协界别和专委会在整体工作中的基础作用还有待进一步发挥，个别委员履行职能的责任感和主动性还有待进一步增强，政协机关服务委员的意识、能力和水平也有待进一步提高。这些问题，都需要我们认真研究，并在今后的工作中切实加以改进。我们真诚地希望各位委员和同志们对常委会工作提出意见、批评和建议。

2014 年工作任务

2014 年是全面贯彻落实党的十八届三中全会精神、全面深化改革的开局之年，也是决战大工业、谋求大跨越的首战之年。今年市政协常委会工作总的要求是：坚持以邓小平理论、“三个代表”重要思想、科学发展观为指导，全面贯彻落实党的十八大和十八届三中全会精神，在中共九江市委的正确领导下，动员参加政协的各党派团体和广大政协委员，按照“服务赶超发展，实现更大作为”的总体要求，牢牢把握团结和民主两大主题，切实履行政治协商、民主监督、参政议政职能，充分发挥人民政协协调关系、汇集力量、建言献策、服务大局的作用，为推进昌九一体、决战工业万亿、全力做大九江履职尽责，为九江争得应有地位、人民过上小康生活努力奋斗。

1. 以学习贯彻十八届三中全会精神为动力，努力在增进思想共识上下功夫。全市政协组织和政协委员要把学习贯彻中共十八届三中全会精神作为首要政治任务，各级政协党组要带头学习贯彻，政协常委会要引领各界学习，界别和专委会要组织委员学习，政协机关干部要主动开展学习，迅速掀起学习贯彻全会精神的新热潮。要以学习凝聚思想共识。深刻理解全面深化改革的重大意义和基本原则，系统把握全面深化改革的总体目标和总体思路，全面掌握关于推进社会主义协商民主和民主政治建设的新布局和新要求，使学习贯彻全会精神的过程，成为统一思想、提高认识的过程，成为增进团结、凝聚力量的过程，切实把思想和行动统一到十八届三中全会精神上来，统一到市委的重大决策部署上来。要以学习增强履职能力。通过组织委员到全国政协培训基地集训、邀请专家举办专题讲座、围绕主题开展理论研讨等方式，深入学习十八届三中全会精神，全面掌握中国特色社会主义理论体系、人民政协和统战理论知识，帮助委员不断熟悉政协的工作特点和履职方法，进一步提高委员的政治理论素养和参政议政水平。要以学习推进政协工作。大力发扬理论联系实际的学风，紧密联系我市赶超发展实际，把学习贯彻十八届三中全会精神，同新时期党对推进社会主义协商民主的新要求结合起来，同深入贯彻市委十届六次全会精神结合起来，同推动落实“决战工业一万亿”部署结合起来，同推进履行职能的各项工作结合起来，努力开创政协工作新局面。

2. 以打造“双核”、做大九江为核心，在服务赶超发展上有作为。围绕中心、服务大局是政协履行职能必须遵循的重要原则。当前，决战工业万亿，全力做大九江，加速实施“双核”，是全市一切工作的中心，是事关九江发展的大局。全市各级政协组织和广大政协委员务必紧扣中心大局，发挥自身优势，进一步聚做大九江之力、献跨越发展之策、建决战万亿之功。要围绕中心大局开展协商建言。紧贴全市“财政年均增百亿，工业五年过万亿”目标，围绕决战大工业、打造大门户、推进大统筹、改善大民生、实现大跨越等重要方面，广泛协商，集思广益，献计出力。选择共青先导示范区建设、沿江码头规划与利用、增强企业科技创新能力等重点课题，开展深入调研或专题视察，为党委政府决策提供前瞻性和可操作性的参考意见。要服务中心大局推动工作落实。围绕重大改革政策的贯彻执行和发展目标任务的完成情况，通过政协这个平台提出意见或者批评，推动重大决策和重点工作更好地贯彻落实。以党委政府所需、人民群众希望、政协职能所及的事项为切入点，通过委员视察监督、社情民意监督、政协提案监督等形式，推动重点民生问题加快解决。适时听取市纪委、监察局关于我市党风廉政建设和反腐败工作情况通报，适时组织委员对全市发展环境进行民主测评，促进部门转变工作作风、提升工作效能。要融入中心大局积极建功立业。按照市委、市政府的统一部署，全力做好沿江赤码板块的协调、服务、推进工作，动员和引导广大委员为打造“双核”、主攻工业尽职出力。要积极投身赶超一线，认真做好市委、市政府分工挂点负责的市城建重点项目工作，以项目建设的成效让党政放心、让群众满意。要充分发挥政协优势，鼓励和引导政协委员在支持地方发展、参与公益事业、服务招商引资中实现新作为、作出新贡献、树立新形象。

3. 以提高人民群众幸福指数为根本，

努力在促进民生改善上倾真情。维护人民群众的根本利益是政协工作的出发点和落脚点。我们要始终坚持民本理念,把人民对美好生活的向往作为政协履职的方向,协助党委政府做好暖人心、稳人心、得人心的工作,着力构建赶超发展的和谐环境。要畅通渠道听民声。继续深入开展委员“三进三服务”活动,进一步使政协工作下移重心,让委员走进基层,实现委员与群众“零距离”接触。加大社情民意信息的采集、报送、督办、反馈力度,进一步发挥政协社情民意在汇集舆情中的重要作用。积极创新信息采取载体,鼓励委员开设微信、博客和信箱,进一步密切联系群众、收集群众意见、反映群众诉求。要关注民生献良策。坚持把关注民生热点问题作为政协履职的重点,重点选择浔阳区十大片区改造、保障性住房后期建设管理、中医药事业现状与发展、农村居民文化生活等方面,认真开展调研或视察,多建利民之言,多谋利民之策。适时听取市政府关于重点民生工程实施情况的通报,及时回应群众关切,促进民生问题解决。要心系群众解民忧。按照市委、市政府安排,继续协助做好“全市特困家庭大病医疗救助工作”的具体实施,提高我市特困群体大病医疗救助水平。积极组织委员开展科教扶贫、帮困济弱、捐资助学等社会公益活动,倾力为困难群体解难事、做好事、办实事,努力使改革发展的成果惠及更多的市民百姓,不断提高广大群众生活的幸福感和满意度。

4. 以提升政协工作科学化水平为目标,努力在增强履职实效上求突破。积极适应新形势新发展新要求,大力推进政协履行职能的制度化、规范化、程序化建设,进一步创新工作特色、提升履职水平。提案工作上,要围绕抓好提案质量,加大平时提案征集力度,鼓励集体提案、联合提案,严把提案预审、初审、联审、审定“四关”;要围绕抓好提案落实,积极开展提案办理前、办理中、办结后的各种协商活动,探索推行重点提案督办与调研视察和专委会工作相结合、与同类提案一并督办面商的工作机制。民主监督上,要结合市委拟出台的关于加强民主监督工作文件,进一步拟订民主监督员工作细则和民主监督小组工作考核办法,推动民主监督工作规范化制度化。调研视察上,要改进和完善工作方式,注重做好调研视察前期准备工作,坚持做到:凡没有具体方案的,活动不能开展;凡没有掌握基础资料的,队伍不能下去。要整合调研视察力量,采取市县政协联动、相关专委会联合、各党派界别参与、明察与暗访相结合的办法,不断提高调研视察效果。界别和专委会工作上,要创新界别活动形式,通过加强界别视察、界别发言、界别提案、界别协商等活跃界别活动的措施,发挥界别在有序政治参与中的重要作用,提升界别的话语权。要创新专委会工作方式,整合专委会整体力量,推动专委会工作内容从单一性向综合性、履行职能从阶段性向经常性转变。委员履职管理上,要健全委员履职动态服务管理机制,探索建立委员向本界别述职制度,充分调动和发挥委员履职的主动性、积极性和创造性。

5. 以开展党的群众路线教育实践活动为抓手,努力在机关自身建设上迈新步。按照中央的统一部署,上半年将集中开展党的群众路线教育实践活动,这是当前政协机关一项重要工作内容。我们要以建设学习型、服务型、创新型机关为目标,以开展党的群众路线教育实践活动为抓手,全面加强政协机关自身建设。要通过活动促思想作风转变。严格按照活动规定和要求,市政协领导班子要带头谋划部署、带头学习查摆、带头联系群众,通过学习教育、深入查摆、抓好整改,务必使思想有新提高、灵魂有新触动、作风有新转变,以领导班子思想作风的提升,带动全市政协组织和政协机关作风的转变。要通过活动促制度规定落实。对查摆出来的问题要在工作机制上规范好、健全好,对实践证明行之有效的履职机制要贯彻好、执行好。尤其是对近年来市委出台的一系列关于加强人民政协工作的文件,要准确把握精神实质,坚决抓好文件落实,坚持按制度办事、照规矩行事。要通过活动促服务效能提升。按照“照镜子、正衣冠、洗洗澡、治治病”的要求,集中对政协机关的作风之弊、行为之诟来一次大扫除、大检修,在政协机关大兴学习调研之风、求真务实之风、团结协作之风,努力把政协机关建设成为委员满意、社会认同、组织认可的文明机关,为政协履职水平不断提升提供有力保障。

各位委员、同志们,我们正处在一个大有希望、大有作为的新时期。面对新的形势和任务,人民政协责任重大、使命光荣。让我们在中共九江市委的坚强领导下,同心同德、群策群力,与时俱进、创新履职,不断开创全市政协工作新局面,为九江争得应有地位、人民过上小康生活而努力奋斗!

【组织概况】

政协第十四届九江市委员会主席、副主席、秘书长、副秘书长、常务委员、委员名单

主　　席　魏宏彬

副 主 席　徐少伟　纪岗昌　陶春元　朱忠玲　涂　建　黄大明　朱汉浩　李　军(女)

秘 书 长　洪　华

副秘书长　李烈勇　陈宋尧　潘　浔

常务委员(按姓氏笔画排列)

丁冰洋　马海威　巴惠萍(女)
方志红(女)　毛再昌　王小琴(女)
王　芳(女)　王永红(女)　王华民
王绍锋　代小权　冯小平
冯孔茂　叶至明　叶恕兵
左北平　刘全会(女)　曲永和
朱作清　许　斌　严永敏
余玲玲(女)　吴小京　吴杨柳
杜少华　张　俊　张志超
张国宏　李小林　李烈勇
邱黎明(女)　陆　发　陈　琪
陈世勇　陈宋尧　陈玲珠(女)
陈新建　杨家义　欧阳存凤
周光灿　周明学　段兴发
胡　帆　胡晓林　徐　凤
高爱红　海广福　翁守泉
曹开越　曹勇前　梅武林
章海香(女)　黄显平　龚兴友
傅朗林　董丽华(女)　谢　华
释妙乐(女)　释辉悟　赖学锋
廖　亮　缪志威　戴　炜
瞿　畅(女)　王小琴　冯孔茂
杜少华　杨家义　吴杨柳
张志超　陈宋尧　欧阳存凤
徐　凤　高爱红

曹勇前等11人2014年1月9日增补

委　员

中国共产党九江市委员会

王　纲　朱汉浩　朱忠玲
齐美龙　李小林　李烈勇
陈则仁　段兴发　洪　华
徐　勇　徐少伟　高爱红
郭能及　黄大明　曹勇前
程益琴(女)　廖胜昔　熊　颖
魏宏彬

中国国民党革命委员会九江市委员会

马海威　毛治芬(女)　左北平
叶恕兵　田立云　冯家栋
孙红波　余鸿斌　汪建荣(女)
陈　东　陈　慧(女)　陈爱林
赵小川(女)　查文明　徐　萍(女)

郭青云　曹根蓉(女)

中国民主同盟九江市委员会

王先进　王贵菊(女)　王辉明
任瑞芳(女)　严　平　李　勇
吴义金　余正华(女)　张卫红(女)
张玉君(女)　张志超　陈慧君(女)
邵英杰　赵　毅　胡　勤(女)
袁晓涛　陶春元　燕　青
戴江华　瞿　畅(女)

中国民主建国会九江市委员会

马庆友　代大发　杜宏鸣
李　军(女)　李伟群　李庐英(女)
陆　发　周建钢　周腊秀(女)
胡　迪　聂世军　徐　杰
徐爱林(女)　谭振柳

中国民主促进会九江市委员会

王小琴(女)　卞卡利　匡　慧(女)
朱少芬(女)　余玲玲(女)　邹曙光
汪德东　陈保平　高　平(女)
彭　璇(女)　童丰生

中国农工民主党九江市委员会

马浪峰　王太西　王巧云(女)
支园平　朱伟鹏　朱迎山
李汉穆　杨家义　陈洪生
罗　晋(女)　宗艳霞(女)　夏梅生
钱振华　徐惠明　唐平钧
涂　建　傅朗林　温兴共
谢志春

九三学社九江市委员会

王菁菁(女)　刘星火　纪岗昌
李文斌(女)　李志斌　何盛彬(女)
张水林　罗江龙　胡　帆
曹　敏(女)　颜仕平

无党派人士

马来加　王　梓　江　波
许　斌　肖光伟　吴春锋(女)
沈　昭(女)　张友谷　陈小安
陈世勇　陈高兵　胡雄彪
骆晓军　徐　风　桑明辉
蔡金磅　熊六政

九江市总工会

王　健　王　颖　方志红(女)
曲永和　刘合春(女)　余振中
陈　皋　陈崇林　唐英利
曹艳生　赖万寿

中国共产主义青年团九江市委员会

李平球　吴　琼(女)　熊晓丽(女)
戴　炜

九江市妇女联合会

丁　玲(女)　王文婷(女)　苏　丽(女)
李　萍(女)　李　勤(女)　肖　琴(女)
邱黎明(女)　张　珏(女)　陈　敏(女)
陈荣霞(女)　夏丽芳(女)

九江市青年联合会

王　亮　王　真　代小权
刘　斌　汪志刚　张恒颖
易晓剑　周日成　黄朝东
蒋志勇

九江市工商业联合会

万玲霞(女)　王　敏　尤国仲
卢大美　卢党恩　田志强
冯小平　吕凌飞　朱留洪
朱海峰　严永敏　苏仁和
李步红　李春华　杨细秋
吴向九　吴杨柳　吴金龙
张远球　张松波　张项理
张晓年　陈　林　陈　钢
陈　琪　陈远东　林长青
林方长　郑　伟　查文龙
姚贻笃　聂义军　翁守泉
高　力　高先香(女)　黄乃斌
黄绍武　梅武林　曹明志
龚靖净　蒋立人　潘　斌

九江市科学技术协会

丁冰洋　石植贵　卢　峰
朱朝霞(女)　刘宏初　李　明
邹爱勤　陈万波　涂卉君(女)
赖学锋　蔡安国　蔡青山

九江市台湾同胞联谊会

丁德秭　王　芳(女)　杜少华
杨恩旭　余昌徐　张少强
周月喜　郑　承　屈周喜
贲奕力　谭国强　熊春林

九江市归国华侨联合会

方行宇　刘　新　吴经伟
张译丹(女)　陈宋尧　陈晓峰
林周恩　林春树　罗超西
周　俊　柯孙培　章海香(女)
舒瑞鹏　潘　浔

文化艺术界

万晓明　刘春江　吴小京
冷望高　汪建策　汪登保
宋　汶(女)　张国宏　陈新建
洪康民　郭建林　龚前龙
崔廷瑶　傅晓文(女)

科学技术界

马德福　仇　伟　吕敦召
刘勇前　孙雯萍(女)　李文强
李建国　李振琦　杨　鸿
肖　珲　吴志瑜　宋晓明
陈　龙　陈世炉　陈宣文
邵金玉　骆炳贵　梁　萍(女)
储培根　廖　亮　廖　勇
缪志威　戴丽梅(女)

社会科学界

丁喜春(女)　万志军　王一凡
王永红(女)　石　昌　刘衍铭
杨小华　吴　俊　张文丽(女)
周照华　胡　吉　曹开越
龚　敏　谌　珂(女)　董河清

经济界

丁清河　万新华　王　珺
王小平　王华民　王洲球
毛再昌　田三林　付船林
冯上水　朱金花(女)　刘全会(女)
齐　桦　江富平　杨志明
何以战　何国强　余　峰
张　巍　张长沐　张光权
张松平　林　惠　周庆雷
周建龙　周荣会　官保东
查太平　姜展戎　黄义辉
黄益斌　梅　强　梅建平
龚　钫　曾华生　楼柏木
樊少敏　潘希勇

农业界

王晓霓(女)　石金洲　冯孔茂
江少文　李常春　邹伦硕
张　俊　张守金　张林生
易　斌　易金保　罗冬生
周光灿　段玉琪(女)　桂天华
夏　晖　高　婷(女)　黄显平
程　明　楼健良　熊里媛(女)
潘宝山

教育界

丁望才(女)　王万山　文　君(女)
卢炳成　向新生　李兆石
邹杨春　汪保祥　张　威
张继跃　周明学　屈鉴平
赵　追　胡典文　胡晓林
柏　萍(女)　陶　锋(女)　黄东红
彭慧娟(女)　谭如英(女)　樊　仁

体育界

王友庚　王丽峻　王景亮
朱　军　陈述慎　陈群英(女)
屈胜鹏　淦　垒

新闻出版界

石　峰　朱　凌　余　海
查友生　黄　丹(女)　童颖冰(女)
谢　华　魏　兵

医药卫生界

王水华　王绍锋　付必惠(女)
危连喜　刘仁鹏　刘炳华
严东标　李广欣　杨江波(女)
肖传文　邱国萍(女)　张德珍(女)
陈玲珠(女)　周淑瑞(女)　郑毅炘
柳丽芬(女)　高崇茂　黄友柏

黄啸林　董　海　程开良
解传信

社会福利界

王小军　王福军(女)　邓君安
卢选勇　朱作清　朱金福
李铁斌　吴爱龙　余德义
张和金　周裔祥　胡岩松
黄　强　曹俊良　程根生
廖　强　戴灿明　魏美球

少数民族界

王洪伟(回族)　兰年春(畲族)
兰浩林(畲族)　李江宁(蒙古族)
杨鸿敏(回族)　吴青松(满族)
陆霄军(回族)　罗　英(女,蒙古族)
金　峰(回族)　海广福(回族)
潘昭明(回族)

宗教界

马广林　叶至明　朱晓林
金自利　庞　瑞　龚兴友
董丽华(女)　释大安　释妙乐(女)
释果严　释辉悟　释普钰
谢少轮　廖德意　潘美霖(女)
潘翼峰

特别邀请人士

文建华　巴惠萍(女)　石和平
占肆土　卢华林　付林斌
朱松贵　刘　华　刘　凯
刘　建　刘小平　江先来
李亚东　李建华　李清凤(女)
李照培　杨　琦　杨小林
吴仁江　余育民　汪洪义
宋　斌　张　浔　张腊宝
欧阳存凤　欧阳洁(女)　郑观兴
赵　军(女)　柯尊玉　桂白丽(女)
殷建春　高茂木　郭少雄
黄　梅(女)　黄忠仁　曹会焰
傅建顺　雷高兴

备注:高爱红、廖胜昔、汪建荣、吴春锋、王健、余振中、刘斌、陈钢、周俊、李文强、石昌、龚敏、谌珂、田三林、何以战、周荣会、黄益斌、楼柏木、李常春、邹伦硕、张守金、王万山、彭慧娟、黄友柏、潘昭明、释普钰、刘凯、江先来、杨琦、吴仁江、殷建春、郭少雄等32人2013年12月24日增补,朱海峰、傅建顺、朱松贵2014年6月30日起不再担任

【大事记】

1月

6日　市政协召开十四届十三次常委会议。

6至9日　中国人民政治协商会议第十四届九江市委员会第四次会议在九江举行。主席魏宏彬,副主席徐少伟、纪岗昌、陶春元、朱忠玲、涂建、黄大明、朱汉浩、李军,秘书长洪华出席会议。

8日　市政协召开十四届十四次常委会议。

2月

26日　市政协召开十四届十八次主席会议。

28日　市政协召开机关党的群众路线教育实践活动动员大会。

市政协召开提案交办会。

3月

10日　市政协党组及机关教育实践活动领导小组召开第一次会议。

市政协机关举行党的群众路线教育实践活动第一次集中学习。

11日　市政协机关妇委会一行到都昌县太阳村鄱阳湖儿童救助中心进行“献爱

心、送温暖”活动。

13日 省政协常委、人资环委主任文红莲带领的由部分省政协委员和南昌大学环境与化学工程学院、省水利厅有关专家组成的省政协南昌市备用水源地建设与管理工作调研组到永修县开展南昌市备用水源地建设与管理工作专题调研。

18至19日 市政协提案委与市政府办公厅、市人大选任联工委联合举办培训班,对建议提案具体经办人员进行业务知识培训。

市政协教文卫体工作座谈会召开。

21日 市政协召开十四届十九次主席会议。

25日 市政协召开十四届十五次常委会。

26日 副主席徐少伟带领调研组到德安县宝塔乡杨桥村、浔阳区金鸡坡街道大塘村联系点,开展党的群众路线教育专题调研。

27日 市政协召开经科委工作座谈会。

28日 副主席朱汉浩带领市政协人资环委调研组到永修县柘林镇易家河村、八角岭垦殖场沙丰分场开展党的群众路线教育专题调研活动。

4月

3日 副主席纪岗昌率市政协提案委等调研组成员到武宁县联系点听取意见建议。

4日 主席魏宏彬到都昌县开展党的群众路线教育实践活动调研。

9至10日 湖南省政协副主席武吉海一行来九江,就“临港产业发展情况”进行考察。考察团考察了综合大市场九鼎码头项目、上港物流项目、上港码头项目、华祥电路板项目和杭氧制氧机项目。

副主席陶春元到星子县联系点,围绕群众路线教育贯彻落实、中共中央八项规定、着力解决“四风”方面存在的问题等内容,征求基层群众对市政协班子和市政协机关的意见建议。

副主席涂建到共青城市开展党的群众路线教育实践活动调研,征集基层政协和群众的意见建议。

10至15日 主席魏宏彬率领部分市政协委员以及市发改委、工信委、建设规划局、共青城市、德安县、永修县等部门和地方的负责人,前往湖南长沙市、河南省郑州市学习考察经济先导区建设经验。

15至16日 全国政协民族和宗教委员会副主任、青海省政协原主席白玛率全国政协民族和宗教委员会专题考察组一行来到九江考察宗教教职人员社会保障政策落实情况。考察组考察考察了云居山真如禅寺、基督教福音堂、东林寺等地。

16日 全市政协宣传信息工作一季度工作座谈会在瑞昌召开。

24日 副主席李军率队到中国联通九江分公司,视察九江联通信息化产业应用发展情况。

29日 市政协机关开展党的群众路线教育实践活动集中学习活动。

市政协召开社情民意信息工作座谈会。

30日 主席魏宏彬,副主席徐少伟、陶春元、朱忠玲、涂建、黄大明、朱汉浩、李军,秘书长洪华前往德安县、永修县、共青城市,开展“推进共青先导区建设”专题调研。

5月

9日 主席魏宏彬主持召开市政协党组会议,对党的群众路线教育实践活动征求到的意见进行梳理,部署落实整改责任分工。

19日 市政协机关召开党员干部大

会，传达贯彻江西省开展“三大工程”深入推进第二批群众路线教育实践活动视频会议精神和全市党的群众路线教育实践活动工作推进会精神，对市政协机关党的群众路线教育实践活动第二环节工作进行部署安排。

20 至 24 日　副主席李军带领市政协调研组及职能部门负责人赴南昌市和湖南省株洲市、郴州市等地学习考察中医院建设情况。

29 至 30 日　市政协举办新增委员培训班，特邀省政协办公厅副主任、《光华时报》总编王国龙，省委党校公共管理学教研部主任李才平教授做辅导授课。

市人大选任联工委、市政府办公厅、市政协提案委对市发改委、建设规划局、民政局等 9 个建议提案“办理大户”的办理情况进行联合督办。

6 月

5 日　主席魏宏彬主持召开市政协党组会议，对群众路线教育实践活动第一阶段征求的意见建议以及省委、市委督导组对党组班子作风建设通报的突出问题进行查摆梳理。

9 至 11 日　市政协组成专题调研组组织开展“进一步推进我市中医药事业发展”专题调研。

13 日　副主席、统战部长黄大明带领市政协港澳台侨与外事委组织部分市政协委员，围绕“台资企业发展情况”开展专题视察。

16 日　市政协召开党组班子专题民主生活会。

19 至 28 日　市政协组织 90 余名市政协委员赴北京开展为期 10 天的“第三期委员培训班”暨全国政协第 60 期委托培训班。

22 日　市政协召开十四届二十次主席会议。

24 至 25 日　市人大、市政府、市政协组成调研组，就全市养老服务工作集中开展调研。

25 至 27 日　省政协常委、省政协提案委主任杨斌一行六人到彭泽、湖口、瑞昌等地，围绕“提案办理工作”专题开展调研。

30 日　市政协召开十四届十六次常委会。

7 月

2 日　省政协经济委员会主任李贤书率省政协调研组一行来浔，就“加快推进昌九一体化”进行调研并召开座谈会。

4 日　市政协机关召开县处级领导干部专题民主生活会通报会暨“七一”表彰大会。会议表彰了 2013 年度市政协机关先进党支部、优秀共产党员、优秀公务员和先进工作者。

9 至 10 日　湖北省政协副主席王振有率湖北省政协赴赣考察团来浔调研鄱阳湖生态经济区生态环境保护情况。

15 日　副主席朱汉浩带部分市政协委员和相关部门负责人开展“保障性住房后期建设与管理”专题调研。

18 日　市政协人资环委赴庐山西海开展“关于加强庐山西海周边环境保护，打造新型旅游景区”两件重点提案的督办。

22 日　副主席徐少伟率市政协经科委组织部分市政协委员及有关部门负责人，围绕“九江沿江码头整治与利用”开展了专题视察。

23 至 24 日　副主席涂建率专题调研组到浔阳区、湖口县、瑞昌市、武宁县等县（市、区）的社会福利院，农村敬老院、民办养老机构开展城乡养老机构建设情况进行专题调研。

25 日 副主席陶春元，文史委主任陈新建赴卫生局就“加强民营医疗机构管理”的提案进行重点督办。

市政协围绕“行车难、停车难”问题，遴选46件城市交通类提案，组织召开提案办理协商座谈会。

30 日 副主席陶春元带领教文卫体委成员开展“发挥城区文化场馆服务功能，不断满足市民文化生活需求”专题视察。

8 月

14 日 市政协召开十四届二十一次主席会议。

25 日 省政协文史和学习委员会主任黄鹤率省政协调研组来浔，就“深化文化体制改革情况”开展专题调研。

副主席纪岗昌带队围绕“推动环庐山旅游公交开通与建设”开展视察活动，对政协提案办理落实情况进行跟踪监督。

26 日 市政协派驻市公安局民主监督员前往市公安局出入境、市交警支队车管所，开展民主监督工作。

27 日 市政协在永修县召开全面深入推进“三进三服务”工作现场会。

9 月

3 日 市政协在市房管局召开城区保障性住房后期建设与管理工作座谈会。

4 日 市政协在市行政执法局召开统一选派民主监督员工作座谈会。

11 日 市政协召开十四届二十二次主席会议。

29 日 市政协召开十四届十七次常委会议。

10 月

10 日 主席魏宏彬主持召开全市长江河道采砂管理综合整治工作推进会。

17 日 市政协机关召开党的群众路线教育实践活动总结大会。

23 至 24 日 全市县（市、区）政协工作会第四次会议在德安县召开。

24 日 市政协文史工作座谈会在德安县召开。

11 月

5 日 副主席朱汉浩率专题视察组就“新修订的《刑事诉讼法》实施情况”视察了市中级人民法院诉讼服务中心、浔阳区法院少年法庭，现场观摩了远程视频庭审。

12 日 市政协组织召开八里湖新区城市环境综合整治“百日大会战”协调推进会。

14 日 市政协召开理论研究会二届三次研讨会。

27 日 市政协组织委员开展浔阳区“十大片区”旧城改造工作进展情况专题视察。

12 月

12 日 市政协中共界别组围绕推进“六城同创”、开展城市综合整治“百日大会战”进行建言献策。

18 日 市政协召开十四届二十三次主席会议。

24 至 25 日 省政协办公厅巡视员徐良平一行就农村村级文化现状及活动场所、垃圾处理等情况到都昌调研。

（王震宇 编写　洪华审稿）

政协景德镇市委员会

【全体委员会议】

十二届四次会议 中国人民政治协商会议景德镇市第十二届委员会第四次会议于2014年1月13日至1月15日在景德镇召开。开幕式由市政协主席梁高潮主持。有关方面同志列席了大会。市领导、在景的全国政协委员、省政协常委、市法检两院领导、老同志代表、部分院所高校及地级企业代表应邀出席。市政协副主席周建新受市政协十二届常委会的委托向大会作工作报告,市政协副主席潘义忠代表常委会作了市政协十二届三次会议以来提案工作情况的报告。委员们进行了大会发言。市委书记刘昌林代表中共景德镇市委作了讲话。陈长生因达到任职年限,会议同意其辞去政协景德镇市第十二届委员会副主席职务,补选夏军为政协景德镇市第十二届委员会副主席。闭幕式由市政协副主席周建新主持。市政协主席梁高潮在闭幕式上作了讲话。会议通过了大会政治决议以及大会提案审查委员会关于市政协十二届三次会议以来提案审查情况的报告。

【常务委员会会议】

第十六次会议 2014年1月15日,市政协举行十二届常委会第十六次会议,会议听取和汇总了政协十二届四次会议各讨论组召集人关于分组讨论情况的汇报;审议了政协十二届四次会议决议;审议了政协十二届四次会议提案审查情况报告(草),讨论通过了有关人事事项。

第十七次会议 2014年3月20日,市政协举行十二届常委会第十七次会议。会议听取了市委讲师团负责人关于习近平总书记系列重要讲话精神的专题辅导;协商通过了《市政协常委会2014年工作要点》《市政协2014年度协商工作计划》和有关人事事项。

第十八次会议 2014年7月22日,市政协举行十二届常委会第十八次会议。会议就"全力打造'一线五点'工业走廊,做优产业发展平台"进行专题协商议政。会议传达学习了省委十三届九次全会精神,听取了关于《"全力打造'一线五点'工业走廊,做优产业发展平台"专题协商建议案》起草情况的说明,以及视察组成员代表专题发言,会议对视察形成的《建议案》和调研报告进行了分组讨论和协商审议。

第十九次会议 2014年10月31日,市政协举行十二届十九次常委会议。会议就"加快推进城市建设三年攻坚战,进一步提升城市建设水平"进行专题协商议政。会议传达学习了中共十八届四中全会精神,听取了《加快推进城市建设三年攻坚战,进一步提升城市建设水平建议案(草案)》起草情况的说明和政协常委专题发言;听取了关于《市政协民主评议提案办理工作实施意见(试行)》起草情况的说明和有关人事问题的说明;审议通过了《加快推进城市建设三年攻坚战,进一步提升城市建设水平建议案》和《市政协民主评议提案办理工作实施意见(试行)》;协商通过了有关人事事项,同意王祖庆、潘义忠辞去市政协副主席职务,同意免去金利民、吴建旺常委职务,并提请市政协十二届委员会第五次会议备案。

【专门委员会工作】

提案委员会 主要工作:全年共提出提案169件,提出提案的委员595人次。经过审查、整理、合并,列为提案办理的有143件,作为委员来信处理的有10件。建议被有关单位采纳、问题已经解决或基本解决的有65件,有关单位正在办理或计划解决的有66件,因条件限制一时确实难以解决的有12件,分别占提案总数的45.5%、46.1%、8.4%。其中《关于加快昌河汽车城建设的建议》,被市政府列为重点提案,有关意见建议得到采纳;《关于以城市建设管理攻坚战为契机,改善城市面貌、彰显城市特色的建议》,被政府采纳;《关于保护昌江河生态环境及行洪安全的建议》《关于强化雾霾治理、让瓷都的天更蓝的建议》,市水务局和市环保局的及时办理。先后在全国和省、市新闻媒体播发提案工作方面的稿件55篇(次),有14篇专题信息在《人民政协报》《光华时报》等省级以上报刊刊载。其中《找准着力点、把握核心点、选好落脚点充分发挥政协提案在协商民主中的作用》入选省政协《人民政协与协商民主》优秀论文集,《景德镇市政协提案助推居家养老服务体系建设步入快车道》获省《光华时报》好新闻二等奖。

经济委员会 主要工作:5月初,就市政协常委会“打响工业强攻战、促进产业转型升级”协商课题,展开了历时2个月的前期调研,形成前期调研报告。7月初,由主席会议成员带队组织部分常委、委员,到市三大园区的部分企业及航空科技城、昌河洪源新基地,就“全力打造‘一线五点’工业走廊、做优产业发展平台”议题开展调研,以常委会为平台进行专题协商,形成了3个调研报告和1个建议案。9月中旬至10月中旬,就“加快推进城市建设三年攻坚战,进一步提升城市建设水平”议题,对市老城区的保护与利用、中心城昌南拓展区和赣东北综合物流园建设情况、人民广场周边地下排污管网建设等情况开展了视察调研。

教科文卫体委员会 主要工作:4月1日,组织体育、教育等界别委员与市体育局、市教育局等相关部门负责人,在市体育局召开以“推进我市体育工作”为主题的界别协商座谈会,为推进市体育事业快速发展建言献策,形成了《关于推进我市体育工作的建议》,就推进体育场馆建设、加强公共体育设施规划建设、提高学校体育工作水平三个方面建言,得到了市政府和相关部门的重视和采纳。4月下旬,组织委员到市直、珠山区和乐平市部分中小学校进行专题调研,形成了《关于“加快学校建设,提升办学条件,推进义务教育均衡发展”的调研报告》。8月上旬,组织委员就“推进我市药品安全监管工作”进行对口协商。

社会和法制委员会 主要工作:7月底,围绕贯彻执行《消防安全法》就“公共场所消防安全管理”专题,开展对口协商视察活动,对加强小区等公共场所消防基础设施建设,抓好消防法律法规落实,加大消防安全检查督促力度等方面提出了建议。按照省政协《关于就我省加强农村宗教事务管理情况进行调研的实施方案》的要求,于6月下旬开展了一次相关调研,并形成了相关调研报告。4月中旬,组织部分市政协常委、委员,围绕“流动人口治安管理服务”开展专题民主监督活动。7月,参加省高级人民法院来景调研法院工作和征求意见活动。8月,组织委员参与市中级人民法院“法院开放日”活动,主旨是“增强法院工作透明度和阳光司法”。9月,组织委员参加市人民检察院群众路线教育实践活动“面对面”活动,并座谈交流。

港澳台侨和外事委员会 主要工作:6月,就马来西亚华侨在景德镇投资遇到的问题,到陶瓷工业园区进行了调查,形成了“关于景德镇善德堂陶瓷股份公司股东纠纷的有关情况汇报”。按照省政协《关于商请协助做好“我省侨(港澳)资企业发展情况”专题调研的函》的要求,于9月中下旬开展了调研,并形成了《景德镇市侨(港澳)资企业发展情况调研报告》。结合党的群众路线教育实践活动,组织委员和特聘港澳台侨委员赴昌江区荷塘乡开展了委员活动日活动,集中学习了荷塘农垦人“艰苦创业、奉献为民、质朴清廉”的精神,聆听了由农垦第一代老干部徐龙作“荷塘农垦精神”专题报告。

人口资源环境委员会 主要工作:3月下旬,召开全市政协人口资源环境委员会工作会议,总结交流了全市政协人资环委的工作情况,共同探讨在新形势下做好政协人口资源环境委员会工作的思路。5月中旬,协助省政协人口资源环境委员会在浮梁县开展生态采风活动。11月中旬,组织部分常委、委员,在分管副主席的带领下,就农民专业合作社发展情况进行专题调研,围绕壮大农民专业合作组织,促进农村经济发展和农民收入持续增长建言献策。12月上旬,织部分常委、委员,在分管副主席带领下,就“我市单独两孩政策实施情况”开展专题调研;与提案委一起督办了《关于加快我市农业产业化发展的建议》《关于保护昌江河生态环境及行洪安全的建议》和《关于加强我市低保管理的建议》。

文史和学习委员会 主要工作:多渠道征集“三亲”史料,充分发挥文史资料在存史资政、促进发展方面的作用。为加强文化遗产保护,继承和弘扬优秀传统文化,推动社会主义先进文化建设,与乐平市政协合作,开展了对景德镇文史资料第23辑《乐平老街》专辑的前期准备工作。11月中旬,应经济委邀请参加了“保障性住房建设”专题视察,实地考察了景东安厦小区、安宇小区、方家山小区保障性住房建设情况,听取了有关情况汇报,提出了要在保障性住房前瞻性上下功夫,探索科学合理的运行管理机制。

【重要活动】

传达贯彻“三大战役”动员大会精神 2014年2月8日,市政协机关组织全体干部职工进行专题学习,传达学习了全市实施“三大战役”动会大会的精神。

开展“五进四问、纳谏听诉”专题调研 2014年3月17日开始,市政协党组集中安排一周的时间,专题开展了一次“五进四问、纳谏听诉”调研活动。各党组成员分别领调研组,深入到各自所联系的农村、社区、基层委员及其企业中开展调研,通过座谈、走访基层群众、问卷调查和当面问策等方式,广泛听取对市政协“四风”突出问题的反映与开展教育实践活动、提高政协工作水平的意见和建议。

开展现场征集社情民意活动 2014年3月19日,市政协组织部分政协委员,在新村街道开展了一次现场征集社情民意活动,并同时召开了座谈会,广泛听取和征求基层干部、社区负责人、居民代表的意见建议。

市政协机关赴荷塘学习 2014年为学习弘扬荷塘精神,认真践行群众路线,4月16日,市政协机关全体干部职工赴荷塘乡开展专题学习活动,深入了解荷塘红色历史、革命先烈事迹和荷塘精神,重温了入党誓词。

全国政协调研组来景调研 2014年4月24至25日,全国政协委员、文史和学习委员会副主任卞晋平一行来景对“推进城镇化进程中加强古村落保护”进行专题调研,实地考察了瑶里镇古村落明清建筑、程氏宗祠、明清居等地。市、县相关部门作了书面汇报。

省政协调研组来景调研 2014年6月30日至7月1日,省政协常委、人资环委主任文红莲,省政协人资环委副主任、省卫生计生委副主任李晓琼带领省政协民主监督专题调研组一行,到景调研污水处理设施建设及运行情况。调研组一行先后考察了乐平市、浮梁县及市污水处理设施建设及运行情况,并召开座谈会探讨了如何进一步推动污水处理设施建设运营的思路。

打造“一线五点”工业走廊专题调研协商 2014年7月1至2日，市政协开展了“全力打造‘一线五点’工业走廊，做优产业发展平台”专题调研协商。市政协主席梁高潮及主席会成员分别带队分三个组参加调研。调研组分别深入昌河洪源新基地、昌河汽车老厂区、陶瓷工业园名坊园、博大陶瓷、特地陶瓷、江直投通基地项目及（强盛）生产车间、飞虹大桥桥址、华意压缩新600项目、正德制动、乐平工业园区天新药业、宏柏化工等单位进行实地调研和专题座谈，全面了解了我市“一线五点”发展情况以及他们目前面临的困难和今后发展的方向。

全国政协考察团来景调研 2014年7月19至20日，全国政协副主席、民革中央常务副主席齐续春率考察团来景参观考察。民革中央调研部副部长周丽萍，省人大常委会副主任、民革江西省委会主委马志武，民革江西省委会专职副主委陈春平随同考察。齐续春一行参观了御窑厂，并走访了景德镇陶瓷美术家协会。

指导联系点专题民主生活会 按照市委开展第二批党的群众路线教育实践活动的安排部署，2014年7月23日，市政协党组书记、主席梁高潮主持召开了乐平塔前镇专题民主生活会，市委常委、乐平市委书记吴龙强到会指导。

省政协来景专题调研 2014年9月8至9日，省政协副秘书长、港澳台侨和外事委主任冷芬俊，办公厅副主任王国龙率调研组一行就加强协商民主制度化建设专题来景调研。

开展“基层农村建设情况”调研 2014年11月4日，市政协领导梁高潮、汪小玲、夏军，秘书长汪金林及部分市政协委员，到昌江区丽阳镇就基层农村建设情况进行调研。实地考察了丽阳镇余家希望小学、丽阳镇枫林村程家毛畈自然村和枫林警务室，听取了有关情况介绍，并与学校教师、农村基层干部、村民代表进行了交流座谈。

召开城市道路交通管理提案办理专题民主协商会 2014年11月6日，市政协在市公安局六楼会议室召开提案办理专题民主协商会，重点就市公安局承办的关于改善城市道路交通管理方面的提案与委员进行面对面交流、沟通和协商。委员们并就下一步工作提出了新的建议和想法，市交警支队负责人再次当场进行了答复。

开展捐资助学义画活动 2014年11月25日，市政协陶瓷书画院、乐平市政协联合举办了陶瓷艺术工作者捐资助学义画活动。近20位来自市政协陶瓷书画院及社会各界的陶瓷艺术工作者参加了现场作画、捐献作品活动。

【重要文件】

政协景德镇市第十二届委员会常务委员会工作报告

（2014年1月13日在政协景德镇市第十二届委员会第四次会议上）

周建新

各位委员、各位同志：

我受政协景德镇市第十二届委员会常委会委托，向大会作工作报告，请予审议。

2013年工作回顾

一年来，市政协常委会在中共市委的正确领导下，全面贯彻落实中共十八大、十八届三中全会和习近平总书记一系列重要讲话精神，坚持推进协商民主广泛多层制度化发展的主线，紧紧围绕市委、市政府重大决策部署，充分发挥人民政协作为协商民主重要渠道作用，广泛凝聚广大政协委员及社会各界的智慧和力量，认真履行政治协商、民主监督、参政议政职能，为推进我市经济建设、政治建设、文化建设、社会建设、生态文明建设做出了积极努力。

一、坚持以助推改革发展、保障改善民生为己任，切实提高协商议政的水平与成效

充分发挥人民政协智力密集的优势，抓住事关我市发展全局的重大问题和社会各界普遍关注的热点、难点问题，积极开展多种形式的协商议政活动，为推进党政科学民主决策和工作落实贡献智慧和力量。

围绕促进发展升级议大事。紧密结合市委、市政府贯彻省委“发展升级、小康提速、绿色崛起、实干兴赣”所作出的重大决策部署，市政协常委会把推进市中心城昌南拓展区建设作为协商议政的重点之一。2013 年 9 月底，在历经半年时间对工程进展情况进行摸底调查的基础上，主席会议成员带领各专委会及民主党派、工商联负责人对中心城昌南拓展区和陶瓷文化艺术交流中心建设情况，开展专题视察和常委会专题协商，提出的 8 条具体建议全部被市委、市政府相关部门吸收采纳，中心城昌南拓展区的施工建设稳步推进，陶瓷艺术文化交流中心以一流的设计、材料、技术、施工质量于瓷博会前竣工并交付使用。市政协各专委会按照年度工作安排，分别组织委员就我市航空产业发展、赣东北综合物流园建设、现代服务业发展、台资企业发展、打造农业产业化集群示范区和大遗址保护工作等重要议题开展多视角、多层面的协商议政活动，形成的调研报告客观、务实，提出的相关建议具有较强的可行性和操作性。

围绕促进绿色崛起建良言。根据市委、市政府的工作部署，市政协常委会把“加快推进我市文化旅游产业发展”列为协商重点，组织考察组赴外地学习借鉴先进经验，深入乐平、浮梁和市区部分涉旅企业与重点项目进行专题视察，并召开常委会和主席会进行专题协商，历时两个月，形成 3 个专题视察报告和 1 个建议案，提出了 15 条具体建议供市委、市政府决策参考。市委、市政府主要领导对《建议案》给予了充分肯定，并作出批示，指出“建议案对于发展升级具有重要的指导作用，建议有关部门认真研究，把好的意见、建议转化为推动文化旅游产业发展的政策和措施”。市政协各专委会紧扣构筑绿色产业体系、保障生态安全、大力发展循环经济、森林资源保护和利用等方面积极开展协商活动，提出了许多很好的意见和建议。根据省政协安排，组织部分住景省政协委员开展了一次“环境保护与生态文明建设”的专项视察，分赴乐平市、浮梁县的有关企业和部分乡镇村庄及昌江源头保护区等地实地调研，召开座谈会讨论交流，为建设宜人宜居的绿色家园建言献策。

围绕促进改善民生献实策。尽力协助党委和政府推进各类民生问题的解决，积极引导和组织广大政协委员着重就促进社会就业、教育医疗、统筹养老、住房改善等群众关心的热点、难点问题献计出力。扎实开展市政协主席会议成员挂点帮扶贫困村工作，进村入户慰问贫困群众，指导和谐秀美乡村建设，推动了挂点村镇民生幸福指数的提升。市政协各专委会在主席会议成员集体参与或由分管副主席带领，分别就“提升审判质效，践行司法为民”、“六五”普法工作、职业教育工作、社会团体建设与管理工作、居民小区物业管理工作、居家养老服务工作等议题与有关党政部门及县（市、区）广泛开展对口协商、界别协商、提案办理协商和基层民主协商，广集民智、广纳良言。经济委员会针对中小企业融资贷款难等问题赴金融系统进行调研和协商，市有关部门根据调研建议制定出台了《关于扩大信贷融资促进瓷都工业发展的若干意见》。教科文卫体委员会对乐平市公立医院改革试点工作进行实地视察，就深化医疗体制改革，创新人事管理，增强医疗机构发展活力提出了建议对策。市政协常委会会同市委统战部、市慈善总会、政协陶瓷书画院和各民主党派、工商联及市有关主流媒体，举办了“大爱在瓷都·深情系雅安”赈灾义捐活动，100多名从事陶瓷艺术的政协委员和社会有关人士积极主动参与义画义捐，自觉履职社会责任，无私奉献一片爱心，共筹集善款40余万元，全部用于雅安抗震救灾和灾后重建工作。

二、坚持以搭建协商平台、拓宽协商渠道为重点，努力推进协商民主工作的创新与发展

根据中共十八大、十八届三中全会对人民政协工作提出的新要求，市政协常委会在提案办理协商、反映社情民意等方面，积极探索与推进协商民主广泛多层制度化发展。

深刻领会《决定》精神，推进政协理论创新。坚持把深入学习贯彻中共十八大、十八届三中全会和习近平总书记一系列重要讲话精神作为首要的政治任务。研究制定了《市政协关于深入学习贯彻党的十八届三中全会精神的计划安排》，对学习形式、学习内容、学习时间作了具体部署和安排。通过召开常委会、主席会和机关干部学习会等形式，把个人自学与专家辅导、班子成员与党员干部相互交流学习体会紧密结合起来，深刻理解和把握构建社会主义协商民主体系的重大意义。成立了市人民政协理论研究会，紧贴我市全面深化改革的生动实践，紧扣党政重大决策与中心工作，瞄准群众所思所想所盼，积极推进协商民主理论创新，以理论创新指导政协履职实践。

搭建协商民主平台，增强民主监督实效。坚持把提案协商与反映社情民意工作贯穿于民主监督的全过程。试行网上提交提案，建立承办单位分级负责制，开展重点提案督办暨民主评议提案办理工作。加强与提案者、承办单位及市委、市政府“两办”和相关部门的协商沟通，抓好办前、办中和办后协商，力求委员对提案办理的知情权与参与权有机统一。一年来，共收到委员提案192件，经过整理合并，共立案134件，作为来信处理3件，现已全部办复。进一步加强了社情民意特邀信息员队伍建设，年初从各民主党派、人民团体和各县(市、区)政协特邀了30多名委员和政协工作者为信息员，初步建立起以政协委员为主体、特邀信息员为骨干、信息联系点为网点的社情民意信息网络；健全了社情民意工作机制，修订完善了《关于进一步加强反映社情民意工作的实施意见》和《关于社情民意特邀信息员工作的实施意见》等制度，建立信息档案，制定考核办法、实行定期通报，评选表彰先进。一年来，共收集社情民意信息70条，编发《社情民意》简报14期。有的社情民意信息引起了市委、市政府主要领导的高度重视，并作出重要批示。

拓宽协商民主渠道，营造合作共事氛围。市政协常委会高度重视同市各民主党派、工商联、人民团体及社会各界人士的经常性工作联系和交流，大力支持他们参加政协的各项履职活动，为其顺利开展协商议政活动创造条件、搭建平台。在拟定工作计划、安排调查研究时，尽可能扩大界别委员参与面，组织协商座谈时，鼓励以界别为单位“集体发声”，界别委员联合提出的意见、建议数量明显增多，质量明显提高。一年来，市政协各参加单位先后组织视察调研活动10次，提交集体提案37件，就全市改革、发展、稳定中的重大问题和人民群众关心的热点、难点问题献计献策，在协商民主中发挥了重要作用。

三、坚持以加强作风建设、规范工作程序为抓手，全面提升政协工作水平和对外形象

市政协常委会认真贯彻中央和省、市委关于改进作风的各项规定，切实加强制度建设，使政协的各项工作走上了制度化、规范化、程序化的轨道。

严格执行“八项规定”，切实转变工作作风。改进视察调研，坚持集体乘车，减少陪同人员；精简会议活动，取消了原定我会承办的全国24城市政协横向联系会；改进公务接待，取消了政协各接待用餐点；精简新闻简报，将新闻稿字数控制在规定范围之内；厉行勤俭节约，取消了常委会误餐津贴；加强机关办公楼管理，对不驻会领导干部分配的办公室全部腾退，以及控制文件简报、加强公车管理等，机关工作作风得到了明显改进。2013年7月中旬，市政协党组成员还分别带队就集中解决“四风”问题，深入市直有关部门单位、基层农村、社区、企业一线等进行实地调研，征求基层干部群众的意见，形成了专题调研报告报送给市委、市政府，为推动我市干部作风建设谋计献策。

加强制度体系建设，确保工作规范有序。坚持以制度建设为核心，用制度规范行为。集中研究制定了市政协《全体会议工作规则》《常委会议工作规则》和《专门委员会工作通则》等制度，把建设高效能的政协机关作为推动政协工作边上新台阶的“金钥匙”。按照“科学、管用、有效”的原则，对应相关工作内容，充分吸纳履职实践中形成的60多种好做法，修订完善了《关于发挥市政协委员视察作用的实施意见》《关于进一步发挥市政协界别作用的意见》等5项规定，形成了“有章理事、依章办事、协调有序”的工作格局。同时，认真落实《市政协新闻宣传报道工作量化管理办法》，政协宣传报道的针对性和有效性得到明显提高，先后有30篇稿件在国家、省级媒体报刊刊发，160余篇稿件在市级主流媒体刊发。文史和学习委员会编辑出版了景德镇文史资料22辑《景德镇民俗风情—浮梁古邑传闻》续辑和反映知青上山下乡的专辑《永远的朝阳》。《草鞋码头的变迁》《见证沧桑》在全省文史工作表彰会上被评为优秀图书，另有两个先进单位和两名先进个人获奖，在1962年省政协设立文史机构以来尚属首次。

扩大对外协作交流，提升瓷都政协形象。配合省政协先后就“和谐秀美乡村建设”、“通航产业发展情况”、“历史文化建筑遗存保护和利用情况”、“监狱系统安全稳定保障机制”、“推动宗教界办好公益慈善事业”、“松材线虫病防治工作情况”等课题开展了联合调研；协同新余市、上海静安区和广西来宾市等地政协先后就我市陶瓷文化产业发展、景德镇学院专升本工作进行了调研考察活动。与黄山市政协共同承办了闽浙赣皖四省九地市政协联谊会第23次会议，为促进地方经济文化的横向联系和区域性交流与合作做出了积极努力。运用区域政协文史工作的协作和陶瓷书画院对外交流等渠道，进一步扩大了瓷都政协的对外影响，树立了良好形象。加强了对县（市、区）政协工作的指导与沟通，使全市各级政协工作的协调性和互动性有了新的提高。

总结一年来的工作，政协工作和政协事业在原有的基础上，有了新的发展与进步。但我们更应清楚地认识到，按照中共十八大和十八届三中全会赋予人民政协的新使命，根据中共市委对全市广大政协委员提出的新要求，市政协在深化政协理论研究、构建协商民主制度体系、规范重大事项协商、丰富民主监督形式和突出界别参政议政作用等方面还存在一定的差距，需要在今后的工作中进一步改进和加强。

2014年工作任务

中共十八届三中全会关于推进社会主义协商民主的新论述、新要求，为推动人民政协事业新发展提供了新契机和新动力。站在新的历史起点上，我们要坚持在中共市委的正确领导下，深入贯彻落实中共十八大、十八届三中全会和习近平总书记一系列重要讲话精神，紧紧围绕我市关于全面打响工业强攻战、招商引资大会战、城市建设攻坚战“三大战役”的重大战略部署，充分发挥人民政协作为协商民主重要渠道作用，努力为党政科学决策提供民意支撑、民利协调、民智参考，为开创城市宜居、产业兴盛、文化繁荣、人民幸福的新局面作出更大贡献。

一、加强社会主义协商民主建设的理论研究工作，着力提升围绕全面深化改革议政建言的能力和水平

要继续组织广大政协委员、政协各参加单位和机关干部全面、深入地学习贯彻中共十八大、十八届三中全会和习近平总书记一系列重要讲话精神，准确把握新形势下人民政协工作的新任务、新要求，把广大政协委员、政协各参加单位和社会各界人士的思想行动、智慧力量统一和凝聚到推进协商民主广泛多层制度化发展上来。要不断加强社会主义协商民主建设的理论研究工作，充分发挥市人民政协理论研究会和政协委员的智库优势，立足我市政协工作实际，突出理论研究成果对现实工作的指导作用，在丰富协商形式、完善协商程序、规范协商内容、提升协商层次、强化协商效果和制度化、规范化、程序化建设方面，精选课题，组织论文征集，开展理论研讨，努力通过理论创新推动工作创新，为人民政协事业发展提供强有力的理论指导。要通过开展委员活动日、委员培训等方式，引导委员深入学习领会中共十八届三中全会和省、市委贯彻《决定》意见精神，把握我市全面深化改革的决策部署，了解各领域、各行业改革发展进程，注重研究相互之间的关系，找准履职的切入点和着力点，把学习全会精神的成果转化为议政建言的能力和水平。要加大对协商民主的宣传力度，营造平等、自由、公正的协商环境，鼓励委员说实话、讲真话，在全市形成重视协商、崇尚协商、积极参与协商的浓厚氛围。大力倡导委员积极投身改革实践，以实际行动支持改革、参与改革、推进改革，自觉成为推动全面深化改革的“排头兵”。

二、进一步健全科学规范的协商运行程序和机制，充分发挥人民政协作为协商民主重要渠道作用

中共十八届三中全会从制度、形式、结构等方面对“发挥人民政协作为协商民主重要渠道作用”作出重要部署，提出了“坚持协商于决策之前和决策实施之中”的明确要求。要构建多层面的协商运行机制，进一步完善“四位一体”的常规协商形式，凝聚协商合力。重视全委会整体协商，议大事谋大局；深化常委会专题协商，攻难点谏净言；突出主席会重点协商，抓重点献良策；规范专委会对口协商，讲特色拓领域。要推动建立协商民主“两个纳入”制度，把协商民主的要求纳入党委议事规则、政府工作规则，实现协商民主与党委、政府工作和程序的有效衔接配套，完善协商工作保障、协商过程督办、协商成果报送等协商民主制度体系。要深刻把握省、市委全会确定的全省、全市发展的主题，把服务瓷都全面深化改革作为人民政协履职第一要务，按照党委政府重大决策协商计划和市政协协商年度计划办法的要求，统筹谋划年度重点工作，组织实施好协商年度工作计划，使协商议政活动更加符合我市改革发展的需要。要更加注重协商成果的转化，建立“党政领导阅批、部门采纳落实、党政两办督办”为主要内容的协商成果三级办理机制，通过上门协办、电话催办、会议督办、媒体促办、实地察看、民主评议等多种方式对协商办理成果进行跟踪问效，确保协商成果“件件有着落、事事有回音”。要重点围绕我市打响“三大战役”，着力保障和改善民生，实现经济持续健康较快发展、社会和谐稳定的总目标，高端定位，深度协商，契合改革大局，顺应群众期盼，建真言、献良策，协助党委政府推动各项改革举措的顺利贯彻落实。

三、切实将协商民主建设同党的群众路线教育实践活动结合起来，协助党委政府维护百姓福祉、共创美好生活

协商民主是党的群众路线在政治领域的重要体现。要切实把群众路线优势和协商民主优势紧密结合起来，深入贯彻落实关于改进工作作风、密切联系群众的各项规定，结合党的群众路线教育实践活动，把为民履职的工作理念落实到政协工作实践中，把群众路线优势转化为协商民主的丰富资源。要深入基层，深入群众，重点就促进社会就业、教育医疗、统筹养老、住房改善、食品安全、社会管理创新等群众关心的热点、难点问题开展调研协商，掌握实情，通过进行大会发言、提交提案、反映社情民意信息等方式，反映群众诉求，推动改善民生，使协商成为社情民意进入党政决策的重要渠道和促进群众利益实现的重要过程。要通过协商会、谈心会、座谈会等多种方式，进一步加强与全市各民主党派、工商联与无党派人士的合作共事，鼓励社会各界积极参与协商，增强协商主体的代表性、包容性，更好地关注不同阶层的利益诉求，反映所联系群众的愿望呼声，协调各阶层人士的利益关系。要完善委员联络专门机构，健全界别召集人与委员联络员制度、委员联系界别群众等制度，畅通政协主席会议成员联系专委会与相关界别、各委办联系相关界别与委员的渠道，形成覆盖广、经常性的联络体系，提升委员联络工作的制度化水平。要进一步加强机关自身建设，树立厉行勤俭节约观念，严格遵守《党政机关厉行节约反对浪费条例》《党政机关国内公务接待管理规定》等各项规定，坚持从实际出发安排公务活动，严控各项经费支出，坚决杜绝铺张浪费行为，打造清正廉洁机关形象，提升服务保障效能。

各位委员，各位同志，全面深化改革的号角已经吹响，实现奋进崛起的蓝图已经绘就。让我们更加紧密地团结在以习近平同志为总书记的中共中央周围，在中共市委的坚强领导下，以更加强烈的责任意识建言献策，以更加亲民的工作作风履行职能，以更加严谨的履职态度破难攻坚，为推进人民政协事业的新发展，放飞复兴千年古镇、重塑世界瓷都、建设生态之城的“瓷都梦”而努力奋斗！

【组织概况】

政协景德镇市第十二届委员会主席、副主席、秘书长、副秘书长、常务委员、委员名单

主　席　梁高潮

副主席（按姓氏笔画排列）

王祖庆　刘朝阳　何炳钦

汪小玲（女）

陈长生（2014 年 1 月 15 日起不再担任）

周建新　童第云　潘义忠

夏　军（2014 年 1 月 15 日补选）

秘书长　汪金林

副秘书长　许华光　王学民

常务委员（按姓氏笔画排列）

万玉华　于长征　于集华
马祥芳　牛子文　王　建
王　采　王小康　王安维
王细妹（女）　冯同鳅　左和平
石少华　向元华　朱顺来
江建新　许华光　过小明
齐钢花（女）　余　畅　余　勇
余志华　余望龙　吴建旺
张随云　张德山　李　锋
李金有　杨普震　汪小平
沈英华　邵绛云（女）　陈　军

陈　莉（女）　陈根荣（女）　陈新平
周景俭（女）　林浩飞　罗筱青（女）
范亚强　范敏祺　金利民
俞立群（女）　施向阳　洪永文
洪贵胜　徐剑梅（女）　翁彦俊
聂文广　顾幸勇　曹秋珍（女）
盛亚群（女）　黄志坚　黄春华（女）
黄焕义　喻冬华　程少华
程永安　释无生　熊锦英（女）
穆华俊　戴四维　史晓莲（女）
吴金水　张婧婧（女）　汪春麟
陈淑娟（女）　侯建华　徐　靖
徐文强　徐珏亚　喻冬华
熊筱华（女）

中国民主促进会景德镇市委员会

张梦湘（女）　张景辉　李　青
李冬香（女）　杜慧春（女）　金文伟
唐治彪　徐少鸣　郭　立
顾幸勇　曹致友　黄志坚
黄焕义　程　云　戴四维

中国农工民主党景德镇市委员会

王学民　王祖庆　王景生
冯上明　艾伟民（女）　吴集才
李冬明　盛亚群（女）　傅长敏（女）
喻木华　董根田

九三学社景德镇市委员会

于长征　刘竞芳（女）　余　勇
李金有　邹晓松　陈　莉（女）
官亮明　赵明生　徐福成
高友良

无党派人士

王细妹（女）　王淑媛（女）　王善明
纪长岑　过小明　何立农
吴　能　张中闻　张吟玲（女）
汪建农　陈其松　金永峰
洪南雨　胡　震　赵世文
蔡青云　操武斌

中国共产主义青年团景德镇市委员会

计雄杰　冯　林　石明辉
许灿灿（女）　吴　艳　吴　唯
李剑飞　罗　璇（女）　赵　超

景德镇市总工会

甘　涛　孙晓兰（女）　江淑芳（女）
许　伟　余宏华（女）　李　萍（女）
李　睿　杨冬柳　陈忠新
周国逢　查春霞（女）　胡更生
徐发军　袁发华　钱　霞（女）
曾　瑾（女）　曾德富　程志红（女）
舒广武

委　员

中国共产党景德镇市委员会

万玉华　马祥芳　牛子文
王小康　冯同鳒　刘朝阳
朱顺来　江建新　许华光
余志华　吴建旺　张随云
杨普震　汪小玲（女）　汪金林
邵绛云　陈　军　陈长生
陈新平　周建新　金利民
施向阳　查炳炎　曹秋珍（女）
梁高潮　黄春华（女）　程少华
夏　军（2014 年 1 月 15 日增补）
石　珂（2014 年 1 月 15 日增补）

中国国民党革命委员会景德镇市委员会

方　华　孙熙平　许香山
余梅珍（女）　张立刚　张苏波
张淑珍（女）　李晓滨　汪　洲
沈英华　陈根荣（女）　周　明
罗筱青（女）　聂文广　喻明福

中国民主同盟景德镇市委员会

王安维　王秋霞（女）　石少华
刘　倩　朱永红　余效团
汪　洋　陈信忠　周　鹏
俞立群（女）　祝金标　赵紫云（女）
钟清莲（女）　倪　通　曹春生
童第云　熊　军　熊锦英（女）

中国民主建国会景德镇市委员会

万志萍（女）　何炳钦　余　畅
余伟平　余望龙　吴丽华（女）

景德镇市妇女联合会

朱丽芳(女) 余喜珍(女) 吴清珍(女)
吴维娜(女) 吴锦秀(女) 张火秀(女)
张妙贞(女) 杨燕萍(女) 汪丽瑾(女)
邹真华(女) 周　彦(女) 范　清(女)
胡月香(女) 耿丽萍(女) 盛小玲(女)
龚小云(女) 程玉燕(女)

景德镇市青年联合会

王　旭 王卫平 王铭轩
刘哲甫 江海武 李　俊(女)
张东霞(女) 胡　洁(女) 胡利建
徐　岚(女)

景德镇市工商业联合会

于集华 方小兰(女) 王　丰
王升涛 王和昕 占镇标
宁恒征 孙玉亭 朱新潮
齐传海 张　平(女) 李正兵
汪际盛 林浩飞 范亚强
范庆生 洪永文 胡仁生
赵水涛 郭联建 曾庆春
程月文 程跃奇 蔡玲玲(女)
潘义忠 吕际平(2014年1月15日增补)

三胞界

王文良 刘韵赟(女) 汪际宏
周文辉 郭毅华 高家科
舒　妮(女) 黎印华

陶美界

方旺生 王　采 王清平
付　君(女) 刘义贵 刘文斌
朱辉球 余　平 余冬保
李文跃 李贵镇 汪建业
汪淑珍(女) 涂志浩 袁智勇
高　峰 程永安 潘　洋
潘兆青(女) 魏胜耀

文艺界

王艳青(女) 朱丹忱 李　芳(女)
汪　明 陈武平 徐田华
徐桃生 涂少波 潘一莹(女)
鞠细苟

科学技术界

王　强 王图海 冯开明
刘文茂 刘春瑾(女) 朱晓琴(女)
江民强 何　俊 应　柯
张顺青 张海清 李　锋
杨曙华 汪小平 郑义六
徐玮华

社联界

于秀珍(女) 左和平 乐茂顺
张德山 周清平(女)

经济界

王槐儒 尹　霞(女) 邓新贵
向元华 齐钢花(女) 余文军
李晓辉 汪武华 闵向东
陈鸿海 周宇松 侯绍梁
徐剑梅 曹正德 程　峰
程曙光 蒋志勇 鲍小娟(女)
潘学文 戴泽民

农业界

计景清 史登波 朱少芳
张传诚 李　勇 李长安
李奇龙 汪灵敏 汪建义
邹万华 陈鲍发 洪贵胜
胡金友 郝新建 项水兰(女)
徐德崽 袁　斌 曹长旺
程　澄 谢冬华

教育界

王　娟(女) 王亚平 冯绍华
石　琳 刘仁忠 刘秋分
毕　胜 余秋凤(女) 余德娟(女)
吴子仁 李爱民 陈庆祥
罗寒梅(女) 姚　东 施刚义
施向东 胡　军 胡伟华
胡树林 钟志云 翁彦俊
高常青 童　莹(女) 缪晓波(女)
谭　娟(女) 谭剑华

体育界

万福妹(女) 施若佩(女) 郭少华
卞慧芳(女)

新闻界

占　妍(女)	李文华	杜苏英(女)
余新春	段建平	廖尼峰

医药卫生界

文一平	方　陶(女)	吕志华
朱长安	江和建	何　平
利新发	吴　华	吴永华
杨筱池	周景俭(女)	罗　平
郑坤辉	姜　波(女)	胡京萍(女)
袁国庆	曹南华	曹晓光
黄夏雨	舒乐民	

社会福利界

王　倩(女)	朱小燕(女)	芦继云(女)
项学云	寇江河	

少数民族界

王　建	洪　光	

宗教界

王永林	张长明	董国华
释无生	释无非	释宏悟
穆华俊		

特别邀请人士

王玉平	王筱松	付建荣
付旺生	艾克发	刘清云
庄金莲(女)	朱玉龙	江起初
许海清	杨乐军	杨志民
李　俊	汪建敏	汪素艳(女)
辛飞龙	陈国胜	陈国清
陈敬德	陈锦华	罗志伟
金志敏	钟振华	范敏祺
胡　铮(女)	胡银娇(女)	高　敏(女)
赵雍华	徐家和	袁传红
曹志秩	曹品生	梁　春
喻　蕾(女)	彭集祥	蒋建山

万秀英(2014 年 1 月 15 日增补)

【大事记】

1 月

7 日　举行十二届委员会第十八次主席会议。

9 日　举行市政协科教文卫体委召开全体委员会议。

13 至 15 日　召开中国人民政治协商会议景德镇市第十二届委员会第四次会议。

15 日　举行十二届常委会第十六次会议。

2 月

8 日　组织全体干部职工进行专题学习,传达学习了全市实施“三大战役”动会大会的精神。

3 月

7 日　举行十二届委员会第十九次主席会议。

17 至 21 日　市政协党组集中安排一周的时间,专题开展了一次“五进四问、纳谏听诉”调研活动。

19 日　组织部分政协委员,在新村街道开展了一次现场征集社情民意活动,并同时召开了座谈会。

20 日　举行十二届常委会第十七次会议。

4 月

1 日　教科文卫体委员会组织体育、教育等界别委员与市体育局、教育局等相关部门负责人,在市体育局召开以“推进我市体育工作”为主题的界别协商座谈会，为推进体育事业健康快速发展建言献策。

16 日 市政协机关全体干部职工赴荷塘乡开展专题学习活动。

17 日 副主席何炳钦带领法制社团委员会围绕“流动人口治安管理服务”开展专题民主监督活动。

23 日 全市政协人口资源环境委员会工作座谈会议召开。

主席王祖庆带领教科文卫体委员会人员，开展“加快学校建设，提升办学条件，推进义务教育均衡发展”专题调研。

24 至 25 日 全国政协委员、文史和学习委员会副主任卞晋平一行来景对“推进城镇化进程中加强古村落保护”进行专题调研，实地考察了瑶里镇古村落明清建筑、程氏宗祠、明清居等地。

5 月

6 至 8 日 副主席夏军带领市政协经济委员会组成人员就“全力打造‘一线五点’工业走廊，做优产业发展平台”专题协商进行前期调研。

19 日 市政协党组召开专题会议，查摆梳理反对“四风”、加强作风建设等方面存在的问题。

6 月

16 日 市政协召开第十六次党组会议，研究部署专题民主生活会的有关情况。

18 至 19 日 市政协党组班子召开了党的群众路线教育实践活动专题民主生活会。

19 日 市政协举行十二届委员会第二十次主席会议。

30 日 省政协常委、人资环委主任文红莲，省政协人资环委副主任、省卫生计生委副主任李晓琼带领省政协民主监督专题调研组一行，来景调研污水处理设施建设及运行情况。

7 月

1 至 2 日 市政协开展了“全力打造‘一线五点’工业走廊，做优产业发展平台”专题调研协商。

19 至 20 日 全国政协副主席、民革中央常务副主席齐续春率考察团来景参观考察。

22 日 市政协举行十二届常委会第十八次会议，就“全力打造‘一线五点’工业走廊，做优产业发展平台”进行专题协商议政。

23 日 市政协党组书记、主席梁高潮主持召开了乐平塔前镇专题民主生活会，市委常委、乐平市委书记吴龙强到会指导。

24 日 市政协召开重点提案督办暨民主评议提案办理工作座谈会，副主席潘义忠、夏军出席会议并讲话。

31 日 副主席汪小玲带领社会和法制委员会成员，就“公共场所消防安全管理”专题，开展了对口视察协商。

8 月

7 日 主席梁高潮带领有关政协委办和政府部门负责人，到挂点的华润燃气公司调研。

12 日 市政协提案委员会就副主席王祖庆领衔督办的市政协十二届四次会议067 号《关于尽快打通戴家弄沿河至广场南路的建议》提案的办理情况进行督办视察。

18 日 主席梁高潮率市直挂点联系单位负责人，到乐平塔前镇指导软弱涣散村级党组织集中整顿工作。

21 日 市政协党组召开党的群众路线

教育实践活动专题整改落实会议。

22日 市政协党组中心组召开集体学习会，专题学习习近平总书记在中央政治局第16次集体学习时的讲话精神和《习近平总书记系列重要讲话读本》。

市政协提案委员会就市政协副主席童第云领衔督办的市政协十二届四次会议132号《关于保护昌江河生态环境及行洪安全的建议》提案的办理情况进行督办视察。

9月

8至9日 省政协副秘书长、港澳台侨和外事委主任冷芬俊，办公厅副主任王国龙率调研组一行就加强协商民主制度化建设专题来景调研。

26日 市政协提案委员会就副主席夏军领衔督办的市政协十二届四次会议011号《关于加快我市农业产业化发展的建议》提案的办理情况进行督办视察。

10月

15日 全市政协提案工作座谈会在珠山区召开。

21至24日 全国24城市政协工作联系会第51次会议在景德镇召开，13个省区的21个城市政协的代表共90余人出席了会议。

28日 市政协举行十二届委员会第二十二次主席会议。

31日 市政协举行十二届十九次常委会议，就“加快推进城市建设三年攻坚战，进一步提升城市建设水平”进行专题协商议政。

11月

4日 主席梁高潮，副主席汪小玲、夏军，秘书长汪金林及部分市政协，到昌江区丽阳镇就基层农村建设情况进行调研。

6日 市政协在市公安局召开提案办理专题民主协商会

7日 市政协提案委员会就副主席汪小玲领衔督办的市政协十二届四次会议111号《关于加强我市药品安全监督工作的建议》提案的办理情况进行督办视察。

11日 副主席夏军带领经济委员会成员就“保障性住房建设”进行专题视察。

13日 副主席童第云带领人资环委成员，就农民专业合作社发展情况进行专题调研。

21日 市政协提案委员会就副主席、市政府秘书长刘朝阳领衔督办的市政协十二届四次会议073号《关于加强我市低保管理的建议》提案的办理情况进行督办视察。

25日 市政协陶瓷书画院、乐平市政协联合举办了陶瓷艺术工作者捐资助学义画活动。

28日 副主席夏军带领提案委员会成员就市政协十二届四次会议052号重点提案《关于积极推进体育场馆建设的建议》办理情况进行督办视察。

12月

3日 副主席童第云带领人资环委成员，就“我市单独两孩政策实施情况”开展专题调研。

16日 市政协党组召开党的群众路线教育实践活动整改落实情况盘点分析通报会，市政协各委办负责人、教育实践活动整改落实办公室相关成员列席了会议。

19日 市政协提案委员会成员在主席梁高潮带领下，对市政协十二届四次会议054号《关于以城市建设管理攻坚战为契机改善城市面貌、彰显城市特色的建议》提案的办理情况进行督办视察。

24日 市政协提案委就副主席周建新领衔督办的市政协十二届四次会议047号提案《关于深化教育改革,积极推进义务教育均衡发展的建议》办理情况进行督办视察。

（张巧欢 编写 宋建明 审稿）

政协萍乡市委员会

【全体委员会议】

十二届四次会议 2014年1月13至16日，政协萍乡市第十二届委员会第四次会议在市机关会议中心举行。会议听取并赞同代市长李小豹所作的《政府工作报告》以及《关于萍乡市2013年国民经济和社会发展计划执行情况与2014年国民经济和社会发展计划草案的报告》；会议审议通过了市政协主席晏德文代表政协萍乡市第十二届委员会常务委员会所作的工作报告和市政协副主席李腾勇代表政协萍乡市第十二届委员会常务委员会所作的提案工作情况的报告。

【常务委员会会议】

第十二次会议 2014年1月7日举行。会议协商讨论了《政府工作报告(征求意见稿)》；协商讨论了《政协萍乡市第十二届委员会常务委员会工作报告(草)》《政协萍乡市第十二届委员会常务委员会关于十二届三次会议以来提案工作情况的报告(草)》；协商通过了市政协委员调整名单；协商讨论了十二届市政协第四次会议其他有关文件。市委常委、市政府常务副市长周敏在会上作关于政府工作报告(征求意见稿)起草情况的说明。

第十三次会议 2014年1月15日举行。会议听取了十二届四次全会各讨论组讨论情况的汇报；审议了《政协萍乡市第十二届委员会第四次会议提案审查情况的报告(草案)》；审议了《政协萍乡市第十二届委员会第四次会议决议(草案)》；协商提出了政协萍乡市第十二届委员会常务委员会增补委员候选人建议名单；协商讨论了《政协萍乡市第十二届委员会第四次会议选举办法(草案)》；协商通过了总监票人、监票人建议名单。

第十四次会议 2014年4月28日举行。会议通过免去晏德文政协萍乡市第十二届委员会主席职务，报请政协萍乡市第十二届委员会第五次会议备案；听取了市委统战部副部长余乐庆关于撤销晏德文、李云桃的政协萍乡市第十二届委员会委员资格的说明；通过了《关于撤销晏德文的政协萍乡市第十二届委员会委员资格的决定》《关于撤销李云桃的政协萍乡市第十二届委员会委员资格的决定》，市委组织部副部长龙新萍在会上宣读了市委有关文件。

第十五次会议 2014年6月25日举行。会议听取了“加强我市主城区大气环境保护”三个专题调研组分别就调研课题作的主题发言；听取了市政协副主席颜剑彬同志所作的《关于加强我市主城区大气环境保护的建议案(草)》起草情况的说明；围绕“加强我市主城区大气环境保护”主题进行了协商讨论；协商通过了《关于加强我市主城区大气环境保护的建议案》。市委常委、副市长吴运波应邀出席会议并在会上作了讲话。

第十六次会议 2014年9月23日举行。会议学习了习近平总书记在庆祝中国人民政治协商会议成立65周年大会上的重要讲话精神；学习了赵爱明、刘卫平、李小豹在全市领导干部会议上的讲话精神；协商讨论了《关于萍乡市智慧城市建设情况的调研报告》；接受了邓斌和晏学云两人辞去副主席的辞呈，并报下一次市政协全委会议备案。

【专门委员会工作】

提案委员会 主要工作：全年共收到提案165件，立案140件。截至12月底，全部办复完毕，办复率100%。根据办理的意见反馈，委员对提案办理结果均表示满意或基本满意。网上提案征集力度进一步加大,收到电子稿件近130件,占提案总数的80%。抓好提案督办和跟踪问效,主席会议成员分别采取调研视察、上门走访、协商座谈等形式领衔督办7件重点提案。12月中旬,提案委与市人大选任联工委、市政府督查室一道,先后到市教育局、市财政局、武功山管委会等8家单位,对提案办理落实情况进行了检查督办。

经济科技委员会 主要工作:开展了芦溪县民心民声电子互动平台建设现状专题调研,就如何在全市全面推广芦溪民心民生电子互动平台进行分析,提出相关建议,向市委、市政府提交了专题调研报告。协调组织开展全市经济发展环境问题专题调研活动,形成了《关于我市经济发展环境现状的调研报告》,向市委提出了意见和建议20余条。组织常委会专题协商活动。8月,牵头组织和安排了萍乡智慧城市建设为主题的常委会专题协商活动。组织界别和委员活动。9月,组织九三学社界别对全市保障性住房进行了视察。

教育文化卫生体育委员会 主要工作:2014年5月,就市主城区建筑施工二次扬尘、餐饮油烟等环境污染情况进行了专题调研。8月,开展了"建设智慧城市? 提升宜居品质"专题调研。在市直教育单位、安源区、芦溪县开展了对口协商活动,了解中小学学生课外作业、教辅材料等基本情况,招生制度、考试制度、教师素质对学生课业负担的影响等方面存在的问题和困难,就如何避免学生课业负担过重、改革创新教育方法等提出了意见和建议。对市公共卫生服务能力建设进行了对口协商,提出了《关于加快市人民医院北院西侧加油站搬迁的建议》等建议,分别以提案、社情民意等形式向省政协、市政协进行了反映,并得到市有关领导的及时批复。

社会法制港澳台侨委员会 主要工作:2014年3月,开展"我市民族宗教工作情况"专题调研。7月,与市民宗局联合开展"加强农村宗教事务管理"专题调研。10月,与市外侨办联合开展"侨(港澳)资企业发展情况"专题调研。还开展了"城乡居民养老保险"专题协商活动、开展"促进港澳台侨资企业发展"界别协商活动。

学习和文史委员会 主要工作:2014年,编辑出版了《萍乡文史资料》第18辑。征集"三亲"史料28篇。

人口和环境资源委员会 主要工作:2014年5月,就"我市机动车尾气排放等移动污染源对城市空气污染情况"进行了专题调研。7月,对"污水处理设施建设及运行情况"进行了专题调研。11月,组织农业界别的委员,对"萍乡现代农业发展三年实施计划"进行了界别协商活动。组织民盟界别的全体委员,对山口岩水库的运行情况和水源地保护情况进行了视察。12月,组织特邀界别的全体委员,对开发区部分重点项目建设情况进行了界别视察。

【重要活动】

广泛多层开展协商议政活动 2014年度协商工作计划共安排了14项协商议题。制定出台了《市政协关于加强专题调研工作的意见》和《提案办理工作满意度双线测评方案》。

统一委派市政协委员担任民主监督员 继续开展了市政协统一委派民主监督员工作。开展了法院个案监督、基层检察院建设情况调研、公安局窗口单位暗访、低保工作专项监督、人社局公务员招录工作监督、参与环保行政执法活动、全市公共卫生服务能力情况专项视察、城管执法情况监督、社情民意接访日活动、消费者权益日活动监督、优化税收环境问卷调查等一系列活动。

市人民政协理论研究会开展论文征集活动 2014年7至10月,市人民政协理论研究会以“人民政协与协商民主”为主题开展了论文征集活动,征集论文37篇,评选出一等奖3名、二等奖5名、三等奖9名。组织理论文章参加省政协的评比,3篇文章入选省政协有关理论文集。

【重要文件】

政协萍乡市第十二届委员会常务委员会工作报告

(2014年1月14日在政协萍乡市第十二届委员会第四次会议上)

各位委员、各位同志:

我代表政协萍乡市第十二届委员会常务委员会向大会报告工作,请委员们审议,请列席会议的同志提出意见。

2013年工作回顾

2013年,是我市全力推进转型升级的重要一年,也是政协事业持续发展提升的一年。一年来,政协萍乡市第十二届委员会及其常委会在中共萍乡市委的领导下,在市人大、市政府和社会各界的大力支持下,高举爱国主义、社会主义旗帜,牢牢把握团结和民主两大主题,坚持中国特色社会主义政治发展道路,全面提高政治协商、民主监督、参政议政的履职能力和实效,为推动我市经济稳中求进和社会健康发展作出了积极贡献。

一、以贯彻落实中共十八大和十八届三中全会精神为主线,开展形式多样的理论学习活动

一年来,市政协常委会坚持把加强政治理论学习作为政协正确履职的重要前提,以贯彻落实中共十八大和十八届三中全会精神为主线,开展了主题鲜明、内容丰富、形式多样的学习活动,切实把握政协工作面临的新形势、新任务、新要求,进一步明确政协工作的定位和努力方向。

中共十八大和十八届三中全会召开之后,市政协分别召开党组扩大会议和主席会议传达学习,并通过常委会议进行专题部署,在全市各级政协组织迅速掀起学习宣传贯彻会议精神的热潮。常委会作出了《关于深入学习宣传贯彻中共十八大精神的决议》等相关决定,确定了以贯彻落实中共十八大和十八届三中全会精神为主线,把加强理论学习作为夯实全市政协组织思想政治基础的首要任务,不断增进共识、深化共识、坚定共识。市政协常委会分别组织市政协各参加单位、各专委会及联系界别、市政协机关、各县区政协,通过采取集中辅导与个人自学相结合、通读十八大报告和三中全会《决定》原文与专题研讨相结合、学习理论与研究工作相结合等形式,举办了不同层面、不同形式的学习报告会,深入学习贯彻中共十八大、十八届三中全会和习近平总书记一系列重要讲话精神,全面领会十八大的鲜明主题、精神实质和战略部署,深刻理解坚持和发展中国特色社会主义、实现中华民族伟大复兴中国梦的重大意义;准确把握全面深化改革开放的方向、目标、原则和重点任务,进一步增强了中国特色社会主义的道路自信、理论自信、制度自信,进一步明确了人民政协履行职能、发挥优势的着力点。

与此同时,我们认真学习贯彻全国政协、省政协全会和省委、市委全会精神,牢牢把握人民政协工作的新思想、新要求,确保省、市委的决策部署在政协工作中得到全面贯彻落实。结合履职实际,认真学习各方面知识,在全市政协组织中形成了浓厚的学习氛围。举办了全市市、县(区)政协主席座谈会,总结交流全市各级政协履职成果和实践经验,上下左右相互学习,取长补短,推动政协工作不断创新发展。加强了人民政协理论研究，去年6月至10月，萍乡市人民政协理论研究会以“如何充分发挥人民政协作为协商民主重要渠道作用，更好协调关系、汇聚力量、建言献策、服务大局”为主题开展了论文征集活动，并将论文编印成册。

二、以助推发展为目标，切实履行政治协商职能

一年来，市政协充分运用全委会议广泛协商、常委会议专题协商和各专委会对口协商等平台来履行好政治协商职能。

全体会议广泛协商。第三次全会期间，广大政协委员紧紧围绕助推我市转型升级、科学发展的主题，深入建言，为发展贡献智慧力量。据统计，大会共组织了35份发言材料，安排了13位委员大会发言；收集近300则委员分组讨论的建议意见，梳理编印8期《大会简报》；受理165件委员提案，56条社情民意。

常委会议专题协商。去年两会前夕，市政协常委会召开第七次会议，对“一府两院”报告(征求意见稿)进行了协商讨论，许多意见建议被吸纳到正式稿中。3月，市政府出台了《萍乡市现代服务业发展规划》，提出了实施城市转型、打造以现代服务业为主要手段的消费型城市发展战略。为进一步促进我市现代服务业的健康发展，市政协常委会决定以第二季度常委会议为协商平台，围绕我市现代服务业发展进行一次专题协商。4月底，市政协将现代服务业协商课题涉及到的22个重点行业分成7个子课题，成立7个调研组，进行了为期1个多月的深入调研，广泛听取意见，撰写了7个分课题调研报告。在此基础上，经过多次座谈讨论和主席会议审议，提出了一系列意见和建议。6月20日，市政协常委会第九次会议开展了“促进现代服务业发展，加快城市转型”专题协商活动。市委、市政府高度重视，时任市委副书记、市长陈卫民同志全程参与，与协商主题相关的27家部门单位负责人应邀参加。整个协商讨论过程紧凑热烈，常委们踊跃建言，提出了许多好的建议和意见。经过协商通过，市政协常委会向市委、市政府提交了《政协萍乡市第十二届委员会常务委员会关于促进现代服务业发展、加快城市转型若干问题的建议案》，从6个方面提出了27条富有科学性和前瞻性的具体建议：充分认识加快现代服务业发展的重要意义，将其与一产二产并重发展；完善政策体系，出台加快现代服务业发展的具体规划和配套措施；把握发展趋势，突出抓好现代服务业重点产业；创新体制机制，激发现代服务业发展的动力和活力；创优发展环境，加大现代服务业投入和扶持力度；强化保障措施，建立完善现代服务业协调联动机制等。市委、市政府对政协的专题协商活动给予了充分肯定，陈卫民书记由衷感叹：“市政协此次协商课题选得特好，与市政府的中心工作相向而行，可谓真正意义的建言献策！”并当场将政协建议一一按职责明确落实到具体部门，直接转化政协履职成果。

省委提出“发展升级、小康提速、绿色崛起、实干兴赣”16字方针后，市委、市政府出台了《关于推进富裕和谐秀美乡村建设工程的实施意见》，提出了萍乡建设富裕和谐秀美乡村的整体目标。为促进市委、市政府《实施意见》贯彻落实，市政协常委会决定围绕“全市富裕和谐秀美乡村(城乡一体化)建设”主题开展一次协商活动。自去年8月下旬开始，常委会组成人员全体参与，组成7个视察组，以富裕和谐秀美乡村(城乡一体化)建设各项工作进展情况为主题，分别视察了五个县区、萍乡经济开发区和武功山景区的建设情况。去年9月18日，市政协常委会召开了第十次会议，围绕全市富裕和谐秀美乡村(城乡一体化)建设情况进行了专题协商，市政府分管副市长参加了协商活动，与之相关的19家职能单位负责人应邀参加了会议。会后，市政协常务委员会在向市委、市政府提交经协商后形成的视察报告中，既肯定了近年来我市富裕和谐秀美乡村（城乡一体化）建设取得的显著成效，也直接提出了存在的问题和困难，并进行了深入分析；同二季度的常委会建议案一样，又一次科学和前瞻地从四个方面提出了16条建议：一是要把建设富裕和谐秀美乡村（城乡一体化）作为实现萍乡与全国全省同步建成小康社会的主战场的策略。二是统筹规划，稳步有序地推进富裕和谐秀美乡村（城乡一体化）建设。三是突出重点和特色，着力提升富裕和谐秀美乡村（城乡一体化）建设水平。四是建立健全体制和机制，保障富裕和谐秀美乡村（城乡一体化）建设持续健康发展。《政协萍乡市第十二届委员会常务委员会关于全市富裕和谐秀美乡村（城乡一体化）建设情况视察报告》受到了市委、市政府高度重视，市政协常委会议召开后不久，市政府召开了"全市富裕和谐秀美乡村建设工作推进会"，政协的建议大多被市政府采纳，履职成果顺利转化到实际工作中去。

各专委会对口协商。在常委会的领导下，各专委会通过组织各种调研视察形式进行了丰富多彩的对口协商活动。提案委与民进市工委联合调研了我市金融服务业、信息传输、计算机服务和软件业发展情况；经济科技委与九三学社市工委联合调研了萍乡旅游业和水利、环境、公共设施管理业的发展情况；教文卫体委与民建市委联合调研了我市教育、文化、体育、娱乐领域的发展情况，教文卫体委还对我市网络媒体文化建设工作情况进行了专题调研；社会法制港澳台侨委与农工党市委联合调研了我市科研、技术服务和地质勘探及卫生、社会福利行业有关情况；学习文史委与民革市委就全市现代物流业发展情况到市商务局、发改委进行了座谈调研；人资环委与民盟市委联合调研了我市房地产、物业管理和房地产经纪服务业情况，还组织人员对我市城市交通拥堵情况进行了调研。各专委会在调研活动中分别与相关职能部门进行了面对面的建言协商，提出了许多有价值的意见和建议，得到了相关单位的赞同和采纳；各专委会调研后所撰写的调研报告得到了市委、市政府领导的重视，其中《坚定城市转型战略，加快旅游业发展》等多篇调研报告被《萍乡日报》《工作与研究》《光华时报》等报刊刊载发表，产生了很好的社会影响。

三、以统一委派民主监督员为主要抓手，创新履行民主监督职能

民主监督历来是政协履职的薄弱环节，过去一年里，市政协进行了大胆的制度创新和探索，通过变民主监督员聘任制为委派制，借助统一委派政协委员担任民主监督员工作的推进，进一步强化了市政协民主监督职能的履行。同时，坚持寓民主监督于政协会议、委员提案、反映社情民意、视察调研、民主评议等活动中，进一步强化了政协民主监督职能的实效。

统一委派民主监督员。自市政协开展统一委派民主监督员工作以来，市委、市政府领导高度重视、大力支持，为确保工作顺利开展，市政协常委会和主席会议把统一委派民主监督员工作纳入重要议事日程。协调小组负责统一委派日常管理工作，认真解决民主监督员工作中的难点问题，先后制定了《民主监督员工作规则》《市政协统一委派民主监督员工作考评细则》等，规范民主监督小组工作方式、工作内容和工作纪律。坚持每两个月召开一次民主监督工作调度会、半年走访一次派驻单位、半年召开一次工作座谈会，有效推动了民主监督工作的顺利开展。在第十一次常委会议上，各民主监督小组和协调小组就统一委派民主监督员工作进行了工作汇报。常委们一致认为统一委派民主监督员工作扎实有序,成效显著。

各民主监督小组严格按照市委和市政协的要求,及时进驻有关部门开展工作,完成了规定动作,并根据实际,出台“自选动作”,突出特色,打造亮点。开展统一委派民主监督员工作后,民主监督力度明显增强,民主监督成效明显凸现,群众满意度明显提高。得到了市委、市政府、各派驻单位、政协委员和社会各界一致认可,有的单位还主动与市政协联系,要求将民主监督员派驻到他们单位以促进工作。民主监督员受市委统一委派,有了底气,敢说、愿说的多了。派驻单位接受监督有了规范要求,重视、落实政协意见建议的主动性增强了。市中级人民法院十分重视民主监督小组对法院工作提出的意见和建议,将其梳理分类成 4 个方面 24 条,下发给了各县(区)法院及本院有关部门,并从办理方式、办理部门、办理期限、答复形式几个方面提出了具体的要求。市检察院以办理监督小组受理转交的关于市保险行业协会要求严惩保险诈骗案信访案件为契机,在全市检察机关部署开展了虚假诉讼监督活动,此项工作得到了省检察院的肯定,要求在全省检察机关推广。市公安局对监督小组通过多种途径收集上来的关于近年来公安工作情况的意见和建议高度重视,召开专题会议进行讨论研究,整理成 10 条改进公安工作的意见下发各单位,并在全市公安系统组织开展了作风整治专项活动。市国土资源局支持监督小组重点调研和监督土地整治工作,将调研中发现的一些具有普遍性、需要上级部门帮助解决的问题和困难形成书面材料,报送给了省委、省政府领导和省国土资源部门,得到了他们的肯定。市人力资源和社会保障局邀请监督小组调研企业拖欠农民工工资的情况,现场旁听了企业主与员工之间的劳动仲裁,认真采纳了民主监督小组提出的建议和意见。市民政局对监督小组通过调研后提出的加强低保规范管理、建立低保动态台账、强化低保信息公开等意见建议非常重视,多次讨论研究,拟出台《萍乡市城乡低保规范化操作规程》。市建设局对监督小组提出的各项建设性意见和反映的社情民意能认真抓紧落实整改,一时做不了的也做好了解释工作,并做到件件有回音。市卫生局根据监督小组的建议,专门组织人员在全市开展公共卫生服务体系和能力建设的督导。市环保局主动邀请监督小组参与本单位行政处罚讨论等核心业务工作,对监督小组有关一些个案处理提出的建议认真采纳。市城管执法局收到监督小组反馈的关于城市环卫、人行道泊车管理、市场摊点秩序以及路灯照明等有关城市管理工作的社情民意20 余条,一一加以解决和改进,并及时作出办理答复。市食品药品监督局对重大执法活动,主动邀请监督员参与。市房管局对监督小组反馈的群众意见及时给予答复和处理。市工商局邀请民主监督员积极参与该局举行的“3・15”消费者权益日活动,并实行消费者投诉案例跟踪督办,成效明显。市地税局与监督小组建立每月定期沟通制度,掌握工作动态,交换意见建议,并在单位内网上公布民主监督小组工作内容,积极邀请监督小组参与地税文化建设。市质量技术监督局对委员反映集中的问题开展专项整治予以解决。

工作实践中,我们加大了对统一委派民主监督员工作的宣传力度,在《人民政协报》《光华时报》等国家、省级专业媒体重要版面上对我市的民主监督工作进行了宣传报道,在省内外均产生了良好的反响,吸引了不少外省、市政协组织前来我市学习考察,得到了省政协主要领导的高度评价,进一步促进了我市民主监督工作的深入开展，增强了我市社会各界对政协民主监督工作的了解，扩大了我市政协民主监督履职工作的正面影响。

提高提案办理成效。三次会议以来，政协委员和政协各参加单位以提案形式提交的意见建议165件，内容大多关乎民生问题。为强化提案办理成效，推动民生问题改善，市政协常委会进一步加强提案工作的制度化、规范化和程序化建设，协商通过了《萍乡市政协提案工作规则（修订稿）》《市政协领导督办重点提案工作方案》，建立了走访服务机制和联系沟通机制；提高了提案运作层次，对重要提案编印成《提案摘报》，逐步形成了党派团体集体提案由市委领导批阅和重点提案由市政府领导领办的工作机制；继续推行了重点提案督办机制，“关于改善我市交通拥堵问题的几点建议”等一批事关发展和民生问题的重点提案，在主席、副主席的督办下，相继得到了解决落实。

拓展社情民意反映渠道。市政协常委会坚持把反映社情民意工作摆在重要位置，发挥政协信息网络的优势，多渠道收集和反映社情民意，履行好民主监督职能。为充分发挥好社情民意“直通车”的特殊功效，市政协采取直通专报和跟踪反馈的机制，对收集到的社情民意进行梳理分类，根据反映内容和市领导分工，采取直通专报的方式编辑上报，并送相关单位；同时，市政协办公室建立社情民意反映反馈台账，限期跟踪访问，力争委员反映的社情民意有呼有应，条条有批复，件件有回音。去年共收到社情民意56条，编发《社情民意反映》14期，大都得到了市委、市政府领导的批示。各职能部门对政协委员反映的社情民意能认真办理、及时反馈回复，促成了一些民生实际问题快捷有效解决。政协委员反映的“硖石新村路段马路中间绿化带被占作商铺无人管理”社情民意上报到市政府后，市委副书记、代市长李小豹当即作出批示：“请运波同志和开发区济庆同志阅处；并将处理情况及时反馈给市政协。”市城管执法局收到政协委员“及时清运城市街道垃圾桶内垃圾的建议”的社情民意后，在20天之内就整改到位。

四、以服务民生为宗旨，全面履行参政议政职能

一年来，市政协常委会始终高度关注与人民群众切身利益密切相关的民生问题，坚持以服务民生为宗旨，积极履行参政议政职能。

运用大会发言形式集中建言，关注民生。为充分履行好参政议政职能，市政协坚持运用全委会大会发言的形式集中建言，关注民生。为做好第三次会议的大会发言，常委会早作部署，要求各党派、各专委会、各界别组织委员盯住全市社会普遍关注的热点难点问题进行调查摸底，提交了35篇事关发展和民生的发言材料，提出了大力加强农技人才队伍建设、提高城镇化水平、促进我市义务教育均衡发展、重视搞好我市非物质文化遗产保护与传承、加快发展第三产业助推城市转型、缓解萍乡城市交通拥堵、建立对重大工业项目跟踪问效机制等建议。市委、市政府非常重视，主要领导和相关市直单位主要负责人均参加了会议，听取委员发言。市委副书记、市长在会上对委员发言给予了充分肯定和高度评价，并代表市政府对采纳和转化委员履职建议作了郑重承诺。市建设局对《关于城区四大公园的现状调查及建议》的委员发言非常重视，第二天即安排人员与该委员联系，进一步核实发言材料中提到的有关问题，并派有关人员对虎形、聚龙、横龙、迎凤四个公园的情况进行了实地调查和了解。对于反映虎形公园水系偶有异味问题，系有少量死鱼未及时清理缘故，责成公园管理处加强管理，及时打捞，确保公园良好的环境；对于由开发区建设管理的聚龙公园、安源区建设管理的横龙公园、迎凤公园，也第一时间跟开发区、安源区有关部门进行了沟通，协调督促他们完善公园建设与管理。

通过调研视察活动为全面深化改革、维护群众利益献策。市政协常委会把市委、市政府确定的重大民生工程和群众关注的热点问题作为调研视察的重点，聚焦教育公平、医疗卫生、社会保障以及就业、住房、养老等民生问题，开展一系列调研视察活动，为促进我市全面深化改革、切实维护群众利益提出了很多很好的建议，推动了民生工程的落实和一些社会热点难点问题的解决。如：切实让萍乡人民喝上“清洁水”、发展社区卫生服务、公车改革势在必行、大力扶持办好民办幼儿园、提高城镇化水平、服务社会管理创新、加强对社保资金的监督管理、做好农民工进城安置就业、加强保障性住房后续管理等等。常委会还配合省政协组织驻萍省政协委员就我市环境保护和生态文明建设进行专项视察。

组织界别和委员开展社会公益活动。在常委会的领导下，市政协各专委会组织各界别、委员积极开展了慈善捐助等社会公益活动。如：民革界委员在芦溪县举办了“牵手同行、圆梦中国”大型慈善晚会，共募集资金 8 万多元，现场资助了 67 名来自全市各地的贫困学生。医药卫生界组织部分专家委员分别到芦溪县源南乡新棚村开展送医送药和关爱残疾儿童活动，到上栗县福田镇边塘村开展了义诊活动。归侨侨眷界积极开展“献爱心、送温暖”活动，委员牵线搭桥促成了莲花县高洲林东侨心学校和湘东区下埠镇潭塘澳中侨心小学的捐建；共青团青联界连续多年开展“为了孩子的明天”爱心助学活动，已为 400 多名困难学生捐助爱心助学金 200 多万元；农工党界和社会福利界联合组织对我市残疾人事业情况开展视察活动，呼吁全社会都来关心关爱残障人士。在全市非公有制企业中广泛开展的“百企同心振兴中央苏区帮扶发展感恩行”暨“百企助百校”活动中，市政协委员中的经济人士积极响应，纷纷捐款。

在慈善捐助多项公益活动中，许多委员成了“领头羊”，涌现了许多动人事迹，展示了政协委员风采，树立了良好社会形象。一些委员设立了扶贫助学基金会，数以百计的委员为全市公益事业捐款出力。

五、以规范高效为目标，进一步加强常委会自身建设

去年以来，常委会着力加强自身建设，统筹兼顾开展工作，充分发挥好整体功能作用。

明确目标定位。常委会以落实中央八项规定为契机，以规范高效为目标，从严纪律、正会风、强效能入手，要求常委会组成人员努力做到团结合作、积极履职、清正廉洁、求实创新。进一步完善了常委会议事规则和工作程序，按照“党政所需、群众所盼、政协所能”的要求，认真履行职能，开展活动更周密，实效更突出，履职三化水平明显提升。

带头执行规则。严格执行《政协萍乡市委员会常务委员会工作规则》《政协萍乡市第十二届委员会常务委员会关于加强自身建设的意见》以及政协其他的一系列规章制度，坚持按规章制度办事。在常委会中能充分发扬民主，坚持平等议事、求同存异、兼容并包的原则，营造了广开言路、集思广益、体谅包容、和衷共济的良好氛围，进一步提升了常委会的凝聚力。

担当领导责任。市政协常委会敢于切实担负起领导责任，团结和带领好政协各参加单位和广大政协委员，同心同德，开拓奋进，努力开创政协工作新局面，努力为推进萍乡城市转型、科学发展多作贡献。在常委会的领导下，市政协充分发挥“六个作用”:各民主党派和无党派人士的重要作用、界别的独特作用、委员的主体作用、专委会的基础作用、机关的服务保障作用和各县(区)政协的联动作用,整体推进了全市政协工作。

统筹各项工作。市政协常委会致力于主要职能作用发挥的同时,科学安排,统筹兼顾,推进各项常规性工作。在文史工作方面,加快推动了文史资料数字化、信息化、多媒体化建设,加强了“亲历、亲见、亲闻”史料征集工作,发掘收集了《回忆萍乡木帆船运输点滴》、《张太雷的童年在安源》等15宗萍乡“三亲”史料;正在征集编排《见证山口岩库区移民》(暂定名)一书;着手萍乡政协文史馆的组建筹备工作,启动了《萍乡市政协志(续篇)》编纂工作。去年,市政协学习文史委被评为全省政协文史工作先进单位,选送的《见证沧桑》被评为优秀图书。在委员联络管理与服务方面。去年以来,市政协常委会更加注重加强与委员的联络服务工作,早在年初的工作要点中就确定着重开展主席、副主席走访联系市政协常委,专委会走访各自联系界别的委员活动。一年来的走访活动,进一步密切了市政协与各位常委、委员的联系,更加了解他们的工作和履职情况,更直接地听取他们对政协工作的意见建议。为更好地为服务委员、服务群众,加强联络工作,去年6月,成立了委员联络科,作为市政协办公室专职服务机构,与广大委员和人民群众保持紧密联系,明确一位副秘书长分管,并配备2名专职人员。出台了《萍乡市政协委员服务和管理办法》,进一步完善委员联络制度。在上下联系和内外交流方面。组织配合全国政协、省政协16批次来萍乡开展视察、调研活动,加强了与上级政协组织的联系与合作,省政协黄跃金主席先后两次来萍视察,对萍乡政协工作给予了充分肯定。加强了对县(区)政协的联系与指导,坚持市政协领导挂点联系指导县(区)政协的工作制度,听取县(区)政协工作意见,并就共同关心的问题与县(区)政协开展联合调研;坚持每年召开市、县(区)政协主席座谈会,交流工作经验,研究探讨有关专题。积极开展对外交流活动,接待了湖北黄石、浙江绍兴、安徽铜陵、淮北等地20多批近300人次的外省、市政协考察团来萍乡进行考察和工作交流;组织10余人次参加全国政协、省政协、省、市委党校举办的各类学习培训、研讨交流活动。

各位委员,过去一年工作成绩的取得,是市委高度重视、坚强领导的结果,是市人大、市政府及各部门和社会各界热情帮助、大力支持的结果,也是全体委员团结奋斗、共同努力的结果。在此,我代表市政协常委会表示诚挚敬意和衷心感谢!

在总结成绩的同时,我们也清醒地看到,与新的形势任务和市委的要求相比,与广大委员和人民群众的期望相比,过去一年市政协的工作还存在不少差距和不足,主要是:议政建言、委员提案和社情民意信息工作质量还有待进一步提高;协商民主的创新实践还有待进一步深化;履行职能的制度化、规范化、程序化建设还有待进一步加强;政协常委会自身建设有待进一步完善。对于这些差距和不足,我们将在今后工作中认真解决。

2014年工作部署

2014年,市政协十二届委员会及其常委会将高举中国特色社会主义伟大旗帜,坚持以邓小平理论、“三个代表”重要思想、科学发展观为指导,深入贯彻中共十八大、十八届三中全会精神,在中共萍乡市委的领导下,围绕“一二三四五”总体工作思路和“一轴两核多组团”重大战略举措积极作为,充分发挥人民政协在协商民主中的重要渠道作用,推进社会主义协商民主广泛多层制度化发展,提高民主监督实效,加强委员联络管理服务，提升常委会整体工作水平，开创政协工作新局面。

一、坚持党对政协工作的领导，加强政治理论学习

坚持党的领导。人民政协工作是党的工作的重要组成部分，坚持党的领导是人民政协事业始终沿着正确方向前进的根本保证，也是人民政协开展工作必须遵循的根本原则。只有这样，我们才能做到道路自信、理论自信和制度自信。全市各级政协组织要把履行政协职能与坚持市委领导、支持政府工作融为一体，坚持思想上同心、目标上同向、工作上同步、行动上同行，实现与党委、政府工作同频共振。政协党组要更好地发挥领导核心作用，党员政协委员要发挥模范带头作用，团结各党派、各团体、各界委员，共同做好政协工作。

加强政治理论学习。加强政治理论学习是人民政协事业发展的根本保证。当前和今后一个时期市政协要组织全体政协委员认真学习贯彻中共十八届三中全会精神、习近平总书记一系列重要讲话精神，抓住重点，深入钻研，把握实质，融会贯通，切实把思想和行动统一到中共十八届三中全会精神上来，统一到市委作出的各项决策部署上来，始终保持正确的政治方向。要创新学习形式，丰富学习内容，增强学习实效，积极组织和推动全市政协组织、各参加单位和全体委员，围绕主题，把握精髓，突出重点，学以致用。把党的十八届三中全会提出的一系列新思想、新论断、新举措，与中共中央关于人民政协工作的重要部署结合起来，与市委对政协工作的新要求结合起来，切实把学习成果转化为指导实践和推动工作的动力。要不断健全常委会集中学习制度，促使理论学习成为统一思想、增进团结、凝聚力量、提高能力、解决问题的重要手段。

二、坚持围绕中心，服务大局，为萍乡转型升级献计出力

当前，我市经济社会已进入转型升级发展的关键时期。面对不断发展变化的新形势和新任务，市委明确提出了“一二三四五”总体工作思路，全市各级政协组织要围绕中心、服务大局，积极建言献策，在推进我市全面深化改革和经济社会健康发展中体现政协组织应有的价值和作用。

要在促进转型发展上有新作为。政协工作要充分发挥“智囊团”和“人才库”的作用，紧紧围绕经济社会发展的重点，精心选择党委和政府高度重视、人民群众普遍关注、政协有条件做好的课题，深入调查研究，周密思考论证，为党委、政府科学决策提供有益参考。

要在推进“一轴两核多组团”落实上有新建树。全市各级政协组织要围绕市委、市政府确定的“一轴两核多组团”的重大战略举措，加强调查研究，为推动我市全面深化改革，为全力打造“改革开放先行先试区、创新驱动转型升级区、民营经济领先发展区和高铁经济引领三化互动区”四大经济升级版献计出力。

要在服务民生上有新进展。各级政协要积极协助党委、政府关注好民生问题，进一步加大同各界群众的联系，及时了解和反映广大群众的愿望要求，使人民政协成为人民群众表达利益诉求、有序参与政治的重要渠道。

三、发挥人民政协重要渠道作用，推进协商民主广泛多层制度化发展

协商民主是我国社会主义民主政治的特有形式和独特优势，是党的群众路线在政治领域的重要体现。推进协商民主，有利于完善人民有序政治参与、密切党同人民群众的血肉联系、促进决策科学化民主化。人民政协协商民主的主体是由中国共产党、人大、政府、各民主党派、人民团体、政协各界别政协委员构成的。中国共产党是人民政协协商民主的核心主体，人大和政府是人民政协协商民主的重要主体。人民政协是协商民主的载体而非主体。人民政协作为爱国统一战线组织，是多党合作和政治协商的重要机构，为协商开展提供平台和场所。

构建协商民主的制度体系。当前，要重点围绕专题协商、对口协商、界别协商、提案办理协商完善协商民主制度体系，推动政治协商成为党政科学决策、民主决策的重要程序和必经环节，按《决定》要求建立由市委、市政府和市政协联合制定并组织实施协商年度计划的机制，建立定期专题协商制度，严格按照协商议题的提出和确定、协商活动的准备、协商会议的组织、协商成果的报送、协商意见的处理和反馈、协商成果的跟踪问效六个程序开展协商，使政治协商的各个环节都认真按程序开展工作。推动我市一些重要决策通过政协这个平台，广泛听取意见建议。

丰富协商民主的内容。要在市委统一安排下有序组织民主协商，以经济社会发展重大问题和涉及群众切身利益的实际问题为内容，在全社会开展广泛协商，坚持协商于决策之前和决策实施之中。要丰富协商民主内容，增强工作主动性、计划性，在协商内容确定上应做到研究在先，超前沟通，向市委、市政府及相关方面提出协商议题建议；根据党委、政府的“点题”或“出题”，组织调研，不断提高协商活动制度化、规范化、程序化水平。常委会在第三季度将以“关注民生改善，推进智慧城市建设”为主题开展专题协商活动。

完善协商民主的形式。要把在长期实践中广泛运用、行之有效的议事协商、咨政协商、社会协商三种实现形式利用好完善好，并以此为基础，更加活跃有序地组织专题协商、对口协商、界别协商、提案办理协商，增加协商密度；拓展协商形式与途径，丰富协商活动载体，进一步探索建立以界别为基础、以专题为内容、以对口为纽带、以座谈为主要形式的协商新形式；学习外省市的成功经验和做法，在我市尝试推行应急协商、个事协商、督办反馈协商等新模式，更好地协助党委、政府协调关系、化解矛盾。常委会在第四季度将围绕市委市政府中心工作开展一次专题协商活动。

增强协商民主的实效。要认真整理协商意见建议，及时报送党委、政府研究，提高协商成效。要特别注重协商成果的跟踪问效，切实加强与党政及其部门的沟通和联系，建立党委、政府、政协联合督办机制，通过组织视察、调研、座谈、走访等方式，加强对协商意见办理落实情况的检查督办，促进协商成果办理落实。对一些重要的协商成果，要组织政协委员进行专题民主监督，就落实转化过程中的重要问题进行再协商，促进协商成果的深层次转化。

四、坚持和完善统一委派民主监督员制度，全方位加强民主监督工作

坚持和完善统一委派民主监督员工作。统一委派市政协委员担任民主监督员工作，是市委决定开展的一项重要工作。2014年，市委将继续委派第二批民主监督员进驻到10家单位开展工作。各派驻单位要高度重视，为民主监督员开展工作创造良好的条件。各民主监督员要努力提高自身素质，增强履职能力和水平，寓监督于服务之中。市政协统一委派民主监督员工作协调小组必须加强对民主监督员的管理和服务工作。要探讨开展统一委派民主监督员工作的长效机制，及时总结经验，完善措施，改进工作。各县（区）也要积极开展好统一委派民主监督员工作。

全方位加强民主监督工作。在重点进行统一委派民主监督员工作同时，还要完善民主监督的主要形式，坚持寓民主监督于政协会议、委员提案、社情民意、视察调研、民主评议等活动中，全方位加强民主监督工作。要加强与法律监督、党内监督、行政监督、舆论监督等部门的密切配合，确保民主监督规范、有序、富有成效地开展。各专委会可围绕"全面贯彻落实《党政机关厉行节约反对浪费条例》及省委实施意见"主题组织开展形式多样的民主监督活动。常委会在第二季度要以"促进环境保护与生态文明建设"为专题开展参政议政活动。

五、加强委员联络管理服务，发挥委员主体作用

政协委员是人民政协组织的细胞，是各党派团体、各族各界的代表，是政协履行职能的主体。政协工作的潜力在委员，实力在委员，活力也在委员。常委会要进一步高度重视做好委员联络管理服务工作，调动委员履行职责的积极性和主动性，充分发挥委员的主体作用。要进一步健全委员联络机构，充分发挥市政协委员联络专职机构的功能，加强与政协委员的经常性联系，做好委员履职信息的统计工作。要建立委员诉求与服务渠道，开通委员建议直通车，直接了解和掌握社会各界的诉求；开设社情民意采集点，原汁原味地收集民众各种意见、要求和建议；开办委员风采专栏，宣传委员先进事迹，展示委员时代风貌。要保障委员履职的民主权利，加强与委员所在单位的联系，积极为委员学习、履职、交流、联谊搭建平台、提供条件。要完善委员联络管理制度，严格执行《政协萍乡市委员会关于政协委员管理的若干规定》，认真落实《萍乡市政协委员服务和管理办法》，完善委员考评机制，激励委员认真履行职责。常委会组成人员要利用各种机会，走访有关委员，了解他们的工作、学习、生活等情况，倾听他们的意见和建议，形成政协与委员之间和谐融洽的关系，增强政协组织的凝聚力和向心力。

六、以"党的群众路线教育实践活动"为契机，提升常委会整体工作水平

以"党的群众路线教育实践活动"为契机，加强常委会自身建设，提升政协整体工作水平，推进政协工作制度化、规范化、程序化建设。加强常委会的思想政治建设，提升常委会的凝聚力，常委会组成人员要努力做到团结合作，积极履职，清正廉洁，求实创新。加强常委会领导机构的能力建设，重点加强常委会善于学习的能力、把握大局的能力、团结共事的能力、建言献策的能力、开拓创新的能力。要加强常委会的形象建设，在学习、履职、民主、团结、服务等方面做广大委员的表率；常委会组成人员要甘于奉献，勤奋工作，正确处理本职工作与履行常委职责的关系，积极参加政协全体会议、常委会议和政协组织的调研、视察、座谈等活动。要充分发挥政协常委会的整体功能，统筹兼顾，推进政协各项工作开展。

各位委员，各位同志，助推发展任重道远，实干兴萍成就伟业。让我们紧密团结在以习近平同志为总书记的中共中央周围，全面贯彻落实中共十八大和十八届三中全会精神，在中共萍乡市委的领导下，振奋精神，同心同德，开拓进取，扎实工作，努力开创全市政协工作新局面，为实现我市与全国、全省同步全面建成小康社会作出更大贡献！

【组织概况】

政协萍乡市第十二届委员会主席、副主席、秘书长、副秘书长、常务委员、委员名单

主　　席　晏德文(2014 年 4 月起不再担任)

副 主 席　谢新明　　颜剑彬

邓斌(女,2014 年 9 月起不再担任)

晏学云(2014 年 9 月起不再担任)

陈朝清　　曹光亮

李腾勇　　刘艳萍(女)

秘 书 长 彭亚平

副秘书长 邓玉丁 胡松竹

张 雁(女) 童道雄(兼)

常务委员

王建辉 邓玉丁 关翠屏(女)
刘水莲(女) 刘洁兰(女) 刘志强
刘运成 刘建高 刘绍华
刘洪东 向时辉 江苏云(女)
汤怀博 汤其安 艳 红(女)
闫法强 何绍鹏 余乐庆
吴安德 宋柏萍 张永其
张婉玲(女) 张理桃(女) 李 勇
李龙辉 李晓洁 邱晓玲(女)
邹少兰(女) 陈杰宗 周 伟
周小燕(女) 周国萍 周海波
易少夫 林建梅(女) 林祖华
林家坤 范继新 胡 芳(女)
胡松竹 钟兴勇 夏坤勇
秦斌武 袁涛新 贾芝良
黄 若 黄 浩 黄百灵(女)
曾 斌 曾 新 曾建萍
童昌文 童道雄 释道源
谭达林

委 员

中国共产党萍乡市委员会

晏德文(2014年4月28日被撤销委员资格)
谢新明 晏学云 曹光亮
李腾勇 王 勇 王 萍
邓玉丁 兰叶子 卢绍增
刘文萍(女) 刘红星 刘建中
刘洪东 江苏云(女) 何高梅
余乐庆 张 雁(女) 李水明
李国梁 李维庆 肖 平
陈 田 周晓春 林光希
林祖华 柳建中 段太平
胡志纯 徐卫华 黄百灵(女)
龚晓明 彭亚平 曾念辉
韩戈平(女) 赖松萍 漆宇勤
谭学琳(女) 黎世伟

中国国民党革命委员会萍乡市委员会

邓 斌(女) 卢运辉 龙 云
刘世林(女) 何正花(女) 宋玖萍(女)
宋柏萍 张建国 肖国明
周 伟 吕社育 童道雄

中国民主同盟萍乡市委员会

刘向红(女) 何绍鹏 张永其
张理桃(女) 邹少兰(女) 钟福圣
贾芝良 曾玉明 韩 玉
黎 红(女) 魏期林

中国民主建国会萍乡市委员会

陈朝清 王 坚 刘水伦
刘红梅(女) 刘运成 张 惠
陈萍雄 林建梅(女) 黄良建
赖文娟(女) 魏水玲(女)

中国民主促进会萍乡市委员会

刘彦帮 刘洁兰(女) 李 倩(女)
周小燕(女) 晏清文 陶 勇

中国农工民主党萍乡市委员会

刘艳萍(女) 王建辉 邓志辉
刘文新 邹 军 袁涛新
彭增任

九三学社萍乡市委员会

文有良 吴光勇 李 勇
罗晓安 姚绍兵 曾 新
尹湘宜 邓绍和 刘 健
刘雪清 江青莲(女) 汤怀博
何 水 何文斌 何永泉
余建民 张国君 张婉玲(女)
张黎明 李 云(女) 李龙辉
肖建萍 陈水生 陈志传
周坚理 易少夫 贺春华
贺焕明 贺维章 赵晓红(女)
徐少维 聂克利 曾书旺
廖德祥 蔡发文 谭达林

无党派人士

颜剑彬 文 健 刘 韬
刘忠怀 李 燕(女) 李远实
易旺桔 胡 芳(女) 胡 迪

胡松竹 贺灿梅(女) 钟兴勇
秦季才 黄　浩

萍乡市总工会

王家其 王根平 甘运国
刘志强 刘芦萍 向时辉
李志务 林桂华(女) 欧向阳(女)
荣凌芝 黄建明 黄雪龙
彭　文

中国共产主义青年团萍乡市委员会和萍乡市青年联合会

汤艳红(女) 肖健芳(女) 陈　强
聂　颖(女) 黄乔路(女) 曾　峰
赖长萍

萍乡市妇女联合会

刘水莲(女) 刘晓红(女) 吴清梅(女)
张玉玲(女) 张菊香(女) 肖　洁(女)
陈香文(女) 周碧江(女) 曾瑞莲(女)

农业界

王柏辉 刘全乐 刘树强
何仲国 何志军 吴艳林(女)
张少虎 张运衡
李云桃(2014 年 4 月 28 日被撤销委员资格)
李祖荣 杨志坚 陈　萍
周海波 柳堂新 贺昔元
彭颜华 赖西柳 廖铅生
戴桂兰(女)

科技科协界

刘光辉 刘建勋 朱　鸿
朱刚强 李　斌 李小宝
杨笑萍 陈杰宗 易传凤
罗　勇 章炬勇 黄　若
普　健 曾　鸣 曾平和
童昌文 颜绍华

文学艺术界

甘远龙 刘晓田 张　凯
张学龙 李志刚 杨海棠(女)
肖麦青 陈建国 周友田
徐子瑾 贾晋萍 康　华(女)
彭学平 曾建萍

社会科学界

叶良继 刘德晟 宋光继
陈　焱(女) 晏计生 颜家明

教育界

王忠江 刘放华 刘明才
吴安德 李奭萍 李德福
邹恒芳 陈辉明 周国萍
易加耕 胡文香(女) 敖桂明
梁秀玲(女) 黄清兰(女) 曾鹤鸣
赖家春 黎　旻

医药卫生界

王　东 皮　芳(女) 孙家骏
张建萍 张高萍 林志铭
林家坤 胡玉婷(女) 贺秋瑞
钟佑衡 钟艳秋(女) 黄文峰
曾志纯 童　艳(女)

经济财贸界

卢文俊 刘　琼(女) 刘　翔
刘小兴 纪洪江 闫法强
何春明 余　强 吴启和
吴宏斌 吴建华 张欣泉
李久康 李金山 李晓洁
杨庆康 杨建云 肖建军
肖献忠 陈良年 陈振华(女)
陈淼生 单建国 范继新
柳小波 胡建萍 秦　华
秦斌武 黄汉如 喻清龙
彭　波 彭　煤(女) 彭建洪
游冬华 董国伟 谢锡云

台胞台属界

邓绍辉 羊连求 宋晓文
贺谷晨 黄　波 彭台萍
曾　斌 熊本萍

归侨侨眷界

刘　翔 刘京勋 张开林
李小青(女) 李柏瑞

新闻体育界

任　斌 陆　玉 周建萍
韩　强 谭小燕(女)

社会福利界

尹志光	李　宇	柳秋华(女)
郝建国	钟　惠(女)	曹四清(女)
曾宪林		

民族宗教界

王晓寒	刘向东	阳爱莲(女)
杨亚丽(女)	陈红卫	罗晓丽(女)
释戒宝(女)	释容易	释道源

特别邀请人士

兰海城	冯炳媛(女)	叶　萍
关翠屏(女)	刘建高	刘绍华
刘星魁	刘智勇(女)	朱远炎
江善春	汤其安	吴文平
李久龙	杨　博	杨烈佑
邱晓玲(女)	陈永国	陈青峰
易光明	易利群	易燕萍
钟　亮	夏坤勇	涂建民
程远涛		

【大事记】

1月

7日　萍乡市第十二届委员会常务委员会第十二次会议召开，会议审议市政协十二届四次会议有关材料。

13至16日　萍乡市第十二届委员会第四次会议召开。

21日　机关县级干部年度考核。

27日　市政协机关召开2013年工作总结会。

2月

17日　市政协机关召开会议，学习传达市纪委十一届四次全会精神。

18日　市政协组织机关干部职工观看廉政话剧《较量》。

20日　市政协召开十二届二十二次主席会议。审议通过《市政协2014年度协商工作计划》《市政协常务委员会2014年工作要点》，研究确定市政协各专委会兼职副主任和各界别召集人人选。

26日　市政协召开党的群众路线教育实践活动动员大会。

28日　市政协提案委员会召开提案审查会。

3月

5日　市政协组织机关党员参观安源纪念馆，重温入党誓词，参观市博物馆党建陈列室。还观看大型专题纪录片《筑梦之基》和《永恒的信念》。

17日　召开市政协十二届第二十三次主席会议，研究落实《市政协2014年第二季度主要工作任务》审议《市政协“下访听诉”专项调研活动方案》。

22日　市政协机关党员干部和医药卫生界部分政协委员到北桥小学开展“志愿者服务入社区”活动。向北桥小学捐赠2万元的书刊和教学设施，向社区免费发放价值5000余元的药品。

24日　副主席谢新明率调研组到芦溪县新泉乡市上村开展“下访听诉”专项调研活动。

副主席李腾勇率调研组到上栗县福田镇桃文村开展“下访听诉”专项调研活动。

25至26日　辽宁省抚顺市政协主席张敏一行来萍乡调研考察城市转型工作。

31日　秘书长彭亚平带调研组到安源区开展“下访听诉”专项调研活动。

市政协机关7名县级干部到上栗县福田镇战山村开展“入户结亲”活动，走访21位贫困户、老党员户、产业大户。

4 月

1 日 市政协机关组织全机关党员干部学习近平总书记在兰考的系列讲话精神。

2 日 副主席晏学云率调研组到莲花县开展“下访听诉”专项调研活动。

4 日 副主席曹光亮率调研组到湘东区东桥镇五峰村开展“下访听诉”专项调研活动。

9 日 秘书长彭亚平率机关部分县级干部到挂点扶贫村开展“入户结亲”活动。

市政协机关举行“做好新时期群众工作”培训讲座。

15 日 市政协召开党组会议，讨论“下访听诉”专题调研报告，研究初步整改意见。

16 日 省委督导组副组长傅文杰到市政协督导党组党的群众路线教育实践活动进展情况。

19 日 市政协机关党员到所在社区参加志愿服务活动。

24 日 市政协召开“践行‘三严三实’要求，争做焦裕禄、龚全珍式好党员好干部”活动动员部署会。

28 日 召开市政协十二届二十四次主席会议。

市政协十二届十四次常务委员会会议召开，会议协商通过撤销晏德文、李云桃的政协萍乡市第十二届委员会委员资格。

29 日 市政协机关以“学习焦裕禄、龚全珍精神，践行‘三严三实’要求”为主题，召开讨论交流会。

5 月

6 日 副主席陈朝清到部分民营企业进行走访，就当前民营企业发展中的人才问题进行调研。

8 至 20 日 副主席邓斌率调研组对市城区周边工业企业大气环境污染情况开展专题调研。

13 日 抚州市政协副主席陈云斐一行来萍调研考察职业技术教育工作。

13 至 15 日 副主席李腾勇带调研组对市机动车尾气排放等移动污染源对城市空气污染情况进行专题调研。

15 至 20 日 副主席陈朝清率调研组对萍乡市主城区建筑工地二次扬尘和餐饮油烟对大气污染情况进行专题调研。

19 日 市政协召开统一委派民主监督员小组组长会议。

23 日 副主席陈朝清带领市工商局、市轻化纺行业办、农业发展银行萍乡市分行、市文联等单位负责人到上栗县金山镇桥塘村，调研建设和谐秀美新农村工作。

6 月

9 日 副主席晏学云在湘东镇黄花村调研指导帮建工作。

12 日 驻市食品药品监督管理局民主监督小组分别走访莲花县和安源区食品药品监督管理局，了解基层食品药品监管工作中存在的矛盾和困难。

13 日 副主席晏学云率调研组赴芦溪县调研民心民声电子互动平台建设工作。

16 日 市政协召开十二届二十五次主席会议。

25 日 市政协十二届十五次常务委员会会议召开。

7 月

1 日 省政协“全省污水处理设施建设及运行情况”民主监督专题调研组来萍乡调研。

15 日 市政协召开秘书长会议。

17 日 市政协机关召开廉政教育学习会,学习省、市委进一步加强作风建设,严格工作纪律的有关规定和制度。

22 日 市政协召开统一委派民主监督员工作半年总结暨下半年工作调度会。

25 日 《萍乡文史资料》第十八辑出版。

8 月

5 至 6 日 省政协副秘书长冷芬俊一行到萍就协商民主工作进行调研。

8 日 市政协机关工作人员为云南省鲁甸地震灾区捐款 7700 元。

18 至 19 日 省政协提案委主任杨斌一行到萍调研。

19 至 20 日 省政协秘书长肖为群一行到芦溪县调研。

22 日 市政协十二届二十六次主席会议召开。

9 月

16 日 市政协十二届二十七次主席会议召开。

22 日 市政协十二届二十八次主席会议召开。

23 日 市政协十二届十六次常务委员会会议召开。

10 月

22 日 省政协常委、教科文卫体委员会副主任毛学东一行来萍乡调研。

23 日 市政协召开秘书长会议。

11 月

10 日 市政协召开秘书长会议,传达市委有关会议精神,部署工作任务。

11 日 市政协十二届二十九次主席会议召开,审议《我市经济发展环境专题调研工作实施方案》。

13 至 18 日 市政协组织部分委员对全市经济发展环境进行专题调研。

21 日 市政协人资环委组织农业界别的全体委员对《萍乡现代农业发展三年实施计划》进行界别协商。

26 日 市政协人资环委组织民盟界别政协委员到山口岩水库视察,了解水库运行情况和水源地保护情况。

27 日 市政协十二届三十次主席会议召开,审议《关于我市经济发展环境现状的调研报告》。

28 日 市政协人资环委组织特邀界别的全体委员对萍乡经济技术开发区部分重点建设项目进行界别视察。

12 月

15 日 市政协机关召开主任联系会,安排起草市政协常委会工作报告等有关工作。

16 日 市政协驻市检察院民主监督小组组织民主监督员、相关界别委员开展"基层检察院建设情况"视察工作。

19 日 市政协召开学习会,听取市委讲师团关于《全面推进依法治国》学习讲座,改选机关党委。

23 日 市政协十二届三十一次主席会议召开。审议市政协十二届十七次常务委员会会议有关材料。

24 日 市政协主席会议成员对武功山旅游发展方面的提案办理落实情况进行视察。

30 日 召开市政协理论研究会 2014 年年会。

(邓骋文 编写　邓玉丁 审稿)

政协新余市委员会

【全体委员会议】

八届五次会议 2014 年 1 月 15 至 17 日,政协新余市第八届委员会第五次会议举行。应到委员 349 名,因事因病请假 27 名,实到 322 名。市政协主席廖兰芳,副主席于凡、周明华、陈文华、欧阳长城、侯硕、刘新政、刘超杰、黄永旭,秘书长单巍全出席会议。市领导及老同志应邀出席开幕大会、闭幕大会并在主席台就座,市委、市人大、市政府等有关方面的负责人和在新余工作的十一届省政协委员应邀出席会议。会议听取了中共新余市委书记刘捷在开幕大会上的讲话;协商讨论了中共新余市委副书记、新余市人民政府市长丛文景所作的《政府工作报告》和其他报告;审议通过了主席廖兰芳代表市政协常务委员会所作的工作报告和副主席侯硕代表市政协常务委员会所作的关于市政协八届三次会议以来提案工作情况的报告。大会审议通过《中国人民政治协商会议新余市第八届委员会第五次会议决议》和《政协新余市第八届委员会提案审查委员会关于八届五次会议期间提案审查情况的报告》。本次大会共收到提案 238 件,经提案委员会初步审查,立案 233 件,其余 5 件将作为委员工作建议或来信处理。

【常务委员会会议】

第十次会议 2014 年 1 月 6 日,市政协八届十次常委会议召开。市委副书记董晓健应邀出席并讲话。主席廖兰芳就做好市政协八届五次会议准备工作讲了话。市委常委、副市长廖晓凌应邀听取发言。副主席周明华、陈文华、欧阳长城、刘新政、刘超杰,秘书长黄永旭出席会议。会议由副主席侯硕主持。会议协商讨论了《政府工作报告(征求意见稿)》,听取并讨论了市政府办公室关于市政协八届三次会议以来提案、协商报告办理情况的通报,审议通过了八届市政协常务委员会工作报告草案和关于提案工作情况的报告草案,审议通过了政协新余市第八届委员会关于表彰 2013 年度“四个一”竞赛活动成绩突出的委员的决定草案和关于表彰 2013 年度优秀提案的决定草案,审议通过了关于召开政协新余市第八届委员会第五次会议的决定草案以及会议有关文件草案。

第十一次会议 2014 年 1 月 13 日,市政协八届十一次常委会议召开。主席廖兰芳,副主席周明华、陈文华、欧阳长城、侯硕、刘新政、刘超杰出席会议。会议审议通过政协新余市第八届委员会常务委员会第十一次会议议程安排(草案),审议通过《政协新余市第八届委员会第五次会议选举办法(草案)》,审议通过《政协新余市第八届委员会第五次会议选举大会总监票人、监票人名单(草案)》,协商决定了人事事项。

第十二次会议 2014 年 1 月 17 日,市政协八届十二次常委会议召开。市委副书记董晓健应邀出席会议并讲话,主席廖兰芳出席会议并讲话,副主席陈文华、欧阳长城、侯硕、刘新政、刘超杰、黄永旭,秘书长单巍全出席会议,会议由市政协副主席周明华主持。会议审议通过了市政协常委会 2014 年工作要点。

第十三次会议 2014 年 6 月 30 日,市政协八届十三次常委会议召开。主席廖兰芳出席会议并讲话。市委常委、副市长陈威应邀听取发言并讲话。副主席刘新政、周明华、陈文华、欧阳长城、侯硕、黄永旭,秘书长单巍全出席会议,会议由刘新政主持。会议协商讨论了促进市农村养老服务事业发展问题,协商决定了人事事项。

第十四次会议 2014 年 9 月 12 日,市政协八届十四次常委会议召开。主席廖兰芳出席会议并讲话,副市长李新华、市人大常委会副巡视员李逢春应邀出席,副主席刘新政、陈文华、刘超杰、黄永旭,秘书长单巍全出席会议,会议由刘超杰主持。会议协商讨论了推进市合同环境服务工作问题,协商决定了人事事项。

【专门委员会工作】

提案委员会 主要工作:市政协八届五次全会以来,共收到提案233件,经审查立案216件,涉及市委、市政府系统共60个部门单位,目前已全部办理完毕。遴选了14件(类)紧密联系民生实际的重点提案作为领导督办提案,起草了《关于做好市领导督办提案工作的通知》,以"两办"名义下发各有关承办单位。市委、市政府主要领导分别督办物业管理问题提案和教育问题提案,提案督办会召开后,市委办、市政府办分别就推进相关工作形成专题会议纪要,作出工作部署。其他市领导也分别督办了有关古民居保护、完善公车改革等问题的提案。筹备召开了市"人均80岁"工作领导小组2014年工作会议,先后组织主席会议成员对市袁惠渠水污染治理、"五山"整治工作进行了视察督导,协助组织住余十一届省政协委员和市政协主席会议对市社区物业管理工作进行了视察,形成视察报告报。组织编写《百年峰峦》一书,共15万余字。牵头组织开展市政协专题("五山"保护与利用)民主监督工作,筹备召开了"五山"保护民主监督动员会,协调三个小组深入"五山"实地及矿山企业,察看"五山"生态保护利用工作状况,形成民主监督报告报市政府。

经济科技委员会 主要工作:组织合同环境服务专题调研工作。4至9月,在主席廖兰芳、副主席刘新政的带领经济科技委员会组织的15名委员就该课题进行专题调研。副市长李新华出席市政协八届十四次常委会议听取了推进合同环境服务工作的协商讨论,并对调研协商成果给予了肯定,并批示市环保局等有关部门对协商报告中提出的建议和意见,切实抓好落实。参与"五山"保护与利用专题民主监督工作,带领相关委员对渝水区蒙山、百丈峰保护与利用工作进行民主监督,多次与区政府领导及有关部门、乡镇座谈交流,推进了蒙山保护利用专项规划方案的出台。认真抓好大会发言材料和领导督办提案工作。《破解我市中小企业融资难问题的对策建议》《关于大力建设光伏电站推动我市光伏产业发展的建议》将分别获大会发言一、二等奖。督促推进《关于建设好新余煤储基地的建议》提案办理工作。在仙来中大道179号移动公司营业厅旁选址设立市政协委员为民服务工作站暨社情民意联络点。召开了市政协委员企业家联谊会非公经济创新发展座谈会。市政协委员企业家就缓解企业融资难、鼓励加快非公企业发展、发展文化旅游业等提出了18条意见建议。市委、市政府主要领导高度重视,批示市直有关部门认真研究落实。

人口资源环境委员会 主要工作:配合省政协人资环委和专家,对新余城市污水处理情况进行了专题调研。组织委员及特聘专家赴安徽滁州和湖北黄石就矿山修复利用进行专题调研,实地察看滁州琅琊山和黄石铁山。组织委员和特聘专家对仰天岗、九龙山地区贯彻落实市委、市政府有关"五山"保护的情况开展专题民主监督。组织委员对孔目江流域的水质进行视察,通过本次视察,对原观巢林场铅锌矿的复绿治理项目提出了改进意见,针对仰天岗东南麓几个大型养猪场破坏周边环境,污染孔目江水质的问题,与农业等相关部门沟通协商,促成纳入了今年取缔搬迁计划。针对袁河办严家、刘家、夏家300多名村民联名状告新钢公司等企业污染生存环境的问题,邀请市环保局、袁河办的负责人及相关职能部门的同志深入现场察看。督促有关单位办理答复了早木山水渠和钤阳湖北岸袁岭矿山污染两个重点提案。积极上门、主动对接,切实加强与市国土局、环保局、人社局、农业局、林业局、水务局、计生委等对口联系单位的沟通。

教文卫体委员会 主要工作:开展“加快推进旅游产业优化升级”专题调研,形成协商报告报送市委、市政府,为推动旅游产业发展转型升级提出了初步解决对策建议。配合省政协教文卫体委“深化医药卫生体制改革”调研组开展调研活动。开展了“精美特新新余建设”调研活动,调研报告围绕新余城市发展的战略需要,选择相应的突破点,从而实现精美特新新余等方面提出了相关意见和建议,为市委、市政府提供决策参考。

社会和法制委员会 主要工作:开展“促进市农村养老事业发展”专题调研。从2月底开始,调研组深入乡镇、村委实地考察农村敬老院、“颐养之家”工作情况,进行座谈,发放调查问卷,并赴外地考察。协商报告送呈市委、市政府决策参考。开展了对市宗教工作的调研。调研组先后考察了基督教渝水教堂、崇庆寺等宗教活动场所,形成《关于我市基督教有序发展的两点建议》。7月,会同市民族宗教局对市农村宗教管理情况开展了调研,此基础上形成了《新余市农村宗教事务管理情况的调研报告》。开展了残疾人就业情况的调研视察活动,市政府根据调研报告,购买了100个公益性岗位安排残疾人就业,市残联为200名残疾人提供了免费就业培训。全年提交了25件提案,其中有4件提案被列为市领导督办的重点提案。督办了《关于打击飞车抢劫和砸车盗窃等犯罪行为》和《建议尽快解决好孔目江电鱼现象》2个提案。

文史委员会 主要工作:2014年,完成市政协文史资料第14辑《新余文物与考古》书稿编撰工作。全书53.6万字,插图390幅。征集、整理了《国民政府在新余的抗日驻军》《日本侵略者在新余的暴行》《上海劳动妇女战地服务团在新余的抗日活动》《新余人民全力支援上高会战》《新余人民同仇敌忾打击侵略者》等相关史料,呈报给省政协文史部门。开展对仰天岗历史文化研究工作,先后组织召开了有关职能部门、相关专家学者和历届市政协领导座谈会。协助市委、市政协领导督办有关委员提出的一系列古村落、古建筑保护提案。考察新余城市雕塑,撰写了《新余城市雕塑》,市电视台据此拍摄、播映了关于新余城市雕塑的系列专题片。深入市文化中心建设工程、市高铁火车站交通枢纽工程以及市钟灵大道新建工程的现场,开展重点建设项目档案工作的视察工作。完成了《新余诗词》第24辑刊物印刷发送工作,收集整理《新余诗词》第25期杂志诗稿。

港澳台侨和外事委员会 主要工作:2014年6月,组织委员开展农民专业合作社发展情况的专题调研活动,报告经主席会议审定,转市委、市政府参阅件,引起市政府分管领导重视,要求政府各职能部门尽快按调研报告抓落实。4月,协同市台办组织部分委员开展了对台资企业新余景笙农业开发有限公司、新余盛帮原生态生物科技公司进行了视察,帮助他们协调解决企业发展中的困难。4月,对证券交易市场开展了视察活动。全年撰写提案30余件,其中立案27件。9月23日正式挂牌成立城南魁星路和城北钟家山社区委员工作站(联络点),设立了以侯芳委员为发起人的委员工作站(联络点),工作站(室)在服务群众、收集社情民意方面取得很好效果。协助分管副主席督办《公车改革容易忽视的腐败死角应当清除》和《关于公车改革应当扩大车贴卡使用范围的建议》两个提案。

【重要活动】

召开“五山”保护工作专题民主监督动员大会 2014年4月9日，市政协召开“五山”保护工作专题民主监督动员大会。主席、市“人均80岁”工作领导小组组长廖兰芳，市委常委、副市长、市“五山”保护利用工作领导小组常务副组长廖晓凌出席会议并讲话。会议由副主席侯硕主持，秘书长单巍全出席会议。会上，分宜县、渝水区、仙女湖区、市国土局、市林业局、市环保局、市安监局单位负责人就贯彻落实市政府《关于加强“五山”保护利用的工作方案》《新余市“五山”山体管理办法》，做好“五山”保护工作作发言。

开展扶贫调研工作 2014年4月18日，主席廖兰芳轻车简从深入仙女湖区九龙山乡城上村，调研扶贫工作进展情况，协调解决产业发展中遇到的难题。廖兰芳沿途视察了九龙山乡旅游开发情况，徒步进入不通公路的司马坑村农户家中调研生产生活情况，实地察看了城上村新增种植的芋头基地，并听取了乡、村干部的发展规划汇报。

考察非物质文化遗产“十样景”的传承发展 2014年5月7日，主席廖兰芳，副主席侯硕，秘书长单巍全一行来到仙女湖区观巢镇观巢村，考察非物质文化遗产“十样景”的传承发展。“十样景”是观巢独有的一种民间乐器合奏，明代中晚期已经十分流行，它由十位演奏者用十种不同乐器合奏而成，鼓锣铿锵，琴笛和鸣，唢呐扬声，铃钹点缀，节奏井然有秩，声音洪亮而又和谐。廖兰芳听取了有关方面关于“十样景”的介绍，仔细观赏了“十样景”的演出。

全省政协提案工作座谈会在余召开 2014年5月14日，全省政协提案工作座谈会在新余召开。会议传达了全国政协提案办理协商工作座谈会主要精神，各地市政协总结交流了提案协商办理工作经验。新余市政协主席廖兰芳致辞，省政协常委、提案委员会主任杨斌讲话。

召开非公经济创新发展座谈会 2014年5月27日，市政协召开非公经济创新发展座谈会。市委副书记董晓健出席并讲话，主席廖兰芳，副主席刘新政、副主席、市委统战部部长黄永旭、秘书长单巍全出席座谈会。座谈会上，黄永旭解读了市委、市政府关于大力促进非公有制经济更好更快发展的意见，委员企业家代表联系自身实际，畅谈非公经济创新发展的体会、思路、打算及意见建议。

召开市政协党组专题民主生活会 2014年6月12至13日，市政协党组集中一天半时间召开党的群众路线教育实践活动专题民主生活会。省委第五督导组组长张崇纪参加指导民主生活会并讲话。党组书记、主席廖兰芳主持会议并代表市政协党组作对照检查，市政协党组成员逐个开展批评与自我批评。党外副主席，市政协机关党员、干部、职工、离退休老同志代表和市民主党派、市政协委员代表列席会议并发言。

省政协污水处理调研组莅余 2014年7月2日，省政协常委、民盟省委会专职副主委任江南率省政协调研组来余调研污水处理设施建设及运行情况，副市长、仙女湖区区委书记李新华作汇报，市政协党组副书记、副主席刘新政陪同。调研组建议进一步强化政府责任，加大对污水管网建设投入，加大对污水处理厂先进工艺和技术的指导。

市“人均80岁”工作领导小组视察袁惠渠治污工作 2014年7月18日，主席廖兰芳率市“人均80岁”工作领导小组对袁惠渠水污染治理工作进行视察。廖兰芳一行先后来到八百桥江与袁惠渠交汇口、高新区污水管泄漏点及铁道旁污水直排点和水西镇宠江桥污水排放点视察水质情况和污水处理情况，听取市环保局等相关部门对袁惠渠区域内污染企业整治、水资源污染治理的情况汇报。

召开“推进旅游产业发展优化升级”专题协商座谈会 2014 年 8 月 4 日，市政协召开“推进旅游产业发展优化升级”专题协商座谈会，主席廖兰芳主持会议，副市长李新华，副主席刘新政、刘超杰、黄永旭，原市政协副主席欧阳长城，秘书长单巍全出席会议。座谈会上，与会人员围绕“推进我市旅游产业发展优化升级”协商主题，结合旅游产业发展实际，各抒己见，提出了许多富有建设性的意见和建议。

视察“五山”保护情况 2014 年 8 月 26 日，市“人均 80 岁”工作领导小组视察“五山”保护情况，主席廖兰芳，市委常委、副市长廖晓凌，副主席刘新政、黄永旭，市政协秘书长单巍全参加和出席座谈会。廖兰芳一行首先到毓秀山，视察山林保护情况，随后来到观巢林场铅锌矿、人和南方硅灰石公司、鹄山盛旺矿产品厂视察矿山整治和资源利用情况。在随后召开的座谈会上，廖兰芳认真听取市“五山”保护办和分宜县、渝水区、仙女湖区相关负责人工作情况汇报。廖兰芳要求，全市各相关部门要统一思想，明确职责，抓紧制定详细可行的工作规划，同时，对各地落实政府关于“五山”保护和利用政策情况开展定期督导检查。

全省政协人资环委工作座谈会在余召开 2014 年 8 月 29 日，全省政协人资环委工作座谈会在我市召开。全国政协常委、省政协副主席孙菊生出席会议并讲话。市政协主席廖兰芳致辞，省政协常委、人资环委主任文红莲主持。省政协常委、人资环委副主任揭赣元、刘德意、熊根泉出席。省政协办公厅原副巡视员曾荣君参加。全省各地市政协人资环委负责人及部分分管领导进行发言交流。市政协副主席刘新政代表新余汇报市政协人资环委工作。

召开古民居古村落提案督办会 为更好地督办落实市政协提出关于古民居古村落保护提案，2014 年 9 月 4 日，召开古民居古村落提案督办会，市委副书记董晓健、市政协主席廖兰芳出席会议并讲话。

市政协委员为民服务工作站暨社情民意联络点挂牌成立 2014 年 9 月 23 日，市政协委员为民服务工作站暨社情民意联络点在钟家山社区和魁星阁社区挂牌成立。

召开庆祝中国人民政治协商会议成立 65 周年座谈会 2014 年 9 月 26 日，市庆祝中国人民政治协商会议成立 65 周年座谈会举行。市委书记刘捷出席座谈会并讲话。市人大常委会主任黄国钧，市政协主席廖兰芳，市委常委、常务副市长胡高平，市委常委、副市长廖晓凌出席会议。

召开市政协党的群众路线教育实践活动总结会议 2014 年 10 月 15 日，市政协党的群众路线教育实践活动总结会议召开。会议回顾和总结市政协开展党的群众路线教育实践活动经验和体会，并就持续深化作风建设、进一步提升政协履职科学化水平作出部署安排。市政协主席廖兰芳，市政协副主席刘新政，市政协副主席、市委统战部部长黄永旭出席会议。市政协秘书长单巍全作工作报告。

住余省政协委员调研市社区物业管理工作 2014 年 11 月 6 日，住余省政协委员专题调研市社区物业管理工作，落实全市有关小区物业管理问题提案督办会精神。市政协主席廖兰芳，市人大常委会副主任谢桂生，市政协副主席刘超杰等住余省政协委员，市政协副主席刘新政、黄永旭，秘书长单巍全及相关单位和部门负责人参加。住余省政协委员一行先后前往渝水区城南办事处丽景社区绿海公寓小区、高新区城东办事处石岗社区江山御景小区和渝水区城北办事处长林社区城市绿洲小区，实地视察老旧小区无物业社区管理工作情况和新建商品房物业管理进展及存在问题，并召开座谈会针对问题提出意见和建议，落实全市物业管理提案督办会议精神。

省政协调研我市城乡一体化和国企改革社区移交工作 2014 年 11 月 13 至 14 日，省政协常委、经济委员会主任李贤书率专题组来新余，就城乡一体化建设情况和进一步解决好国企改革中企业社区移交属地管理等遗留问题进行调研。省政协经济委员会专职副主任尹小明、省政协办公厅副巡视员刘海华等随同。市政协主席廖兰芳、副主席刘新政陪同。视察组一行深入新钢集团公司、江西钢丝厂的厂区街道办、医院、学校，仔细询问企业负责人和基层工作人员移交社区等情况，实地视察了双林镇旗山下村新农村建设情况。座谈会上，调研组成员听取了市委农工部、市国资委、市住建委、新钢、钢丝厂等部门和企业的工作情况介绍，讨论在国企改革移交企业社区属地管理和城乡一体化建设过程中取得的经验，遇到的困难，进一步探讨解决办法。

赴上饶学习考察协商民主工作 2014 年 12 月 11 至 12 日，主席廖兰芳率队赴上饶市、万年县学习考察协商民主工作。副主席刘新政，秘书长单巍全参加学习考察活动。廖兰芳一行先后来到万年县大源镇、上坊乡和上饶市三清女子文学研究会“政协委员工作室”，实地参观学习了万年县基层协商民主工作开展情况和上饶市政协委员如何依托现有载体，积极发挥委员主体作用，不断提升委员履职能力，并分别进行了座谈交流。上饶市政协、万年县政协分别就开展协商民主等有关情况作了介绍。

举办委员提案工作学习会 2014 年 12 月 23 日，市政协举办委员提案工作学习会。省政协常委、省政协提案委主任杨斌作学习报告。主席廖兰芳，副主席刘新政、陈文华、刘超杰，新余军分区政治部主任陈李忠，老同志孙奇珍、熊巍、涂绪永出席学习会。省政协提案委副主任张康平作“提案撰写与办理协商”的辅导讲座。市政协副主席、市委统战部部长黄永旭主持学习会。

【重要文件】

政协新余市第八届
委员会常务委员会工作报告

（2014 年 1 月 15 日在政协新余市第八届委员会第五次会议上）

廖兰芳

各位委员：

我代表政协新余市第八届委员会常务委员会，向大会报告工作，请予审议，并请列席会议的同志提出意见。

一

2013 年，市政协以邓小平理论、“三个代表”重要思想和科学发展观为指导，认真贯彻中共十八大、十八届二中、三中全会精神，坚持团结和民主两大主题，紧紧围绕全市中心工作，充分发挥优势，切实履行职能，各项工作取得了新的进展，为促进新余发展发挥了应有作用。

（一）协商议政，服务大局，汇聚发展正能量

紧扣科学发展大局，精心选择课题，协商议政，建言献策，为推动新余发展汇聚正能量。

建言培育新兴产业。就发展陶瓷创意（艺术）产业课题，深入县区、乡镇、文化创意园区以及国内主要陶瓷产地进行专题调研，市委、市政府充分采纳所提建议，将陶瓷创意（艺术）产业发展纳入《新余市2013—2020年文化产业发展规划纲要》，明确产业发展的方向和目标，制定相关政策措施，高位推动产业发展。

探索破解城区养老难题。就城区养老服务事业发展课题，深入全市相关职能单位、40多个社区、10余个养老机构及800余人次60岁以上老年人群体调研，并借鉴外地经验，为我市城区养老服务事业发展探索了有益思路，得到市委、市政府的重视，有关部门吸纳政协意见和建议，认真研究制定具体工作措施。

持续推进再生资源工程。再次就建设国家"城市矿产"示范基地课题开展调研协商，有针对性地提出重点培育产业、加大推进力度、抓好环保体系建设、建设再生资源回收网络、强化政策保障等建议，为加快我市国家"城市矿产"示范基地建设提供了智力支持。

大力推动生态文明建设。组织住余省政协委员及部分市政协委员，会同相关市直单位，对毓秀山、大岗山、蒙山、百丈峰生态保护情况进行专项视察，形成视察报告，市委常委会、市政府常务会议专题研究后，制定了关于加强毓秀山等山体保护利用的工作方案，构建起我市山体生态保护长效机制。社会各界高度关注，《人民政协报》《光华时报》等媒体进行了报道，《新余日报》开辟专题连续报道并配评论员文章，产生了良好的社会反响。

（二）发挥优势，履职为民，唱响民生好声音

充分发挥政协独特优势，更加自觉关注民生，唱响以推进"实现人均期望寿命80岁"工作为统领的民生好声音。

"人均80岁"工作有序推进。配合市委、市政府研究部署了"人均80岁"工作领导小组29个成员单位的工作目标和任务，专项视察督导推进了对文化、卫生、食品安全、社保、环保、交通、安全生产等工作。组织媒体开展了宣传月活动，推动我市以"人均80岁"工作为统领的民生工程顺利实施。

专题民主监督创新启动。积极探索政协民主监督的实现形式和有效方法，按照市委批转下发的"人均80岁"工作专题民主监督实施方案，全面深入展开孔目江流域水质保护专题民主监督。市政府常务会议听取并讨论了专题民主监督报告，决定成立领导小组，制定整改方案，落实监督报告所提意见与建议。

提案督办倾力改善民生。遴选18件紧密联系民生实际、群众关注度高的重点提案，由市党政领导牵头督办，开展了"提案办理月"活动。有关城区交通畅通问题的提案，通过市委主要领导同志领衔督办后，推动了同类40件提案的落实，切实改善了城区交通环境。关于欧里集镇生活污水直排孔目江造成污染的提案办理后，群众拍手叫好。

反映社情民意渠道畅通。发挥政协"接地气"优势，打造社情民意信息"直通车"，先后编发《政协信息》23期、《社情民意》10期、《议政参阅件》4期，向省政协、市委报送社情民意116条、信息147条，对党政部门及时准确获取信息、改进工作起到了重要作用。关于第四水厂取水口附近堆放渣土、毛家菜场下水管道破裂等20多条社情民意，市党政主要领导批办后，经相关单位办理，使群众反映强烈的问题得到妥善解决。

帮扶工作倾情开展。积极参与加强和创新社会管理工作，选派机关干部进驻乡镇街道担任群众工作特派员。深入新农村建设、贫困村和社区帮扶点调研，帮助解决建设困难和问题10余件。开展了访贫问苦、结对帮扶活动，进一步密切了与群众的联系。

（三）积极融入，主动作为，当好经济助推器

以项目帮扶和招商引资为着力点，主动直接参与全市经济建设，倾力做好服务工作，切实发挥经济发展助推器作用。

促进农业产业化进程。通过定期督导、现场办公、调研视察等方式，身体力行抓好市政协领导班子挂点帮扶的农业产业化“1010”工程建设，先后为新余百乐工贸公司争取银行贷款6000万元，帮助仙女湖畔生态农业公司融资1000万元。针对企业普遍存在的资产评估、土地流转、融资等难题，会同市委农工部开展了专题调研，提出了相关建议，积极推进我市农业产业化进程。

全力开展招商引资工作。把招商引资工作作为服务经济建设的重要途径，充分发挥政协的资源优势，加大招商引资力度。一年来，引进项目2个、资金1.04亿元。

着力助推企业发展。充分发挥市政协委员企业家联谊会联谊联动、创业创新、商情商意的平台作用，就中小微企业发展进行调研，为企业发展牵线搭桥、献计出力。召开政协委员企业家建功立业座谈会，提出的35条建议列入了市政府专题督办内容。开展银企对接洽谈，帮助11家企业融资5.41亿元。与广东东莞市72家企业联谊洽谈，促进两地企业家的交流合作。

（四）把握主题，团结协作，同心共筑新余梦

牢牢把握团结和民主两大主题，多渠道、宽领域加强交流联谊，广泛凝心聚力，共筑“发展至上、富民为先”新余梦。

充分发挥统一战线作用。密切与各民主党派、工商联和无党派人士的团结合作，为其参政议政创造条件。一年来，市各民主党派、工商联围绕发展大局，提出提案186件，反映社情民意信息102条，撰写大会书面发言稿64篇。关于加快电子商务发展、定期监测高新区地下水质等社情民意，省市党政领导作出了重要批示；化解医患纠纷、强化新余学院服务职能、解决高职院校招生难、加强商（协）会工作等建议，被省市政府采纳；关于规范宅基地管理等调研报告被《光华时报》等媒体刊登，引起广泛关注。

加强与各级政协联系协作。承接了省政协举办的全省设区市政协主席座谈会和全省政协教科文卫体委学习工作座谈会，配合省政协就和谐秀美乡村建设、重金属污染治理等15个课题开展了调研视察。借川滇黔赣冀五省市州政协联系会议和闽赣湘三省九市“港铁联动、政协联谊”活动平台，宣传推介了新余新形象。

积极开展团结联谊活动。以联谊活动为载体，与社会各界人士加强联系、加深友谊，凝聚加快发展合力。举行了复市30周年系列纪念活动，营造同心协力助推发展的浓厚氛围。各专委会就生态农业发展、文化教育发展、送医送药、司法援助等方面，开展了丰富多彩的界别活动，服务群众，共促和谐。积极开展文史资料征集、交流、论证活动，发挥了文史资料存史资政、团结育人的作用。

（五）强基固本，求真务实，提振政协精气神

切实加强自身建设，不断提升政协工作科学化水平，着力提振政协履职精气神。

以制度促规范，提高工作整体水平。坚持学习制度化，采取报告会、学习月、调研月等形式，组织政协委员和机关人员认真学习中共十八届三中全会精神和有关知识。制定了《主席会议工作规则》《关于加强委员履职服务与管理的意见》《专门委员会特聘专家产生和管理办法》《全市政协系统宣传信息工作考核评比细则》，修订完善了19项机关管理制度，推进了政协工作制度化、规范化、程序化建设。

以管理激活力，发挥委员主体作用。加强委员履职考核考绩，严格按有关规定和委员履职管理制度，撤销委员资格5名。建立主席会议成员联系委员机制，聘请了专委会特聘专家和特聘委员，开展委员履职“四个一”竞赛活动，充分发挥委员主体作用。一年来，委员参加调研视察活动1615人次，提提案238件，反映社情民意202条，办好事实事837件，为慈善公益事业捐款捐物621万元。广大委员以实际行动履行职责，树立了良好形象。为弘扬委员的业绩，本次会议将对53名成绩突出的委员和12件优秀提案进行表彰奖励。

以宣传造声势，展示政协履职成效。深化政协理论研究，成立了新余市人民政协理论研究会，《适应社会阶层变化，创新地方政协工作》等一批理论成果在中央、省级报刊登载并入选省政协论文集。加大政协宣传力度，编印《新余政协》内刊5期，在人民网、《人民政协报》、《江西日报》、《光华时报》等媒体发表稿件1492篇，4篇稿件分获《光华时报》好新闻评比二、三等奖，提高了新余知名度，扩大了新余政协工作的影响力。

各位委员，过去一年市政协取得的成绩，是中共新余市委正确领导和市人大、市政府大力支持的结果，是政协各参加单位和全体政协委员共同努力的结果，也是社会各界积极参与、热情帮助的结果。在此，我谨代表市政协常委会，向重视、支持政协工作的各级党委、人大、政府和社会各界表示衷心的感谢！向政协各参加单位和全体政协委员致以崇高的敬意！

同时，我们也清醒地看到工作中存在的差距和不足。主要是协商民主有待进一步探索和完善；民主监督的领域有待进一步拓宽；委员履职的成效有待进一步提升；政协工作的改革创新力度有待进一步加大。这些问题都应在今后加以认真研究和改进。

二

2014年是全面贯彻落实中共十八届三中全会精神的第一年，也是我市改革创新之年。市政协常委会工作的总体要求是：高举中国特色社会主义伟大旗帜，以邓小平理论、“三个代表”重要思想和科学发展观为指导，深入贯彻落实中共十八大、十八届二中、三中全会精神，牢牢把握团结和民主两大主题，围绕全市工作大局，以更加积极的姿态、更加昂扬的斗志、更加务实的作风，认真履行政治协商、民主监督、参政议政职能，努力推动政协事业创新发展，为争创全省改革创新先行先试示范区、加快建设和谐富裕文明新余、提前全面建成小康社会贡献力量。

（一）以群众路线教育实践活动为引领，不断开创政协工作新局面

深入开展党的群众路线教育实践活动，是党的十八大作出的重大部署。今年，要按照中央和省市委的统一部署，围绕保持党的先进性和纯洁性，突出“照镜子、正衣冠、洗洗澡、治治病”的总要求，在强化群众观点、解决实际问题、建立长效机制上下功夫，扎实有效开展教育实践活动。要把开展教育实践活动与学习贯彻中共十八大，十八届二中、三中全会精神结合起来，与贯彻落实中央和省市委对政协工作的新要求结合起来，与全年工作任务结合起来，切实做到两手抓、两不误、两促进。要推进协商民主发展，提高民主监督、参政议政实效，让政协工作“接地气”、向基层延伸，探索创新专委会深入基层联系群众工作机制，建立政协委员联系村和社区制度，组织政协委员和机关干部开展“进农村、进社区、进企业”等活动，进一步健全履职机制、拓宽履职渠道、丰富履职形式，不断开创我市政协工作新局面。

(二)以推动经济社会发展为目标,奋力取得履职新成效

以中共新余市委《关于进一步推进改革创新的意见》为总纲,坚持发展至上、富民为先,精心选择发展所需、党政所思、群众所盼、政协所能的关键问题,深入开展专题调研和协商议政活动,力争形成一批高质量的建言成果,切实为破解改革发展稳定的难题献计献策。重点围绕助推环保产业、打造文化旅游产业、农村养老事业发展等课题,集中力量组织常委会专题调研协商,提出切实可行的意见和建议。发挥专委会的基础性作用,围绕争创全省改革创新先行先试示范区的目标,抓住重要领域和关键环节改革、战略新兴产业培育、城镇化建设、农业现代化、第三产业发展、中小微企业发展、生态保护、文明城市创建等方面,开展调研视察,积极建言献策。主动参与中心工作,抓好项目推进、新农村和社区建设帮扶工作,依托市政协委员企业家联谊会平台,内引外联各界人士投资创办实体,动员广大委员为新余发展建功立业、献计出力。

(三)以促进保障和改善民生为重点,力求为维护社会和谐稳定作出新贡献

把保障和改善民生放在更加突出的位置,围绕"实现人均期望寿命80岁"目标,推进"仙女湖孔目江水质保护"和"五山"生态保护与利用民主监督工作,确保政协民主监督真正"监到点子上,督到关键处",协助市委、市政府把改善民生、造福市民的决策部署落到实处、取得实效。从社会关注、群众关心的居民收入、社会保障、教育就业、医疗卫生、食品安全等方面入手,通过调研视察、提提案、反映社情民意等方式,提出对策措施,积极推动我市民生工程实施。广泛团结包括新的社会阶层在内的各界人士,最大限度地整合、包容和吸纳一切社会力量,促进市民有序政治参与。深入开展政协委员履职"四个一"活动,广泛开展政协特色社会服务活动,鼓励和引导政协委员参与社会公益活动,为促进社会和谐稳定作贡献。

(四)以改革创新为动力,切实推动自身建设迈上新台阶

加强与民主党派、工商联和无党派人士的合作共事,为其参政议政、服务大局搭建平台、创造条件。进一步健全协商民主制度,协助市委制定出台推进协商民主建设的实施意见和市党政部门与市政协专委会对口联系协商的意见,促进我市协商民主制度化建设。深化人民政协理论研究,积极参与省政协"人民政协与协商民主"理论研究,提高运用科学理论解决实际问题的能力。建立政协工作联动机制,组织住余省政协委员和市、县(区)政协委员,联合开展重大课题调研视察、重点民主监督等活动,形成履职合力。探索建立覆盖基层、反应迅速的社情民意信息网络。健全委员教育培训管理机制,提升委员履职能力,切实发挥委员在本职工作中的带头作用、政协工作中的主体作用、界别群众中的代表作用。努力创建"学习型、服务型、创新型、和谐型、廉洁型"政协机关,不断推动提升政协工作科学化水平。

各位委员,事业凝聚人心,使命催人奋进。让我们紧密团结在以习近平同志为总书记的党中央周围,在中共新余市委的坚强领导下,团结一心,开拓进取,奋发努力,真抓实干,为争创全省改革创新先行先试示范区、加快建设和谐富裕文明新余、提前全面建成小康社会作出新的更大贡献!

【组织概况】

政协新余市第八届委员会主席、副主席、秘书长、副秘书长、常务委员、委员名单

主　　席　*廖兰芳*

副主席 于　凡(2014年1月17日起不再担任)
刘新政
周明华(2014年6月30日起不再担任)
陈文华(女)
欧阳长城(2014年6月30日起不再担任)
侯　硕(2014年6月30日起不再担任)
刘超杰
黄永旭(2014年1月17日补选)

秘书长 黄永旭(2014年1月17日起不再担任)
单巍全(2014年1月17日补选)

副秘书长 肖晓广(兼市政协办公室主任)
孔祥筛(兼市政协提案委主任)(2014年1月13日起不再担任)
胡军辉(专职副秘书长)
蔡小莲(女,2014年1月13日起不再担任)
廖建文(专职副秘书长)
严晓青(专职副秘书长,2014年1月13日起担任)
彭小兰(女,兼职,2014年1月3日起不再担任)
邹基云(兼职)
况秋浦(兼职)

常务委员(按姓氏笔画排序)

习海珠　孔祥筛　朱运书
刘　鹄　刘光明　刘秋生
李　斌　杨　旸　杨　芳(女)
杨小军　杨名权　肖劲鸿
肖建民　肖维华　邱生平
邹基云　况秋浦　宋　琳
宋秀英(女)　陈自辉　陈海根
林　云　易　勇　周平根
宗晓云(女)　胡文松　胡晓杰
钟岳桦　钟贵莲　钟语文
段寿平　姚　建　姚江红(女)
徐冬梅(女)　黄　勇　黄兴志
黄丽萍(女)　黄斯文　龚铁军
彭小兰(女)　彭小峰　傅勇平
释道云　傅勇学　温新华
雷　斌　詹慧珍(女)　蔡小莲(女)
蔡长春　廖建文　黎仕强
游珍敏(2014年1月13日撤销常务委员资格)
陈李忠(2014年1月17日增选)
胡军辉(2014年1月17日增选)
钟海泉(2014年1月17日增选)

委　员

中国共产党新余市委员会

于　凡　朱兰秀(女)　朱运书
刘永斌　刘新政　刘颖豪
许秀奎　孙昕晖(蒙古族)　李冰平
杨小军　邹卫兵(市政协)　张有文
周平根　胡　军　胡军辉
胡　柳　侯　硕　黄永旭
黄华磊　黄应生　黄国钧
黄斯文　章丽萍(女)　梁云森
喻永斌　曾先锋　廖兰芳
廖建文　单巍全(2014年1月13日增选)

中国国民党革命委员会新余市委员会

刘小宗　刘光明　邹伟铭(女)
况秋浦　张林平　欧阳志东
侯　芳(女)　姚江红(女)　袁剑芳(女)
曹清林　蒋水平　彭秋平
傅勇学

中国民主同盟新余市委员会

卢永华　刘海勇　刘智勇
陈文华(女)　易思红(女)　周嫩生
钟岳桦　段寿平　晏新春
黄　芳(女)　黄海涛　梁永成
彭　莎(女)　彭小兰(女)　葛　辉
黎仕强

中国民主建国会新余市委员会

孔祥筛　李玉平(女)　余　政
余晓力(女)　邹基云　肖劲鸿
杨　红　欧阳仟来　易小健
罗艳青(女)　周剑(河下)　胡建谷
顾军华　黄　海　傅新青
雷　斌　廖迪新

中国民主促进会新余市委员会

邓志清　刘　鹄　严军平
李　清　何俊秋(女)　肖建民
张　慧(女)　张永平　欧阳长城
周剑(新余学院)　周建祥　黄　勇

中国农工民主党新余市委员会

王燕玲(女)　江玫蓉(女)　李　斌
胡　蓉(女)　胡小花(女)　袁　庆
晏德伟　傅勇平　温振宇
蔡小莲(女)　廖小卫

九三学社新余市委员会

刘更生　刘超杰　李　波
李向东　李建玲(女)　吴清云
徐冬梅(女)　傅立新　舒小明

无党派人士

王　涌　孙　浩　刘　铁
刘蓬勃　杨名权　吴玉梅(女)
陈海根　胡文松　聂　朋
傅　浩

新余市总工会

刘　萍(女)　李勇华
杨群(2014 年 6 月 30 日起不再担任)
林　云　黄　涛　温新华

中国共产主义青年团新余市委员会和新余市青年联合会

傅向辉　刘保华　刘晓江
阮阿敏　阮昭平　沈建军
黄　华　黄丽萍(女)　韩　能
简　晖

新余市妇女联合会

马晓红(女)　刘香宝(女)　张春莲(女)
张朝霞(女)　陈小妹(女)　宗晓云(女)
柳平霞(女)　钟贵莲(女)　姜永红(女)
黄卫卫(女)　黄鸿珍(女)　彭小春(女)
游　鸿(女)

新余市工商业联合会

王小宝　方纯根　甘向民
卢师兴　吕新平　刘秋生
苏国明　李力华　李亚萍(女)
肖　剑　肖维华　吴少健
张党文　欧阳楚江　罗有华
周明华　钟光耀　钟海华
敖小勇　黄明亮　黄递传
彭小峰　曾松林　游珍敏
蔡长春　廖秋平　廖胜勇
熊有根　廖斌华
廖武生(2014 年 6 月 30 日辞退委员职务)
熊水华(2014 年 1 月 13 日增选)

文化艺术界

万晓明　马　娜(女)　刘献忠
杨　芳(女)

新闻出版界

万新安　王晓峰　陈智俊
胡四芽

医药卫生界

丁向东　王宇辰　杨　健
邹卫兵(市中医院)
陈燕刚　胡志斌　祝丽琴(女)
高　博　梁晓鸣　廖旦生
潘平森　魏　萍(女)
阮志勇(2014 年 6 月 30 日起不再担任)
胡　敏(2014 年 1 月 13 日撤销委员资格)

科学技术界

朱志平　杨　旸　杨　峰
邹秋根　宋秀英(女)　严菊兰(女)
段建华　袁小军　夏侯群
程小三　蔡报贵　熊　焰

新余市科学技术协会

王景强　艾绍平　龙卫林
吕东刚　易　勇　黄兴志
张卫忠(2014 年 1 月 13 日增选)

经济界

丁建钧　王小平　邓子梁
艾二芽　付小勇　刘　超
刘志斌　刘绍华　李明亮
杜元生　杜建明　肖　阳
肖带生　宋国保　张永新
陈　锋　陈自辉　林银芽
郑海林　赵建保　胡晓杰
施建林　聂金古　钱小云
徐　瑛(女,莱力科公司)
徐滔宏　黄小彬　黄福生
章　健　简燕辉　廖世剑
廖建华　谭　勇
邹细根(2014年6月30日辞退委员职务)

社会科学界

朱伟华(女)　刘岸峰　孙标车
李云奇　林　南　胡　炬
姚　建　高　剑　涂　群
徐　瑛(女,市污染物总量控制中心)
黄贵儒　黄树林
彭志清(卓越公司)
彭建亚　谢明军　简菊生
刘日东(2014年1月13日撤销委员资格)

农业界

王钦国　刘东生　刘和平
李华学　李草根　肖　青
邱生平　欧阳宏　赵仁富
胡梦谷　龚铁军
彭志清(市供销社)　曾年根
刁金苟(2014年6月30日起不再担任)
钟小强(2014年1月13日撤销委员资格)

教育界

丁六芳(女)　李小平　李华耕
张苏山　罗　辉　胡　涌
胡爱根　敖付梅(女)　黄余平
黄梅生　曹国贵　彭基勇
彭　晟　彭卫东　詹慧珍(女)

体育界

李志勇　涂建鸿

社会福利与社会保障界

丁友生　刘家迪　张爱森
周　雄　姚　群(女)

少数民族界和宗教界

朱宜英(女)　张　群(女)　罗黎光
郭梅凤(女)　黄　斌　释明熠
释道云

侨联界

张利华　钟　敏　俞　星
黄国庆

台胞联谊会界

周腾德　钟罗拾　温建新
黎上达

特别邀请人士

刁海珠　艾金彬　卢永宁
任冬青　刘文冰　刘红兴
刘绍刚　刘晓云　刘清明
江立明　许如鉴　孙奇珍
李　平　李　旺　李逸翔
陈李忠　肖晓广　何　莉(女)
宋　琳　周敏生　钟海泉
钟语文　敖新春　郭　勇
涂绪永　傅春保　曾　卓
鄢剑华　熊　巍
简向阳(2014年1月13日增选)
王　琴(2014年1月13日增选)
谢俊义(2014年6月30日起不再担任)
计　平(2014年9月12日起不再担任)
孙厚景(2014年1月13日撤销委员资格)

【大事记】

1月

6日　市政协八届十次常委会议召开。

10日　市政协八届二十七次主席会议召开。

13日　市政协八届十一次常委会议

召开。

15 至 17 日 政协新余市八届五次会议举行。

2 月

24 日 市政协党组会议召开。

25 日 市政协机关党的群众路线教育实践活动动员大会召开，主席廖兰芳出席大会并作动员讲话。

26 日 主席廖兰芳带领机关帮扶人员深入渝水区良山镇下保村委实地调研新农村建设情况。

3 月

4 日 市政协八届二十九次主席会议召开。

6 日 副主席欧阳长城出席市政协教科文卫体委工作联系会。

7 日 副主席刘新政赴农业产业化“1010 工程”龙头企业江西金土地粮油、百乐工贸调研。

19 日 市政协举行学习报告会。

31 日 市政协机关举办“争做好干部”主题演讲活动。

4 月

18 日 主席廖兰芳深入仙女湖区九龙山乡城上村，调研扶贫工作进展情况，协调解决产业发展中遇到的难题。

29 日 主席廖兰芳，副主席侯硕，秘书长单巍全出席有关物业管理问题的提案座谈会。

市政协党组（扩大）会议暨机关教育实践活动工作推进会召开。

5 月

4 日 市政协组织召开《百岁人生》（暂定名）编写工作会议。

副主席陈文华率领市政协港澳台侨委委员到下村工业基地，考察调研渝水区工业发展情况。

6 日 主席廖兰芳一行到市宗教活动场所就全市宗教活动和宗教工作开展情况进行专题调研。副主席周明华，市政协副主席、市委统战部部长黄永旭陪同调研。

副主席侯硕率领“五山”保护专题民主监督小组对大岗山保护和矿产整顿等情况进行视察与监督。

7 日 主席廖兰芳，副主席侯硕，秘书长单巍全一行来到仙女湖区观巢镇观巢村，考察非物质文化遗产“十样景”的传承和发展情况。

12 日 主席廖兰芳率机关干部深入分宜县钤山镇大坑村走访调研，广泛听取群众意见建议，切实帮助群众解决困难。副主席欧阳长城，秘书长单巍全陪同调研。

14 日 全省政协提案工作座谈会在新余召开。

15 日 主席廖兰芳，副主席欧阳长城，秘书长单巍全出席“文化旅游产业发展”专题调研座谈会。

27 日 市政协召开非公经济创新发展座谈会。市委副书记董晓健出席并讲话，主席廖兰芳，副主席刘新政、黄永旭，秘书长单巍全出席座谈会。

6 月

19 日 市政协党组召开专题民主生活会情况通报会。

25 日 市政协召开八届三十一次主席会议。

30日 市政协八届十三次常委会议召开。

7月

18日 主席廖兰芳率市“人均80岁”工作领导小组对袁惠渠水污染治理工作进行视察。

22日 市政协举办反映社情民意信息工作培训会。秘书长单巍全出席会议。

23日 市、县(区)政协工作座谈会召开。

8月

4日 市政协召开“推进我市旅游文化产业发展优化升级”专题协商座谈会。

8日 主席廖兰芳率市国安局、市公司到九龙山乡城上村委视察帮扶建设情况,并走访慰问了升入大学的贫困学生。

12日 召开教育有关问题提案督办会。

14日 市政协八届三十三次主席会议召开。

29日 全省政协人资环委工作座谈会在新余召开。

9月

4日 市政协召开古民居古村落提案督办会。

10日 市政协召开八届三十四次主席会议。

12日 市政协八届十四次常委会议召开。

23日 市政协委员为民服务工作站暨社情民意联络点在钟家山社区和魁星阁社区挂牌成立。

24日 市政协八届三十五次主席会议召开。

26日 庆祝中国人民政治协商会议成立65周年座谈会在新余举行。

10月

11日 主席廖兰芳到良山镇下保村委视察新农村建设进展情况,检查全省新农村建设现场会的准备情况。

13日 市政协八届三十六次主席会议召开。

15日 市政协党的群众路线教育实践活动总结会议召开。

23至24日 副主席黄永旭率队参加在四川广安召开的川滇黔赣冀五省市州政协第三十六次联系会议。

11月

6日 住余省政协委员专题调研社区物业管理工作。主席廖兰芳,市人大常委会副主任谢桂生,副主席刘新政、刘超杰、黄永旭,秘书长单巍全参加。

12日 主席廖兰芳率深入钟家山社区和魁星阁社区政协委员为民服务工作站暨社情民意联络点进行视察。副主席刘超杰,秘书长单巍全参加。

13至14日 省政协常委、经济委员会主任李贤书率专题组莅临新余,就城乡一体化建设情况和进一步解决好国企改革中企业社区移交属地管理等遗留问题进行调研。

12月

3日 副主席刘超杰率领教文卫体委医卫界委员到分宜县双林镇中心卫生院开展义诊活动。

11至12日 主席廖兰芳,副主席刘新政，秘书长单巍全赴上饶市、万年县学习考察协商民主工作。

16日 市政协召开工作务虚会，总结了2014年工作，谋划部署了2015年工作。

19日 副主席刘超杰出席仙来社区市政协委员为民服务工作站暨社情民意联络点挂牌仪式。

23日 市政协举办委员提案工作学习会。

26日 市政协八届三十八次主席会议召开。

（傅艳辉 编写 单巍全审稿）

政协鹰潭市委员会

【全体委员会议】

八届四次会议 2014 年 1 月 13 至 15 日，中国人民政治协商会议鹰潭市第八届委员会第四次会议在市区举行。应出席委员 298 名,实到委员 283 名。副主席杨建保主持开幕会议,主席潘赞海在闭幕会议上讲话。市领导出席开幕和闭幕会议,部分市领导听取大会发言。

会议审议通过了八届市政协主席潘赞海代表常务委员会所作的工作报告、八届市政协副主席刘国富代表常务委员会所作的提案工作情况报告,会议表彰了市政协委员履职“四个一”活动先进集体和先进个人。与会委员列席市八届人大四次会议,协商讨论了市政府工作报告、市发改委关于鹰潭市 2013 年国民经济和社会发展计划执行情况与 2014 年国民经济和社会发展计划草案的报告,市财政局关于鹰潭市 2013 年市级总预算执行情况和 2014 年市级总预算草案的报告,讨论并赞同市法院工作报告、市检察院工作报告。与会委员围绕鹰潭市经济社会发展和人民群众切身利益的重大问题进行讨论协商,从进一步做好土地流转工作、促进现代服务业发展、促进物流业转型升级、推进新能源新材料产业发展、加强涉农转移支付资金管理、做好小微企业融资发展等方面提出意见和建议。会议审议通过鹰潭市政协八届四次会议决议。会议通过了关于同意傅梓堆、胡成龙、夏盛根、李赛白辞去八届市政协常务委员职务的决定;通过了市政协八届四次会议选举办法;补选孙火林、郑生、钟胜、饶开东为八届市政协常务委员。

【常务委员会会议】

第十五次会议 2014 年 1 月 12 日举行,应出席 60 人,实到 47 人,主席潘赞海主持会议,副主席杨建保、周水凤、刘国富、官金福、吴细美、张金涛、黄占共、吴泉水,秘书长杨亮太出席会议。会议协商通过八届鹰潭市政协增补委员名单,同意傅梓堆等 5 人辞去政协鹰潭市第八届委员会委员职务,增补刘冬兰等 7 人为政协鹰潭市第八届委员会委员。会议还协商通过陆超林任市政协学习文史社会法制委员会副主任(试用期一年);王军任市政协经济科技委员会副主任(试用期一年)。

第十六次会议 2014 年 1 月 14 日举行,应出席 60 人,实到 46 人,主席潘赞海主持会议,副主席杨建保、周水凤、刘国富、官金福、吴细美、张金涛、黄占共、吴泉水,秘书长杨亮太出席会议。会议审议通过了市政协八届四次会议提案审查情况的报告(草稿)、市政协八届四次会议决议(草案)、协商有关人事事项(草案)、审议通过选举办法(草案)。

第十七次会议 2014 年 6 月 26 日举行,应出席 60 人,实到 49 人,主席潘赞海主持,副主席杨建保、周水凤、刘国富、官金福、吴细美、张金涛、黄占共、吴泉水,秘书长杨亮太出席会议。会议围绕“加快农村土地承包经营权流转”开展专题协商,市委常委、统战部长戴春英应邀到会听取意见、建议。与会委员从把握政策导向、做实确权颁证、完善农业基础设施、加快市场建设、创新流转举措、强化政策扶持等方面提出意见和建议。会议还对市政协主席会议作出的“关于撤销区庆文的政协鹰潭市第八届委员会委员资格的决定”进行说明并予以追认。

第十八次会议 2014 年 9 月 12 日举行,应出席 60 人,实到 51 人,主席潘赞海主持,副主席杨建保、周水凤、刘国富、官金福、吴细美、张金涛、吴泉水,秘书长杨亮太出席会议。会议围绕“深化医药卫生体制改革”开展专题协商,副市长辜清应邀到会听取意见、建议。与会委员从加大县级公立医院改革力度,创新医保运行体制机制,提升主城区社区卫生服务机构服务能力,夯实公共卫生服务体系建设基础,推进乡村医疗一体化管理,加大引进社会资本办医力度等方面提出意见和建议。

第十九次会议 2014 年 12 月 4 日举行,应出席 60 人,实到 46 人,主席潘赞海主持会议,副主席杨建保、刘国富、官金福、吴细美,秘书长杨亮太出席会议。会议民主测评市房管局和市地税局,围绕“加快推进沿 320 国道产业集聚升级带建设”专题开展协商讨论,协商通过有关人事事项。市委常委、常务副市长王家林到会听取意见、建议并。会上,市政协相关专委会主任分别代表评议工作小组汇报了评议调研情况;市房管局、市地税局主要负责人分别作整改落实情况报告;市政协常委会组成人员和民主评议工作小组成员对被评议单位整改落实情况进行了民主测评。就“加快推进沿 320 国道产业集聚升级带建设”专题,委员们提出了进一步提高对打造沿 320 国道产业集聚升级带重要性的认识;进一步完善协作发展机制;依托龙头企业打造关联度强的产业集群;充分发挥科技创新引领作用;加强产业发展要素保障等意见建议。会议还同意周水凤因年龄原因,辞去政协鹰潭市第八届委员会副主席职务。

第二十次会议 2014 年 12 月 30 日举行,应出席 60 人,实到 49 人,主席潘赞海主持会议,副主席杨建保、刘国富、官金福、吴细美、黄占共,秘书长杨亮太出席会议。会议协商讨论了《政府工作报告(征求意见稿)》,听取了市委办公室和市政府办公室关于提案办理情况的通报,审议并通过了市政协常务委员会工作报告和提案工作情况的报告及其报告人名单,审议并通过了关于召开市政协八届五次会议的决定,审议并通过了市政协八届五次会议议程(草案)、日程。市政府副市长徐云到会听取委员们对《政府工作报告(征求意见稿)》的意见和建议。

【专门委员会工作】

提案委员会 主要工作:2014 年,该委严把提案审查立案关,出台了《提案审查立案办法(试行)》,切实提高提案质量。全年共征集提案 135 件,立案 123 件,提案办复率 100%。6 月,在副主席张金涛率领下,组织有关委员,对《关于贵溪残留旧城墙、老城门的保护和逐步修复的提案》开展重点提案督办工作。7 月,在主席潘赞海率领下,组织有关委员,对《促进物流业转型升级实现跨越发展》(市政协八届四次会议 1 号提案)开展重点提案督办工作;在副主席刘国富率领下,组织有关委员对《关于在市、县工业园区规划建设“职工之家”的建议》(市政协八届四次会议 113 号提案)开展重点提案督办工作;在市政协副主席吴细美率领下,组织有关委员,对《办好特殊学校关爱残疾儿童成长》(市政协八届四次会议 84 号提案)开展重点提案督办工作。8 月,在副主席吴泉水率领下,组织有关委员,对《关于支持我市民族乡旅游业发展提案》开展重点提案督办工作。

经济科技委员会 主要工作:2014 年 5 月 20 日,在副主席杨建保带领下,市政协经科委组织经济、科技等界别近 30 名委员,就龙虎山景区项目建设情况进行视察。委员们实地察看了梦幻乐园、逍遥城、山水实景演出、竹筏码头、圣景山漂流等重点项目建设情况,并建议在新形势下要抓好旅游项目建设,深化体制机制创新,完善产业功能配套,拓展品牌宣传促销,提升行业管理水平,把旅游产业打造成鹰潭发展升级的战略性支柱产业。为策应市委提出的全力打造沿 320 国道产业集聚升级带的要求,从

10月中旬开始,在副主席杨建保带领下,市政协经科委组织部分委员开展专题调研。调研组听取了市工信委、发改委、财政局、国土局等12个部门的情况介绍,深入沿320国道的贵溪市、余江县、月湖区和鹰潭高新区进行实地考察,共召开不同层级的座谈会7次,到23个项目现场和企业了解情况。9月23日,在主席潘赞海,副主席杨建保的率领下,该委组织部分政协委员组成视察组,对鹰潭中心广场人防工程进行了专题视察。视察组先后实地察看了中心广场已开挖并形成主体结构的地下工程、公园地下停车场工程,与工程投资方相关负责人进行了交流、讨论,听取了责任单位市人防办的情况汇报。随后形成《关于鹰潭中心广场人防工程的视察报告》报送市委、市政府。11月中旬,调研组先后考察了吉安市吉泰走廊建设和电子信息产业发展情况,广东省中山市电子商务、专业市场建设以及服装、家具等产业集聚情况,广州市番禺区机械制造产业集聚情况。委员们建议要从产城一体化发展的高度,提高对建设产业集聚区重要性的认识;要完善协作发展机制,凝聚建设产业集聚区的工作合力;要实施差别化的扶持政策,打造关联度强的产业集群;要发挥科技创新支撑引领作用,着力提高产业核心竞争力;要加强六大要素保障,有力推进产业集聚区建设。

教育文化卫生体育委员会 主要工作:2014年2月19日,市政协教文卫体委召开全体委员会议。会议认真总结了教文卫体委2013年工作,围绕如何开展好2014年工作,与会委员就深化医卫体制改革专题调研、开展"道文化"主题讲座、学校周边食品安全视察、关爱孤儿和送医送药下乡活动开展协商讨论,达成统一共识。会议要求,专委会每位委员要结合群众路线教育实践活动,围绕2014年工作重点,深入基层,深入界别群众,开展调研视察,反映民生民情,向党委政府多提务实管用之言,助推鹰潭改革发展。4月27日,举办"道文化"主题讲座,副主席吴细美参加讲座。讲座邀请市政协委员、市道文化研究中心主任夏维纪主讲,市、县两级政协机关和部分市政协委员100余人参加。5月29日,在副主席吴细美带领下,同市民政局、体育局负责人和部分市政协委员,到市社会福利院和余江县中童镇敬老院走访慰问,为孤寡老人送上体育健身器材,为孤儿送上书包、文具、篮球、足球等物品。10月22日,副主席吴细美的率领下,联合市卫生局、市民政局、市184医院到上清镇敬老院开展关爱老人义诊活动,184医院免费为敬老院40余名老人们诊治了五官、消化、心内、外科等方面的问题,送上价值3000余元的药品。

人口资源环境委员会 主要工作:2014年4至7月,开展民主评议市房管局工作,形成了《关于民主评议市房管局工作的调研报告》,报送市政府,受到市政府领导的重视和市房管局的采纳。11月下旬,组织部分常委、委员,在副主席官金福带领下,就林下经济发展情况进行专题视察。视察组听取了市林业局、发改委、财政局、农业局、旅游局和贵溪市、余江县政府的情况通报,实地视察了贵溪、余江林下养鸡、油茶种植、苗木花卉、毛竹产业、林下香菇种植等林下经济产业情况,听取了各有关部门和视察企业负责人的意见建议。提出了许多意见建议,形成了《关于加快我市林下经济发展的视察报告》,报送市委、市政府。

民族宗教港澳台侨委员会 主要工作:2014年4至7月,开展民主评议市地税局工作,形成了《关于民主评议市地税局工作的调研报告》,报送市政府,受到市政府领导的重视和市地税局的采纳。5月13日,组织部分委员,在副主席吴泉水带领下,深入樟坪畲族乡,对少数民族特色村寨建设进行视察。针对特色村寨建设存在产业规模不大、文化氛围不浓、建设资金不足等问题。视察组建议：要充分利用民族乡的良好生态环境和民俗文化资源，发展乡村旅游；要加大宣传力度，保护和弘扬民族特色文化，营造浓厚的畲族文化氛围；要吸引投资，加大扶持力度，动员更多社会力量参与，共同推进少数民族特色村寨建设。9月17日，在副主席吴泉水率领下，组织部分政协委员，就民办养老机构发展情况进行了视察。针对群众反映的民办养老机构申办审批关卡多、周期长，政策优惠落实不到位等问题。视察组建议要尽快出台并落实好优惠政策，支持社会力量兴办养老机构；要加大投入，加强管理，提升服务水平；要更新观念，有效整合资源，大力发展居家养老服务。9月25日，在副主席吴泉水带领下，组织部分侨界委员，就大侨务工作开展专题调研，并举行界别协商。调研组在听取有关部门的工作汇报和实地察看社区侨务示范点及侨资企业的基础上，召开了界别协商会。11月11日，该委组织部分委员，在副主席吴泉水带领下，就鹰潭（龙虎山）海峡两岸交流基地建设情况进行了视察，针对建设过程中存在的困难和问题。委员们建议：要加大建设经费投入，争取在省发改委立项，以获得省级建设资金；要编制基地建设发展规划，突出交流基地作为促进两岸交流平台的载体特色；要充实基地建设内容，打造一批亮点文化和交流平台。12月23日，主席潘赞海、副主席张金涛率民宗港澳台侨委员会相关人员，对大上清宫按遗址恢复重建工作进行调研，秘书长杨亮太一同调研。调研组深入大上清宫二期工程建设现场，就遗址发掘保护和在遗址上重建大上清宫与有关部门、单位进行面对面协商。随后，市政协办公室将有关意见建议以提案的形式提交至上级政协组织，交由有关部门办理答复。

学习文史社会法制委员会 主要工作：2014年4月中旬，在市政协副主席周水凤带领下，组织部分委员深入贵溪市、余江县、龙虎山景区和市直有关部门，就鹰潭市农村土地承包经营权流转情况开展调研。调研组通过实地察看、听取情况介绍和座谈讨论，了解到农村土地流转形式多样、对象多元、成效明显，但也存在农民流转意愿不迫切、激励机制不完善和服务体系不健全等问题。为促进农村土地自愿、合法、有序流转。调研组建议：要加大宣传力度，准确把握农村土地流转政策；要整合惠农资金，切实改善农田水利基础设施；要确保经费投入，建立健全农村土地流转服务体系；要加大扶持力度，加快培育新型农业经营主体。9月16日，在副主席周水凤的率领下，组织部分政协委员到城区主干道及主要路口，视察城区道路交通管理情况，了解城区道路交通路网建设、机动车停车位及停车、管理机制建设等现状，听取了市交警支队道路交通管理工作情况汇报，并与市规划、建设、交通、城管等部门进行座谈讨论。本年度还编辑出版了《鹰潭古今楹联选》，收集整理了建国以来关于鹰潭市的文史资料。

【重要活动】

开展教育实践活动 市政协严格按照中央、省委、市委关于深入开展党的群众路线教育实践活动的决策部署，聚焦“四风”问题，以坚定理想信念，争做合作共事、发扬民主、求真务实、联系群众、廉洁奉公的模范为目标，扎实开展教育实践活动。

开展民主评议活动 2014年6至12月，市政协对市房管局和市地税局工作进行了民主评议，评议组深入保障房配租家庭、保障房小区、社区和纳税人当中听取意见建议，在《鹰潭日报》、市电视台发布评议公告，广泛征集市民的意见和建议。市委主要领导对政协民主评议综合报告予批示，要求被评议部门以问题为导向，创新服务方式,提高服务水平。市房管局和市地税局十分重视整改建议,认真制定整改措施,扎实进行整改。

举办社情民意信息培训班 2014年8月12日,市政协举办社情民意信息培训班。邀请了省政协办公厅副主任王国龙作专题辅导报告,副主席杨建保,秘书长杨亮太出席。来自市政协各专门委员会、各民主党派市委会、市工商联、各县(市、区)政协分管领导以及聘请的20名市政协特邀信息员参加培训,并为20名特邀信息员颁发了聘书。

开展"贯彻落实市委市政府《关于进一步加快县域经济发展的若干意见》情况"视察 2014年10月14日,主席潘赞海,副主席杨建保、刘国富、吴细美、张金涛、吴泉水分别率住县(市、区)市政协委员,组成三个视察组,深入贵溪市、余江县和月湖区,就贯彻落实市委、市政府《关于进一步加快县域经济发展的若干意见》情况进行交叉异地视察。委员们实地察看了贵溪市、余江县和月湖区的城区、企业、乡村、项目建设工地等,并与相关负责人进行面对面交流,坦诚交换意见。

举办"人民政协与协商民主"理论研讨会 2014年10月24日,鹰潭市"人民政协与协商民主"理论研讨会举行。自5月份开始,市人民政协理论研究会开展了论文征集活动,截至7月底,共收到投稿28篇。在此基础上,研究会选定24篇论文编辑成册,并评选表彰了10篇优秀论文,其中有6篇论文报送省政协理论研究会,全部入选《人民政协与协商民主文选》。

开展"市重点项目建设情况"视察 2014年11月7日,市政协组织市政协常委、住鹰省政协委员和特聘港澳台侨委员视察市重点项目建设情况。视察组先后来到北极阁、鹰西湿地公园、国际眼镜城、鹰潭职业技术学院迁建工程、高铁鹰潭北站及站前广场、龙虎山景区逍遥城等项目地,视察各工程建设进展情况,听取工程负责人有关项目建设情况的介绍。委员们就如何推动项目建设提出了意见和建议:要发挥项目建设在推动经济社会长远发展和结构调整的战略意义,进一步做好明年重点工程建设的实施安排;要跟踪研究国家调控政策,加大重点工程项目的谋划力度;要创新管理方式,强化"一条龙""一站式"服务,优化发展环境;建立和完善重大工程审批制度和调度机制。

【重要文件】

政协鹰潭市第八届委员会常务委员会工作报告

(2014年1月13日在政协鹰潭市第八届委员会第四次会议上)

潘赞海

各位委员,各位同志:

我代表政协鹰潭市第八届委员会常务委员会向大会报告工作,请委员审议,请列席会议的同志提出意见。

一、2013年工作回顾

2013年,市政协常委会在中共鹰潭市委的正确领导、市人民政府的大力支持下,以邓小平理论、"三个代表"重要思想、科学发展观为指导,认真学习贯彻中共十八大、十八届二中、三中全会和习近平总书记系列讲话以及省委、市委全会精神,依照政协章程,牢牢把握团结和民主两大主题,围绕"主攻项目、决战'三区',凸现特色、实现跨越"的总体要求,认真履行政协职能,凝心聚力谋发展、惠民生、促和谐,政协工作扎实有序推进,为建设富裕秀美宜居和谐鹰潭作出了积极贡献。

（一）围绕中心，服务大局，政治协商成效明显

一年来，常委会着眼于服务经济社会发展大局，抓住全市工作重点，充分利用全委会、常委会等平台，积极协商议政，为党委、政府科学决策提供依据。

一是紧扣全局工作谋发展。充分发挥政协全会整体协商功能，在市政协八届三次会议期间，精心安排大会发言和分组会议，组织委员就“一府两院”工作报告及计划、预算报告与市委、市政府领导面对面地开展协商讨论，委员们围绕重大项目建设布局、优化发展环境、城市配套建设、保障和改善民生等经济社会发展重大问题积极建言献策，提出了许多真知灼见。会后，及时将委员的建议综合整理，报送市委、市政府。市委主要领导作出批示，认为委员的建议很好，要求相关部门认真研究，在实际工作中积极采纳。市政府召开专题会议研究，市政府各分管副市长结合工作实际予以采纳，如提升微型元件产业、加快发展雕刻产业等许多建议都得到较好落实。

二是紧扣老龄服务事业献良策。为实现老有所养，提高老年人幸福指数，市政协将“促进老龄服务事业发展”作为常委会专题协商课题，深入调查研究，形成专题调研报告。市政协八届十一次常委会议进行认真协商，从构建高效领导管理体系、加快公办养老机构建设、支持社会力量兴办养老机构、大力发展居家养老服务、提高养老服务从业者素质等方面建言献策。市委、市政府主要领导对协商成果予以充分肯定，要求市政府及相关部门认真研究，结合市情提出可行的落实意见。市民政局积极采纳政协建议，开展招商引资，加快社会福利中心建设；推进农村养老设施建设，在全市26个村委会建设农村幸福院；加大投资力度，打造高水准的居家养老服务中心，有力促进了我市老龄服务事业发展。

三是紧扣秀美乡村建设出实招。为建设美丽鹰潭，促进农村可持续发展和生态环境改善，市政协将“推进秀美乡村建设”作为常委会协商专题，深入县（市、区）实地调查，多方征求意见建议，形成专题调研报告。市政协八届十二次常委会议进行认真协商，提出构建城乡一体化新格局、完善农民自主决策管理机制、突出产业支撑、全面加强农村综合环境整治、巩固建设成果等建议。市委、市政府对协商成果高度重视。市委主要领导要求市政府认真研究，深入实施。市政府主要领导要求分管副市长结合“8+1”工作部署，重点在规划引领、铁腕治理违规建房、土地流转、户籍制度改革等方面拿出意见。市农办等部门认真研究，在报市政府的工作方案中积极采纳政协建议，使协商成果得到较好转化。

四是紧扣新型城镇化建真言。为进一步转变城镇化发展理念，着力推进以人为本、以人为核心的城镇化建设，市政协将“推进新型城镇化科学发展”作为常委会协商专题，组织委员深入各县（市、区）调研，认真听取市相关部门意见建议，借鉴外地先进经验和做法，形成调研报告。市政协八届十三次常委会议进行认真协商，从提升规划制定执行水平、夯实产城互动发展基础、建设秀美宜居鹰潭等方面提出16条建议，得到市委、市政府充分肯定。市委、市政府主要领导均作出批示，要求市政府及相关部门认真研究，既考虑中心城区提升，又推进县、乡规划，形成多平台撬动。市政府及有关部门积极采纳，结合落实中央推进城镇化会议精神，完善发展思路，着力推进新型城镇化建设。

（二）关注民生，履职为民，民主监督扎实深入

一年来，常委会坚持履职为民，积极探索实施民主监督的有效形式，把民主监督落在实处，切实关注民情，反映民意，维护民利。

一是开展民主评议进行专项监督。围绕社会各界关注的城市管理和环保工作,首次开展民主评议工作。为保证民主评议活动稳妥有序进行,在主席会议的领导下,成立了评议工作组,制定了切实可行工作方案,对受评单位履行职责、作风建设、办理政协提案等方面的情况,采取问卷调查、实地调研、座谈讨论、明察暗访等形式进行调研评议,广泛听取各方面的意见和建议。在此基础上,本着"肯定成绩,查找不足,提出建议,促进工作"的原则,提出具体的整改建议,得到市委主要领导的肯定,要求市政府认真研究,有力推进部门工作。市城管局和环保局十分重视整改建议,认真制定整改措施,扎实进行整改。此次民主评议既抓住了人民群众迫切需要解决的热点问题,又促进了政府部门改进工作,还为市政协今后开展民主监督积累了经验。

二是推动提案办理进行集中监督。2013年共征集提案131件,立案108件。市政协采取领导督办、提案摘报、联合督办等方式,全方位推动提案办理,提案办复率达100%,提案涉及问题得到解决或列入计划解决的占立案提案的92%,有力推动了经济社会发展和一些重要民生问题的解决。如,关于发展文化旅游产业的提案,市有关部门和单位加大文化旅游演艺项目的开发力度,促成龙虎山大型实景演出项目成功落地;关于发放"高龄津贴"的提案,我市已从2013年7月1日起对80岁以上老人派发津贴。

三是反映社情民意进行经常监督。把反映社情民意作为传民声、达民意、汇民智的重要载体,加大了社情民意的收集、整理、编报力度。全年共收到社情民意信息100余件,编撰《社情民意》27期,提出了落实乡村医生养老保障资金、加强农贸市场食品安全监管、免费给农民工体检等建议。许多建议得到党政领导批示及有关部门落实。如关于尽快落实乡村医生养老保障资金的建议,市政府分管副市长作出批示,贵溪市政府积极落实,该市140余名乡村医生养老补贴发放到位。

四是推荐委员进行特邀监督。向公安、检察、法院、司法、监察、卫生、国土、人保、电力、银行等部门和行业推荐了50多名委员担任特邀监督员,特邀监督员覆盖面不断扩大,为促进部门和行业工作发挥了较好的作用。此外,还组织委员积极参加政风行风和机关作风评议、重大案件庭审旁听、生活垃圾焚烧发电项目听证等工作,使民主监督的范围不断扩大。

(三)发挥优势,献计出力,参政议政广泛活跃

一年来,常委会紧扣党政工作中心,充分发挥政协优势,积极献计出力,参政议政的领域进一步拓宽,实效进一步提高。

一是运用专题视察建言献策。各专委会把视察建言作为参政议政的重要方式,围绕小街小巷管理、公共体育设施建管、药品安全监管、发展现代金融业、黄蜡石文化市场建设、加强信访工作、推进社区矫正、发展民族乡经济、佛教管理等课题深入开展调查研究,形成了一批有见地、有分量的视察报告,为党政科学决策提供了重要参考和依据。如《关于我市小街小巷管理工作情况的视察报告》,市委、市政府主要领导分别作出批示,认为政协的视察报告很深入,情况详细,要求政府抓紧落实,把好事做实。市政府办召开专题会议研究采纳,《鹰潭日报》和市电视台开辟专栏连续跟踪报道,月湖区政府、市城管局和市交警支队积极采纳政协建议,强化举措,着力解决部分地段环境脏乱差、车辆乱停乱放等群众反映强烈的问题。《关于加强药品安全监管的视察报告》,市政府分管领导作出批示,市政府办依据政协建议,制定了加强药品安全监管的四条意见,要求有关部门认真落实。《关于进一步加强信访工作的建议》,市委领导认为建议针对性、操作性强,对促进全市社会和谐很有帮助,要求组织、政法、信访等部门认真阅研采纳。市有关部门积极采纳,市委组织部将选拔优秀年轻干部到市信访部门挂职锻炼工作常态化。

二是切实搞好集中视察。组织市政协全体常委和在鹰省政协委员集中视察我市发展“1+6”产业和重点项目建设情况,委员们深切感受到我市经济社会发展取得的重大成绩,增强了服务鹰潭发展的责任感和使命感。委员们围绕“1+6”产业发展提出了推进铜产业转型升级、培育壮大新兴产业、创优产业发展环境等建议;围绕重点项目建设提出了强化规划引领作用、提高项目决策科学性、完善项目配套建设、抓好项目建设质量等建议。市委主要领导充分肯定政协建议,要求市政府就提出的问题,深入了解,积极改进。市政府及相关部门积极采纳,加大工作力度,力促产业发展不断升级,项目建设稳步推进。

三是全力以赴参与中心工作。市政协领导按照市委、市政府统一部署,积极参与挂点联系铜产业、机械装备制造产业、科技文化艺术平台建设、城市绿化景观工程、星级宾馆建设、中心城区小街小巷改造、管道天然气工程、保障性住房建设、信江新区医院及精神康复中心建设、职业技术学院迁建等中心工作,深入一线调研指导,按照“项目化、时间表、责任人”的要求,高质量推进,展现了政协服务中心工作的良好形象。在创建秀美乡村工作中,市政协领导充分发挥村民主体作用,协调有关部门解决帮扶资金,改善村容村貌,发展集体经济;发挥政协优势,组织医卫界别委员和部分医疗专家,到帮扶点柏里九牛村送医送药,诊治村民300多人,送药价值5000余元,受到村民赞誉。积极派员参加全市产业招商,协助引资20亿元,超额完成了招商引资任务。

(四)创新方法,拓展平台,常规履职富有新意

一年来,常委会积极创新履职方法,不断拓展新领域、思谋新办法、建立新机制,使常规工作常做常新。

一是积极开展跟踪问效。为进一步促进协商成果转化,我们对常委会2011年以来开展的转变铜产业发展方式、饮用水资源保护、中心城区房地产业健康发展、做大做强特色文化产业、促进老龄服务事业发展五个协商课题,深入市直17个单位进行跟踪问效,有力地促进了相关工作。如为加快“绿色世界铜都”建设,着力提高鹰潭铜拆解加工区通关效率,市商务局等部门积极争取上级支持,正式启动“属地通关、口岸初检、异地拆封”通关模式,极大节省了企业的原料运输成本和时间;为推动文化产业发展,市委宣传部、市文广新局成功举办第二届中国(鹰潭)中华赏石展暨黄蜡石文化博览会,吸引全国20多个省(市、自治区)近千名石商参展;为加强饮用水资源保护,市环保局责成余江县政府关停了5家焚烧废旧线路板的金属提炼厂,并对春风电站塑料粒子厂等7家严重污染环境的企业予以了关停取缔。

二是“四个一”活动有声有色。在全体市政协委员中深入开展以服务中心、履行职责为主要内容的“四个一”活动,即每位委员每年至少参加一次政协活动、提出一件有较高质量的提案、反映一条有价值的社情民意、兴办一件有益于群众的实事。市政协各委员联络(活动)组、各参加单位和广大政协委员对活动积极响应,主动围绕全市改革发展大局和民生热点问题献计出力。对活动中涌现出来的先进典型,我们在市一报两台开辟专栏,集中宣传报道,切实提高了政协的社会影响力。据不完全统计，“四个一”活动开展以来，市政协委员共有900余人次参加政协活动；提出提案的200余人次，《着力构建中小融资机构健康发展平台，推动小微企业持续发展》的提案，经九三学社市委会等单位选送、推荐，被立为全国政协提案和省政协重点提案，中国银监会等部门认真办理，推动了《国务院办公厅关于金融支持小微企业发展的实施意见》的出台；反映社情民意信息的160余人次，《低钠盐在推广食用中存在诸多不足》等一批社情民意信息被省政协采纳；参加科技兴农、捐资助学、扶贫义诊等活动的委员500余人次，为困难群众、教育等公益事业捐款150余万元，受到社会各界广泛好评。

三是联谊合作内涵丰富。协助省政协在鹰开展了重金属污染治理、农村卫生人才队伍建设、少数民族权益保障、宗教界办好公益慈善事业等专题调研，密切了与省政协工作联系。与市公安局、民建市委会和爱心企业等单位联合开展了“摒弃交通陋习，安全文明出行”公益活动，免费向市民和中小学生发放价值16万元的安全头盔4080顶。拓展民宗港澳台侨工作新领域，选聘了7名心系鹰潭发展的企业家为“特聘港澳台侨委员”。加强对县(市、区)政协工作指导，调研视察联合开展，上下互动，提升了政协工作整体水平。

四是履职平台得到新拓展。成立了鹰潭市人民政协理论研究会，为政协理论研究和实践搭建了平台。积极参与政协理论交流，选送的《关于加强社情民意工作的思考》等一批理论和实践相结合的研究成果，入选省政协理论研究会论文集。为让政协工作“接地气”，让群众走进政协，积极践行协商民主，八届十一次常委会协商议政邀请3名社区负责人旁听，在市政协开放式议政方面作了有益尝试，扩大了政协工作社会影响力。

(五)提升素质，夯实基础，自身建设充满活力

一年来，常委会坚持把自身建设摆在首位，着力营造团结和谐、求实创新、奋发向上的精神风貌。

一是加强理论学习。采取主席会议、常委会议、专委会会议、机关集中学习等形式，组织委员和机关干部职工，认真学习中共十八大、十八届二中、三中全会和习近平总书记系列讲话精神，以及省委、市委全会等重要会议精神，加深了对党的路线方针政策的理解，增进了改革发展共识，巩固了团结合作的思想政治基础。

二是加强作风建设。认真贯彻中央八项规定和省委、市委有关规定，在视察调研、加强与委员和群众的联系、精简会议活动、控制文件简报、改进公务接待、规范出国(境)管理、改进新闻报道、厉行勤俭节约、加强监督检查等9个方面制定了24条具体措施。市政协领导以身作则，做好表率，紧紧围绕全市改革发展稳定的突出问题和群众关注的热点难点问题，深入基层一线调研，了解掌握实情，如实反映情况，协调解决问题。市政协机关干部职工努力践行相关规定，强化服务意识、责任意识，办文突出质量，办事力求周密，办会注重高效，保证了政协例会、委员调研视察及各项中心工作的有序开展。与上年比，市政协发文减少40%，会议费等开支减少15%。

三是加强宣传和文史资料工作。一年来，在《人民政协报》、《光华时报》和市一报两台等新闻媒体发表稿件100余篇，浓墨重彩地宣传了我市政协履行职能的各项工作。联合县(市、区)政协，整理收集文史资料图书20册，选送的《鹰潭文史资料》等5册图书被评为“全省政协优秀文史图书”。

各位委员，同志们，过去一年常委会取得的成绩，是中共鹰潭市委坚强领导的结果,是市政府和社会各界大力支持的结果,凝结着全市政协组织、政协各参加单位和全体政协委员的智慧和汗水。在此,我代表市政协常委会向大家表示衷心的感谢和崇高的敬意!

同时,我们也要清醒地看到,与新形势新任务的要求和广大委员、人民群众的期望相比,常委会工作还存在一些差距和不足,主要是推进人民政协协商民主的科学化水平还需进一步提升,民主监督途径还需进一步拓展,参政议政质量还需进一步提高,委员主体作用还需进一步发挥等。

二、2014 年工作意见

2014 年是全面贯彻落实中共十八届三中全会精神的第一年,也是完成“十二五”规划目标的关键一年。今年市政协常委会工作的总体要求是:全面贯彻落实中共十八大、十八届二中、三中全会和习近平总书记系列讲话精神,按照省委、市委决策部署,围绕全市“8+1”重点工作,牢牢把握团结和民主两大主题,认真履行政治协商、民主监督、参政议政职能,充分发挥协调关系、汇聚力量、建言献策、服务大局的作用,努力推动政协事业创新发展,为鹰潭发展升级、小康提速、绿色崛起献计出力。

(一)坚持学以致用,力求在学习贯彻中共十八届三中全会精神上有新成效

中共十八届三中全会为全面深化改革指明了前进方向,意义重大,影响深远。全市政协组织、政协各参加单位和广大政协委员,要把学习贯彻十八届三中全会精神作为当前和今后一个时期的首要政治任务,在前一阶段学习的基础上,重点搞好专题学习,丰富学习内容,把握精神实质。学习贯彻十八届三中全会精神,要与贯彻落实市委七届八次全会精神结合起来,进一步认清形势,明确任务,服务大局;要深刻领会关于社会主义协商民主的重要论述,在政协重点建立以界别为基础、以专题为内容、以对口为纽带、以座谈为主要方式的协商形式。要充分运用市人民政协理论研究会这一平台,围绕协商民主开展理论研究,推进协商民主广泛、多层、制度化发展。

(二)坚持服务发展,力求在推动“四个鹰潭”建设上有新建树

要把服务和促进发展作为履行职能的重中之重,围绕推进“8+1”重点工作,精心选择党委政府关心、群众普遍关注、政协力所能及的课题,深入开展专题调研和协商议政活动,力争形成一批高质量的建言成果。今年我们要把打造 320 国道产业集聚升级带、农村土地流转、深化医药卫生体制改革作为常委会专题协商议题,发挥政协优势,深入进行调研,充分吸纳各方面的智慧,形成高质量的协商报告,供市委、市政府决策参考。同时,各专委会要按照“选题准、少而精、重实效”的原则,围绕现代物流仓储业发展、旅游功能区建设、发展林下经济、加快现代农业示范区建设、加强城区交通管理、优化民营企业法制环境、海峡两岸交流基地建设、推进大侨务工作等课题开展专题调研、视察活动,为我市经济社会发展建睿智之言、献务实之策、尽精诚之力。

(三)坚持关注民生,力求在促进社会和谐稳定上有新贡献

要把发展和维护好最广大人民群众的根本利益作为政协工作的出发点和落脚点,积极协助党委、政府做好暖人心、稳人心、得人心的工作。今年我们要重点围绕居民小区物业管理、学校周边食品安全等群众普遍关心的民生和社会热点问题,深入开展调研视察,积极反映社情民意,推动相关问题得到落实解决。要选择群众关注度高的市直部门开展民主评议,总结创新评议方式方法,拓宽政协民主监督渠道。要进一步加强提案工作,在狠抓提案质量、提升服务水平、推进办理协商上下功夫,推动群众关注的热点难点问题的解决。要发

挥政协联系面广、包容性强的优势，积极开展具有政协特色的社会服务活动，鼓励和引导政协委员参与送医送药、关爱孤儿、扶贫帮困、捐资助学、文化下乡、社区服务等社会公益活动，着力为保障和改善民生、营造和谐稳定社会环境作出应有贡献。

（四）坚持团结民主，力求在凝聚改革发展力量上有新作为

要积极探索市各民主党派、工商联和无党派人士在政协履行职能、发挥作用的新途径，不断巩固和壮大最广泛的爱国统一战线。要从改革发展稳定大局和广大人民群众根本利益出发，充分发挥作为统一战线组织凝聚人心、汇聚力量的功能和优势，多做协调关系、理顺情绪、化解矛盾、增进团结的工作，积极宣传市委、市政府的改革政策，团结一切可以团结的力量，调动一切可以调动的积极因素，在深化改革上形成聚焦点。要充分发挥政协界别作用，引导广大政协委员深入界别群众，了解反映群众诉求，做好上情下达、下情上达和解疑释惑的工作，紧紧依靠人民群众推动改革，为全面深化改革注入正能量。要充分发挥民族、宗教界代表人士和“特聘港澳台侨委员”的作用，做好政协民族宗教工作，加强同港澳台同胞和海外侨胞的联谊联络，促进民族团结、宗教和睦、社会稳定，调动各方面力量共同致力于鹰潭发展大业。

（五）坚持强基固本，力求在强化自身建设上有新进步

要着力加强委员队伍建设，进一步加强与委员的联系，严格执行委员管理办法，继续深入开展委员“四个一”活动，积极为委员履职搭建平台，有效激发委员履职尽责的积极性。要着力加强专委会建设，健全专委会工作机制，改善专委会履行职能条件。要加强对县（市、区）政协的联系和指导，举办好县（市、区）政协主席座谈会，促进工作交流和互动，推进基层政协组织建设，提高政协工作整体水平。要着力做好文史资料征编工作，充分发挥文史工作存史、资政、团结、育人的社会功能。要着力加强政协机关建设，按照中央、省委、市委要求，扎实开展党的群众路线教育实践活动，进一步完善机关制度建设，改进和创新机关服务方式，提升服务能力，为政协有效履行职能提供有力保障。

各位委员，同志们，我们正处在大有作为、大有希望的新时代。让我们更加紧密地团结在以习近平同志为总书记的中共中央周围，在中共鹰潭市委的正确领导下，团结一心、开拓进取，履职尽责、务实创新，多聚科学发展之力，多献实干兴市之策，为建设富裕秀美宜居和谐鹰潭、全面建成小康社会作出新的更大的贡献！

【组织概况】

政协鹰潭市第八届委员会主席、副主席、秘书长、副秘书长、常务委员、委员名单

主　　席　潘赞海

副 主 席　杨建保

周水凤（女，2014 年 12 月 4 日起不再担任）

刘国富

官金福

吴细美（女）

张金涛

黄占共

吴泉水

秘 书 长　杨亮太

副秘书长　梁东华

常务委员（按姓氏笔画排列）

艾　程（女）	朱黎明	江金街
孙文金	杨小龙	杨勇军
吴　良	吴林生	吴小莲（女）
吴国保	吴建德	余红艳（女）
汪君荣	汪桂昌	张赣北

陈党红(女)　陈万隆　范玲敏(女)
林小芳(女)　罗会样　罗来淼
郑华萍(女)　周政华　周赣忠
罗来淼　周政华　周赣忠
祝　寿(女)　聂玲娜(女)　祝发太
夏翠英(女)　徐文艺　徐双文
徐礼丰　黄洪生　琚丽红(女)
章平平　梁尹琦　彭　伟
葛　菁(女)　舒忠东　曾广亮
曾细根　赖士浩　廖　琳
熊安生　潘陆平　薛美琴(女)
戴冬英(女)

2014 年 1 月 15 日增补孙火林、郑生、钟胜、饶开东为常委

2014 年 1 月 15 日起李赛白、夏盛根、傅梓堆、胡成龙不再担任常委

委　员

中国共产党鹰潭市委员会

王　俊　艾　程(女)　邬筱露(女)
刘国富　刘晓华　李国才
杨建保　杨亮太　肖永进
吴红艳(女)　吴细美(女)　陈接照
苗天林　欧阳宝　罗来淼
郑　生　郑德泉　官金福
祝　寿(女)　祝发太　祝晓勤
桂江萍(女)　夏美林　徐礼丰
徐有兰(女)　徐略英　黄贵开
黄洪生　彭　伟　谭建新
熊志南　潘赞海
陆超林(2014 年 1 月 12 日增补)
饶开东(2014 年 1 月 12 日增补)
李赛白(2014 年 1 月 12 日起不再担任)

中国国民党革命委员会鹰潭市委员会

王　军　艾继宗　汪桂昌
周文梅(女)　郑自强　袁志强(女)
徐　琨　梁红蓉(女)　颜友华(女)

中国民主同盟鹰潭市委员会

王　晖　卢　珊(女)　李　安
李光明　杨文清　张洁明
欧阳海旭　季秀莲(女)　周赣忠
胡梦莉(女)　徐冬香(女)　龚　红(女)
程　群　薛建园

中国民主建国会鹰潭市委员会

王筱灵　江　江　阮孔亮
杨永贵　余莉清(女)　张之逊
林小芳(女)　罗会样　黄占共
蔡爱军(女)

中国民主促进会鹰潭市委员会

严想富　苏五德　杨小华
罗红祥　周远辉　琚丽红(女)

中国农工民主党鹰潭市委员会

华　芳(女)　汤海燕(女)　寿莉蓉(女)
吴东开　汪翠微(女)　张桂山
陈建东　周　静(女)　袁　榕
聂玲娜(女)

九三学社鹰潭市委员会

叶　静(女)　刘洪章　范站龙
周水凤(女)　周雨亭　徐宇虹(女)
葛　菁(女)　喻国平　舒忠东

无党派人士

王　琴(女)　王火茂　余红艳(女)
张庆军　周政华　项文红(女)
徐文辉　徐双文

中国共产主义青年团鹰潭市委员会

李新华　杨　鹏　罗　赟(女)
周志燕(女)　周谷昌　周津京(女)

鹰潭市总工会

李水根　余　燕(女)　汪玲玲(女)
张赣北　林　志　金　珽

鹰潭市妇女联合会

万春慧(女)　占美菊(女)　李晓明(女)
郑华萍(女)　臧玉华(女)　戴冬英(女)

鹰潭市工商业联合会

叶水清　朱新财　杨　勇
杨小龙　杨勇军　吴林生
吴国保　吴国新　吴泉水
吴康彪　何利峰　汪君荣
陈　辉　陈苏江　陈拥军

陈　嫣(女)　金利剑　周少华
郑茂潭　胡大琦　胡志灵
祝　晓　徐晓明　廖江定
徐长喜
郑珍萍(女,2014年1月12日起不再担任)

鹰潭市科学技术协会

刘甜桂(女)　李贵春　吴俊颖(女)
陈党红(女)　罗德生
刘良勇(2014年1月12日增补)

台胞(属)归国华侨界

王东进　王学刚　叶　玮(女)
叶　航　杨文一　肖炳煌
陈建亚　林伏昌　梁东华
区庆文(2014年2月28日撤销委员资格)

特聘港澳台侨界

许自习　沈江生　张瑞益
周国球　黄少希　谢　维
廖文艺

文化艺术界

毛　毅　朱英福　朱黎明
吴建德　陈秋云(女)　袁　因
阎　青(女)　管玉青(女)

科学技术界

王星余　杜剑玲　李文斌
吴德昌　余剑浩　张千忠
张卫华　周　静　姜　冰
倪佑珍(女)　黄四龙　舒晓红(女)
蔡松茂　廖　琳　潘建明
薛美琴(女)
陈建清(2014年1月12日起不再担任)

经济界

王琍宁　方　农　叶田华
吕文杰　孙火林　李立升
李恩好　李健忠　吴　岩
吴仁利　吴晓明　邹韶山
陈万隆　林甸村　罗时信
周碧辉　郑晓斌　娄中金
翁清伯　黄　政　黄宗根
梁尹琦　蒋　锋　赖士浩
熊安生
刘冬兰(女,2014年1月12日增补)
祝永进(2014年1月12日增补)
夏盛根(2014年1月12日起不再担任)

农业界

王瞰照　付桂林　杨义强
吴小莲(女)　张火炎　邵方龙
胡明娥(女)　胡祖林　高朝宁
黄自文　黄梁山　章平平
彭　良　潘陆平

教育界

王长青　占爱菊(女)　吕　明
刘正良　刘东瑞　米永利
李峻薇(女)　吴　良　邵友桂(女)
胡丽春(女)　贾琳琳(女)　夏翠英(女)
徐建国　徐海涛　樊经伟

体育界

张和浪　欧阳澜　胡震坤
姜东强

医药卫生界

王　敏(女)　王卫国　刘锋祥
江金街　汪金宇　宋兵高
张胜选　葛　磊　曾细根
颜廷荣(女)

少数民族界

兰止碧　陈今国　雷纪文
雷海燕(女)　潘建强

宗教界

张金涛　范玲敏(女)　桂富根
释圣融　曾广亮

社会福利和保障界

马　娟(女)　汪节安　黄松云

特别邀请人士

艾美华(女)　王　轩　王瑞洪
毛晓荣　朱建国　刘志强
刘益钦　孙文全　苏　文(女)
李高明　吴义体　吴发财
吴蔚权　张秀娥(女)　李　涛
张海燕(女)　陈鑫英　金雨雄

赵珍萍(女) 徐文艺 徐永荣
凌小平 凌路平(女) 郭 敏
董衔胜 曾 徽 鲍成庚
夏维纪
钟 胜(2014年1月12日增补)
汪碧云(2014年1月12日增补)
胡成龙(2014年1月12日起不再担任)
傅梓堆(2014年1月12日起不再担任)

【大事记】

1月

12日 市政协召开八届十五次常委会议,主席潘赞海主持会议,副主席杨建保、周水凤、刘国富、官金福、吴细美、张金涛、黄占共、吴泉水,秘书长杨亮太出席会议。

13至15日 市政协八届四次会议在市区召开。

2月

10日 市政协召开八届二十四次主席会议。

27日 市政协机关党组召开党的群众路线教育实践活动动员会。

28日 市政协党组召开党的群众路线教育实践活动动员会。

29日 市政协教文卫体委召开全体委员会议,副主席吴细美,教文卫体委主任艾程参加会议。

3月

21日 主席潘赞海深入党的群众路线教育实践活动联系点市城乡建设局,就开展教育实践活动开展专题调研,秘书长杨亮太陪同调研。

4月

14日 全国政协民族和宗教委员会副主任白玛率考察组来鹰,就宗教教职人员社会保障政策落实情况进行专题考察调研。市政协主席潘赞海,副主席张金涛,秘书长杨亮太等分别陪同。

21日 副主席黄占共到贵溪市雷溪乡、余江县平定乡,调研督导农村土地承包经营权确权登记颁证工作。

23至24日 主席潘赞海到联系点上清镇、河潭镇调研指导"四进三改两覆盖"活动。

27日 市政协教文卫体委举办"道文化"主题讲座,副主席吴细美参加。

29日 全省政协民族和宗教工作座谈会在鹰召开。

5月

6日 主席潘赞海来到挂点村上清镇通桥通敖村,指导"秀美乡村"建设工作。

9日 主席潘赞海到重点联系优强工业企业江西兴成新材料股份有限公司、贵溪发电有限公司调研。

13日 市政协民宗港澳台侨委员会组织部分委员,在副主席吴泉水带领下,到樟坪畲族乡,对我市少数民族特色村寨建设进行视察。

19至20日 住豫全国政协委员考察团到鹰潭高新区、余江县考察文化产业发展情况。

20日 在副主席杨建保带领下,市政协经科委组织经济、科技等界别近30名委员,就龙虎山景区项目建设情况进行视察。

6月

12至13日 市政协党组召开党的群众路线教育实践活动专题民主生活会。

24日 市政协党组召开专题民主生活会情况通报会,党组书记、主席潘赞海主持并讲话,党组副书记、副主席杨建保通报民主生活会情况,副主席周水凤、刘国富、官金福、黄占共,秘书长杨亮太参加会议。

26日 市政协八届十七次常委会议召开。

27日 市政协召开民主评议工作动员大会,对民主评议市房管局和市地税局工作进行部署。

30日 主席潘赞海到龙虎山景区上清镇通桥通敖村,调研指导"秀美乡村"建设工作。市政协秘书长杨亮太陪同调研。

市政协组织机关干部职工及部分委员参观党的群众路线教育实践活动专题图片展。

7月

2日 省政协办公厅副主任王国龙率领调研组一行来市调研协商民主建设情况,副主席杨建保、秘书长杨亮太陪同调研。

4日 副主席吴细美赴市教育局就2014年市政协重点提案－－民盟市委会提交的《办好特殊学校关爱残疾儿童成长》(市政协八届四次会议84号)进行督办。

10日 主席潘赞海带领有关委员,对八届四次会议第1号提案《促进物流业转型升级实现跨越发展》进行督办。

16日 省政协常委、人资环委副主任刘德意率省政协民主监督专题调研组一行,来市调研污水处理设施建设及运行情况。

8月

5日 以省委统战部副部长蔡清平为组长的省委督导组一行来鹰,检查指导贯彻落实中央4号、省委13号文件精神有关工作开展情况。市政协副主席周水凤、张金涛、黄占共陪同检查或参加座谈会。

12日 鹰潭市政协举办社情民意信息培训班。

28日 市政协召开提案工作座谈会,副主席刘国富、提案委负责人以及各县(市、区)政协分管副主席和提案委主任参加会议。

9月

10日 主席潘赞海来到党的群众路线教育实践活动联系点龙虎山景区,调研指导教育实践活动。

12日 市政协八届十八次常委会议召开。

15日 副主席黄占共率市政协人资环委部分政协委员到余江县、信江新区及贵溪市,视察农村环境综合整治工作推进情况。

16日 副主席周水凤带领市政协学文社法委部分政协委员到城区主干道及主要路口,视察城区道路交通管理情况,并对群众反映强烈的"行车难、停车难"问题进行专题调研。

16至17日 全国政协常委、经济委员会主任周伯华率调研组来鹰,就构建新型农业经营体系工作情况进行专题调研。

17日 副主席吴泉水率领市政协学文社法委组织部分政协委员,就民办养老机构发展情况进行了视察。

23日 主席潘赞海,副主席杨建保率部分住市区的市政协委员组成视察组,对鹰潭中心广场人防工程进行了专题视察。

25 日 市政协民宗港澳台侨委在副主席吴泉水带领下，组织部分侨界委员，就大侨务工作开展专题调研，并举行界别协商。

10 月

14 日 主席潘赞海，副主席杨建保、刘国富、吴细美、张金涛、吴泉水分别率住县（市、区）市政协委员，组成三个视察组，到贵溪市、余江县和月湖区，就贯彻落实市委、市政府《关于进一步加快县域经济发展的若干意见》情况进行交叉异地视察。

22 日 市政协联合市卫生局、市民政局、市 184 医院到上清镇敬老院开展关爱老人义诊活动。副主席吴细美参加活动。

24 日 鹰潭市“人民政协与协商民主”理论研讨会举行。

省政协常委、教科文卫体委员会副主任毛学东率省政协调研组一行来市调研深化体育事业改革工作。

28 日 市政协举行“委员活动日”活动。

11 月

7 日 市政协组织市政协常委、住鹰省政协委员和特聘港澳台侨委员视察市重点项目建设情况。

11 日 市政协民族宗教港澳台侨委员会组织部分委员，就鹰潭（龙虎山）海峡两岸交流基地建设情况进行了视察。

28 日 由省政协经济委员会主任李贤书率领的省政协调研组来到市，就“加快铜产业转型升级，做大做强我省铜产业”进行专题调研。

12 月

4 日 市政协八届十九次常委会议召开。

23 日 主席潘赞海、副主席张金涛率民宗港澳台侨委员会相关人员，对大上清宫按遗址恢复重建工作进行调研，秘书长杨亮太一同调研。

（曹远方 编写　杨亮太 审稿）

政协赣州市委员会

【全体委员会议】

四届四次会议 2014年2月9至12日召开。省委常委、市委书记史文清在开幕大会上作了讲话。会议听取和审议了政协赣州市第四届委员会常务委员会工作报告、政协赣州市第四届委员会常务委员会关于四届三次会议以来提案工作情况的报告,表彰了优秀市政协委员和优秀提案,列席了赣州市第四届人民代表大会第五次会议,听取和协商讨论了《政府工作报告》及其他重要报告。会议围绕"发扬苏区精神 践行群众路线"、"加快工业产业结构调整 做大做强工业支柱产业"、"加快中心城区文化体育事业建设 提高市民综合素质"、"推进司法公正 建设平安赣州"、"加强脐橙黄龙病防控 推动脐橙产业可持续发展"等5个专题进行了协商;补选了5名市政协常委;通过了市政协四届四次会议决议。会议期间举行了市政协民主协商对话会,市政府领导就2月10日上午市政协四届四次会议委员大会发言中提出的建议与市政协委员进行面对面协商。

【常务委员会会议】

第九次会议 2014年1月26日召开。会议协商讨论了《政府工作报告(征求意见稿)》;听取了市政府办公厅关于市政协四届三次会议以来提案办理情况的通报;审议通过了《政协赣州市第四届委员会常务委员会工作报告》《四届市政协常委会2014年工作要点》以及《关于政协赣州市第四届委员会第三次会议以来提案工作情况的报告》;审议通过了关于召开政协赣州市第四届委员会第四次会议的决定(草案)、政协赣州市第四届委员会第四次会议议程(草案)和日程、市政协四届四次会议委员分组及召集人名单;审议通过了有关人事事项、市政协四届四次会议选举办法(草案)和市政协四届四次会议选举大会总监票人、监票人名单(草案)。会议传达了中央、省委党的群众路线教育实践活动第一批总结暨第二批部署会议精神。书面听取了市政协办公厅、各专委会和市政协委员扶贫救助会2013年工作情况的汇报。

第十次会议 2014年2月11日召开。会议听取了市政协四届四次会议各组召集人汇报分组审议情况,协商讨论了有关人事事项(草案),审议通过了市政协四届四次会议决议(草案)、市政协四届四次会议提案审查情况的报告(草案)。

第十一次会议 2014年7月18日召开。会议通报了市政协党组群众路线教育实践活动专题民主生活会情况,听取了市政府关于全市教育工作和农村危旧土坯房改造工作情况通报、市检察院关于全市检察工作情况通报,审议通过了有关人事事项。

【专门委员会工作】

提案委员会 主要工作:市政协四届三次会议以来共提交提案383件,经审查立案374件。其中,委员提案297件,各民主党派市委会、市工商联提案37件,界别提案1件,政协专委会提案39件。所提问题已经解决或基本解决的299件,占办复数的79.9%;所提问题正在解决或列入规划逐步解决的62件,占办复数的16.6%;所提问题因条件所限一时难以解决或留作今后工作参考的13件,占办复数的3.5%。还编辑了《重要提案专报》11期,其中市党政领导批示7期10人次。

文史和学习委员会 主要工作:完成了50多万字的《赣州印象》系列丛书的征集编著工作,《客家摇篮》《江南宋城》《红色故都》《生态家园》《脐橙之乡》和《赣南客家名菜名点》等已正式出版。协助省政协完成江西八年抗战史料征集工作。开通了赣州市书法篆刻网和赣州市政协网文史窗口。组织部分委员赴宁都县、石城县、寻乌县、会昌县，开展赣州历史文化资源的保护和利用情况专题调研。

经济科技委员会 主要工作：组织部分委员开展赣州家具产业园建设专题调研，组织部分委员对中心城区出租车管理情况进行视察，组织开展"加快我市钨产业转型升级"专题调研，组织开展"加快旅游服务业发展"专题调研，组织开展"中心城区污染减排"专题调研，组织开展"全市2013年100件民生工程实事落实情况"专题视察。

教文卫体委员会 主要工作：组织部分委员赴兴国县、于都县，开展"县级公立医院综合改革"专题调研，组织部分委员先后赴章贡区、上犹、南康、大余、寻乌、兴国、会昌等七县(市、区)，开展"食品安全"专题调研，组织开展"全市2013年100件民生工程实事落实情况"专题视察。组织开展"赣州中心城区中小学(幼儿园)规划建设情况"专题调研。

社会和法制委员会 主要工作：组织部分委员赴宁都县、石城县开展宗教活动场所规范化管理专题调研，组织部分委员赴崇义县、龙南县、章贡区，对城乡养老服务体系建设情况进行专题视察，联合九三学社市委会，组织部分委员赴南康区、寻乌县、安远县，对全市城乡低保政策落实情况开展专题民主监督，组织开展"全市2013年100件民生工程实事落实情况"专题视察。

港澳台侨委员会 主要工作：组织部分委员赴章贡区、南康区、赣县、赣州开发区对中介服务情况进行专题视察。联合市工商联，组织部分委员赴崇义县、上犹县、于都县、兴国县，开展全市非公有制经济发展情况专题调研。组织开展"全市2013年100件民生工程实事落实情况"专题视察。

人口资源环境委员会 主要工作：组织部分省、市政协委员和专家，先后赴市委农工部、瑞金市、兴国县和赣县，开展"和谐秀美乡村建设工程实施情况"专题调研。组织部分委员赴龙南县、于都县开展"培育新型农民"专题调研。组织部分委员和江西理工大学师生组成8个问卷调查小组，赴章贡区、赣州开发区、南康区，开展赣州中心城区宜居城市建设专题调查。组织部分委员赴寻乌县、会昌县，对柑橘黄龙病防控工作进行专题视察。组织开展"全市2013年100件民生工程实事落实情况"专题视察。

【重要活动】

开展"全市农村危旧土坯房、棚户区改造情况"专题视察 2014年4月15至16日，办公厅、人资环委共同组织部分委员赴瑞金市、兴国县、赣县、章贡区，对全市农村危旧土坯房、棚户区改造情况进行专题视察，形成视察报告。委员们建议：要坚持规划先行、科学规划、文化传承，注重合理配套，进一步提升科学规划水平；要区别对待、循序渐进，强化监管、保质保量，加强管理、完善制度，加强融资、增加投入，加强协调、强力推动，进一步加强建设和管理。

开展"中心城区出租车管理情况"无陪同视察 2014年5月至9月，经科委组织部分委员对中心城区出租车管理情况进行无陪同视察，形成视察报告。委员们建设：进一步加大出租车市场整治力度；适时调整出租车运价；进一步加强基础设施建设，在中心城区游客集散中心增加"出租车服务中心(服务站)"功能，建立出租车静态候客体系，增设中心城区若干个加气站点，增加出租车驾驶员临时休息室、喝水、卫生间等场所;进一步提高出租车行业管理科学化水平;进一步提高出租车驾驶员素质;认真做好十四届省运会期间的服务工作,擦亮中心城区出租车这张“城市名片”。

开展“发展壮大县域经济”专题调研 2014年5月至11月,采取市县联动的方式,组织部分委员赴18县(市、区)开展发展壮大县域经济专题调研,外出比较调研,形成调研报告。委员们建议:在工业化方面,久久为功、坚持不懈抓工业;优化工业产业布局;转变招商引资方式;提升企业创新能力;强化金融服务支持。在城镇化方面,科学规划,严格执法,全市一盘棋推进城镇建设;大力提升中心城区、城镇的辐射承载能力;加强管理和引导,促进房地产市场健康发展;加大力度,积极解决“城市病”问题。

开展“赣州中心城区宜居城市建设”专题调查 2014年6月4至6日,人资环委组织部分委员和江西理工大学师生组成8个问卷调查小组,赴章贡区、赣州开发区、南康区,开展赣州中心城区宜居城市建设专题调查,形成调查报告。委员们建议:创建宜居城市,继续完善城市规划;完善宜居配套,更加注重基础建设;适应形势变化,加大教育投入;满足群众需求,提高医疗服务水平;方便群众生活,重视市场建设管理;便利群众出行,科学应对“出行和停车难”问题;切实深入排查,消除安全隐患;转变政府职能,大力促进城市公共服务建设;创新管理模式,完善城市社区管理体制。

开展“宗教活动场所规范化管理”专题调研 2014年8月7至8日,社会和法制委组织部分委员赴宁都县、石城县开展宗教活动场所规范化管理专题调研,形成调研报告。委员们建议:进一步加强宗教政策法规宣传教育;进一步推进宗教活动场所规范化建设;进一步发挥宗教团体的桥梁纽带作用;进一步强化对宗教工作的领导;进一步做好宗教场所的合理规划和土地确权工作。

开展“全市2014年重点民生实事工作”专题民主监督 2014年8月13日,办公厅牵头组织部分委员赴章贡区、南康区,对全市2014年重点民生实事工作开展专题民主监督,形成专题报告。委员们建议:进一步加大工作推进力度,项目进度要再细化,督查力度要再加大,考核工作要再加强;进一步加强部门协同配合,注重上下联动,加强部门协作,完善资金保障;进一步提升群众参与度,提高群众参与项目建设的力度,加大民生实事项目的宣传报道力度;进一步优化项目后续管理,最大限度发挥项目的作用,积极探索项目的后续管理办法。

开展“赣州历史文化资源的保护和利用情况”专题调研 2014年8月25至29日,文史和学习委组织部分委员赴宁都县、石城县、寻乌县、会昌县,开展赣州历史文化资源的保护和利用情况专题调研;9月16至25日,组织部分委员赴青海省、宁夏回族自治区学习考察,开展对比调研,形成调研报告。委员们建议:坚持规划引领;加强保护意识;强化典型示范;确立综合保护战略;实行分级分类保护利用方针;制定扶持政策,增加投入,适度开发;切实加强组织保障体系建设。

开展“城乡养老服务体系建设情况”专题视察 2014年9月1至4日,社会和法制委联合九三学社市委会,组织部分委员赴崇义县、龙南县、章贡区,对城乡养老服务体系建设情况进行专题视察,形成视察报告。委员们建议:要提高认识,营造氛围;要完善政策,扶持发展;要分类指导,有序推进;要完善政策,强化管理;要加强培训,提升服务。

开展“107个市重点工程项目建设进展

情况”专题民主监督　2014年10月21至28日，办公厅牵头组织部分委员赴章贡区、南康区、会昌县、于都县、赣县、龙南县、定南县、信丰县及赣州经济技术开发区、市城投集团等10个县（区）、单位，对107个市重点工程项目建设进展情况开展专题民主监督，形成专题报告。委员们建议：要强化领导责任，切实加快项目建设；要加强攻坚克难，着力破解要素瓶颈制约；要加强督促检查，创造良好项目建设环境；要及早科学谋划，统筹明年重点项目布局。

开展“全市城乡低保政策落实情况”专题民主监督　2014年10月28至30日，社会和法制委联合九三学社市委会，组织部分委员赴南康区、寻乌县、安远县，对全市城乡低保政策落实情况开展专题民主监督，形成专题报告。委员们建议：进一步加大宣传，增加低保工作透明度；进一步规范操作程序，严把“三关”（入口关、审批关、出口关）；进一步加大财政扶持力度，加强资金监管；进一步加强基层低保工作机构建设。

开展“县级公立医院综合改革”专题调研　2014年11月6至7日，教文卫体委组织部分委员赴兴国县、于都县，开展“县级公立医院综合改革”专题调研，形成调研报告。委员们建议：加强领导，统一政策；明确主攻目标，选准改革切入点；增强政府责任，加大财政保障力度；重建组织管理构架，实行“三医”联动与联合；改进医疗服务措施，提高医疗服务质量；加强卫生人才队伍建设，完善医院内部运营机制；加强宣传引导，形成全社会支持与监督改革的良好氛围。

开展“全市非公有制经济发展情况”专题调研　2014年11月上旬，港澳台侨委联合市工商联，组织部分委员赴崇义县、上犹县、于都县、兴国县，开展全市非公有制经济发展情况专题调研，形成调研报告。委员们建议：加强组织领导，理顺管理体制；大力引导和促进转型升级；多渠道解决融资难题；加大用地支持力度；大力落实各项政策，破除非公经济发展桎梏；切实解决突出问题，营造良好发展环境；建设优秀企业家队伍。

开展“全市2014年民生实事的落实情”专题民主监督　2014年11月中下旬，办公厅牵头组织部分委员赴18个县（市、区）和市直有关单位，对全市2014年民生实事的落实情况进行民主监督，形成专题报告。委员们建议：加大宣传，不断提高群众的参与度、支持度和满意度；加快进度，确保民生实事项目落到实处；拓宽渠道，确保民生实事资金投入足额到位；落实责任，不断完善民生工程的后续管理养护制度；注重协调，积极发挥部门配合与上下联动作用；科学谋划，统筹安排2015年民生实事项目；完善机制，不断加强民生实事督查考核。

开展“柑橘黄龙病防控工作”专题视察　2014年12月3至5日，人资环委组织部分委员赴寻乌县、会昌县，对柑橘黄龙病防控工作进行专题视察，形成视察报告。委员们建议：坚持持续发展脐橙产业的信心不动摇，坚持正确的舆论导向，进一步加大宣传力度，牢固树立战胜柑橘黄龙病、重振赣南脐橙产业的信心，彻底摒弃面对柑橘黄龙病暴发坐等观望及无所作为的思想，大力消除广大干部群众尤其是果农的疑虑和迷茫心理；切实加强和完善防控体系，进一步强化防控责任制，持续保持防控工作高压态势；区别对待、分类管理，适当调整防控思路，进一步强化防控举措；加大柑橘木虱监测和预警工作力度，进一步完善长效的防控机制；重新制订种植规划，适当调整品种结构，同时加快建立无病苗木繁育基地，保障无病苗木供应。

【重要文件】

政协赣州市第四届委员会常务委员会工作报告

（2014 年 2 月 10 日在
赣州市政协四届四次会议上）
曾新方

各位委员、同志们：

我代表政协赣州市第四届委员会常务委员会，向大会报告工作，请予审议，并请列席会议的同志提出意见。

一、2013 年工作回顾

在中共赣州市委的正确领导和市人民政府的大力支持下，市政协常委会认真学习贯彻中共十八大、十八届三中全会精神和省委十三届七次全会、八次全会、市委四届五次全会精神，牢牢把握团结和民主两大主题，紧扣服务和推进赣南苏区振兴发展这一主线，认真履行政治协商、民主监督、参政议政职能，政协工作科学化水平有新的提升。

（一）发挥政协优势，认真履行职能，为加快推进赣南苏区振兴发展凝心聚力

市政协常委会把服务赣南苏区振兴发展作为履行政协职能的第一要务，紧紧围绕服务和推进赣南苏区振兴发展，认真开展专题协商、调研视察、提案信息、民主监督等履职活动。

围绕赣南苏区振兴发展中的重大民生问题议政协商。在四届三次全会上，以区域性金融中心建设、农村危旧土坯房改造和安全饮水工程建设、大力发展生活服务业、加快提升工业制造业发展水平为专题举行了分组协商会议。二、三季度，市政协常委会先后围绕食品安全和城市社区建设进行了专题协商，在深入调研和广泛协商的基础上，分别形成了《关于加强我市食品安全的建议案》和《关于加强我市社区建设工作的建议案》，报送市委、市政府供决策参考。

围绕赣南苏区振兴发展重大课题精心组织开展调研视察。紧扣市委、市政府工作部署，围绕赣南苏区振兴发展，组织开展了小城镇建设、外商投资发展环境、赣江源头生态建设、钨产业转型升级发展、食品安全、社会稳定风险评估工作、城乡社区建设、赣南脐橙营销、赣州历史文化名镇名村保护和利用等 9 项专题调研，开展了罗霄山脉片区扶贫攻坚开发整村推进工作、2013 年度民生工程实事落实情况、群团组织建设、农村公共文化服务体系和公共体育设施建设、农村公共卫生服务能力建设、中心城区污染减排、社区矫正工作等 7 项专题视察，向市委、市政府报送调研视察报告 16 篇。配合全国政协在赣州开展了农村社区建设情况、建立和完善体现科学发展要求的政府政绩考核评价体系等专题调研，配合省政协开展了加快赣南等原中央苏区振兴发展、和谐秀美乡村建设工程实施情况、生态文明建设、加快旅游服务业发展、重金属污染治理工作情况、建立“五河一湖”及东江源头保护区生态环境考核机制、东江源水资源保护与生态修复情况、完善公共文化服务体系建设等专题调研或视察。

认真做好提案和社情民意信息工作。市政协四届三次会议以来，共收到提案 321 件，其中大会提案 307 件，平时提案 14 件。立案的 308 件提案均按规定全部办复。进一步强化了重点提案督办，确定了 9 个专题 64 件重点督办提案，分别由市政协领导领衔督办。加强了提案办理协商，建立健全承办单位、提案者、政协组织三方沟通协商机制，在提案立案、交办、办理等各个环节广泛开展协商。积极反映社情民意，全年共反映社情民意信息 130 多条，编发《社情民意专报》32 期，有 10 期得到了市委、市政府领导的批示，一些社情民意信息被市委、市政府和相关部门采纳，推动了相关问题的解决。

围绕重点难点工作开展专题民主监督。采取市、县政协联动的办法，对我市柑橘黄龙病防控工作开展了专题民主监督活动，形成民主监督综合情况报告 1 份、县(市、区)民主监督情况报告 15 份，基本掌握了各级政府、业务部门和果农等层面开展柑橘黄龙病防控工作的情况，对各地开展防控工作作出了客观公正的总体评价，有针对性地提出了进一步完善柑橘黄龙病防控机制，确保赣南脐橙产业安全的对策建议，推动了市委、市政府对柑橘黄龙病防控工作的要求落到实处。

加强团结联谊。积极发挥各民主党派、工商联和无党派人士等界别委员的作用。坚持联系走访民主党派、工商联制度，定期举办各民主党派和工商联座谈会，加强沟通协调，帮助解决各民主党派、工商联在参政议政中遇到的困难和问题。邀请民主党派、人民团体和无党派人士参加政协的专题协商和重大调研活动，鼓励和支持他们通过政协舞台参政议政，努力营造民主平等、团结和谐的共事氛围。积极加强联谊交流。接待全国政协、省政协和外地市政协前来我市开展调研视察、学习考察 50 批次共 699 人，进一步宣传推介了赣州，扩大了赣州的影响力和知名度。

认真做好政协文史工作。编辑出版了《客家赣州》《宋城赣州》《红色赣州》，征集了《〈赣州文史〉——历史文化名村(古村落)专辑》史料，对推介宣传赣州、助推打造赣州红色文化传承创新区和全国旅游目的地起到积极作用。

积极参与“三送”、扶贫、招商引资等中心工作。按照全覆盖、常态化的要求，扎实做好“送政策、送温暖、送服务”工作。组织机关干部结对帮扶了 500 多户农户，解决群众反映的问题和困难 80 多件，为群众办好事实事 50 多件，争取市直有关部门的支持和政协委员的资助，协助驻点乡、村成功争取大项目资金 1000 多万元，调动社会各界人士捐资捐物 20 多万元，按要求完成了 62 户危旧土坯房改造，推进了一批民生工程建设，人民群众的生产生活条件得到极大改善。继续发挥市政协委员扶贫救助会的作用，积极引导、组织广大会员参与扶贫救助，2013 年度累计收到捐赠款物 262.7 万元，先后救助特困学生 857 名，救助其他困难群众 238 名。积极参与招商引资工作，配合市政府做好香港招商对接会的有关联络工作和上海招商推介会的筹备工作。

(二)加强自身建设，完善工作机制，提高政协工作科学化规范化水平

加强理论学习，提高了政协队伍的政治素养和履职能力。按照中央、省委、市委和全国政协、省政协的要求，组织广大政协委员和政协机关干部深入学习中共十八大、十八届三中全会精神和习近平总书记系列重要讲话精神。认真落实市政协中心组理论学习和党组会议、主席会议、常委会议等多层次的学习制度。积极创新符合政协特点的学习形式。通过举办座谈会、专题培训班、政情通报会、理论辅导报告会，开展专委会、委员小组活动等，拓宽委员视野，创造知情条件，提高建言献策能力。加强了政协委员和机关干部的业务培训，积极组织政协机关干部参加全国政协培训班。

进一步完善了政协工作机制，增强了履职实效。强化政协提案整合机制和提案质量提升工作机制。市委办、市政府办印发了《关于进一步加强人民政协提案办理工作的实施意见》，制定了《市政协提案督办实施意见》《市政协提案办理协商工作细则》等操作性较强的制度，进一步推动了提案工作的制度化、规范化、程序化建设。完善了市县政协联动工作机制，下发了《关于建立市、县(市、区)政协工作联动机制的意见》，加强与县(市、区)政协工作的联系和互动。健全了委员管理和服务机制，完善了委员考核、奖惩、退出机制，制定了《市政协委履行职能情况考核细则》，对委员平时履职工作进行量化考核。建立了住县（市、区）的赣州市政协委员活动小组工作制度，分专题组建了区域性金融中心建设、稀土产业发展、家具产业发展、脐橙产业发展、赣南客家饮食文化品牌建设等委员活动小组，丰富了委员履职活动平台。建立了市政协专委会联系各参加单位和界别委员工作制度，采取市政协各专委会和各党派、团体、界别双向互动的方式进行联系协商，积极引导各党派、团体和界别委员组织开展有界别特色的调研视察、社情民意收集等活动。建立了政情通报工作制度，通过专题政情通报会、委员手机报专栏、印发书面材料等形式，将市委、市政府的重大决策和重要政策措施及时向委员通报，为委员知情明政创造条件。完善和规范了政协工作流程，将政协全会、常委会议等编制成内容简明、重点突出、操作便捷的工作流程，促进了政协工作的制度化、规范化、程序化。

加强了政协宣传工作。认真做好《赣州政协》会刊、《政协委员手机报》编发和赣州政协网站建设等工作。积极做好对外宣传工作，在《人民政协报》《光华时报》等报刊发表了180多篇反映我市各级政协工作的稿件，较好地宣传了我市政协履职工作成效。

加强了政协机关工作作风和干部队伍建设。认真贯彻落实中央、省、市关于加强和改进作风的“八项规定”，制定出台了市政协机关《公务接待工作制度》、《财务管理规定》、《市政协组织委员外出考察暂行规定》，进一步规范了公务接待、公务用车和外出考察。加强了专委会建设，配齐配强了专委会领导班子，为政协履行职能提供了有力保障。

各位委员，过去一年市政协常委会工作成绩的取得，是中共赣州市委正确领导的结果，是市人民政府及社会各界大力支持的结果，是市政协各参加单位、各级政协组织和广大政协委员团结奋斗、共同努力的结果。在此，我代表市政协常委会，向大家表示衷心的感谢！

在看到成绩的同时，我们也清醒地认识到，与新形势新任务的要求和人民政协所肩负的使命相比，我们的工作还存在不少差距：政治协商的体制机制还有待进一步完善；民主监督的有效形式还有待进一步丰富；调研视察、建言献策成果的转化落实还有待进一步加强；委员的主体作用还有待进一步发挥等。对这些问题，必须高度重视，认真对待，并在今后工作中切实加以改进。

二、2014年工作任务

2014年是深入贯彻中共十八三中全会精神，全面深化改革、推动赣州加快发展、转型发展、跨越发展和赣南苏区振兴发展的关键之年。今年市政协常委会工作的总体要求是：高举中国特色社会主义伟大旗帜，以邓小平理论、“三个代表”重要思想、科学发展观为指导，深入学习贯彻中共十八大、十八届三中全会精神，以及中共江西省委十三届七次、八次全会精神和中共赣州市委四届五次全会精神，在中共赣州市委的领导和市人民政府的支持下，围绕全面深化改革、推进振兴发展，牢牢把握团结和民主两大主题，认真履行政协职能，充分发挥人民政协作为协商民主重要渠道作用，推进协商民主广泛多层制度化发展，为加快建设创业、宜居、平安、生态、幸福赣州，与全国同步建成全面小康社会作出新的贡献。

（一）服务全面深化改革和赣南苏区振兴发展，积极献计出力

面对新形势新任务，全市各级政协组织必须紧扣围绕全面深化改革、推进赣南苏区振兴发展这一工作中心，认真履行政协职能，为推动全市经济持续快速发展、社

会和谐稳定献计出力。要以调研视察为手段，着重围绕区域经济协调发展、城镇化建设、投资发展环境、公立医院综合改革、大病保险资金使用和监管等问题，开展调研视察，积极提出切合实际、操作性强的意见和建议；要以民主监督为途径，探索开展政协常委会议听取和评议部门工作，组织部分政协委员在深入调研的基础上，选择2—3个部门，在政协常委会上“面对面”进行评议，同时，对市直有关部门效能及行风建设工作进行民主评议，协助党委、政府做好协调关系、化解矛盾、增进共识的工作；要以提案工作为抓手，积极推进和加强提案办理协商，不断提高提案的办理质量。继续开展民主评议提案办理活动，推动提案建议落到实处建立社情民意信息台账，对反映社情民意的政协委员、社情民意的内容和落实情况实行动态反映。加强社情民意落实情况的跟踪反馈，促进党政部门对群众关心的问题的落实解决；要以协商通报会为平台，组织召开与央企对接、全市法院依法审理非法集资（集资诈骗、非法吸收公众存款）刑事案件、市检察院查办职务犯罪、计划生育单独二胎政策实施等工作情况通报会，进一步拓宽委员知情渠道，使委员更加深入理解和把握市委、市政府的决策部署，做到知情明政；要以社情民意为载体，建立社情民意信息台账，对反映社情民意的政协委员、社情民意的内容和落实情况实行动态反映。加强社情民意落实情况的跟踪反馈，促进党政部门对群众关心的问题的落实解决。继续发挥政协委员扶贫救助会的作用，完善委员联系群众的平台，组织委员开展科教扶贫、帮困济弱、捐资助学等社会公益活动。

（二）发挥人民政协作为协商民主重要渠道作用，推进协商民主广泛多层制度化发展

中共十八届三中全会通过的《中共中央关于全面深化改革若干重大问题的决定》，提出了一系列新观点、新论断，特别是关于“发挥人民政协作为协商民主重要渠道作用，推进协商民主广泛多层制度化发展”的重要论断，对新时期人民政协工作提出了新的更高的要求。要拓宽社会各界人士有序政治参与渠道，推进协商民主广泛发展。以创新的思维，不断探索民主议政会、专题议政会、政情咨询会等新的渠道，团结包容各党派、各团体、各阶层、各界人士，使社会各界人士有更多的途径和机会在政协组织开展对话、协商、讨论，广泛参与政治生活，反映利益诉求，拓宽政治参与的广度和深度。要通过界别视察、界别提案、界别发言、界别信息等途径，为党委政府和界别群众之间、界别与界别之间建立畅通的对话沟通和表达渠道，使党和政府及时了解不同社会阶层和社会群体的愿望要求。充分发挥协商民主的优势，开展多层次民主协商。通过全体会议整体协商、常委会议专题协商、专委会对口协商、界别协商、提案办理协商等形式，推动协商议政深入开展。要完善协商制度、规范协商内容和程序，提高协商民主的制度化水平。按照《决定》提出的“重点推进政治协商、民主监督、参政议政制度化、规范化、程序化”和“完善人民政协制度体系，规范协商内容、协商程序”的要求，认真落实中共中央关于把政治协商纳入决策程序、协商于决策之前和决策之中的规定，以改革创新精神推进政治协商、民主监督、参政议政的制度建设，使协商民主有制可依、有章可循，不断提高协商民主的制度化水平。要规范协商内容和程序，按照制度上力求规范、内容上突出重点、形式上灵活多样、结果上注重实效的要求，进一步完善协商选题、协商前调研、协商发言、协商成果的整理报送、协商意见建议促办转化等工作机制，提升协商质量，增强实效性。要充分运用各种舆论平台大力宣传人民政协协商民主，使各界群众更充分地了解人民政协和协商民主，使协商的过程更加公开透明，不断拓宽公民有序政治参与渠道。

（三）以改革创新精神进一步加强自身建设，提升服务全面深化改革的能力和水平

要以学习贯彻中共十八届三中全会精神为契机，全面加强政协组织自身建设，为新形势下人民政协更好地履行职能奠定更加坚实的基础。要把深入学习贯彻中共十八届三中全会精神作为重要政治任务，深刻理解全会对推进人民政协协商民主广泛多层制度化发展、推进人民政协协商民主的部署和要求；要扎实深入开展好以“为民务实清廉”为主要内容的党的群众路线教育活动，引导广大委员和政协机关干部中的中共党员不断强化宗旨意识，培养群众感情，增强工作本领，进一步提高做好新形势下群众工作的能力。要进一步加强专委会建设，按照建设专业型、知识型、专家型专委会的要求，继续深入探索开展专委会活动的内容和方式，坚持和完善专委会与党政部门的对口联系、对口协商制度，加强与对口部门和各方面的交流与协作，经常互通信息、沟通情况，使专委会各项工作的安排部署与市委、政府工作大局一致，使专委会在政协整体工作中发挥更大的作用。要进一步解放思想，创造性地开展工作，健全规范常委会的工作规则和工作程序，完善常委会议、学习、视察、调研、提案等各项工作制度，健全市、县政协联动工作机制，切实加强政协工作制度化、规范化、程序化建设，努力提高履职实效。要继续健全完善市政协领导、各专委会联系界别制度，加强对界别协商工作的领导和指导，完善界别召集人制度，由召集人有计划、有目的地组织开展本界别履职活动，提高协商的质量和成效。要进一步加强政协机关建设，坚持贯彻落实中央“八项规定”、《党政机关厉行勤俭节约反对铺张浪费条例》、《党政机关国内公务接待管理规定》，切实加强政协机关的思想、组织、作风、制度和能力建设，努力提高全局观念、服务意识和政策水平。

各位委员，同志们：新征程、新使命，需要展现新作风、新形象、新作为。让我们在中共赣州市委的坚强领导下，以更加务实的履职成效服务中心，以更加亲民的工作作风履行职能，以更加强烈的创新意识开拓前进，积极为全面深化改革、推进振兴发展而努力奋斗！

【组织概况】

政协赣州市委员会第四届委员会主席、副主席、秘书长、副秘书长、常务委员、委员名单

主　　席　曾新方

副 主 席　李　蔚　满　瑾（女，2014 年 7 月起不再担任）
欧阳世麟　钟健生　胡来知
肖明华　杨文光　曾　凡
姚　勇

副巡视员　张国洪（2014 年 7 月起不再担任）
曹晓秋（2014 年 11 月起不再担任）

秘 书 长　明心平

副秘书长　李世祖（2014 年 7 月起不再担任）
肖信生
曾繁华（2014 年 7 月起不再担任）
钟　斌
孙益仁（兼）
郭宏文（兼）
刘荣平（兼）
钟友华（女）（兼）

幸昇平（兼，2014 年 11 月起不再担任）

常务委员

曾新方　李　蔚　满　瑾（女）
欧阳世麟　钟健生　胡来知
肖明华　杨文光　曾　凡
姚　勇　明心平　邱英祥
孔刃非　万　通　王　健
王石水　王法长　王德文
毛信吉　方惠清（女）　卢玉胜
朱和生　朱家柏　仲先东
华旭明　危小军　刘卫东
刘飞飞　刘春林　刘荣平
刘智文　江学忠　许　华（女）
孙东岩　肖志东　孙益仁
李　光　李　伟　李坊荣
辛赣海　肖信生　何昌洪
佘　华　邹国强　陈岳林
邱至芳　张福东　陈　钊
陈秀华（女）　林　钦（女）　陈昌立
陈金清　陈清萍（女）　幸昇平
周　芸（女）　林业霖　林阿龙
欧阳斌　易伍秀　侯乐锋
钟　平　钟小平　钟友华（女）
钟家莲（女）　黄圣勇　洪平洲
郭宏文　郭德明　陶晓俊
游九香（女）　黄成林　黄泽兰
释瑞印　曾繁华　蓝文（女，畲族）
谢　筠　谢红烽（女）　谢来福
谢海琼　赖昭胜　蓝赟（畲族）
蒙　政　赖东亮　赖春宝
樊　荣　赖章忠　雷　剑
廖志斌　谭丙生　黎训全
戴艳春（女）

委　员

中国共产党赣州市委员会

王法长　朱和生　朱家柏
仲先东　刘卫东　刘为民
刘琼招（女）　李　伟　李　蔚
杨文光　肖明华　肖信生
吴昌星　邱英祥　张克喜
张国洪　张福东　陈　黎（女）
陈卫国　陈金发　明心平
袁志勇　唐智刚　黄　辉
黄立忠　黄运群　曹晓秋（女）
彭　强　彭秀生　董世倬
曾　凡　曾伟林　曾庆银
曾明健　曾新方　曾繁华
蒙　政　赖文政　廖志斌
魏明耕　薛有长

中国国民党革命委员会赣州市委员会

王　中　毛信吉　李志斌
陈　钊　陈　强　陈昌立
林金秤　明　哲　胡来知
胡天松　郭西梅（女）　董苏莉（女）
谢　开　谢海琼　谢耀明
赖东亮　廖杭津（女）

中国民主同盟赣州市委员会

危小军　刘坤贤　江学忠
孙益仁　杨　骏　邱庚香
邹小昊　张　毅　陈　林
范小娜（女）　欧阳世麟　郑怀树
宗　崇　洪平洲　唐鹏钧
彭　斌　赖昭胜　谭爱平
熊晓洪

中国民主建国会赣州市委员会

叶　青　叶继裕　刘开键
刘仁林　李伟忠　李沛鸿
肖东慧（女）　吴智尧　金晓龙
郭宏文　郭德明　黄志宇
康黎明（女）　谢红烽（女）　赖建秀（女）

中国民主促进会赣州市委员会

孔刃非　邓思庆　刘国珍
刘荣平　李　俊　杨　刚
张森林　欧阳荣华　胡　晓
钟军平　钟家莲（女）　胥经华
黄　梅（女）　黄德荣　赖俊林
雷　健　满　瑾（女，回族）

九三学社赣州市委员会

邓增进　卢玉胜　边俊杰
朱钦胜　刘午阳　刘其生
刘智文　利盛昕　张　伟
钟友华(女)　钟健生　侯乐锋
曾庆銮　赖延东　蔡　洪

中国农工民主党赣州市委员会

万　通　王犹淦　田　胜
朱文憬　刘　娟(女)　李治兵
连育才　陈立新　陈庆英(女)
陈金清　陈懿建　罗纪任
郑瑞庆　姚　勇　凌瑞金
曾　靖　曾祥福　雷　剑

无党派人士

华旭明　刘凤恩　严　峰
汪上红　何　剑　陈秀华(女)
范丽君(女)　周　芸(女)　周少龙
张北京　蒋海明　曾兴忠

赣州市工商业联合会

丁才升　王水川　王兆元
王建品　王德文　邓卫城
朱克龙　刘显亮　刘振德
许　伟　李　文　李伟堂
李建明　邹国强　张其萍
张德荣　陈毛银　陈贵荣
陈岳林　幸昇平　林　钦(女)
林阿龙　林业霖　欧阳金发
欧阳莹　钟行飞　徐红英(女)
黄　伟　黄昆水　黄泽兰
曾长发　谢来福　谢祚珍
谢燕九(女)

赣州市台胞联谊会

孔小平　李坊涛　许　华(女)
肖利华　沈小慧(女)

赣州市归国华侨联合会

王　健(女)　王石水　方惠清(女)
池峰龙　李升隆　陈般鸿
潘海涛

赣州市妇女联合会

王　艳(女)　王三英(女)　刘卫红(女)
刘尧华(女)　刘慧萍(女)　许丽娜(女)
吴丽娟(女)　张燕萍(女)　陈卡玲(女)
陈清萍(女)　林　红(女)　赵冬冬(女)
徐红娥(女)　徐美清(女)　黄名兰(女)
黄海燕(女)　彭莲凤(女)　游九香(女)
廖家玲(女)　谭超美(女)

中国共产主义青年团赣州市委员会

宁霄(壮族)　朱丽颖(女)　刘春林
刘新年　杨祥文　周晓霖(女)
钟庆卫

赣州市青年联合会

刘　嫔(女)　李　辉　朱家锋
何　涛　张爱荣(女)　张福胜
林炳煌　周腾华

医卫界

刘　亮　刘立新　孙东岩
张运祥　张自翔　张辉阳
陈家祥　周兆锋　钟　杰
黄忠明　彭力辉　温桃芳
廖　伟　廖　敏　廖少锋
廖国平　戴艳春(女)

农业界

邓万德　邓苏平　刘立煌
庄席福　李堂宝　朱　壹
吴至海　邱至芳　邱晓文
邹永红　邹华声　郑旭洪
冼金志　钟宏祥　陶少华
黄志明　黄小红　谌明祯
游丁生　谢明琎　廖文坚

教育界

刘飞飞　刘文蛟　刘建国
李　建　李小林　杨小平
杨晓军　肖忠优　余　力
辛赣海　张常平　陈远奎
陈建平　罗招荣　钟　平
郭敬茂　凌征华　梁晨林
彭如春　董太升　曾小红(女)
蓝　赟(畲族)

文艺界

冯　霄（女）　刘红春（女）　李　丽（女）
何昌洪　张祖煌　欧阳斌
罗建平　胡　静　钟小平
钟昭锋　陶晓俊　黄保华
曾　洁（女）　谢芳桂
蓝　文（女，畲族）

体育界

王　晖　王金泉　朱龙山
刘铁群　吴玉华（女）　陈　力

赣州市科学技术协会

王小平　刘敬涛　肖士干
宋裕华　刘旗福　曾繁荣
谢银水　蓝希华（畲族）
雷从华（女，畲族）　潘振华

少数民族界

仲年萍（女，畲族）　许　溶（女，满族）
辛雪松（女，壮族）　罗文忠（彝族）
蓝永清（畲族）　蓝春畔（畲族）
蓝荣春（畲族）　雷　鸣（畲族）
雷开福（畲族）

科技界

叶　为（女）　邬元旭　李　武
李立锋　杨仁荣　杨香生
肖　民　肖志东　张伦辉
林忠荣　胡勇明　郭亚明
唐金旺　黄林海　韩高峰
谢　筠　赖祥勇　蔡兰芳（女）
廖虔平　樊　荣

经济界

王玉琴（女）　邓云平　朱红华
刘少清　苏青生　李川桃
李世勇　李世祖　李祖高
李德荣　汪蔚菁（女）　肖启裕
吴中付　吴述文　吴晓明
邱三发　佘　华（女）　张耀平
林绍志　黄九华　梁祖斌
程学文　谢光德　赖永悠
缪春梅（女）

新闻出版界

甘建军（女）　孙晓明　钟久蔚
章隆元　彭　灏　魏　民

社科界

朱晓东　李小平　张孝忠
张志刚　陈让其　钟　健
钱久玉　徐登岭　唐德瑜
黄宇箭　谢江溪（女）　赖晓斌
谭丙生

宗教界

牛约翰　乔天庆　袁景运
郭家明　康小红　释传昌
释瑞印

社会福利界

刘光清　陈定瑾　徐永玲（女）
梁小明　温　赣　谢东明
赖　静（女）　谭红鸣

特别邀请人士

王　兵　邝　羽　刘　琪
刘小明　刘文杰　刘安荣
李　光　李千东　邱启发
杨人瑞　肖运发　肖承洪
张俊山　陈　捷　陈小石
陈庆明　林小明　钟　万
钟永忠　钟贺雄　段绍银
饶卫平　凌育杰　桂家祥
黄圣勇　黄成林　梅元生
董显明　曾为东　曾钦玉
赖德毅　蔡舒勇　廖万生
廖扬彬　廖君侦　黎训全
黎连兴　魏更新

【大事记】

1月

2日　市政协四届二十四次主席会议召开。

24 日 市政协四届二十五次主席会议召开。

26 日 市政协四届九次常委会会议召开。

2 月

9 日 市政协四届四次会议召开。

11 日 赣州市政协协商对话会举行，市政府就2月10日上午市政协四届四次会议12名政协委员提出的建议(提案)与市政协委员进行面对面专题协商。

28 日 市政协四届二十六次主席会议召开。

3 月

11 至 13 日 组织机关全体党员干部开展群众路线实践活动集中学习。

25 日 全市政协人资环委工作座谈会召开。

26 日 港澳台侨委召开委员活动小组会议，副主席姚勇出席。

31 日 市政协四届二十七次主席会议召开。

4 月

1 至 2 日 福建省龙岩市政协党组副书记、副主席李占开一行8人来市学习考察加快稀土产业发展经验，副主席杨文光陪同。

11 日 机关召开学习会议，集中学习《习近平总书记在兰考调研指导党的群众路线教育实践活动时的讲话》《赣州市党政机关厉行节约反对浪费实施细则》，观看影片《焦裕禄》。

15 日 教文卫体委召开全市政协教文卫体委工作交流会，副主席满瑾出席。

15 至 16 日 市政协组织部分政协委员赴瑞金市、兴国县、赣县、章贡区，对全市农村危旧土坯房、棚户区改造情况进行专题视察。主席曾新方带队，副主席肖明华、杨文光参加视察。

18 日 全市政协社会和法制委工作座谈会召开，副主席胡来知出席。

21 日 市政协党组和机关党组分别召开座谈会，听取市政协机关退休老干部意见。主席曾新方，副主席李蔚、肖明华、杨文光，秘书长明心平参加。

22 日 市政协党组和机关党组分别召开会议，听取市政协机关干部意见建议。主席曾新方、副主席杨文光，秘书长明心平参加。

市政协党组和机关党组分别召开会议，听取各民主党派、工商联、界别团体负责人意见建议。

23 日 经济科技委组织部分委员开展赣州家具产业园建设专题调研。

24 日 副主席姚勇带队，港澳台侨委组织部分市政协委员赴章贡区、南康区、赣县、赣州开发区对我市中介服务情况进行视察。

23 至 25 日 江苏省苏州市政协王金华一行来市学习考察。

25 日 政协经济科技委员会工作座谈会召开，副主席肖明华出席。

28 日 市政协党组中心组“弘扬焦裕禄精神 践行‘三严三实’要求”专题学习会召开。

5 月

5 日 市政协四届二十八次主席会议召开。

6 日 市政协举办“上市直通车——直通新三板”知识讲座。

6 至 8 日 副主席杨文光带队，人资环委组织部分市政协委员赴龙南县、于都县开展培育新型农民专题调研。

9日 文史和学习委举行《书法的欣赏与创作》知识讲座，主席曾新方，副主席胡来知、姚勇，秘书长明心平出席。

8至9日，12至13日 副主席欧阳世麟带领提案委组织部分委员赴大余、信丰县围绕“发展壮大县域经济”专题进行调研。

11至12日 副主席杨文光带领人资环委组织部分委员赴全南县、定南县开展壮大县域经济专题调研。

13日 副主席胡来知带领文史和学习委组织部分市政协委员赴上犹、崇义两县开展发展壮大县域经济调研。

13至18日 副主席姚勇带领港澳台侨委组织部分市政协委员赴赴重庆、绵阳、成都等地考察中介服务情况。

19至20日 副主席李蔚带队，办公厅组织部分市政协委员赴章贡区、南康区开展发展壮大县域经济专题调研。

19至21日 省政协办公厅副主任王国龙一行来市就加强协商民主制度化建设进行专题调研。

20至29日 副巡视员张国洪带队，经济科技委组织部分市政协委员赴山东省青岛、济南、滨州等地学习考察发展壮大县域经济工作经验。

21至22日 广西壮族自治区河池市政协党组书记、主席刘先明，副主席陆克、马丹葵率调研组一行，来市调研多类型工业园区建设发展工作。市政协主席曾新方、副主席肖明华、秘书长明心平分别陪同。

28日 市政协党组召开查摆问题专题会议，进一步找准查实市政协党组领导班子和班子成员“四风”方面存在的突出问题。省委第七督导组副组长徐金星到会指导。

28至31日 全国政协常委、全国政协文史和学习委员会主任王太华一行到南康区参加中国（赣州）第一届家具产业博览会有关活动并调研南康、兴国经济社会发展情况。市政协主席曾新方，副主席胡来知分别陪同。

6月

4至6日 副主席杨文光带领人资环委组织部分市政协委员和江西理工大学师生组成8个问卷调查小组，赴章贡区、赣州开发区、南康区，开展赣州中心城区宜居城市建设专题调查。

11日 经济科技委组织部分委员开展赣州家具产业园建设专题调研。

10至13日 副主席欧阳世麟率民盟界别调研组，赴石城、宁都、崇义县，开展学前教育调研。

25至26日 市政协党组召开专题民主生活会，省委第七督导组副组长陈玉麟到会指导。

30日 市政协机关党组召开专题民主生活会，秘书长明心平主持会议。

7月

4日 市政协四届二十九次主席会议召开。

16至19日 省政协常委、人资环委副主任揭赣元带领专题调研组一行来市开展“全省污水处理设施建设及运行情况”专题调研活动。

18日 市政协四届十一次常委会会议召开。

19至23日 省政协常委、省政协人资环委主任文红莲同志一行来市开展生态建设考察。

22日 教文卫体委召开“文化体育事业发展”专题重点提案督办座谈会，原副主席满瑾出席。

22 至 24 日 全国政协副主席、民革中央常务副主席齐续春同志一行老市开展“原中央苏区经济振兴发展”专题调研。

25 日 提案委召开“小区物业管理”专题重点提案督办座谈会，就市政协四届四次会议第 123、141、154、211 号提案进行集中督办，副主席欧阳世麟出席。

31 日 主席曾新方、秘书长明心平赴赣州金玮亿出租汽车有限公司视察。

8 月

4 至 7 日 副主席胡来知带领部分委员先后深入章贡区、全南县、信丰县等地，开展农村土地流转情况调研。

6 日 市政协四届三十次主席会议召开。

13 日 副主席肖明华带领部分政协委员就 2014 年重点民生实事工作开展专题民主监督。

14 至 15 日 重庆市万州区政协副主席徐素环一行来市学习考察。

15 日 副主席欧阳世麟带领提案委组织部分市政协委员就“水资源保护”专题提案进行集中督办。

18 至 19 日 全国政协常委、民盟中央副主席、上海市人大常委会副主任、民盟上海市委主委郑惠强一行来市开展“原中央苏区经济振兴发展”调研活动。

25 至 26 日 广东省潮州市政协汤锡坤主席一行，来市对城市河流的保护管理与开发利用进行专题考察。

25 至 29 日 副主席胡来知带领部分市政协委员，就赣州历史文化资源的保护和利用情况赴宁都、石城、寻乌、会昌进行调研。

28 日 市政协举办“国际形势与中国周边外交”专题讲座，邀请省委党校文史研究部主任、教授、浙江大学博士杨会清主讲。

9 月

1 至 4 日 副主席胡来知带领社会和法制委组织部分市政协委员赴崇义、龙南、章贡区开展社会养老服务体系建设情况视察。

4 日 社会和法制委组织召开“养老服务事业发展”专题重点提案督办座谈会，副主席胡来知出席。

经济科技委组织召开“南门口改造”专题重点提案督办座谈会，副主席肖明华出席。

5 日 市政协四届三十一次主席会议召开。

10 日 经济科技委组织部分市政协委员和市交通运输局等单位召开座谈会，就中心城区出租车市场规范发展进行交流，副主席肖明华出席。

11 日 文史和学习委召开“弘扬苏区精神，践行群众路线”专题重点提案督办座谈会，副主席胡来知出席。

12 日 主席曾新方率市政协调研组一行到南康区开展做大做强家具产业专题调研，副主席胡来知、肖明华陪同。

15 至 17 日 省政协副秘书长、港澳台侨和外事委主任冷芬俊一行，就侨（港澳）资企业发展情况到我市开展专题调研。

18 至 21 日 全国政协常委、经济委员会主任周伯华率调研组，就构建新型农业经营体系及赣南苏区振兴发展工作来市开展调研。

20 至 21 日 广东省汕尾市政协主席莫英群一行来市学习考察。

24 至 26 日 青海省西宁市政协副主席张瑛率调研组一行来市开展信息沟通、教科研、师资培训等教育“手拉手”活动。

29 日 市政协港澳台侨委组织召开

"电商产业"专题重点提案督办座谈会，就市政协四届四次会议第35、46、54、64号提案进行集中督办，副主席姚勇出席。

10月

11日 市政协机关党组开展与群众"整改面对面"座谈活动，通报党的群众路线教育实践活动整改落实情况，现场回应群众诉求关切，当面听取整改意见建议。

14日 市政协人资环委召开"农业保险和农产品质量安全"专题重点提案督办座谈会，就市政协四届四次会议第105、111号等重点提案进行集中督办，副主席杨文光出席。

20日 市政协社会和法制委召开依法审理非法集资类刑事案件工作情况通报会，副主席胡来知出席。

21至28日 副主席肖明华、杨文光、姚勇分别带领市政协组织部分市政协委员分赴9个县、4个市直单位，围绕市重点工程项目建设进展情况开展专题民主监督。

28至30日 副主席胡来知带领市政协社会和法制委和市九三学社部分委员赴南康区、寻乌县、安远县等地，对城乡低保政策落实情况开展专题民主监督。

11月

3至4日 全国政协副主席卢展工率全国政协调研组来赣州，就"培育和弘扬社会主义核心价值观要融入社会生活"重点提案进行调研。

5日 市政协四届三十二次主席会议召开。

6至7日 副主席欧阳世麟带领教文卫体委部分政协委员，就"县级公立医院综合改革"专题赴兴国县、于都县开展调研。

6至9日 市政协港澳台侨委组织部分政协委员，赴崇义县、上犹县、于都县、兴国县等地，对全市非公有制经济发展情况进行专题视察。

11日 市政协召开提案办理工作民主评议会，对市教育局、市人社局、章贡区政府2014年办理政协提案工作情况进行民主评议。

14至15日 全国政协提案委员会副主任罗平飞同志一行来赣州市调研。

16至25日 副主席欧阳世麟、胡来知、肖明华、杨文光、姚勇，秘书长明心平分别带领市政协组织部分委员分赴18个县（市、区）和市直有关单位，对2014年民生实事的落实情况进行专题视察。

12月

2日 宁夏回族自治区石嘴山市政协政协副主席赵学芝一行来赣学习考察。

3至4日 揭阳市政协党组成员林惜才一行来赣州学习考察。

3至5日 宜春市政协副主席杨国荣一行来赣州考察东江源头环境保护工作。

副主席杨文光带领人资环委组织部分市政协委员赴寻乌、会昌县开展柑橘黄龙病防控工作视察。

8日 市政协四届三十三次主席会议召开。

11日 广东省韶关市政协副主席邓建华一行到赣州参观学习。

12日 提案委召开全体委员会议。

25日 市政协人资环委召开全市"计生二孩"政策实施情况通报会，副主席杨文光出席。

（杨懿琳 编写　明心平 审稿）

政协宜春市委员会

【全体委员会议】

三届四次会议 2014 年 2 月 16 至 18 日召开。会议听取并审议通过《政协宜春市第三届委员会常务委员会工作报告》和《政协宜春市第三届委员会常务委员会提案工作报告》;大会进行了大会发言;开展了分组讨论、联组讨论以及界别活动;召开了市政协三届十三次常委会;通报表彰了 2013 年度优秀市政协委员和市政协三届三次会议以来的优秀提案;通过了《政协宜春市第三届委员会第四次会议关于提案初步审查情况的报告》和《政协宜春市第三届委员会第四次会议决议》;市委书记邓保生、市政协主席李树才分别在开幕式和闭幕式大会上作讲话。

【常务委员会会议】

第十二次会议 2014 年 1 月 15 日召开。会议协商讨论了《政府工作报告(征求意见稿)》;审议通过了《政协宜春市第三届委员会常务委员会工作报告(审议稿)》和《政协宜春市第三届委员会常务委员会关于市政协三届三次会议以来提案工作情况的报告(审议稿)》;审议通过了《市政协办公室、各专门委员会 2013 年工作总结和 2014 年工作打算》;审议通过了《市政协常委会 2014 年工作要点》;审议通过了《政协宜春市委员会关于表彰 2013 年度优秀市政协委员的决定》;审议通过了关于召开政协宜春市第三届委员会第四次会议的决定及建议议程和日程等有关事项;市政协主席李树才出席会议并讲话;市委常委、副市长陈宏应邀出席会议并讲话。

第十三次会议 2014 年 2 月 17 日召开。会议通过了政协宜春市三届十三次常委会议议程;审议通过了政协宜春市第三届委员会第四次会议关于提案初步审查情况的报告(草案);审议通过了政协宜春市第三届委员会第四次会议决议(草案);审议通过了《政协宜春市委员会委员考勤管理暂行规定》政协宜春市第三届委员会召开第十三次常委会。市政协主席李树才出席会议并讲话。

第十四次会议 2014 年 4 月 14 日召开。会议传达贯彻了省政协“学习传达全国政协十二届二次会议精神报告会”主要精神,专题听取了对市政协党组和机关开展党的群众路线教育实践活动关于加强作风建设、反对“四风”方面的意见建议,审议并原则通过了《政协宜春市委员会关于市政协专门委员会更名及调整排序的决定》,研究了有关人事事项。市政协主席李树才出席会议并讲话。

第十五次会议 2014 年 7 月 11 日召开。会议听取了市政协党组党的群众路线教育实践活动专题民主生活会情况通报;审议并原则通过了《关于开展〈加快宜春农业产业升级的实施意见〉贯彻落实情况专题视察报告》;审议并原则通过了《促进棚户区改造建设 改善群众住房条件——宜春中心城区棚户区改造建设视察报告》;通过了有关人事事项。市政协主席李树才出席会议并讲话。

第十六次会议 2014 年 11 月 24 日召开。会议组织学习了党的十八届四中全会精神;审议并通过了《政协宜春市委员会常务委员会议事规则》;审议并通过了《政协宜春市委员会关于进一步发挥界别作用的意见》;会议还通过了有关人事事项。市政协主席李树才出席会议并讲话。

【专门委员会工作】

提案委员会 主要工作:征集和审查政协提案,根据市委、市政府中心工作和群众关注的热点、难点问题，对市政协三届四次会议以来共收到的261件开展提案办理“回头看”活动(其中，委员提案220件，各民主党派、工商联、市政协各专门委员会集体提案41件)。对市政协三届二次、三次会议以来的提案办理情况牵头组织开展了“回头看”活动。市政协各位副主席分别带队，分为七个小组，督查涉及市委书记批示的相关提案、市政协主席副主席督办的重点提案及群众关注的热点难点共14件提案。根据年初工作安排和《政协宜春市委员会关于评选表彰优秀提案、先进承办单位的办法》的有关规定，通报表彰了16件优秀提案和24家先进承办单位。开展了早餐行业发展情况调研视察活动，实地察看经开区相关企业，听取了有关单位的工作汇报，形成的《关于促进我市早餐行业发展的调研报告》以市政府参阅件的形式刊发。

经济科技委员会 主要工作：开展了贯彻落实《加快宜春农业升级实施意见》的专题视察活动，形成了《关于贯彻落实市委市政府〈关于加快宜春农业升级的实施意见〉情况的建议案》，报市委市政府供决策参考。深入袁州区、上高县开展“宜商回归创业”专题调研，积极撰写调研分报告。围绕“锦江流域环境综合整治”，深入高安市开展民主监督，撰写详实的情况汇报。围绕“我市政协委员企业发展情况”开展调研活动，形成了《激发委员正能量 再创企业新辉煌》的调研报告。邀请部分市政协常委、委员，就“宜万经济一体化”专题，提出了针对“宜万经济一体化”建设的意见建议，报送市委市政府。深入宜丰县进行专题协商，形成的《把竹产业作为“千亿产业”来打造》大会发言材料，被评为优秀大会发言一等奖。协调红林酒店项目，并形成商请督办函报请政府部门给予督办落实。积极协助仙峰集团城市综合体40亿元引资项目落地工作。

人口资源环境委员会 主要工作：继续开展关注锦江流域的生态环境的一系列调研视察和民主监督，调研报告得到了邓保生书记的批示，相关意见被市政府采纳。参与市政府关于中心城区320国道改道征求意见工作，向市政府提交了较全面的意见和建议，为市政府最终的决策提供了科学参考。开展了我市地质灾害防治情况调研，调研报告提出的加大对人为原因引发地质灾害的管理手段和处罚等建议得到了有关部门的采纳。开展了我市“单独二胎”政策执行情况的视察，提出加大计生政策的宣传、上级计生部门在认定中的人性化操作以及各种再生育办证的规范衔接等建议，得到了有关部门的认同和肯定。开展了我市农村饮用水安全情况的调研。帮助滩下社区进行了社区平台改造。通过向财政、教育和体育部门争取资金，帮助高安兰坊兴仁村小学建设操场。

教文卫体委员会 主要工作：牵头组织常委会的“中心城区棚户区改造建设”的专题视察活动，形成了《关于促进宜春中心城区棚户区改造建设的建议案》，并报送市委、市政府，市委书记邓保生作了重要批示。组织中心城区教育界别委员组开展了“我市农村小学教育发展情况”专题视察活动，形成了围绕农村小学基础设施建设、教师队伍建设两方面提出意见建议的视察报告，并报送市委、市政府。开展了“中心城区餐饮服务食品安全”专题调研活动。开展了“中心城区体育健身活动广场建设”专题视察活动，形成了视察报告，并报送市委、市政府。深入挂点委员企业——宜春市振兴口腔医院将其纳为市政协办招商项目给予帮助、协调。组织部分委员、医学专家赴袁州区新坊镇开展送医送药下乡活动，为200多名村民进行了血压、内科、外科专项检查，免费发放了价值1万余元的常用药品，并在镇卫生院讲授业务培训课。

社会法制委员会 主要工作:组织部分政协委员及公安、消防等部门领导,开展了“中心城区消防安全问题”视察活动,撰写了《关于宜春中心城区消防安全工作的视察报告》,邓保生书记高度重视并作出批示。协助常委会开展了宜商回归创业的专题调研,撰写了《宜商回归创业情况》的分报告。向《委员之声》、《社情民意》专刊报送意见建议30余条,其中,13篇被《社情民意》专刊刊发,还有多篇社情民意信息被采纳上报全国政协信息。组织8名委员旁听了中级人民法院民诉庭的民事案件庭审4次,并参加了庭后座谈,还有6名委员分别担任司法、法院、工商、物价等部门执法特约监督员。联合市残联、市红十字会,自筹了部分资金,组织委员走访了宜春市自闭症康复机构向孩子们致以节日的亲切问候,并赠送了价值上万元的空调和学习用品。

港澳台侨委员会 主要工作:针对社会普遍关注的学前教育入园难问题进行了深入调研,在综合分析的基础上形成了《关于解决我市学前教育入园难的调研报告》,报送市委市政府供决策参考。以“促进现代农业示范区的建设与引领作用发挥”为题开展了专题调研。为全面了解我市电子商务产业发展现状,挖掘产业潜力,推进产业加快发展,开展专题调研活动,形成专题报告报送市委市政府。积极参与了市政协组织的锦江流域环境综合整治民主监督活动。认真做好提案工作,《关于加快我市蔬菜产业发展的建议》提案还被评为市政协优秀提案。加强与港澳台侨和民族宗教界人士的联系交往,指导成立了丰城石滩旅新侨眷联谊会,进一步密切了与海外华人的联谊交往。推进办理释妙安委员提出的关于修复禅宗古迹蟠龙寺的提案,帮助解决土地使用等实际问题。联合市侨办、商务局等部门,对在宜所有侨(港澳)资企业进行了一次全面的调查摸底,向省政协提出了5条针对性的意见建议。

学习和文史委员会 主要工作:编辑出版《宜春禅宗》史料专辑,以描述宜春各大禅宗祖庭为框架,内容包括各大禅宗祖庭的外观、历史发展、历史人物、故事传说等,该书的出版对于挖掘、宣传、保护我市特有的禅宗文化财富具有极大促进作用。完成市政协年鉴编纂工作。组织部分政协委员,通过实地察看等形式对宜春中心城区古井的保护与利用情况进行了一次专题调研,向市委、市政府提交了《让散落于城市角落的珍宝重现光芒——关于宜春市中心城区古井保护的调研报告》,得到了市委主要领导的重要批示。为进一步调研我市古村资源,促进古村文化保护与开发,开展了对我市古村的保护与开发情况专题调研,并形成调研报告,报送市委、市政府供决策参考。实地察看了江西康替龙竹业有限公司、潭山镇移民果蔬专业合作社等,形成常委会调研分报告。

【重要活动】

开展党的群众路线教育实践活动 2014年3月,市政协机关召开党的群众路线教育实践活动动员会,传达学习全市教育实践活动动员大会精神,部署安排工作。市政协机关还结合政协履职,在“自选动作”上加分添彩,就群众关心的教育、就业、社会保障、医疗、住房、生态环境、食品药品安全、社会管理等方面问题,运用调研、视察、提案和反映社情民意等方式,积极为市委、市政府落实各项民生政策献计出力。

召开人民政协理论研究会第二次理事会议暨“人民政协与群众工作”理论与实践研讨会 2014年4月29日,市政协在丰城召开人民政协理论研究会第二次理事会暨“人民政协与群众工作”理论与实践研讨会。会议简要传达学习省政协理论研究会第四次常务理事会议精神，讨论并通过2014年宜春市人民政协理论研究会工作要点，并围绕“人民政协与群众工作”的专题进行研讨。市政协党组副书记、宜春市人民政协理论研究会会长徐剑元出席会议并讲话。

召开全市政协秘书长办公室主任会议 2014年4月29日，全市政协秘书长办公室主任会议在丰城市召开。会议对2013年度全市政协调研视察报告、社情民意信息、宣传报道、大会发言等四项先进工作分别进行评选表彰；各县市区总结交流做好社情民意信息、宣传报道等政协机关工作的经验做法，研究部署下一阶段有关工作。市政协秘书长徐青出席会议并讲话。

组织机关干部参观“苏区精神永放光芒”历史图片展 2014年5月12日，市政协组织全体机关干部到市博物馆，参观“苏区精神永放光芒”历史图片展，缅怀革命先烈，学习苏区精神。本次图片展主要反映了在土地革命战争时期，以毛泽东、朱德为代表的老一辈无产阶级革命家在创建中央苏区和中华苏维埃共和国过程中形成和培育的苏区精神。展览以图片的形式展出了丰富的馆藏文物、文献资料。市政协主席李树才，市政协党组副书记徐剑元，副主席幸志强、刘益民、易斌、涂水泉参加活动。

开展“中心城区棚户区改造项目”专题视察 2014年7月中旬，市政协组织开展中心城区棚户区改造项目专题视察活动。此次棚户区改造项目建设专题视察是今年的市政协常委会视察课题之一，视察组先后来到中心城区文体东路、碧桂园凤凰城、中山西路、黄颇路棚户区改造项目现场，详细了解项目建设进度，听取相关情况汇报。市政协主席李树才率队视察，副市长黄德刚陪同并通报情况。

开展“《加快宜春农业升级的实施意见》贯彻落实情况”专题视察 市政协组织开展《关于加快宜春农业升级的实施意见》贯彻落实专题视察活动。此次视察是贯彻落实市委、市政府《关于加快宜春农业升级的实施意见》、策应活动通过实地察看当地农业龙头企业、农业主导产业、现代农业示范园、农民专业合作社等，了解各地农业产业化进展情况，并召开座谈会，听取当地政府的情况汇报以及农工部、农业局、农业开发办、农业企业代表和群众代表的意见建议，了解当前我市在加快农业产业升级中存在的问题以及促进农业产业升级的意见建议，形成高质量的视察报告，为《关于加快宜春农业升级的实施意见》贯彻落实建言献策。

开展“促进宜商回归创业”调研活动 2014年9月至11月，市政协组织部分常委、委员和政协机关同志由市政协领导带队组成8个调研组，集中利用三个月时间，赴各县市区和宜商比较集中的北京、山西、江苏等地，广泛开展调研座谈、走访联络活动，走访部分在外宜商商会和知名宜商，摸清在外宜商发展情况，返乡投资意愿和需要的政策支持等，积极推动在外宜商回宜创业，并最终形成了《关于宜商回归创业的专题调研报告》，向市委、市政府提出15条意见建议，为我市出台宜商回归创业实施意见提供重要参考。

举行庆祝人民政协成立65周年座谈会 2014年9月29日，宜春市举行庆祝中国人民政治协商会议成立65周年座谈会，认真学习贯彻习近平总书记在庆祝中国人民政治协商会议成立65周年大会上的重要讲话和省委书记强卫在江西省庆祝人民政协成立65周年座谈会上的讲话精神，共庆中国人民政治协商会议成立65周年。市委书记邓保生出席座谈会并讲话，市政协主席李树才主持座谈会。在宜市政协常委、在宜全国政协委员，市政协各专委会、市直有关部门、各民主党派市委会和市工商联的负责同志,无党派人士、各人民团体、各界代表,市政协机关干部和老同志共80余人参加座谈会。

【重要文件】

政协宜春市第三届委员会常务委员会工作报告

(2014年2月16日在政协宜春市第三届委员会四次会议上)

徐剑元

各位委员、各位同志:

我受政协宜春市第三届委员会常务委员会委托,向大会报告工作,请委员审议,请列席会议的同志提出意见。

2013年工作回顾

2013年,是全面贯彻落实中共十八大精神的开局之年,也是全市发展升级,以新一轮思想大解放推动新一轮大发展迈出坚实步伐、实现良好开局的重要一年。一年来,在中共宜春市委的正确领导和市政府的大力支持下,常委会高举爱国主义、社会主义旗帜,牢牢把握团结和民主两大主题,坚持务实创新,着力提高履职能力和实效,充分发挥协调关系、汇聚力量、建言献策、服务大局的重要作用,为促进我市经济持续健康快速发展和社会和谐稳定作出了积极贡献。

一、服务中心有新亮点

常委会坚持发展第一要务,把促进发展升级贯穿履职全过程。围绕工业升级强攻战、服务业发展大会战、城市建设升级战和农业产业化扩张战等市委市政府中心工作,充分利用提案、例会、调研视察等履职平台,组织和引导广大政协委员建有用之言,献务实之策。按照市委市政府统一安排,全力参与重大项目、新农村建设挂点和“万名干部下镇村、助推城乡一体化”等活动,深入现场协调解决问题,所挂项目进展顺利。热忱帮助委员企业破解难题,仁和集团、华伍制动、深圳创维、福斯特新能源等一大批委员企业成为当地经济发展的重要支柱。主动融入市委“谋发展、比实干、争先进”以新一轮思想大解放推动宜春新一轮大发展大潮,市政协机关全员招商成果丰硕。一年来,首期投资3亿多元的五星级红林大酒店已正式营业;成功引进仙峰集团、宏洋集团等大企业落户宜春,仅仙峰集团就将投资40亿元,在中心城区兴建集休闲、娱乐、购物等为一体,建筑面积达80万平方米的大型城市综合体。

二、民主协商有新突破

常委会围绕市委市政府工作大局,选择重点课题,精心组织开展专题协商、对口协商等形式多样的协商活动。首次制定“宜春市政协年度协商计划的办法”,为提升民主协商预见性和科学性夯实基础。围绕现代服务业发展、中心城区住宅小区物业管理等问题深入调研,并召开常委会议充分协商,协商成果为我市出台加快服务业发展、加强小区物业管理等文件提供重要参考。选择备受关注的中心城区保障性住房建设和学前教育等民生问题,认真开展对口协商,向市委市政府提交的视察报告和建议案得到充分采纳。

首次开展重大项目决策前专题民主协商活动。常委会围绕“兴建四方井水利枢纽工程”这一重大决策,组织高规格的调研组,通过实地察看、外出考察、广泛征求意见,在掌握大量第一手资料的基础上,召开专题民主协商会议,积极咨政献计,从五个方面提出16条有针对性的意见建议,为市委市政府启动四方井大型水利枢纽工程建设提供决策参考。

三、民主监督有新探索

常委会积极探索民主监督新方法,围

绕锦江河流域居民饮水安全问题,以“回头看”的方式连续两年开展民主监督活动。市政协领导班子全员挂帅,率领督查组,冒着酷暑,深入现场,采取明察与暗访相结合等多种形式,摸清情况,提出对策建议,形成《关于保障锦江河流域居民饮用水安全的建议案》。市委主要领导阅后作出重要批示,有力推动该流域有关县市区政府关停、搬迁污染企业和养殖场14家,整改38家。鼓励委员履行民主监督职责,推荐56名委员担任教育、医疗等行业民主监督员或行风评议员,组织82人次委员参与综治工作考评、“检察开放日”等活动。首次邀请市民代表列席常委会议,参与民主协商活动。

发挥提案在民主监督中的重要作用。常委会创新提案工作方式,通过采取政协主席副主席领衔督办重点提案,组织提案人和提案承办单位以及群众代表“面对面”专题协商办理提案,表彰优秀提案和先进提案承办单位,首次开展“提案办理回头看”等举措,有效提高提案办理质量,大会提案办复率为100%,委员满意率和基本满意率为100%。

四、参政议政有新成果

常委会紧紧围绕市委市政府重大决策部署和人民群众关心的重大问题,积极参政议政。一年来,向市委市政府报送调研视察报告21份,市委主要领导批示12件。《关于发展我市高等职业教育的专题调研报告》、《关于中心城区教育资源配置情况的视察报告》报送市委市政府后,市委主要领导作出重要批示,市长主持召开市政府现场协调推进工作会议,研究两个报告所提四个方面的建议,有力促进了我市教育事业健康发展。紧扣“放心粮油工程”建设调研,为打造“从田间到餐桌”食品安全产业链支招,我市涌现出“放心粮油”示范企业29个、连锁店20家。《关于中心城区涉毒情况的报告》经市委主要领导批示后,市委领导亲自协调,兴建戒毒所等建议迅速得到采纳落实。

组织委员深入界别群众,积极反映社情民意信息。一年来,共收集整理信息305条,编发《社情民意》专刊12期,“关于加强农村宅基地管理”、“推进生态文明建设的几点建议”等6条信息,引起省政协重视并报送省委省政府主要领导参阅。发挥江西政协系统设区市唯一信息直报点优势,向全国政协报送社情民意信息52条,“关于修订生猪饲料国家标准的建议”、“城镇化应给农民留足空间”等信息引起中央领导及国家有关部委重视。

五、助推民生有新举措

常委会高度关注事关人民群众切身利益的民生问题,坚持把推动体制机制创新,作为解决民生问题的突破口,着重就看病难、上学难、出行难等热点难点问题深入调研。关于整治中心城区非法营运的建议,不到一周时间得到采纳落实,市政府成立以分管领导为组长的集中整治中心城区非法营运领导小组并迅速开展工作。《关于加快发展城区社区卫生服务工作的调研报告》以及“尽快出台房屋维修资金使用和管理办法”和“叫停袁山公园昌黎阁收费”等改善民生的建议,同样引起市委市政府的重视,履职成果给人民群众带来了实惠。继续引导和组织委员自觉担当“政策法规宣传员、社情民意信息员、社会矛盾调解员、公正执法监督员”,对创新社会管理、促进和谐稳定发挥独特作用。

坚持走访慰问福利院孤儿、残疾儿童和城乡特殊困难群体,积极组织开展送科技送卫生送技术下乡、捐资助学等公益活动,赢得了社会广泛赞誉。

六、自身建设有新加强

常委会主动适应新形势新任务新要求,切实加强自身建设。坚持把加强思想理论建设作为政协工作的首要任务和先导工程，通过创新常委会集中学习方式，深入学习贯彻中共十八大、十八届三中全会精神和习近平总书记一系列重要讲话精神，确保政协工作始终坚持党的领导和坚定正确的政治方向。加强委员队伍建设。健全委员履职管理制度，对12名不作为的委员首次开展约谈活动，对16名委员提出调整意见；在委员中深入开展“五个一”活动，评选表彰72名优秀委员；拓宽履职工作领域，首次聘请7名港澳台侨特聘委员。严格执行中央八项规定，制定《市政协关于改进工作作风密切联系群众的实施办法》，修订机关财务管理制度和目标管理考核方案，着力改进文风会风，提高机关服务水平。加强与上级政协机关的联系和对各县市区政协工作的指导，全年共接待上级政协省部级领导来宜指导工作11次。

成立宜春市人民政协理论研究会，并邀请全国政协办公厅有关专家就如何做好反映社情民意信息工作进行专题培训。编辑出版《宜春名文化》，成立宜春市政协文史馆，有效地发挥政协文史工作存史资政、团结育人的独特功能。加大对外宣传力度，办好《宜春政协》内刊和“网站”，充分利用《人民政协报》《中国政协》《光华时报》等媒体，报道履职亮点，展示委员风采。一年来，共接待中央、省级新闻媒体记者16批次，在省级以上报刊用稿390篇。

过去一年市政协所取得的成绩，是中共宜春市委正确领导、市政府大力支持的结果，是市委市政府各部门、各单位以及社会各界倾情关注、合力推动的结果，也是市政协各参加单位和全体委员和衷共济、共同努力的结果。在此，我谨代表市政协常委会，向所有关心、支持政协工作的各级领导和同志们、朋友们表示崇高的敬意和衷心的感谢！

我们也清醒地看到，过去一年的工作还存在一些亟待改进和加强的方面。主要表现在：如何进一步推进协商民主制度化建设，如何进一步提高政协委员的履职能力，如何进一步延伸政协工作领域，如何进一步提升民主监督实效，等等。这些问题都需要我们在今后的工作中切实加以改进。

2014年工作安排

2014年是全面深化改革的开局之年。在新一年里，市政协常委会工作的总体要求是：在中共宜春市委的领导下，全面贯彻落实中共十八大、十八届三中全会和中央经济工作会议以及省委十三届七次、八次、市委三届五次全会精神，牢牢把握团结和民主两大主题，充分发挥人民政协作为协商民主重要渠道作用，全面履行人民政协三大职能，着力提高政协工作科学化水平，为我市实现新一轮大发展作出新的贡献。

一、围绕全面深化改革凝心聚力

具有里程碑意义的中共十八届三中全会，通过了全面深化改革的纲领性文件，市委三届五次全会对我市全面深化改革促进发展升级作出了全面部署，为人民政协履行职能提供了广阔舞台和新的机遇。要在全市政协系统兴起深入学习全会精神的热潮，把思想和行动统一到十八届三中全会精神和市委市政府全面深化改革的重大决策部署上来，唱响改革主旋律，切实把围绕全面深化经济、政治、文化、社会、生态文明体制改革，作为当前和今后一个时期履职的重要任务。尤其要找准切入点，紧扣全面深化农村改革，加快发展农民合作社、着力构建新型农业经营体系、推进城乡一体化，紧扣深化教育、医药卫生、文化和体育事业改革，促进民生改善和社会事业健康发展，紧扣生态文明体制改革，进一步叫响宜居城市品牌等重大课题，组织委员深入调研，摸实情、说真话、建良言，为推动我市各项改革发挥积极作用。要引导参加人民政协的各党派、团体和各界人士理解改革、支持改革、参与改革,最大限度凝聚改革共识,汇聚改革正能量。要引导广大政协委员带头当改革的坚定拥护者和积极实践者,深入了解和反映界别群众、基层群众的利益诉求,及时总结群众的改革实践经验,切实做好上情下达、下情上达和解疑释惑的工作,为全面深化改革营造良好氛围。

二、在宜春新一轮大发展中彰显人民政协新作为

发展是永恒的主题,始终坚持把促进发展作为履行职能的第一要务。要牢牢把握市委三届五次全会"稳中求进、改革创新"的总基调和"五谋五比五争"、"三个升级"、"四个提速"、"三个确保"的总体要求,结合政协工作实际,主动融入新一轮大发展的大潮,以新的理念、新的视角,善谋发展之计,多出创新之策,努力为实现宜春经济社会发展新跨越献计出力。要以服务中心大局为己任,组织动员参加政协的党派团体、政协委员和各界人士,积极投身经济建设主战场,在新一轮大发展的舞台上彰显作为,建功立业;要按照市委的统一部署,充分发挥优势,全力做好重大项目挂点推进和招商引资工作,促成仙峰集团投资的新城综合体项目早日开工,力争引进更多大项目好项目落户宜春。要充分发挥委员企业在宜春新一轮大发展中的模范带头作用,助推委员企业做大做强;要重点围绕工业升级、农业升级、旅游服务业升级、城镇化建设、生态建设、做大做强中心城区等重大课题深入调研,为推动发展升级多献务实之策。要着力为新一轮大发展优化环境鼓与呼,力求"监到点子上、督到关键处",增强民主监督实效。

三、充分发挥协商民主重要渠道作用

中共十八大和十八届三中全会,对发挥人民政协作为协商民主重要渠道作用,给予高度重视并作出具体部署。要坚持制定和实施年度协商工作计划,并与市委市政府"点题"和面向社会各界"征题"相结合,选准协商课题,有序开展民主协商。要充分发挥运用全体会议广泛协商、常委会议集中协商、主席会议重点协商、专门委员会对口协商、界别协商、提案办理协商等形式,邀请新社会阶层人士及市民代表列席、旁听市政协常委会议,提高协商质量,扩大公民有序政治参与。今年第二、三季度将分别围绕推动宜春在赣西转型升级中率先崛起、发展绿色食品产业两个主题,组织常委会议专题协商,围绕加速推进中心城区棚户区改造和镇村联动工作开展常委会视察活动,围绕打造奉新、靖安、宜丰、铜鼓赣西秀美风光带,召开专题民主协商会议,力求形成有新意、有深度、有质量的履职成果。要注重协商成果的跟踪问效,促进协商成果深层次转化。要进一步加强协商民主制度建设,根据中央和省委有关文件精神,积极推动出台我市推进协商民主建设的规范化文件,加快协商民主广泛多层制度化发展。

四、高度关注民生促进社会和谐稳定

坚持把服务群众、改善民生作为政协履职的重点。要充分发挥凝聚人心、汇聚力量的功能和优势,深入了解和反映各界别群众的利益诉求,多做理顺情绪、化解矛盾、增进共识、凝聚合力的工作,为社会和谐稳定增加正能量。要围绕市政府十大民生实事及就业、教育、医疗、环保、养老等民生热点问题,精心组织履职活动。尤其要继续开展锦江河水源保护专题民主监督活动,锲而不舍地为保护该流域居民饮用水安全建言出力。要继续在委员中深入开展"五个一"和"争当'四员'、共建和谐"活动,既要身入、更要心入所联系的界别群众,了解并反映他们的心声疾苦,动真情为他们排忧解难。要继续深入开展"三下乡"、扶贫济困、捐资助学等公益活动,为社会弱势群体多做雪中送炭的工作。

五、以开展群众路线教育实践活动为契机切实加强自身建设

自觉践行党的群众路线，是人民政协履职为民的必然要求和推动政协工作科学发展的有力保障。要按照市委关于深入开展党的群众路线教育实践活动的统一部署，立足人民政协工作实际，重点聚焦作风建设，着力解决“四风”突出问题，以务实的作风、扎实的工作，精心组织开展好教育实践活动，确保取得阶段性成果。要把开展教育实践活动与深入学习贯彻中共十八届三中全会、市委三届五次全会精神紧密结合起来，认真贯彻执行中央、省、市委关于改进工作作风、密切联系群众的相关规定，全面贯彻落实《党政机关厉行节约反对浪费条例》等规定，切实改进文风会风作风。进一步加强政协自身建设，坚持促进党派合作、突出界别特色、发挥委员主体作用、加强专门委员会和机关建设，提升政协工作科学化水平。扎实推进人民政协理论建设，举办人民政协与协商民主研讨会。根据上级政协要求，组织开展纪念中国人民政治协商会议成立65周年活动。

各位委员，同志们，千帆竞渡千重浪，万马奔腾万里春。中共十八大和十八届三中全会为我们描绘了全面建成小康社会和全面深化改革的宏伟蓝图，市委三届五次全会向全市人民发出了实现宜春经济社会发展新跨越的战斗动员令。前景美好而灿烂，任务光荣而艰巨。让我们更加紧密地团结在以习近平同志为总书记的中共中央周围，在中共宜春市委的坚强领导和市政府的大力支持下，进一步解放思想，务实创新，奋发有为，不断开创政协工作新局面，为推动宜春新一轮大发展，为建设文明幸福宜春、实现伟大的中国梦而努力奋斗！

【组织概况】

政协宜春市第三届委员会主席、副主席、秘书长、副秘书长、常务委员、委员名单

主　　席　李树才

副 主 席　徐剑元（2014年4月起不再担任）
徐汉芝（女，2014年7月起不再担任）
幸志强
刘益民
易　斌（女）
杨国荣
涂水泉
张育平

秘 书 长　徐　青

副秘书长　罗　丹

常务委员

王　燕（女）	王文清	刘　锋
刘晓英（女）	刘晓维	江晓云（女）
朱正明	朱步辉	邬　云
邬李云（女）	况丽娟（女）	况青梅（女）
杨　鹤	杨文龙	李寿宁(壮族)
李宜萍（女）	李建新	李晓客
李新发	苏启兴	何晓雄
宋伟峰	余知鹏	余金辉
陈　平	陈　兰（女）	陈小珊（女）
陈爱红（女）	邹小平	范惠珍（女）
易艺波	易志文	易清传
罗　丹	罗名鑫	周永生
林　敏	胡斋水	南进喜
钟　莉	袁志平	袁雪芳（女）
郭　锐	黄　河	黄　磊
黄为民	黄奉春	黄桂生
梁素虹（女）	谌春玲（女）	彭红梅（女）
喻康野	曾　媛（女）	程北平
傅瑶华（女）	释妙安	谢　慧
蔡道国	廖小明	熊勤香（女）

委　员

中国共产党宜春市委员会

王庆祝　兰书华　卢　英(女)
龙　磊　刘善柏　李树才
李和平　李　鸣　李俊波
李美荣　肖德明　冷慧敏
况国高　易　斌(女)　易艺波
杨　鹤　杨国荣　陈少白
陈道银　周亚夫　欧阳世平
徐剑元　徐　青　涂水泉
曹幸忠　黄溯达　曾小明
傅文杰　傅理学　彭　峰
熊建清　熊冬根　武园萍
李建新

中国国民党革命委员会宜春市委员会

龙　腾　陈干渠　陈　平
况丽娟(女)　罗时春　易清传
钟晓明　郭枣林(女)　徐汉芝(女)
徐　勇　彭　振　敖志海
熊勤香(女)

中国民主同盟宜春市委员会

丁淑红(女)　付小飞　艾婷华(女)
刘益民　刘梅英(女)　邬　云
李宜萍(女)　张春华　邹顺兰(女)
周灿秀(女)　夏　平　黄志刚
廖晓明(女)　钱水如

中国民主建国会宜春市委员会

李宏涛　李小华(女)　杨文龙
徐福华　袁小平　梁素虹(女)
谢作友　熊春林

中国民主促进会宜春市委员会

张育平　李明娥(女)　陈小珊(女)
陈高平　林学英(女)　徐菊林
熊劲荣

中国农工民主党宜春市委员会

丁晓东　王继平　孙　恕
吴凯萍(女)　吴兆鸣　苏启兴
况青梅(女)　幸志强　杨　凌(女)
易宝来　郑群英(女)　涂国思
黄春红(女)

九三学社宜春市委员会

方　沛　朱均安　张子文
张　帆　易清松　胡斋水
袁任荣　韩俭德

无党派人士

王振兴　冷北兴　李晓客
罗惠华(女)　祝九大　钟存发
涂海宝　郭　锐　黄圣平
程北平　程　萍(女)　彭德忠
曾春芽

宜春市总工会

艾美琴(女)　刘光萍(女)　陈　霞(女)
莫海圣　陶佑祥　曾彦炽
简江华　简小林　腾冬林
黎子路　徐　波

中国共产主义青年团宜春市委员会

龙元勇　黄为民　况海家
冷辉林　张晓波　钟　芳(女)
罗国芬

宜春市妇女联合会

王海云(女)　何　青(女)　李小娜(女)
时水莲(女)　陈爱红(女)　杨　宜(女)
范惠珍(女)　林　兰(女)　罗春香(女)
欧阳琼子(女)　周　玲(女)　袁雪芳(女)
梁恒珠(女)　曾　媛(女)　喻腊梅(女)
赖红霞(女)　周剑凤(女)

宜春市青年联合会

何玲燕(女)　杨　帆　林海玲
欧阳文　赵　晨　魏冬冬

宜春市工商业联合会

叶　浪　任　忠　刘　锋
孙　艾　宋伟峰　陈军耀
林　敏　林铭祺　周永生
易自强　南进喜　涂忠平
夏维军　黄中兴　蔡道国
黄江萍　王东明

宜春市科学技术协会

王建军　吴旅良　陈智林

周武旺 曹圣发 钟明远
漆文峰 漆春林

宜春市侨台联合会

余维维 张柏福 张荷花(女)
张　虹(女) 胡秀筠(女) 姜海清(女)
熊秋生 潘劲松

文艺界

兰　芬(女) 李冬显 汪道生
杨永俊 陈冬珍(女) 单文峰
徐艳云(女) 黄勇萍 黄　河
傅瑶华(女) 曾若水 蔡长远

科技界

兰冬生 朱正明 刘　浩
吴　成 肖　群 易晓斌
周彦如 龚志军 黄渭国
黄雨生 梁飞文 黎世龄
魏雄杰

社会科学界

朱国荣 孙　辉 宋桂荣(女)
李　丽(女) 罗名鑫 钟良生
谢黎青 舒建鸿

经济界

王　燕(女) 朱和清 宁惠强
肖　东 高　勤 张运东
张志刚 周鸣芳 易维民
张海峰 闻一龙 胡国华
郑友直 谌春玲(女) 谢徐州
黄秋明 谢冬青 喻连生
张长根 赖文琦 聂国军

农业界

冯绪泉 刘小晖 许桂生
吴依群 况　炜 李新发
李苏荣 邹晓阳 罗时通
胡诚民 晏顺根 敖连芽
黄卫军 黄有迁 詹武科
缪振荣 王　磊 周胜同

教育界

付建平 皮志清 叶以明
刘　平 吕燕萍(女) 何　靖
吴兆鹏 袁晓斌 袁志平
黄　磊 揭　青(女) 彭红梅(女)
谢文平 曾玉平 熊晓钧
熊筱娟(女) 熊珍琴(女) 黎　明

体育界

卢友华 刘晓英(女) 何非儿(女)
吴朝军 张志坚 易建德
唐志坚 熊烈生

新闻出版界

邬李云(女) 陈　兰(女) 陈小牛
陈小萍(女) 胡蔚兰(女)

医药卫生界

江晓云(女) 刘绍云 刘彩华(女)
陈立华 李小红(女) 李敏峰
易献春 易志文 邱振兴
敖志文 黄国华 喻康野(女)

社会福利界

汤　辉(女) 李绍光 吴艳红(女)
肖聚成 邹小平 杨小琴(女)
袁　军 熊大辉 熊少华

少数民族宗教界

李寿宁(壮族) 吴雪娥(女) 杨　旭
易载忠 徐通兴 释衍真
释心妙 释永空(朝鲜族)
释圣愿 释妙安 释照尘
释顿雄

特别邀请人士

马　岗 兰初生 龙友媛(女)
龙国虎 卢新明 刘选明
刘　勇 孙有金 许建国
钟三明 余文广 余知鹏
余华峰 李　奇 李建新
李　政 时德田 宋小文
杜学明 冷世民 肖剑军
汪　清(女) 张五芽 张小山
张方敏 张小林 陈　彬
陈　蕾 陈镇春 陈圣弼
陈鹏(回族) 陈久生 周煌师
杨森林 杨明亮 杨立华

邹进勇	庞正伟	易绍华
邱小平	孟军华	胡志雄
涂晓明	涂洋苟	黄成莲(女)
袁剑文	聂建生	徐招南
晏火根	唐　诚	唐小平
夏传林	黄维华	黄奉春
龚四芽	曹盛生	曾德惕
舒　荣	詹国华	黎建荣

【大事记】

1月

2至3日　省市政协港澳台侨和外事工作座谈会在宜春召开。

10日　市政协召开三届二十八次主席会议。

15至16日　召开市政协三届十二次常委会议。

15至20日　市政协领导走访慰问市政协委员及驻宜全国、省政协委员。

19至25日　市政协领导走访慰问挂点贫困户。

2月

1日　李树才主席主持召开全市各界人士迎春茶话会。

10日　市政协召开三届二十九次主席会议。

16至18日　市政协召开三届四次会议。

25日　召开市政协机关党的群众路线教育实践活动动员大会。

3月

6日　李树才主席在万载走访委员企业,并围绕"企业家委员如何做大做强做优自身企业,助推宜春经济发展"调研。

14日　市政协召开三届三十次主席会议

4月

4日　市政协召开三届三十一次主席会议。

14日　市政协召开三届十四次常委会议。

15日　省政协在上高开展"我省实施单独两孩政策情况"专题调研活动,杨国荣副主席陪同调研。

市政协经济委员会工作会议,涂水泉、张育平副主席参加。

15至16日　省政协副主席郑小燕率省政协调研组一行在我市调研创新重点青少年教育工作。

16至18日　省政协调研组就我省创建全国生态文明示范省情况来我市开展专题调研。

22日　市政协召开党组会议。

28日　市政协召开宜春市人民政协理论研究会第二次理事会议暨"人民政协与群众工作"理论与实践研讨会。

29日　全市政协秘书长办公室主任会议在丰城召开,会议对2013年度宣传报道等有关工作进行表彰,并对做好全年有关工作进行了部署。

全省政协民族宗教座谈会在鹰潭召开。

4月下旬至5月上旬　市政协开展"锦江河流域生态保护情况"调研。

5月

5日　市政协召开三届三十二次主席会议。

23日　市政协召开党组群众路线教育

活动专题会议

26日 陪同省政协港澳委员返赣视察团在宜丰视察扶贫工作，刘益民副主席陪同。

28日 市政协召开党组扩大会议。

下旬 省政协民族宗教委员会在市中心城区开展关于少数民族流动人口管理的调研活动，刘益民副主席陪同。

6月

6日 市政协机关召开群众路线教育实践活动“查摆问题”专题会议。

16至17日 市政协党组群众路线教育实践活动，召开市政协党组班子专题民主生活会。

17日 市政协?副主席在丰城市调研新农村建设。

25日 市政协召开三届三十三次主席会议。

25至27日 省政协调研组一行就可移动文物普查情况在樟树市、高安市开展专题调研，幸志强副主席陪同调研。

7月

1至5日 市政协常委会开展《加快宜春农业升级的实施意见》贯彻落实情况专题视察活动。

2日 市政协组织开展中心城区棚户区改造项目专题视察活动。

刘益民副主席参加上高县旅美侨眷联谊会周年纪念活动。

3至4日 市政协召开机关专题民主生活会。

3至5日 省政协常委会在我市开展“全省污水处理设施建设运行情况调研”，杨国荣副主席陪同。

6日 副主席张育平主持召开市招商引资重点项目工程建设协调工作会。

10日 市政协召开三届三十四次主席会议。

11日 市政协召开三届十五次常委会议。

上中旬 主席李树才，副主席徐汉芝、幸志强、刘益民、易斌、杨国荣、涂水泉、张育平分赴各提案承办单位就三届四次会议重点提案开展督办。

16日 全省政协提案委员会工作会议在南昌召开，易斌副主席参加会议。

22日 市政协开展提案办理“面对面”协商活动，易斌副主席参加。

下旬 全省政协港澳台侨特聘委员培训班在靖安举行，刘益民副主席参加。

29日 市政协机关召开专题组织生活会。

8月

6至8日 省政协调研组来宜调研加强协商民主制度化建设，副主席刘益民出席并介绍相关工作。

7日 市政协召开三届三十五次主席会议。

27日 主席李树才在奉新县调研基层党组织建设和镇村联动工作。

27至28日 省政协文史和学习委员会就我省深化文化体制改革情况来宜进行专题调研，主席李树才，副主席幸志强陪同调研。

29日 全省政协人口资源环境委员会工作会议在新余召开，杨国荣副主席参加会议。

全市政协教科文卫体委员会工作会议在宜丰召开，幸志强副主席出席会议并讲话。

9 月

2 日 全市政协文史和学习委员会工作会议在靖安县召开。副主席幸志强出席会议并讲话。

4 日 市政协召开三届三十六次主席会议。

全市政协人口资源环境委员会在樟树召开,杨国荣副主席出席会议并讲话。

7 日 市政协提案委员会对我市放心早餐工作情况进行视察,易斌副主席参加。

16 日 市政协社会法制委员会开展中心城区消防安全工作专题视察,涂水泉副主席参加。

下旬 市政协常委会开展宜商回归创业情况专题调研,主席李树才、副主席幸志强、刘益民、易斌、杨国荣、涂水泉、张育平参加。

18 至 28 日 副主席易斌、杨国荣、张育平参加 2014 年全国政协北戴河第 99 期地厅级培训班。

26 日 副主席张育平带领部分市政协常委、委员,对中心城区市政协委员领办、创办的企业进行视察,并召开座谈,就如何进一步扶持委员企业积极建言献策。

29 日 宜春市举行庆祝中国人民政治协商会议成立 65 周年座谈会。

10 月

8 至 17 日 市政协常委会对锦江流域环境综合整治工作进行民主监督活动,副主席刘益民、易斌、杨国荣、张育平参加。

10 日 市政协召开三届三十七次主席会议。

15 日 全省政协文史委员会工作会议在南昌召开,幸志强副主席参加会议。

16 日 全市政协经济委员会工作会议在铜鼓召开,张育平副主席出席会议并讲话。

16 至 17 日 省政协副主席李华栋率领九三学社界别委员就我市生态文明建设情况赴靖安、宜丰、铜鼓三地开展专题视察。副主席杨国荣陪同视察。

17 日 全市政协提案委员会工作会议在上高召开,易斌副主席出席会议并讲话。

18 至 20 日 省政协在靖安、铜鼓开展我省生态文明建设情况的专题调研,杨国荣副主席陪同。

20 日 召开市政协机关领导集体开展党的群众路线教育实践活动总结大会。

18 至 31 日 徐汉芝副主席参加在山东青岛的全国政协第 100 期干部培训班。

21 至 26 日 副主席涂水泉率考察组,先后赴北京等地考察在外宜商创业情况。

24 日 副主席刘益民率领由市政协港澳台侨和外事委员会与民盟市委会议联合组成的调研组,赴丰城市就现代农业示范园区建设工作深入调研。

25 日 市政协文史委员会就宜春中心城区古井保护情况开展专题调研,副主席幸志强陪同调研。

11 月

4 日 市政协召开三届三十八次主席会议。

7 日 全市政协社会法制委员会工作会议在奉新召开,涂水泉副主席参加。

13 日 市政协港澳台侨和外事委就我市电子商务产业发展情况开展调研,副主席刘益民参加。

15 至 16 日 省政协在铜鼓开展国有林场改革及粮食安全的专题调研,杨国荣副主席参加。

19 日 市政协人资环委开展我市地质灾害防治工作调研,副主席杨国荣参加。

下旬　成立丰城石滩旅新侨眷联谊会，刘益民副主席参加指导。

20 至 21 日　市政协经济委员会开展“宜万经济一体化”专题调研，张育平副主席参加。

24 日　市政协召开三届十六次常委会议。

26 日　全市政协港澳台侨外事和民族宗教委员会在樟树召开，刘益民副主席参加会议。

12 月

3 日　主席李树才在奉新调研挂点企业生产经营和村“两委”换届工作情况。

9 至 10 日　全省政协社会法制委员会工作会议在九江召开，涂水泉副主席参加会议。

12 日　副主席张育平到丰城市董家镇田塘村视察新农村建设进展情况。

15 日　市政协召开三届三十九次主席会议。

17 日　全省政协教科文卫体委员会工作会议在抚州召开，幸志强副主席参加会议。

22 日　市政协教科文卫体委员会开展体育休闲广场基础设施建设专题调研，幸志强副主席参加

23 日　市政协社会法制委员会召开市政协社会法制工作会议并开展界别活动，涂水泉副主席参加。

市政协港澳台侨外事和民族宗教委员会工作会议，刘益民副主席出席会议并讲话。

29 日　市政协经济委员会工作会议并开展界别活动，张育平副主席参加。

市政协人口资源环境委员会工作会议并开展界别活动，杨国荣副主席参加。

（刘冰 编写　冷慧敏 审稿）

政协上饶市委员会

【全体委员会议】

三届四次会议 2014 年 2 月 10 至 12 日，上饶市政协三届四次会议召开，共有 461 名政协委员参加会议。市委书记陈俊卿在开幕式上作了“迎接高铁时代、放大高铁效应”的主题讲话。会议审议通过了市政协副主席徐金香代表政协上饶市第三届委员会常务委员会所作的工作报告和市政协副主席叶礼茂代表政协上饶市第三届委员会作的提案工作情况的报告。会议围绕全市经济社会发展大局进行协商议政，提出了建设性的意见和建议。会议期间，共收到提案 225 件，其中，集体提案 16 件，个人提案 172 件，联名提案 37 件。经审查，立案 211 件。

【常务委员会会议】

第十次会议 2014 年 1 月 14 日在上饶召开。市政协主席程建平出席并讲话。副主席胡开亮主持会议，市委常委、常务副市长汪东进到会作《政府工作报告（征求意见稿）》起草情况的说明。会议协商讨论了《政府工作报告（征求意见稿）》；听取了市政府办公厅《关于市政协三届三次会议以来提案办理情况的通报》；审议通过了《政协上饶市第三届委员会常务委员会工作报告（审议稿）》《政协上饶市第三届委员会常务委员会关于三届三次会议以来提案工作情况的报告（审议稿）》《政协上饶市第三届委员会第四次会议议程（草案）》《政协上饶市第三届委员会第四次会议日程（草案）》《政协上饶市第三届委员会第四次会议各组召集人建议名单（草案）》以及《整合旅游资源，建设旅游强市—关于上饶旅游应对“高铁时代”的若干思考》《关于推动我市高等教育做优做强》《关于我市城乡建设用地增减挂钩点工作》《关于信江源头治理和保护工作》《培育产业支撑，打造特色重点集镇》《关于全市非物质文化遗产传承人情况》《关于上饶市中心城区城市照明》等 7 个视察调研报告。会议审议通过了有关人事事项。

第十一次会议 2014 年 7 月 17 日，市政协召开三届十一次常委会议暨市政协党组专题民主生活情况通报会。主席程建平出席并讲话，省委第九督导组副组长黄群言出席会议。市政协副主席胡开亮通报了市政协党组专题民主生活会情况，副主席姜松阳主持会议，副主席徐金香宣读了中共上饶市政协党组关于制度建设的计划。

第十二次会议 2014 年 10 月 27 日在德兴召开。主席程建平，市委常委、副市长廖其志出席并讲话。会议审议通过了市政协三届十二次常委会议议程。主席程建平以“七个一”全面概况上饶的生态优势，就推进生态立市、促进发展升级作了重要讲话。

【专门委员会工作】

提案委员会 主要工作：全年共收到提案 225 件，其中，集体提案 16 件，个人提案 172 件，联名提案 37 件。经审查，立案 211 件。提案首次通过网上交办、答复和反馈。截至 2014 年 12 月 31 日，全部办复。其中，已经解决或部分解决的 77 件，占 36.49%，正在解决或列入计划逐步解决的 111 件，占 52.61%，委员满意率 97%。遴选并报请主席会议审定《关于开发人文旅游资源的建议》等重点提案 17 件。评选并报请全体会议表彰《推动上饶农业旅游促进绿色生态建设》等 18 件提案为 2013 年度优秀提案。汇编 7 期《重要提案摘报》报送市委、市政府。开展“如何提高提案落实率”调研，起草出台《政协上饶市委员会关于进一步提高提案落实率的改进意见》。首次召开全市提案工作联络员会议，建立提案联络员工作机制，就6件涉及交通方面的提案召开提案办理协商会。在《人民日报》《光华时报》等媒体，先后刊登《打通政协提案办理中的"断头路"》《推动提案办理多层面协商》等工作稿件11篇。撰写的《推进提案办理多层面协商的实践和思考》被选入《江西省人民政协与协商民主文选》。

经济科技委员会 主要工作：2014年4月，组织"放大高铁效应，加快上饶发展，助力江西小康提速"专家资政会，邀请了省政协主席黄跃金、原国家统计局局长李德水、原江西省政府副省长黄懋衡、中央党校经济部主任赵振华、国家发改委国土开放与地区经济研究所所长肖金成、中国社会科学院博士生导师罗来武、原江西省社科院院长汪玉奇等领导及专家学者参加。5至7月，就"抓住机遇，设立上饶高铁经济试验区"专题进行调研，形成了调研报告，在功能定位、基本架构、运营模式、产业布局、外部环境等五个方面提出了14条建议。

人口资源环境委员会 主要工作：2014年，在德兴召开市政协三届十次常委会专题协商会，市委常委、副市长廖其志及市直有关部门领导出席专题协商会，会议听取了6名常委大会发言，并形成主题报告。开展了机动车尾气污染防治工作专题报告，联合市环保局组成调研组，先后前往市交警支队、市交通局、市气象局、市商务局等单位调研，赴上海、山东、青岛等地学习考察，形成《关于对我市机动车尾气污染防治工作的几点建议》。

教文卫体委员会 主要工作：历时4个月，开展了"关于高品位的打造上饶美食文化小吃一条街"的专题调研，调研组经过实地查看，召开各类座谈讨论会，形成了《关于高品位打造上饶美食文化小吃一条街的调研报告》，提出了打造上饶美食文化小吃一条街的对策与建议，即采取"政府指导，文化搭台，经济唱戏，民资参与，市场化经营，产业化运作，规范化管理"的运营模式，供市委市政府和相关部门决策参考。

社会和法制委员会 主要工作：组织部分市政协委员对上饶市基层司法所规范化建设情况进行了视察，主席程建平带队，实地察看了市司法局、信州区北门司法所、信州区信美中途之家矫正监管中心、上饶县应家乡司法所的建设和工作情况，并在应家乡司法所召开座谈会，形成了《基层司法所规范化建设工作视察报告》。由副主席姜松阳带队，对市城市管理工作进行了专题调研，形成了《加强绿化美化亮化设施管理，建设精细优美城市》的调研报告。

文史和学习委员会 主要工作：召开全市政协文史工作交流会，主席程建平出席并讲话，副主席吴亦丰主持，副主席黄廉忠讲话，会议讨论研究了文史工作如何更好地服务中心和大局，并就《关于加强文史资料工作的意见》进行了讨论。承办了市政协第九期理论讲坛，上饶市近三百余名政协委员参加了这次讲坛。出版编辑市政协机关刊物《锦绣上饶》4期，编辑出版《上饶文史·饶信长歌专辑》《上饶文史·茶文化专辑》《上饶文史·戏曲文化专辑》《上饶市政协委员服务发展丛书——上饶艺雕》等文史书籍。历时3个月，实地调研婺源、铅山等地的茶文化及茶产业发展情况，完成《弘扬上饶茶文化　助力上饶茶产业 —上饶茶文化调研报告》。

港澳台侨和外事委员会 主要工作：组织部分政协委员对上饶检验检疫局和上饶海关工作进行视察，完成了《对上饶检验检疫局和上饶海关工作的视察报告》。历时3个月，开展"饶商及外出务工人员回乡创业"专题调研，召开"饶商及外出务工人员回乡创业"专题调研座谈会，赴铅山、玉山、广丰实地察看，撰写了《关于饶商及外出务工人员回乡创业情况的调研报告》。开展上饶市侨(港澳)资企业发展情况调研,实地走访帝邦实业有限公司,察看帝邦实业的办公家具生产和销售情况,完成了《上饶市侨(港澳)资企业发展情况的调研》。开展以"关爱贫困学生、关爱环卫工人、关爱孤寡老人"为主题的"委员活动周"活动,为贫困小学捐赠了4万余元的文体用品、日常生活用品,为4位困难老人送去了合计8000元慰问金。

【重要活动】

全国政协"积极发展混合所有制经济"专题调研组到饶调研 2014年4月17至18日,全国政协常委、著名经济学家厉以宁带队到上饶开展"积极发展混合所有制经济"专题调研。调研组考察了凤凰光学集团、晶科能源、光电高科、一舟电子、艾芬达卫浴和耐普实业等企业,并召开座谈会,建议各级政府要鼓励民营企业发展非公有制控股的所有制企业,激发企业的积极性和创造性。

举办"放大高铁效应,加快上饶发展,助力江西小康提速"专家资政会 2014年4月26日上午,"放大高铁效应,加快上饶发展,助力江西小康提速"专家资政会在上饶市举行,省政协主席黄跃金出席并讲话。市委书记陈俊卿致辞,市委副书记、市长潘东军讲话,市政协主席程建平主持会议。会上,原国家统计局局长李德水、原江西省政府副省长黄懋衡、中央党校经济部主任赵振华、国家发改委国土开放与地区经济研究所所长肖金成、中国社会科学院博士生导师罗来武、原江西省社科院院长汪玉奇等专家学者对高铁经济发展大势和特征进行了全面、深刻阐述,对如何推动上饶经济社会发展、促进江西小康提速提出了很多的意见建议。

举办庆祝人民政协成立65周年京剧晚会 2014年9月3日晚,由市政协主办的庆祝人民政协成立65周年演唱会在市会议中心举行。省政协主席黄跃金,省政协秘书长肖为群,省委第九督导组组长李文彩,市领导潘东军、程建平、汪东进、倪美堂、汪霞、吴井勇、张之良、韩平出席。国家京剧院副院长艺术指导于魁智及国家京剧院一团团长李胜素等京剧名家与其他优秀演员演出了《三岔口》《红灯记》《智取威虎山》《沙家浜》《贵妃醉酒》等红色经典及传统名段。展示了京剧民族瑰宝的博大精深和无穷魅力,为上饶市民奉献了一场文化盛宴。

开展"中心城区建设工作"视察 2014年10月16日,市政协组织百名各界人士代表视察中心城区建设工作,并召开座谈会。主席程建平参加视察并讲话,市委常委、副市长廖其志代表市政府作情况汇报,副主席叶礼茂,原副主席胡开亮,秘书长谢显亮参加视察。视察组先后视察了三清山机场、市综合交通枢纽、高铁站房、天佑雅苑、万达广场、市污水处理厂西迁改扩建项目,听取了项目负责人情况介绍。会上,与会人员提出了许多宝贵意见和建议。

召开闽浙赣皖四省九地市政协联谊会第24次会议 2014年10月30日,由衢州市和上饶市合办的闽浙赣皖四省九地市政协联谊会第24次会议在上饶闭幕。主席程建平出席并致辞,副主席姜松阳、黄统征,秘书长谢显亮出席会议,副主席黄廉忠主持会议。会议审议通过了闽浙赣皖四省九地市政协联谊会第24次会议纪要。会议期间,与会代表实地察看了高铁枢纽站、建设中的三清山机场和弋阳县清水湖水利工程。

开展委员联系周活动 2014年12月18至19日,市政协组织委员深入一线环卫工人,部分县市、院校开展捐赠扶贫、助学活动。市政协副主席徐金香、黄统征参加活动。在此期间,市政协民革委员到铅山县湖坊镇桥北村、上饶县黄沙岭乡麻墩小学,举办慰问捐资活动,发放5万余元扶贫帮困助学资金。市政协部分委员为20户贫困户每人发放1000元慰问金。

开展关于设立上饶高铁经济试验区的调研活动 2014年底,杭州至长沙和2015年6月前合肥至福州两条高铁的开通,上饶成为高铁十字交汇的枢纽。为放大高铁效应,加快上饶发展,市政协组织调研考察,形成了《关于设立上饶高铁经济试验区的调研报告》,综合分析了高铁对被通达地区国土开发功能特别是欠发达地区的两权、三流、三观念的效应,提出设立上饶高铁经济试验区,按照一核N区的架构,构建经济试验区决委会、管委会、咨委会和若干公司"3+N"管理体制,以独特的区位优势、产业优势和丰富的旅游资源为基础,以现代服务业领域和高新技术产业领域扩大开放合作为先导,带动上饶战略性新型产业、生态农业、现代服务业、旅游业的聚集发展的建议。建议作为省政协年度建议案,报送省委、省政府。

开展关于信江源头治理和保护的调研活动 主席程建平组织在饶省政协委员、市政协部分委员30余人,赴广丰、玉山、三清山等地就信江源头治理和保护工作进行实地视察,针对环保意识不强、基础设施薄弱、长效机制不健全的问题,提出了6点建议:一是科学编制水生态文明保护规划;二是建立健全水资源服务体系;三是完善多元化资金投入体系;四是大力优化源头产业布局;五是将广丰县列入源头保护范围;六是大力强化群众主体意识。

开展帮扶政协委员办企业活动 在第二批党的群众路线教育实践活动中,市政协开展了"帮扶政协委员办企业、助力实体经济解难题"的活动。活动分为各自调研、统一视察、集中解困三个环节,时间长达半个月。活动要求,市政协每一位厅级领导带头帮扶2户实体型企业,县级领导帮扶1户实体型企业,通过实地调研、视察、召开座谈会、召开企业与部门负责人协调协商会等形式,了解企业生产发展中的遇到的困难,分析查找内外部的制约因素,尽心竭力帮助企业排难解困,助推企业快速发展,活动得到了市委、市政府的高度重视。

【重要文件】

政协上饶市第三届委员会常务委员会工作报告

(2014年2月10日在政协上饶市第三届委员会第四次会议上)

徐金香

各位委员、各位同志:

我受政协上饶市第三届委员会常务委员会委托,向大会报告工作,请予审议,并请列席会议的同志提出意见。

一、2013年工作回顾

2013年,在中共上饶市委的坚强领导下,市政协常委会高举爱国主义、社会主义旗帜,牢牢把握团结和民主两大主题,坚持中国特色社会主义政治发展道路,紧紧围绕市委、市政府中心工作,认真履行政治协商、民主监督、参政议政职能,切实发挥协调关系、汇聚力量、建言献策、服务大局作用,致力于在继承中创新,为促进我市经济持续健康较快发展和社会和谐稳定作出了积极贡献。

(一)围绕中心,服务大局。我们紧紧抓住事关全局的重大问题,积极开展多种形式的协商议政、视察调研,取得了较好成效。

献策长远发展。召开了两次经济形势分析会,把脉经济运行情况,提出了做好一个布局、发展五大产业、力争五大红利、关注五大风险的建议。“一个布局”，就是争取上饶在进入高铁时代之后，在全省乃至全国发展布局上有地位，成为美丽中国、和谐江西先行先试区、对接东南沿海扩大开放示范区。“五大产业”，就是紧跟第三次工业革命浪潮，着重发展现代工业、信息化产业、现代农业产业、旅游文化产业和现代服务业。“五大红利”，就是改革红利、城镇化红利、财政红利、金融红利、生态发展红利。“五大风险”，就是投融资迎来集中还款高峰、部分行业出现较大面积亏损、房地产市场风险加大、不规范民间借贷和泡沫经济结合、部分行业资金链断裂。这些分析和意见得到市委市政府高度重视和积极采纳。围绕建设“三宜”城市、做优做美中心城区、实施重点民生工程、关心留守儿童、完善医患纠纷调处机制等内容，召开了市政协委员请谈会、协商会、政情通报会，提出的意见建议得到相关部门积极采纳。

共谋转型升级。关注科技型、创新型企业发展壮大，多次对光伏产业进行调研谋划，提出了促进光伏产业高起点、跨越式、集群化发展的建议及“出口+内销”的运营模式。两次视察市经济技术开发区，提出了实行三个“倒逼”、加长四条“短板”、实现四个“加速”、破解八个结构性矛盾的建议，受到高度重视。根据市委“迎接高铁时代，推进跨越发展”的要求，组织委员对上饶西货场建设项目进行视察，提出了“六个结合”的建议，做到了视察建言在政府决策之前。围绕“抓好科技企业孵化器建设，推进工业创新驱动”，提出了四条措施，被有关部门写入发展规划。围绕信江河谷城镇群建设和新型城镇化发展，提出把上饶建设成江西新型城镇化及金融改革先行先试市、全国现代服务业品牌城市及“智慧城市”的建议。围绕现代物流建设，提出了完善规划、制定政策、加大投入、扶持企业、集聚人才五条建议。由主席、副主席领题，选择综合性、全局性、前瞻性课题，开展了建设中心城区大公交、上饶旅游应对“高铁时代”、中心城区旅游资源整合与利用、提升我市重点集镇产业支撑能力等课题调研。就建设台资产业园、油茶产业整合发展、发展山水休闲旅游、推进红色旅游、大力培植新经济增长点等问题开展“短、平、快”调研，相关意见建议得到市政府及有关部门重视和采纳。

建言绿色崛起。三届三次全会期间，围绕科学发展、绿色崛起主题，组织了一批质量较高的大会发言，就生态文明建设、水资源保护、旅游转型升级、城市拆违增绿等进行协商议政。开展了信江、饶河源头生态建设和保护视察。完成《建言献策》24期，受到市委市政府及有关方面关注，获得3位省领导批示；市领导批示28人次。《推进“五个激活”，加快上饶服务业发展的建议》、《切实加大旅游扶贫攻坚力度》、《推进我市高校发展的建议》、《做大做强市经开区的五条建议》、《大力发展战略性新兴产业的建议》等，引起了市委、市政府主要领导和分管领导高度重视，相关工作正在推进。市委推出“九个课题”后，市政协就新型工业化、农业现代化、高端旅游业、生态产业发展、文化创意产业等进行了专题协商和研讨视察，积极为拓展上饶生产力布局、增强发展后劲资政建言。

推动文化繁荣。为落实陈俊卿书记关于“政协要在文化软实力建设上下功夫”的指示精神，我们组织委员调研视察、研讨论证，积极报送建议案，为推进文化与旅游融合、大力发展文化创意产业、加强弋阳腔等“国宝”保护、保护信江母亲河、推进饶信文化研究挖掘、建设文化软实力鼓与呼。完成了《坚持文化为魂、建设文化强市》、《瓦屑坝移民文化挖掘》等调研报告，提出的建议得到市领导肯定。完成了《关于全市非物质文化遗产传承人情况调研报告》，提出了六条建议。组织政协常委对“婺源文化旅游产业发展”进行专题视察，召开了专题常委会，总结提炼出“将徽文化与赣文化进行创造性嫁接，彰显旅游文化新魅力”的婺源经验，为全市旅游发展提供借鉴。继推出《上饶旅游名菜》后，又编辑出版了《上饶艺雕》《上饶宗教文化》《快乐工作哲思》。《要求将弋阳腔列入国家保护的提案》，得到国家和省有关部门重视和采纳，首批保护资金100万已经到位。建设市政协艺术馆工作，正在做前期准备。

（二）立足特色，积极创新。我们积极探索履行职能新形式、新途径，以创新求发展，推动履职水平整体提升。

一是建立了15个委员工作室，架起了社情民意通达的桥梁。城市社区的委员工作室，作为市政协派出机构，成为沟通民意、畅通民情的重要桥梁。通过委员工作室，收集了一批社情民意，与当地党政形成了交流沟通的常态，为群众解决了一批实际问题。

二是举办了7次政协委员请谈会，成为协商民主的新形式。请谈内容涉及民生保障、中小企业融资、现代服务业发展、文物保护等。每次请谈会，大约30名委员参加，气氛活跃热烈。我们通过《建言献策》和《社情民意》，完整如实地把请谈会中掌握的意见建议反映给政府及有关部门。城区内7条里弄小巷双向道改单行道、对相关路段综合治理、加强城区排污管理等都得到解决和改进，市民给予了积极评价。

三是聘请了一批特聘委员，其中港澳台侨特聘委员16名，推动了政协工作向基层延伸。

四是选派了32名政协委员担任特约民主监督员。针对部分行业在贯彻执行国家法律、法规，落实市委市政府重要部署，公务人员履职情况等进行民主监督，反映人民群众呼声。

五是召开了基层协商民主专题常委会，总结推广了万年设立乡镇政协联络组、鄱阳县委加强基层协商民主工作等做法。《在推进基层协商民主中贯彻好党的群众路线》一文，得到三位省领导批示，《人民日报》《人民政协报》《中国政协》作了刊登。去年8月20日，《人民政协报》以《上饶市政协积极探索基层民主协商之路》为题，对我市乡镇及社区协商民主工作进行了集中报道，并配发了编者按。

六是创作了五部电影剧本，其中《万年烛光》《美丽的故事》《三清山奏鸣曲》已拍摄完毕，弘扬了主旋律，传递了正能量。《万年烛光》在央视电影频道及江苏、陕西卫视播出后，反响热烈，被教育部、国家广电总局评为向全国中小学推荐的优秀影片，并代表我国儿童片，参加了第63届柏林电影节和66届戛纳电影节；又被外交部列为向驻华使馆推荐的展示中国形象优秀影片。电影剧本《施奇》《敬老院长》即将投入拍摄。

七是市政协的快乐工作法引起广泛关注。中心内容是：发现使人快乐的时光和元素，增加它；发现使人不快乐的时光和元素，减少它。具体内容为“一个中心，六个基本点，五个关键环节”。此法被列入《全国政协干部培训案例教学100例》。《人民日报》《中国政协》《光华时报》《政协天地》等媒体对此给予了宣传报道。

（三）关注民生，为民履职。我们努力增进关注民生的真感情，搭建服务民生的大平台，让发展成果更好惠及全市人民。

追求提案办理实效。把民主监督融入提案办理、工作满意度评议、特约监督中。开展了重点提案领导督办、B类提案回头看和政协领导督办提案活动，与市政府办公厅及承办单位开展了面对面协商办提案活动，对部分提案办理集中的单位进行了现场督办。

促进人居环境改善。连续对大坳水库、七一水库饮用水源地进行跟踪式视察调研，推进保护信江“母亲河”活动；组织省政协在饶委员和部分市政协委员开展了信江源头生态建设与保护视察；《关于将广丰县列入省五河源头保护区的建议》，被列为省政协重点督办提案。报送的《提高奥林匹克体育馆利用效率视察报告》及《二次供水存诸多隐患，危及百姓饮水安全》的报告，得到市党政领导重视，已制定具体解决措施。成立了由政协委员和民主党派成员组成的专项督查组，对自来水、污水处理厂和中心城区拆违绿化工作进行重点督察，监督成效得到有关部门和社会各界肯定。围绕城乡清洁工程、部分农贸市场脏乱差整治，组织视察调研。会同省、市、县政协就加强我市湿地保护与建设、重金属污染治理工作、历史文化建筑遗存保护和利用、加强农村卫生人才队伍建设等进行专题调研。

献计民生事业发展。开展了缓解群众就近读书难专题民意调查。完成了《优化教育结构、促进教育公平的调研报告》，潘东军市长作出批示，市教育局、财政局等14个部门就报告提出的意见进行专题研究和反复论证，就调整教育网点布局等问题，推出了十一项改进措施。组织开展了农产品质量安全等民生问题联动调研。中秋、国庆前对市食品药品安全工作进行视察，并就监管责任及工作力度、齐抓共管情况等进行了满意度测评。关注养老托老事业发展，视察了茅家岭敬老院、信州区福利院等，提出了完善城乡养老服务体系、推进养老事业社会化、产业化的对策建议。

畅通反映社情民意渠道。制定了《进一步加强反映社情民意工作的若干意见》，开展了集中了解社情民意活动，建立健全社情民意信息工作目标考核机制。一年来，共收到反映社情民意信息上千条，整理、报送有关部门社情专报79期。

竭诚为民办实事做好事。开展了以“履职尽责、服务民生”为主题的委员活动周，突出帮学助教、扶贫济困、扶残助孤、智力扶贫四个重点。政协委员投入贫困村公路改造资金321万元；捐赠助教助孤助残资金251.5万元。

（四）健全机制，夯实基础。我们按照“创新、务实、高效”的工作要求，突出“五个着力”，全面加强自身建设，进一步提升政协工作科学化水平。

着力搭建学习平台。下发了政协系统深入开展学习宣传贯彻中共十八届三中全会精神的通知，举办了党的十八届三中全会精神宣讲会。《锦绣上饶》杂志开辟了学习党的十八大、十八届三中全会精神增刊。通过理论学习中心组、政协主席读书会、委员培训班和“政协理论讲坛”，强化政协委员学习。继于丹、郎咸平、金正昆后，2013年“政协理论讲坛”又听取了梁晓声的文学讲座、周海文的《道学与企业管理》、方根民的《品茗论茶》。成立了市政协理论研究会，组织开展了理论研讨。《不把党外人士当“外人”》在《中国统一战线》杂志发表；民建市委会的理论文章获2013年度民建中央重点理论课题研究成果二等奖。委托全国政协培训基地培训我市政协委员48名。为基层委员订阅了有关报刊；开展了廉政和反腐败教育党课活动，推动了委员综合素质和履职能力提升。

着力强化委员主体作用。制订了《进一步加强委员联络与服务工作的办法》《关于加强委员管理、规范委员行为的规定》

《关于市政协委员活动小组的实施意见》《市政协领导班子成员联系市政协委员制度》。出台了《优秀政协委员评选表彰办法》，建立了委员履职服务管理系统，成立了市政协委员联络办公室，调动了委员参政议政积极性。

着力发挥界别的独特优势。制订了《关于加强界别工作、规范界别管理的意见》，明确了界别活动的组织领导、内容形式、责任分工，支持和鼓励在政协全会、专题协商会等会议中以界别名义发表意见、提出建议，发挥界别在提案、调研视察、反映社情民意中的作用。一年来，各界别活动组共开展了包括“学雷锋，上饶因我而美丽”、“传承孝道，做最美上饶人”、“做两个最美上饶先行人”等活动36次。

着力抓好对政协组成单位的工作指导。加强与各县市区政协、各民主党派、工商联和无党派人士的联系沟通。在婺源召开了乡村旅游专题常委会，在德兴召开了提案工作经验交流会，在万年召开了基层协商民主专题常委会。参加了饶景鹰三市十二县政协经验交流会、闽浙赣三省八县市政协工作座谈会、四省九市政协工作经验交流会。各县市区政协、各民主党派、人民团体、工商联、无党派人士积极履行职能，用智慧和汗水奏响了团结民主新乐章。

着力扩大公民有序政治参与。上饶政协网增加了“市民建言”和“献计献策”栏目；邀请市民旁听政协全会和部分常委会，向社会公开征集提案和社情民意线索；收集政协委员“我为发展高铁经济献一计活动”文稿150篇。部分政协委员开通了博客和微博，畅通了政情民意，推进了协商互动。

各位委员、同志们，2013年市政协常委会工作取得了一些成绩，这是中共上饶市委正确领导、市政府及其组成部门大力支持的结果，是各县市区政协、各民主党派、工商联、无党派人士、各人民团体和全体委员共同努力的结果，也是社会各界积极配合的结果。在此，我谨代表市政协常委会，向所有关心和支持政协工作的同志们、朋友们，向所有为人民政协事业发展付出辛勤努力的广大政协委员和机关干部职工，表示衷心的感谢，并致以崇高的敬意！

回顾过去一年的工作，我们也清醒地认识到，市政协常委会的工作离中共上饶市委的要求、社会各界和委员们的期望，还有一定差距和不足。民主协商的深度和广度不够；履职的机制和程序有待完善；调研视察的方式方法与进一步改进作风的要求有差距；履职成果转化力度有待进一步加大。真诚希望各位委员、各位同志对市政协常委会工作提出意见和建议，我们将认真研究，切实加以改进。

二、2014年主要工作

2014年，是我市“放大高铁效应，打造区域中心，实现生态立市，建设幸福上饶，争当生态文明建设标兵、绿色崛起实践先锋”的关键一年。市政协常委会工作的总体要求是：在中共上饶市委领导下，全面贯彻落实中共十八大、十八届二中、三中全会和中央经济工作会议以及省市委全会精神，以邓小平理论、“三个代表”重要思想、科学发展观为指导，坚定不移地走中国特色社会主义道路，牢牢把握团结和民主两大主题，更好地围绕中心、服务大局、协调关系、汇聚力量，努力优化政协履职环境，完善政协履职功能，提高政协协商密度，推进协商民主广泛多层制度化发展，不断提高政协工作科学化水平。为此，要重点做好六个方面工作：

（一）强化理论武装增进共识。坚持把学习作为履行职能的重要基础。学习内容要宽领域。重点学习中共十八大、十八届三中全会精神以及习近平总书记系列重要讲话精神,学习好中国特色社会主义理论体系,学习好《马克思主义哲学十讲(党员干部读本)》,学习好中共中央办公厅印发的《关于培育和践行社会主义核心价值观的意见》,牢牢把握正确的政治方向。深化《政协章程》学习,积极涉猎电子商务、经济科技、法律法规、社会治理等知识,拓展知识宽度,提高履职水平。学习对象要全覆盖。市政协领导班子、常委要带头学习;举办委员学习培训班、理论研讨会,进一步健全和落实委员学习制度,为全体委员寄送有关学习资料,切实把学习成果转化为指导实践和推动工作的动力。学习形式要多样化。完善领导领学、政协讲坛、中心组集体学习、选送委员赴全国政协培训基地学习等措施,开辟座谈交流、网上学习等形式,提高学习实效。

(二)紧扣中心建言议政。在进一步完善全委会协商基础上,精心组织各个层面的协商活动。聚焦市委、市政府中心工作,发挥自身优势,找准着力方位,多建睿智之言,多献务实之策。全面对接省委省政府支持赣东北对外开放合作、深入推进原中央苏区振兴发展、推动城镇化发展创新等战略举措,注重研究国际国内经济形势新变化和国内经济运行新情况,围绕发展实体经济、主攻工业、决战园区、做大做强市本级经济、统筹城乡发展、民间金融业发展、打造高铁经济试验示范区等重大问题,开展专题调研和协商讨论,使协商议政更加符合经济社会发展需要,力求形成一批有新意、有质量、有价值的调研成果。每月召开一次政协委员请谈会和专题协商座谈会,紧扣一些全市性重点议题进行协商座谈。

(三)围绕全面深化改革凝心聚力。切实把围绕全面深化改革履职尽责作为当前和今后一个时期的重要任务,凝聚改革共识,努力寻求最大公约数,汇聚改革正能量;围绕推进改革开放中的重要问题,组织委员深入调查研究,并通过提案、视察、反映社情民意等形式深入研究,多提切实管用的意见建议;大力宣传中共十八届三中全会精神,引导市政协委员和各界群众理解改革、支持改革、参与改革,带头争当改革的坚定拥护者和积极实践者。不断创新民主监督形式,切实提高民主监督实效,进一步健全民主监督、知情明政、畅通协商、办理反馈、权力保障等机制,加强与法律监督、党内监督、行政监督、舆论监督的密切配合,确保“监到点子上,督到关键处”,推动党政决策部署贯彻落实,推动改革开放任务如期完成。

(四)为建设幸福上饶献计出力。切实把为民履职的工作理念落实到政协工作实践中,使政治协商成为民意进入党政决策的重要渠道,使民主监督成为保障公众权益的有效方式,使参政议政成为促进群众利益实现的重要过程。通过提案、信息、视察、委员请谈会等方式,充分反映民意,致力为民谋利。大力弘扬优秀传统文化,继续编辑出版政协委员促发展系列丛书。深入推进“委员活动周”,建立健全为群众办实事、做好事、解难题的长效机制,及时反映苗头性、倾向性、有代表性的群众意见,努力做好新形势下的社情民意工作和群众工作。

(五)在完善机制、规范履职上下功夫。坚持和完善以政协常委会议为主的专题协商、以专委会会议为主的对口协商、以委员小组活动为主的界别协商、以提案交办督办为主的提案办理协商、以乡镇政协联络组、委员工作室召集下的基层民主协商、以委员请谈会为形式的经常性协商,形成广泛多层制度化协商格局。完善反映社情民意机制，采取上门走访、召开座谈会等形式，广泛搜集社情民意。发挥委员主体作用，建立奖惩激励机制；发展一批基层社区委员工作室。积极开展委员履职的各项活动，鼓励委员撰写高质量的提案、反映有深度的社情民意、提出有价值的意见和建议。制定和完善市政协经济、文化、社会顾问选聘、管理、运行机制。通过特聘委员、乡镇政协联络组和政协委员工作室，不断推进政协工作向基层延伸。

（六）以改革创新精神推进自身建设。积极探索各党派在政协履行职能、发挥作用的新途径、新平台，巩固和壮大最广泛的爱国统一战线。强化界别的民意通道功能，提高界别履职的组织化程度，开展丰富多彩的界别活动。做好委员履职情况考核评价工作，对不参加活动的“挂名委员”进行诫勉谈话，畅通不合格委员“退出”机制。进一步强化委员的主体作用，密切与委员的经常性联系，积极组织委员参加界别活动，努力提高服务委员的质量和水平。充分发挥专委会的基础作用，努力把各专委会打造成为服务发展的重要智库、建言献策的重要平台、畅通民意的重要渠道。加强政协机关思想、组织、作风和廉政建设，加强对政协干部的教育，不断增强机关干部爱岗敬业、服务发展的使命感和责任感。筹备好四省九市政协工作经验交流会，当好东道主；开好放大高铁效应、促进跨越发展专家学者和企业家研讨会，进一步增进共识。着力健全完善有关工作制度，确保各项制度与时俱进、更加规范有效。加强对县市区政协工作指导，构建交流平台，深化工作联动，努力形成全市上下左右共谋上饶发展、共促事业进步的强大合力。

各位委员、同志们：新形势、新要求、新使命，需要新干劲、新作为、新形象。让我们紧密团结在以习近平同志为总书记的中共中央周围，在中共上饶市委坚强领导和市政府大力支持下，锐意进取，奋发有为，创造性地做好新一年的政协工作，为建设宜居宜业宜游的幸福上饶、实现与全国全省同步全面建成小康社会而努力奋斗！

【组织概况】

政协上饶市第三届委员会主席、副主席、秘书长、副秘书长、常务委员、委员名单

主　　席　程建平

巡 视 员　熊良华（2014 年 8 月起不再担任）

副 主 席　胡开亮（2014 年 9 月起不再担任）

姜松阳　吴亦丰　周　浪

徐金香（女）　叶礼茂　黄廉忠

黄统征

秘 书 长　谢显亮

副秘书长　王　玮　詹祥生　刘明利

常务委员（按姓氏笔画排列）

毛传荣　毛继红　王定水

王　建　王建平

王忠毅（2014 年 1 月起不再担任）

王　玮　王美娟（女）　付波文

兰少春　兰英福（畲族）　叶玉光

叶华平　刘远康　刘明利

刘诗发　刘贵生　刘跃进

刘辉凯　孙显明　朱元柏

朱京忠　闫伟成　阮云兴

阮火海　吴平华　吴正良

张云仙（女）　张德意　李奇志

李环宇（女）　李跃进　李　强

李　斌　束永良　杨寿海

汪战军　邱木兴　邱金发

陆志仁　陈冬英（女）　陈加明

陈康平　陈道友　陈德清

周进富　周建东　林远泉

林新佑　林裘寿　郑兆国
俞文杰　俞有桂　俞　健
姚少陆　姜建国　姜　斌
施双江　祝国华　饶新平
夏丽云(女)　徐　伟　徐江荣
徐忠英(女)　徐　增　涂相珍
郭华峰　黄建文　龚礼财
温桂凤(女)　程德冰　舒高红
谢洪华　释净明　詹祥生
廖　健(女)　霍　峰　戴红燕(女)

委　员

中国共产党上饶市委员会

丁　一　于新华　毛传荣
王　玮　王建平　王晓燕(女)
韦　情　叶礼茂　叶新辉
刘三明　刘　新　孙冬久
余坚毅　余瑞钧　吴志宏
吴建新　吴显能　张　俊
张云仙(女)　张龙耀　张信行
李　华　李元涛　李环宇(女)
杨　剑　杨万群　汪天水
汪春萍(女)　沈道荣　肖万松
邱木兴　陈高平　陈德清
周国军　周宗海　周歧清
周重明　郑多爱　金成考
俞　健　俞文杰　姚少陆
姜松阳　姜青山　胡开亮
胡文宪　胡仲仪　胡洋明
饶新平　徐　伟　徐　增
徐中平　徐协国　徐明华
徐泽民　徐金香(女)　徐弼金
徐世明　章志能　黄伟建
傅元本　喻　凡　曾莉瑛(女)
程红亮　程建平　程德冰
舒高红　董　岚(女)　谢显亮
鲍有根　廖焕水　缪恒军
刘玉君(女,2014年1月增补)
余龙生(2014年1月增补)
王忠毅(2014年1月起不再担任)
彭建华(女,2014年1月起不再担任)

中国国民党革命委员会上饶市委员会

王　斐(女)　叶胜兰(女)　宁舞虹(女)
刘　锋　刘明利　朱　琳(女)
张　雄　陈　兵　郑　滨
姜建国　赵晓珺(女)　章俊琦(女)
黄统征　程素艳(女)　童云峰
蒋　健　管爵道

中国民主同盟上饶市委员会

冯献敏(女)　阮云兴　阮火海
余信彪　吴承平　张培园(女)
杨　咏(女)　周文锋　周国华
林新良　武晓华(女)　金华剑
俞银水　胡艺川(女)　夏丽云(女)
童腮军　路海水

中国民主建国会上饶市委员会

孔德伟　毛映敏(女)　冯　意(女)
叶龙贵　刘远康　吴维龙
杨桂豫(女)　郑俊秀　郑继辉
俞美学(女)　姜钟建　姜福炎
赵　毅　徐忠英(女)　黄廉忠
赖炫均

中国民主促进会上饶市委员会

祝国华　刘金云(女)　刘慧芬(女)
吴向阳　陆志仁　周大伟
郑向东　姜开桦(女)　施双江
柴莉萍(女)　扈才彪　盛　超
章秋枫(女)　黄志平　程仁开

中国农工民主党上饶市委员会

付波文　甘淑飞(女)　刘　波
刘荣华(女)　华　青　吴亦丰
吴晓霞(女)　余茂忠　杨华东
杨学银　胡　杰　赵吴富
桂黎剑　韩　黎　管晓军(女)
潘　菊(女)

九三学社上饶市委员会

王　建　刘玉姬(女)　纪震宇

余盛飞 杨晓丽(女) 周 浪
胡 晓(女) 盛世明 黄海平
黄黎明

无党派人士

王红林 王红英(女)
王忠毅(2014 年 1 月起不再担任)
甘慧颖 张海清 李奇志
李海鹏 汪志敏 宫四清
龚新辉 詹永旺 颜红霖(女)
黎 明 霍 峰

中国共产主义青年团上饶市委员会

刘汉军 余忠华 吴丽辉(女)
吴官木 李 丽(女) 赵 娟(女)
钱利信

上饶市总工会

张德意 陈彩群(女) 郑增海
秦 捷(女) 翁小玲(女) 诸庆祝
黄亚莉(女)

上饶市妇女联合会

吕小珍(女) 王美华(女) 王莺女(女)
张咏萍(女) 汪文英(女) 陈小枝(女)
郑 英(女) 郑敏云(女) 姚红宇(女)
姜芳英(女) 廖 健(女)

上饶市青年联合会

万家春 马 艳(女) 朱京忠
宋方岚(女) 张有福 郑 琼(女)
徐存国 陶缨瑞(女)

上饶市工商业联合会

毛继红 王圣荣 兰少春
叶华平 叶剑平 叶桂花(女)
刘贵生 刘海洋 刘惠明
闫伟成 余忠效 余晓平
吴正华 张行鑫 张晓忠
李 娟(女) 邱金发 陈武崇
周小群(女) 林新佑 林锦云
姚少栋 姚忠平 姚贵才
祝伟坚 胡国兴 胡文辉
徐水林 廖书贵

上饶市科学技术协会

马建德 叶 青(女) 刘辉凯
吴爱春 杨 俭(女) 鄢庆清
廖怀桑

上饶市台胞联谊会

方和平 周进富 黄长川
曾茂风 蔡福伟

上饶市归国华侨联合会

王洪亮 王美娟(女) 王美琦(女)
叶玉光 陈 慧 周卫东
郑兆国 谢美华 蔡永廉
戴红燕(女)

文化艺术界

支少蓉(女) 王维汉 艾 涛
叶红艳(女) 任春才 刘秋生
朱建群 江亮根 吴 婷(女)
钟剑波 李小英(女) 杨寿海
陈文武 俞有桂 俞明龙
涂相珍 黄美英(女) 韩彬斌
詹祥生

科学技术界

陈贻坤 林建华 林敏华(女)
郑德庆 夏四通 徐文海
钱培鑫 鄢绿阳

社会科学界

毛寿华 毛素珍(女) 刘敬东
阮先红 张江生 姜 斌
徐有林 盛寿河 黄 鹤

经济界

尹启华 尹林荣 方德华
王 琛(女) 王子能 王小羊
王定水 王昕臣 王海潮
左红霞(女) 刘奕松 刘顺银(女)
吕美庆 孙显明 朱与平
朱志根 朱建础 江浩宇
余坦仁 吴平华 吴勇发
吴恒忠 张大水 张宁全
李 强 李水堤 杨 玲(女)

杨寿顺　汪文淦　汪庭荣
肖振凯　苏爱护　陈加明
陈伟强　陈希银　陈明源
陈林华　陈康平　陈康博
陈道友　周贻华　官弼仁
林　耿　郑金根　郑树磷
姚五令　姜光伟　洪国娟(女)
胡和龙　项位华　袁幕华
徐　君　徐　裕　徐信意
徐政治　徐柏清　翁贞坤
翁雅香　谈军山　梅端杰
黄正全　黄建文　龚礼财
彭明德　温桂凤(女)　董步思
董依忠　谢洪华(女)　滕引莲(女)
滕良贵　颜材金
周军(女,2014 年 1 月增补)

农业界

丁炎山　方根民　石吉平
刘跃进　孙饶峰　朱长荣
江金盛　宋媛媛(女)　张来生
李跃进　杨贵发　汪战军
汪显清　汪桂福　周雪玲(女)
林上丁　林远泉　俞利雄
洪　鹏　洪宗明　胡长林
徐元华　翁建明　康明国
黄　彤　江怡(女,2014 年 1 月增补)

教育界

王雅薇(女)　付土炉　刘　飚
刘谷来　孙标武　朱元柏
余小翔　应三潮　杨学农
陈冬英(女)　周方鑫　罗时跃
姜　平　柳雪芳　胡虎才
钟群英(女)　徐江荣　盛海俊
章　虹(女)　黄爱民

体育界

叶瑞清　刘韶玲　张德昆
束永良　欧阳平

新闻出版界

吴广山　张　瑾(女)　李　斌
陈　静(女)　谢旭慧(女)　缪　洪

医药卫生界

王　剑　王晓岚(女)　孙饶鸿
齐　伟　余　虹(女)　吴发启
张春华　张景辉　李道尧
李福助　汪益荣　邱爱华
陈忠华　周建东　林志龙
洪　伟(女)　胡建民　胡样女(女)
徐绍萍(女)　舒林英(女)　黎保真

社会福利界

于德全　刘惠芳(女)　吴正良
李继炎　杨莉莉(女)　陈　平
郑　倩(女)　贺英霞(女)　揭秀林

少数民族界

尹　琳(女,满族)　兰　云(畲族)
兰英福(畲族)　兰祖权(畲族)
张庆国(苗族)　张锐剑(满族)
李　英(女,蒙古族)　杨怀宝(回族)
周　茜(女,畲族)　赵庆华(蒙古族)
雷　丹(女,畲族)　雷和辉(畲族)
穆文娟(女,回族)

宗教界

邓国富　刘诗发　刘斌毅
李绍华　林裘寿　释正智(女)
释净明　释常斌　释照荣
樊美娥(女)　张清山(2014 年 1 月增补)
张华珍(女,2014 年 1 月起不再担任)

特别邀请人士

王开沅　王春梅(女)　吴国华
张荣旺　陈　棋　林剑兵
郭华峰　高水根　喻东辉
曾耀辉

【大事记】

1月

25日 市政协艺术馆在云碧峰国家森林公园广场主办“春节大展送祝福”活动，主席程建平参加。

2月

10至12日 政协上饶市第三届委员会第四次会议举行。

27日 市政协机关召开党的群众路线教育实践活动动员大会。副主席胡开亮作动员讲话，副主席姜松阳主持会议，秘书长谢显亮参加会议。

3月

10日 市政协召开三届第23次主席会议，专题研究部署开展党的群众路线教育实践活动的有关工作。

17至18日 副主席胡开亮带领提案委一行走访委员企业，开展群众路线教育实践活动。

25日 为深入贯彻党的群众路线教育实践活动，主席程建平，副主席胡开亮率市政协机关全体党员到方志敏纪念馆参观学习。

4月

16至18日 省政协提案委杨斌主任一行6人到万年县、德兴市、婺源县开展提案办理协商调研，市政协提案委、提案办协同调研。

17至18日 以全国政协常委、著名经济学家厉以宁为组长的全国政协“积极发展混合所有制经济”专题调研组来上饶调研。

23至24日 全国政协文史和学习委员会专题调研组到上饶，就城镇化进程中加强古村落保护展开专题调研。

26日 “放大高铁效应，加快上饶发展，助力江西小康提速”专家资政会举行。

27日 市政协举办第九期理论讲坛，上饶市近三百余名政协委员参加了这次讲坛。

5月

16日 省政协常委、经济委员会副主任汪玉奇一行来到上饶，就“抓住机遇，设立上饶高铁经济试验区”进行专题调研。

19日 市政协召开三届第26次主席会议，专题研究部署第二批教育实践活动查摆问题、开展批评环节工作。

27日 市政协对上饶市检验检疫局和上饶海关工作进行视察。主席程建平，副主席胡开亮、姜松阳，吴亦丰、黄廉忠、黄统征，秘书长谢显亮参加了视察。

6月

4日 市政协召开专题学习会，学习习近平总书记在指导兰考县委常委班子专题民主生活会时的重要讲话。

19至20日 市政协党组召开专题民主生活会。市政协党组书记、主席程建平主持会议。市政协党组成员胡开亮、姜松阳、徐金香、谢显亮参加会议。

23日 市政协召开会议，对群众路线教育活动开展以来收集到的问题和政协党组专题民主生活会查摆出来的问题进行认真的疏理整改。

7 月

11 日 主席程建平到教育实践活动联系点铅山县永平镇，主持指导镇领导班子专题民主生活会。

14 至 17 日 市政协港澳台侨和外事委员会组织带领部分委员赴宜春参加省政协召开的特聘委员会议。

17 日 政协上饶市第三届委员会第十一次常委会议暨党组专题民主生活会情况通报会召开。

29 日 市政协召开三届第 29 次主席会议。

30 日 市政协提案委联合市政府办公厅召开全市提案工作联络员会议，在全市建立提案工作联络员制，并围绕提案征集和网上办理的程序、基本规范等知识进行了学习和培训。

市政协召开提案办理协商座谈会。

8 月

11 日 市政协机关举办学习讲座。主席程建平作了题为《我的快乐工作法》的专题讲座。副主席胡开亮主持讲座。副主席吴亦丰、徐金香、黄廉忠、黄统征，秘书长谢显亮参加讲座。

26 至 27 日 省政协调研组一行来饶对民营医院进行调研。

9 月

3 日 由市政协主办的庆祝人民政协成立 65 周年国家京剧院一团《红色经典传统名段》演唱会在市会议中心主会场精彩上演。

18 日 市政协港澳台侨和外事委员会配合省政协港澳台侨委，接待广东政协考察团一行。

19 日 全市政协文史工作交流会召开。会议讨论研究了文史工作如何更好地服务中心和大局，并就市政协《关于加强文史资料工作的意见》进行了讨论。

10 月

16 日 市政协组织百名各界人士代表视察中心城区建设工作，并召开座谈会。

21 至 23 日 市政协组织开展“饶商及外出务工人员回乡创业情况”专题调研，赴铅山、玉山、广丰实地察看。

27 日 政协上饶市三届十二次常委会在德兴召开。

30 日 四省九市政协联谊会第 24 次会议在上饶闭幕。

11 月

19 日 市政协港澳台侨和外事委员会组织侨资企业代表赴南昌参加“侨资企业代表参加省政协界别协商座谈会”。

24 日 上饶市政协机关举办专题学习讲座。

12 月

3 日 上饶市政协召开第 31 次主席会议。

5 日 市政协组织部分委员视察市文物保护工作情况。市政府副市长饶爱京参加视察并讲话，市政协副主席姜松阳、吴亦丰、徐金香、黄廉忠、黄统征，原副主席胡开亮参加视察。

18 日 上饶市政协组织委员来到上饶县黄沙岭乡麻墩小学，开展关爱贫困学生“委员活动周”活动。

19日 副主席徐金香组织部分市政协委员来到市环境卫生管理处,走访慰问长期在环卫一线工作的环卫工人。

24日 副主席黄统征率部分委员来到铅山县湖坊镇桥北村对4位抗战老兵进行慰问。

(余姚贞 编写 徐有林 审稿)

政协吉安市委员会

【全体委员会议】

三届四次会议 2014年1月14至17日,中国人民政治协商会议吉安市第三届委员会第四次会议在吉安市中心城区举行。应出席407名(其中包括特聘港澳台委员20名),实到395名。中共吉安市委书记王萍在开幕大会上讲话,市政协主席刘宗华在闭幕大会上讲话。市领导出席开幕和闭幕会议,听取大会发言,参加联组讨论,与委员互动交流。

会议审议通过三届市政协主席刘宗华代表常务委员会所作的工作报告、三届市政协副主席刘冬仙代表常务委员会所作的关于提案工作情况的报告。与会委员列席吉安市第三届人民代表大会第四次会议,讨论并赞同市政府工作报告及其他报告。与会委员围绕吉安经济社会发展和人民群众普遍关心的热点难点问题进行讨论协商,提出意见建议。会议审议通过政协吉安市第三届委员会第四次会议决议和提案审查情况的报告。会议同意刘恒志、郭志红、彭学凯辞去政协吉安市第三届委员会常务委员、委员职务,增补工兆和、刘东方为常务委员。会议期间,共收到提案190件。

【常务委员会会议】

第十七次会议 2014年1月3日举行,应出席57人,实到50人,主席刘宗华主持。会议听取和审议了《政协吉安市第三届委员会常务委员会工作报告》《政协吉安市第三届委员会常务委员会关于三届三次会议以来提案工作情况的报告》;审议通过了关于召开政协吉安市第三届委员会第四次会议的有关事项,协商确定了委员请辞和增补事项;听取了市政协办公室、各专委会2013年工作情况汇报(书面)及其他有关事项。会议决定中国人民政治协商会议吉安市第三届委员会第四次会议于2014年1月14至17日在吉安市区召开。会议同意刘恒志辞去政协吉安市第三届委员会常委、委员职务,同意冯贤佑辞去政协吉安市第三届委员会委员职务,同意尹作帆、毛润根等13名同志为政协吉安市第三届委员会委员。

第十八次会议 2014年1月15日举行,应出席57人,实到55人,主席刘宗华主持。会议听取市委统战部就有关人事事项作的说明;通过了提交大会分组会议审议的有关人事事项;协商讨论了政协吉安市第三届委员会候补常委建议人选名单(草案);协商讨论了市政协三届四次会议选举办法(草案)以及选举大会总监票人、监票人名单(草案)。

第十九次会议 2014年1月16日举行,应出席57人,实到53人,主席刘宗华主持。审议了市政协三届四次会议决议(草案)和提案审查情况的报告(草案);审议了市政协三届四次会议选举办法(草案);审议了市政协三届四次会议选举大会总监票人、监票人名单(草案);审议了提交大会选举的三届市政协常务委员候选人名单(草案)。会议同意将王兆和、刘东方作为常委候选人提交市政协三届四次会议选举大会选举。

第二十次会议 2014年1月17日举行,主席刘宗华主持。会议审议通过了《市政协常委会2014年工作要点》。

第二十一次会议 2014年6月10日举行,应出席58人,实到51人,主席刘宗华主持。审议通过了《市政协提案委员会关于政协三届四次会议以来提案审查情况的报告》;审议通过了《政协吉安市第三届委员会常务委员会关于教文卫体委和经科委名称调整的决定》;审议通过了《关于免去林翘银政协吉安市第三届委员会副主席职务、撤销其市政协委员资格的决定》及其他有关事项。会议决定，免去林翘银政协吉安市第三届委员会副主席职务，提请政协吉安市第三届委员会第五次全体会议备案，同时撤销其市政协委员资格。会议将教文卫体委员会名称调整为教科文卫体委员会；经济科技委员会名称调整为经济委员会，并将其联系科技的职能划归教科文卫体委员会。

第二十二次会议 2014 年 9 月 4 日举行，应出席 59 人，实到 48 人，主席刘宗华主持，市政府副市长王大胜到会通报情况。会议审议通过了《关于建设环中心城区旅游圈推进"三山一江"旅游战略的调研报告》。

第二十三次会议 2014 年 10 月 15 日举行，应出席 56 人，实到 42 人，主席刘宗华主持，市政府副市长贺喜灿出席会议。会议专题学习贯彻习近平总书记在庆祝人民政协成立 65 周年大会上的重要讲话和省委书记强卫在全省庆祝人民政协成立 65 周年座谈会上的讲话精神；审议通过了《关于全市扩权强镇体制改革落实情况的视察报告》《政协吉安市第三届委员会人事任命名单》；审议通过罗燕萍任政协吉安市委员会副秘书长。

第二十四次会议 2014 年 12 月 23 日举行，应出席 56 人，实到 47 人，受主席刘宗华委托，副主席刘冬仙主持，市政府副市长贺喜灿到会并讲话。会议通过了《关于开展〈进一步促进全民创业实施意见〉落实情况专题民主监督活动的报告》。

【专门委员会工作】

提案委员会 主要工作：全年共处理提案 207 件，经审查立案 199 件，全部办理完毕。向市委、市政府报送 18 期《重要提案摘报》，遴选并报请主席会议确定 6 件重点提案和 14 件优秀提案。联合市房管局开展中心城区物业管理专题调研，形成《探索体制机制创新，破解物业管理难题》调研报告，并代市政府起草《中心城区住宅小区物业管理体制机制创新实施意见》。组织开展对市工商局、市环保局提案办理工作的民主评议。参加市人大、市政府、市政协联合组织的对市发改委、市城乡建设规划局、市城管局、市供电公司、市农业局、市民政局、市教育局、青原区政府等单位进行的现场督办提案活动。组织人员赴全市 13 个县（市、区）采取交叉召开座谈会的形式对中办、赣办《关于进一步加强人民政协提案办理工作的意见》开展督查调研，并代市委起草《关于进一步加强人民政协提案办理工作的实施意见》，与市政府办公室一道，选择 55 件近两年列入计划逐步落实的提案进行"回头看"。

经济委员会 主要工作：组织人员到吉州、新干、吉水等县（区），采取实地走访、听取汇报、座谈讨论、问卷调查等方式，对农业综合开发推进现代农业建设情况开展专题调研，形成《农业综合开发推进现代农业建设调研报告》。参与了市里组织的政风、行风评议活动。

人口资源环境委员会 主要工作：组织委员到市农业局、峡江县开展全市农业面源污染防治工作情况专题调研，形成《关于全市农业面源污染防治情况的调研报告》，并在市委、市政府主办的《登攀》上刊发。协助分管副主席督办《关于加强住宅专项维修资金使用管理的建议》提案。组织开展对市环保局 2014 年提案办理工作进行民主评议。定期召开本委委员全体会议，及时通报工作情况和征求工作意见、思路。选派委员参加有关行风作风民主评议、征求意见座谈会、市政府常务会议。

教科文卫体委员会 主要工作：组织

委员前往青原区、吉安县开展全市餐饮服务环节食品安全监管工作专题调研,形成《关于我市餐饮服务环节食品安全监管工作情况的调研报告》。组织委员视察吉安职业技术学院、井冈山国家农业科技园。协助分管副主席督办《关于加强吉安中心城市管理的建议》提案。派员参加重点高中抽签录取及推荐委员参加吉安职业技术学院教学开放日等活动。配合省政协教科文卫体委员会在吉开展“深化医药卫生体制改革”调研。

社会和法制委员会 主要工作:组织委员前往万安县、永丰县主要宗教场所及部分乡镇、村、社区,采取实地走访、问卷调查、座谈交流等形式,开展“加强我市农村宗教事务管理”专题调研,形成《关于加强我市农村宗教事务管理的建议》。配合吉安市委围绕“如何推进依法治市、加强法治吉安建设”开展调研。组织委员旁听法院庭审96人次,推荐委员担任市政府行政复议委员会委员、人民检察院人民监督员和中级人民法院法律监督员。协助分管副主席督办《关于开通几条主要干道直达市行政中心公交车的建议》提案。配合全国政协协同开展“加强农村宗教事务管理”专题调研。

港澳台侨和外事委员会 主要工作:组织委员前往井开区、吉安县,采取实地走访、问卷调查、座谈交流等形式开展侨资企业发展情况专题调研,形成《吉安市侨资企业发展情况调研报告》。组织委员视察峡江水利枢纽工程和桐江堤改造工程。派员参加市直专业招商队工作并担任队长,全年参加和组织各种招商推介活动20余次。参加市委、市政府组织开展全市旅游重点工程建设督查活动。协助市商务局、市外办、市侨联、井开区等有关单位,做好侨资企业的摸底调查工作。协助做好省政协港澳委员新生代赴井冈山吉安考察、香港邓氏宗亲会赴吉安寻根问祖。

文史和学习委员会 主要工作:组织委员到万安、遂川县开展毛竹产业发展专题调研,形成《关于吉安市毛竹产业发展的调研报告》。组织召开全市政协文史工作座谈会。组织委员视察市博物馆、图书馆、群艺馆、民俗馆等市中心城区公共文化服务项目和设施建设。围绕庐陵文化生态公园、螺湖湾湿地公园、古后河绿廊、白鹭洲公园、后河仿古街重建等文化项目建设开展调研。协助全国政协文史和学习委专题调研组在吉安开展“推进城镇化进程中加强古村落保护”调研活动。协助省政协文史和学习委在吉安开展关于建设全国生态文明示范省情况专题视察活动。编纂出版《庐陵史事考述》。协助全国和省政协文史委收集并整理抗日战争时期和解放初期建国以来政权建设的史料近10万字。

【重要活动】

省政协港澳委员新生代访赣团来吉考察 2014年4月18至19日,省政协港澳委员新生代访赣团来吉,就城市建设、扶贫开发、农业发展和投资环境等情况进行考察。

全国政协专题调研组来吉调研 2014年4月22日,全国政协委员、文史和学习委员会副主任,河北省政协原主席刘德旺率全国政协文史和学习委员会专题调研组来吉,就推进城镇化进程中加强古村落保护进行调研。

开展“环中心城区旅游圈建设”调研 2014年5月5日起,市政协组织委员分成四个组到吉州、青原、井冈山、吉水、吉安、泰和、安福等县(市、区)及庐陵新区实地调研。历时5个月,形成《关于建设环中心城区旅游圈推进“三山一江”旅游发展战略的调研报告》,市委主要领导作出批示。调研报告中的战略构想和一些意见建议被吸纳进市委常委会2014年度工作报告和市政府工作报告，促成市委、市政府专门组成由四套班子领导带队的督导组，就全市“三山一江”旅游发展战略落实情况进行全面督导。调研报告全文以市委《参阅件》形式在市委三届九次全会上印发。

住豫全国政协委员考察团来吉考察调研 2014年5月17至19日，河南省政协副主席龚立群、梁静率住豫全国政协委员考察团在吉考察文化产业发展情况，瞻仰了井冈山北山烈士陵园，参观了井冈山革命博物馆。

省政协调研组来吉开展可移动文物普查情况调研 2014年6月23至24日，省政协文史和学习委员会副主任陈绵水率调研组来吉，开展可移动文物普查情况调研。

省政协在吉调研污水处理设施建设及运行情况 2014年7月14至16日，省政协常委、人资环委副主任揭赣元率调研组一行来吉，就污水处理设施建设及运行情况开展专题调研。

全国政协副主席齐续春来吉调研 2014年7月21至22日，全国政协副主席、民革中央常务副主席齐续春一行来吉，就苏区振兴发展工作进行调研。

重庆市政协副主席陈贵云率组来吉调研 2014年7月22至24日，重庆市政协副主席陈贵云率组在吉调研“关于深化集体林权制度改革的对策”工作。

开展“扩权强镇体制改革落实情况”视察 2014年9月11至15日，市政协组织委员分成六个组到13个县(市、区)的24个扩权强镇试点镇，视察扩权强镇体制改革落实情况。历时2个月，形成《关于全市扩权强镇体制改革落实情况的视察报告》，市委、市政府分管领导作出批示。

开展“促进全民创业”民主监督 2014年10月28至30日，市政协组织委员深入青原、吉水、泰和、万安等县区和工信委等市直单位，就2012年市委、市政府出台的《关于进一步促进全民创业的实施意见》落实情况开展民主监督，形成专题民主监督报告，市委主要领导作出批示，要求将促进全民创业作为市政协全会大会发言的重要内容。

【重要文件】

政协吉安市第三届委员会常务委员会工作报告

（2014年1月15日在政协吉安市第三届委员会第四次会议上）

刘宗华

各位委员，同志们：

我受政协吉安市第三届委员会常务委员会的委托，向大会报告工作，请予审议，并请列席会议的同志提出意见。

一、2013年工作回顾

2013年，是深入贯彻落实中共十八大精神的重要之年，也是实现中共吉安市委第三次党代会目标任务的关键一年。一年来，在极为错综复杂的形势下，中共吉安市委审时度势、科学应对、抢抓机遇、攻坚克难，全市各项工作取得显著成绩，开启了全面建成小康社会、建设开放繁荣秀美幸福新吉安的新征程。

一年来，在市委的坚强领导和市政府的大力支持下，市政协常委会深入贯彻落实中共十八大和十八届二中、三中全会精神，高举爱国主义、社会主义旗帜，把握团结和民主两大主题，认真履行政治协商、民主监督、参政议政职能，为推动全市经济社会发展、促进社会和谐稳定做出了积极贡献。开创了政协工作新局面，用改革创新精神，积极探索协商民主新途径和政协履职新方法、新机制，圆满完成了三次全会提出重大调研课题、重要活动和市委交给的各项工作。激发了政协组织新能量。各级政协组织始终保持良好的工作状态和精神风貌，在市委坚强领导下，发挥优势，促进发展，维护稳定，成就事业，成就人才，为建设开放繁荣秀美幸福新吉安凝聚了力量、做出了贡献。展示了政协委员新风采。发挥委员首创精神，积极创造履职条件，提升委员的履职能力，努力造就了生动活泼的政协工作局面，使委员进一步增强了责任感和使命感，感受到政协大家庭的温暖。开创了政协机关新气象。政协机关面貌发生了深刻变化，服务能力明显提升，机关作风明显好转，大家讲大局，讲团结，树正气，守清廉，心往一处想、劲往一处使，为常委会开展履职活动提供了有力保障。

(一)坚持党的领导，坚定正确政治方向

人民政协事业是党的事业重要组成部分。只有坚持党的领导，人民政协事业才能保证正确方向、保持旺盛活力，才能在中国特色社会主义建设中发挥更大作用。

坚决维护党的领导核心地位。自觉向市委请示汇报政协工作中的重大事项和重要安排，主动提出政治协商、民主监督、参政议政议题，听取市委对政协工作的新要求，始终自觉把政协工作置于党委的绝对领导之下。无论是政协全会、常委会议、专题协商会，还是委员视察调研、提案建议、社情民意，都紧紧围绕中心、服务大局，与党委、政府同心、同向、同步，坚决把党的主张化为政治协商、民主监督、参政议政的共识，化为共产党领导的多党合作的具体成果，化为全体政协委员的强大精神动力和促进吉安加快发展的共同行动。

坚持把政治理论学习摆在重要位置。深入学习贯彻党的十八大和十八届二中、三中全会以及习近平总书记系列重要讲话精神，积极参加市委中心组理论学习和全市领导干部论坛，努力提高政治理论水平。特别是党的十八届三中全会召开后，我们把学习贯彻十八届三中全会精神，全面深化改革，作为人民政协首要政治任务抓好落实。按照市委统一部署，通过召开主席会议、常委会议等形式学习传达，做到了学习宣传全覆盖。广大政协委员进一步深化了对全面深化改革的认识，增强了理论自信、道路自信、制度自信，坚定了改革的决心和信心，进一步巩固了共同的思想政治基础。

加强政协理论研究和宣传推介。筹备成立吉安市人民政协理论研究会，深化对人民政协理论的学习和研讨，增强了用中国特色社会主义理论体系指导和推动人民政协工作的自觉性。认真办好“一网一刊”，不断夯实吉安政协宣传主阵地，不放过任何一个机会宣传吉安、推介吉安。积极利用报纸、电视、网络等宣传平台，充分展示吉安政协组织和委员的工作风采。一年来，在《人民政协报》《中国政协》《光华时报》等中央、省级媒体刊发稿件120多篇，在《井冈山报》《登攀》等市级报刊发表文章100余篇，其中向省社科院报送的《关于鼓励利用民资加快井冈蜜柚产业发展的调研报告》，获得江西省第十五次社会科学优秀成果二等奖，这是全市唯一获奖论文，为宣传和推介吉安新形象，提高吉安的知名度做出了积极贡献。

(二)增强大局意识，紧扣主题履职

“高唱主旋律，共画同心圆”已经成为全体政协委员的共同履职理念。我们紧扣建设开放繁荣秀美幸福新吉安这个主旋律，带领全体委员积极投身于“发展升级、小康提速、绿色崛起、实干兴吉”的伟大实践中，有力地促进了吉安的发展和稳定。

围绕发展升级协商议政。发展升级是当前吉安面临的最现实、最紧迫的任务。我们按照市委“做大总量、提升质量”的要求，以强烈的政治责任感和使命感，促进吉安发展升级。三届三次会议期间,全体委员围绕政府工作报告、国民经济和社会发展报告、财政预算报告和两院报告等重大事项建言献策。12篇大会发言在会上引起了强烈反响,全会提交的提案和社情民意都紧扣吉安发展大局,许多意见建议被市委、市政府采纳,有关部门认真研究,积极采取措施落实。在全市上下全面贯彻落实省政府出台的《关于支持吉泰走廊打造重要增长带的若干意见》的关键时期,我们在连续三年对吉泰走廊建设高度关注、倾力支持的基础上,去年再把吉泰走廊崛起实现路径的调研作为常委会工作的重中之重,积极为走廊建设建言献策。为做好课题,我们组织人员赴九江沿江开放开发、黄石长江经济带和皖江经济带学习考察,深入走廊县区调研,形成了《关于吉泰走廊崛起实现路径的调研报告》,得到市委、市政府充分肯定,王萍书记、胡世忠市长先后做出了重要批示,许多意见建议被市委、市政府采纳到全面推进吉安经济社会发展的六大行动计划中,有效地促进了吉泰走廊升级发展。组织常委和部分委员视察了吉安中心城区重点项目建设,感受了城市建设取得的辉煌成就和发生的深刻变化,委员们围绕建设大气、雅气、秀气吉安,落实以人为核心的城镇化,就城市定位、规划、建设、管理等方面提出了许多真知灼见,被相关部门采纳,为吉安城市建设与管理发挥了重要作用。

围绕小康提速建言献策。坚持把关注民生、反映民意、解决民生的热点难点问题,作为人民政协履职的重要内容。我们就《政府工作报告》确定的就业、社保、教育、医疗、住房等8个方面的民生工程贯彻落实情况开展专题民主监督活动,形成了《关于对〈政府工作报告〉确定的民生工程落实情况开展专题民主监督的报告》,提出了许多有针对性、时效性和实用性的意见建议,为《政府工作报告》确定的关乎人民群众切身利益的76件实事落到实处做了大量工作,使改革发展成果惠及更多的群众。组织省、市政协委员视察吉州区社区建设工作,亲身感受吉州社区的新机制、新面貌,委员们以一种全新的监督方式,积极支持和参与社区建设,不仅是城市建设的监督者,而且是推动人文社区、美丽家园建设的宣传者和建设者。通过提案和社情民意关注和服务民生。三届三次会议以来,共收到提案201件,立案195件,摘编《重要提案摘报》17期,所有提案全部办复完毕,采纳落实率达93.1%,满意和基本满意率达100%。王萍书记对提案办理工作高度重视,亲自部署,胡世忠市长率领市政府领导亲自领办重要提案,市人大、市政府、市政协联合对六家承办单位开展了现场督办。市政协建立了领导重点督办制度,主席、副主席挑选了8件重点提案督办落实,开展了对市林业局、市房管局提案办理工作的民主评议,促进了失地农民养老保险、推进社区网格化管理等一大批民生问题有效解决。一年来,共收集、整理有关社保、就业、教育、公共卫生等方面的意见建议560余条,报送社情民意127条,编发《社情民意专报》25期,其中调整及新增部分公交线路、加强社会化养老服务体系建设等社情民意引起了市委、市政府高度重视,促进了人民群众关注的一批社会热点、难点问题有效解决。推荐委员参加政风行风评议、旁听法院审理和出席听证会等活动160余人次。认真办理政协委员和各界群众来信来访,为党和政府化解社会矛盾、促进社会和谐稳定发挥了积极作用。

围绕绿色崛起积极发挥作用。良好的生态是吉安最大的优势和亮点。我们按照“生态立市、绿色崛起”的要求,为巩固生态、建养生态,建设美丽吉安发挥积极作用。组织开展了美丽乡村建设长效管理委员活动日活动，形成了《关于我市美丽乡村建设长效管理情况的视察报告》。市委、市政府主要领导和分管领导对报告做出重要批示，为此，市政府专门出台了《吉安市美丽乡村建设长效管理意见》，有效提升了农村生态环境水平，巩固了美丽乡村建设成果，使广大农民享受到更多实惠。组织驻市省政协委员活动小组就环境保护和生态文明建设情况开展了委员视察活动，委员们全面了解了全市环境保护和生态文明建设取得的突出成绩，从加大吉安赣江水源治理、提高公益林补助标准、布局生态项目、建立生态补偿机制等方面，提出了许多支持吉安生态文明建设的意见和建议，把推进吉安生态文明建设、促进吉安“五位一体”发展放到全省发展大局中建言献策，许多意见和建议吸纳进省政协调查报告中，为宣传吉安生态、提升建养水平做了大量工作。

围绕实干兴吉贡献力量。按照市委、市政府统一部署，市政协领导班子挂点吉安全民健身体育中心项目。我们把体育中心项目作为重点民生工程来抓，尽管项目建设时间紧、任务重、难度大，市政协班子成员带领机关干部和业主单位不讲条件，迎难而上，团结奋斗，全力推进项目建设。去年共完成投资2亿多元，完成了主体育场、体校项目主体工程、综合训练馆基础工程和综合训练场的土方工程，为确保今年体校招生开学奠定了坚实基础。积极参与贫困村、新农村点和社区帮扶等工作，市政协班子成员积极投身到新一轮扶贫攻坚战中，带着深厚感情为帮扶村跑项目争资金，解决生产生活中的困难。一年来，为12个帮扶村和社区争取项目26个，使群众企盼多年的一些问题得到解决，赢得了群众的赞誉。同时，积极参与招商引资、帮扶企业、四城同创、社会治安、计划生育等中心工作，发挥了人民政协围绕中心、服务大局的作用。

（三）努力开拓创新，探索工作新途径

继承和发扬人民政协的优良传统和宝贵经验，积极探索履行职能的渠道和办法，有力推动了人民政协事业的发展。

探索履行职能新机制。总结推广遂川县政协的做法，设立社情民意信箱，开通了人民政协和人民群众紧密联系的“直通车”，听民意、解民忧、得民心，促进了一大批社会热点、难点问题有效解决，得到了市委、市政府的充分认可，市委党建工作领导小组以《小信箱也有大能量——市政协积极推广社情民意信箱的做法》向全市转发学习借鉴。全市各级政协组织不断创新履行职能的方式方法，有力推动了全市政协事业的发展。吉州区政协积极探索委员履职“四个平台”，极大地激发了委员主体作用；新干县政协创办政协委员论坛、委员风采栏目，为委员履职展示风貌提供了很好的平台和载体；遂川县政协的文化建设、文化搭台、经贸唱戏，扩大了政协的社会影响；吉安县政协实行目标管理，强化自身建设，提升了履职能力。峡江县、永丰县、泰和县政协探索对县直单位工作民主评议工作机制，有力地推动了民主监督工作的深入开展。

开辟凝聚力量新渠道。积极发挥驻市省政协委员的智慧和优势，为推动吉安科学发展服务。在省政协十届六次全体会议期间，围绕市委、市政府重大决策部署和需要省里支持的重点工作，采用集中协商、集中收集的方式提交提案，不仅提升质量和水平，而且集中反映了吉安经济社会发展取得的重大成就和需要支持的吉泰走廊建设、产业发展、项目建设、民生需求等诸多重大问题。如《加快吉安电子信息产业发展的建议》被大会确定为重点提案，在省里引起了重视，省发改委、财政厅、工信委专门派人来市里听取意见，许多意见和建议被采纳，有力促进了吉安电子信息产业发展。积极组织驻市省政协委员参与省政协开展的原中央苏区振兴发展政策落实情况的视察活动，针对吉安与赣州在原中央苏区振兴发展支持政策的差异等问题，提出了有利于吉安发展的意见建议，得到了省政协领导的高度重视，并吸纳到省政协视察报告中，为吉安在新一轮发展中赢得支持做出了贡献。

创新委员发挥作用新方法。在市电视台、井冈山报等媒体开辟政协委员风采、两会报道等专栏，重点报道政协委员认真履职、创新创业、敢担责任、勇于奉献的典型，展示委员时代风采，追踪委员提案办理情况，扩大了政协的社会影响力。完善了政协委员管理办法、政协领导联系委员制度、优秀提案和优秀委员评选办法等制度，委员参加政协会议、调研视察等履职活动明显提升，全年共表彰优秀提案13件、优秀委员39名，进一步激发了全体委员的履职热情。

（四）发挥政协优势，凝聚发展合力

牢牢把握团结和民主两大主题，最大限度地为建设开放繁荣秀美幸福新吉安凝聚智慧和力量。

积极发挥专委会的基础作用和“人才库”优势。各位政协班子成员和专委会紧扣吉安经济社会中发展重点、群众关心的问题建言献策，先后开展了大学生村官后续培养、吉泰走廊高新技术产业发展、全市推行国家药物制度执行情况、全市气象灾害防治工作、新农合运行情况、加快青原区旅游发展、农村空心村问题等调研视察活动，提出了许多意见和建议，被市委、市政府采纳。如大学生村官后续培养调研活动，助推我市出台了《吉安市大学生村官管理实施细则（试行）》，为市委培养人才和巩固基层组织建设发挥了积极作用。

积极发挥民主党派和社会各界的作用。重视发挥各民主党派、工商联、社会团体、无党派人士的重要作用，鼓励和支持他们参加专题协商、提案督办、联合调研视察等活动，不断增进共同政治基础上的团结合作。加强与港澳台侨胞的联系，为港澳台侨企业在吉安投资发展牵线搭桥，促成台资企业金黎农业发展有限公司投资的农业开发项目落户井冈山农业科技园。以乡情、亲情、友情为纽带，加强与吉安籍在外成功人士的联络，为他们参与家乡建设提供服务。

积极发挥政协社团的交流联谊作用。以文化研究为纽带，通过市政协庐陵文化研究会、书画社、联谊会开展各种活动，组织实施螺湖湾湿地公园文化项目，出版了《周必大思想研究与生平》，进一步丰富了庐陵文化研究成果。开展了全市政协优秀文史图书评选活动，在省政协优秀图书评选活动中，荣获先进单位三个，优秀文史工作者三名，优秀文史图书六部，大力营造了弘扬庐陵文化的良好氛围。配合做好了全国政协教科文卫委在我市开展“卫生三下乡”，澳门地区全国政协委员、北京市政协在我市的学习考察、捐资助学等活动，积极协助完成了省政协组织的少数民族权益保障条例的实施、加强古村落遗址保护和利用等调研视察活动，取得了良好效果。

积极发挥基层政协组织作用。今年以来，各县（市、区）政协在各级党委、政府的高度重视和大力支持下，围绕中心，服务大局，深入基层、深入群众，在为民办事中树立了形象，赢得了群众的信任。特别是在参与重大工程、重点项目建设、工业园建设、招商引资等中心工作，政协的同志真谋实干、有为有位。吉水县、青原区、安福县、永新县政协分别就破解移民后续发展、加快全县旅游业发展、物流产业园建设、皮革产业发展等课题广开言路，广求良策，大力推动了当地经济社会的发展；井冈山市政协为井冈山火车站、衡茶吉铁路、井睦高速公路建设项目征地拆迁做了大量工作，有效地保障了项目顺利实施；万安县发挥了委员界别优势，开展对口协商，有力地助推了经济社会发展。

(五)加强自身建设，提升机关作风

主动适应新形势新任务对政协工作提出的新要求，积极完善和创新工作机制，不断转变工作作风，有效地提升了政协工作科学化水平。

完善制度建设，提升履职科学化水平。完善政协全体会议、常委会议、主席会议工作规则和政协对口联系部门制度、情况通报制度、委员管理办法、委员履职情况登记反馈通报制度，切实加强对委员履职的人性化、动态化服务管理，进一步推进了政协工作制度化、规范化和程序化。

加强机关建设，推进工作高效务实。认真落实中央《关于改进工作作风、密切联系群众的八项规定》、《党政机关国内公务接待管理规定》、《党政机关厉行节约反对浪费条例》以及省委、市委有关规定，严格执行机关财务管理、机关经费预算、干部外出、公务接待、公务用车、学习考勤等制度，机关“三公”经费明显下降，政协机关工作有章可循、规范有序、务实高效。

密切联系群众，促进作风大转变。积极组织机关党员、干部开展了“学党章、学准则”、“十八大理论双学双考”、“一心一意为百姓、争当党的好干部”和“追寻红色足迹、弘扬革命精神”等一系列学习教育活动，进一步加强党性修养，净化干部心灵，提高了机关在政协整体工作中的统筹协调和服务保障能力。认真开展“三进三解三促”活动，切实做好党的群众路线教育活动准备工作，成立了12个联系群众服务工作组，深入6个县(市、区)走访群众436户，结对帮扶困难户72户，机关干部捐资2万多元，密切了干群关系，促进了作风转变。

长期以来，市委对政协工作高度重视，大力支持，始终把政治协商纳入党委的决策程序，把政协工作纳入全市大局，把政协干部使用纳入党委视野，及时研究和统筹解决政协工作中的重大问题，特别是市委王萍书记对政协重大活动“有请必到”，重要报告“有文必批”，重点工作“有呼必应”，坚定了我们做好政协工作的信心和决心。

长期以来，市政府对政协工作的支持力度不断加大，坚持做到政协知情明政渠道畅通，政协提案、意见和建议及时办理，政协工作经费给予保障。市政府胡世忠市长带领政府团队亲自领办督办政协提案，了解社情民意，为政协履职创造了良好条件。

一年来，各级政协紧紧围绕市委、市政府中心工作，认真履行政治协商、民主监督、参政议政职能，履职成效不断凸显，形成了党委重视、政府支持、政协主动、社会参与的生动格局。以上成绩的取得，是中共吉安市委坚强领导的结果，是各级党委、政府和社会各界高度关心、鼎力支持的结果，凝聚着全市政协组织、各参加单位和广大政协委员的智慧、心血和汗水。在这里，我代表市政协三届常委会，向大家表示衷心的感谢和崇高的敬意！

总结一年来的工作，我们清醒地看到，成绩之中有不足，发展之中有差距，主要表现在：研究问题的深度和广度还不够，界别作用还需要进一步发挥，委员履职的热情和积极性有待进一步提高，机关作风建设还需要进一步加强，等等。我们真诚地希望，各位委员和同志们对常委会工作提出宝贵意见和建议，以便在今后的工作中认真加以改进。

二、2014年工作意见

2014年是全面贯彻落实中共十八大和十八届三中全会精神、全面深化改革的重要一年，也是建设开放繁荣秀美幸福新吉安的关键一年。市政协常委会工作的总体思路是：以邓小平理论、“三个代表”重要思想和科学发展观为指导，高举中国特色社会主义伟大旗帜，深入贯彻落实中共十八大和十八届三中全会精神，紧紧围绕市委三届七次全会提出的“改革创新、扩大开放，提速升级、稳中求进”的总体要求，进一步解放思想，奋发作为，充分发挥政协作为协商民主重要渠道作用，全面深化改革，积极履职创新，“高唱主旋律，共画同心圆”，为建设开放繁荣秀美幸福新吉安、全面建成小康社会做出更大贡献。

（一）坚持党的领导，紧紧围绕全面深化改革履职尽责

坚持党的领导是人民政协发挥作用的根本保证。按照“高唱主旋律，共画同心圆”的履职理念，始终自觉把人民政协工作放在党和政府工作大局中谋划和开展，坚持党委想什么政协议什么，政府做什么政协帮什么，群众盼什么政协呼什么，做到党委政府工作推进到哪里、人民政协工作就策应跟进到哪里。中共十八届三中全会对全面深化改革做出了总体部署，开启了新一轮改革开放的伟大征程。同时也为人民政协履行职能创造了很大空间，提供了新的机遇。各级政协组织要掀起学习贯彻党的十八大和十八届三中全会精神的新高潮，特别要吃透《决定》精神和习总书记系列重要讲话精神，切实把思想和行动统一到三中全会精神上来，以改革创新的精神拓展改革新空间、谋求开放新作为、打造发展新优势，进一步巩固团结奋斗的共同思想政治基础。今年是改革攻坚年，我们要主动顺应融入这一大趋势、大格局，按照市委统一部署，积极引导参加人民政协的各党派团体和社会各界聚焦改革，支持改革，参与改革，凝聚改革共识、汇聚改革正能量。要进一步解放思想、改革创新，按照市委全面深化改革“1 + 12”文件要求，坚持问题导向、市场导向、发展导向和民生导向，重点关注吉泰走廊、扩权强镇、工业园区、中心城区、农村教育、医疗卫生、文化产业等重点领域的体制改革，把全面深化改革的精神贯穿于政协履行职能的各个领域、各个环节。进一步探索协商民主新途径，更加活跃有序地组织专题协商、对口协商、界别协商、提案办理协商，增加协商密度，提高协商成效，充分发挥人民政协作为协商民主重要渠道作用。

（二）紧扣发展主题，在强化服务中促进吉安提速升级崛起

紧紧围绕中央经济工作会议精神和省委十三届八次全会、市委三届七次全会的总体要求，充分发挥改革的驱动力，以发展提速升级崛起为目标，牢牢把握王萍书记在市委常委会 2013 年度工作报告中提出 2014 年工作五个方面的要求，认真开展履职活动。要增强政治协商时效性。通过召开市政协全会的形式，组织委员联组讨论“一府两院”工作报告、国民经济和社会发展报告、财政预算报告等重大事项，进行全面的协商议政，提出建设性的意见和建议。要突出民主监督针对性。按照“准确定位，把握适度”的原则，积极开展《关于进一步推动全民创业实施意见》落实情况民主监督活动，进一步理顺市场与政府关系，激活民间资本和内生动力，为形成新一轮全民创业高潮献计出力，让一切劳动、知识、技术、管理资本的活力竞相迸发，让一切创造社会财富的源泉充分涌流，让发展成果更多更公平惠及全体人民。要提高参政议政实用性。紧扣市委、市政府全面深化改革的总体布局，深入开展以重大项目为抓手，打造“三山一江”战略黄金旅游新热点，形成环中心城区旅游圈专题调研活动和扩权强镇体制改革委员活动日活动，为全市加快改革创新步伐建睿智之言，献务实之策。

（三）促进大团结大联合，为建设开放繁荣秀美幸福新吉安凝聚力量

进一步发挥政协委员的主体作用、专

委会的基础作用和界别的纽带作用，积极开展农业综合开发推进现代农业建设、加快吉安电子商务、毛竹产业发展等专题调研，加强各专委会与党政对口部门的联系沟通，提出意见建议，促进相关工作。抓住深化经济体制改革机遇，以开放促发展，充分发挥政协的桥梁作用，组织特聘委员视察全市重大城建项目建设，扩大与港澳台及海外华人华侨的交流合作，在促进招商引资、对外经济合作、文化交流等对外开放领域方面多牵线搭桥，多传递“吉安声音”。进一步推进庐陵文化的挖掘和研究工作，继续做好文史资料征集编辑工作，编辑出版庐陵文化专刊、庐陵文化专著，努力促进吉安文化大发展大繁荣。进一步发挥政协大团结大联合的组织优势，支持各民主党派、工商联、人民团体、各族各界人士围绕全市工作大局积极履职，不断完善“五位一体”工作格局，形成推动科学发展、促进社会和谐的强大合力。

（四）服务人民群众，促进社会和谐稳定

始终坚持党的群众路线，切实把为民履职的工作理念落实到政协工作实践中。增强提案办理实效，推动出台并落实《关于进一步加强人民政协提案办理工作的实施意见》及相关制度，着力在提高提案质量、促进提案落实、完善运作机制上下功夫，采取重点督办、专项视察、提案办理通报会、民主评议等形式，努力提高提案工作科学化水平。围绕全市农业面源污染防治、食品安全监管、调整学校网点布局等民生工作开展专题调研，组织委员深入基层，深入一线，反映群众愿望和诉求，帮助群众解决问题、化解矛盾、理顺情绪，维护社会和谐稳定。继续做好美丽乡村建设、挂点扶贫、社区共建和企业帮扶，帮助困难群众缓解看病、子女上学、建房和发展生产等问题，帮助解决水、电、道路等基础设施建设难题，争取上级资金、项目支持，让群众得到实惠、看到希望、感到党和政府的温暖。

（五）加强自身建设，不断提升政协工作科学化水平

以学习贯彻中共十八大和十八届三中全会精神为契机，把加强自身建设放在更加突出的位置。进一步加强思想理论建设。有计划、分步骤、多层次组织政协委员学习培训。以人民政协理论研究会为平台，加强政协理论研究，不断提高政协委员的理论水平和履职能力。进一步加强制度建设。完善政协全体会议、常委会议、主席会议工作规则和政协对口联系部门制度、情况通报制度等规章制度。修订政协委员管理办法，完善厉行节约、公务接待等机关制度。进一步加强作风建设。按照“照镜子、正衣冠、洗洗澡、治治病”要求，深入开展以为民务实清廉为主要内容的党的群众路线教育活动。严格落实八项规定，精简会议，改进文风，厉行勤俭节约，严格控制支出。进一步加强对基层政协工作的联系指导。建立市政协班子成员分工联系县（市、区）政协工作制度，强化工作联动，形成全市各级政协组织共谋科学发展、共促事业进步的工作局面。

各位委员、同志们，“登高壮观天地间，大江茫茫去不还。”中共十八大和十八届三中全会为我们描绘了全面建成小康社会、实现中华民族伟大复兴的中国梦和全面深化改革的宏伟蓝图，站在新的历史起点上，让我们更加紧密地团结在以习近平同志为总书记的中共中央周围，在中共吉安市委的坚强领导下，进一步解放思想，改革创新，凝聚力量，奋力迈出“发展升级、小康提速、绿色崛起、实干兴吉”新步伐，为推进我市人民政协事业的健康发展、建设开放繁荣秀美幸福新吉安而努力奋斗！

关于进一步加强人民政协提案办理工作的实施意见

吉办发〔2014〕8号

为认真贯彻落实中共中央办公厅、国务院办公厅印发的《关于进一步加强人民政协提案办理工作的意见》(中办发〔2012〕13号)和中共江西省委办公厅、江西省人民政府办公厅印发的《关于进一步加强人民政协提案办理工作的实施意见》(赣办发〔2012〕10号)文件精神,结合我市实际,就进一步加强政协提案办理工作,提出如下实施意见。

1.进一步深化对政协提案办理工作重要意义的认识。提案是政协委员和参加政协的各党派、各人民团体、各界别以及政协各专门委员会向政协全体会议或常务委员会提出的,经审查立案后交承办单位办理的书面意见和建议,是人民政协履行政治协商、民主监督、参政议政职能的重要形式。一直以来,全市政协组织和广大政协委员积极运用提案方式履行职能,为推动吉安经济社会发展和改善民生作出了重要贡献。

办理好政协提案是各级党政机关的重要职责。市委、市政府历来高度重视政协提案工作,大力支持政协通过提案履行职能。各提案承办单位把办理好提案作为接受民主监督、推进工作的有效途径,认真落实办理责任,规范办理程序,创新办理方式,提案办理工作取得了明显成效。实践证明,做好政协提案办理工作,对于坚持和完善中国共产党领导的多党合作和政治协商制度,发扬中国特色社会主义民主,密切党和政府同人民群众的联系,凝聚各方面智慧和力量,提升党政决策科学化、民主化和法治化水平,加强和改进党委政府工作,具有十分重要的意义。党的十八大和十八届三中全会强调,要推进协商民主广泛多层制度化发展,拓展协商民主形式,使提案办理协商更加活跃有序,增加协商密度,提高协商成效。各地各部门一定要从党和国家事业长远发展的高度,从深入贯彻落实党的十八大和十八届三中全会精神,加强社会主义民主政治建设的高度,进一步深化对政协提案办理工作重要意义的认识,切实增强做好政协提案办理工作的责任感和使命感,把做好政协提案办理工作作为一项重要政治责任,摆在更加突出的位置,以增强办理实效为目标,以规范办理程序、完善办理工作机制为保障,全面提升提案办理工作科学化水平,使政协提案在建设开放繁荣秀美幸福新吉安进程中发挥更大作用。

2.进一步健全政协提案办理工作领导机制。各级党委、政府要把政协提案办理工作纳入整体工作部署和重要议事日程,切实加强对政协提案办理工作的组织领导。每年听取一次政协提案办理工作情况汇报并研究解决相关重大问题,建立党委、政府、政协共同交办提案,共同督办提案,共同推进办理工作的机制。承办单位要切实负起责任,主要负责同志要亲自抓。要建立科学的提案办理工作制度,制定详细的提案办理工作方案,落实工作责任,明确任务分工、工作流程、时限要求和质量标准,确保每件提案责任到部门、责任到人。坚决防止和纠正对政协提案办理工作认识不足、重视不够和组织不得力、督办不到位、重答复轻落实、解释多措施少、办理质量不高等问题。逐步构建职责分明、重点突出、督办有力、落实到位的提案办理工作格局,努力提高提案办理工作水平。

3.进一步完善政协提案交办制度。党委、政府办公室和政协提案委员会要加强协作,共同做好对提案的分类甄选,根据提案主要内容、党政部门职能分工及权限,准确确定提案的主办、协办单位或分别办理单位。政协全体会议期间立案的提案，会后由党委、政府分别会同政协采取联合办公等形式，集中送交有关单位承办。政协全体会议闭会期间立案的提案，由政协提案委员会会同党委或政府办公室及时送交有关单位办理。承办单位对于承办提案有异议的，不得滞留、拖延和擅自进行转办，应及时向党委或政府办公室提出书面意见，说明情况，经党委或政府办公室会同政协提案委员会商定后，对需要调整办理单位的提案进行必要调整。承办单位要积极参与政协提案交办与调整工作，加强沟通协调，确保所有提案交办对口，分办合理。

4. 进一步创新政协提案办理协商机制。承办单位要发扬“开门办案”的好传统，把提案办理前的沟通、办理中的协商和办理后的回访作为政协提案办理工作的必要环节，通过电话联系、互联网沟通、座谈调研、登门走访等方式，主动加强与提案者的联系，准确掌握提案者的真实意图，认真听取提案者的意见和建议，实现“提”“办”双方的良性互动，共同探讨解决问题的办法。要积极支持并参与政协组织开展的专题协商会、情况通报会、现场咨询会、专题调研、专题视察等提案办理协商活动。由两个以上单位办理的提案，主办单位要主动协商，协办单位应积极配合。同一提案分别办理的，相关单位要加强沟通，按照职责认真研究，积极办理。通过建立和完善承办单位、提案者、政协组织三方协商办理机制，真正达到在沟通中增进理解，在协商中达成共识，在协作中解决问题。

5. 进一步抓实政协重点提案办理工作。对事关全市改革发展稳定全局、反映党委政府亟待解决、人民群众普遍要求改进的问题，对推动工作有重要作用，并且建议措施可行的提案，可以选作重点办理提案。列入重点办理的提案，党委和政府领导要亲自领衔重点研究、重点办理、重点督办。政协组织开展的重点提案督办活动，由政协领导领衔督办，督办活动的相关情况，承办单位应及时向党委、政府的有关领导报告。政协领导督办重点提案的情况，由政协办公室汇总报送党委、政府。要高度重视民主党派、工商联、人民团体、界别和政协专门委员会的集体提案。对领导批示的提案，以及政协组织列为跟踪问效的重点提案，承办单位要采取有力措施抓好落实，严格实行办理责任制，主要负责同志要亲自过问，对提案涉及的问题深入研究，提出切实可行的解决方案，确保提案办理任务按时限高质量完成。

6. 进一步提高政协提案办理实效。承办单位要把切实提高办理实效作为工作着力点、落脚点。要把办理好政协提案作为一种自觉，加强对提案内容的分析研究，认真采纳合理意见和建议，制定改进工作的具体措施。要积极主动解决提案反映的问题，凡是有条件解决的，应集中力量尽快解决；因条件所限一时难以解决的，应制定计划，积极创造条件逐步解决，并及时将进展情况向提案者反馈。对综合性、全局性、前瞻性较强的问题，要以适当方式报送有关领导，或由相关机构进行深入研究，充分发挥提案的决策参考作用。切实把办理提案与推进实际工作更加紧密地结合起来，努力使办理提案的过程，真正成为助推我市经济社会发展，了解民情民意，回应社会关切的过程；成为真心纳谏，自觉接受政协民主监督，提升科学决策、民主决策和依法决策水平的过程；成为发现问题，研究问题，解决问题，改进工作的过程；成为协调关系，汇集力量，促进和谐的过程。

7. 进一步规范政协提案办理答复工作。承办单位要在收到政协全体会议期间的提案之日起 5 个月内，收到政协全体会议闭会期间的提案之日起 3 个月内，对提案作出书面答复。确因条件所限、有特殊困难、在规定时限内难以答复的，应在期限内向政协提案委申请延期，同意后可延期进行答复。提案答复函要由承办单位负责同志审签。答复要实事求是、明确具体，符合规范，少说空话套话，内容包括提案反映问题的解决情况、建议的采纳或处理情况等；对未予采纳的建议，要予以说明。答复办理需跨年度落实的，要向提案者解释说明，并组织跟踪督办。所有提案在答复前要征求提案者意见，答复后要及时收集提案者的反馈意见。对反馈意见中提出的建议，要认真研究并作出相应回复。如提案者对办理结果不满意，政协提案委可采取函询方式，督促承办单位重新办理。承办单位重新办理后应向提案者和政协组织作出书面说明。

8. **进一步加大对政协提案办理的督促检查。**党委、政府办公室要积极开展对政协提案办理工作的督查，发挥协调作用，强化工作督导。对党政领导就提案办理和政协组织报送的《重要提案摘报》作出的批示，要开展重点督查。督查活动应视情邀请提案者和政协组织参加。坚持党委、政府与政协联合督办制度，推进提案办理。对涉及多个部门的提案，党委或政府办公室要加强协调督办；对办理难度大、提案者多年反复提交的提案，要采取专题督办、联合督办、跟踪督办等方式，加大督办力度，确保办理工作取得实效。承办单位要定期检查提案办理情况，主要领导或分管领导亲自调度，组织协调解决提案办理中的难点问题。

9. **进一步完善政协提案办理工作考核评价机制。**要把是否重视政协提案办理工作、是否与提案者充分沟通协商、是否切实解决有关问题作为评价办理成效的基本内容。把提案者满意不满意作为评价办理质量的主要依据，把提案办理是否落到实处作为评价干部作风的重要因素，并逐步将政协提案办理工作纳入各地各部门年度目标考核内容。根据承办单位或个人在提案办理工作中的实绩，以党委、政府、政协办公部门名义予以表彰，并作为地方、部门评先评优和干部考核、培养、选拔的参考依据。对重视不够、敷衍塞责的部门和个人，要进行批评教育，情节严重的应在一定范围通报。对政协组织开展的提案办理工作民主评议和民主监督活动，要大力支持，积极配合，力求实效。

10. **进一步落实政协提案办理工作的保障机制。**承办单位要根据提案办理工作需要，强化工作力量，明确承办机构，加大经费投入。要挑选思想作风好、业务能力强的人员担任政协提案办理工作联络员，并相对稳定。同时，积极参加政协组织开展的调研、视察、协商、通报等活动。党委、政府要把政协提案工作经费纳入保障范围，安排政协提案督办工作专项经费并列入年度财政预算，支持政协组织建立提案信息管理系统、开展重点提案视察调研和有关提案的培训以及优秀提案的表彰奖励等工作。

11. **进一步发挥好政协组织在提案办理中的重要作用。**提高政协提案质量是提高政协提案办理质量的重要基础。政协组织要把提案工作作为一项全局性工作，采取有效措施不断提高提案质量。积极为委员知情明政创造条件，加强对提案选题、撰写等方面的培训。加大提案审查工作力度，细化提案审查标准，规范提案审查程序，完善提案分类办法，健全重点提案遴选机制。强化政协组织内部提案整合机制，对内容相同或相似的提案，进行并案处理，减少重复提案。对不符合立案标准的提案，可以社情民意信息或委员来信等方式转送有关部门参考。建立健全提案工作质量评议制度，完善优秀提案评选办法。政协组织内部要健全办公室综合统筹协调，各专门委员会积极配合，各民主党派、工商联、人民团体沟通参与，提案委员会组织实施的提案工作运行机制。要加强政协提案委员会自身建设，充分发挥提案委员会在办理提案工作中的组织协调作用，积极为办理提案做好服务。

12. **进一步强化政协提案办理的公开和宣传工作**。努力提高提案办理工作的效率和透明度，要积极推进提案办理工作网络化建设，逐步实现网上办理、网上督办、网上答复，公开办理过程和进度，接受社会监督，实行动态管理，提高工作效率和服务水平，使提案办理工作更加规范、透明、高效。各新闻媒体要采取多种形式，大力宣传政协提案办理工作在人民政协事业和民主政治建设中的地位和作用，宣传政协提案在促进我市经济和社会发展中取得的丰硕成果，宣传人民政协运用提案履行职能的有效做法，宣传各地、各部门积极办理政协提案取得的成效和经验，努力营造党委重视、政府支持、政协主动、社会关注、各方参与的政协提案办理工作良好氛围。

【组织概况】

政协吉安市第三届委员会主席、副主席、秘书长、副秘书长、常务委员、委员名单

主　　席　刘宗华

巡 视 员　陈志明(2014年10月起不再担任)

副 主 席　刘冬仙　王伴青　肖　斌
林翘银(2014年6月10日起不再担任)
李家祥　黄少峰　刘永杰

秘 书 长　陈文珠

副秘书长　曾玉田
罗燕萍(女，兼，正县级，2014年10月15日起担任)

常务委员(按姓氏笔画排列)

王小华　王小强
王兆和(2014年1月17日增补)
王丽萍(女)　王健利　王斌平
邓五桂　卢淑清(女)　左　琦
甘月红(女)　边晓玲(女)　龙　新
刘东方(2014年1月17日增补)
刘玉兰(女)　刘希谷(女)　华利鹤
孙建中　吴小莲(女)　应建中
李玉兰(女)　李晔彬　杨九根
杨印龄　肖立新　肖军平
肖吉雄　肖建明　肖秩秩
邱英杰　陈万洵　陈志明
陈剑林　罗邦平　罗时波
罗燕萍(女)　郑建民
金江平(蒙古族)　段平生
胡寿生　项向军　康万明
黄　进　黄　涌　黄辉新
曾向民　曾玉田　温海清
谢氏乐　谢庆武　廖慧华(女)

委　员

中国共产党吉安市委员会

王兆和　刘东方　刘冬仙
刘宗华　刘永杰　李　凯
杨印龄　肖吉雄
肖学亮(2014年1月3日起担任)
肖　鑫(2014年1月3日起担任)
陈文珠　陈志明
林翘银(2014年6月10日起不再担任)
欧阳文灿　金江平(蒙古族)
贺桂堂　黄　进　黄少峰
黄英福　黄辉新　彭朝晖
曾玉田　曾向民　简世平
蔡　方

中国国民党革命委员会吉安市委员会

万冬梅(女)　刘　莉(女)　刘　蓉(女)
孙永萍(女)　应建中　李家祥
肖全安　陈芳芳(女)　周忠平
姚仁发　姚声正　聂林海
黄柳青(女)　彭小元

中国民主同盟吉安市委员会

甘月红(女) 龙 新 龙三桂
刘克言(女) 汤存怡(女) 余 刚
李婵媛(女) 杜和平 周波冈
欧阳岩 郭一民 梁德华
曾伟刚 曾建飞

中国民主建国会吉安市委员会

王欣苑(女) 边晓玲(女) 刘明文
孙泉本 张建芽 林 娜(女)
施林彬 胡笃鹏 夏晓峰
彭仁才 曾建平 谢恩慈

中国民主促进会吉安市委员会

王 道 卢海滨 龙 兵
肖 斌 周卫华 罗梅英(女)
罗善福 赵福先 谢文斌
谢氏乐 管 萍(女) 黎 勇

中国农工民主党吉安市委员会

尹志明 王伴青 王清清(女)
刘希谷(女) 庄显光 李建兵
陈剑林 周 梁 欧阳小安
欧阳可忠 罗燕萍(女) 胡煜辉
秦文鑫 谭姗妹(女)

九三学社吉安市委员会

刘冬兰(女) 刘玉兰(女) 江定节
何志华 宋建基 肖学敏
肖瑞林 陈冬梅(女) 练继勇
康万明 黄友祥(女) 曾祥辉

无党派人士

王斌平 卢淑清(女) 伊 晓
刘长明 刘言洋 刘治平
吴望茂 杨九根 肖建军
肖秩秩 周绎彬 施金赏(女)
贺余光 夏经智(女) 魏斯民

吉安市总工会

王江云 刘 葵 刘飞云(女)
阳振荣 张淑华(女) 李小鹏
杨 萍(女) 肖登辉 邱 彬
陈冀平 徐 进 赖日明
赖晓华(2014 年 1 月 3 日起担任)

中国共产主义青年团吉安市委员会

王传喜 邓孝凡 叶惊涛
周军华(女) 周晓霞(女) 易永栋
钟 婷(女) 袁 明(女) 黄艳晴(女)
曾志斌

吉安市妇女联合会

邝葵华(女) 刘宝香(女) 刘筱红(女)
刘筱居(女) 吴小莲(女) 张剑涛(女)
李根秀(女) 杨艳晖(女) 邹玲萍(女)
贺佩珍(女) 赵红霞(女) 温志琳(女)
廖慧华(女) 胡影秋(女)

吉安市青年联合会

王丽萍(女) 王振兴 刘理述
庄河通 张 琳(女) 张辉勇
肖祖付 陈乐平 林洪彪
聂小正(女) 谢庆武

吉安市工商业联合会

尹归园 文伟峰 王大金
王江宁 王健利 邓五桂
叶华青 刘新亮 孙建中
吴伟銮 张建军 李 静(女)
李建新 陈万洵 陈信朗
郁丹清(2014 年 1 月 3 日起担任)
周 俊 周向阳 罗邦平
赵孝龙 项向军 徐年春
黄 涌 黄郁彬 曾 勇

吉安市科学技术协会

方木水 江路庚 张 群(女)
肖平华 肖彬华 康小妹(女)

吉安市华侨联合会

万仁全 王小华 艾新东
刘勇(侨联) 李晔彬 林荣臻
赵世义 郭信浩 盛清泉

文化艺术界

尹挥如(女) 刘宗彬 华利鹤
邹巧逢 胡寿生 康健之
赖卫东

科学技术界

王曦明　张庆怀

李金荣(2014 年 1 月 3 日起担任)

欧阳雄华　罗时波　郭小康

郭兴华　程水清　雷和鸣

社会科学界

叶承旺　任建瑞　刘智艺(女)

张仕志　杨二勇　邹　帆

陈胜华　周文花(女)　眭清周

雷玉明

经济界

习春晖　尹名通　尹德飞

文开福　邓淑斌(2014 年 1 月 3 日起担任)

王小强　王嘉强　左　琦

龙文赞　刘远屏　刘亮民

刘盛先　吴　弘　张永忠

张剑锋　肖立新　肖建明

肖敏安　肖锦先　邱英杰

陈华贵　陈有勤　林保卫

郑建民　洪俊城　胡金根

钟　浩　聂国平　郭水平

曹名放　章青山　黄剑飞

喻国平　彭青云　曾伟院

温海清

傅正华(2014 年 1 月 3 日起担任)

谢保臻

农业界

文　林　王晓华　邓名煌

尹作帆(2014 年 1 月 3 日起担任)

刘勇(安福)　孙水莲(女)　许继红

吴　晟　吴明传　张　颖

李玉兰(女)　宗锦武　罗文逢

范宜来　施向宏　胡红元

胡斌铭　徐金根　袁军彬

郭永平　彭金平(2014 年 1 月 3 日起担任)

谢良棵

教育界

王华生　左加林　刘枧苟

刘逢春(女)　匡美兰(女)　朱姿娟(女)

张辉寅　李新发　杨建海

肖筑清　范凤英(女)　彭　芸(女)

彭裕庭

体育界

王思仁　刘　伟　李桂南

肖　红(女)　肖友才　肖志华

罗春保

新闻出版界

刘之沛　刘红权(女)　邹永红(女)

董海涛

医药卫生界

王　军　刘金平　汤跃庆

张小波　肖军平　肖国萍

徐小海　敖杏游　曾常爱

社会福利和社会保障界

乃建设　马波燕(女)　王　升

王润初　刘勇(邮政)　朱曰钦

张万安　李朝栋　李皖民

邹宗根　陈银先　周必勤

侯　桦　黄国栋(2014 年 1 月 3 日起担任)

龚上迈　傅卫旗　曾新华

曾薇华(女)　谢启恩(2014 年 1 月 3 日起担任)

少数民族界

兰宗泽(畲族)　史宝军(满族)

伊　磊(女,满族)　汤兴国(京族)

雷贻林(畲族)

宗教界

许　峰　何郑雄　陈昆浩

段平生　曾南京　释早还(女)

源　起　廖永强

特别邀请人士

尹忠善　王丽华(女)

毛润根(2014 年 1 月 3 日起担任)

邓干明　刘大水　朱唯雅

张　青　张迪俊　张梅生

李实明　杨发生　肖　萌

邱炎生　陈全根　陈道萍(女)

周日红 周建如(2014年1月3日起担任)
罗定贵 罗晓忠 胡小平
唐龙平 唐富水 郭隆润
高芳林 梁景晗 黄道波
曾炳龙 童熙平 谢水香(女)
詹学锋

特聘港澳台委员

文国堂 文超彦 方　游
王来胜 王宗舜 邓恩酬
叶德然 江　瑜 江美东
张茵如(女) 张益精 李建华
陈明贵 林宣武 洪天涯
黄文仁 黄孝强 黄武勇
彭君平 蔡镇滨

【大事记】

1月

3日 主席刘宗华主持召开市政协三届十七次常委会议。

9日 市政协召开会议专题协商《政府工作报告》(协商稿),副市长贺喜灿出席并讲话。

14至17日 市政协三届四次会议在吉安市中心城区召开。

15日 主席刘宗华主持召开市政协三届十八次常委会议。

15至16日 组织港澳台特聘政协委员参观庐陵生态文化园、吉州窑等历史文化项目。

16日 主席刘宗华主持召开市政协召开三届十九次常委会议。

17日 主席刘宗华主持召开市政协召开三届二十次常委会议。

2月

8至11日 主席刘宗华,副主席刘冬仙、王伴青、林翘银、李家祥、刘永杰,秘书长陈文珠分别走访吉泰走廊重点企业。

3月

4和6日 主席刘宗华到企业、市直单位、乡镇、村组开展党的群众路线教育实践活动。

7日 党组书记、主席刘宗华主持召开市政协党的群众路线教育实践活动动员会。

4月

17日 主席刘宗华率队到青原区值夏镇调研扩权强镇工作。

18至19日 省政协港澳委员新生代访赣团在吉考察城市建设、扶贫开发、农业发展和投资环境等情况。

22日 全国政协委员、文史和学习委员副主任,河北省政协原主席刘德旺率组在吉调研推进城镇化进程中加强古村落保护工作。

23日 党组书记、主席刘宗华主持召开市政协党组学习交流会,学习弘扬焦裕禄精神,部署党的群众路线教育活动。省委第十督导组副组长、赣州市人大常委会原副主任欧阳锋出席并讲话。

主席刘宗华主持召开市政协三届十八次主席会议。

5月

5至6日 市政协组织开展打造“三山一江”环中心城区旅游圈专题调研。

17 至 19 日 河南省政协副主席龚立群、梁静率住豫全国政协委员考察团在吉考察文化产业发展情况。

6 月

10 日 主席刘宗华主持召开市政协三届二十一次常委会议。

23 至 24 日 省政协文史和学习委员会副主任陈绵水率组在吉开展可移动文物普查情况调研。

7 月

15 日 党组书记、主席刘宗华主持召开市政协党组专题民主生活会情况通报会,省委第十督导组副组长欧阳锋到会指导。

14 至 16 日 省政协常委、人资环委副主任揭赣元率组在吉调研污水处理设施建设及运行情况。

17 至 20 日 主席刘宗华,巡视员陈志明,副主席刘冬仙、黄少峰、刘永杰分别参加各自联系乡镇党的群众路线教育实践活动,主持指导联系乡镇班子专题民主生活会。

18 日 中共吉安市委办公室、吉安市人民政府办公室联合印发《关于进一步加强人民政协提案办理工作的实施意见》的通知。

市政协特聘港澳台委员文国堂先生专程来到万安县开展捐资助学活动。

21 至 22 日 全国政协副主席、民革中央常务副主席齐续春一行在吉调研苏区振兴发展工作。

22 至 24 日 重庆市政协副主席陈贵云率组在吉调研“关于深化集体林权制度改革的对策”工作。

8 月

14 日 主席刘宗华率队视察吉安市全民健身体育中心建设情况,副主席刘冬仙、肖斌、李家祥、黄少峰、刘永杰,秘书长陈文珠参加。

20 日 副主席黄少峰出席市政协召开的关于建设环中心城区旅游圈调研课题研讨会。

26 日 副主席肖斌参加市政协教科文卫体委组织开展全市餐饮服务环节食品安全情况专题调研。

28 日 主席刘宗华主持召开市政协三届二十次主席会议。

9 月

2 日 副主席李家祥参加市政协文史和学习委组织开展毛竹产业发展情况专题调研。

4 日 主席刘宗华主持召开市政协三届二十二次常委会议。

11 至 15 日 市政协组织开展扩权强镇体制改革落实情况委员活动日活动。

17 日 主席刘宗华率队到峡江县就峡江水利枢纽工程及库区建设进行调研,副主席刘冬仙、黄少峰、刘永杰,秘书长陈文珠参加。

23 日 副主席黄少峰参加市政协港澳台侨和外事委开展吉安市侨(港澳)资企业发展情况专题调研。

24 日 主席刘宗华主持召开市政协专题会议,学习习近平总书记在庆祝人民政协成立 65 周年会议上的重要讲话和省委强卫书记讲话精神。

30 日 主席刘宗华主持召开市政协专题学习会,学习全省落实党风廉政建设党委主体责任和纪委监督责任电视电话会议和市委常委(扩大)会议精神。

10 月

14 日 主席刘宗华主持召开市政协三届二十一次主席会议。

15 日 主席刘宗华主持召开市政协三届二十三次常委会议。

24 日 主席刘宗华主持召开市政协三届二十二次主席会议。

28 至 30 日 市政协组织开展对 2012 年市委、市政府出台《关于进一步促进全民创业的实施意见》落实情况开展民主监督活动。

31 日 副主席李家祥参加市政协文史和学习委组织的开展吉安市中心城区文化设施建设情况视察活动。

11 月

5 日 主席刘宗华率队现场督办《加强政府监管力度,确保供水及水质安全》重点提案。

10 日 全市政协提案工作座谈会在新干县召开。

主席刘宗华主持召开市政协三届二十三次主席会议。

13 日 副主席刘永杰率队现场督办《关于加强住宅专项维修资金使用管理的建议》提案。

12 月

9 日 副主席刘冬仙率队现场督办《我市农村学前教育存在的问题及解决对策》提案。

10 日 市政协党组(机关党组)召开整改任务落实情况盘点分析专题会议,市委常委、市政协党组副书记、统战部长喻志勇主持,市政协副主席刘冬仙、王伴青、肖斌、黄少峰、刘永杰,秘书长陈文珠出席。

11 至 12 日 副主席刘冬仙、刘永杰分别率队对市环保局和市工商局提案办理工作进行民主评议。

23 日 市政协召开三届二十四次常委会议,市政府副市长贺喜灿到会并讲话。

(柯结根 编写 曾玉田 审稿)

政协抚州市委员会

【全体委员会议】

三届四次会议 2014 年 2 月 17 至 19 日,中国人民政治协商会议抚州市第三届委员会第四次会议在抚州市举行。应出席委员 345 名,实到 336 名。市领导出席开幕和闭幕会议,听取大会发言,参与联组讨论,与委员互动交流,会上还进行了大会发言。

会议审议通过了三届市政协主席谢发明代表常务委员会所作的工作报告、三届市政协副主席郑友清代表常务委员会所作的关于市政协三届三次会议以来提案工作情况的报告。与会委员列席了抚州市第三届人民代表大会第四次会议,讨论并赞同市长张和平所作的政府工作报告及其他报告。与会委员围绕事关抚州经济社会发展和人民群众切身利益的重大问题,建言献策,提出了许多意见和建议。会议表决通过了政协抚州市第三届委员会第四次会议提案审查报告和政协抚州市第三届委员会第四次会议决议。会议期间,共收到提案 263 件,经审查立案 256 件。

【常务委员会会议】

第十二次会议 2014 年 1 月 17 日,市政协召开三届十二次常委会议。会议听取并协商讨论了陈日武代表市政府所作的《政府工作报告》(征求意见稿)起草情况的说明;听取了喻大荣代表市政府所作的市政协三届三次会议以来提案办理情况通报;审议通过了关于召开政协抚州市第三届委员会第四次会议的决定;审议通过了政协抚州市第三届委员会第四次会议议程和日程。

第十三次会议 2014 年 2 月 18 日,市政协召开三届十三次常委会议。会议审议通过了市政协三届四次会议提案审查报告(草案),审议通过了市政协三届四次会议决议(草案),并决定将以上草案提请委员分组审议,提交大会表决通过。

第十四次会议 2014 年 6 月 13 日,市政协召开三届十四次常委会议。会议听取了市工信委、市商务局、抚州高新区管委会、南城县政协、南丰县政协、黎川县政协代表围绕如何建设向莆铁路经济带的资政发言,听取并审议通过了《关于抚州市建设向莆铁路经济带的调研报告(审议稿)》;会议还通过有关人事事项。市委书记龚建华应邀出席会议并讲话,市委常委、副市长周学胜应邀出席。

第十五次会议 2014 年 9 月 24 日,市政协召开三届十五次常委会议。会议通过了《让抚州特色农产品在全国叫响——关于强力推进我市特色农业产业化升级的调查与建议(审议稿)》;通过了《政协抚州市委员会民主评议提案办理工作办法(审议稿)》;通过有关人事任免。市政府副市长魏建新到会作关于抚州市特色农业产业化情况介绍。

第十六次会议 2014 年 12 月 26 日,市政协召开三届十六次会议。会议审议通过了《政协抚州市第三届委员会常务委员会工作报告(审议稿)》《政协抚州市第三届委员会关于市政协三届四次会议以来提案工作情况的报告(审议稿)》《2014 年度优秀市政协委员、优秀调研报告、优秀提案、优秀社情民意和宣传信息工作先进单位评选名单(审议稿)》。

【专门委员会工作】

提案委员会 主要工作:编辑《提案调研提纲》,引导委员关注民生选择课题,继续向社会公开征集提案线索。对《加快土地流转,释放土地活力》等 9 件主席、副主席领衔督办提案和《关于加快新城区高级中学建设的建议》等8件专委会与民主党派联合督办提案进行了督办。8月，对“电子商务”这一新兴产业类提案办理开展专题协商，市商务局、工信委、农业局、人保局、人民银行等职能部门领导与10多位政协委员、有关专业人士面对面地协商座谈，协商成果在市政府出台的《关于加快推动电子商务发展的实施意见》等文件中得到了体现。制定出台了《政协抚州市委员会民主评议提案办理工作办法》（抚协发〔2015〕10号）。成立以主席为组长的评议工作领导小组，对市环保局、商务局、规划局、农业局等单位提案办理工作进行民主评议。全年提案办复率达到100%，委员满意率达99%。

经济技术委员会 主要工作：应邀参加调整城区管道天然气价格及建立天然气价格联动机制听证会，并就价格调整建言。组织部分经济界别市政协委员对市国税局工作进行视察，从加强市本级税源建设、合理确定税收增长幅度、加强税收执法能力建设三方面提出对策建议，得到市委、市政府及市国税部门的肯定和采纳。组织委员对市电网建设及电力保障情况进行视察，形成《加快电网建设步伐 助推抚州经济发展——关于我市电网建设的视察报告》，得到市委常委、副市长周小平的肯定，市政府借鉴并吸纳视察报告中的意见和建议，印发《关于加强电力设施改迁项目管理的通知》。

教文卫体委员会 主要工作：召开了全市政协教文卫体委员会工作座谈会，并就“抚州职业技术学院如何为加快发展提供人才支撑”课题开展了专题调研，提出可操作性意见，市政府副市长刘菊娇批示相关部门予以落实采纳。开展了食品生产加工环节监管视察，形成《下最大力气监管，确保舌尖上的安全》的报告，得到市政府主要领导和分管领导的充分肯定。市质监、食品药品监管、工商等监管部门对报告中提出的问题和建议给予了采纳。开展了文联系统专业社团成果专题视察。召开了“爱卫工作如何紧密围绕市民健康”协商座谈会。

人口资源环境委员会 主要工作：开展了化解“失独”家庭困境专题调研，形成《关爱“失独”家庭情暖“失独”父母的调查报告》，市长张和平对调查报告作了批示，市政府制定出台《关于建立完善“失独”家庭养老扶助制度的实施意见》。开展了全市养老机构发展情况专题调研，形成《打造民生事业亮点，推进养老机构发展——关于全市养老机构发展情况的调研与思考》，得到市政府充分肯定，市财政、民政部门给予采纳并落实办理。

社会和法制委员会 主要工作：开展了残疾人扶贫基地和创业基地专题视察，形成了《关于加大农村残疾人扶贫基地建设扶持力度的建议》提案。开展了困难职工的帮扶调查，邀请市总工会负责人向委员通报全市困难职工帮扶工作情况，委员们就推进困难职工帮扶工作建言献策。协助省政协调研组在市本级和临川区、南城县就部分农业种植点、食品加工企业和餐饮单位“贯彻实施《食品安全法》、加强食品安全监管”开展调研。

港澳台侨和外事委员会 主要工作：在南丰县召开了全市政协港澳台侨和外事工作学习座谈会，会议传达全省政协港澳台侨和外事工作学习座谈会精神，通报市政协港澳台侨和外事工作情况，市台办、市外侨办和市侨联负责人应邀参加会议并介绍全市对台和外侨工作情况。并就“优化发展环境，推进外资及港澳台投资企业发展”课题开展了专题调研，调研报告得到市委、市政府的重视和肯定，市工信委等职能部门予以办理落实。对资溪县乌石镇新月畲族村产业发展情况进行了专题视察，针对少数民族发展中存在的问题，向市委、市政府及有关职能部门提出了意见和建议。

文史委员会 主要工作：以地名掌故、莲乡风物、名胜古迹楹联（上、下篇）、东乡红星为主题征编出版了五期《抚州文史》季刊，编印了《亲历抗美援朝》三亲口述史料，公开出版了《抚州文史丛书》（共3册即：《千载文昌》《盱水研墨》《访古问贤》），共计征编165万字的图文史料。

【重要活动】

市政协机关召开群众路线教育实践活动动员大会 2014年2月28日，市政协机关召开党的群众路线教育实践活动动员大会，市政协秘书长徐容宁出席会议并讲话。会议要求把组织开展教育实践活动与全面提高履职能力和水平结合起来，围绕“建设向莆铁路产业带，优化生产力布局”、“构筑绿色农产品体系，促进农业产业化升级”等课题，深入细致调研，打造参政议政精品。同时，聚焦“四风”问题，切实改进党员干部作风，着重解决一些党员干部促进发展、服务群众能力不足的问题，努力提高建言献策水平。

举办市政协机关“道德讲堂” 2014年7月25日，由市政协机关承办的“道德讲堂”在市图书馆报告厅开讲。抚州市、临川区两级政协机关和各民主党派市委会机关干部职工代表，以及临川区荆公路街办的居民代表共计70多人参加。“道德讲堂”分为唱歌曲、学模范、诵经典、作承诺、送吉祥五个环节。

举办反映社情民意信息培训班 2014年9月10日，市政协在常委会议室举办全市政协反映社情民意信息培训班。市政协机关、各县（区）政协和市各民主党派信息员，社情民意信息联系点信息专报员参加培训。

对“《切实加强抚河流域水环境保护和治理工作的意见》执行情况”开展专题民主监督 2014年11月25至26日，市政协组织部分政协委员就《切实加强抚河流域水环境保护和治理工作的意见》执行情况开展专题民主监督。监督组一行先后实地视察了南城县、广昌县、南丰县的污水处理设施和相关企业，并与相关部门及企业负责人就抚河水环境保护和治理情况进行了协商座谈，形成专题民主监督报告报市政府及相关职能部门。

召开全市县（区）政协主席座谈会 2014年12月5日，市政协在南丰县召开全市县（区）政协主席座谈会。会议总结交流了全市各级政协推进履职能力现代化建设的经验和做法，深入探讨创新政协履职工作的方式和途径，并征求市政协2015年工作的意见和建议。

召开全市政协理论研讨会 2014年12月8日，全市政协理论研讨会在市政协常委会议室召开。会议总结了市人民政协理论研究会成立一年来的工作，对全市政协理论研究与实践创新工作进行了交流探讨。五位论文作者在会上作了交流发言。会议还邀请省政协办公厅副主任王国龙作“人民政协协商民主建设问题”的学习辅导报告

开展“界别活动月”活动 2014年11月15日至12月15日，市政协在“界别活动月”活动月期间，动员和组织全市政协组织和政协委员开展“进社区、进园区、进乡村，服务中心、服务社会、服务群众”的“三进三服务”活动。1200多名市、县（区）政协委员深入基层一线，共开展扶贫济困、捐资助学、法律援助、送医送药、送教下乡等服务群众活动300余场次，捐赠款物160余万元，惠及城乡群众5000余人。

【重要文件】

政协抚州市第三届委员会常务委员会工作报告

（2014年2月17日在政协抚州市第三届委员会第四次会议上）

谢发明

各位委员、各位同志：

受政协抚州市第三届委员会常务委员会的委托，我向大会报告工作，请委员审议，并请列席会议的同志提出意见。

一、2013年工作回顾

2013年，是我市打好"三大战役"、建设幸福抚州的攻坚之年，也是市政协围绕中心、服务大局、履行职能卓有成效的一年。一年来，市政协常委会在中共抚州市委的正确领导下，坚持团结和民主两大主题，认真履行政治协商、民主监督、参政议政职能，在服务大局中助推科学发展，在关注民生中促进社会和谐，在传承创新中发展政协事业，为推进幸福抚州建设作出了积极贡献。

（一）牢牢把握服务发展这个主题，协商议政凸显作为

常委会紧扣党政工作大局，把协商议政作为履行职能的重头戏，多形式、多层次、多角度议政建言，取得明显成效。

全会协商谋大局。市政协高度重视发挥好政协全会协商功能，在市政协三届三次会议期间，精心安排大会发言、界别讨论、专题座谈会，组织委员就培育小微企业、增强园区活力、发展休闲产业、规范农村建房、完善养老服务体系建设等经济社会发展中的热点、难点问题进行大会发言，引起党政领导及部门的重视，并将大会发言转为当年的重点提案予以办理落实。同时，围绕政府工作报告与市党政领导面对面地开展协商讨论，在协商中增进共识、凝聚力量，形成合力。会后，及时将委员的建言梳理出47条具体建议报送市委、市政府及相关部门，认真抓好委员意见建议的办理落实及跟踪问效，实现了"委员主动建言"与"部门积极采纳"的良性互动。

专题协商议大事。我们突出常委会议专题协商功能，将"加快县域经济发展"和"推进抚州新型城镇化科学发展"分别作为2013年市政协第二季度和第三季度常委会的协商议题，集党派、专委会、界别以及县（区）政协之力，聚全体常委之智，打造出常委会协商的"精品之作"。关于加快县域经济发展课题，我们采取常委会专题协商暨资政会的形式，在形成高质量的调研报告的基础上，组织6名委员从不同角度就夯实县域经济发展基础建诤言、献良策，协商成果得到市委、市政府主要领导的充分肯定，市委以《抚办通报》的形式转发专题协商报告，抚州日报以专版刊载了资政会委员发言，扩大了资政会社会影响。关于推进抚州新型城镇化科学发展的调查报告，市政府主要领导及分管领导作出批示，要求市建设局、园林绿化局、发改委等部门进一步完善措施，细化责任，把政协建言成果落到实处，切实推动我市城镇化科学发展。

对口协商建真言。市政协充分发挥专委会履职平台作用，认真组织委员就工业发展、金融业服务地方经济、中小企业用工难等课题与市直单位开展对口协商，商请部门领导通报情况，解答委员疑问，使委员在知情明政中协商建言，献计献策，提高了对口协商的针对性。经济技术委就金融业如何更好地服务地方经济发展，组织委员深入市建设银行开展对口协商，形成了《发挥金融正能量，助推抚州新发展》的协商报告。市委龚书记给予充分肯定，要求相关部门搭建好政银企对接平台。市金融办制定了《做好政银企对接工作方案》，召开多场银企对接会，促进了银企互利合作、共同发展。

(二)着力夯实专委会这个基础，参政议政成果丰硕

常委会注重发挥专委会基础性作用，创新工作方式，完善工作机制，打造了一批参政议政精品。

专题调研深入扎实。各专委会注重发挥专业、专长、专家优势，围绕职业教育、小区物业管理、湿地保护等经济社会发展中的重点、难点问题深入开展调研。这些调研采取一事一议的方式，通过集体座谈、问卷调查、上门走访、现场察看等形式，较为全面掌握了相关情况，提出有针对性的意见建议。教文卫体委形成的《伸长抚州职教短腿，培育经济腾飞人才》调研报告得到市委、市政府主要领导充分肯定，市教育行政部门和职业院校积极采纳落实，有力促进了我市职业教育健康发展。港澳台侨和外事委开展的"湿地保护"调研，市政府张市长作出重要批示，市林业局制定了加强我市湿地保护与建设工作的文件，为我市湿地保护与建设提供了制度保障。

专题视察方式灵活。一年来，市政协坚持寓监督于视察之中，着力创新委员视察方式，在视察队伍组织上做到相近专业委员和部门专家相结合，突出人员的专长优势；在视察形式上做到现场察看与座谈讨论相结合，增强建言献策的针对性。先后围绕发挥大型文体场馆设施效益、做大做强抚州建筑业、治理中小型水库水体污染、完善医疗服务体系、促进基础教育均衡发展等群众普遍关心的问题进行视察，为改进和完善部门工作积极出谋划策。社会和法制委开展的群众性应急救护培训专题视察，提出了具有针对性、可操作性的意见建议，得到市红十字会的积极采纳。人口资源环境委形成的《实施放心粮油工程，保障粮油安全》的视察报告得到市政府主要领导批示，经市政府研究下发了《关于推进放心粮油工程实施意见》。

文史征编品牌显现。我们注重拓宽文史工作思路，充分发挥文史馆员的主体作用，切实加大文史资料征编力度，分别以科举明星、地名掌故、抚州山水、抚州遗珍为主题，出版四期 40 万字的《抚州文史》。《抚州文史》以其鲜明的主题、丰富的内容、精致的版面，荣获全省政协系统优秀文史图书奖。同时，我们还编印出版了《饶漱石》《罗英》《邓从豪》《吴与弼》四本名人专著，征集储备了《亲历抗美援朝》史料，扩大了政协文史工作的社会影响，存史资政育人的品牌效应日渐显现。

(三)努力践行履职为民这个宗旨，倾情增进民生福祉

常委会坚持把维护民利、改善民生作为政协工作的出发点和落脚点，深入体察民情，积极反映民意，为推进民生事业的改善作出了积极努力。

加大民生类提案督办力度。三届三次会议以来，市政协委员、各参加单位和各专委会共提出提案 285 件，立案 273 件，办复率达 100%，这当中民生类提案 113 件，占提案总数的 41.4%。我们把民生类提案的督办落实放在首位，安排了 16 件民生类提案作为市政府、市政协领导领衔督办的重点提案，高位推动办理落实。如《关于理顺街道职责体制的建议》提案，市政府常务副市长陈日武亲自协调提案办理情况，促使各承办单位通力合作，建立了"两级政府、三级管理、四级网络"城市管理新体制，进一步理顺了街道综合执法条块管理关系。由市政协领导督办的《高度重视我市高层建筑消防安全》提案，通过邀请市政府分管领导现场视察和办理，取得良好成效，推动我市高层建筑消防安全实现了常态化监管。同时，我们创新形式，首次将委员关注、群众期盼的 20 件"城市公交"提案进行集中协商办理，通过抚州门户网站和抚州市政协网站向社会发布问卷调查，吸引5000多名市民参与协商办理，促使城市公交问题在阳光下得到解决。

畅通反映社情民意渠道。首次在委员企业建立了4个社情民意联系点，搭建了政协委员与广大群众的沟通平台。着力完善工作网络，加大社情民意的采编力度，全年共收集重点社情民意92件，编报《社情民意》39期，其中党政领导批示及市直部门落实33件。《关于整合市区两级财政预算资金，加快配置60米以上云梯消防车的建议》《切实加强商品房预售管理的建议》《加强抚河大桥区域交通管理，杜绝大桥安全隐患》等社情民意，反映了群众的呼声和诉求，经市政府主要领导和分管领导批示后，市政协及时抓好跟踪问效，促使有关问题得到落实解决。

切实为民办实事办好事。我们注重突出界别特色，发挥界别优势，以“践行为民宗旨、服务基层群众”为主题，去年11月份在25个界别中广泛开展了“界别活动月”活动。各界别以专委会为依托，围绕宣传贯彻中共十八届三中全会和省委十三届七次全会精神，积极开展形式多样、内容丰富的“送科技、送文化、送卫生、送法律、送教育”等服务群众活动。在活动月期间，各界别共形成调研和大会发言材料32篇，走访慰问困难群众560户，送去慰问金、书籍等物品价值100多万元，赠送了价值60多万元的药品，3200多位城乡群众得到科技、卫生、法律方面的咨询服务。各界别委员用真诚、真情、真爱谱写了服务群众的动人乐章，彰显了政协的为民情怀，得到社会各界的普遍好评。

（四）注重发挥团结协作这个优势，凝心聚力彰显特色

我们注重发挥政协团结各方、协调关系的组织优势，主动参与中心工作，广泛开展团结联谊，为建设幸福抚州凝聚人心、汇聚力量。

参与中心富有成效。我们坚持把履行职能与参与中心工作结合起来，积极投身到幸福抚州建设一线。一年来，市政协领导多次随市委、市政府主要领导赴北京、上海、广东、福建等地参加乡友恳谈会、抚州商会成立大会等招商活动，并加强与苏州、昆明等异地商会和政协委员的联系，积极为招商引资牵线搭桥。市政协领导牵头负责的新区火车站站前广场工程、市城区小街小巷路灯新建和改造工程、五峰路东西段道路工程、文昌里老城区改造、农民公寓建设工程、2013年保障性住房、总部经济中心等重点项目，均按照“项目化、时间表、责任人”的要求，扎实有序推进。此外，市政协领导在县（区）挂点帮扶、重点信访包案、新农村建设挂点、文明社区结对共建、“四城同创”、爱国卫生月活动等中心工作中积极作为，帮忙助力，展现了政协服务中心的良好形象。

搭建平台团结各方。市政协坚持以课题为纽带，积极为各民主党派参加政协调研、视察活动搭建平台。及时加强与各民主党派、工商联沟通联系，坚持政协活动优先安排民主党派团体成员参加，政协会议鼓励民主党派团体提出意见建议，有效推动了我市多党合作事业的发展。加强港澳台侨界委员和人士的联谊联络，在我市港澳台侨人士中选聘6名企业家为“特聘港澳台侨委员”，建立联系市重点港澳台侨资企业制度，帮助其解决生产经营中的困难和问题。举办“中秋”联谊活动，加强与各界人士的联系交流，增强社会各界建设幸福抚州的信心和决心。

联系协作形成合力。发挥政协系统整体作用，配合省政协就秀美乡村可持续发展、推进政协组织向新社会阶层延伸、加快发展现代服务业、民族宗教条例意见贯彻情况、历史文化建筑遗存保护和利用等开展调研视察；与省政协共同组织住抚省政协委员就林业生态和赣南等原中央苏区振兴发展情况开展视察，形成了一批调研视察成果报送省政协，促进我市相关问题在更高层次得到推动落实。赴福建莆田、三明市就加强港铁联运、促进区域合作进行学习考察，形成的考察报告得到市委、市政府主要领导充分肯定。围绕提高专题视察水平这一主题，召开县（区）政协主席座谈会，推动了政协之间的相互学习和工作交流。承办了全省政协经济委工作座谈会。先后接待全国政协原副主席张怀西、张榕明，台湾云林县妇女参访团等来我市考察视察。积极参加闽浙赣皖四省九市政协联谊会和闽赣湘三省九市“政协联谊、港铁联动”双联活动，拓展了履职思路，加深了交流互动。

（五）坚持强基固本这个关键，自身建设务实高效

加强学习，整体素质进一步提升。围绕建设学习型政协组织目标，采取主席会议、常委会议、专委会会议、机关集中学习等形式，认真学习中共十八大、十八届二中、三中全会和习近平总书记系列重要讲话精神。举办三次常委会集体学习，邀请省、市专家学者就学习贯彻中共十八届三中全会和省委十三届七次全会精神作专题辅导报告，着力提升政协委员和机关干部的理论素养。注重委员履职能力的提升，通过加强委员学习培训，举办好“委员活动日”，积极为委员知情明政、提升能力搭建平台。建立和完善政协机关工作目标责任制，开展中国梦主题宣传教育活动，举办安全知识大赛，做好上海客商王学军等人资助我市贫困学生的联络服务工作，机关办文办会和服务大局、服务委员能力进一步提升。一年来，市政协机关招商引资、绩效管理、文明创建等各项中心工作扎实推进，呈现出团结和谐、务实进取、开拓创新、蓬勃向上的良好局面。

完善制度，各项工作进一步规范。以省政协主席黄跃金来我市开展群众路线教育“四风”调研为契机，制定《市政协改进工作作风、密切联系群众的具体措施》，对精简会务活动、控制文件简报、改进公务接待以及公务用车、财务管理等进行明确规范。修订《市政协主席会议工作规则》，规范主席会议议事程序。根据中共十八大和十八届三中全会关于协商民主的战略部署，制定《市政协年度协商计划》，进一步推进政协履行职能的制度化、规范化、程序化建设。

重视宣传，对外影响进一步扩大。加强人民政协理论研究工作，召开首次市政协理论研讨会，编撰出版《抚州市政协理论研究与实践论文选》。积极向省政协报送理论研究成果，市政协机关有7篇文章入选省政协理论研究会论文集。加大政协宣传力度，一年来，市政协共在《人民政协报》《中国政协》《光华时报》等报刊发表新闻稿件和调研文章156篇，其中在《光华时报》头版头条发表重头稿件9篇，市政协机关在《光华时报》的用稿数在全省设区市排名第一。在省政协和市委、市政府信息刊物刊登信息65条，浓墨重彩地宣传了抚州和我市政协履行职能的各项工作。

各位委员，同志们，过去的一年，市政协各项工作扎实推进，活跃有序，取得可喜成绩，得到了省市领导的充分肯定和社会各界的广泛认同。这些成绩的取得，是中共抚州市委正确领导的结果，是市人大、市政府和社会各界大力支持的结果，是市政协各参加单位、全体委员和各县（区）政协共同努力的结果。在此，我代表市政协常委会向大家表示衷心的感谢和崇高的敬意！

在肯定成绩的同时，我们也应清醒地看到，常委会工作与市委的要求、形势的发展、社会各界的期望还有不少差距，主要有:民主监督机制还需进一步完善;参政议政实效还有待进一步提高;委员整体履职能力还有待进一步加强;如何按照中共十八届三中全会要求,充分发挥人民政协作为协商民主重要渠道作用还有待进一步深化落实等等。这些问题,都需要我们认真研究,并在今后的工作中切实加以改进。我们真诚地希望,各位委员和同志们对常委会工作提出意见、批评和建议。

二、2014 年主要工作

2014 年是贯彻落实中央、省委和市委决策部署,全面深化改革的开局之年,也是我市推进"三大战役"的提升之年。在新的一年里,我们要深入贯彻落实中共十八大和十八届三中全会精神,牢牢把握团结和民主两大主题,充分发挥政协作为协商民主的重要渠道作用,围绕做好"融入省会,对接海西"大文章,谋发展升级大计,献民生改善良策,建绿色崛起真言,凝聚抚州加速正能量,为建设殷实、文明、和谐的幸福抚州续写新的篇章。

(一)以学习十八届三中全会精神为动力,着力夯实共同思想政治基础

中共十八届三中全会是在我国改革开放新的历史时期召开的一次十分重要的会议。全市各级政协组织和广大政协委员要把学习贯彻三中全会精神作为政协工作的首要任务和先导工程,不断增进共识、深化共识、坚定共识。要把学习贯彻三中全会精神与贯彻落实省委、市委的决策部署结合起来,进一步认清形势,明确任务,促进改革,服务发展。要按照三中全会对人民政协工作提出的新部署、新要求,谋划改进工作,创新方式方法,不断增强政协履职实效。要紧密结合抚州改革发展实际,充分发挥政协组织优势,广泛宣传改革目标和路线图,积极为我市全面深化改革凝心聚力、营造氛围。要充分运用市人民政协理论研究会这个平台,重点围绕人民政协与协商民主这一课题,积极开展理论研究,探索政协事业发展规律,不断提升政协工作科学化水平。

(二)以推进发展升级为重点,着力打造议政建言精品

服务发展、促进发展,始终是政协工作的着力点和主旋律。我们要进一步增强大局意识、责任意识,把市委、市政府的总体工作部署与政协履行职能紧密结合起来,立足于唱好抚州改革重头戏,打造抚州发展升级版,精心选择一些事关抚州改革发展大局的综合性、战略性、前瞻性问题,深入开展协商议政活动,唱响主旋律,发出真声音,传播正能量。着重围绕建设向莆铁路产业带,优化抚州生产力布局;构筑绿色农产品体系,促进农业产业化升级等课题开展常委会专题协商,广泛吸纳各方面的智慧,努力打造高质量的参政议政精品。充分发挥专委会的基础性作用,切实加强同各民主党派、工商联、县(区)政协的协作,围绕发挥抚州外埠商会作用,助推抚州经济发展;加强抚河水环境保护,建设生态文明抚州;做大做强抚州职业技术学院,为打好"三大战役"提供人才支撑;加强法治保障,助推我市非公经济发展;优化发展环境,促进港澳台侨资企业发展;加快电网建设步伐,增强电力保障能力;加快生态功能区建设,构建优美生态环境等课题,积极开展专题调研和视察活动,力争一批建言成果进入党委、政府决策程序,使我市政协组织在谋大局、议大事、促发展上有更大作为。

(三)以促进民生改善为己任,着力维护社会和谐稳定

我们要牢固树立履职为民理念,在工作思路上更加关注民生议题,在工作部署上更加突出民生权益,在工作落实上更加注重民生改善。重点围绕加快各类养老机构建设,推进养老事业发展;加强食品生产环节监管,确保食品质量安全;健全社会救

助机制,化解失独家庭困境等事关群众切身利益的民生问题,运用调研、视察、提案、反映社情民意等方式,以政协特有的敏感和视角,分析研究问题,提出改进意见,促进问题得到有效解决。要积极主动地做好新形势下的群众工作,在全市政协组织和广大政协委员中开展履职为民的“三进三服务”(进社区、进园区、进乡村,服务中心、服务社会、服务群众)活动,将政协职能和工作领域延伸到社会最基层,让政协委员与基层群众真正“零距离”接触,真心诚意帮助群众办实事、解难事、做好事,促进社会和谐稳定。

(四)以创新工作机制为抓手,着力推进协商民主发展

中共十八届三中全会对发挥人民政协作为协商民主重要渠道作用作出了具体部署。我们必须认真贯彻落实,抓好组织实施,不断推进协商民主广泛、多层、制度化发展。一是规范协商程序。认真实施《市政协年度协商计划》,严格按照协商议题的提出和确定、协商会议的组织、协商成果的报送、协商意见的处理和反馈等程序开展协商,使政治协商的各个环节得到较好落实。二是丰富协商载体。在不断健全全体会议广泛协商、常委会议集中协商、主席会议重点协商的基础上,更加活跃有序地组织专题协商、对口协商、界别协商、提案办理协商活动。进一步探索建立以界别为基础、以专题为内容、以对口为纽带的协商形式。同时,尝试将会议协商变为现场协商,采用重点项目视察协商形式,使协商活动更加生动活泼、更加直观有效。三是增强协商实效。主动争取党委、政府督查部门的重视,加强协商意见办理落实情况的检查督办。建立完善相关督办机制,采取党委、政府、政协联合督办,或由政协组织委员采取跟踪视察的方式,促进协商成果的转化。

(五)以提升履职实效为目的,着力加强政协自身建设

我们要自觉适应新形势新任务的要求,坚持固本强基,加强自身建设。要按照中央、省委的要求,深入开展以为民务实清廉为主要内容的党的群众路线教育实践活动。要立足政协实际,聚焦作风建设,着眼解决“四风”突出问题,确保活动不打折扣、不搞形式、不走过场,取得实实在在的效果。要充分发挥界别的特点和优势,健全界别工作机制,丰富界别活动形式,搭建界别活动平台,不断提高界别工作的质量和成效。要充分发挥委员主体作用,密切与委员经常性的联系,加强委员的学习和培训,着力培育和践行社会主义核心价值观,不断提升委员的整体素质和水平。要进一步强化专委会的服务意识,建立完善专委会工作机制,提升专委会工作专业化水平,努力把政协专委会打造成服务发展的重要智库、建言献策的重要平台、畅通民意的重要渠道。要扎实推进机关作风建设,着力改进文风会风,规范内部管理,提高服务效能,抓好信息宣传和文史工作,努力打造学习型、和谐型、有为型、服务型机关,为政协有效履行职能、顺利开展工作提供有力保障。

各位委员,同志们!崭新的征程需要我们携手前行,美好的前景需要我们共同创造。让我们更加紧密地团结在以习近平同志为总书记的中共中央周围,在中共抚州市委的坚强领导下,解放思想,改革创新,凝心聚力,攻坚克难,为推进我市人民政协事业的发展,为建设更加幸福美好的抚州而不懈奋斗!

【组织概况】

政协抚州市第三届委员会主席、副主席、秘书长、副秘书长、常务委员、委员名单

党组书记、主席 谢发明

党组副书记、统战部长 朱章明

副 主 席 黄德宪 陈云斐 廖建辉 郑友清 贾益纲 黄耀波 周付德 蔡 青(女)

秘 书 长 徐容宁(女)

副秘书长 刘海滨 陈水明

常务委员(按姓氏笔画排列)

王 勇 王 彬 王胜国
邓长明 邓慧萍(女) 刘国芳
刘忠华 刘海滨 朱 萍(女)
何 明 吴 军 吴 辛
吴建发 吴茶香(女) 吴晓妮(女)
吴维权(女) 张 帆 张志坚
李 凌 李启明 李建明
李清萍(女) 杨正荣 连佩忠
陈水明 陈显明 周国华
周金生 林德明 罗晓宾
郑小平 郑荣钦 段院龙
胡海荣 夏小青 徐友洪
涂国卿 涂香莲(女) 郭淑萍(女)
章克敏(女) 黄双龙 释印空(女)
廖 燕(女) 戴员生 戴晓文
魏建平

委 员

中国共产党抚州市委员会

邓长明 刘冰冰 刘海滨
朱 萍(女) 吴建发 吴茶香(女)
杨更生 周付德 周国华
林德明 郑济平 徐容宁(女)
黄德宪 黄耀波 谢发明
廖建辉

中国国民党革命委员会抚州市委员会

邓慧萍(女) 刘忠华 刘细明
向 往(女) 吴 刚 杨正荣
周 琪(女) 贾益纲 黄文英(女)
黄港清 潘军荣 戴员生

中国民主同盟抚州市委员会

王耀华 吴 岚(女) 吴国华
张 帆 李淑雯(女) 杨小平
陈云斐 陈军辉 陈春梅(女)
候龙清 章克敏(女) 蔡乔乔(女)
蔡晓东

中国民主建国会抚州市委员会

马满满(女) 乐小根 张志红(女)
张蓉蓉(女) 李启明 郑小平
姜东兴 段院龙 祝 玫(女)
章 冰 傅 瑛(女) 彭秋祥

中国民主促进会抚州市委员会

于 勤(女) 李 凌 罗亦文(女)
饶 芳(女) 黄 卓 彭道锋

中国农工民主党抚州市委员会

万英华(女) 王 彬 王清瑜
艾艳萍(女) 吴文宇 周 红(女)
罗伍菊(女) 郑友清 郑晓樵
涂国卿 郭淑萍(女) 黄金玉(女)
揭仁贵 管淑辉(女)

九三学社抚州市委员会

王 勇 余庆华(女) 吴贺华
邱志萍(女) 陈昌林 周跃文
郑启祥 郑荣钦 唐永文
章建岚(女) 黎咏峰

无党派人士

王建林 江志勇 江春芳
何 明 余旗勇(女) 宋贝贝(女)
张 勇 张建华 李 群(女)
陈仲灿 陈显明 周金生
赵 锋 饶宇航 夏小青
章新友 黄双龙 黄军良
游林清 戴晓文

中国共产主义青年团抚州市委员会和抚州市青年联合会

艾 婧(女) 刘冬国 张沥泉
张思君 陈 佳(女) 陈恩斌
袁 静(女) 杨 钢 黄深谋
章带荣(女)

抚州市总工会

王义刚 何远生 陈水和
罗国良 金 星 黄 震
游娟娟(女) 谢晓荣 魏媛媛(女)

抚州市妇女联合会

王惠霞(女) 王雅兰(女) 付香兰(女)
付晓红(女) 叶芝云(女) 吴　薇(女)
吴凌云(女) 吴晓妮(女) 杨全娣(女)
娄红玲(女) 徐晤明(女) 魏　绮(女)

抚州市华侨联合会和抚州市台胞联谊会

余忠造 张　宇 杨　平
林翠英(女) 徐友洪 涂香莲(女)
黄　琛(女) 黄志强 黄德超
廖　燕(女)

抚州市工商业联合会

孙峥嵘 庄彬春 汤庆慧(女)
吴　军 吴　昊(女) 吴世伟
吴正顺 吴胜兰(女) 李彩梅(女)
陈国祥 陈德孟 陈德勋
胡海荣 徐建新 徐金昌
赖文英(女) 蔡　青(女)

少数民族宗教界

马　颖(女) 乐师彦 兰接福
吴　华(女) 张冠雄 钟　琴(女)
释印空(女) 释学辉 满江生
蓝智平

经济界

丁武安 王文千 何海荣
吴元暖 吴鉴铭 岑礼余
张从俊 张冲林 张建荣
张爱民 汪乐民 贡建东
邱　敏(女) 邹晓明 周文明
郑学铨 涂赣平 袁任民
郭德宗

农业界

艾华康 龙　平 汤小平
吴　辛 吴　强 陈水明
林垂都 罗昌善 罗祖伟
范书祥 聂平太 黄　勃
袁筱春 黄永辉 黄国文
彭贞红(女) 曾福根 蔡永享
魏建平

社会福利和社会保障界

任星光 许　瑶(女) 邱慧敏(女)
罗晓宾 祝曙光 徐明儿
黄奇伟 黄清香(女) 龚育梅(女)
傅志欣(女)

教育界

王　昱 王胜国 付建平
华小明 张志坚 张冬生
林　红(女) 胡党梅(女) 唐　化(女)
彭国芳 董雪梅(女) 鄢素芬(女)
蔡　盛(女)

文化体育界

万全阳 邓　烽 邓　华(女)
甘少华 刘国芳 纪丽波(女)
吴乐明 陈胜华 胡永生
梅建忠 梅雪奇 曾小天

社科(法律)界

白　洋 何　兰(女) 李清萍(女)
杨小建 邱树华 周文明
周泽南 罗　莹(女) 罗崇辉
曹捷生 黄亚玲(女) 蔡　菁

医药卫生界

王大冲 龙　剑 何乐琴(女)
吴平庚 连佩忠 杨洁员
周小平 姚飞鸿 饶南文
章止华

科学技术界

邓棋卫 卢雅芳(女) 叶全裕
帅金高 刘国兴 刘前进
吴鸿强 张寿荣 李小红(女)
杨书斌 杨亚新(女) 杨国飞
罗春明 郑振荣 曹细春
黎　明(女) 戴　奔

抚州市科学技术协会

刘雪娥(女) 何乾丰 吴维权(女)
黄晓华 彭明高

新闻出版界

吴胜茂 张志珍(女) 李林荣
陈青峰 黄小明

特别邀请人士

万　鸣	方树成	刘世昌
江瑞庆	过初良	吴英龙
张小仕	张文勤	李以庚
李建明	李履才	杨　皓
杨水生	杨党华	杨继平
辛象其	邱志诚	陈　勤
洪水昌	赵　立	徐小明
聂小乐	梅　勇	黄文龙
黄冬生	黄来盛	黄明儿
黄祖光	黄晓红(女)	喻怀祥
揭秉华	曾建军	谢光明
蓝忠民	雷祥根	魏友旗

【大事记】

1月

2日　市政协召开党派团体提案工作座谈会。

15日　市政协三届二十一次主席会议召开。

16日　市政协召开提案协商资政会，副主席黄耀波出席并讲话，秘书长徐容宁参加了会议。

17日　市政协三届十二次常委会议召开。

23至24日　副主席黄德宪率领港澳台侨和外事委员会有关人员走访慰问市部分台资企业。

27日　市政协三届二十二次主席会议召开。

2月

16日　出席市政协三届四次会议的全体委员先后到自立铜业、广银铝业、火车站站前广场及周边项目、森科实业等市中心城区工业化、城镇化建设项目现场视察。

17至19日　抚州市第三届委员会第四次会议召开。

24日　市政协港澳台侨和外事委员会全体委员会议召开。

25日　市政协教文卫体委员会召开联谊会，副主席陈云斐出席并讲话。

26日　市政协党组(扩大)会暨三届二十三次主席会议召开。

市政协经济技术委员会召开全体委员会议。

28日　市政协机关召开党的群众路线教育实践活动动员大会。

3月

3日　市政协社会和法制委员会召开全体委员会议。

10日　市政协召开全市政协文史工作座谈会。

市政协机关举行党的群众路线教育实践活动集中学习。

11日　市、县(区)政协港澳台侨和外事工作座谈会在南丰县召开。

14日　市政协机关召开党员干部会议，集中交流党的群众路线教育实践活动学习心得体会。

20至21日　市、县(区)政协教文卫体委员会学习工作座谈会在金溪县召开。

25日　副主席陈云斐率部分市政协常委、委员到临川区了解宗教旅游、古村落保护情况，开展“文化与旅游深度融合”专题调研。

28日　全市政协经济委工作座谈会在黎川县召开。

4月

1日　主席谢发明到抚州高新区，走访部分市政协委员企业社情民意联系点，了解企业生产运行情况，并就如何发挥社情民意联系点作用进行指导。

3 日 市政协三届二十四次主席会议召开。

10 日 全国政协副主席、民建中央常务副主席马培华来抚，就民建基层组织建设进行调研。

11 日 副主席黄德宪赴乐安县开展党的群众路线教育实践活动调研，并召开征求意见座谈会。

14 日 全国政协民族和宗教委员会副主任、青海省政协原主席白玛率全国政协民族和宗教委员会专题考察组一行来抚，就宗教教职人员社会保障政策落实情况进行考察。

市政协举行专题辅导报告会，邀请省委政研室副主任何建辉作“学习习近平总书记系列重要讲话精神”专题辅导报告。

15 日 主席谢发明到临川区开展党的群众路线教育实践活动调研，与该区政协班子成员及省、市、区政协委员代表、部分区政协机关干部进行座谈。

副主席廖建辉率工作组赴南丰、广昌县开展群众路线教育实践活动调研，并召开征求意见座谈会。

15 至 22 日 市政协经济技术委员会组织部分委员、专家到抚州高新区、临川区、南城县、南丰县、黎川县，就“建设向莆铁路产业带，优化抚州生产力布局”课题开展调研。

17 日 山东省政协副主席郭爱玲率考察团一行 9 人来市，就城镇化进程中历史文化的保护与传承情况进行考察。

23 日 全国政协文史和学习委员会副主任、河北省政协原主席刘德旺率全国政协文史和学习委员会专题调研组一行赴乐安流坑古村，就推进城镇化进程中加强古村落保护进行专题调研。

28 日 市政协党组（扩大）会召开。

29 日 副主席陈云斐率调研组一行到抚州职业技术学院，开展“做大做强抚州职业技术学院，为打好‘三大战役’提供人才保障”专题调研。

5 月

4 日 市政协机关党组（扩大）会议召开。

15 日 市政协副主席黄德宪率市工商局、中石化抚州分公司负责人，深入临川区唱凯镇视察指导防汛工作。

20 日 市政协港澳台侨和外事委员会召开“优化发展环境，推进港澳台和外资企业发展”专题调研座谈会，副主席黄德宪出席会议并讲话。

为搞好“文化与旅游深度整合”专题调研课题，副主席陈云斐到崇仁县考察理学文化。

26 日 市政协在市农业局召开提案督办协商座谈会。主席谢发明、副市长魏建新出席座谈会并讲话。

30 日 市政协提案督办协商座谈会在市建设局会议室召开，就开辟市中心城区应急饮用水源地进行协商讨论。

6 月

5 日 副主席、工商联主席蔡青到抚州市海西商会调研，看望了商会部分企业家代表，并与他们进行座谈。

9 日 市政协党组（扩大）会议暨三届二十七次主席召开。

10 至 11 日 贵州省铜仁市政协副主席、民革铜仁市委会主委杨晓敏率考察组，来市考察农村外出务工人员返乡创业就业情况。

13 日 市政协三届十四次常委会暨建

设向莆铁路经济带资政会召开。

17日 市政协党组召开专题民主生活会。

19日 市政协党组(扩大)会议召开。

23日 副主席陈云斐到抚河唱凯堤湖南乡沙湖、庙东、车家堤段督促检查防汛工作。

7月

3日 副主席郑友清率部分市政协委员、市民政局负责人,就抚州机构养老服务体系建设进行了调研。

9日 副主席郑友清到临川区西大街街办,就进一步加快棚户区改造工作进行专题调研。

10日 市政协提案督办协商座谈会在市农业局会议室召开,就加强农产品质量安全监管进行协商讨论。

11日 市政协经济技术委员会组织部分经济界别市政协委员在市国税局召开"优化税收环境、促进经济发展"协商座谈会。

14至15日 省政协常委、人资环委副主任、省委政法委原副书记刘德意带领专题调研组一行就"全省污水处理设施建设及运行情况"到崇仁、宜黄、金溪县开展民主监督专题调研。

25日 由市政协机关承办的"道德讲堂"在市图书馆报告厅开讲。

市政协提案督办协商座谈会在市交通局会议室召开。

8月

5日 市政协提案督办协商座谈会召开,就如何加强抚河流域农耕文化研究保护进行协商讨论。

市政协提案督办协商座谈会在市房管局召开。会议就强化小区电子监控规范管理的建议进行协商讨论。

8日 市政协提案督办协商座谈会在市商务局召开。就电子商务平台建设和加强电子商务产业发展进行协商讨论。

12日 市政协召开"抚州职业技术学院如何为'三大战役'提供人才支撑"专题调查报告协商座谈会。

14日 市政协党组(扩大)会议暨三届三十次主席会议召开。

18日 全国政协常委、民盟中央副主席、上海市人大常委会副主任、民盟上海市委会主委郑惠强率民盟上海市委会调研组一行到广昌,就对口支援广昌县工作开展调研。

19至20日 副主席陈云斐率市政协教文卫体委员会委员先后到南丰县、市中心城区,就加强食品生产环节监管、确保食品质量安全情况进行视察,并召开座谈会。

25日 市政协党组(扩大)会议召开。

26日 市政协港澳台侨和外事委员会召开第二次全体委员会议,副主席黄德宪到会讲话。

28日 市政协提案督办协商座谈会在市民政局会议室召开。就加快我市民办养老机构建设进行协商讨论。

9月

4日 市政协召开提案督办调研协商会。就提案《成立抚州市美术馆的建议》面对面协商,促进提案的办理落实。

市政协举行特聘港澳台侨委员受聘仪式,聘请6名优秀企业家为第二批市政协特聘港澳台侨委员。

9日 副主席廖建辉率部分市政协委员到正觉寺,就《关于支持正觉寺征地扩建使整体布局更加对称合理的建议》提案进行现场督办。

10日 市政协室举办全市政协反映社

情民意信息培训班。

11 至 12 日 副主席陈云斐一行赴南城、东乡两县，就《利用高铁“虹吸效应”，大力发展中医药养生旅游》提案办理情况进行视察调研。

18 日 副主席郑友清率市政协社会和法制委委员到市总工会，对困难职工帮扶工作进行视察，并召开情况通报会。

22 日 市政协三届三十二次主席会议召开。

24 日 市政协三届十五次常委会议召开。

25 日 市政协组织部分文史馆馆员到崇仁县相山镇考察道教文化。

29 日 市政协社会和法制委员会组织部分委员视察残疾人扶贫基地和创业基地建设情况，并在市残联召开情况通报会。

10 月

13 日 市政协组织委员视察市部分文联系统专业社团，副主席陈云斐参加。

21 日 市政协港澳台侨界的 20 多位委员在副主席黄德宪率领下，到市政协委员满江生在临川区湖南乡创办的天义运动村走访。

28 日 市政协教文卫体委员会在市卫生局召开“爱卫工作如何紧密围绕市民健康”协商座谈会。

27 至 30 日 由省政协副秘书长、办公厅主任杨春燕率领的省政协专题调研组来抚州，专题调研开展协商民主工作的经验和做法。

31 日 市政协三届三十三次主席会议召开。

11 月

7 日 市政协文史委员会全体委员会议召开，副主席廖建辉讲话。

10 日 市政协社会和法制委联合团市委组织部分共青团和青联界别企业家委员，先后到东乡三中和邓家乡敬老院开展“暖冬行动”。

10 至 12 日 副主席黄德宪就市港澳台侨资企业发展情况分别到宜黄、金溪开展专题调研。

18 日 副主席廖建辉率市政协文史委员会、新闻出版界别委员到乐安调研旅游产业发展情况。

19 日 副主席郑友清率市政协社会和法制委员会及工会界别的委员，到金溪县琅琚镇、对桥镇敬老院走访慰问孤寡老人，为老人送去慰问金和慰问品。

24 日 市政协组织部分政协委员就《切实加强抚河流域水环境保护和治理工作的意见》执行情况开展专题民主监督。

25 日 副主席郑友清率领市政协社会和法制委员会部分常委、委员到崇仁县司法局，就社区矫正工作进行视察，并召开座谈会。

26 日 由副主席黄德宪带领市政协民族宗教与港澳台侨界别的部分委员赴资溪县乌石镇新月畲族村视察。

12 月

2 日 副主席、民盟市委会主委陈云斐带领市政协教文卫体委员会、民盟抚州市委会开展送戏下乡活动。

市政协召开提案办理工作民主评议会，对市规划局 2014 年度政协提案办理工作进行民主评议。

5 日 全市县(区)政协主席座谈会在南丰县召开。

8 日 市政协理论研讨会召开。

市政协举行理论学习报告会，邀请省政协办公厅副主任王国龙作“人民政协协商民主建设问题”的学习辅导报告。

10日 市政协召开提案办理工作民主评议会,对市环保局2014年度政协提案办理工作进行民主评议。

16日 金巢大道南延伸段(安石大道至金柅大道)工程建设调度会在市政协主席会议室召开,主席谢发明主持会议并讲话。

19日 副主席陈云斐率市政协医卫界别委员、市第一人民医院专家,赴南丰县白舍镇河东村开展义诊活动。

23日 副主席陈云斐率市政协教育界别委员、临川一中的优秀教师赴乐安县增田中学开展“送教下乡、捐资助学”活动。

25日 市政协三届三十四次主席会议召开。

市政协教文卫体委员会对市实验学校开展义务教育学校发展专题视察。主席谢发明、副主席陈云斐及秘书长徐容宁参加视察,副市长刘菊娇随同视察。

26日 市政协三届十六次常委会议召开。

(全益 编写 徐容宁审稿)

省直管试点县政协篇

政协共青城市委员会

【全体委员会议】

一届四次会议 2014 年 1 月 14 至 16 日，中国人民政治协商会议共青城市第一届委员会第四次会议在南湖影剧院举行。应出席委员 143 名，实到 129 名。市政协主席汪洪义在开幕会议上作政协常务委员会工作报告，中共九江市委常委、共青城市委书记黄斌在闭幕会议上讲话。市领导出席开幕和闭幕会议，听取大会发言。

会议审议通过一届市政协主席汪洪义代表常务委员会所作的工作报告、一届市政协副主席雷声代表常务委员会所作的关于提案工作情况的报告。与会委员列席共青城市第一届人民代表大会第四次会议，讨论并赞同市政府工作报告、市财政局关于共青城市 2013 年预算执行情况和 2014 年预算草案的报告，讨论并赞同市法院工作报告、市检察院工作报告。与会委员围绕共青城市经济社会发展和人民群众切身利益的重大问题进行讨论协商，从做强工业企业、创建卫生城市、破解企业用工难、推进市镇联动进程等方面提出意见和建议。会议审议通过共青城市政协一届四次会议决议。会议增选石新善、卫龙炎为市政协副主席。会议期间，共收到提案 79 件，经审查立案 77 件。

【常务委员会会议】

第八次会议 2014 年 1 月 10 日举行，应出席 30 人，实到 27 人，雷声副主席主持。会议决定市政协一届四次会议于 2014 年 1 月 14 至 16 日举行。会议审议通过市政协常务委员会工作报告和关于一届三次会议以来提案工作情况的报告，审议通过市政协一届四次会议议程（草案）和日程（草案），审议通过市政协一届四次会议委员分组及召集人名单等有关事项。会议决定免去杨本清市政协副主席职务，免去曹阳市政协常务委员职务，增补石新善、卫龙炎、陈敏、黄希理、高积成、陈英、方树平、熊次桂、何猷龙为市政协委员，杨本清、曹阳、伍云长、李忠玉、刘琼、周文娟、宋君、韩进飞不再担任市政协委员。

第九次会议 2014 年 1 月 16 日举行，应出席 28 人，实到 26 人，汪洪义主席主持。会议听取各小组对市人民政府和其他工作报告的意见以及对选举办法和候选人讨论情况的汇报，确定市政协第一届委员会增选副主席正式候选人名单，审议通过市政协一届四次会议选举办法和总监票人、监票人、计票人名单，协商讨论市政协一届四次会议提案审查情况的报告（草案）和会议决议（草案）。

第十次会议 2014 年 9 月 17 日举行，应出席 30 人，实到 26 人，石新善副主席主持。会议学习习近平同志在听取兰考县委和河南省党委的群众路线教育实践活动情况汇报时的重要讲话精神、市委一届六次全体（扩大）会议精神、李炳军同志指导共青城市委常委班子专题民主生活会时的重要讲话精神，协商讨论《政协共青城市委员会党的群众路线教育实践活动整改方案（讨论稿）》《政协共青城市委员会深入开展“四风”突出问题专项整治方案（讨论稿）》《政协共青城市委员会解决“四风”突出问题制度建设计划（讨论稿）》。会议决定免去汪洪义市政协主席职务，免去徐金火市政协秘书长职务，免去彭靳市政协常务委员职务，增补张小燕为市政协委员，汪洪义、彭靳、谢安民、章志新不再担任市政协委员。

【专门委员会工作】

提案委员会 主要工作：全年共收到提案79件，其中，集体提案5件，经审查立案77件，全部办复。提案人对提案办理态度和结果表示“满意”的占92.2%，表示“基本满意”的占7.8%。其中办理结果为“采纳或解决”和“逐步解决”，采纳或解决的有31件，占40%。汇编市政协一届四次会议提案目录，寄送市委、市政府及其有关部门办理。遴选并报请主席会议审定重点提案12件，报送市委、市政府主要领导督办重点提案2件，做好市政协主席、副主席促办重点提案的服务组织工作。举办提案人座谈会，听取对提案办理工作的意见和建议。开展走访提案承办单位活动，赴市城乡建设和交通运输局、民政局等部门协商和推动提案办理工作。开展市政协一届五次会议提案征集工作，起草市政协常务委员会关于一届四次会议以来提案工作情况的报告。

经济和社会发展委员会 主要工作：历时5个月，组织实施“振兴我市传统羽绒服装产业”专题调研，赴江苏、浙江知名品牌企业实地调研，去周边横塘、泽泉等地实地考察，到服装企业实地座谈，形成《振兴我市纺织服装产业专题调研报告》。历时3个月，开展“中小企业融资难”课题调研，形成《解决我市中小企业融资难的调研报告》，并搭建4个融资平台，累计融资8.6亿元。历时2个月，开展“发展电子商务平台”课题调研，形成《关于共青城市电子商务发展的意见和建议》。

【重要活动】

召开提案交办会议 2014年4月1日，市政协提案交办会召开，市政府副市长邹隆茂、市政协副主席雷声参会。雷声作了政协共青城市一届四次会议委员提案情况报告，会上市政府将征集的77件提案交予25个相关部门和单位办理。会议决定，2014年市政府将评选出政协提案办理委员满意单位（部门）和不满意单位（部门）。

召开重点提案办理工作调度会 2014年8月6日，市政协重点提案办理工作调度会召开，市政协领导、提案人、提案委成员、提案承办单位等参会。政协“重点提案督办月”活动正式启动，选取重点提案14件，通过听取汇报、现场调研、协商座谈等形式，由市党政主要领导领衔督办、市政协领导重点督办，将提案建议落实到位。

公开征集提案线索 2014年12月10日起，市政协发出公告向社会公开征集提案线索，至2014年12月31日止。公告指出，社会各界人士要围绕市委、市政府的中心工作，就事关全市经济社会发展以及人民群众关注的热点、难点问题，提供提案线索，并提出解决问题的意见和建议，为实现共青城市“建好先导区、率先奔小康”的宏伟目标献计出力。对征集的提案线索整理编印《市政协一届五次会议提案选题参考目录》，有价值的提案线索被吸纳后将受邀参与提案督办。

开展走访慰问活动 2014年11月24日，市政协结合“三联”活动，本着“访民情、知民意、排民难、解民忧、暖民心”的宗旨，由副主席雷声、石新善、卫龙炎分别对金湖乡困难群众殷金凤等进行走访慰问，送去慰问金1万元，帮扶金湖乡大塘村基础设施建设及解决村民实际生活困难资金2万元。走访中收集群众反映问题50条，当场解决40条，未解决问题整理后已交相关部门办理。

【重要文件】

政协共青城市第一届委员会常务委员会工作报告

各位委员：

我受政协第一届共青城市委员会常务委员会委托，向大会报告工作，请予审议，并请列席会议的同志提出宝贵意见。

2013 年工作回顾

2013 年，是共青城市发展高速增长、勇攀新高、成就辉煌的一年，也是我市人民政协主动履职、成果丰硕的一年。一年来，市政协在中共共青城市委的坚强领导下，在市人民政府的大力支持和有关方面的积极配合下，牢牢把握团结和民主两大主题，围绕中心、服务大局，认真履行政治协商、民主监督、参政议政职能，始终与党政同心协力，与民众风雨同行，以实干助推发展，为我市协调推进社会主义经济、政治、文化、社会和生态文明建设，为推动鄱阳湖生态经济区共青先导区建设做出了积极贡献。

一、围绕中心、服务大局，为先导区建设殚精竭虑

一年来，常委会始终围绕党委中心工作，服务科学发展，为实现“建好先导区，率先奔小康”这一宏伟目标，建言立论、献计献策，最大限度地释放出推动我市科学发展的正能量。

在协商议政中发挥作用。坚持与市委、市政府共同协商确定重要协商议政课题，确保协商议政更具针对性、前瞻性和可操作性。共青先导区建设、昌九一体化以及南湖新区建设，是市委、市政府的工作重心，也是政协履职关注的重点和热点。市政协发挥优势，积极主动融入到先导区建设中，深入开展调查研究，在先导区建设总体方案、城市总体规划、南湖新区总体规划、生态环境保护建设、扩大改革开放、争取政策支持等方面坦诚建言，提出了一系列的意见建议。所提出的意见建议受到市委、市政府主要领导的高度重视，好的意见建议被批示和采纳。

在服务项目中彰显本色。根据市委安排，政协领导及机关直接服务的工业和城建项目共计 22 个。为确保任务完成，市政协制定了《项目帮扶方案》，成立了项目帮扶工作队，帮扶队按照项目目标，科学制定项目日计划，周计划，月任务目标，按照计划目标倒排项目进度时间表，确保项目按照时间表推进，并按时报送信息。工作队每天到项目上进行督查，及时、全面掌握项目推进动态，实现项目问题日解决、日发现。市政协领导坚持每周到现场实地调度，解决项目中存在的问题，促进督导项目快速推进。在所服务的项目中，大航硅胶项目按市委进度要求已竣工投产，生产形势良好，该项目获得工业项目建设前三名；嘉仕凯项目在工作队的帮助下，积极调整产品结构，适应市场需要，生产形势大为好转，2013 效益比去年同比增长 30%；东经二路项目克服涉及面广、矛盾多、拆迁难度大的困难，在工作队的不懈努力下，目前路面已平整，路基已基本成型，管网铺设已完成，项目可确保按期完成；逐雅服饰已按市委进度要求在建于 10 月投产；柘林灌区、兴晟包装、展达运输等服务项目也进展顺利。

在新区建设中展现风采。在决战南湖新区建设中，市政协机关在人员极其紧张的情况下，抽调 3 名同志参加新区征地拆迁工作。在新区建设现场，10 余位优秀政协委员，与新区建设工作组的同志一道，顶烈日、冒酷暑，起早摸黑，克服重重困难，历经千辛万苦，深入到征地拆迁的群众中，进行政策宣传、解疑释惑，征地拆迁，得到了群众的理解和支持,也取得了骄人的成绩。特别是政协专委会余昌萍同志,手术不到半个月,身体尚未痊愈,就被组织选调,奔赴南湖新区征地拆迁现场,并担任副组长。在她的带头带领下,工作组在两个多月的时间里,拆了140多栋房子,面积近3万平方米,征地2000余亩,为南湖新区建设做了积极的贡献。完成南湖新区征地拆迁任务后,她不休息、不停歇,发扬连续作战的精神,转战珍珠湖桃园新村做拆迁工作,并担任组长。组织上考虑她年纪大、身体不好,多次建议她回机关工作,但她只有简单的一句话:我是一名共产党员、一名政协委员,到征地拆迁一线工作,是我的职责所在,是组织对我的信任。

在此,我提议,全体政协委员向余昌萍同志学习致敬!

二、民主协商、参政议政,为科学发展献计出力

一年来,市政协紧紧围绕市委、市政府中心工作以及人民群众普遍关心的热点难点问题开展调研、视察、督导活动。

调研调查。市政协有计划地选择了3个方面的课题,进行专题调研,深入各社区、企业开展了“社区环境综合治理”、“社区医疗服务状况”、“制约企业发展因素”三项专题调研活动。通过实地调研、发放问卷调查、召开座谈会、听取意见建议等方式,结合我市实际,分别提交了关于我市社区环境综合治理、社区医疗服务状况、制约企业发展因素的三个专题调研报告,并在此基础上形成了本次全会的大会发言材料,向市委、市政府提出解决问题的建设性意见,为实现“建好先导区,率先奔小康”的宏伟目标献计出力。

督导督察。去年8至11月,针对严峻的经济形势,市政协先后组织走访了我市服装产业、电子产业及重点工业或城建项目产业中的多家委员企业,就企业生产经营情况进行督导督察,并召开座谈会,听取众企业对政府帮助企业发展、为企业服务的感受、意见和建议,了解企业运行情况以及在发展中存在的困难和问题,30余位企业家委员围绕应对困难挑战、促进企业发展、做强实体经济献计献策,共谋发展良策。

视察考察。2013年,市政协常委会切实加大视察工作力度,整合力量和资源,针对我市经济社会发展的重点热点问题开展视察活动,为我市经济社会发展做出了贡献。去年11月,组织部分委员对我市创建“卫生城”活动进行了视察,视察组深入中心城区部分社区、住宅小区、农贸市场开展专题视察。委员针对我市我市环境卫生中存在环境卫生差,基础设施不达标,管理不到位、管理体制不顺,群众参与度、素质不高等问题,提出了提高思想认识、完善城市管理工作机制、加大投入力度、全面推进创建“卫生城”工作等方面的意见建议,为全面提升我市创卫工作水平建言献策。

三、关注民生、顺乎民意,为构建和谐社会凝心聚力

一年来,市政协始终坚持把“履职为民”宗旨贯穿在一切工作中,把人民对美好生活的向往作为政协履行职能的方向,反映民意,关注民情,维护民利,切实为保障和改善民生知情出力。

解民困暖民心。市政协始终坚持“人民政协为人民”的宗旨,充分发挥自身优势,采取灵活多样的形式,为民讲真话、做实事,努力推动人民群众最关心、最直接、最现实的利益问题得到解决。7月,市政协引导和组织48名委员深入基层一线,开展了“进社区、进园区、进乡村,服务中心、服务社会、服务群众”的“三进三服务”活动,主动为群众办好事、解难事,深受群众好评。7月,市政协组织部分委员以及相关单位开展送医药入基层活动。组织医疗队伍为百姓义诊,有近200人次接受了诊治和健康指导,现场还免费发放了价值5000多元的药品。六一儿童节前夕及重阳节期间,市政协组织部分委员开展送温暖活动。先后到中心幼儿园、阳光成长中心走访慰问儿童,到江益敬老院走访慰问老人,走访慰问组共送去慰问金两万元。

访民情呼民声。市政协始终将反映社情民意工作,作为政协了解民情、反映民愿的重要载体。一年来,市政协充分利用委员联系面广的优势,有力地拓宽了收集社情民意信息的渠道,动员全体领导干部通过调研视察、督导、走访座谈、发放征集表等形式,深入农村、社区、企业等基层一线,了解社情民意和企业生产经营情况,分别走访20多个社区、村委和20多家企业,真实反映基层情况和问题,积极为社区、企业解决实际困难,做好化解矛盾、促进和谐的工作。一年来,共搜集事关经济社会发展及民生问题的信息30余条。

四、突出重点、注重实效,为提案办理尽心尽力

提案是人民政协组织和政协委员履行职能、参政议政、民主监督的一种最直接的方式。2013年,政协在提案工作方面坚持围绕中心、服务大局、提高质量、讲求实效的方针,注重研究新情况,积极探索新途径,以提高提案质量为基础,以增强办理实效为目标,加大提案督办力度,增强提案工作合力,使提案工作取得了新进展。

围绕中心提提案。2013年,委员紧紧围绕市委、市政府的中心工作,站在全局高度思考问题,围绕如何加快发展,从经济建设、民生、卫生、城乡统筹等方面向市委、市政府建言献计,提出提案37件,经审查,立案35件,其中集体提案3件。如《关于我市中小微企业如何走出困境,实现可持续发展》的提案,为我市财政局建立健全中小微企业社会化服务体系提供了有益参考;《推进共青城市保障用房建议》的提案,为我市民生改善建言献策;《尽快解决城区卫生绿化死角问题的建议》的提案,为我市创建"卫生城"献计出力;《关于我市城镇化健康发展的建议》的提案,对我市城乡一体化发展有一定的参考价值。

围绕落实抓督办。2013年,市政协突出重点,狠抓落实,进一步加大了提案督办力度。为提高提案办理质量和效率,主席会议对提案实行主席领衔督办制度,由市政协主席、副主席领衔督办提案,实行提案督办全覆盖,做到全程跟踪,协调服务,狠抓落实,以点带面,极大地增强了各承办单位对委员提案的办理落实力度。同时,各委办分别包抓涉及对口部门的提案督办工作,不定期地深入承办单位进行重点走访、催办,了解办理进度和落实情况,并同承办提案的分管领导和具体办案人员座谈交流,针对不同内容、不同提案,协商提出相应的办理办法。市政协提案委员会积极发挥桥梁纽带作用,加强与市委督查室的日常工作联系,相互支持,相互配合,及时将委员的意见和建议反馈给有关承办单位,并就办理情况进行协商沟通,推动了提案办理落实。

注重实效求结果。市政协一届三次会议以来的提案质量高、反映情况真实、问题分析深入,所提建议有较强的针对性和建设性。各承办单位高度重视委员提案,认真办理提案,结合实际积极采纳委员们的合理化意见和建议,为促进共青经济社会全面发展献计出力。截至去年10月底,交由23个部门办理的提案已全部办结,立案率、承办单位与提案人的见面率、提案办复率分别为94.6%、100%、100%,委员对提案办理情况表示满意或基本满意的占

100%，其中表示满意的占97.1%。

五、开拓创新、固本强基，为自身建设提升能力

市政协坚持把加强自身建设，提高工作科学化水平作为重要任务，开拓创新，固本强基，以提升新时期新阶段的政协自身建设能力。

加强学习研究。市政协始终按照建设学习型政协的要求，完善学习制度，落实学习计划，突出学习主题，采取多种有效的学习形式，组织政协委员和机关干部加强学习。中共十八届三中全会召开后，常委会迅速组织学习并下发了通知，号召全体委员和政协机关干部深入学习领会会议的精神实质和科学内涵，自觉把思想统一到会议的精神上来，把行动凝聚到“建设先导区，率先奔小康”的宏伟目标上来；自觉完成干部在线学习；结合履职学习人民政协理论和政协章程。注重学习实效，把学习与调研、视察、考察等活动结合起来，与共青发展新阶段的实际结合起来，引导委员形成发展共识，使市委、市政府的重要决策部署在政协得到贯彻落实。

加强合作交流。一年来，市政协积极配合完成省政协来我市开展贯彻落实《省委、省政府关于实施和谐秀美乡村建设工程的若干意见》情况的调研活动和“鄱阳湖生态经济区建设”的调研活动，积极配合完成九江市政协理论研究会来我市开展“围绕推进协商民主，完善民主监督机制”的专题调研活动。市政协坚持本着节俭高效、热情周到的原则，先后接待了参观学习的各级各地政协组织30余批次，同时组织了政协机关干部到其他县政协学习工作经验，进一步拓宽了政协工作视野。在加强交流的同时，市政协积极宣传了我市经济发展、投资环境和旅游资源等情况，扩大了共青的对外影响。

加强宣传力度。2013年，市政协充分利用召开常委会和开展调研、视察等工作时机，通过广播、电视、网络和报纸等媒介加大宣传政协工作力度。同时，加强与各级报刊和网站等新闻媒体的沟通与协作，拓宽了对外宣传平台。全年在《光华时报》、《今日信息》、《九江政协信息》、《共青城》、江西政协网、共青城电视台等各界新闻网等媒体发表宣传稿件100余篇。其中，在省级《光华时报》打破头版零纪录，共在头版刊登新闻报道3篇，三版1篇，信息13篇，扩大了共青的社会影响力和知名度。

加强机关建设。服务是政协机关建设的重要内涵。一年来，我们把“为统一战线服务、为政协工作服务、为政协委员服务”作为机关工作的主旨，按照“讲质量、讲实效、讲规范、讲协作”的要求，努力提高服务质量，改进工作方式和方法。以深入开展创先争优活动为契机，倡导团结民主、求实创新的工作作风，认真查找工作中的薄弱环节，切实加以整改。积极创建“学习型机关”，坚持每月机关工作例会与机关干部学习会相结合制度，选派干部参加党校培训，机关干部的综合素质和业务水平得到新的提高。继续加强政协机关的制度化、规范化、程序化建设，推进各项工作的规范、有序、高效运转，努力把政协机关的服务工作体现在委员学习和履职的各个环节。

回顾一年来的工作实践，我们深切体会到，要做好新形势下的政协工作，必须做到“五个坚定不移”：一是坚定不移地依靠党委领导、政府支持，主动把政协工作融入市委、市政府全局工作，确保政协组织与党委、政府思想上同心同德、目标上同心同向、行动上同心同行；二是坚定不移地弘扬政协主题，着力搭建党派团体和各界人士团结合作的平台，畅通社会各界参政议政的渠道，调动一切积极因素，为全市发展提供最广泛的力量支持；三是坚定不移地服务发展大局，发挥政协独特优势，在服务大局中找准位置，发挥作用；四是坚定不移地推进工作创新，努力把各项工作做活、干实、求精，使政协工作更加贴近中心、贴近现实、贴近委员、贴近群众；五是坚定不移地强化委员主体地位，努力做到尊重委员、依靠委员、服务委员，使委员协商议政有讲台、发挥作用有平台、建功立业有舞台。

各位委员，过去的一年，市政协在服务大局上有新成效，履行职能上有新提高，各项工作取得了明显的进展。这是中共共青城市委正确领导的结果，是市人民政府大力支持的结果，是社会各界关心帮助、积极配合的结果，也是全体政协委员、政协各参加单位以及政协工作者共同努力的结果。在此，我谨代表政协共青城市委员会，向长期以来关心、重视、支持政协工作的中共共青城市委、市人民政府及社会各界人士、全体政协委员和政协工作者表示衷心的感谢，并致以崇高的敬意！

总结一年的工作，在肯定成绩的同时，也应该清醒地看到，常委会工作与市委、市政府的要求、各界的期望还有不少差距，主要是：个别政协委员的履职责任感和主动性有待于进一步提高，体现界别特色的举措有待于进一步增强，发挥委员主体作用的方式和渠道有待进一步创新，政协机关服务委员的意识、能力和水平也有待于进一步提升。真诚希望委员们对常委会工作提出意见，我们将认真研究，并在今后的工作中切实改进。

2014 年工作任务

2014 年是全面贯彻落实党的十八届三中全会精神开局之年，也是实现“建好先导区，率先奔小康”目标的强力推动之年。做好今年政协工作，意义重大，影响深远。

市政协工作总的要求是：坚持以邓小平理论、“三个代表”重要思想、科学发展观为指导，全面贯彻落实十八届三中全会精神，紧紧围绕市委、市政府的重大决策部署，动员参加政协的各党派团体和广大政协委员，在中共共青城市委的坚强领导下，切实履行政治协商、民主监督、参政议政职能，充分发挥人民政协协调关系、汇集力量、建言献策、服务大局的作用，为“建好先导区，率先奔小康”作出新的贡献。

一、加强学习、增进共识，提升履职能力

坚持以学习提升能力，用能力促进工作，不断增强政治协商、民主监督、参政议政的能力。

加强学习。积极组织政协委员学习贯彻十八届三中全会、市委一届五次全会精神，深刻理解和全面把握关于推进社会主义协商民主和民主政治建设的新布局和新要求。要结合改革学；结合创新学；结合工作学，扎扎实实取得成效。

增进共识。坚持市委的正确领导，自觉在全局工作中找到政协工作的切入点，与党委思想上同心、目标上同向、行动上同行。和党委政府同站前台，主动作为，勇于担当，为“建好先导区，率先奔小康”做出贡献。

二、始终围绕中心，主动服务大局，为共青城发展履职尽责

市政协要把促进发展作为履行职能的第一要务，为共青城发展出团结之力，谋和谐之举，建睿智之言，献务实之策。

——政治协商要有方。充分发挥人民政协作为协商民主重经渠道作用，组织好政协全体会议、常委会议、主席会议等重要会议，紧扣推进生态经济先导区、打造昌九一体化支点、创建卫生城等事关共青城发展大局的重大内容进行政治协商，积极探索政治协商实现形式的多样化，推进协商民主。

——民主监督要有力。积极引导委员围绕南湖新区建设、创建卫生城、重点提案办理等开展视察,推动重大部署和重点工作落实。适时组织委员对全市发展环境、政府部门工作进行民主评议,推动部门作风转变、发展环境优化。深化民主监督员工作,加强民主监督小组管理,切实发挥民主监督作用。

——参政议政要有效。紧紧围绕“发展领先、小康率先、生态优先、实干抢先”的目标,瞄准共青城发展所需、党政所思、群众所盼、政协职能所及的问题进行深入调查研究,尤其是围绕社会公共建设、文化创意、医疗保障、企业科技创新、城乡一体化、保障性住房等重要方面,深入开展调查研究。高度重视意见建议的反馈工作,推动建议案、提案、社情民意等办理落实,努力促进参政议政成果的转化。

三、加强调研视察,创新提案工作,为率先奔小康服务

关注民生、服务人民群众是政协工作的出发点和落脚点。要充分发挥委员位置超脱、人才汇集的优势,以保障和改善民生为目标,坚持群众路线,纳群言、聚民智、出精品。

——调查研究求精品。要坚持把调查研究作为建言献策的根本。按照市委、市政府工作部署,围绕生态经济先导区、移动终端、电子商务、动漫软件、服装创意产业、现代旅游等课题开展专题调研,要着眼全局思考问题,聚集人才研究问题,集中智慧解决问题,力争做到“言之有理、言之有物”,形成精品调研报告,为党政的决策提供咨政参考,使之转化为实际的工作部署和政策措施。

——督察视察求成效。要紧密结合市委、市政府工作重点,聚集群众期盼、社会关切的工作,开展专题视察,推进工作。今年重点对南湖新区建设、城区危旧房改造、珍珠湖综合治理、城市公共建设、城乡一体化等方面开展专题视察,同时,继续开展好对工业项目的视察督导工作。

——提案工作求质量。以提高提案质量为重点,不求多,只求精,不唯言,只唯实,要善于收集各方面的意见,将群众的意见建议用提案的形式反映出来。要引导委员在围绕党政中心工作,关注民生民情方面深入调研,为建好先导区倾情建言。着力在提案督办方面下功夫,落实重点提案领导督办、特殊提案现场督办,抓好完善重点提案办理跟踪问效机制,开展提案办理民主评议工作,确保提案办理工作落到实处、取得实效。

——社情民意求实效。政协委员要经常深入群众当中,充分倾听群众诉求,反映群众愿望。加大社情民意信息的收集、编发、办理和反馈工作,增强信息的针对性、有效性,进一步发挥政协社情民意在汇集舆论中的重要作用。继续深入开展“三进三服务”活动,努力为群众办实事、做好事、解难事。

四、发挥政协优势,紧扣两大主题,为构建和谐共青城凝心聚力

牢牢把握团结和民主两大主题,充分发挥政协联系广泛的优势,团结一切可以团结的力量,充分调动各方面的积极性和创造性,促进爱国统一战线的巩固和发展。

——促进社会各界人士的团结合作。要密切与党派、团体、民族宗教、工商联和无党派人士的联系,支持他们紧紧围绕事关全市经济发展的重大问题和涉及群众切身利益的实际问题开展广泛协商、多层协商,增进共识,增强合力。充分发挥人民政协在促进政党关系、民族关系、宗教关系、阶层关系中的积极作用,不断增强政协组织在社会各阶层和各界人士中的凝聚力、亲和力和影响力。

——维护稳定促进社会和谐。发挥政协包容性强的优势,协助党委、政府做好信访、稳定等协调关系、化解矛盾的工作,维护改革发展稳定大局,营造和谐氛围。

五、加强自身建设,创新工作机制,提升政协工作科学化水平

主动适应新形势、新要求,以创建“学习型、服务型、创新型”机关为目标,努力加强自身建设,全力推进政协工作制度化、规范化、程序化建设。

——完善制度建设。以健全和完善履行职能的各项制度为突破口,根据基层政协的工作规律和特点,创新履职举措,逐步完善政协协商、专题调研、走访视察、提案和社情民意等政协经常性工作的运行程序,实现政协工作质量和效率的同步提高,确保制度的有效运行。

——强化队伍建设。继续强化政协常委会的领导和带头作用,发挥政协委员主体作用,发挥专委会和界别的基础作用,打造一支政治坚定、作用优良、学识丰富、业务熟练的委员队伍,提高政协办事效率和服务能力。

——深化作风建设。以开展党的群众路线教育实践活动为抓手,从思想作风建设入手,坚决执行中央“八项规定”,全面加强效能建设,扎实推进机关作风转变,大力弘扬创新精神,切实提高政协工作科学化水平。深化党风廉政建设,加强廉政教育,提高干部的思想境界,筑牢反腐倡廉防线。

各位委员、同志们,共青城迎来了千载难逢的发展机遇,全市上下掀起了大开发、大建设、大发展的热潮。面对新形势、新要求、新起点,人民政协责任重大、使命光荣。让我们紧密团结在以习近平同志为总书记的党中央周围,在中共共青城市委的坚强领导下,在市人民政府的大力支持下,以更加饱满的精神、更加昂扬的斗志,凝心聚力,求真务实,攻坚克难,为建好先导区、率先奔小康而努力奋斗!

【组织概况】

政协共青城市第一届委员会主席、副主席、秘书长、常务委员、委员名单

主　席　汪洪义(2014 年 9 月 17 日起不再担任)

副主席　姚仁峰

杨本清(2014 年 1 月 10 日起不再担任)

陈保平　　雷　声

石新善(2014 年 1 月 16 日增选)

卫龙炎(2014 年 1 月 16 日增选)

秘书长　徐金火(2014 年 9 月 17 日起不再担任)

常务委员(按姓氏笔画排列)

万顺华　孙忠达　孙仁凌

叶天明　刘照龙　吕　勇

朱学民　余昌萍(女)　陈国方

季治林　杨仕为　罗　洪

顾三官　袁有超　黄春华

曹　阳(2014 年 1 月 10 日起不再担任)

章雪晴(女)　释果照

彭　靳(2014 年 9 月 17 日起不再担任)

韩　鸫　雷长森　雷爱华(女)

詹　进　熊美华

委　员

中国共产党共青城市委员会

卫龙炎(2014 年 1 月 10 日增补)

石新善(2014 年 1 月 10 日增补)

刘　翰　刘照龙　许巨峰

李　强

杨本清(2014 年 1 月 10 日起不再担任)

汪永剑

汪洪义(2014 年 9 月 17 日起不再担任)

季治林　　姚仁峰　　徐金火
桂家海
谢安民(2014年9月17日起不再担任)
雷　声　　雷爱华(女)　　蔡锦英(女)

中国民主促进会共青城市委员会

吕　勇　　张小燕(2014年9月17日增补)
杨仕为　　陈保平　　邵燕怡(女)

无党派人士

万雪琼(女)　　王　蔚　　史　历
陈　云　　陈国方　　徐幸福
章志新(2014年9月17日起不再担任)
曾令臣

共青城市总工会

杨　艾　　周宏发　　胡文英(女)
袁有超　　郭丽萍(女)　　黄　冰
喻广龙　　詹　进　　潘水官

中国共产主义青年团共青城市委员会和共青城市青年联合会

方树平(2014年1月10日增补)
王　莉(女)
宋　君(女,2014年1月10日起不再担任)
余复丽(女)　　宋　阳　　张忠鑫
周文娟(女,2014年1月10日起不再担任)
彭　娟(女)
彭　靳(2014年9月17日起不再担任)
雷松晓　　熊忠诚

共青城市妇女联合会

吕爱莲(女)　　何淑珍(女)　　宋秋珍(女)
张仁秋(女)　　陈　红(女)　　袁玉枝(女)
夏桂香(女)　　章雪晴(女)　　蒋思姣(女)
薛　函(女)

共青城市工商业联合会

孔维峰　　叶天明　　叶建国
刘松高　　余德平　　张火兵
袁　敏　　徐忠道　　韩　鸫
雷长森　　潘盛华

科技(科技、科协、社科)界

万顺华　　方小明　　张李云(女)
张起涛　　陈敏(女,2014年1月10日增补)
周　兵　　季金涛　　罗　琳(女)
顾三官　　黄希理(2014年1月10日增补)

文教(文艺、教育、体育、新闻)界

王　枫　　孙家骥　　孙燕萍(女)
朱必万　　朱学民
刘　琼(女,2014年1月10日起不再担任)
阮学培　　张林发　　杨行山
陈　英(女,2014年1月10日增补)
夏万勇　　曹文军

农业界

王四龙　　申家山　　朱向阳
邵正忠　　高积成(2014年1月10日增补)
曹　阳(2014年1月10日起不再担任)
彭明龙　　程淼香(女)

经济界

伍云长(2014年1月10日起不再担任)
孙仁凌　　孙忠达
何猷龙(2014年1月10日增补)
李忠玉(2014年1月10日起不再担任)
吴　瑜　　吴维民　　张公焕
李赞武　　邹隆生　　陈　琪
周忠林　　查云火　　赵纪胜
童　年
熊次桂(2014年1月10日增补)
熊美华　　熊贻祝

医药卫生界

林俊杰　　罗　洪　　居奏成
赵令明　　程爱英(女)　　舒祖金

社会福利界

王洪家　　付文静　　李　军
吴小燕(女)　　余昌萍(女)　　张　弩(女)
张晓峰　　殷云金　　黄春华
淦家进

民族宗教界

苏辉冬(女)
韩进飞(蒙古族,2014年1月10日起不再担任)
释果照

特别邀请人士

冯雪峰　　朱　亮　　余孝才
应良毅　　闵永宏　　张凯平
陈新喜　　陈德华　　侯　勇
俞大华　　陶冬林　　曹亚军
熊美勇　　燕传华

【大事记】

1月

10日　市政协第一届委员会常务委员会第八次会议召开。

14至16日　市政协第一届委员会第四次全体会议召开。

16日　市政协第一届委员会常务委员会第九次会议召开。

2月

19日　市政协一届第七次主席会议召开。

20日　市政协召开会议学习贯彻全市三级干部会议精神，市政协主席汪洪义、市政协副主席雷声、石新善、卫龙炎参会。

3月

10日　市政协召开党的群众路线教育实践活动动员会，市委第二督导组组长石立耕参会。

20日　市政协开展“聚集共青城市人气”专题调研。

4月

30日　九江市政协主席魏宏彬等来我市开展“推进共青先导区建设”专题调研。

5月

14日　九江市政协副主席徐少伟来我市调研。

7月

22日　湖北省黄梅县政协副主席曹慧等一行来我市学习考察。

26日　省政协副秘书长、办公厅主任杨春燕等一行来我市考察。

8月

6日　我市召开重点提案办理工作调度会，启动政协“重点提案督办月”活动。

29日　市政协委员视察珍珠湖环境整治工程和南湖新区建设工程等全市重点城建项目。

9月

17日　市政协第一届委员会常务委员会第十次会议召开。

22日　市政协机关召开学习习近平总书记在庆祝中国人民政治协商会议成立65周年大会上的讲话精神专题会议。

23日　市政协副主席雷声走访慰问金湖乡水产场贫困户杨木森。

30日　市政协开展迎国庆创建卫生城清扫街道活动。

10月

16日　省政协离退休干部一行来我市参观考察。

21日 九江市政协副主席朱忠玲、黄大明等来我市开展“助力共青先导区建设”界别考察调研。

23日 黑龙江省大庆市政协主席李福民等一行来我市学习考察。

24日 安徽省蚌埠市政协副主席徐超等一行来我市学习考察。

11月

14日 市政协副主席石新善带领市政协委员到我市甘露镇中心小学、共青城中学等学校进行视察。

24日 市政协结合“三联”活动，由副主席雷声、石新善、卫龙炎分别对金湖乡困难群众殷金凤等进行走访慰问。

12月

10至31日 我市政协在全市范围内公开征集政协提案线索。

30日 新干县政协主席张梅生等一行来我市学习考察。

（张锐 编写 况泉水 雷声 雷爱华 审稿）

政协瑞金市委员会

金当代名人》史料。

经济科技委员会 主要工作:围绕我市工业企业发展环境开展了历时一个月的专题调研,形成《关于进一步优化发展环境的调研报告》。

人口资源环境委员会 主要工作:8月,组织召开"柑橘黄龙病防控"工作情况通报会,对瑞金市"柑橘黄龙病防控"工作开展民主监督。9月,组织委员对2013年形成的《关于做好"赣江源保护与利用"建议案》进行"回头看",形成《关于〈做好"赣江源保护与利用"建议案〉跟踪问效的视察报告》。10月,组织委员开展"培育新型农民"专题视察调研。

教文卫体委员会 主要工作:7月,组织委员围绕"城区医疗机构人才引进"课题开展专题调研,形成《市政协关于城区医疗机构功能布局人才引进的调研报告》。

社会和法制委员会 主要工作:4月,组织委员开展"南华库区饮用水资源保护"民主监督活动。9月,牵头组织委员开展"保护母亲河环保行动"专项视察,将专项视察与环保宣传于一体,对绵江河保护工作进行民主监督。

港澳台侨委员会 主要工作:6月,组织委员围绕"加强城市管理"分成四个组,开展历时一个月的专题调研,形成《市政协关于加强城市管理的调研报告》。

【重要活动】

开展党的群众路线教育实践活动

2014年3月7日,瑞金市政协党的群众路线教育实践活动动员部署会议在市政协三楼召开,标志瑞金市政协系统党的群众路线教育实践活动正式启动。自活动开展以来,瑞金市政协以"弘扬苏区精神,争当五个模范"为目标,坚持把学习教育、整改落实贯穿于活动始终。结合自身工作实际,开展了富有政协特色的"七个一"学习活动,班子成员带头学习,进一步坚定履职为民的理念。坚持开门搞活动,通过座谈会、走访调研等多种方式,广泛征求意见建议180多条,梳理汇总为121条(含市委活动办转来11条),其中工作建议89条、专项整治5条、制度建设意见10条。坚持立行立改,结合收集梳理的意见建议,5条意见建议纳入专项整治,10条意见建议纳入制度建设,6条意见建议列为具体问题整改,全部意见建议均整改落实到位。

成立瑞金市政协委员爱心救助会

2014年5月30日,在瑞金市政协三楼会议室举行瑞金市政协委员爱心救助会成立大会,选举产生了会长、副会长、秘书长。主席彭强聘任为名誉会长。该会是由谢明琎等十六名市政协委员的倡议,旨在凝聚广大政协委员的力量,为广大委员建立一个扶贫济困的工作平台,为困难群众提供救助,帮助困难群众摆脱贫困。一年来,瑞金市政协委员爱心救助会已吸纳了140多名政协委员积极参与,委员们认捐爱心款达35万余元,结对资助50余名困难学生上学。

【重要文件】

政协瑞金市第五届委员会
常务委员会工作报告

各位委员、各位同志:

我受政协瑞金市第五届委员会常务委员会的委托,向大会作工作报告,请委员们审议,并请列席会议的同志提出意见。

2013年工作回顾

一年来,政协瑞金市委员会在中共瑞金市委正确领导、市政府大力支持和上级政协指导下,高举中国特色社会主义伟大旗帜,坚持以邓小平理论、"三个代表"重要思想和科学发展观为指导，认真学习贯彻中共十八大、十八届三中全会和《若干意见》精神，牢牢把握团结和民主两大主题，认真履行政协职能，突出服务和推进苏区振兴发展，政协工作科学化水平有新的提升。

一、围绕中心，科学履职，着力为瑞金振兴出谋献策

丰富形式，政治协商稳步推进。一是利用全会整体协商。五届三次全会期间，对“一府两院”工作报告以及其他有关报告，进行了协商讨论；围绕做好新形势下群众工作、扶持壮大小微企业发展、建设美丽瑞金、全面提高公民道德素质等四个主题，进行专题协商。二是突出重点议政协商。全体会议闭会后，召开常委会议4次、主席会议6次、专题座谈会和协商会20余次，形成情况报告22件，提出工作建议100余项。市政协五届十一次常委会议，紧紧围绕“生态立市”主题，组织委员对国家级赣江源自然保护区建设相关问题进行专题议政协商，形成《关于做好“赣江源保护与利用”的建议案》，得到市委、市政府的充分肯定。三是开展多层次、多形式协商活动。按照协商于决策之前，议政于实施之中的原则，市政协紧抓全市政治、经济、文化、社会和生态文明建设中的重大问题，组织委员通过各种协商形式，共商瑞金振兴发展大计。

突出重点，参政议政积极有为。一是重点调研务求实效。紧扣振兴发展工作，政协常委会把扶贫开发与苏区振兴、文明红都建设、发展特色产业、推动农民转移、联系服务群众等列为2013年度重点调研课题，组织政协委员深入乡村、部门开展调查研究。在开展“打造绵江河‘一江两岸’新景观”的调研中，委员们通过广泛走访群众、个私业主、“五老”人员等社会各界人士，调查搜集资料，听取社会各界的意见与建议，形成的《关于“打造绵江河‘一江两岸’新景观”的调研报告》，得到了市委、市政府和相关部门的重视，市委副书记、市长许锐同志就此给予了高度评价。二是专题视察富有成效。政协各专委会分别围绕各自对口联系工作有针对性地开展了有关专题视察调研活动，全年先后组织政协委员对我市财源建设情况、中心城区危旧房改造与特殊住房困难户、新型农村合作医疗、社会保障建设等方面的工作进行了专题视察，形成了相关视察调研报告供市委、市政府参考。其中《关于对我市“中心城区危旧房改造、特殊住房困难户”的调研报告》提出的部分建议，在市政府《关于推进城中村综合改造的实施意见(试行)》、《关于解决城区特殊住房困难家庭住房问题的实施意见》等文件中得到采纳。三是反映社情民意助振兴。通过建立机制、健全网络、深化走访和约谈委员等措施，积极为振兴发展收集各类社情民意，及时向市委、市政府及上级政协汇报反映。委员报送的“关于重视和支持‘长征第一山’红色旧址的保护和开发”的社情民意，省政府副省长朱虹看后专门作出批示。

创新机制，民主监督扎实有效。一是积极抓好提案办理落实。五届三次会议以来，共收到提案112件，立案97件。常委会坚持把提案工作摆在全局工作的重要位置，不断拓宽提案征集渠道，进一步完善党政领导批办、主席领衔督办、提案委专题交办、媒体跟踪促办等机制，狠抓政协提案的办理和落实。截至2013年11月，全部办复完结，办理质量进一步提高，委员满意和基本满意率达98%。二是创新拓宽民主监督新形式。坚持把民主监督纳入政协履职各个环节，寓监督于调研视察之中、协商建言之中，大力开展形式多样的监督活动。2013年，围绕文明城市创建工作，实行新闻舆论监督、社会监督与委员视察监督“三位一体”相结合的监督手段，采取“只揭短，不歌功，不打招呼”的方式，组织委员历时近三个月时间，深入城区有关路段、街巷视察监督，实景拍摄，形成了原汁原味的现场文字图片、视频影像资料，受到市委副书记温建荣同志的肯定。三是扎实开展经常性监督活动。建立政协委员担任民主监督员制度，先后推荐了30余名政协委员担任国土、工商、公安等部门的特邀民主监督员；组织委员200多人（次）应邀参加市委、市政府相关会议及有关部门行风评议等活动；组织委员参加市法院审判监督、检察院刑事监督等专项视察活动，通过开展各种经常性的监督活动，有效增强了民主监督的主动性和实效性。

二、把握主题，团结协作，着力汇聚发展正能量

深化政协系统主题实践活动。2013年，围绕突出服务苏区振兴发展主题，结合政协工作实际，我们进一步深化以联系群众、联系企事业单位、为民办实事为主要内容的“大走访、大联系、大调研”政协系统主题实践活动，广大政协委员以“学习贯彻十八大、委员倾力助振兴”为目标，紧扣献上一条建议、联系一个项目、帮扶一户家庭的工作内容，积极为振兴发展献计出力。各界别的委员联系各自实际，积极发挥自身主体作用，共同为振兴发展建言献策、汇聚力量。据统计，一年来，委员们结对帮扶农户2800余户，筹集捐资助学金20余万元，反映社情民意200余条，帮助维修道路、水利设施10余处。

做好政协文史、宣传工作。注重政协工作特色，充分发挥智力优势，大力挖掘瑞金人文历史，编辑出版文史资料《千年瑞金》、《客家瑞金》，较好发挥了政协文史资料存史资政、团结育人和凝心聚力、共谋振兴的作用；文史工作成效明显，瑞金文史资料第10辑—《苏区精神与瑞金》荣获全省优秀文史资料。切实加强政协宣传信息工作，拓宽新闻渠道，广辟信息稿件，全年先后在《人民政协报》、《中国政协》、《光华时报》、政协新闻网等媒体刊发反映我市政协工作的稿件140余篇，荣获省、赣州市政协宣传信息工作“先进单位”。积极参加全国政协开展的“幸福中国”全国摄影大赛，2名委员的作品荣获大赛优秀奖，从另一角度宣传和推介了瑞金。

加强联谊交流协作。配合完成全国政协、省政协和外省市政协来我市开展“社区建设”、“和谐富裕秀美江西建设”、“建立‘五河一湖’及东江源头保护区生态环境考核机制”、“民生工程落实情况”、“发展旅游服务业”等19个专题调研考察活动，形成调研报告；组织委员参加赣州市政协组织的重走长征路旅游线路调研。密切加强与各级政协的交流联系，认真做好全国各地政协组织赴我市学习考察、联谊交流工作；紧密加强与广东省汕头市政协的联系协作，做好招商引资牵线搭桥工作，促成汕头一委员企业与我市达成初步投资合作意向。

三、发挥优势，服务大局，着力助推中心工作落实

扎实推进“三送”工作。严格按照“三送”工作要求，纵深推动“三送”工作全覆盖、常态化。政协领导坚持到挂点村开展“三送”工作，走访挂点联系户，做好民情家访，为群众解难题。政协机关挂点村“三送”工作有序进行，常态化队员坚持吃住在村，与群众“三同”；全覆盖人员恪守工作制度，经常深入基层、深入群众，察民情、听民声，了解群众所需所盼。一年来，先后为挂点村协调做好民房整治、兴修公路、组建村组卫生保洁队等实事。

努力做好挂点工作。市政协领导班子成员按照市委工作安排，认真做好挂点乡镇、企业、重点工程的联系服务工作。为挂点乡镇做好化解矛盾、理顺情绪的工作，有针对性地做好群众上访工作，协助乡镇抓好土坯房示范改造工作；经常深入企业了解生产发展状况，关心过问企业发展困难，协调有关部门，共同为企业排忧解难；牵头联系负责的各重点工程均进展顺利，确保了各项工作的有序开展。

积极开展招商引资。政协常委会按照市委、市政府的安排，派出一名副主席专职招商，并认真做好江西明伟电子、瑞谷科技、开程成套设备等企业的安商服务工作。委员们围绕全市新型工业化发展目标，大打优势牌、乡贤牌，广泛利用亲缘、友缘、学缘等人脉资源，大力宣传我市优越的投资环境和独特的资源、政策优势，不断加大与各地客商的沟通联系，共同为招商引资出智出力。

四、完善机制，创新管理，着力加强自身建设

注重政治理论学习。以建设学习型政协为目标，政协主席会议坚持每月一次主题学习，以专题辅导、学习交流、业务培训等形式组织委员学习，全年集中开展了中共十八大、十八届三中全会精神、习近平总书记系列重要讲话精神及《若干意见》的学习，进一步夯实了履职的思想政治基础。注重把委员学习与参观考察、调研视察和协商议政等经常性活动结合起来，以适应多领域、多渠道履行职能、发挥作用的需要。

强化政协作风建设。结合反对“四风”问题，更好地推动党的群众路线教育实践活动的开展，政协领导班子成员分别到各自挂点联系乡镇、有关单位、企业座谈调研，征询工作建议，并严格对照检查，查找差距不足，撰写发言提纲，召开专题民主生活会，积极开展批评与自我批评，制定改进措施。同时，严格加强委员管理，健全委员履职考核，按照《政协章程》规定，对2名不合格委员予以了协商辞退。

加强文明机关建设。按照建设文明和谐机关的要求，加强机关党的建设和精神文明建设，认真开展机关干部队伍能力建设活动，努力增强机关干部善于学习、开拓创新、执行落实、服务全局、沟通协调五个方面的能力，打造“团结之家”、“民主之家”。严格落实中央八项规定要求，认真落实党风廉政建设责任制，并修订完善了机关内务管理、小车管理等制度，在机关公务活动中，厉行勤俭节约、反对铺张浪费，大力压缩“三公”经费支出，视察调研轻车简从，以实际行动维护政协组织的良好形象。

各位委员、各位同志，过去一年政协工作成绩的取得，是中共瑞金市委正确领导、市政府以及各级党政机关和社会各界大力支持的结果，是全体委员团结奋斗的结果。在此，我谨代表五届市政协常委会，向全体政协委员和所有关心支持政协工作的各级领导、各界人士表示衷心的感谢并致以崇高的敬意！

在肯定成绩的同时，我们也清醒地看到，与新形势下人民政协履行职能的任务相比，我们的工作还存在差距和不足，政协组织加强协商民主的体制机制尚需进一步健全，助推发展的能力仍需进一步加强，委员主体作用的发挥还需进一步激发，政协工作科学化水平有待进一步提高，等等。所有这些，我们要认真研究，努力改进。

2014年工作安排

2014年，是全面深化改革的开局之年，也是全面实施《若干意见》的攻坚之年。今年政协工作的总体要求是：全面贯彻落实中共十八大、十八届三中全会和习总书记系列重要讲话精神，以及省委十三届八次全会、赣州市委四届五次全会、瑞金市委五届八次全会精神，在中共瑞金市委的领导和人民政府的支持下，围绕“改革添活力、转型谋跨越、保障促和谐”工作主题，坚持团结与民主，通过广泛开展协商民主实践，认真履行政协职能，加快建设赣南东部和赣闽边际区域性中心城市，为与全国同步全面建成小康社会作出新的贡献。

一、紧扣改革振兴，为红都跨越发展履职尽力

协商议政谋大事。按照“党委想什么政协议什么，政府做什么政协帮什么，群众关注什么政协反映什么”的要求，围绕市委五届八次全会提出的目标任务和要求，以全面深化改革、推进新型城镇化、决战工业一百亿等议题为重点，引导委员以及所联系的界别群众理解改革、支持改革、参与改革，把社会各方面的积极性、创造性汇聚到深化改革、加快振兴上来，广泛开展各类协商议政活动，积极为全面深化改革、全面振兴发展建言献策。

全员参与做贡献。新的一年，市政协领导班子成员要加强对所联系重点项目、企业、乡镇的服务和指导，深入一线，走基层、接地气，为项目推进和企业发展谋策出力。同时，要继续在政协系统中深化“大走访、大联系、大调研”主题实践活动，筹备成立“瑞金市政协委员爱心救助会”，为红都跨越发展汇聚力量。

专题调研献良策。围绕全市改革振兴大局，选择事关全市经济社会发展方向性、战略性的课题，以创文明城市、优化发展环境中的热点、难点问题，组织委员深入开展调研视察，广泛问计于民，广集发展良策。主动做好与党委、政府及有关部门的经常性联系，使政协的参政议政成果出特色、上水平。

二、紧扣民生改善，为增强人民幸福感建言献策

要聚焦民生，真情履职。要把关注民生、保障民生、改善民生作为政治协商的重要议题、民主监督的重要内容、参政议政的重要任务，贯穿于政协工作的各个方面，落实到履行职能的各个环节。积极关注源头性民生、集群性民生、个体性民生等关系到民富、民安、民乐的重大社会问题，重点关注民生“短板”，为学有所教、劳有所得、病有所医、老有所养、住有所居献计献策。

要把握民意，反映民声。坚持情为民所系、利为民所谋、言为民所建、计为民所献，积极反映不同阶层、不同界别、不同群体特别是弱势群体的呼声愿望、利益诉求，反映影响社会和谐稳定的带有倾向性、苗头性的问题，为党委、政府及时把握社情民意、妥善解决各种矛盾提供服务，积极促进权利公平、机会公平、规则公平、分配公平。

要多办实事，化解民忧。真情关心群众疾苦，积极参与社会公益、扶贫济困，充分发挥政协组织优势，组织委员开展科技教育医疗文化法制联合进社区(下乡)活动，倾力为民办实事、解难题。协助党委、政府进一步加强和创新社会治理，调处人民内部矛盾，为群众排忧解难，切实提高群众的幸福指数。

三、紧扣自身建设，为提高政协工作科学化水平强基固本

加强学习，巩固思想基础。要把深入学习贯彻中共十八大、十八届三中全会、习近平总书记系列重要讲话精神作为政协当前及今后一段时期的首要政治任务，采取多种形式，认真开展学习讨论活动，准确把握和深刻理解精神实质。要认真学习中央、省、市有关会议以及市委五届八次全会精神，牢牢把握正确的政治方向，切实把思想和行动统一到市委的决策部署上来，把智慧和力量凝聚到全面深化改革、加快振兴发展上来，始终做到与市委在思想上同心、目标上同向、行动上同行，进一步夯实团结奋斗的共同思想政治基础。

创新形式，推动协商民主发展。要紧密结合瑞金实际，认真落实中共中央关于把政治协商纳入决策程序，坚持协商于决策之前和决策之中的规定，努力探索协商民主的内容、对象、方式、机制、制度和载体，积极形成全体会议广泛协商、常委会议集中协商、主席会议重点协商、专题会议专题协商、专委会对口协商及提案办理协商的有效工作格局。强化协商成果运用，完善协商成果批办、交办、督办和反馈机制，增强协商民主的实效性。

改进作风，践行群众路线。在市委的统一领导下，按照"照镜子、正衣冠、洗洗澡、治治病"的总要求，结合政协实际，深入开展党的群众路线教育实践活动，广泛发动委员和群众提意见，认真找准领导班子成员存在的"四风"问题，扎扎实实抓好整改提高。认真落实中央"八项规定"、《党政机关厉行节约反对浪费条例》、《党政机关国内公务接待管理规定》，加强政协机关的思想、组织、作风、制度和队伍建设，切实改进会风、文风，确保政协工作务实、有序、高效运行。

各位委员、同志们，同心绘蓝图，群策奏强音。让我们紧密团结在以习近平同志为总书记的中共中央周围，高举中国特色社会主义伟大旗帜，在中共瑞金市委的正确领导下，在市政府的大力支持下，同心同德，群策群力，振奋精神，扎实工作，全面开创政协工作新局面，为全面深化改革、加快瑞金振兴发展作出新的更大贡献。

【组织概况】

政协瑞金市第五届委员会主席、副主席、秘书长、常务委员、委员名单

主　　席　彭　强

副 主 席　陈小石　邱俭云　钟天雨　陈家祥　陈上海

正县级干部　宋元鸰（2014 年 9 月起不再担任）

副调研员　刘美春

秘 书 长　李泽民

常务委员（按姓氏笔画排列）

王天赟　刘　琳（女）　刘建山
刘建平　刘菊英（女）　刘瑞林
杨小洲　杨忠明　杨翠英（女）
肖称荣　陈娟梅（女）　周　哲
武吉平（女）　罗晓琴（女）　罗海发
胡俊林（2014 年 7 月 23 日起不再担任）
钟同锋　钟建平　钟柳平
钟海平　黄　艳（女）　谢水长
谢江溪（女）　谢宗明　谢明琎
谢春明　谢小春　谢跃文
释耀融（女）　赖科男　廖北京

委　员

中国共产党瑞金市委员会

彭　强　陈小石　钟天雨
邱俭云　陈上海　谢跃文
杨忠明　曾瑞明　刘永东
熊伯彦　钟建平　赖仕亮
刘菊英（女）　李泽民　钟水明

瑞金市总工会

刘建山　钟海平　钟柳平
曾宪发　李江燕（女）　刘立强
许娟荣（女）　郭士峰　刘峰林

中国共产主义青年团瑞金市委员会

杨翠英（女）　郑小毅　黄志强
李其剑　谢春华（女）　曾丽华（女）
黄人俊　温滲财（2014 年 7 月 23 日增补）

瑞金市妇女联合会

黄　艳（女）　杨艳华（女）　欧阳海华（女）
黄跃英（女）　曾燕芳（女）　邹宛苡（女）
朱　娜（女）　熊　晶（女）

民族宗教界

释耀融（女）　罗胤如（女）　陈洪生
杨庆升　崔吉瑞　兰章明
蓝玲玉（女）　兰南安

瑞金市工商业联合会

廖北京　谢明琎　兰　孟
刘光华　张镇明　钟喜文
黄宗汉　钟宏亮　杨　柳
欧阳鸿博　邓新发　陈艳阳
赖泽锋　陈映泉　钟俊平

祝观明　郭晓燕(女)　黄旱咪(女)
刘衍福

经济界

赖科男　杨彩云(女)　刘瑞林
肖丛亮(女)　杨　琳(女)　曾　丽(女)
徐公平　谢上钰　刘美兰(女)
胡春生　刘瑞华(新金都实业)

科学技术与科协界

肖称荣　谢宗明　谢存焱
邓　斌　钟新生　刘石林
张红革　赖瑞云　李高林
谢海东　薛长贵　钟小毛
刘彩斌　俞春荣

农业界

胡俊林(2014 年 7 月 23 日起不再担任)
谢小春　刘　琳(女)　钟吉林
黄宗红　陈建辉　胡桂源
杨海金　杨　斌　李文英(女)
陈泽茂　毛小福　杨桂林
廖海发　杨和茂
胡水生(2014 年 1 月 10 日起不再担任)
曾红权(2014 年 7 月 23 日起不再担任)
郑黄锐(2014 年 1 月 10 日起不再担任)
朱永宗(2014 年 1 月 10 日起不再担任)
罗　贯(2014 年 1 月 10 日增补)
严　萍(女,2014 年 7 月 23 日增补)
胡书鹏(2014 年 7 月 23 日增补)

社会科学界

谢江溪(女)　钟同锋　曾传祺
杨　溢　谢水长　李海芳(女)
张伯斌　刘瑞华(女)　徐明旺
周邦园　刘水平　郭建平

教育界

杨小洲　陈娟梅(女)　许道彬
刘志新　温建平　谢敏祥
吴运河　吴苏梅(女)　钟　谊(女)
毛素莲(女)　莫燕玲(女)　段裘明
张　丹(女)　钟林生

文化艺术体育界

罗晓琴(女)　谢春明　邵金凤(女)
宋冬岚(女)　唐绍禄　钟俊诚
刘海生　林锦煌　李永春
谢世斌　杨世平

医药卫生界

陈家祥　王天赟　刘建平
谢长华　谢世华　钟胜频
陈北洋　杨争艳　杨逢春
李良标　邱瑞红　曾春兰(女)

台胞台属、侨联界

罗海发　周　哲　武吉平(女)
杨和禄　杨建有　梁东平
梁文昌　刘惟东　钟水华
杨晓东　曾宪洪　谢瑞平
李　孟　刘上泉　廖　军
许　蕙(女)　胡水春　潘建章

特别邀请人士

危卫平　杨志云　温会滢
杨人辉　邓扬森　袁晓春
石恒良　陈　华　王瑞生
朱　弦　杨　全　曾练军
王　东　毛纪元　朱晓毛
刘前华　邹仙海　罗小春
钟亚江　谢　忠
谢水连(2014 年 7 月 23 日起不再担任)
邓长慧　钟海林　陈　鹏
邹文芳(女,2014 年 7 月 23 日增补)

【大事记】

1 月

6 日　省政协副主席李华栋、省政协提案委主任杨斌一行到瑞金调研。

10 日　主席彭强主持召开瑞金市政协五届十一次主席会议。

主席彭强主持召开瑞金市政协五届十二次常委会议。

2 月

20 至 21 日 赣州市政协文史委主任欧阳斌一行到瑞金指导工作。

3 月

4 日 党组书记、主席彭强主持召开瑞金市政协党组暨机关支部(扩大)会议。

7 日 党组书记、主席彭强主持召开瑞金市政协党组暨政协机关党的群众路线教育实践活动部署会议。

12 日 党组书记、主席彭强主持召开瑞金市政协党的群众路线教育实践活动集中学习专题讨论会。

16 至 18 日 中国人民政治协商会议江西省瑞金市第五届委员会第四次会议在瑞金市映山红影剧院举行。

18 日 主席彭强主持召开瑞金市政协五届十三次常委会议。

20 至 21 日 鹰潭市月湖区政协主席欧阳宝一行到瑞金开展革命传统教育实践活动。

24 至 26 日 瑞金市政协开展党的群众路线教育实践活动现场教学及集中学习活动。主席彭强,副主席陈小石、邱俭云、钟天雨,副调研员刘美春,秘书长李泽民等参加。

28 至 29 日 赣州市政协文史委主任欧阳斌一行到瑞金指导工作。秘书长李泽民、文史委主任许道彬等陪同。

4 月

3 日 赣州市政协办公厅副调研员黄必贤一行到瑞金就赣州市政协“土坯房改造情况”专题调研开展前期准备工作。

4 至 5 日 省政协办公厅副主任杨木生一行到瑞金指导工作。

8 日 吉安市遂川县政协主席陈道萍一行到瑞金学习考察。

10 日 吉安市永丰县政协副主席兰晓珍一行到瑞金学习考察“红色旅游项目开发”工作。

11 日 抚州市宜黄县政协秘书长甘桂才一行到瑞金学习考察。

15 日 赣州市政协主席曾新方率领调研组一行,到瑞金就“农村危旧土坯房改造情况”开展调研。瑞金市领导许锐、彭强、胡立安、陈小石等陪同。

17 日 党组书记、主席彭强主持召开瑞金市政协班子暨政协机关党的群众路线教育实践活动征求意见座谈会。

23 至 25 日 江苏省苏州市政协第十二届主席王金华一行到瑞金调研。

25 至 26 日 赣州市政协文史委主任欧阳斌一行到瑞金指导工作。

30 日 党组书记、主席彭强主持召开瑞金市政协党组暨政协机关“弘扬焦裕禄精神、践行‘三严三实’”专题学习交流会。副主席陈小石、邱俭云、陈家祥、陈上海等参加。

5 月

6 至 7 日 安徽省合肥市政协副主席王贤泰一行到瑞金学习考察。

20 日 赣县政协副主席潘振华一行到瑞金学习考察。

20 至 21 日 赣州市政协副主席满瑾一行到瑞金开展“发展壮大县域经济”专题调研。瑞金市领导许锐、彭强、李德伟、邱俭云等陪同。

22 日 瑞金市政协班子成员开展谈心谈话活动。

27 至 29 日 第十届全国政协委员刘明一行到瑞金举行甲午“红色之旅”书画艺

术展览。

30日 瑞金市政协委员爱心救助会成立大会在市政协三楼会议室举行，选举产生了会长、副会长、秘书长。主席彭强聘请为名誉会长。大会还举行了捐资仪式。

6月

5日 党组书记、主席彭强主持召开瑞金市政协党组领导班子查摆问题专题会议。副主席陈小石、邱俭云、钟天雨、陈家祥、陈上海等参加。赣州市委党的群众路线教育实践活动第16督导组副组长李泽泉等到会指导。

17至18日 省政协副主席刘晓庄带领省政协民族和宗教委员会部分委员，到瑞金开展“加强农村宗教事务管理”专题调研，并举行座谈会。

20日 福建省厦门市政协副主席魏刚一行90人，到瑞金开展革命传统学习教育。

30日 瑞金市政协党组成员开展谈心谈话。

7月

7至8日 党组书记、主席彭强主持召开瑞金市政协党组专题民主生活会。副主席陈小石、邱俭云、钟天雨、陈家祥、陈上海等参加。赣州市委党的群众路线教育实践活动第16督导组组长罗日安等到会指导。

22日 党组书记、主席彭强主持召开瑞金市政协五届十二次主席会议。

23日 党组书记、主席彭强主持召开瑞金市政协党组专题民主生活会情况通报会暨市政协五届十四次常委会议。

30日 党组书记、主席彭强主持召开瑞金市政协党组专题民主生活会“回头看”座谈会。

8月

18至19日 全国政协常委、民盟中央副主席、上海市人大常委会副主任、民盟上海市委会主委郑惠强一行到瑞金就“原中央苏区经济振兴发展”开展调研。

20日 党组书记、主席彭强主持召开瑞金市政协五届十三次主席会议。

28日 广东省潮州市政协主席汤锡坤一行到瑞金参观考察。主席彭强等陪同。

主席彭强主持召开瑞金市政协五届十四次主席会议。

29日 赣州市政协办公厅副调研员黄必贤一行到瑞金考察。

9月

2日 九江市永修县政协主席欧阳洁带队一行到瑞金学习考察“高速公路进入口景观设计情况”。

18至19日 全国政协常委、经济委员会主任周伯华率全国政协调研组一行，到瑞金开展“构建新型农业经营体系”专题调研。

21日 广东省汕尾市政协主席莫英群一行到瑞金参观考察。

25日 青海省西宁市政协副主席张瑛一行到瑞金参观学习。

10月

11日 福建省连江县文史委主任陈荣邃一行到瑞金学习交流政协文史编撰工作经验。

15日 赣州市政协副主席胡来知、文史委主任欧阳斌一行到瑞金视察。

18日 原赣州市委副书记、赣州市人大常委会主任周英棠一行到瑞金接受红色革命传统教育。

28 日 主席彭强主持召开瑞金市政协五届十四次主席会议。

30 日 省政协提案委专职副主任张康平一行到瑞金就全国政协“培育和弘扬社会主义核心价值观要融入社会生活”重点提案专题调研开展前期准备工作。

11 月

3 日 全国政协副主席卢展工率全国政协调研组到瑞金，就“培育和弘扬社会主义核心价值观要融入社会生活”重点提案进行调研。6 日，省政协文史委主任杨述喜一行到瑞金视察调研。

7 日 赣州市政协办公厅副主任章传智一行到瑞金指导工作。

17 日 九江市瑞昌市政协副主席程世平一行到瑞金就“加强委员管理工作，发挥委员主体作用”开展学习考察。

18 至 19 日 赣州市政协副主席胡来知率第二视察组到瑞金，就“2014 年民生工程实事落实情况”进行专题视察。

12 月

4 日 宁夏回族自治区石嘴山市政协副主席赵学芝一行到瑞金参观学习

9 日 广东省和平县政协主席张运泉一行到瑞金参观学习。

12 日 崇义县政协副主席黄义华一行到瑞金考察“老城区改造”工作。

（陈海平 编写　朱泽林 审稿）

政协丰城市委员会

【全体委员会议】

七届四次会议 2014年2月7至9日,政协丰城市第七届委员会第四次会议在新城区文化大会堂召开。应出席委员346名,实到338名。中共丰城市委书记杨玉平在开幕大会上讲话,市政协主席熊建清在闭幕大会上讲话。市领导出席开幕和闭幕大会。

会议听取和审议谢明国副主席代表政协丰城市第七届委员会常务委员会所作的政协工作报告,吴恺熙副主席所作的提案工作报告和本次会议提案审查情况的报告;列席丰城市第七届人民代表大会第五次会议,协商讨论并赞同金三元市长所作的政府工作报告,协商讨论并赞同丰城市人民法院工作报告、丰城市人民检察院工作报告和其他报告。与会委员围绕丰城经济社会发展和人民群众切身利益的重大问题进行了协商讨论,从加快土地流转步伐、扎实推进镇村联动和农村清洁工程建设、扎实推进中心城区创"三城"建设等方面提出意见和建议。会议审议通过丰城市政协七届四次会议决议。会议期间共收到提案102件,经审查立案99件。

【常务委员会会议】

第十三次会议 2014年1月17日召开。协商通过召开市政协七届四次全体会议召开日期、议程等有关事项,协商讨论常务委员会工作报告(讨论稿)。

第十四次会议 2014年4月11日召开。会议协商讨论市政协常务委员会2014年工作要点会议,对我市居民小区及社区管理情况进行调研。

第十五次会议 2014年9月24日召开。副市长焦静应邀到会。对城区医疗网点布局调整进行调研。

第十六次会议 2014年11月28日召开。组织全体常委视察沙湖公园、商贸物流园、市工业园区和资源循环产业基地部分企业。会议听取和协商讨论了2014年以来提案办理情况的通报。

第十七次会议 2014年12月25日召开。协商通过召开市政协七届五次全体会议召开日期、议程等有关事项,协商讨论常务委员会工作报告(讨论稿)。

【专门委员会工作】

提案委员会 主要工作:2014年2月7至9日市政协七届四次会议大会期间收到提案102件,截止日期后收到提案33件,市政协七届四次会议以来共收到提案135件。经审查立案131件,占提案总数的97.04%,4件未立案,占提案总数的2.96%。已立案的提案中,委员个人提案75件;联名提案39件;以党派名义提出的提案4件;以政协联络组名义提出的提案12件;以专门委员会名义提出的提案1件。2014年3月在市政府会议室召开提案交办会,将市政协七届四次会议审查立案的131件提案交承办单位办理。研究制定全年工作计划。拟定《政协丰城市委员会关于主席、副主席督办重点提案的实施意见》,市政协领导先后分别前往市民政局、市教育局、市粮食局、市新农村建设办、到市城管局、市环保局、市国土局、市交警大队进行重点提案督办。至9月底,市政协七届四会议131件委员提案全部办理完毕。承办单位联合办理提案7件。编印完成了《市政协七届四会议提案办理汇编》。召开提案工作会议,对全年工作总结。研究讨论七届五次会议提案征集提纲。开展提案评选活动,评选出市政协七届四次会议18件优秀提案,10个先进承办单位。

经济科技委员会 主要工作:2014 年 3 月,配合宜春市政协调研组对该市农村土地承包经营权确权工作情况进行了调研。7 月,配合宜春市政协对我市加快农业升级情况进行了调研。9 月份,根据宜春市政协经科委下达的课题对宜商回归创业情况进行了调研,通过调研,摸清了丰城在外经商人员情况,进一步完善丰商网络建设,为推动丰城经济转型升级,加快发展现代农业、战略性新兴产业和现代服务业,提高丰商参与经济竞争和合作发展的层次和水平提供了有力的参考依据。10 月份,组织该专委会有关委员就“进一步加大科技创新投入,促进我市产业转型升级”进行了专题调研。

学习和文史委员会 主要工作:以开展党的群众路线教育实践活动为契机,认真开展形式多样的学习培训活动,组织各类学习 16 场,参加委员、机关干部达 700 多人次,通过学习,坚定了广大政协委员的理想信念,找准了政协履行职能与服务全市经济社会发展的结合点、着力点,进一步明确了目标和努力方向。2014 年 12 月 9 日,组织部分委员深入到高新园区调研,撰写了《我市加快企业科技创新的调查与思考》的调研报告。

港澳台侨委员会

社会和法制委员会 主要工作:8 月,组织政协委员对丰城市人民法院“法院执法工作”开展民主监督,委员们先后参观了法院诉讼服务中心、法院审判庭、法院廉政文化长廊,旁听了刑事案件审判,充分解了法院的便民措施、立案流程、审判过程等执法情况,与法院领导举行了座谈交流,委员们建议:市法院要进一步加大执行力度、创新执行方法,加强法官队伍建设,规范司法行为,让市民更好地感受司法的公开、透明和公平正义,为丰城经济发展、社会稳定做出应有的贡献。10 月,市政协社会法制委员会牵头组织开展了为期近一个月的“电动车三轮车非法载客情况”调研,与市政府办、城管局、民政局、运管局、市容环境监察大队、残联、社保局、有关乡镇街道等部门一起召开座谈会、实地到城区查看车辆运行情况、与车主交流,并先后赴万载、高安、樟树学习考察,针对“丰城市城区电动车的无序发展、扰乱道路交通秩序和客运市场、严重威胁道路交通安全”等现状,提出了“加强管理、开展联合执法、完善司机生活保障和就业、完善城市交通”等建议,提交了《关于我市电动三轮车非法载客的调研报告》,得到市委、市政府的积极采纳。

人口资源环境委员会 主要工作:为全面了解丰城市大气污染现状,维护群众身体健康,人口资源环境委员会组织委员就“我市大气污染防治”进行了历时 1 个月的专题调研。

教文卫体委员会 主要工作:5 月,组织委员对我市青少年违法犯罪情况和帮扶工作开展情况进行了调研。组织委员对我市城乡医疗卫生条件的改善和我市城区医疗卫生网点布局调整情况的调研,并撰写《关于合力共建预防青少年犯罪防护网》和《关于我市城乡医疗卫生条件的改善和我市城区医疗卫生网点布局调整情况的调研报告》。

【重要活动】

召开宣传信息工作会议 2014 年 3 月 26 日,丰城市政协召开宣传信息工作会议,100 余名市直机关、乡镇、街道及企业特约宣传信息员参加了会议。会议对 2013 年度宣传信息工作进行了表彰,并对 2014 年宣传信息工作进行了部署。

省政协调研组来我市调研创新重点青少年教育管理工作 2014 年 4 月 15 日至 16 日,省政协副主席郑小燕率省政协调研组一行来我市调研创新重点青少年教育管理工作。宜春市政协副主席幸志强，市委政法委副书记、市综治办主任余祺川及丰城市领导杨玉平、金三元、熊彬、熊建清、郑晓勇、谢明国、黄兆麟、袁剑波、曾文明陪同。调研组召开座谈会，听取了我市题为“解决群众期待加强人文关怀不断提升重点青少年服务管理新水平”的工作汇报，并深入市人民检察院、小港中学、阳光学校等单位进行实地考察调研。

宜春市政协来我市就“现代农业发展情况”开展调研 2014 年 10 月 24 日，宜春市政协副主席刘益民一行来丰城就“现代农业发展情况”开展调研，调研组先后视察了江西御润坊油脂加工项目、欣和园硒谷休闲农业基地、隍城黄栀子合作社，随后与农业综合开发办、中国生态硒谷管委会、富硒御润坊有限公司等有关部门及企业负责人进行了座谈，并就农业示范区建设发展情况、典型经验及存在的困难和问题，发挥现代农业示范区的引领作用等进行了交流探讨。

重点督办“建议尽快选定城市生活备用水源”提案 2014 年 10 月 30 日，丰城市政协主席熊建清带队就丰城市政协委员吴建红提出的“建议尽快选定城市生活备用水源”提案进行重点督办，与政府办、水利局、环保局、疾控中心、自来水公司等相关单位负责人在铁路镇紫云山水库进行座谈，并先后到潘桥、黄金和紫云山水库等地进行现场视察。

开展“电动车三轮车非法载客情况”专题调研 2014 年 10 月底，市政协牵头组织开展了为期近一个月的“电动车三轮车非法载客情况”调研，与市政府办、城管局、民政局、运管局、市容环境监察大队、残联、社保局、有关乡镇街道等部门一起召开座谈会、实地到城区查看车辆运行情况、与车主交流、并先后赴万载、高安、樟树学习考察，随后提交的“关于我市电动三轮车非法载客的调研报告”，相关建议得到市委、市政府的积极采纳。

【重要文件】

政协丰城市第七届委员会
常务委员会工作报告

各位委员、各位同志：

我受政协丰城市第七届委员会常务委员会的委托，向大会报告工作，请各位委员审议，请列席会议的同志提出意见。

2013 年工作回顾

2013 年是全面贯彻落实中共十八大精神的开局之年，是全市上下抢抓机遇、攻坚克难、团结奋进的一年，也是市政协围绕中心、服务大局、创新发展的一年。一年来，在中共丰城市委的坚强领导下，在市人民政府的大力支持和有关部门的密切配合下，市政协常委会团结带领全体政协委员，紧紧围绕市委确定的“科学发展、跨越提升”主题和年度目标任务，密切联系各界群众，把谋发展作为履行职能的第一要务，把惠民生作为开展工作的重要内容，把促和谐作为义不容辞的神圣职责，认真履行政治协商、民主监督、参政议政职能，较好地完成了七届三次会议确定的目标任务，为推动全市经济和社会跨越发展做出了积极贡献。

一、围绕中心，服务大局，开展了多种形式的政治协商

一年来，常委会围绕全市中心工作，按照全委会全面协商、常委会专题协商、主席会重点协商的原则，开展了一系列协商活动，切实发挥了政治协商的作用。

全体会议整体协商呈现新特点。七届三次会议期间，委员们围绕实现我市经济社会“科学发展、跨越提升”目标，与市党政领导一起共商大事、共谋大计。着重就加快经济社会发展、基础设施建设、优势特色产业培育、生态环境保护、社会民生保障等重点问题积极议政建言。对“一府两院”报告和计划、财政报告进行协商讨论。向大会主席团及相关单位反馈意见建议41条，提交提案118件。组织了2场界别联组讨论，有90多名委员进行专题发言，对我市特色优势产业、非公经济及中小企业发展、金融服务、生态文明建设、矿产资源整合、城市交通管理、新型城镇化建设、发展现代农业和老年事业、新农合管理、教育资源整合、加强社会管理创新等方面的工作提出对策建议103条。这些建言成果得到了市委、市政府领导的充分肯定和有关部门的重视采纳。

常委会议专题协商体现新作为。常委会议是政协履职的重要平台。去年，常委会选择了森林城乡建设、食品药品安全“回头看”、城区教育网点布局调整和富硒产业发展等内容深入调研，并召开常委会议充分协商，协商成果为市委、市政府的决策部署提供了重要参考。

主席会议重点协商谋求新效果。主席会议注重做到“议题的针对性、协商的灵活性、调研的互动性、建议的操作性”，保证了每一次协商活动的圆满成功。主席会议成员还深入基层，走访委员和委员企业，了解委员工作和企业生产经营情况，协调解决一些困难和问题，鼓励帮助企业做强做大。与此同时，组织和引导委员参与全市中心工作，力求做到多帮忙、多配合，早调研、早献策。建立委员约谈制度，当面听取委员反映社会、群众及所在界别的热点、难点问题。向市委、市政府反映社情民意信息50多条。

二、拓宽渠道，注重实效，强化了民主监督工作

常委会围绕群众关注的热点和难点问题，开展了多种形式的民主监督，较好地发挥了民主监督作用。

发挥了提案的民主监督重要作用。常委会非常重视提案的办理工作，通过市党政领导，市政协主席、副主席领衔督办提案，听取市政府关于提案办理情况的通报和开展提案“后评议”等形式，加大了提案的督办力度。市委、市政府领导非常重视提案办理工作，亲自督办提案，亲自批阅提案11件，促进了提案中所提问题的解决。七届三次会议以来，市政协共收到提案159件，经审查立案159件，提案办复率达到了100%。

发挥了政协委员的民主监督主体作用。常委会充分发挥委员联系面广、代表性强的优势，积极选派委员参加政府有关部门召开的听证会、民主评议等活动，如实反映群众的意愿和诉求，对解决群众困难，改进工作作风，促进部门工作起到了积极的推动作用。

发挥了特邀监督员的民主监督骨干作用。政协委员受聘担任政府部门监督员是开展经常性监督的有效途径。一年来，推荐34名委员担任纪检（监察）、公安、检察、法院、司法、教育、审计等部门的民主监督员或行风评议员，为加强行风建设，不断改进工作起到了独特作用。

三、深入实际，调查研究，把握了参政议政的重点

常委会充分发挥政协智力雄厚的优势，组织参加市政协的各民主党派、工商联、人民团体、无党派人士、社会各界人士和政协委员，就我市经济和社会发展中的一些重大问题开展调查研究，建言立论。一年来，先后组织视察调研20余次，形成视察调研报告15篇，提出建议意见60余条。不少意见建议已经纳入或将要纳入市委、市政府的决策之中，将对推动我市经济社会协调发展起到积极作用。

新型城镇化事关城乡一体化长远发展，市委、市政府把新型城镇化建设纳入了重要议事日程。为进一步推进我市新型城镇化建设，农工党市委会、经济科技委员会通过组织委员调研，形成了《加快新型城镇化建设，提升我市综合实力》的调研报告，提出了“科学规划，合理布局，拓展城镇发展空间；发展现代服务业，强化城镇产业支撑；强化市场经济理念，增强城镇经济实力”等建议。市委书记杨玉平就调研报告作出批示：报告紧扣市委、市政府中心工作，回顾了我市新型城镇化的历程，分析了存在的问题，提出了有针对性的建议，有参考价值。对调研报告给予了充分肯定。

土地流转的决定是实行土地家庭联产承包经营制以来乡村财产制度的一次重大变革，有利于促进农民获得财产性增收，是开启城乡一体化的新路径。民建市总支围绕这一课题积极开展调研，形成了《加快农村土地流转，促进现代农业建设》的调研报告，提出了“广泛宣传发动，推动土地流转；培育壮大龙头，促进土地流转；有序转移劳力，加快土地流转”等建议。市委书记杨玉平对报告十分重视，亲自作出批示：土地问题是当前的热点，改革的难点。推动农村土地流转，事关我市落实省委部署，建设现代农业示范区工作全局。

教育放飞梦想，教育承载希望。常委会十分关注我市教育均衡发展，召开了专题协商会议。通过组织政协常委视察新城区公办幼儿园建设项目、第九中学建设项目和剑声中学、特教学校办学情况，就科学整合教育资源，搞好教育布局调整提出意见建议，积极为促进教育均衡发展建言献策。此外，常委会还围绕我市食品药品安全工作再次开展了调研，向市委、市政府呈报了《关于我市食品药品安全情况“回头看”调研报告》，就进一步做好我市食品药品安全工作，保障群众健康平安提出了建议意见。

大力发展高新技术产业是加快经济发展方式转变的强力引擎，是推动我市工业经济持续发展的重要举措。文史委员会通过调研，形成了《让高新技术产业成为加速丰城发展的新引擎——对进一步推进高新技术产业发展的调查与思考》调研报告，提出了“全力抓产业，提升产业集群效应；重点抓创新，健全自主创新体系；着力抓投入，增强产业支撑能力；持续抓服务，优化产业发展环境”等建议。

四、献计出力，各尽所能，发挥了政协组织各层面的作用

常委会按照宏观建言，微观出力的原则，发挥多方优势，调动各方面的积极性，共同致力于丰城经济和社会各项事业的“科学发展、跨越提升”。

发挥了政协班子的带头作用。政协工作与党政工作目标一致。政协班子对市委、市政府安排的工作，积极跟进，自觉融入，主动服务，推动落实，在参与发展中彰显作为。一是主动参与中心工作。政协班子成员按照市委、市政府的统一部署，在统筹城乡发展、公共基础设施建设、重大产业重建和培植、新型城镇化和新农村建设、创“二城”活动、社区联创联建等工作中，全力参与，尽心尽力。二是主动服务重点项目。去年，政协班子成员参与了我市“3456”项目中的18个项目。特别在挂点服务下穿沪昆铁路立交桥建设项目、城西防洪大堤工程建设项目、丰厚一级公路工程建设项目、商贸物流园区建设工程项目、昌吉赣城际高铁工程项目和丰城电厂三期立项等重大项目中，负责项目服务的班子成员，能聚集正能量，敢于打硬仗，抓好项目的协调服务，促进项目顺利推进。三是全力做好帮扶工作。班子成员挂点乡镇，帮扶新农村建设点和社区（居委会），工作主动靠前，借助外力多方争取项目资金，推进新农村和社区建设，为群众办实事、解难事。四是全力参与“创三城”工作。思想上高度重视，行动上积极作为，班子成员率先垂范，机关人员个个参与。注重调动片区各单位、街道、社区、物业小区等方方面面的积极性，召开协调会、座谈会23次，深入创建现场了解情况，解决问题30多个。在认真搞好各项专项整治活动的同时，片区多渠道筹集资金50多万元，为创建点群众办好事实事20余件，创建工作取得了较好成绩，为全市“创三城”工作的顺利开展作出了贡献。

发挥了委员的主体作用。政协委员是政协工作的主体，我们注重激活委员单位的人脉和信息资源，充分发挥委员单位的整体优势，为推进我市经济社会发展贡献力量。一方面，发挥优势，引导委员单位在服务发展中发挥作用。一是牵线搭桥引资引智引项目。市发改、财政、税务、工信、环保、科技、国资、银行等委员单位为项目建设争取投资基金、项目专项资金4930多万元，融资贷款9000余万元。工商、科技、质监等部门为产业申报国家星火计划2项、省级重点新产品计划11项，著名商标9个。二是尽心尽力搞服务。市招商办、新城区管委会、城乡规划设计院、环保局等部门为重点项目的规划、环评、建设等跟踪服务，协调解决各类问题近百个。据统计，有45个委员单位服务我市“3456”工程的57个重点项目。另一方面，着眼大局，引导委员企业在促进发展中贡献力量。一是鼓励委员企业做大做强，在促进发展中彰显风采。企业界委员把促进经济发展作为做好本职工作、履行委员职责的主旋律。去年，跻身我市税收百强的委员企业有17家。二是引导企业委员增强大局意识，在回报社会中提升境界。引导企业界委员深化思想境界，增强社会责任，积极为公益事业提供资金支持。据不完全统计，共有40余名企业委员为扶贫济困、兴办公益事业、捐资助学等提供帮扶资金570余万元，赢得了社会和群众的一致好评。

发挥了政协联络组的纽带作用。为更好地发挥政协联络组的作用，我们通过走访委员、分片召开政协联络组工作座谈会，交流了工作经验，增进了感情，提升了基层政协工作水平。各乡镇（街道）政协联络组还结合当地实际开展了形式多样的建言出力活动，受到了社会各界的好评。

五、内强素质，外树形象，加强了自身建设

常委会把加强自身建设作为一项重要工作来抓，通过严格管理，转变作风，不断夯实政协工作基础，进一步塑造政协组织良好的社会形象。

加强了政协委员和机关干部的理论学习。聘请省政协专家授课，就如何做好政协工作，反映社情民意，提升服务水平等进行培训，提高了履职能力和水平。专题学习党的十八大，十八届二中、三中全会精神和省、市重要会议和文件精神，使中央、省委、市委的工作部署及时转化为政协委员和机关干部的共同认识和自觉行动。

加强了对委员的管理和考核。在委员中开展了评选优秀政协委员和优秀提案活动，激发了委员的履职热情。探索专委会工作新方式，实施了重要课题联合调研和专委会联系界别委员制度。

加强了政协机关建设。把学习型、服务型、廉洁型、和谐型机关建设作为创先争优、改进作风的重要举措，政协班子认真落实党风廉政建设“一岗双责”，严格贯彻执行中央“八项规定”和省委、市委有关规定，进一步加强了政协机关的作风建设，提升了政协机关的凝聚力、服务力和执行力。

各位委员，政协工作离不开党委的领导和政府的支持，过去的一年，市委、市政府高度重视支持政协工作，极大地推动了政协工作的开展；政协工作也离不开各方的配合，社会各界对政协工作给予了宝贵的支持。在这里，我谨代表市政协常委会向所有关心、支持政协工作的各级领导和社会各界人士，向所有为政协事业辛勤工作、默默奉献的各位委员、各位同志表示崇高的敬意和衷心的感谢！

我们的工作还有许多不足，如政治协商的推进，民主监督的力度，履行职能的制度化、规范化、程序化建设和界别活动的组织等方面，都还有待于在今后的工作中逐步完善和提高。

2014 年工作任务

2014 年是全面深化改革的第一年，是我市“科学发展、跨越提升”的加速年和循环经济发展年，做好今年的工作意义十分重大。在新的一年里，市政协常委会工作的总体要求是：在中共丰城市委的领导下，全面贯彻落实中共十八大和十八届三中全会精神，以“谋发展、比实干、争先进”为统领，按照中共丰城市委的部署，充分发挥政协优势，议大事，谋要事，督难事，办实事，全面履行人民政协三大职能，为奋力开创丰城经济社会跨越发展新局面，努力建设幸福美丽丰城作出新贡献。

一、服务大局，切实提高履职水平

政治协商务求新进展。着重围绕推动富民强市、全面深化改革、产业转型升级等重大问题，认真履行常委会议重点协商、主席会议专题协商和专门委员会对口协商职能，并就省级卫生城、文明城创建，社会管理创新，医疗体制改革，现代农业示范区建设，保障性住房和社会化养老等问题，组织开展调研，广泛进行协商，积极建言献策。

民主监督务求新作为。进一步完善民主监督机制，着重对“十二五”规划启动中的有关问题和人民群众密切关注、反映强烈的问题，开展民主监督活动。着重围绕推进城镇化建设、新农村建设、新社区建设、节能减排以及全市重点工程建设等，组织委员开展监督视察。

参政议政务求新成效。紧紧围绕“十二五”规划和全面深化改革实施过程中面临的新情况和新问题开展协商议政。继续围绕人民群众关注的热点问题，就优化转型升级环境、城市居住小区的综合管理、新型城镇化建设、水环境治理、基础教育发展提升、文化产业的发展、村级基层组织建设和城市社区建设等课题，精心组织履职活动。

二、发挥优势，切实彰显政协特色

扎实做好提案工作。进一步提高提案立案、交办、落实质量。完善办理机制，提高交办准确率。继续加强提案的督办工作，通过市党政领导领办，政协主席、副主席联合督办和专门委员会对口督办重点提案等形式，提高提案的落实率，推动人民群众关注的问题得到落实解决。

及时反映社情民意。把关注民生、为民服务作为重要职责，充分发挥委员联系面广、代表性强的优势，加强信息联系点和信息员队伍建设，广泛听取和收集社会各界的愿望和心声。组织开展好委员进社区、进村组等活动，认真做好社情民意信息的编辑、报送和反馈工作。

二、与时俱进，切实加强自身建设

切实加强政协班子建设。坚持把学习贯彻党的十八大和十八届三中全会精神作为首要政治任务，把思想行动统一到中央的决策部署上来，把智慧和力量凝聚到实现“担当领头羊、领先中西部、百强再进位”和惠及全市人民更高水平的小康社会的目标上来。切实加强领导班子建设，始终坚持中国共产党的领导，自觉接受中共丰城市委的领导，不断提高新形势下政协班子服务科学发展的能力和水平。

充分发挥委员主体作用。切实重视加强委员的学习培训和履职管理，提高委员的综合素质和能力。注重发挥委员单位、委员企业服务大局、服务中心的作用。深入开展每位委员每年提一件提案、反映一条社情民意信息、参加一次调研视察活动、参与一次委员约谈和投身一次慈善公益活动的“五个一”活动,引导委员树立好自身良好形象,在促进发展、关注民生、奉献社会等方面发挥带头作用。

切实加强委组建设。重视政协专委会建设,完善乡镇(街道)政协联络组建设,提升政协工作科学化水平,更好地为委员履职做好服务、组织、联络和协调工作。

切实强化机关建设。以开展第二批党的群众路线教育实践活动为契机,坚持把为民、务实、清廉作为永恒价值追求,密切联系群众,切实改进工作作风,确保政协工作务实、有序、高效运行。

各位委员、同志们,风清满眼春,跨越正当时。让我们更加紧密地团结在以习近平同志为总书记的党中央周围,在中共丰城市委的坚强领导下,在市人民政府的大力支持下,高举中国特色社会主义伟大旗帜,增进共识,坚定信心,凝聚力量,排难奋进,主动服务科学发展,切实推动转型升级,倾情促进民生改善,为建设幸福美丽丰城,开创“担当领头羊、领先中西部、百强再进位”新局面作出更大的贡献!

【组织概况】

政协丰城市第七届委员会主席、副主席、秘书长、常务委员、委员名单

主　席　熊建清

副主席　谢明国　傅瑶华(女)　丁晓东　吴恺熙　吴明亮　梁素虹(女)　丁　玲(女)

秘书长　李兆华

常务委员(按姓氏笔画排列)

丁爱平　龙显辉　付爱平
刘碧兰(女)　江海燕(女)　李　红(女)
李芳颖(女)　李国金　朱　曦
杨春华　肖美萍(女)　吴雪娥(女)
余　娜(女)　邹晓阳　张培友
罗　鸿(女)　罗利艳(女)　周秋生
周剑凤(女)　郑群英(女)　赵　武
袁春燕(女)　黄小荣　黄域华
曾玉平　释纯一　鄢瑞琴(女)
雷应国　廖青焜　熊曙雄
潘和勇　潘满华(女)

委　员

中国共产党丰城市委员会

丁宏坤　丁爱平　丁新云
丰　杰　毛　斌　孔祥琴(女)
甘　盟　甘国星　甘岚儒
龙承云(女)　龙显辉　皮剑平
刘华珍(女)　刘国华　刘建华
江学洪　孙根祥　李　丽(女)
李方光　李方琼　李兆华
李光辉　李良魁　李建鹏
李荣华　杨　焘(女)　杨小刚
杨柳芳(女)　杨根莲(女)　肖正辉
吴华平　吴明亮　吴恺熙
吴海宝　吴智峰　何　英(女)
邹　剑　邹　浩　邹火青
邹毛如　邹兴根　邹玉华
张四栋　张志强　张重礼
陈　璇(女)　陈火根　陈财华
陈淑芬(女)　范礼宾　罗文轩
罗华荣　罗利艳(女)　罗海泉
周耀清　孟　琴(女)　敖全新
姜宝林　袁立勇　袁琰锋(女)
聂伟庆　聂建斌(女)　夏金华
晏常华　徐卫东　徐员保
徐晓青　徐琛玲(女)　徐慧平
葛红锋　唐开诚　黄　超
黄文祥　黄志坚　黄国平
黄爱英(女)　傅新光　曾发授
游新华　谢长根　谢明国
鄢劲枝　鄢瑞琴(女)　赖国荣

雷启珍(女) 蔡　林 蔡　凯
蔡学伟 熊生根 熊建清

民主党派界

丁晓东 卢邦辉 杜东恩
李冬平 陈　兰(女) 杨　娟(女)
余国维 范求保 罗　斌
郑群英(女) 胡天义 聂鸿平
涂梨花(女) 龚桂芳 谢春兰(女)
甘宗元 朱　曦 朱丽萍(女)
杨春华 陈　晶 晏　斌(女)
黄幼平 梁素虹(女) 曾少华
谭柏根

无党派人士

丁　玲(女) 丁正新 王新仁
吕发星 李小琴(女) 杨子龙
余　青(女) 邹晓阳 张华林
欧阳陆君(女) 金细娜(女) 周剑凤(女)
袁金成 袁春燕(女) 袁斯华
徐　红(女) 徐金广 黄新辉
蒋恒英(女) 傅瑶华(女) 曾玉平
鄢艳娟(女)

工会共青团妇联界

于玉燕(女) 甘育松 刘　燕(女)
杜　瑶(女) 肖美萍(女) 吴建红(女)
何员香(女) 张　薇(女) 张根香(女)
张彪辉 范文婷(女) 罗莉芬(女)
周　新(女) 周满香(女) 赵　武
崔文艳(女) 傅浩然 潘和勇

侨联台联界

丁高庭 吴　华 余　娜(女)
罗　坤(女) 罗　鸿(女) 廖保根

民族宗教界

文海强 李晓卫 吴雪娥(女)
孟小兵 袁丽平(女) 曾慧琴(女)
释纯一 释耀茂

科学技术界

毛卫东 邓建辉 甘茂煌
甘增水 朱元芳 任履兴
刘济华 刘碧兰(女) 杨锦荣
陈　园(女) 陈艺新 郭振华
黄　超 魏　谦

教育界

万津波 皮川燕(女) 刘小兰(女)
刘宝娣(女) 孙小芬(女) 李立中
杨金秀(女) 吴月新 吴淑珍(女)
邹海英(女) 邹琴艳(女) 宋华亮
陈　坚(女) 陈德晶 罗华林
周光宇 胥志波(女) 袁春波
徐国阳 高　瑞(女) 涂俊民
程根云 曾国华 曾金荣
谢月英(女) 廖　鹏 熊全发

卫生界

甘友花(女) 李　兰(女) 李　涛(女)
杨广花(女) 杨国玉 杨晨松
吴绍辉 张祖凤(女) 欧阳武
罗　军 胡毅鹏 钟锦超(女)
聂小梅(女) 聂建平 聂爱华
唐群英 涂建国 程功华
熊国华 潘满华(女)

文化广播体育界

毛　静 左炜炜(女) 朱建亮
李　红(女) 李国金 陈娴姝(女)
赵小辉 徐春花(女) 傅太慧
谢学军 廖青焜 谭忠信

工商财贸界

王桂林 甘清平 卢作军
余　璐(女) 陈春燕(女) 陈俊强
罗赛君(女) 胡天祥 袁斯平
崔幸之

工商联界

万子威 万威冬 万腾云
王喜安 付爱平 朱鸿亮
任　莹(女) 任亚伟 邬红华
李建国 李国荣 杨　成
杨介仁 杨达庆 杨店苟
吴小明 何金帆 何玲燕(女)
邹枝明 邹清波 张培友
张志锋 陈明珍(女) 范富保

罗建奎	罗海斌	金燕军
周小辉	聂水根	聂冬根
徐振辉	翁金花(女)	黄小荣
黄华根	黄域华	温有权
游选党	曾卫国	熊有义
熊曙雄	黎　链	

农业界

甘增平	白俊文	刘宏宇
李　昕	李芳颖(女)	杨建新
肖辉明	宋　伟	张禄清
范剑英	尚保国	易国喜
周加莲(女)	周国华	黄顺英(女)
雷应国	谭海花(女)	熊西耀
熊国平		

经济界

丁火华	甘薇薇(女)	朱明荣
江海燕(女)	刘美鹏(女)	杜成刚
陈文渊	罗国芬(女)	饶良辉
袁剑勇	袁雪芳(女)	倪海华
徐水生	徐萍芝(女)	黄　栋
黄明忠	曹小华	梁　宏
熊梨芳(女)		

特别邀请人士

丰国喜	丰景成	王建华
代开桂	刘　棣(女)	刘剑冬
孙琪琳	吴小莉(女)	何善元
余又明	邹节鹤	罗新荣
周志生	周秋生	饶玉亮
饶良友	敖建平	徐勇庆
席杰武	崔见光	葛春华
雷　雨	谭文才	熊小珍(女)
熊金林	熊新芽	

【大事记】

1 月

17 日　召开市政协七届常委会第十三次会议

2 月

7 至 9 日　召开市政协七届四次会议。

3 月

10 日　在市政府会议室召开提案交办会。

20 日　丰城市委书记杨玉平在市政协副主席、民建丰城市委会主委梁素虹提交的《加大农村饮用水源的保护》调研报告中作出批示。

26 日　丰城市政协召开宣传信息工作会议,100 余名市直机关、乡镇、街道及企业特约宣传信息员参加了会议。

30 日　宜春市政协副主席张育平来丰城开展“三进三访三联动”征求意见活动。

4 月

11 日　召开市政协七届常委会第十四次会议,协商讨论市政协常务委员会 2014 年工作要点。

15 至 16 日　省政协副主席郑小燕率省政协调研组一行来我市调研创新重点青少年教育管理工作。

18 日　新干县政协主席张梅生率考察团来丰城考察交流城乡公交一体化工作,主席熊建清陪同考察。

28 至 29 日　宜春市人民政协理论研究会第二届理事会暨全市政协秘书长办公室主任会议在丰城召开。

5 月

7 日　组织委员对我市青少年违法犯罪情况和帮扶工作开展情况进行了调研。

7 月

14 日 省政协调研组领导一行来丰城调研视察。

8 月

6 日 宜春市政协委员、宜春日报社总编辑、副社长胡蔚兰，宜春市政协委员、市文化和新闻出版局副局长陈小牛来丰城视察调研古村文化旅游建设。

11 日 丰城市政协机关干部慷慨解囊，踊跃向地震灾区捐款，市政协领导带头捐款，机关干部共向地震灾区捐款 4300 元。

12 日 组织政协委员对丰城市人民法院“法院执法工作”开展民主监督。

9 月

10 日 宜春市政协易斌副主席一行莅临丰城视察调研宜商回归创业情况。

15 日 副主席吴恺熙、丁玲到市民政局进行重点提案督办。

16 日 副主席吴恺熙、丁晓东到市教育局进行重点提案督办。

副主席吴恺熙带领提案委员会委员到市粮食局就我市粮食安全情况进行调研座谈。

23 日 副主席吴恺熙带领提案委员会部分委员到市新农村建设办进行重点提案督办。

24 日 召开市政协七届常委会第十五次会议。

27 日 青海省平安县政协学习考察团，先后赴华英禽业有限公司、江西圣迪乐村生态食品有限公司、御润坊富硒山茶油有限公司调研。

28 日 副主席吴恺熙带领提案委员会部分委员先后到市城管局、市环保局、市国土局进行重点提案督办。

10 月

24 日 宜春市政协副主席刘益民一行来丰城就“现代农业发展情况”开展调研。

30 日 主席熊建清带队就丰城市政协委员吴建红提出的“建议尽快选定城市生活备用水源”提案进行重点督办。

31 日 市政协牵头组织开展了为期近一个月的“电动车三轮车非法载客”情况调研。

11 月

14 日 副主席吴恺熙到市交警大队进行重点提案督办。

27 日 在市建设局会议室召开提案工作会议

28 日 召开市政协七届常委会第十六次会议，会议听取和协商讨论了 2014 年以来提案办理情况的通报。

12 月

9 日 组织部分委员深入到高新园区调研。

12 日 东乡县政协党组书记、主席陈勤率考察团来丰城视察调研“城乡公交一体化”，主席熊建清、副主席吴恺熙陪同调研。

25 日 召开市政协七届常委会第十七次会议，协商通过召开市政协七届五次全体会议召开日期、议程等有关事项，协商讨论常务委员会工作报告(讨论稿)。

（李国金 编写　李兆华 审稿）

政协鄱阳县委员会

【全体委员会议】

十四届四次会议 2014 年 3 月 31 日至 4 月 2 日,中国人民政治协商会议鄱阳县第十四届委员会第四次会议在鄱阳县城举行。出席会议的委员应到 307 人,实到委员 290 人。

会议认真听取了上饶市委常委、县委书记张之良在开幕大会上的重要讲话;听取、讨论并赞同县人民政府代县长胡斌同志所作的政府工作报告和其他同志所作的相关报告;审议并批准县政协副主席雷垦华同志代表政协鄱阳县第十四届委员会常务委员会所作的工作报告;审议并批准县政协副主席章春明同志代表政协鄱阳县第十四届委员会常务委员会所作的提案工作情况的报告;4 月 2 日上午进行了增补县政协十四届副主席和常委的选举,徐水林同志当选为十四届县政协副主席,江俊同志当选十四届县政协常委。

十四届五次会议 2014 年 12 月 26 日至 27 日,中国人民政治协商会议鄱阳县第十四届委员会第五次会议在鄱阳县城召开,会议共两项议程:一是选举;二是领导讲话。会议应到委员 308 名,实到委员 253 名。县委书记、县长、县人大主任,县委、县政府联系政协工作的领导,县委常委、组织部长,县政协退休的副县以上老干部参加了会议开闭幕式。

大会对主席候选人进行了充分酝酿。27 日上午进行了选举,按政协章程免去了张信行同志政协主席职务,选举产生了县政协十四届新任主席。占梦来同志当选为十四届县政协主席,并发表了任职讲话。

【常务委员会会议】

第十三次会议 2014 年 2 月 10 日举行,应到人数 53 人,实到人数 48 人。协商了 2013 年政协工作报告、提案工作报告,并对 2013 年度“五委一办”工作进行测评。

第十四次会议 2014 年 3 月 14 日举行,应到人数 53 人,实到人数 46 人。协商了县政协十四届四次会议有关事项,终止了 5 名委员资格,增补了 5 名新委员。

第十五次会议 2014 年 3 月 24 日举行,应到人数 53 人,实到人数 49 人。协商同意汪天水同志辞去政协委员、常委职务,协商同意江俊同志为政协常委候选人。

第十六次会议 2014 年 7 月 15 日举行,应到人数 53 人,实到人数 50 人。协商精细化城市管理,听取了副县长叶文华同志关于我县精细化城市建设与管理工作的汇报,常委们就如何推进精细化城市管理提出了 30 余条意见和建设。

第十七次会议 2014 年 11 月 5 日举行,应到人数 53 人,实到人数 49 人。协商城镇化建设工作,听取了建设局长张火江同志的汇报,副县长刘正和同志作了讲话,常委们提出了 27 条意见建议。

第十八次会议 2014 年 12 月 25 日举行,应到人数 53 人,实到人数 51 人。宣布中共上饶市委、鄱阳县委关于占梦来同志任十四届县政协委员会主席、党组书记职务,免除张信行同志政协党组书记、主席职务的批复,协商同意占梦来同志任十四届县政协委员会委员和政协十四届委员会主席候选人,协商召开十四届五次会议有关事项以及选举事项。

第十九次会议 2014 年 12 月 26 日举行,应到人数 53 人,实到人数 51 人。由县委常委、县委统战部部长江俊同志主持,协商通过选举办法以及主席候选人占梦来同志酝酿事宜。

【专门委员会工作】

提案委员会　主要工作:全年共收到提案191件,其中,委员个人提案130件,委员联名提案42件,民主党派和县工商联提案8件,界别、政协专门委员会提案11件。有关经济建设的29件,占15%;有关政治建设的10件,占5%;有关文化建设的40件,占21%;有关社会建设的72件,占38%;有关生态文明建设的40件,占21%。立案187件,涉及51个承办单位,全部在规定时限办复,全部得到明确答复,按时办复率、答复函率均达到100%。经审核,办复提案中所提问题得到解决或基本解决,以及所提建议、意见得到采纳的55件,占提案总数的29%;列入规划和计划逐步予以解决的117件,占提案总数的62%;受政策制约和客观条件限制,确实难以解决,作出解释说明的17件,占提案总数的9%。提案办理过程中委员走访率达到100%,办理结果提案委员满意率达到95%以上。

经济科技委员会　主要工作:6月份,组织界别委员针对人民银行、银监办、工商银行、上饶银行、中国银行、建设银行、农业银行、邮政银行、农村信用社为企业提供优质服务情况进行专题视察。9月份,组织部分委员赴芦田工业园区、田畈街工业基地,对五金标准件和金刚石产业基地进行了视察。10月份,开展了城市经济发展的调研。

人口资源环境委员会　主要工作:5月份,组织农业界委员对鄱阳乐安特种水产有限公司、鄱阳县新起点农业发展有限公司、江西盛态粮食实业有限公司、江西傲农饲料科技有限公司、鄱阳县万之源畜牧业有限公司、江西新安食品集团有限公司、鄱阳县罗浙茶叶有限公司、江西省绿盛农林综合开发有限公司、江西广联农业有限责任公司、江西省金盘岭葡萄专业合作社进行了视察。9月份,赴莲湖乡、游城乡、农村信用社、农业局进行土地流转工作视察。

法制社团“三胞”联谊委员会　主要工作:5月份,组织界别委员深入交通局、交警大队、公交公司就公交设施情况进行了调研,形成了调研报告。6月份,组织委员深入检察院就执法情况开展了视察。10月份,组织部分政协委员深入鄱阳镇、高家岭镇等5个乡镇敬老院,对城乡敬老院运行情况进行了视察。

学习文史教文卫体委员会　主要工作:7月份,组织界别委员深入县旅游局、建设局、规划局、鄱阳镇、团林乡,就全县旅游发展工作进行了视察,形成了调研报告送县委及相关部门。10月份,组织部分医卫体界委员深入谢家滩镇、石门街镇、金盘岭镇、凰岗镇、高家岭镇、莲花山乡、侯家岗乡、银宝湖乡、民政局、新农合中心、医保局、东湖医院就全县医疗保险工作进行了调研。12月份,编撰出版了8万余字的二十五期文史资料。

【重要活动】

开展党的群众路线教育实践活动　2014年1至7月,县政协组织开展党的群众路线教育实践活动,政协班子成员和机关干部在教育实践活动中,深入挂点乡镇开展“五进、五问、十解”活动,收集群众意见近千条,为群众解决土地、水利、山林等问题17个;结合机关工作实际,删除5个不适应新形势发展的老制度,完善了10项学习、工作、生活制度;班子成员人人撰写了对照检查材料,有的修改达13次之多,检查了12个突出问题,认真进行了整改,政协机关形成了风清气正的良好氛围。

开展“精细化城市建设和管理之年”视察活动　2014年7月20日,县政协围绕县委提出的“精细化城市建设和管理之年”要求，组织百名委员分四个组对县城东南西北四个区域进行了视察，随后又由主席、副主席带队，分三个组赴修水、南城、丰城等县市进行学习考察，在此基础上召开政协常委会与县政府进行面对面专题协商，形成了《推进精细化城市建设和管理》的调研报告，就城区“脏、乱、差”问题提出了30条意见和建议，有12条意见建议被县委、县政府的采纳。

开展了提案督办“双十”活动 2014年8月5至14日，以县政协副主席章春明、康黎为组长，组织县政协提案审查委员会7名委员，开展了提案督办“双十”活动，即对城管局、房管局、交通运输局、鄱阳镇、教体局、公安局、旅游局、民政局、交警大队、卫生局10个提案承办单位的10件重点提案进行了督办，委员见面率达100%，提案落实率达100%。

开展“推进重点乡镇城镇化建设”视察活动 2014年10月17日，为策应全县“强攻兴城”战略，推进重点乡镇城镇化建设，县政协组织百名委员，邀请分管城建的县政府领导和建设局长，统一佩戴视察证，对谢家滩、田畈街、油墩街、凰岗4个镇进行了视察，详细了解了城镇化建设规划、产业、公共服务等内容，召开了县政协专题常委会进行协商，形成了视察报告，提出了40余意见，有7条意见纳入县委、县政府决策。

《光华时报》2014年度好新闻评选工作会议暨报刊发行会议在我县召开 2014年10月下旬，省政协《光华时报》社组织全省各市县政协秘书长和六个省直管县主席在我县召开。会议期间，县政协组织全体参会人员赴鄱阳湖湿地公园视察，订阅了400份《光华时报》，撰写的《为世界守护一湖清水》一文被评为一等奖。

【重要文件】

在政协鄱阳县第十四届委员会四次会议上的讲话

张之良

（2014年3月31日）

同志们：

今天，政协鄱阳县十四届四次会议隆重开幕了！这是全县人民政治生活中的一件大事，也是群贤毕至、凝聚智慧的一次盛会！在此，我代表县委，对会议的召开表示热烈的祝贺！向各位委员、各界人士和为我县政协事业做出贡献的同志们致以诚挚的问候！我们相信，通过各位委员和与会同志的共同努力，这次会议一定能够圆满完成大会预定的各项议程，开成一个集民智、凝民心、议大事、谋发展，发扬民主、团结鼓劲的大会！

刚刚过去的一年，在市委市政府的坚强领导下，县委、县政府积极应对各种复杂局面，突出“强工”和“兴城”两大抓手，扎实推进生态、文化、平安、幸福鄱阳建设，全县经济社会发展保持稳中向好的良好态势。一是经济发展质量进一步提升。主要经济指标实现了两位数的增长，重点经济指标进入了全市第一方阵，完成财政总收入12.03亿元，增长20%以上；二是工业发展效益进一步凸显。实施了“工业发展年”活动，园区新增入园项目23个、投产企业21家，工业税收增长40%以上，跃升到2.6亿元。三是新型城镇化步伐进一步加快。实施重点城建项目35个，完成投资32亿元，建成了一批城建重点项目，城市功能进一步完善。四是旅游发展势头进一步强劲。实施了一批旅游重点项目，继续办好了鄱阳湖国际龙舟文化节等大型活动，接待游客超过200万人次，增长率一直位居全省前列。

五是农业农村发展进一步提速。粮食总产达到了107.3万吨，实现粮食生产“十连丰”，再次荣获“全国粮食生产先进县”殊荣。新增各类专业合作组织244家，打造了一批新农村建设亮点村、特色片、示范带，农村面貌日新月异。六是群众幸福指数进一步提高。在财政支出十分困难的情况下加大了民生社会事业的投入。2013年全县财政总支出48.05亿元，其中民生支出累计达38.1亿元，占总支出比重近80%。针对群众反映比较强烈的治安问题，开展一系列专项行动，在维稳压力持续加大的环境下实现了社会的和谐稳定。以上成绩的取得，是全县人民团结一心、顽强拼搏、共同奋斗的结果，也凝结着县政协与全体委员的心血与智慧。

过去的一年中，县政协始终高举中国特色社会主义伟大旗帜，牢牢把握团结和民主两大主题，认真履行政治协商、民主监督、参政议政职能，为推动全县经济社会又好又快发展作出了积极贡献。主要体现在：一是县政协紧紧抓住事关我县发展的综合性、全局性、前瞻性问题，建睿智之言，谋创新之举，献务实之策，促进了党委、政府决策的科学化、民主化；二是县政协紧密团结各民主党派、工商联、人民团体和社会各界人士，积极做好沟通思想、协调关系、化解矛盾、改善民生等工作，维护了社会和谐稳定；三是县政协扎实开展对外友好交往活动，积极牵线搭桥、引智引资，汇聚了各方面的智慧和力量；四是县政协切实加强自身建设，扎实推进政协履职的制度化、规范化和程序化建设，提高了政协工作的科学化水平。对县政协过去一年的工作，县委是满意的。

2014年，我们将全面贯彻落实中央和省市全会精神，继续按照县第十三次党代会提出的“坚持一个战略，突出两大抓手，强化三种意识，建设四个鄱阳”的思路，以全面深化改革为统领，以提高经济总量和发展质量为中心，突出党建引领，突出项目带动，全力实施“精细化城市建设和管理年”活动，统筹推进工业、城建、旅游、三农、民生、稳定等各项工作，努力实现更高水平、更高质量的发展。实现以上的目标任务，需要全县人民同心同德，艰苦奋斗，更需要县政协大力支持、共同努力。希望县政协和政协委员，进一步增强责任感和使命感，充分发挥职能作用，团结一切可以团结的力量，为加快发展再做新贡献。下面，我提四点要求：

一、坚持围绕中心、服务大局，全力推动科学发展。发展是第一要务。希望县政协牢牢扭住经济建设这个中心，充分发挥优势，认真履行职能，为推动鄱阳加快发展再立新功。特别是今年，县委、县政府提出要突出项目带动，坚定不移地实施好一批项目，努力实现发展后劲在更高标准上的大提升；突出工作重点，全力实施“精细化城市建设和管理年”活动，在城市建设管理上下功夫、求突破，全面提升城市的吸引力、竞争力。希望县政协紧紧围绕县委、县政府工作重点，充分发挥人民政协人才荟萃、智力密集的优势，围绕项目快速推进、产业转型升级、城市建设管理、统筹城乡发展等课题，深入开展调查研究，精心组织咨询论证和视察活动，提出富有前瞻性、创造性、建设性的提案和建议，确保县委各项决策部署更加科学民主并真正落到实处。

二、坚持以人为本、履职为民，积极促进和谐稳定。社会和谐稳定，是全县人民的共同心声，是实现经济社会又好又快发展的重要保证。希望县政协始终把以人为本、惠民利民作为一切工作的出发点和落脚点，充分发挥与人民群众联系广泛的优势，深入基层、深入一线、深入群众，围绕就业增收、社会保障、教育医疗、文化惠民、社会管理等重大民生问题，倾听群众呼声，了解群众意愿，反映群众诉求，全力协助党委政府做好顺民意、解民忧、惠民生的实事，确保和谐平安鄱阳建设取得实效。特别在今年，要针对经济下行压力持续加大、各类矛盾可能增多的情况，及时搜集、反映社会不同阶层、不同界别、不同方面的利益诉求，认真做好协调关系、理顺情绪、化解矛盾等工作，营造聚精会神搞建设、一心一意谋发展的良好氛围。

三、坚持民主团结、兼蓄包容，有效凝聚发展合力。人民政协作为最广泛的爱国统一战线组织，是党委政府联系群众、团结各界的重要桥梁和纽带。希望县政协牢牢把握团结和民主两大主题，充分发挥在沟通感情、联络友谊、凝聚人心等方面的优势，进一步扩大团结面，增强包容性，汇聚方方面面的智慧和力量，调动方方面面的积极性和创造性，努力形成众志成城、共创新业的良好局面。特别是要扎实做好新社会阶层人士的团结工作，密切与各民主党派、工商联、无党派人士和群团组织，以及侨台、民族宗教界的联系，通过开展多层次、多渠道、多形式的联谊活动，深交老朋友，广交新朋友，努力把更多的有志之士、有识之士团结起来，为加快发展赢得更广泛的力量支持。

四、坚持与时俱进、务实创新，切实加强自身建设。新的形势和任务，不仅为政协委员施展才华提供了更为广阔的舞台，也对政协工作提出了新的更高的要求。县政协要坚持解放思想、开拓创新，切实加强自身建设，全面提高履行职责的能力和水平。要不断探索创新履职的有效形式，深化推进政协工作的规范化、制度化和程序化建设，努力做到政治协商有新思路、民主监督有新举措、参政议政有新作为。要更加重视委员队伍建设，广大委员要时刻牢记肩负的使命责任，倍加珍惜政协委员的政治荣誉，坚持事业为上、责任为重、工作为先，充分发挥在本职岗位中的带头作用、政协工作中的主体作用、界别群众中的代表作用，跑好人民政协事业的“接力赛”。要切实加强政协机关建设，进一步强化服务意识，创新工作机制，切实把政协机关建设成为政协委员之家、各界人士之家。

政协工作是党的工作的重要组成部分。县委将进一步加强和改善对政协工作的领导，把中国共产党领导的多党合作和政治协商制度坚持好、落实好，把最广泛的爱国统一战线巩固好、发展好，把人民政协的独特优势运用好、发挥好。各乡镇、各部门要充分认识政协工作的重要性，乡镇要确定一名副书记联系政协工作，各部门要虚心接受民主监督，认真办理政协提案，积极采纳意见建议，为人民政协履行职能、开展工作创造更好的环境和条件。

各位委员、同志们，事业发展需要集中民智、合力共为；庄严使命需要精诚团结、不懈奋斗。让我们高举中国特色社会主义伟大旗帜，紧密团结在以习近平同志为总书记的党中央周围，在省市的坚强领导下，以更加饱满的热情，更加务实的作风，同心同德、群策群力，奋力开创鄱阳改革发展稳定的新局面！

政协鄱阳县十四届委员会
常务委员会工作报告

各位委员：

我受政协鄱阳县第十四届委员会常务委员会的委托，向大会报告工作，请予审议，并请列席会议的同志提出宝贵意见。

一、2013 年工作回顾

过去的一年，在县委的正确领导下，在县人民政府的大力支持下，我们坚持以邓小平理论、“三个代表”重要思想和科学发展观为指导，高举民主团结的旗帜，以实现中华民族伟大复兴的中国梦为追求，紧密团结和依靠全体政协委员和各界人士，围绕全县改革、发展、稳定大局，积极履行政治协商、民主监督，参政议政三大职能，为促进鄱阳经济社会又好又快发展作出了积极贡献。

（一）注重学习，在强化自身建设中主动作为

习近平总书记指出："必须大兴学习之风"。要"把读书当成一种生活态度，一种工作责任，一种精神追求，一种境界要求"。我们坚持以学习为先导，在强化自身建设中提升能力，主动作为，不断开创政协工作新局面。

1. 注重政治理论学习，用新的理论指导工作。坚持政协机关每月一次、政协常委每季一次集中学习制度。采取邀请县委党校教师辅导、专业人士指导和自学相结合的方法，组织政协常委、委员和机关干部认真学习了邓小平理论、"三个代表"重要思想和科学发展观，学习了十八大报告和十八届三中全会精神，学习了习近平总书记提出的"中国梦"、《党章》、《政协章程》和全国、省、市政协有关文件精神；专门组织全县300多名政协委员就学习省、市、县三级全会精神进行了试卷答题。通过一系列的理论学习，进一步增强了广大政协委员和政协机关干部的政治意识、大局意识和做好政协工作的责任感、使命感。

2. 注重履职业务学习，用新的知识推动工作。县政协机关有12名干部先后参加了全国政协地方干部培训班和上饶市委党校、县委党校培训班，并举办了一期由50名新老委员参加的业务知识培训班。通过各种层面的学习培训，较好地提高了机关干部、政协委员的履职能力和服务水平。

3. 注重向外交流学习，用新的方法提升工作。先后组织文史委、提案委、经科委、办公室等有关人员，参加了在贵溪市、铅山县举办的三市十二县（市、区）第46、47次横向联谊会，就发挥委员主体作用、做好文史资料征集工作，进行了专题交流。同时，与湖南长沙市政协，安徽怀宁县政协，福建沙县政协，就发展旅游产业、强化工业质量进行了探讨，开阔了视野，拓宽了思路，促进了工作方法的改变和工作能力的提升。

4. 注重党纪条规学习，用新的思维促进工作。专题召开主席会、政协常委会、机关干部会、老干部支部会，组织学习了中央"八项规定"、省委"六项禁止"，学习了习近平、王岐山同志在第十八届中纪委第二次会议上的讲话和《廉政准则》。同时，机关成立了党风廉政建设督查领导小组，建立了廉政工作台账，与各专委会签订了廉政工作责任状。通过一系列的学习和有关廉政制度的落实，机关干部廉洁自律蔚然成风。

（二）积极履职，在参政议政和开展经常性工作中尽心尽责

我们坚持围绕县委、县政府的中心工作参政议政，建言献策，坚持在经常性的工作中务实进取、开拓创新。

1. 协商议政深入推进。按照中共十八大的要求，积极开展协商民主实践，注重和规范协商民主进程。我们积极争取县委、县政府的重视，出台了《中共鄱阳县委关于加强基层民主协商工作的意见》，为协商民主提供了强有力的保障。县政协常委会、主席会及专门委员会就"强工兴城"，加快旅游发展、推进生态文明建设等，先后开展了专题协商、界别协商、对口协商和提案办理协商，提出了许多好的意见和建议，得到县委、县政府的高度重视。比如，我们就农民普遍关注的新农合问题开展了专题协商。协商前，组织部分委员开展了视察调研；协商中，召开了政协常委会，邀请分管新农合工作的副县长参会，并由县新农合中心主任向常委会报告工作；通过大家的多次沟通协商，在“加强新农合制度建设，强化监督管理，严厉打击骗取基金行为”等方面形成了一致意见，并得到落实，为规范新农合资金使用，维护人民群众利益起到了积极作用。

2. 视察调研扎实有效。我们组织开展了9次视察调研。围绕推动经济发展、促进民生改善，开展了“城市防洪工程建设”、“全县重点企业发展”和“农资市场经营情况”的视察；围绕“强工兴城”战略，开展了“拓宽城市建设空间”、“发挥社区组织服务功能”、“保护东湖环境”、“弘扬商业文化”的调研。形成7篇视察调研报告，提出27条意见、建议。这些视察调研报告，得到县政府有关职能部门的重视与采纳。县环保局，对保护东湖环境的建议及时采取措施，派人专程到上饶进行水质化验，写出了专题调查报告，并向县四套班子领导汇报。县规划局，对拓宽城市建设空间的视察十分重视，与视察组一同就拓宽城市建设空间的优势和劣势，进行了认真的分析，并形成翔实的视察报告提交县政府决策参考。县商务局根据农资市场经营的调研建议，专门派人组织力量对农资市场进行了整顿，纠止了农药、饮食摊点摆放一起的混乱现象。与此同时，我们还对公安系统的行风政风进行了视察；主席亲自带领副主席和部分政协委员，深入工业园区开展专题视察调研，与经济界委员就我县工业发展问题进行探讨，提出了四个方面的意见和建议，为县委、县政府科学决策提供了参考依据。

3. 提案工作特色明显。县政协十四届三次全会期间，收到提案248件，立案244件，提案的数量、质量都较上年有较大的提升。在实际工作中，我们着重抓了三项工作：一是抓培训。5月份，在县委党校举办了50名新老委员参加的本届提案培训班，为提高提案质量奠定了良好基础。二是抓督办。6月底，由主席、副主席带队，对23件重点提案进行了督办。7月中旬，由分管提案工作的副主席带领提案审查委员会成员，对6个有10份提案以上的承办单位进行了全面督办，使提案办理得到较好的落实。三是抓评议。9月份，召开了提案承办质量专题评议会，邀请县政府常务副县长到会指导，县政协常委听取了县政府办等6个承办单位的汇报，并对承办情况进行了投票测评，结果公布在《上饶晚报 · 鄱阳湖新闻》上。提案工作的不断创新，促使提案办理取得了看得见的成效，提案办复率达100%，满意率达94%，为推动我县经济社会又好又快发展发挥了积极作用。

4. 文史工作成效显著。我们坚持抓重点、出精品的原则，积极开展文史资料征集编撰工作。组织专人编撰出版了一本关于我县“红白喜事”的文史资料，涉及各地民俗，达19万余字。该书的出版将使我县民俗文化得到更好的传承与发展。县政协被省政协评为文史资料征集工作先进单位，《鄱阳文史汇编》一书被省政协评为优秀图书。

5. 社情民意反映及时。为了献计工业发展年，组织委员深入县工业园区，撰写有关工业发展问题的社情民意27条；围绕推进生态文明、建设秀美鄱阳，收集反映农村生态建设的社情民意15条；从关注民生、促进改善民生出发，编辑了就学、就医、社保、城管等方面的信息30余条。这些社情民意，及时反馈给各职能部门，为县党政科学化、民主化决策提供了参考依据。

6. 宣传工作亮点纷呈。我们坚持以宣传推动工作的开展，以工作凸显宣传的成果。在省政协主办的《光华时报》用稿30篇，省、市政协信息用稿15篇，县《鄱阳湖新闻》及《今日鄱阳》用稿20篇。主席及几位副主席分别在《光华时报》发表了《站在新起点，塑造四形象》、《强化三种意识，发挥提案作用》、《多措并举，加强农资市场监管》等专题文章。这些文章的发表，为推动政协工作起到了引领作用。特别值得一提的是：10月上旬，在省政协《光华时报》头版头条刊登了县政协“七年主动作为，守护一湖清水”的报道，有力地推介了我县在“保护一湖清水，建设鄱阳湖生态经济区”方面所做的贡献，扩大了鄱阳在全省的影响。这一年，我们还被省政协评为订刊用刊先进单位，有一名机关干部被省政协评为优秀通讯员，有两篇文章在全省政协系统理论研讨会上获二、三等奖。

7. 委员主体作用彰显。政协集聚各行各业优秀人才，委员们具有知识面广、专业性强、影响面大等优点。我们充分发挥这一优势，引导鼓励委员在推动鄱阳经济社会又好又快发展中奋发作为。先后引导14名各界别委员创办了15个经济实体，有3名政协委员返乡创业，发展草根经济。还有许多委员积极助力社会公益事业：潘千水委员捐款40万元支援高家岭迈家边村新农村建设，余学林委员捐款10万元为油墩街、田畈街镇修路造林，程玮委员积极实施蓝绶带计划，为10个乡镇、15家敬老院捐赠10余万元药品，刘军民委员资助4名贫困学生就读；汪华祥委员创办“网上家长学校”，荣获国家新闻出版总署知识产权专利，为全国县级首创；程幼娇委员被评为全省优秀校长；张秀桃委员获得江西省十大好人殊荣，她的传奇爱情故事已被拍成电影《桃子的故事》。

8. 中心工作推进顺利。我们始终与县委、县政府思想上同心同德、目标上同心同向、工作上同心同行。按照县委“五个一”的责任机制，县政协领导积极主动做好定期接访、乡镇挂点、重点项目服务及安商招商等中心工作。在接访工作中，主席、副主席轮流值班，定时接访，先后化解各种矛盾纠纷多起。在挂点工作中，坚持深入一线，组织抗洪救灾，帮助基层解决农业生产、改善环境、新农村建设、社会安全稳定等问题。在服务重点项目工作中，县政协领导挂点的鄱阳湖赣剧院项目、城市防洪工程、幼教中心设施建设配套工程均已按要求实施到位。在安商工作中，积极服务工业园区江西鄱湖华联食品有限公司的兴建，使该项目进展顺利。在招商工作中，发挥政协人才济济、联系广泛的优势，主席、副主席带队组织人员到广东、福建、湖南等地招商，专程洽谈电子材料项目、跟踪洽谈空能科技储能发电和风力发电项目，有望今年正式落户和开工建设。配合县政府积极争取国家社会创新扶贫机构帮扶，使我县被列为江西省第一个全国社会创新扶贫试点县，并已初步落实扶贫资金6000万元。

9. 制度建设不断加强。政协机关出台了学习、工作、接待、财务、车辆管理、绩效考评等10项制度，制订了县政协《联系委员工作办法》、《委员管理办法》及《委员履职考核办法》，落实了各项规章制度，开展了争先创优活动，营造了和谐向上的良好氛围。在加强制度建设的同时，部分专委会以界别为单位在委员中开展了“讲学习、评业绩、提建议”活动，促进了委员履职的落实。

（三）关注民生，在构建社会和谐稳定中汇聚正能量

我们坚持不断加强与社会各界的团结合作，全力调动政协委员讲团结、促和谐、谋发展、比奉献的主动性和创造性，最大限度地减少不和谐因素，以最大的人文关怀，关注民生，促进民生，改善民生，形成构建和谐社会的强大合力。

1. 凝心聚力促和谐。先后组织委员深入全县多个宗教活动场所调研协调民族宗教工作，深入企业做党外人士和非公有制经济代表人士的工作；多次组织各民主党派、工商联、无党派人士进行座谈；利用迎春茶话会和各种节庆日，与全县300多名老党员、老干部、先进模范、社会各界知名人士进行座谈，及时向他们通报县委、县政府的决策部署。与此同时，还充分发挥政协文化软实力作用，通过县文联、县老干部局举办委员“摄影、书法、绘画”作品展览，组织政协系统有关人员参加文化娱乐活动，陶冶情操，培养情趣，增强了各界人士的凝聚力。

2. 释疑解难促和谐。充分发挥政协人才荟萃的优势，主动做好释疑解难、理顺情绪、协调关系、化解矛盾的工作。全县有120余名政协委员与社区居民和农村群众结成对子，主动排忧解难，帮助社区和农村化解了部分因社保、低保、房屋土地纠纷而产生的各种矛盾问题；帮助群众解决了不少就医、就学、住房等困难问题，较好地增进了干群之间的感情和友谊，为促进我县和谐发展做出了应有的努力。

3. 关注民生促和谐。坚持把关注民生作为促进社会和谐的重要内容。为了弱势群体的切身利益，我们及时向县委、县政府反映加强廉租房建设，落实农村医疗保障问题；为了排解群众的疾苦，我们每逢重大节日，都深入基层，走访慰问，每逢遇到灾情，都捐款捐物，奉献爱心。据不完全统计，2013年，县政协发动委员为贫困学子捐献助学金50万余元，为社会公益事业捐款350万余元。

过去的一年，我们做了大量卓有成效的工作，并取得了一定的成绩。我们深感这些成绩来之不易，它得益于中共鄱阳县委的正确领导，得益于县政府和社会各界的大力支持，得益于广大政协委员的共同努力。在总结成绩的同时，我们也应清醒地看到，县政协工作还存在不少薄弱环节。诸如：委员活动偏少，主体作用发挥不够；学习深度不到位，议政诤言睿语不多；履职形式单一，监督评议方法不活，等等。所有这些，都需要我们在今后工作中切实加以改进。

二、2014年工作要求

2014年，是全面贯彻落实中共十八大精神和十八届三中全会精神的重要之年。面临新形势、新任务、新要求，我们工作的总体思路是：高举中国特色社会主义理论伟大旗帜，深入学习邓小平理论、“三个代表”重要思想和科学发展观，以中共十八大和十八届三中全会精神为指导，以党的群众路线教育实践活动为契机，按照省委提出的“十六字”方针和县委提出的“坚持一个战略，突出两大抓手，强化三种意识，建设四个鄱阳”的工作思路，积极参与全县“精细化城市建设和管理年”活动。深入贯彻落实县委《关于加强基层民主协商工作的意见》，牢牢把握团结和民主两大主题，充分发挥人民政协作为协商民主重要渠道作用，着力提升政协工作科学化水平，更好履行政协三大职能，不断开创我县政协工作新局面。

（一）加强学习，切实提高履职水平

坚持把学习贯彻中共十八大和十八届三中全会精神作为首要的政治任务。要围绕中共十八大提出的全面建成小康社会的奋斗目标和十八届三中全会提出的“六个紧紧围绕”，全面系统地学习；要组织机关干部参加全国、省、市、县各级培训，达到机关干部普遍轮训一次；要根据不同调研课题的内容，深入外地学习考察；要树立终身学习的理念，培养浓厚的学习兴趣，做到工作学习化，学习工作化，学以立德，学以增智，学以致用，学以创新，为实现中华民族伟大复兴的中国梦谱写新华章。

（二）发挥优势，切实彰显政协特色

一、积极推进协商议政。社会主义协商民主是我国人民民主的重要形式。县政协将进一步拓宽协商途径，对县政府年度工作报告，全县重点项目、精细化城市建设

和管理等方面内容开展专题协商，努力促进经济社会又好又快发展，按照鄱发〔2013〕12 号文件要求，全力推动协商议政规范化、制度化、经常化。

二、认真组织提案评议。提案是推动政协工作的重要抓手，评议是政协民主监督的重要形式。我们将组织政协委员，对县十四届四次全会委员提案承办质量进行一次评议，努力促进政协提案工作的成果转化。

三、深入进行视察工作。视察工作具有选题广泛、参与面大、类型多样等特点，是政协履行职能的一种重要形式，也是政协一项重要政治活动。我们将围绕农业产业项目建设、园区特色产业、城乡敬老院发展、旅游文化提升、金融系统运行、检察院执法环境等情况进行视察，并根据需要形成视察报告，以助推我县相关事业健康发展。

四、扎实开展专题调研。专题调研是政协参政议政的主要方式，也是重要的履职形式。2014 年，我们将开展农村土地流转、城市经济发展、公交设施建设、莲花山国家森林公园旅游、全县医疗保险等方面的调研，分别形成调研报告，为推进我县城乡事业发展提出可资参考的意见和建议。

五、努力创新履职平台。充分发挥委员的主体作用，全力展示委员风采。2014 年，要做到委员活动在电视上有形，委员建言在社会上有声，委员调研视察在报纸上有文，让委员们的履职激情与聪明才智充分展现出来，以迸发出绚烂的智慧火花。

（三）弘扬主题，切实推进和谐发展

弘扬团结和民主两大主题，是人民政协本质属性的要求，我们坚持把这一本质属性带入到政协工作大局之中，把关注民生、构建社会和谐稳定作为重要责任。密切与各民主党派、工商联、人民团体、无党派人士和社会各界的联系，调动一切积极因素，凝聚各方力量，为和谐鄱阳建设搭建“连心桥”。通过社情民意信息平台，引导群众合理表达利益诉求，维护社会公平正义，就民生民利问题择时召开听证会，为和谐鄱阳建设构建“直通车”。充分发挥广大委员维护社会稳定的独特作用，开展委员进社区、下企业、到农村扶贫帮困活动，积极做好协调关系、理顺情绪、化解矛盾、增进团结工作，为和谐鄱阳建设铺建“平安路”。

（四）与时俱进，切实加强自身建设

加强自身建设，是事关人民政协事业兴衰的根本保证。2014 年，我们按照中央的统一部署以及省、市、县的统一安排，积极开展党的群众路线教育实践活动，紧紧围绕保持党的先进性和纯洁性，以为民务实清廉为主要内容，按照“照镜子，正衣冠、洗洗澡、治治病”的总要求，切实纠正形式主义、官僚主义、享乐主义、奢靡之风，认真贯彻落实中央八项规定和省委六项禁止，坚持与时俱进，严于律己，努力塑造良好形象。一是加强班子队伍建设。努力把班子成员的智慧和力量凝聚到想事、谋事、干事上来，不断增强凝聚力、服务力和执行力。不断开拓创新，进一步完善工作机制，切实提升新形势下常委会集体领导的工作能力和水平。2014 年，我们将按照县委的要求，在各乡镇确定一名政协工作联系人，由乡镇党委副书记担任。二是加强委员队伍建设。切实加强委员学习培训，选送部分委员参加中央、省、市、县各级培训班；认真做好委员走访约谈工作，积极宣传推介优秀委员的事迹；不断强化委员管理，建好委员履职档案。要求每个委员每年至少提一件提案，反映一条社情民意，参加一次视察调研活动，投身一次慈善公益活动，树立良好的自身形象。三是加强政协机关建设。把开展学习型、创新型、服务型、效能型、廉洁型机关建设，作为深化争先创优的重要举措,着力加强政协机关干部的全局观念、服务意识,着力提升政务性和事务性服务能力,着力加强思想、组织、作风、制度和信息化建设,着力推进专委会工作程序化建设,切实建立制度创新、工作创新激励机制,着力搭建好网络信息平台,拓展委员履职空间,使政协工作更加科学规范,充满生机活力。

各位委员:新征程充满新生机,新征程孕育新希望!让我们在中共鄱阳县委的坚强领导下,高举中国特色社会主义伟大旗帜,团结一心,开拓进取,努力调动社会各界的积极性和创造性,广泛凝聚各方面的智慧和力量,推动我县科学发展、和谐发展和可持续发展,为实现鄱阳由人口大县、地域大县向经济强县的快速跨越而努力奋斗!

在县政协十四届五次会议上的讲话

占梦来

各位委员、同志们:

经过今天大会的选举,我荣幸当选为鄱阳县政协主席,这归功于党组织教育和培养,全体委员的信任和支持。在此,我谨以最真诚的心境和情怀向各位领导、各位委员、各位同志致以最崇高的敬意和最诚挚的感谢!

这次张信行同志由于年龄的原因,根据市委的安排不再继续担任县政协主席的职务。张信行同志曾在基层乡镇和公安系统担任过领导职务,工作经验丰富,讲党性、讲原则,为人正派,敬业勤奋,作风扎实。自担任县政协主席以来,他团结和带领领广大政协委员奋发进取,锐意创新,政协各项工作都取得了显著成效,为我县改革、发展、稳定作出了积极贡献。我提议,让我们以热烈的掌声向张信行同志表示衷心的感谢并致以崇高的敬意!

面对新的岗位、新的任务,我深感任务光荣,责任重大。我将把历任政协主席的好传统、好作风、好经验发扬好、坚持好,同各位副主席、常委和全体政协委员一道,依靠大家的智慧和力量,尽心尽责做好工作,不辱使命、不负重托!

一是坚决维护党的核心领导。坚持牢牢把握政协工作的政治方向,自觉接受县委的领导,积极争取县政府的支持,始终做到与县委、县政府目标同向、思想同心、工作同步、形成合力。

二是不断加强自身建设修养。我在这之前,一直在基层乡镇和县委、县政府工作,对政协工作接触较少,应该说,我是政协战线的一名新兵。政协主席一职对我来说,是一个全新的角色。我将加强学习,认真学习党的十八大和十八届三中、四中全会以及习近平总书记系列重要讲话精神,认真学习政协理论、政协章程以及做好政协工作所需要的各方面的知识。同时注重向政协的老领导、老同志学习,向身边的同志学习,努力在学习中增长才干,在实践中提升能力,使自己尽快进入角色,迅速适应新的工作环境,不断提高自己的理论修养和领导水平。

三是广泛凝聚力量谋事干事。政协组织是沟通各界、协调关系、增进共识、团结群众的重要渠道。? 我将从自身做起,始终做到正派做人、坦诚待人,认真贯彻民主集中原则,在班子内部讲民主,讲大局,讲包容,讲和谐。形成相互尊重,相互支持,求同存异,和衷共事的良好氛围,切实增强政协一班人的凝聚力。团结和带领全体政协委员,突出团结民主两大主题,多进团结鼓劲之言,积极协助县委、县政府做好团结群众、反映民意、化解矛盾、凝聚人心、维护稳定的工作,努力团结一切可以团结的力量,最广泛、最充分地调动一切积极因素,把各方面的智慧和力量集中到促进我县经济社会发展上来。

四是切实树立维护政协形象。政协是一个想事、谋事的智慧之所,是一个助推事业兴旺发展的给力之地。要带头强化遵纪守法的观念,常怀律己之心,常修为政之德,强化对自己世界观、人生观、价值观的改造,始终如一的坚持自重、自省、自警、自励。与政协其他班子成员一道,大力弘扬清正廉洁的作风,严于律己,严守法纪,自觉遵守廉洁从政的各项规定,在政协组织中努力营造风清气正、勤政为民的浓厚氛围,树立和维护人民政协的良好形象。

各位领导、各位委员,雄关漫道真如铁,而今迈步从头越。请大家支持我!监督我!

谢谢大家!

【组织概况】

政协鄱阳县第十四届委员会主席、副主席、秘书长、常务委员、委员名单

主　席　张信行(2014 年 12 月 27 日起不再担任)
占梦来(2014 年 12 月 27 日起担任)

副主席　章春明　杜德胜　康　黎
吴滋意　万　国　雷垦华
徐水林

秘书长　毕晓红(女)

常务委员

张信行(2014 年 12 月 27 日起不再担任)
占梦来(2014 年 12 月 27 日起担任)
江　俊(女)
汪天水(2014 年 3 月 24 日起不再担任)
章春明　杜德胜　康　黎
吴滋意　万　国　雷垦华
毕晓红(女)　张先平　吴爱云(女)
刘高华　闵小琴(女)　邓震东
段咸晏　胡春江　刘甘霖
祝训词　姜荣祖　章园婷(女)
徐　燕(女)　徐水林　孙显明
范晓林　杨　军　程明春
章国仁　吴　炜　郑晨义
董国华　邱丽琴(女)　陈丰跃
周凡意　郑佐周(女)　李水琴(女)
陈厚明　释觉超　程幼娇(女)
李紫微　应正星　曹小川(女)
魏强华(女,2014 年 9 月 27 日起不再担任)
江秋平　周安来　袁春华
董英华　陈　平　袁国庆
王梅武　吴会文　胡　军(女)
陈鸿富　李朝辉　卢梅月(女)

委　员

中国共产党鄱阳县委员会

张信行(2014 年 12 月 27 日起不再担任)
占梦来　江　俊(女)
汪天水(2014 年 3 月 24 日起不再担任)
章春明　吴滋意　万　国
雷垦华　毕晓红(女)　吴爱云(女)
邓震东　刘甘霖　刘高华
张先平　胡春江　段咸晏
祝训词　方长敏　江海涛
刘月皓　周克修

民主党派界

杜德胜　程明春　叶荣民
曹清华　程稳元　朱秋萍(女)
盛国庆

工会界

徐　燕(女)　曹小川(女)　孙四毛
伍顺强　李波生　汪　胜
金红萍(女)　徐建英(女)　高向前
叶新明

中国共产主义青年团鄱阳县委员会

虞俊丽(女)　王红明　叶　恒
毕爱国　许国勇　吴长友
陈举文　桂同火　潘志坚
徐　啸　方　芳(女)　王施婧(女)
徐勇胜(2014 年 3 月 14 日起不再担任)

妇女界

李水琴(女)	邱丽琴(女)	王富斐(女)
石镇波(女)	宁小云(女)	朱益萍(女)
孙秀凤(女)	岑胜德(女)	余美香(女)
罗爱萍(女)	董红平(女)	熊　慧(女)
操　萍(女)	高　扬(女)	胡亚琼(女)

工商界

陈厚明	陈鸿富	周凡意
徐水林	王饶海	王根发
伍国太	刘　进	刘其红
李　伟	杨华锋	吴重开
吴秋生	余小清	余宝阳
余盛国	张文华	张欢喜
陈炳强	陈爱云(女)	康　健
胡　翰	徐锦良	唐金和
洪秀敏(女)	黄志栋	曹　林
程水龙	程新华	裴自亮
张怀江	许建新	洪建顺
邓晓元		

科学技术界

吴会文	周安来	王礼才
占永红	占先进	毕发明
朱建才	江爱国	刘军民
苏立华	李丰收	李新民
李嵘来	吴旭霞(女)	汪华祥
张瑞环	胡剑雄	胡爱贵
徐喜兵	黄　健	黄自喜
章泽光		

经济界

孙显明	卢梅月(女)	李朝晖
应正星	陈丰跃	郑晨义
董英华	丁金豹	计红日
占权龙	卢兴贵	卢建华
朱轶琪	李爱金	吴开怀
余俊主	汪德保	张日红
张国良	张津梁	陈　力
柯少华	钟毅军	奚海滨
黄修杰	程波标	潘千水
潘光智	薛香善	戴银权
李小龙	陈建军	刘五和
万　吉	贺江华	何献华

童晓辉(2014 年 3 月 14 日起不再担任)

曹世友(2014 年 3 月 14 日起不再担任)

农业界

袁国庆	万元兴	朱清亮
余学林	余国建	余宣民
张进海	张滨驿	陈　翔
周秀华	胡　刚	胡中林
唐兵才	黄金和	黄和祥
曹连平	曹妙波	彭继志
程发进	程海清	滑　涛
蔡志文	操菊普	黄先金

教育界

胡　军(女)	程幼娇(女)	石晓红(女)
江拥政	许满清	严桃水
李　林	李国萍(女)	李剑飞
李晓鸣	李臻林	吴义华
吴立明	吴瑞凤	张佑庭
金　华	郑东辉	俞新发
高艳华(女)	曹选民	彭矿山
董光荣	韩进军	王永华

医卫体界

杨　军	章国仁	王海元
方爱国	叶其林	叶家炼
占新民	占满枝	朱龙泉
吴　平	吴火林	吴志勇
余执政	应红青	陈恩宗
郑金发	赵宝琴(女)	施欲新
高日进	黄体国	黄松华
黄辉林	曹荣福	喻建勋
程　玮	程青松	谢　宇
张秀桃(女)	占海港	

林星华(2014 年 3 月 14 日起不再担任)

文艺界

吴艳萍(女)	陈　洁(女)	郭森彬
高　君(女)	黄　洁(女)	

新闻界

方智裕	孙文仲	吴森林

郭斌先　程　娟　操海鹏

台侨界

范晓林　吴三保　余念贵
陈亚萍　姜荣祖

民族宗教界

释觉超　石枝干　孙安波
李祝明　张达博　曹端柏
黄有林　释昌宝　释净性

特别邀请人士

李紫薇　袁春华　邓长青
丰诚福　王　敏　王冰华(女)
朱光明　朱轶平　刘　枪
李天茂　吴国平　吴　谦
邱翠花(女)　汪填金　张真荣
陈长荣　周　伟　周海山
段漠慷　洪爱珍(女)　徐咏梅(女)
徐海霞(女)　黄　文　操　俊
叶荣国
曹华明(2014 年 3 月 14 日起不再担任)

无党派人士

康　黎　江秋平　闵小琴(女)
郑佐周(女)　董国华　万　里(女)
王梅武　朱会进　张少波
张春蓉(女)　陈　平　周儒意
章园婷(女)　舒　服

社会福利与社会保障界

王国华　石　军　孙亚军
刘志清(女)　杨运帏　李红兵
李重华　黄子发　魏　枫
叶海花(女)
魏强华(女,2014 年 3 月 14 日起不再担任)

【大事记】

1 月

10 日　召开县政协十四届二十八次主席会议,协商走访老党员、老干部及参加县迎春茶话会有关事项。

13 日　县政协组织全体机关干部职工学习中共十八届三中全会精神。

17 日　县政协十四届二十九次主席会议召开,协商全县 2014 年重点工程项目。

20 日　县政协主席、副主席、秘书长带领机关干部走访慰问机关离退休老干部。

2 月

10 日　县政协第十四届委员会第十三次常委会议召开。

25 日　县政协十四届三十次主席会议召开,协商党的群众路线教育活动有关事项,成立领导小组制订方案。

3 月

14 日　县政协第十四届委员会第十四次常委会议举行。

24 日　县政协第十四届委员会第十五次常委会议举行。

县政协十四届三十一次主席会议召开,协商全会筹备工作情况。

25 至 28 日　县政协十四届委员会第四次会议召开,徐水林同志当选十四届县政协副主席,江俊同志当选十四届县政协常委。

31 日至 4 月 2 日　中国人民政治协商会议鄱阳县第十四届委员会第四次会议在鄱阳县城举行。

4 月

9 日　组建县政协十四届委员群体网。

15 日　安徽省休宁县政协赴我县进行鄱阳湖生态建设调研。

29 日　县政协十四届三十二次主席会议召开,协商县政协志续编及编撰文史资料工作。

5 月

6 日 县政协党组在党的群众路线教育活动中召开查摆问题专题会。

21 日 副主席万国带队,组织部分政协委员对莲花山森林公园发展旅游开展调研。

22 日 副主席杜德胜带队,组织部分政协委员对公交设施情况开展调研。

29 日 县政协十四届三十三次主席会议召开。

30 日 全体政协委员参加全县党风廉政建设社会评价工作会。

6 月

11 日 副主席雷垦华带队,组织部分政协委员对全县金融系统工作进行视察。

7 月

2 日 县政协十四届三十四次主席会议召开,协商百名委员视察城市精细化管理工作。

10 日 副主席吴滋意带队,组织部分委员对全县发展旅游工作进行视察。

15 日 县政协第十四届委员会第十六次常委会议举行。

25 日 县政协十四届三十五次主席会议召开,协商机关、专委会工作制度。

上旬 湖北省政协来我县进行“鄱阳湖生态环境保护及管理体制”考察。

下旬 省政协人资环委来我县对“全省污水处理设施建设及运行情况”开展专题民主监督活动。

8 月

5 至 14 日 县政协副主席章春明、康黎为组长,带领县政协提案审查委员会对部分重点提案进行督查。

7 日 县政协十四届三十六次主席会议召开,协商城市建设与管理工作。

9 月

10 日 副主席雷垦华带队,组织部分政协委员对工业园区特色产业进行视察。

15 日 副主席康黎带队,组织部分政协委员对农村土地流转工作进行视察。

24 日 县政协十四届三十七次主席会议召开,专题学习习近平总书记在庆祝中国人民政协协商会议成立 65 周年大会上的讲话。

10 月

11 日 县政协十四届三十八次主席会议召开,传达省政协十一届七次常委会精神。

17 日 副主席万国为总协调,分四个组组织百名委员对全县城镇化建设进行视察。

20 日 副主席吴滋意带队,组织部分政协委员对全县医疗保险工作进行调研。

11 月

15 日 县政协第十四届委员会第十七次常委会议举行。

17 日 占梦来同志任县政协主席,免去张信行同志县政协主席职务。

21 日 县政协十四届三十九次主席会议召开。

25 日 县政协第十四届委员会第十八次常委会议举行。

26 日 占梦来同志任县政协党组成员、党组书记，免去张信行同志党组成员、党组书记职务。

12 月

25 日 县政协十四届四十次主席会议召开，协商召开十四届五次会议有关事项，协商增补占梦来同志为十四届县政协委员。

26 日 县政协第十四届委员会第十九次常委会议举行。

26 至 27 日 县政协十四届五次会议举行，按政协章程免去了张信行同志政协主席职务，占梦来同志当选县政协十四届委员会主席。

（刘甘霖 编写 毕晓红 审稿）

政协安福县委员会

【全体委员会议】

十二届四次会议 2014 年 2 月 10 至 12 日,安福县政协十二届四次会议在会展中心举行。应出席委员 193 名,实到 180 余名。县委书记陈军民在开幕会议上讲话,县政协主席高芳林在闭幕会议上讲话。县领导出席开幕和闭幕会议,听取了大会发言,参加了分组讨论。

会议听取、审议、通过了高芳林主席代表常务委员会所作的工作报告、刘长明副主席代表常务委员会所作的关于提案工作情况的报告。与会委员列席了县人大十五届五次会议;讨论和赞同县政府工作报告、县财政局、发改委、法院、检察院的其他几个报告。与会委员围绕政府工作报告等,就经济社会发展和人民群众切身利益的重大问题,进行了讨论协商,从发展井冈蜜柚产业、生态环境保护、农村学前教育、医院人才建设、红色文化保护、法治安福、发展工业、推进旅游业、脱贫攻坚等方面,提出了意见建议。会议审议通过了政协安福县第十二届委员会第四次会议决议和提案审查情况的报告。会议期间,共收到提案 87 件。表彰优秀委员 23 名、优秀提案 10 件。

【常务委员会会议】

第十三次会议 2014 年 2 月 7 日举行,应出席 28 人,实到 27 人,会议由高芳林主席主持。会议议程有 11 项。会上常务副县长尹冬荀就政府工作报告的起草情况和主要内容进行了说明、介绍,县法院、检察院、发改委、财政局领导也就各自报告内容做了说明、介绍。与会委员对“一府两院”等五个工作报告进行了协商讨论,提出了意见建议。会议还审议讨论了十二届四次会议有关事项和报告材料等,以及审议讨论人事事项,本次常务委员会议决定撤销李新明常务委员职务,增补兰小勇等 15 人为县政协委员,王胜华等 10 人不再担任县政协委员。

第十四次会议 2014 年 2 月 12 日举行,应出席 27 人,实到 27 人,会议由高芳林主席主持。会议听取了十二届四次会议五个讨论组分组讨论的情况汇报,审议了十二届四次会议决议和提案审查情况的报告。

第十五次会议 2014 年 8 月 20 日举行,应出席 27 人,实到 21 人,会议由高芳林主席主持。会议上,常务副县长尹冬荀通报了全县上半年的经济社会运行情况,协商讨论了《关于创新经营主体发展家庭农场的调研报告》,委员作了发言,提出了意见建议;听取了提案委四次会议以来提案督办情况汇报,三个单位汇报交流了提案办理的得失情况,县政协、县政府领导作了讲话;会议审议通过刘军担任经科委副主任。

第十六次会议 2014 年 12 月 10 日举行,应出席 27 人,实到超过半数,会议由高芳林主席主持。会上,协商讨论了关于全县医疗服务体系建设、促进美丽乡村融入社区建设、保护文化古村三个调研报告,关于我县司法行政工作、城乡客运改革两个视察报告,以及“关于进一步加强(安福县)人民政协提案办理工作的意见”。还审议通过朱珊担任社发委副主任,布置了年底各项工作。

【专门委员会工作】

提案委员会 主要工作:开展了提案征集工作,全年收到提案 100 件,经审查立案 92 件,全部办复。编辑《重点提案摘报》15 件,报送县委、县政府领导批示办理。遴选并报请主席会议研究、审定了《关于发展我县蔬菜基地的建议》等 8 件主席督办重

挥了积极的作用。

献策安福小康提速。加速全面小康进程,民生是重点。县政协就《政府工作报告》确定的重点产业、交通、卫生、教育、住房等涉及民生、关乎人民群众切身利益的工作任务目标落实情况积极开展专题协商、对口协商、界别协商,提出了许多有针对性、时效性和实用性的意见建议。县政协十二届十二次常委会上,重点就加快安福旅游业发展与县政府进行了专题协商,提出了六个方面 15 条对策建议,对加快安福旅游业发展起到了促进作用。与此同时,县政协各专委会认真履职,与交警部门协商,对整顿城区街道乱停乱放、三轮车接送小孩、关键路段整治、超载超限等提出了有针对性的意见建议。结合提案《整合教育资源均衡优化教师队伍结构的建议》督办,与县教体局进行协商,摆情况、亮问题、提意见,在探讨中招制度改革、关爱留守儿童成长、优化师资队伍建设等方面建诤言,使协商活动为政府部门主管单位深入了解群众的需求,更好地服务群众献策助力。

共谋安福绿色崛起。发展烤烟产业,强化城市精美化建设、精细化管理,推进旅游业发展和抓好物流业、商贸物流园建设是县委、县政府全年工作布局中的几个重要棋子。县政协紧贴工作重心,开展调查研究,专门组织委员外出学习取经、实地考察、座谈交流,拿出了事实清、分析细、观点新、意见实的调研报告,供县委、县政府参考。尤其是对加快我县旅游业发展所提的意见建议,得到县委、县政府领导的重视及旅游主管部门的认同,为正在修编的全县旅游总体规划和乡村旅游规划提供了参考。武功山箕峰景区正式对外开放,杨思慕景区紧锣密鼓地开发,乡村农旅景点的初现雏形,也包含了政协建言献策的一份努力。针对县委、县政府发展物流业、尽快实施商贸物流园建设的任务要求,县政协调研活动紧锣密鼓、马不停蹄,及时将上饶新华龙集团物流中心、丰城林安国际商贸城、香港豪德集团赣州综合商贸物流园(毅德城)等企业建园、营运、利弊得失和成功经验,及时梳理情况报告县委,为县委、县政府及时作出招商引资建设综合型、系统性、一体化的商贸物流园区重大决策提供了参考。

助力安福实干兴县。按照县委、县政府的工作分工,县政协班子成员都承担了挂乡镇、挂重点项目等中心工作,班子成员以高度的责任感到基层去、到一线去,靠前指挥,现场办公。挂点项目需协调、维稳工作有难处、基层群众有困难,不计分内分外、不分一线二线,同心协力把工作做好。招商引资工作,充分发挥政协有人脉,联系面广的优势,以诚招商、以情招商,成功引进欧派克电子、环宇电子、大群包装、海安精密电子等企业落户县工业园区,为加快做大工业园区、发展新型工业贡献了一份力量。

二、致力民生福祉改善,为实现人民群众更加美好生活履职尽责

提案办理求实效。提出有质量的提案,认真督办好提案,是政协工作最重要的前提和基础。县政协从严要求委员认真履职,倡导从大处着眼、小处入手,建睿智之言、献有用之策,委员建言献策的积极性大为提高。县政协十二届三次会议以来,全年共征集提案 122 件,立案 103 件,交办 103 件。同时探索创新提案督办举措,由县政协分管领导和各委办按提案类别分组督办;针对提案承办工作的关联度组织联合督办;根据提案办理阶段性变化加强经常性动态督办;选取 15 件重点提案编辑《提案摘报》报县委、县政府主要领导和分管领导批办。坚持主席领衔督办重点提案制度,将《加大农田灌溉主干渠的维修力度》《关于数字化城市管理建设中的几点建议》《建议加快社会养老院建设,解决老有所养》等8件涉及全县工作重心、直指社会热点难点、关系群众切身利益的重点提案，开展主席领衔督办。对重点督办提案，县政协以主席督办形式，多次召开现场督办会，察民意、听汇报、看现场、提建议，切实抓好提案督办的落实。此外，还通过开展舆论督办，在县电视台采播7期《提案之窗》，依托媒体舆论的监督作用，引起社会关注，提高提案办理的透明度、公认度。截至2013年底，所有提案已经全部办复，满意率达100%。这些提案的办理为促进全县经济社会发展和群众困难问题的解决起到了积极的作用，收到了实实在在的效果。

视察监督出实招。发展烤烟产业，优化农村小学和幼儿教育，加强农村生态环境保护等，一直是群众关心关注的热点、难点问题，县政协着重对这些问题组织委员开展视察。通过对全县发展烤烟产业的视察，提出了“坚定一个目标，稳定两项政策，健全三个机制”的意见建议，为发展烤烟产业，引起国家烟草管理部门的重视，在扩大烤烟种植面积、争取烟水配套工程政策和资金倾斜等方面起了帮忙、呼吁、助推的作用；对农村幼儿教育的视察，提出的意见已经得到教育主管部门的重视，一批农村民办幼儿园正在加强规范管理；视察农村生态环境和古村落、古树的保护情况，促进了基层干部和农民群众增强保护生态、建设美丽家园的环保意识增强。加强民主监督，推荐了20多名委员担任邮政、法院、消防、国税、地税等有关单位特约监督员，他们通过参加座谈会、问卷调查，参加行风评议，观摩执法活动等形式，向受聘单位反映意见建议，有效地促进了相关单位工作。

反映民意献真情。常委会充分发挥政协包容性强、联系面广、渠道畅通等优势，直接到基层去听取群众、各界人士的意见、诉求。并且不断完善工作机制，通过例会集中收集社情民意、调研视察深入了解社情民意、结合提案督办转化社情民意、委员参加政协活动反映社情民意、联系走访委员获取社情民意，以社情民意专报等形式，向县委、县政府和有关部门反映情况，为县委、县政府把握社会动态，加强社会管理，提供了帮助。值得一提的是，一段时间以来，泸水河南岸教场路生猪屠宰场严重污染环境，生活在周边的群众意见非常大。政协委员听到群众的呼声，及时反映社情民意，得到政府有关部门重视，县商务局积极作为，做了大量的工作，目前初定另外选址新建生猪屠宰场。届时可彻底解决教场路屠宰场污染环境问题，防止泸水河的污染，还周边居民一个安宁、清洁的居住环境。

三、突出团结民主主题，为全力构建社会主义和谐社会协商沟通

交流沟通服务委员。促进大团结、大联合，努力营造民主和谐的履职环境。县政协注重与民主党派、各界人士共同研究政协工作中的重要事项，重点安排民盟、工商联成员在政协例会上发表意见，重点督办民主党派、工商联集体提案，充分发挥民主党派、工商联、无党派人士在政协组织中的骨干作用；加强了与工会、共青团、妇联等人民团体的联系；重视发挥政协委员的主体作用，与各界别、各委员活动小组保持经常性的沟通联系；增进与委员的情感，广泛团结新的社会阶层，激发各个方面履职作为的内生活力，共同致力于安福经济和社会各项事业发展。

同心协力服务基层。深入开展“三进三解三促”活动，把县委提出的要求与政协工作的特点紧密结合，建立专委会联系界别工作制度，成立委员界别活动小组，加强与委员和基层的联系。进企业、下农村、访群众，宣传改革开放以来经济和社会发展的成就形势，了解群众的诉求呼声，排解怨气和矛盾问题，尽其力量帮助解决生产生活中的困难。特别是2013年春季，部分乡镇发生毒化肥伤农事件，县政协迅速按县委紧急通知要求，动员机关各专委会、政协委员迅速行动，下乡进村、上门到户，宣讲政策，稳定群众情绪，到田间地头核实受灾面积，维护了群众利益，促进了社会和谐稳定。同时，积极参与企业帮扶、“两城同创”、征地拆迁、社会治安等中心工作，帮助化解信访积案，促成一批社会热点、难点问题解决，发挥了人民政协围绕中心、服务大局、促进和谐稳定的重要作用。

殚精竭虑服务群众。服务群众，是人民政协工作的一切出发点和落脚点。县政协依托委员队伍人才优势，积极开展送文化、送科技、送医药下乡活动。并且，想群众所想，急群众所急，参与帮扶贫困村、新农村建设点，为美丽乡村建设跑项目、争资金，修路修渠，济困助学，让群众企盼解决的问题得到解决。县政协班子挂点领导、机关各委办心系基层为群众办实事。帮助洲湖镇三湖村栗里自然村抗旱找水，向上争取项目资金 8 万元打了一口深水井，解决了长期困扰村民的饮水难问题。捐款 7000 元，用于“圆梦助学工程”，为安福莘莘学子送了一份温暖；响应千家万户“老乡工程”筹集资金 6000 元，在发展井冈蜜柚产业上增添了一份力量。走访慰问贫困户、贫困大学生 41 户（人），发放慰问金 16200 元，密切了党群、干群关系，赢得了基层群众的赞誉。

四、推进政协自身建设，为增强协商议政整体实效不断开拓进取

注重学习提素质。县政协坚持把政治理论学习摆在重要位置。按照建立学习型组织的要求，通过召开常委会议、主席会议专题学，组织机关干部和各专委会成员集中学，要求委员在岗位上读书学习分散学，实现学习全覆盖。全面系统地学习了中共十八大精神及习近平总书记一系列重要讲话。中共十八届三中全会召开后，县政协又及时为委员提供学习资料，组织委员和机关干部开展学习。注重发扬理论联系实际的学风，进一步提高了对全面深化改革的认识，增进了理论自信、道路自信、制度自信，巩固了共同的思想政治基础。

加强宣传扩影响。竭力帮助县政协委员、横龙镇农民、果业大户王伟等一批先进典型，并为其成功申报省级专业合作社争取科技资金 1.5 万元，果业专业合作社发展资金 2 万元。让委员感受到崇高的荣誉感，扩大了政协组织的影响力。全年在省市各级各类媒体上稿 90 余篇，扎实开展文史工作，文史工作获得省政协表彰。认真迎接省、市政协领导对我县工作的视察指导；加强了与安徽省芜湖市镜湖区政协、赣州市章贡区、上饶市上饶县、九江市武宁县，以及市内泰和县、万安县等兄弟市县政协的友好往来交流，宣传推介了安福，提升了“美丽樟乡，山水安福”品牌的美誉度，扩大了安福在外界的影响。

健全制度转作风。结合新形势对政协工作的新要求，进一步完善、规范了《机关管理制度》、《专委会工作规则》，建立了机关委办绩效考核制度。扎实推进了学习型、服务型、创新型、和谐型、廉洁型机关建设。认真落实中央《关于改进工作作风、密切联系群众的八项规定》《党政机关厉行节约反对浪费条例》以及省、市、县有关规定，严格执行机关财务管理、公务接待、公车使用、学习考勤等制度，政协机关干部的思想作风和工作作风有了明显转变，政治意识、大局意识、群众意识明显加强，凝聚力、服务力、执行力大幅提升，工作成效不断提高。

各位委员、同志们，回顾过去一年的工作，我们深深体会到坚持党对政协工作的领导是始终保持人民政协事业正确政治方向，保持旺盛活力、充分发挥作用的根本保证。令我们感到鼓舞的是，县委、县政府对政协工作高度重视，县委、县政府主要领导在许多场合一再强调，要把政治协商纳入党委决策程序，把政协工作纳入全县工作大局。并在畅通知情明政渠道、提案办理、经费保障、工作条件改善、干部使用等诸多方面给予大力支持。

县政协工作所取得的这些成绩，是县委正确领导、县政府鼎力支持的结果，是全县人民、社会各界倾情关注、协力推动的结果，是全体政协委员扎实履职、共同努力的结果。在这里，我代表县政协常委会向大家表示衷心的感谢并致以崇高的敬意！

在肯定成绩的同时，我们也清醒地看到，与新阶段、新形势、新任务的要求相比，我们的工作还存在一些亟待加强和改进的方面，主要表现在：政协协商民主制度和机制建设还不够健全；调研视察的方式方法与进一步改进作风的要求还有差距；民主监督制度机制亟待完善，实效有待进一步提升；界别活动效果还不够明显等等。我们真诚地希望，各位委员和同志们提出宝贵意见，以利今后改进工作。

2014 年工作意见

2014 年是全面贯彻落实中共十八大和十八届三中全会精神、全面深化改革的重要一年，也是为全面建成小康安福奠定坚实基础的关键一年。县政协常委会工作的总体思路是：以邓小平理论、“三个代表”重要思想和科学发展观为指导，高举中国特色社会主义伟大旗帜，深入贯彻落实中共十八大和十八届三中全会精神，紧紧围绕县委“主攻项目、决战四区、差异发展、打造强县”发展战略，进一步解放思想，充分发挥人民政协作为协商民主重要渠道作用，全面深化改革，履职创新，奋发有为，着力提升政协工作科学化水平，为建设开放繁荣秀美幸福新安福、全面建成小康社会作出更大贡献。

一、坚持党的领导，在推进协商民主上有新突破

坚持党的领导，加强思想理论建设是人民政协发挥作用的政治保证。要把学习贯彻中共十八大和十八届三中全会精神，作为当前和今后一个时期的重要政治任务，切实把思想和行动统一到十八届三中全会精神上来。自觉地在党委和政府工作大局中谋划政协全年工作。做到县委想什么，政协议什么；政府做什么，政协帮什么；群众盼什么，政协呼什么。政协工作主动融入，配合县委、县政府全局工作推进，保持同步，积极策应。充分发挥政协人才荟萃的优势，围绕抓改革、扩开放，激发发展活力；抓项目、壮产业，加快提速升级；抓生态、惠民生，增进群众福祉等事关改革发展、民生民利的战略性、全局性课题，发挥协商民主为决策服务的独特作用，以专题协商、对口协商、界别协商、提案办理协商等多类型、多层次协商形式，提高协商效果，为破解影响和制约我县改革发展稳定的矛盾和难题咨政建言。

二、紧扣升级提速，在推动科学发展上有新贡献

发展升级，小康提速，绿色崛起是当前最大的政治，最硬的道理，最紧迫的任务。因此，紧扣服务发展，推动升级，认真履职，要开好政协全会，组织委员认真讨论“一府两院”工作报告、国民经济和社会发展报告、财政预算报告等重大事项。要围绕全县经济、政治、文化、社会、生态文明“五位一体”建设的要求，按照县委、县政府“坚定不移实施‘主攻项目、决战四区、差异发展、打造强县’发展战略，坚定不移地把城区当景区建，把园区当城区建，把乡村当社区建，大力推进产城融合，农旅结合，城乡一体，简政提效，依法治县”的总体部署，开展调研视察，协商议政，建言献策，拿出有质量、有分量的调研报告，提出切中问题要害、富有建设性的意见建议。拟就安福泸水河流域生态环境保护，美丽乡村与乡村社区建设，构建新型农业经营体系、发展农民合作组织;完善县、乡、村医疗服务体系建设;推进城乡交通一体化改革等重大课题搞好调研视察,做到热点问题主动参与,难点问题努力帮助,潜在问题多加关注,积极建睿智之言,献务实之策。同时,抓好常规性工作不放松。文史工作,计划编撰《安福村落》书稿,调研推动安福乡村村落古文化保护。提升提案督办水平,编好《提案摘报》,抓好“委员风采”、“提案之窗”栏目,力求常规工作不断线、有亮点。

三、促进团结联合,在构建社会和谐上有新作为

坚持把发扬民主、加强团结、营造和谐共事氛围,增强正能量作为政协工作履职的重要着力点,努力协助县委政府做好凝心聚力的工作;充分发挥政协多党合作制度的政治参与、利益表达、社会融合、民主监督的政治优势,与民主党派、工商联、无党派人士和社会各界合作共事;充分调动民主党派、人民团体的积极性,关注社会不同阶层的利益诉求,反映广大群众的愿望呼声,协调社会各方面、各阶层人士的利益关系。切实把履职为民的工作理念落实到政协工作实践中,使政治协商成为民意进入党政决策的重要渠道,使民主监督成为保障公众权益的有效方式,使参政议政成为促进群众利益实现的重要过程。进一步发挥政协委员的主体作用、专委会的基础作用和界别纽带作用,广聚群智、广谋善策,以更多的活动载体组织委员就城市建设、公共安全、资源保护以及教育、卫生、扶贫、养老等民生问题,议政协商,明政知情,开展专题视察,增强政协民主监督的力度,为和谐社会构建打牢良好社会基础。

四、改进工作作风,在加强自身建设上有新进展

要以积极参加第二批群众路线教育实践活动为契机,正风气、守清廉,完善制度,带好队伍。组织政协委员深入学习贯彻落实中共十八大和十八届三中全会精神。年内,与教育实践活动结合起来,组织开展专题学习座谈交流。进一步加强制度建设。完善政协全体会议、常委会议、主席会议工作规则和政协对口联系部门制度、委员联系制度、考勤制度等规章制度,强化履职考核成果运用,有效激发委员履职活力,打造高素质的委员队伍。要按照十八届三中全会“推进协商民主广泛多层制度化发展”的要求,不断改进政协工作方式方法,推动政协履行职能的制度化、规范化、程序化建设。进一步加强政协领导班子、政协机关和委员队伍作风建设。按照“照镜子、正衣冠、洗洗澡、治治病”的要求,积极参加第二批以为民务实清廉为主要内容的党的群众路线教育实践活动。严格落实中央“八项规定”,精减会议文件,切实改进文风,厉行勤俭节约,严格控制三公经费。

各位委员、同志们,中共十八大和十八届三中全会为我们描绘了全面建成小康社会、实现中华民族伟大复兴的中国梦和全面深化改革的宏伟蓝图,让我们在中共安福县委的坚强领导下,进一步解放思想,改革创新,凝聚力量,以更加昂扬的精神状态、更加扎实的工作作风、更加优异的履职成绩,为建设开放繁荣秀美幸福新安福、全面建成小康社会而努力奋斗!

【组织概况】

政协安福县第十二届委员会主席、副主席、秘书长、常务委员、委员名单

主　　席　高芳林

副 主 席　汪智英(女)　刘长明　农红光　肖志华　刘剑峰　童熙平　彭莲红(女)

调 研 员　李武生

副调研员　王宜远

政协南城县委员会

【全体委员会议】

十四届四次会议　中国人民政治协商会议南城县第十四届委员会第四次会议，于2014年1月15至16日在县行政中心12楼举行。应出席委员191名，实到174名。县领导出席开幕和闭幕会议，听取大会发言和分组讨论。会议审议通过十四届县政协副主席徐萍代表常务委员会所作的《政协南城县第十四届委员会常务委员会工作报告》、十四届县政协副主席郭文林作的提案工作情况的报告。

与会委员列席南城县人大第十六届五次会议，讨论并赞同王小林县长所作的《政府工作报告》、县财政局关于2013年预算执行情况和2014年预算草案的报告，讨论并赞成县法院工作报告、县检察院工作报告。与会委员围绕我县经济社会发展中的重要问题、事关民生的热点难点问题，畅所欲言，各抒己见，提出了许多有价值的意见和建议。会议审议通过南城县十三届四次会议决议。全年共收提案88件，经审查立案87件，全部办复。其中办理结果为“采纳解决”和“部分采纳解决”的有85件，占97.7%。

【常务委员会会议】

第十一次会议　2014年1月16日举行，应到27人，实到23人，会议审议通过县政协十四届四次会议提案审查报告（草案）；审议通过县政协十四届四次会议决议（草案）。

第十二次会议　2014年11月6日举行，应到27人，实到20人，会议协商讨论《关于进一步推进我县非公经济发展的调研报告》；协商通过杨红同志任提案委员会主任的职务任命。副县长刘凯列席会议。

【专门委员会工作】

经济委员会　主要工作：6月，组织委员开展“做大做强南城蛋鸡产业”专题调研，提出了科学规划，合理布局；整合资金，加大投入；规范管理，标准养殖；龙头引领，密切协作；政策扶持，优质服务等5条意见和建议。7月，组织委员开展了历时一个多月的“创优发展环境，促进我县非公经济发展”专题调研，针对性地提出了降低“门槛”，激发创业热情；畅通渠道，破解发展难题；强化服务，优化发展环境；规范管理，提高自身素质；创新机制，强化协调指导等若干意见和建议，并形成调研报告，以“建议案”形式报送县委、县政府，供党政决策参考。8月，开展“对接海西经济区，建设向莆铁路产业带”专题调研，提出了对接重点产业，培植经济支柱；对接旅游产业，培育经济“航母”；对接物流产业，打造运输旗舰；对接发展环境，营造宽松空间等多条意见和建议。

提案委员会　主要工作：全年共收提案88件，经审查立案87件，全部办复。其中办理结果为“采纳解决”和“部分采纳解决”的有85件，占97.7%。汇编了县政协十四届四次会议提案目录。遴选并报送主席会议审定了7件重点提案。做好县政协主席、副主席领衔督办重点提案的服务工作。开展集中走访提案承办单位活动，听取“两办”提案办理情况的汇报。开展县政协十四届五次会议提案征集工作。起草县政协常务委员会关于十四届四次会议以来提案工作情况的报告。

社会法制港澳台侨民族宗教外事委员会　主要工作：全年开展了法律知识学习和咨询活动1次，开展调研、视察、考察活动3次，开展民主监督活动、参加县直对口部门各类征求意见、协商座谈会及相关会议、活动6次，提交委员提案19件，协助省市政协开展调研视察2次。组织社法委部分委员参加了与县司法局共同开展的法律咨询活动，接待群众300多人次，发放宣传资料200多份。组织社会法制委全体委员赴沙洲镇、徐家乡就我县水系防洪与排涝工作开展调研活动。协助省政协副主席郑晓燕一行来我县调研食品卫生安全问题。协助市政协调研组来南城调研港澳台侨和外资企业投资发展环境问题。协助配合市政协调研组来南城开展“利用高铁虹吸效应，大力发展中医药养生旅游”调研活动。

教文卫体和文史委员会 主要工作：制定了南城县政协文史发展五年规划（即2014年—2018年）。着手成立南城政协文史馆，初步选定36位南城文史爱好者，组建政协文史编委会。积极开展史料征集活动，广泛征集南城籍抗美援朝志愿军、老战士回忆录。组织部分文史委员到东乡县政协考察学习文史工作经验。组织委员开展了“依托当地文化，着力打造南城旅游文化产品”“关于中小学教师身心健康，增强南城教育发展后劲”“创优发展环境，促进我县非公经济更好更快发展”“新丰汾水村古村落开发和保护”等专题调研活动。组织部分委员到新丰街镇开展“送医、送药”义诊活动。

【重要活动】

开展“创优发展环境，促进我县非公经济发展”专题调研 2014年7月，为全面了解我县非公经济发展现状，找出制约非公经济发展的突出问题，有针对性地提出切实可行的意见和对策，助推我县非公经济更好更快发展，县政协经济委员会组织委员开展了深入细致的调研。通过调研，委员们针对性提出：降低“门槛”，激发创业热情；畅通渠道，破解发展难题；强化服务，优化发展环境；规范管理，提高自身素质；创新机制，强化协调指导等5条意见和建议，并形成调研报告，经政协常委会协商后，以“建议案”形式报送了县委、县政府，供党政决策参考。

开展“对接海西经济区，建设向莆铁路产业带”专题调研 2014年8月，经济委员会组织委员开展了“对接海西经济区，建设向莆铁路产业带”专题调研。在调研基础上提出了对接重点产业，培植经济支柱；对接旅游产业，培育经济“航母”；对接物流产业，打造运输旗舰；对接发展环境，营造宽松空间等多条意见和建议。

开展“做大做强南城蛋鸡产业”专题调研 经济委员会就“做大做强南城蛋鸡产业”的发展情况进行了实地调研，形成了调研报告。“报告”在客观分析我县蛋鸡产业现状、特点及优势的基础上，针对发展中呈现出的“四个加大”（即：市场波动风险加大、规范管理难度加大、粪污处理难度加大、土地落实难度加大），“三个滞后”（即：良种繁殖体系滞后、蛋鸡市场建设滞后、合作组织建设滞后）问题，提出：科学规划，合理布局；整合资金，加大投入；规范管理，标准养殖；龙头引领，密切协作；政策扶持，优质服务等意见和建议。

开展“保护生态环境，建设绿色南城”专题调研 县政协社会法制和港澳台侨委员会会同县环保局组织部分委员，通过走访企业、乡村，视察河流、水库，采取听汇报、座谈讨论等形式对我县环境保护和污染治理工作进行了深入细致调研，形成专题调研报告。提出切实提高对环保工作重要性的认识；严密监控环保重点部位和企业；大力推动产业结构优化升级；完善基础设施，提高环境承载能力；加大对环境污染的治理力度；增加环保投入等六条建议，得到县委、县政府重视和采纳。

【重要文件】

政协南城县第十四届委员会常务委员会工作报告

各位委员、各位同志：

我代表政协南城县第十四届委员会常务委员会，向大会报告工作，请委员审议，并请列席会议的同志提出意见。

2013年，是我县全面贯彻落实中共十八大精神的开局之年，是打好“三大战役”、建设幸福南城的进取之年，也是县政协奋发有为，追求实效，争创一流，卓有成效的一年。一年来，在中共南城县委的正确领导、县政府的大力支持下，县政协认真履行政治协商、民主监督、参政议政职能，齐心协力谋发展，尽心竭力惠民生，凝心聚力促和谐，为建设富裕、和谐、幸福南城作出了积极贡献。

一、突出主题，政治协商作为彰显

政治协商是党委、政府广集民智，科学谋划的重要环节。一年来，我们始终与县委、县政府保持思想同心，目标同向，工作同步，多层面开展协商议政，为县委、县政府科学决策提供了高质量的参考依据。

集中协商谋全局。县政协第十四届委员会第三次全委会议期间，县委胡领高书记、县政府王小林县长亲临大会，参与分组讨论，与委员们一起共商全县经济社会发展大计，面对面听取意见和建议，全体政协委员倍受鼓舞和鞭策，委员们以饱满的协商热情，围绕打好“三大战役”，建设幸福南城，全面发展社会各项事业，提出了许多真知灼见，得到了县委、县政府的高度重视和采纳，充分体现了委员们高度的政治责任感和较强的参政议政水平。

专题协商议大事。一年来，我们突出常委会议专题协商功能，从大局着眼确定专题，从实际出发谋划建议，为县委、县政府提供了参政“精品”。

为了加快我县城镇化进程，推进城乡统筹发展，县政协常委会就我县城镇化建设情况进行了专题调研，提出了在科学规划中求质量，在经营城镇中筹资金，在加快建设中强功能，在创新体制中筑平台，在加强管理中提品位等若干意见和建议，该建议案得到了党政领导的高度重视，并被评为2013年市政协优秀调研报告。

封山育林是改善生态环境，恢复森林植被，提高森林覆盖率的有效措施，也是建设秀美南城的必由之路，县政协常委会组成调研组，实地察看，深入调研，针对性提出了加强领导，落实责任；强化宣传，营造氛围；加强管理，加大打击力度；多渠道融资，分类保障；因地制宜，合理规划；疏堵结合，妥善处理好封山育林期间出现的问题；搞好配套，让利于民等意见建议，该建议案得到党政领导的一致认同。

重点协商贴中心。县政协主席会议紧贴经济社会发展议大事，为政协常委会和各专委会履行职责出思路，提要求，创新参政议政方式，谋划协商监督重点。紧紧围绕县委、县政府制定的工作目标，明确政协常委会专题协商课题，确定政协领导领衔督办的重点提案，制定专委会年度调研视察工作安排，部署政协领导和机关干部参与中心工作的各项任务。一年来，县政协形成调研报告8篇，其中有3个专题调研成为协商的重点课题，形成的建议案都获得县委、县政府的充分肯定，由政协领导领衔督办的6大关系民生的重要提案，引起了相关部门的高度重视，且得到认真有效的办理落实。

二、围绕中心，专委会活动成果丰硕

一年来，各专委会开展了15项调研视察活动，对于相关部门改进工作方式，促进工作落实，提高工作效率，都起到了很好的助推作用。这些活动紧扣中心,服务民众,既体现党政意图又彰显了政协特色。

一是调研视察结硕果。为了有效地服务党政决策,各专委会从领导关心、社会关注、群众期待解决的问题入手,开展了各种形式的调研视察活动,形成了不少有价值的调研成果。如经济专委会完成了《麻姑山野生猕猴桃的发展前景》的调研报告;社会和法制专委会形成的《我县历史文化建筑遗存的保护和利用》、《南城湿地的保护与建设》等,都针对我县相关工作及存在问题提出了具有科学性和可操作性的建议。我们还主动配合市政协开展了"加快县域经济发展,培养新的经济增长极"、"加速和谐秀美乡村建设"、"保护森林资源,发展林业经济"等专题调研和视察活动,许多调研成果为党政决策提供了有益参考。

二是咨询服务受欢迎。一年来,各专委会发挥委员专业特长,组织开展了送科技下乡、医疗义诊、《税法》宣传等咨询服务活动,既活跃了政协工作,又服务了社会。经济专委会发挥农业科技界委员专长,进村入户传授农业生产新技术,赠送新良种,接受群众科技咨询1200余人(次),发放科技手册3600多份,被广大农民誉为"及时雨"。教文卫体专委会协助市政协教育界别送教下乡和捐赠电教仪器设备,成为政协回馈社会的一个"亮点"。

三是联谊交友增感情。积极开展对外交流活动,先后接待了福建光泽县政协、莆田县政协、江西宁都县政协、玉山县政协赴南城考察组来我县开展视察活动,大力宣传幸福南城新形象。我们还积极参与兄弟县(区)政协的联谊活动,开阔了眼界,增长了见识,增进了友谊。

四是文史资料出精品。根据《政协抚州第三届委员会文史资料征编规划》、我们与市政协联合编撰出版了《罗英》专著,受到了县内外读者的一致好评。该书的编撰出版得到了县委、县政府的高度重视和大力支持,更好地发挥了史料"匡史书之误、补档案之缺、辅史学之政"的功效。《品读南城》一书获全省政协文史工作优秀图书奖。

三、彰显民意,民主监督效果良好

有效履行人民政协的民主监督职能,是社会主义民主政治建设的重要方式。一年来,我们坚持为民宗旨,多形式加强民主监督,增强民主监督的实效性。

一是充分发挥提案的民主监督作用。提案不仅是委员履行职能,实行民主监督最有效的方式,而且成为促进党政部门加强管理,改进作风,提高效率的重要方式。如关于《推进法制建设,加快法律援助地方立法》的提案,被相关部门写进了相关纲要和法规;关于《关注困难群体,构建和谐城市》的提案,县民政局采取措施,将提案中的建议吸纳到社会救助和保障工作中。此外,关于《在县城区增建小学》、《加强农村卫生人才培养》、《重视食品药品安全》、《加大力度整治城市街道排水系统》等涉及人民群众切身利益问题的提案,经过承办单位办理,产生了明显的社会效益。

二是充分发挥社情民意的民主监督作用。我们把反映社情民意作为政协一项基础性、经常性的工作常抓不懈,充分发挥社情民意的民主监督作用,促进反映社情民意工作走上良性循环的发展轨道。一年来,我们征集社情民意86篇,经过认真筛选后形成的意见建议都转达相关部门、单位,并收到了良好的监督效果。

三是充分发挥监督员的民主监督作用。县政协向我县司法机关和工商、税务、教育、卫生、审计等15个部门推荐了12名政协委员担任特邀监督员、行风评议员、人民陪审员,通过参加政风行风评议、绩效考评,旁听重大案件庭审活动和检察院的测评活动,充分反馈群众的意见,认真履行监督职能，有效促进了政府部门和执法机关作风的转变，以出色的工作赢得了大众的好评。

四、服务大局，参与中心工作成效显著

县政协按照为党政中心工作服务的要求，积极投身建设幸福南城的各项事业，在"三大战役"中奋发有为，为南城经济的发展做出了新的贡献。

一是尽心竭力做好定点包村工作。按照县委的统一部署，县政协领导全力以赴搞好"三包四访五送"定点包村工作，做熟悉农村的"知情人"、与农民肝胆相照的"贴心人"、为群众排忧解难的"热心人"。

二是全力以赴参与旧城改造工作。为建设美丽南城，圆百姓"安居梦"，县委县政府打响了全县有史以来规模最大、范围最广的旧城改造攻坚战，县政协主要领导带领机关干部，政协其他班子成员与所在团队同志不辞辛劳、不厌其烦，深入大街小巷，以满腔的工作热情，赢得了群众的广泛支持，确保了征迁工作的顺利进行，展现了政协领导务实高效的优良作风。

三是齐心协力抓好招商引资工作。县政协利用自身联系广泛的优势，牵线搭桥，外引内联，在全力抓好江西瓯锦实业有限公司、江西创瑞炭业有限公司服务工作的同时，今年新引进美梦斯家纺有限公司落户三期工业园区，圆满完成全年招商引资任务，受到县委、县政府的表彰奖励。

五、夯实基础，政协自身建设务实高效

一年来，以打造活力政协为目标，着力营造讲效率、讲规范、讲协作的良好工作环境。我们强化机关效能建设。认真贯彻落实中央八项规定，制定了实施方案，完善了目标考核体系。从加强领导入手，对全年工作要点，逐项列表分解，落实到分管领导和承办专委会，有效促进了各项工作的圆满完成。我们强化机关干部队伍建设。按照机构精简，工作适用的原则，在合理确定专委会领导职数及机关人员编制的基础上，科学用好用活干部，确保县政协机关工作高效运转。我们重视委员管理，制定了政协委员考核评优办法，加强县政协委员的推荐、使用、管理工作，造就了一支政治强、作风实、业务精的政协委员队伍。政协老同志、老委员坚持开展活动，建言献策，为建设幸福南城积极发挥作用。

过去的一年，我们在许多方面取得了新的进展，但也存在一些不足。主要是：推进政治协商的规范化、制度化还需进一步完善，民主监督形式及途径还需进一步拓展，参政议政的成果还需进一步深化，委员的主体作用还需进一步发挥等等。对这些问题，我们要认真研究，并在今后工作中切实加以改进。

2014 年是贯彻落实党的十八大和十八届三中全会精神的关键之年，也是"三大战役"决战之年。在新的一年里，县政协工作的总体要求是：深入学习贯彻中共十八届三中全会精神，高举中国特色社会主义伟大旗帜，以邓小平理论、"三个代表"重要思想、科学发展观为指导，按照县委决策部署，紧扣全县工作大局，牢牢把握团结和民主两大主题，充分发挥协调关系、汇聚力量、建言献策、服务大局的作用，努力推动政协事业创新发展，为开创我县"发展升级、小康提速、绿色崛起、实干兴县"新局面作出新的更大贡献。

一、以学习贯彻十八届三中全会精神为动力，努力在达成政治共识上下功夫。深入学习贯彻十八届三中全会精神，要与贯彻落实县委、县政府确定的发展目标结合起来，找准发挥政协优势与服务大局的切入点，更好地履行职能，建言献策；要与学习宣传党的统一战线理论、人民政协理论结合起来，重点围绕十八大对发展协商民主和人民政协工作的新要求，积极开展理论研究，不断促进我县政协履行职能的制度化和规范化；要与学习经济、科技、法律、历史等方面知识结合起来，进一步增强能力，提高水平，要使学习贯彻十八届三中全会精神的过程成为统一思想、提高认识的过程，成为增进团结、实现民主的过程，为提升参政议政水平，开拓政协工作新局面凝聚强大合力。

二、以服务转型升级为重点，努力在提高城市综合竞争实力上献良策。我们要坚持以科学发展观为统领，精心选择党政关心、群众关注、政协所及的关键问题，深入开展专题调研和协商议政活动，力争形成一批高质量的建言成果。今年我们以创建省级园林县城为契机，重点围绕城市规划与管理，城市功能的完善与增强，古建筑的保护与利用，文化旅游的融合与发展，加强对城市环境的整治，水系河道的整治等课题开展专题调研、委员视察活动，努力在提高城市综合竞争实力上建睿智之言、献务实之策、尽精诚之力。

三、以促进民生改善为己任，努力在促进社会和谐稳定上见实效。我们要把发展和维护好最广大人民群众的根本利益作为政协工作的出发点，积极协助县委、县政府做好暖人心、稳人心、得人心的工作。今年我们要围绕加强对大龄失业人员、失地农民和残疾人的就业帮扶，开展就业服务和创业培训；加快改善农业基础设施，建设社会主义新农村；实施“放心粮油工程”；加快改造片区安置房、公租房建设等群众普遍关心的民生和社会热点问题，深入开展调研视察，积极反映社情民意，推动相关问题得到落实解决。要发挥政协联系面广、团结面大、包容性强的优势，鼓励和引导政协委员参与送医送教、扶贫帮困、捐资助学、文化下乡、社区服务等社会公益活动，使政协履行职能的过程变为深入实际、密切联系群众的过程，为保障和改善民生，营造和谐稳定社会环境作出应有的贡献。

四、以增进团结和谐为目的，努力在凝聚各方智慧上谋作为。团结和民主是人民政协继往开来的方向和使命。要继续加强与工商联、人民团体和无党派人士的团结合作，更好发挥他们在政协中的作用；继续加强与宗教界人士的联系，认真听取并及时反映他们的意见和呼声，发挥宗教界人士在构建和谐社会中的积极作用；要继续加强文史资料的征集出版工作，切实发挥文史工作“存史、资政、团结、育人”的作用；要继续加强与各县（区）政协之间的广泛联系，促进政协工作的经验交流；要继续加强与县委、县政府和有关部门的沟通衔接，切实抓好协商成果的反馈落实、跟踪问效，不断增强政协民主、团结的实际效果。

五、以提升履职效能为核心，努力在强化自身建设上求突破。加强自身建设是人民政协适应新形势，完成新使命的重要保证。我们要以学习贯彻中共十八大精神为契机，全面加强政协自身组织建设。要倡导艰苦奋斗、厉行节约，改进文风会风，提高工作效能。要着力加强委员队伍建设。切实加强委员的联系和管理，严格执行委员管理办法和会议请假制度，积极为委员履职搭建平台，做到改善服务与规范管理相统一，有效激发委员履职尽责的积极性。要着力加强专委会建设。进一步健全专委会工作机制，改善专委会履行职能的条件。各专委会要适时总结工作经验，探讨工作方法，使专委会成为发挥委员作用的平台，反映社情民意的窗口，加强委员联系的纽带，开展委员活动的主阵地。要着力加强政协机关建设。改进和创新机关工作方式，不断提升机关干部善谋大局、组织协调、管理内务和善抓落实的四种能力，为履行职能、开展工作提供有力保障。

各位委员、同志们：新的航程已经开启，奋进的号角已经吹响。我们一定要把握时代的脉搏，紧跟时代前行的步伐，在中共南城县委的正确领导下,团结一心、开拓进取,为谱写南城更加美好的明天而努力奋斗!

【组织概况】

政协南城县第十四届委员会主席、副主席、秘书长、常务委员、委员名单

主　席　过初良

副主席　徐　萍(女)　郭文林　李澄翔　杨　春　吴　军

秘书长　阮英波

常务委员

付云华　孙　洁(女)　许丹平　尧龙祥　吴毛仔　吴彩娥(女)　杜　昕(女)　李　锴　李百花(女)　陈壮华　肖国荣　杨　红(女)　杨丽萍(女)　张义品　张志良　周冰凌(女)　龚育梅(女)　章爱军(女)　梅建忠　熊炳生

委　员

工业界

尧筱民　李明生　黄文华　张义品　吴应福　范丹祖　周志勇　熊玲英(女)　吕美新(女)　孙　权(女)　全学林　危冬发　张立新　尧筱宇　饶新俊　曾焕星　陈壮华　戴永裕　李　安　曲家寿　吴显祖　欧建华　董夫帜　薛宁海　尧海龙　夏长福　许贻坛　杨国华　张志明　王金泉　周美根　杨志成　方玉兰(女)　章征利　张建华　严　正　傅金才　周会荣　邱中华　张美云(女)　林财国　丁小刚　过初良

农业界

刘　平　许云龙　付云飞　孙　洁(女)　李建龙　章淑江　朱志坚　金　洁　游贵颖(女)　熊炳生　危志远　李学祖　吴　辉　朱　博　陈文平　邓火平　黄国民　尧龙祥　敖　蕾(女)　徐　萍(女)

财贸界

龚育梅(女)　余　清　刘向阳　彭耀峰　李志敏　孙建福　黄　伟　方　群　肖同芳　翁加水　刘成辉　沈　颖　孙金生　吴小华　赵　钢　敖建明　曾如樟　李水龙　刘小春　严国栋　胡志刚　余　强　吴绍钢　刘晓勇　周国才　曾文平　胡建华　黄宇龙　刘福龙　邱永福　卢志霞(女)　邱志诚

文教界

丁星华　梅建忠　王志勇　陈国明　丁　敏　揭如林　李红娥(女)　张肖敏(女)　李　锴　罗　琴(女)　胡印生　李　禄　许丹平　罗剑平(女)　余映丽(女)　饶春霞(女)　廖晓华(女)　徐妮娅(女)　吴春凤(女)　余卫国　罗春耕　刘　峥　胡永生　李小华(女)　郭文林　周乾昌

卫生界

陈玉欣　吴彩娥(女)　杨　红(女)　李雪辉　文应才　倪志平　张志良　吴小玲(女)　谢天放　朱　建　杨丽萍(女)　邱禄慧(女)　吴　燕(女)　陈荣章　白　莉(女)　黄晓玲(女)　吴卫东　彭小勇　应正平　邹　妤(女)　杨　春

法制界

尧水华　刘国平(女)　包亦强

李建平	肖国荣	章爱军
熊　军	王新国	苏　玲(女)
董希文(女)	胡志强	李应龙
饶建国	邓智明	程　敏
任　丹(女)	徐　琴(女)	饶永兰(女)
余勇华	王淑敏	吴　军

社会与宗教民族界

王海明	龚慧珍(女)	阮英波
包胜平	邓建国	李百花
罗婷婷(女)	李丽君(女)	侯应泉
黎　敏	吴毛仔	吴　英(女)
黄文标	饶艳华(女)	杨　辉
付云华	杜　昕(女)	黄　玲(女)
周冰凌(女)	余雪光	杨　斌
邱　春	释传觉(女)	释修安
吴亚军	李澄翔	

老委员联谊会

伍勇斌	邓水保	黄振麟
黎应根	饶蔚原	周春林
吴　耘(女)	杨梅桂	李延生
王仁汉	程寿朋	汤　鹤
万学林	郑鸿为	李之华(女)
蓝　水	曾荣光	占振芳
吴炳辉	梅向阳	吴金福
卢水才	曾灿荣	祝治涛

【大事记】

1月

26日　县政协机关召开第二批群众路线教育动员大会。

2月

27日　参加全县群众路线教育实践活动动员大会。

3月

11日　赴南丰参加市政协港澳台侨会议。

19日　参加群众路线教育活动，到沙洲黄狮渡革命烈士纪念碑重温入党宣誓词，召开集中学习讨论会。

4月

10日　组织开展“依托当地文化，着力打造南城旅游文化产品”的调研活动。

29日　机关全体人员参加全县群众路线教育会议。

5月

6日　县政协班子召开群众路线教育剖析会。

13日　机关干部参加群众路线教育视频电视电话会。

16日　机关全体人员参加群众路线教育电视电话会。

6月

6日　协助抚州市政协调研组来南城调研港澳台侨和外资企业投资发展环境问题。

7月

10日　致公党湖南省委专职副主委应若平带领省委会委员、支部主委、机关党员一行20人，来南城县尧坊村108间船屋实地考察洪门遗址。

21日　省政协副主席郑晓燕一行来我县调研食品卫生安全问题。

23日 组织部分委员到新丰街镇开展“送医、送药”义诊活动

24日 组织社法委部分委员参加了与县司法局共同开展的法律咨询活动。

25日 组织委员赴古村落新丰汾水村就其开发和保护情况开展调研。

8月

15日 县政协班子成员参加南城县发展升级攻坚战活动意见讨论会。

9月

3日 参与市政协开展的政协理论研究会论文征集活动并撰写论文《浅谈新时期政协文史资料工作的特色创新》。

10月

8日 县政协班子成员参加党的群众路线教育活动总结视频会议。

9日 开展为市政协征集南城县老楹联活动。

11口 协助配合市政协调研组来南城开展“利用高铁虹吸效应，人力发展中医药养生旅游”调研活动。

16日 参加全省政协文史委员会主任会议。

29日 组织社会法制委全体委员赴沙洲镇、徐家乡就我县水系防洪与排涝工作开展调研活动。

11月

6日 开展“创优发展环境，促进我县非公经济更好更快发展”的调研。

7日 就“关于中小学教师身心健康，增强南城教育发展后劲”开展视察调研活动。

12月

9日 组织部分文史委员到东乡县政协考察学习文史工作经验。

16至17日 副主席吴军参加省政协召开的新闻宣传工作会议。

29至31日 副主席吴军与市政协主席谢发明、市社联副调研员罗伽禄等到北京中国致公党中央参加《洪门——南城起源地》评审座谈会。

（包亦强 编写 吴军 审稿）

图书在版编目(CIP)数据

江西政协年鉴. 2014 /《江西政协年鉴》编纂委员会编. —南昌 : 江西人民出版社, 2018.3
ISBN 978 -7 -210 -09775 -4

Ⅰ. ①江… Ⅱ. ①江… Ⅲ. ①中国人民政治协商会议 -地方委员会 -江西 -2014 -年鉴 Ⅳ. ①D628.56 -54

中国版本图书馆 CIP 数据核字(2017)第 234957 号

江西政协年鉴. 2014
《江西政协年鉴》编纂委员会　编
责任编辑:李月华 李鉴和
封面设计:章雷
出版发行:江西人民出版社
经销:各地新华书店
地址:江西省南昌市三经路 47 号附 1 号
学术出版中心电话:0791 -86898702
发行部电话:0791 -86898815
邮编:330006
网址:www. jxpph. com
E -mail:web@ jxpph. com
2018 年 3 月第 1 版　2018 年 3 月第 1 次印刷
开本:787 毫米 ×1092 毫米 1/16
印张:29
字数:720 千
ISBN 978 -7 -210 -09775 -4
定价:200. 00 元
赣版权登字—01—2017—723

承印厂:浙江海虹彩色印务有限公司
赣人版图书凡属印刷、装订错误,请随时向承印厂调换